Historia de la Antropología Cristiana

De la antropología cultural a la teología fundamental

Jesús Fernández González

EDITORIAL CLIE
C/ Ferrocarril, 8
08232 VILADECAVALLS
(Barcelona) ESPAÑA
E-mail: clie@clie.es
http://www.clie.es

© 2016 Jesús Fernández González

«Cualquier forma de reproducción, distribución, comunicación pública o transformación de esta obra solo puede ser realizada con la autorización de sus titulares, salvo excepción prevista por la ley. Diríjase a CEDRO (Centro Español de Derechos Reprográficos) si necesita fotocopiar o escanear algún fragmento de esta obra (www.conlicencia.com; 917 021 970 / 932 720 447)».

© 2016 Editorial CLIE

HISTORIA DE LA ANTROPOLOGÍA CRISTIANA
De la antropología cultural a la teología fundamental
ISBN: 978-84-944626-5-8
Depósito Legal: B 16737-2016
Teología cristiana
Antropología
Referencia: 224976

Impreso en USA / Printed in USA

Jesús Fernández González (Cabrera de Almanza [León] 1940) es doctor en Filosofía y Ciencias de la Educación por la Universidad Complutense de Madrid (1981) y doctor en Teología por la Universidad Gregoriana de Roma, catedrático y profesor de Antropología de la Educación en la UNED.

Concluidos los estudios de Grado Medio, inicia su formación internacional en universidades europeas. Consigue el Doctorado en Teología (1967) en la Universidad Gregoriana de Roma con un estudio sobre "La pobreza en el África cristiana antigua" bajo la dirección del Prof. Antonio Orbe. De regreso en España enseña Antropología Teológica en la Universidad de Comillas (1967-1974) Patrística y Pensamiento Agustiniano en la Facultad del Norte de España en Vitoria y Burgos (1974-1978) y en la Universidad Pontificia de Salamanca (1978-1982).

En ese tiempo, realiza estudios de Filosofía en la Universidad Complutense de Madrid donde obtiene el Doctorado (1981) con un estudio sobre "Antropología Dialéctica". Estatuto metafísico de la persona en M. Nedoncelle, bajo la supervisión del mismo autor en la Universidad de Strasburgo (Francia). Becado por el Gobierno Alemán (Goethe Institut) estudia en las Universidades de Bonn (con el Prof. P. Dassman) Frankfurt am M. (con el Prof. J. Hainz) Konstanz (con el Prof. W. Brezinka) y Munich (con el Prof. Seoane). En esta última universidad consigue el Diploma en alemán (1981) y ejerce en ella como "Privat Dozent" o Profesor privado.

Catedrático de Filosofía por oposición (1982) es profesor de la Universidad Nacional de Educación a Distancia desde 1983. Fundador y Director Provincial de la UNED en Jaén [Ubeda], (1984-1988) enseña Antropología y Filosofía de la Educación en la Facultad de Pedagogía dirigiendo trabajos de investigación y tesis doctorales sobre dicho tema.

Reconocido especialista en San Agustín, las líneas de investigación del Prof. Fernández González se centran en las áreas de Antropología, Historia de la Filosofía, Sociología, Ética y Formación en la Empresa, Educación en los valores, Educación para la Igualdad de la Mujer.

El Dr. Jesús Fernández González reúne en su persona la doble condición de pensamiento y lenguaje, ideas y expresión, profesor y escritor. Su actividad docente anticipa su capacidad narrativa.

ÍNDICE GENERAL

Dedicatoria 15
Prólogo del autor 17

HISTORIA DE LA ANTROPOLOGÍA CRISTIANA 21

1. EL NUEVO ESPÍRITU ANTROPOLÓGICO 25
2. ANTROPOLOGÍA DIFERENCIAL 26
   - 2.1. Antropología cristiana y antropología cultural 27
   - 2.2. Antropología cristiana y teología fundamental 28
   - 2.3. Antropología religiosa comparada 29

PRIMERA PARTE: ANTROPOLOGÍA BÍBLICA

I. ANTROPOLOGÍA DEL ANTIGUO TESTAMENTO 31

1. INTRODUCCIÓN 31
2. EN EL PRINCIPIO ERA EL HOMBRE 32
   - 2.1. El hombre como imagen y representación de Dios 33
   - 2.2. Hombre y mujer los creó 37
   - 2.3. El evolucionismo y sus variaciones actuales 39
   - 2.4. Recepción del evolucionismo hoy: del azar a la necesidad 41
3. ANTROPOLOGÍA DE LA ESPERANZA Y LIBERACIÓN 44
4. ANTROPOLOGÍA DEL DIÁLOGO CON DIOS 47
5. ANTROPOLOGÍA SAPIENCIAL 49

II. ANTROPOLOGÍA DEL NUEVO TESTAMENTO 53

1. INTRODUCCIÓN 53
2. SUPREMA DIGNIDAD DEL HOMBRE 54
3. POSIBILIDAD Y LEGITIMIDAD DE UNA ANTROPOLOGÍA CRISTIANA 55
   - 3.1. Antropología de la transformación en San Juan 58
   - 3.2. El hombre dividido en San Pablo 60

   RESUMIENDO 62

SEGUNDA PARTE: LA ANTROPOLOGÍA EN LOS ORÍGENES DEL CRISTIANISMO

1. LA DIFÍCIL RECONSTRUCCIÓN 65
2. PEDAGOGÍA CRISTIANA Y ANTROPOLOGÍA 68

3. CONSTITUCIONALISMO CRISTIANO 70
   3.1. La antropología invisible de San Ignacio de Antioquía 74
   3.2. Una estrella desprendida. San Clemente de Alejandría 75

4. ORÍGENES: EL ASALTO A LA TOTALIDAD 76
   4.1. Antropología de la graduación o la tercera vía 78
   4.2. Tiempo y hombre 81
   4.3. Muerte e inmortalidad 83
   4.4. Cuerpo y alma 85

5. LIBERTAD Y DIGNIDAD DEL HOMBRE 86

6. LOS DIÁLOGOS DE LA INQUIETUD EN SAN JUSTINO 88
   6.1. Antropología predecesora y la razón como génesis cultural 89
   6.2. Visibilidad y corporeidad en el hombre 90

7. LOS COMIENZOS DEL HUMANISMO CRISTIANO
   OCCIDENTAL 93

8. LA ANTROPOLOGÍA INTERDISCIPLINAR DE SAN IRENEO 94
   8.1. La antropología formal como solución 96
   8.2. La profundidad antropológica de la salvación 98
   8.3. Una antropología más analítica y positiva 99
   8.4. Antropología progresiva de la indigencia y de la madurez 101
   8.5. El hombre moderado 104
   8.6. Una antropología global de la historia 106

9. TERTULIANO O LA RECONVERSIÓN CULTURAL 108
   9.1. Antropología social y legitimidad cristiana 110
   9.2. El hombre naturalmente cristiano 114
   9.3. Dependencia cultural y corporealismo 115
   9.4. Comparece el alma o la psicología cristiana 117
   9.5. Antropología y psicología de la inmortalidad 120
   9.6. Percepción optimista del mundo 122
   9.7. Antropología de la moral natural 123

10. OTRAS CUESTIONES ANTROPOLÓGICAS 125
    10.1. Matrimonio y dignidad de la mujer 126
    10.2. Antropología política y del Estado 128
    10.3. La actividad económica 129

11. ANTROPOLOGÍA Y NUEVA IDENTIDAD EN SAN CIPRIANO 131
    11.1. Nuevas condiciones socioculturales 133
    11.2. La transferencia antropológica del cristianismo 134
    11.3. El hombre nuevo como superestructura 135
    11.4. Emergencia de los valores en la antropología cristiana 137

12. EL ESPLENDOR DE LA ANTROPOLOGÍA CRISTIANA 144
    12.1. El lugar de la antropología en San Atanasio 145
    12.2. La conexión antropológica 146
    12.3. La antropología como experimento social 148
    12.4. El amor como universal antropológico 150
    12.5. Antropología de las opciones preferentes 151

13. EL PROGRESO DE LA ANTROPOLOGÍA FUNDAMENTAL 153
    13.1. La antropología iconográfica de San Basilio el Grande 154
    13.2. Antropología cosmológica y de la persona 156
    13.3. Antropocentrismo cristiano del mundo 158
    13.4. Antropología del compromiso político 160
    13.5. Antropología de la educación cristiana 161

14. ANTROPOLOGÍA DE LA ORTODOXIA ORIENTAL 163
    14.1. La antropología como regreso de la teología en San Gregorio de Nisa ... 164
    14.2. Antropología de la afinidad y la atracción del alma 166
    14.3. Antropología dinámica de proximidad y contacto 168
    14.4. El hombre como estructura y cualidad 170
    14.5. Antropología de la resistencia social cristiana 172
    14.6. Antropología de los sistemas 174

15. UNA ANTROPOLOGÍA IMPLANTADA EN SAN GREGORIO 177
    15.1. Aplicaciones antropológicas 178
    15.2. Antropología de la intervención social 182

16. LA HERENCIA ANTROPOLÓGICA DE SAN AMBROSIO 184
    16.1. Concentración antropológica 185
    16.2. Antropología estructural 187
    16.3. Trasmisor de la herencia antropológica 188
    16.4. El hombre entre poderes 191
    16.5. Antropología espiritual 193

DIMENSIONES DE LA ANTROPOLOGÍA AGUSTINIANA 195

1. INTRODUCCIÓN 197

2. CONCIENCIA Y CONVERSIÓN ANTROPOLÓGICA 198

3. EL HOMBRE COMO MISTERIO 199

4. ANTROPOLOGÍAS SECTORIALES 201
    4.1. Antropología filosófica 202
    4.2. Antropología metafísica 202
    4.3. Antropología personalista 202
    4.4. Antropología teológica 202
    4.5. Antropología política 202

5. LAS EDADES DEL HOMBRE 203

6. ANTROPOLOGÍA FILOSÓFICA 204
    6.1. Interioridad y trascendencia 205
    6.2. La iluminación antropológica 209
    6.3. Memorial antropológico y reversible 210
    6.4. Antropología trinitaria y precursora 214

7. ANTROPOLOGÍA METAFÍSICA 216
    7.1. La hipóstasis antropológica 217
    7.2. El comienzo del cuerpo y del hombre 221

- 7.3. Antropología reductora del cuerpo 224
- 7.4. El cuerpo como simbolismo antropológico 228
- 7.5. El corazón como representación del hombre 231
- 7.6. El trazado de la antropológica del alma 233
- 7.7. Antropología cultural en San Agustín 236

8. **ANTROPOLOGÍA PERSONALISTA** 239
   - 8.1. Fenomenología de la unidad personal 239
   - 8.2. Por los caminos del espíritu 241
   - 8.3. El diagrama antropológico 243
   - 8.4. La libertad liberada y disponible 248
   - 8.5. El hombre interior 253
   - 8.6. El amor como dimensión del hombre 257
   - 8.7. Las profundidades del alma 266

9. **ANTROPOLOGÍA TEOLÓGICA** 268
   - 9.1. Convocatoria antropológica de la teología 269
   - 9.2. Antropoteología de la "imago Dei" 271
   - 9.3. Antropología cósmica de las prestaciones 272
   - 9.4. Presencia de Dios en el mundo 274
   - 9.5. Antropología del género 276
   - 9.6. Antropología de la restauración 279
   - 9.7. La neutralidad en antropología 282
   - 9.8. Conflicto dialéctico de las dos dimensiones 285
   - 9.9. Antropología de la liberación 289

10. **ANTROPOLOGÍA POLÍTICA** 292
    - 10.1. Antropología de la legitimidad política 293
    - 10.2. Origen antropológico de la sociedad 296
    - 10.3. El amor como primera constitución de la sociedad 298
    - 10.4. Antropología del Estado y nueva ciudadanía 301
    - 10.5. Antropología religiosa de la paz 304

LA ANTROPOLOGÍA CRISTIANA EN LA EDAD MEDIA 307

1. **INTRODUCCIÓN** 309

2. **HERENCIA Y TRANSFERENCIA** 310
   - 2.1. Itinerario de las ideas cristianas 310

3. **BOECIO O EL RELEVO EN LA ANTROPOLOGÍA CRISTIANA** 313
   - 3.1. Antropología de lo concreto 314
   - 3.2. Antropología de la concurrencia 316
   - 3.3. Antropología imparable 318

4. **EL IMPACTO DE LA ANTROPOLOGÍA EN SAN ANSELMO** 322
   - 4.1. Antropología trascendental y objetiva 323
   - 4.2. El hombre en el horizonte teológico de San Anselmo 325
   - 4.3. Antropología de la adecuación y de la rectitud 326
   - 4.4. La intencionalidad antropológica 328

5. **SÍNTESIS DE LA ANTROPOLOGÍA EN SANTO TOMÁS DE AQUINO** 329
   - 5.1. Recepción sociocultural de la antropología en la Edad Media 330

6. ORIGINALIDAD E INTEGRACIÓN DE LA
   ANTROPOLOGÍA 331
   6.1. Acceso filosófico a la antropología tomista 333
   6.2. Organización metafísica de la antropología 335
   6.3. El núcleo fundamental de la antropología tomista 336
   6.4. Fenomenología de la diversificación 338
   6.5. Camino hacia el personalismo 340

7. APROXIMACIÓN A LA ANTROPOLOGÍA TEOLÓGICA 342
   7.1. De la antropología fronteriza a la complementaria 343
   7.2. La vía antropológica de acceso a Dios 344
   7.3. Antropología de la gracia connatural 346

8. ANTROPOLOGÍA DEL ORDEN MORAL 348
   8.1. La infraestructura del sujeto y del espíritu 349
   8.2. Antropología y moral funcionalista 351
   8.3. El hombre como voluntad de las pasiones 352
   8.4. El hombre moderado y moderador 354
   8.5. Antropología aplicada a cuestiones sociales 356
   8.6. Contexto cultural antropológico 358

9. ANTROPOLOGÍA SOCIOPOLÍTICA EN SANTO TOMÁS 361
   9.1. Antropología constitucional cristiana 361
   9.2. Pedagogía antropológica y social 364
   9.3. Antropología de la reconciliación política y social 366

10. ITINERARIO ANTROPOLÓGICO DE SAN
    BUENAVENTURA 368
    10.1. Antropología de la representación 369
    10.2. Itinerario de la interioridad o "via Dei" 371
    10.3. Antropología mundana y temporal 372
    10.4. La trascendencia o ascensión interior 374
    10.5. Antropología "especulativa" y escatológica 376
    10.6. El hombre como microcosmos 378
    10.7. Estructura y proximidad religiosa del alma humana 379
    10.8. La verdad del mundo o la antropología diagonal 381
    10.9. Antropología económica y política 383

11. NUEVA SÍNTESIS DE LA ANTROPOLOGÍA EN SAN
    ALBERTO MAGNO 386
    11.1. Antropología de la síntesis 387
    11.2. Antropología de la redundancia 389
    11.3. La antropología de la recepción moral 390
    11.4. El hombre civil y la ética política 392
    11.5. Antropología de la alternativa ética 395
    11.6. De la antropología al derecho 397

12. LA ANTROPOLOGÍA NEGATIVA DE NICOLÁS DE CUSA 398
    12.1. Una antropología concentrada y limitada 399
    12.2. El universo complejo y la antropología reducida 400
    12.3. La teología negativa y la antropología positiva 402
    12.4. Antropología de la provocación 403
    12.5. Antropología de la concordancia universal 404

ANTROPOLOGÍA CRISTIANA DEL RENACIMIENTO Y LA REFORMA 407

1. INTRODUCCIÓN 409
2. PICO DELLA MIRANDOLA Y LA ONTOLOGÍA MEDIADORA 411
   2.1. Antropología de la razón instrumental 411
   2.2. La antropología posicional en el mundo 413
   2.3. Dignidad y moralidad en conflicto 413
   2.4. Paz social y antropología representativa 415
3. RESTOS DE ANTROPOLOGÍA EN PIETRO POMPONAZZI 416
   3.1. El "topos" de la antropología 417
   3.2. La unidad del hombre en peligro 418
   3.3. Nueva ética, nueva sociedad 419
   3.4. La felicidad moral 420
4. ANTROPOLOGÍA Y TRASCENDENCIA EN GIORDANO BRUNO 421
   4.1. Pérdida de la centralidad antropológica 422
   4.2. Cosmología espiritual 423
   4.3. La espiral antropológica de la libertad 425
5. NATURALEZA, SOCIEDAD Y ANTROPOLOGÍA EN TOMÁS CAMPANELLA 426
   5.1. Hombre y naturaleza 427
   5.2. La animación social 428
   5.3. Ética del poder 429
6. LA ANTROPOLOGÍA POLÍTICA EN NICOLÁS MAQUIAVELO 430
   6.1. La antropología educativa y el poder 430
   6.2. El humanismo inverso 432
7. LA CONCEPCIÓN NEGATIVA DEL HOMBRE EN MARTÍN LUTERO 433
   7.1. Antropología de lo renovable 434
   7.2. La muerte del hombre y el hombre nuevo 437
   7.3. Mundanidad y trascendencia 438
8. ANTROPOLOGÍA SIMULTÁNEA, PALIATIVA Y COMPENSATORIA 439
   8.1. Justificación y antropología del resto 441
   8.2. Ontología personalista 443
   8.3. Escatología y protología como tensión antropológica 444
   8.4. Sentido antropológico y cristológico del tiempo 447
   8.5. Antropología existencialista 448
9. ANTROPOLOGÍA POLÍTICA DE MARTÍN LUTERO 450
   9.1. Política y religión 450
   9.2. Reforma y ética política 452

ÍNDICE GENERAL

HISTORIA DE LA ANTROPOLOGÍA CRISTIANA CONTEMPORÁNEA 455

1. INTRODUCCIÓN 459
2. ANTECEDENTES Y PRECURSORES 459
   - 2.1. El cristianismo de la Ilustración 460
   - 2.2. Razón y religión en la Ilustración 462
3. CHRISTIAN WOLFF O LA ANTROPOLOGÍA PERENNE 463
4. IMMANUEL KANT Y EL IMPULSO DE LA ANTROPOLOGÍA CONTEMPORÁNEA 464
   - 4.1. Cultura y moral en la antropología de Kant 465
   - 4.2. El trazado antropológico de Kant 466
5. LA CONSTRUCCIÓN DEL YO ANTROPOLÓGICO EN JOHAN G. FICHTE 468
   - 5.1. Antropología y religión en Fichte 470
   - 5.2. El proyecto moral y social de Fichte 471
6. MAURICE BLONDEL Y LA ANTROPOLOGÍA CULTURAL CRISTIANA 471
   - 6.1. La apologética inmanente como antropología 472
   - 6.2. La antropología cultural implícita en Blondel 474
   - 6.3. La antropología de la acción moral 474
   - 6.4. La opción alternativa y fundamental 476
7. LA ANTROPOLOGÍA COMO MÉTODO EN MAX WEBER 477
   - 7.1. Sociología antropológica 478
   - 7.2. Antropología religiosa y ética económica 479
8. EL PUESTO DEL HOMBRE Y DE LA ANTROPOLOGÍA EN MAX SCHELER 479
   - 8.1. La antropología material de los valores 482
   - 8.2. Estructura moral del hombre 483
   - 8.3. Nivel absoluto de la antropología 484
   - 8.4. Del espíritu a la persona 485
   - 8.5. Metafísica y antropología de la libertad 485
   - 8.6. La fenomenología de la religión 486
9. ANTROPOLOGÍA CRISTIANA EN LA CULTURA DEL SIGLO XX 488
10. LA ANTROPOLOGÍA PERSONALISTA EN ALEMANIA 489
11. MARTIN HEIDEGGER Y LA ANTROPOLOGÍA 489
    - 11.1. El hombre arrojado en el mundo 489
    - 11.2. Esperar a Dios en Heidegger 491
12. HUMANISMO Y CULTURA EN ROMANO GUARDINI 492
    - 12.1. La persona según Guardini 493
    - 12.2. Libertad entre gracia y destino 495
    - 12.3. Antropología y democracia 496

13. CONVERGENCIA DE LA PERSONA EN URS VON BALTHASAR 497
   13.1. El desplazamiento antropológico 498
   13.2. Persona y comunión 499
   13.3. La historia como "teodrama" y lógica cristiana (Cristo-lógica) 501
14. ANTROPOLOGÍA Y TEOLOGÍA DIALÉCTICA DE
    KARL BARTH 502
   14.1. Antropología de la crisis y de la soledad 504
15. ANTROPOLOGÍA Y TEMPORALIDAD CRISTIANA EN
    OSCAR CULLMANN 505
   15.1. Antropología del intermedio 506
   15.2. Enlaces antropológicos 507
16. LA SÍNTESIS ANTROPOLÓGICA DE MICHAEL SCHMAUS 508
   16.1. Antropología de la proyección fenomenológica 509
   16.2. El acceso a la trascendencia 510
   16.3. El origen y el destino del hombre 512
   16.4. Nuevas posibilidades de la "imago Dei" 513
   16.5. El encaje cultural de la antropología cristiana 515
   16.6. Antropología multilateral y del diálogo 516
   16.7. Procesos de soberanía y liberación 518
   16.8. Recogida de elementos antropológicos y conclusiones. 519
   16.9. Individualidad e inmortalidad 521
17. ANTROPOLOGÍA DE LA TOTALIDAD EN KARL RAHNER 523
   17.1. Antropología como economía de la salvación 524
   17.2. El punto de inflexión trascendental 525
   17.3. La libertad anticipada y categorial 526
   17.4. Hombre y naturaleza o el apetito cósmico 528
   17.5. Hominización y socialización 529
   17.6. La escatología presente y la antropología 530
18. LA METAFÍSICA DEL PERSONALISMO CRISTIANO 531
19. EMMANUEL MOUNIER O EL ESPÍRITU COMO PERSONA 533
   19.1. Persona y comunidad como manifiesto antropológico 534
   19.2. La persona como vocación moral y política 536
20. ANTROPOLOGÍA INTEGRAL DE JACQUES MARITAIN 537
   20.1. La persona como sobreexistencia 538
   20.2. Libertad de expansión 540
   20.3. Personalismo como propuesta social 541
21. EXISTENCIALISMO Y ANTROPOLOGÍA EN
    GABRIEL MARCEL 542
   21.1. El hombre como invocación 544
   21.2. Del hombre problema al hombre misterio 545
   21.3. El cuerpo como sede ontológica 546
   21.4. Muerte e inmortalidad en el amor 548
   21.5. Metafísica de la esperanza 550
22. ANTROPOLOGÍA HERMENÉUTICA DE PAUL RICOEUR 552
   22.1. La antropológica como confesión de identidad 553
   22.2. La libertad analógica y fenomenológica 554

22.3. Ontología moral desproporcionada 556
22.4. Hermenéutica del hecho religioso 557
22.5. La política como experiencia histórica 559
22.6. Constructivismo moral 560

23. **LA METAFÍSICA DEL PERSONALISMO EN MAURICE NEDONCELLE** 562
    23.1. La persona como intersubjetividad 563
    23.2. Génesis de la alteridad 564
    23.3. De la alteridad a la reciprocidad 566
    23.4. Del yo ideal al nosotros 567
    23.5. Del yo personal al yo Absoluto 568
    23.6. El amor como causalidad interpersonal 569

24. **EL RETORNO A LA METAFÍSICA CRISTIANA** 570
    24.1. Antropología metafísica de Julián Marías 571
    24.2. El origen del hombre 572
    24.3. El hombre como persona 574
    24.4. La tensión dinámica 574
    24.5. Fenomenología de la vida 575
    24.6. La llegada del hombre 577
    24.7. Antropología analítica de estructura 577
    24.8. Las medidas del hombre 578
    24.9. Ser en el mundo: convergencia e interpretación 579
    24.10. Antropología del cuerpo 581
    24.11. Antropología disyuntiva y condición sexuada 581
    24.12. Racionalidad e interioridad 583
    24.13. Dios como futuro del hombre 584
    24.14. El amor como derivación antropológica 584
    24.15. Tiempo biográfico y temporalidad 585
    24.16. Muerte y mortalidad 586

BIBLIOGRAFÍA 589

DEDICATORIA

*A Pituca, mi esposa,
por el apoyo silencioso y amable.*

PRÓLOGO DEL AUTOR

El cuestionamiento o encaje cultural del cristianismo no ha terminado. No existe tampoco un agotamiento cristiano de la cultura. Ello nos obliga a abandonar viejas fórmulas e intentar nuevos proyectos de integración y dialogo entre fe y cultura. Ambos procesos se dan en el presente estudio del Prof. Jesús Fernández González sobre la relación histórica entre antropología cultural y cristianismo que supone un elemento de intermediación con la filosofía de la religión o la llamada teología fundamental, de tanta actualidad, a partir del pensamiento y la labor de M. Blondel. No hay que tener miedo a un cristianismo cultural o a admitir un evolucionismo histórico en el seno de la teología. Cuando la cultura habla de Dios (teología) piensa en el hombre y cuando la cultura habla del hombre (antropología) piensa en Dios.

REDUCCIÓN ANTROPOLÓGICA

Según este planteamiento, podríamos hablar de una reducción antropológica y cultural del cristianismo que afectaría no tanto a los contenidos del mensaje que estarían por encima de la temporalidad y cuya independencia e identidad se respetan, sino a su trazado metodológico. El marco de la fe es siempre el marco del "logos". Existe un espacio común, racional y único, para la teología en el discurso cultural en el que se entienden y se comunican los hombres y las ciencias de todos los tiempos. Por ello, podemos hablar de una teología cultural como introducción del lenguaje sobre Dios en el sistema científico a lo largo de todos los tiempos. El Dios de los filósofos se convierte en el Dios de la razón cultural. Ahora hay que hacerlo explícito y reflexivo. Pero tenemos también la otra cara de la razón. Por el injerto de toda la cultura en la teología, tenemos la teoría cristiana como refugio del mundo de la cultura ejerciendo una labor de inspiración, presencia, interpretación y transmisión del patrimonio y del pensamiento de occidente. Durante muchos siglos, la cultura parecía pertenecer al cristianismo, a la teología. Hoy día, el lenguaje teológico pertenece a la cultura donde la antropología sirve de mediadora. Si en otro tiempo en las aulas se hablaba de una teodicea, teología natural, ahora podemos hablar de una teología cultural asimilada, hecha por la antropología filosófica pasando de la ontoteología a la antropoteología. Cuestión de parámetros y referencias culturales. Naturaleza y gracia, cultura y fe, hombre y religiosidad. Ahora podríamos hablar de la gracia de la naturaleza, de la fe implícita en la cultura y de la religión del hombre o del hombre naturalmente religioso. De la sabiduría cristiana de otros tiempos pasamos a la antropología cristiana de los nuestros. De la verdad de los seres y de las palabras pasamos o valoramos el ser y la verdad del hombre. Es un proceso de evaluación cultural de la fe desde la antropología. La nueva fórmula cultural se llama antropología cristiana.

HISTORICIDAD DE LA FE Y LA ETNOTEOLOGÍA

La cultura es esencialmente histórica y el cristianismo participa de dicha condición temporal a través de la razón antropológica de cada momento. El problema de Dios no escapa a este reduccionismo y a esta temporalidad cultural. Otros hablan del lenguaje como modelo de transmisión del problema religioso donde abogan por una teología hermenéutica. En ambos casos, primero fue el metafísico o la ontoteología aludida. Ahora es el discurso antropoteológico sustitutorio. Actualmente, el acceso al problema de Dios se produce mediante la etnoteología o teología cultural aplicada. Antes, para entender a Dios acudíamos al ser. Después, para entender a Dios acudimos a la antropología cultural e histórica. Preocupados por la fenomenología o trazado de las vías de acceso, Dios era una meta, llegada o destino de la razón. Ahora, la razón cultural incluye a Dios que pasa a ser un presupuesto de la cultura. Se ha acabado la nube de la metafísica y comienza el suelo, la tierra de la antropología y de la cultura para acceder al problema de Dios. Resumiendo, la primera fase de la reflexión cristiana tenía como base el análisis del ser o la ontoteología. La segunda fase tiene como fundamento la antropoteología. La metafísica comprensiva dejaba paso a la antropología inclusiva. La vía cosmológica estaba implícita en dicha ontología. Finalmente, nos encontramos en la fundamentación cultural de la teología que ha continuado y completado a los dos discursos anteriores. En una síntesis o convergencia de ambas metodologías, la antropología cultural es compañera de la teología actual.

VISIBILIDAD CULTURAL DEL CRISTIANISMO

Con este ensayo sobre la historia de la antropología cristiana no buscamos una convalidación cultural de la fe o de la teología pero sí un derecho a estar presente en la constelación de las ciencias actuales y determinar su concepto. El cristianismo no es un excedente de la cultura ni un resto abandonado. La fe no puede seguir vallada frente a la razón. Con este estudio pretendemos reforzar la visibilidad cultural del cristianismo a lo largo de la historia, en un proceso de fusión que no de confusión. Partiendo de la conocida relación entre las ciencias y la teología y después de admitir el estatuto científico de la misma, ahora caminamos hacia una reacción y redacción cultural de la fe que ya viene precedida de todo el siglo XX. La civilización moderna se lanza al agua para rescatar al misterio conjunto de Dios y del hombre. Podemos hablar de un nuevo renacimiento cultural de la fe cristiana. La senda de la cultura está plagada de las huellas de la teología cristiana. Es el nuevo blondelismo.

Munich, 28 agosto 2015

HISTORIA DE LA ANTROPOLOGÍA CRISTIANA

Contenido:

1. El nuevo espíritu antropológico
2. Antropología diferencial
   2.1. Antropología cristiana y antropología cultural
   2.2. Antropología cristiana y teología fundamental
   2.3. Antropología religiosa comparada

PRIMERA PARTE: ANTROPOLOGÍA BÍBLICA

I. *ANTROPOLOGÍA DEL ANTIGUO TESTAMENTO*

1. Introducción
2. En el principio era el hombre
   2.1. El hombre como imagen y representación de Dios
   2.2. Hombre y mujer los creó
   2.3. El evolucionismo y sus variaciones actuales
   2.4. Recepción del evolucionismo hoy: del azar a la necesidad
3. Antropología de la esperanza y liberación
4. Antropología del diálogo con Dios
5. Antropología sapiencial

II. *ANTROPOLOGÍA DEL NUEVO TESTAMENTO*

1. Introducción
2. Suprema dignidad del hombre
3. Posibilidad y legitimidad de una antropología cristiana
   3.1. Antropología de la transformación en San Juan
   3.2. El hombre dividido en San Pablo

Resumiendo

SEGUNDA PARTE: LA ANTROPOLOGÍA EN LOS ORÍGENES DEL CRISTIANISMO

1. La difícil reconstrucción
2. Pedagogía cristiana y antropología
3. Constitucionalismo cristiano
   3.1. La antropología invisible de San Ignacio de Antioquía
   3.2. Una estrella desprendida. San Clemente de Alejandría

4. Orígenes: el asalto a la totalidad
   4.1. Antropología de la graduación o la tercera vía
   4.2. Tiempo y hombre
   4.3. Muerte e inmortalidad
   4.4. Cuerpo y alma
5. Libertad y dignidad del hombre
6. Los diálogos de la inquietud en San Justino
   6.1. Antropología predecesora y la razón como génesis cultural
   6.2. Visibilidad y corporeidad en el hombre
7. Los comienzos del humanismo cristiano occidental
8. La antropología interdisciplinar de San Ireneo
   8.1. La antropología formal como solución
   8.2. La profundidad antropológica de la salvación
   8.3. Una antropología más analítica y positiva
   8.4. Antropología progresiva de la indigencia y de la madurez
   8.5. El hombre moderado
   8.6. Una antropología global de la historia
9. Tertuliano o la reconversión cultural
   9.1. Antropología social y legitimidad cristiana
   9.2. El hombre naturalmente cristiano
   9.3. Dependencia cultural y corporealismo
   9.4. Comparece el alma o la psicología cristiana
   9.5. Antropología y psicología de la inmortalidad
   9.6. Percepción optimista del mundo
   9.7. Antropología de la moral natural
10. Otras cuestiones antropológicas
    10.1. Matrimonio y dignidad de la mujer
    10.2. Antropología política y del Estado
    10.3. La actividad económica
11. Antropología y nueva identidad en San Cipriano
    11.1. Nuevas condiciones socioculturales
    11.2. La transferencia antropológica del cristianismo
    11.3. El hombre nuevo como superestructura
    11.4. Emergencia de los valores en la antropología cristiana
12. El esplendor de la antropología cristiana
    12.1. El lugar de la antropología en San Atanasio
    12.2. La conexión antropológica
    12.3. La antropología como experimento social
    12.4. El amor como universal antropológico
    12.5. Antropología de las opciones preferentes

13. El progreso de la antropología fundamental
    13.1. La antropología iconográfica de San Basilio el Grande
    13.2. Antropología cosmológica y de la persona
    13.3. Antropocentrismo cristiano del mundo
    13.4. Antropología del compromiso político
    13.5. Antropología de la educación cristiana
14. Antropología de la ortodoxia oriental
    14.1. La antropología como regreso de la teología en San Gregorio de Nisa
    14.2. Antropología de la afinidad y la atracción del alma
    14.3. Antropología dinámica de proximidad y contacto
    14.4. El hombre como estructura y cualidad
    14.5. Antropología de la resistencia social cristiana
    14.6. Antropología de los sistemas
15. Una antropología implantada en San Gregorio
    15.1. Aplicaciones antropológicas
    15.2. Antropología de la intervención social
16. La herencia antropológica de San Ambrosio
    16.1. Concentración antropológica
    16.2. Antropología estructural
    16.3. Transmisor de la herencia antropológica
    16.4. El hombre entre poderes
    16.5. Antropología espiritual

1

El nuevo espíritu antropológico

La historia del hombre coincide, en el tiempo, con la reflexión y la conciencia sobre sí mismo que es la antropología. El hombre es, al mismo tiempo, sujeto y objeto de su propia historia que consiste en comprenderse a sí mismo. Muchas veces hemos realizado una descripción nominalista y objetiva de la historia como sucesión de acontecimientos y devenir de la cultura, sin reparar en que es el hombre el sujeto y el objeto, a la vez, de esa historia. Una de las grandes características del pensamiento filosófico del siglo XX es su giro antropológico derivado de su planteamiento interiorista y existencialista. La corriente filosófica alemana del siglo XVIII que llamamos historicismo, por el método empleado por su fundador, Johann G. von Herder (1744–1803) dio prioridad a esta idea de que el hombre es el contenido y la referencia de la historia. Todas las ideas tienen su historia, origen y desarrollo, incluida la misma idea de historia. No hay historia objetiva del tiempo o de la naturaleza sin el hombre que, como sujeto, es la clave y el motor del progreso. Él fue quien propuso unas ideas para la filosofía de la historia que fueron continuadas, entre otros pensadores alemanes, por Hegel y por Kant. Desde entonces, se desarrolla una visión más unitaria del mundo que comprende a la antropología como clave de su interpretación, aunque continúe la diferencia entre la objetividad de la naturaleza y la dignidad y subjetividad del hombre. La filosofía del yo y del sujeto no se opone para nada a la filosofía de la ciencia. Posteriormente, el filósofo Teilhard de Chardin ha recurrido al principio unitario de la evolución (que incluye la complejidad y la conciencia) para resaltar la formalización o reducción antropológica del proceso de la vida en el universo afectando simultáneamente, al espíritu y a la materia. Por lo demás, el mismo concepto del hombre está en constante revisión y ahora se habla mucho de la antropología cultural aludiendo a que, en cada modelo de pensamiento y de cultura, hay un determinado concepto de hombre. Hay que decir, sin embargo, que aquí propugnamos una idea de hombre más universal y unitaria, con validez para toda forma de pensar, capaz de sustentar el diálogo intercultural poniendo de acuerdo a todas las concepciones históricas del ser humano para lograr el respeto y la dignidad del mismo en todas las civilizaciones. Negar al hombre no conduce a nada. La diversidad conduce a la contradicción. Tenemos que alcanzar un pacto metafísico y racional sobre lo que el hombre es. La guerra no puede comenzar desde los conceptos. Optamos por una antropología de la identidad y de la continuidad humana sin interrupciones, sin fragmentaciones. El humanismo o es global o no es humanismo.

2

Antropología diferencial

Algunas veces se pone el acento en la existencia de una variedad de antropologías. No se habla de antropología sino de antropologías, en plural. Pero esto sucede con todas las ciencias que son, a la vez, una y distintas. La razón, la verdad, el saber es único pero la sistematización de la ciencia nos lleva a contemplarla y analizarla desde distintos ángulos. La unidad de la ciencia está en su objeto, mientras que las diferencias radican en sus métodos o caminos (método es palabra griega que significa camino). El hombre en su estructura y configuración es objeto de muchas ciencias: la biología, la psicología, la educación, las ciencias naturales, etc. Por eso, todas ellas tienen una dimensión antropológica, una referencia formal a la existencia humana, un sustrato de humanismo y calidad, un reduccionismo sintético. Todas las ciencias miran al hombre como su objetivo final, anónimo e implícito. Existe, pues, un radical y universal antropológico en todas las formas del saber humano. Si el hombre es el centro de la naturaleza, de la creación, según proclamaba la filosofía renacentista, ¿por qué no va a ser el centro de todas las ciencias? El antropocentrismo del mundo moderno permite que el interés por el hombre, la calidad de su vida, estén en el fondo y en la intención de todo proyecto científico. Así, pues, la antropología forma parte del espacio científico de nuestros días y de su sistematización. Dentro de la emigración del saber y de su movilidad, el hombre actúa como referente fijo de cualquier reflexión científica actual. La antropología se convierte en un espacio intercientífico, en un discurso interdisciplinar o en un vínculo interciliar. Es un saber formalmente transversal. En ese sentido, podemos hablar de una antropología comunicativa o una antropología implícita en todo saber humano. Hay que reivindicar el sentido fundador y el valor original de toda antropología frente al vacío de otras ciencias derivadas que basan su sentido en la razón ilustrada. Seguimos teniendo la misma sensación que expresaba Kant en su tiempo. Parece que todas las ciencias experimentales avanzan y se desarrollan en su ámbito, en su objeto y en su método. Solo las ciencias sociales, las ciencias del espíritu parecen estar paradas y en la misma situación de resultados que hace tiempo.

La antropología cristiana no es diferente, sino diferencial; o sea, una etapa evolutiva del proyecto total del hombre. En todas las formas de conocimiento y explicación del hombre está presente la respuesta y solución aportada por el cristianismo en su historia. La base del hombre no puede prescindir de esta piedra angular. Todo el edificio se vendría abajo. El cuadro, la imagen o el perfil del hombre estarían incompletos y sería una visión, una antropología distorsionada.

En este punto, podemos profundizar más y decir que el cristianismo representa el lugar donde nace la antropología, sobre todo a partir de la gran síntesis realizada por San Agustín como intérprete de la filosofía antigua.

Cuando vamos en busca de la identidad o de la legitimidad de la antropología cristiana hay que juzgarla como una variante de la antropología cultural basada en las condiciones espirituales y no materiales de la historia. La religión es uno de los principales elementos culturales más importantes que concurren en la formación de la vida del hombre. Por ello, la antropología cultural de Marvin Harris (1927–2001) ha sido calificada de materialismo vulgar por Jonathan Friedman, mientras que otros autores como James Lett (1955) tachan su metodología de equivocada, puesto que una realidad espiritual no puede tener origen en una causa material. La antropología cristiana hay que situarla dentro de las ciencias del espíritu o ciencias morales, de acuerdo con la conocida división hecha por W. Dilthey frente a las ciencias de la naturaleza. Si aplicamos el paradigma de la identidad de las ciencias basado en el objeto y en el método, podemos decir que la antropología cristiana comparte objeto con muchas otras ciencias, pues se dirige al estudio del hombre. El hombre es objeto de muchas ciencias. Si históricamente la antropología filosófica se mostraba obsesionada por la contemplación "metafísica" del ser humano, ahora nos encontramos con una antropología más dinámica, evolutiva, historiográfica que acepta el despliegue temporal, etnográfico y cultural del mismo hombre.

2.1. Antropología cristiana y antropología cultural

Desde hace unos años, aparece con fuerza en el panorama de las ciencias sociales la llamada Antropología cultural como un intento de reconstruir al hombre a través de los vestigios de orden económico, geográfico, tecnológico, demográfico, depositados en el pasado, o sea, a través de las condiciones materiales de la existencia humana. Inspirado en el marxismo y en el estructuralismo posterior, y llevado a su máximo desarrollo por M. Harris en su conocida obra El desarrollo de la teoría antropológica (1968), se trata de un materialismo cultural. Frente a ello, podemos pensar que también existe una antropología cultural cristiana o una comprensión del hombre a través de la religión. Ella forma parte de la explicación etnográfica de la humanidad. Nada más antiguo, histórico y cultural que el cristianismo como desarrollo de una determinada concepción del hombre que no va de lo material a lo espiritual, sino todo lo contrario: la supremacía, la superioridad, la originalidad, la identidad del hombre está en su condición de sujeto, de conciencia, de creador de valores y de percepciones morales sobre el mundo y todo lo que le rodea. Precisamente, en la amplia noción o definición de cultura desarrollada por Edward Taylor (1832–1917) se incluye la presencia de usos, costumbres, creencias, valores, tradiciones y, en general, toda la acción e intervención del hombre sobre la naturaleza dirigida a su dominio y perfeccionamiento en todo lo que llamamos creación y producción simbólica del espíritu humano comenzando por el lenguaje. Cultura significa civilización, o sea, predominio de lo racional sobre el determinismo y sobre la necesidad de las leyes naturales. En este sentido, si la religión forma parte del concepto de cultura, la antropología cristiana forma parte, igualmente, de la antropología cultural más general. Cultura significa valores. Tampoco podemos pensar que la antropología cristiana tenga que pedir prestada su identidad y legitimidad a otras ciencias de su entorno. Muy al contrario, por la relevancia histórica y cultural que ha tenido el cristianismo, ella sirve de sustrato formal e interpretativo de otras antropologías, que serán implícita y anónimamente cristianas sin saberlo o sin reconocerlo.

2.2. Antropología cristiana y teología fundamental

La teología fundamental, a partir del Concilio Vaticano II, se encuentra en su construcción y formación. Busca, igualmente, su método y justificación. Ella se entiende como la continuidad entre razón y fe, como la búsqueda de los fundamentos racionales del cristianismo. Podemos hablar de una filosofía precristiana, como calificó San Agustín a todo el pensamiento griego conocido como platonismo. Perdidas las tres referencias históricas del método teológico situadas en la autoridad, en la tradición y en la metafísica como fundamentos del pensamiento teológico, ahora hay que dirigirse hacia otros paradigmas pues se trata de poner en relación la fe con la sensibilidad cultural de nuestro tiempo. La antropología puede servir muy bien para ese encuentro entre la teología y la razón. Por eso, podemos pasar de la ontoteología de otros tiempos (basada en la metafísica) a la antropoteología de hoy (orientada al hombre). En ese diálogo con la cultura, desde la Ilustración europea, la metafísica ya no va a ser el espacio mediador de la propuesta teológica, sino el hombre como origen y destino, fuente y meta a la vez del discurso y de las categorías teológicas. Algunos autores, dándose cuenta de esta proximidad entre antropología y teología fundamental, han convertido y mezclado ambas dimensiones alentando una nueva vía para el discurso cristiano bajo el título de antropología teológica fundamental (M. Flick, Z. Alszeghy, Martínez Sierra y Ruiz de la Peña) reconociendo la gran vocación y capacidad cristiana de lo humano. Tampoco hay que ocultar aquí que la teología católica, en su búsqueda de mediaciones científicas o puentes culturales, ha optado en otras latitudes de la Iglesia, por fórmulas sociopolíticas como es, por ejemplo, la famosa teología de la liberación más susceptible de ser contaminada por el método del materialismo histórico y las conclusiones del marxismo. Por todo ello, los teólogos se han dado cuenta de que la interlocución antropológica es más fiable para la fundamentación de la fe que otras referencias científicas. Y se han acogido a ella.

No faltan otros pensadores como Feuerbach, que ven irreconciliable la filosofía con la fe cristiana hablando de una antropología radicalmente atea. Así llegamos a la gran paradoja interpretativa de que la conciencia de Dios forma parte de la autoconciencia del hombre y el conocimiento de Dios es, al mismo tiempo, conocimiento del hombre. Con ello volvemos al tema griego del hombre como medida de todas las cosas, pero preguntándonos, a su vez, quién mide al hombre que, al fin y al cabo, también es una cosa. Todo ello nos conduce a una panteología donde Dios es la proyección de las necesidades y carencias del hombre en el plano intelectual, afectivo, social. Dios es la fantasía del hombre y el sueño de toda la vida. Esto será aprovechado por el marxismo para introducir el concepto de alienación religiosa situando a la religión como opio del pueblo, fuera del hombre, haciendo de él un producto extraño, una mercancía privándola de toda densidad interior y elevadora o transformadora de la existencia individual y social. Por eso, la religión es siempre lo sobrehumano (übermenschlichen) pero no en un sentido de ruptura y de trascendencia sobrenatural, sino de continuidad y proyección, de tal manera que Dios es la otra parte de mi yo que tiene una esencia bipolar entre antropología y teología.

Con todo esto, no podemos pensar que la antropología cristiana tenga que pedir prestado el objeto y el método a otras expresiones o sistematizaciones científicas apareciendo como deudora y subsidiaria de ellas. Puede formar parte, con todo derecho, del concierto y de la constelación de las ciencias sociales siendo una variante de la antropología cultural con contenidos propios y argumentaciones específicas. Desde el otro lado, desde la otra perspectiva, la teología también dialoga con la antropología pues la fe, la palabra de Dios, se dirige a un hombre concreto "histórico" inmerso en el tiempo y condicionado por la cultura y por la evolución de los acontecimientos. La antropología ya no es la explicación contemplativa del hombre abstracto y metafísico sino el seguimiento de su proceso de realización y salvación en la historia. La antropología sigue siendo la gran tentación de la teología fundamental, igual que el hombre sigue siendo la gran atracción del cristianismo.

2.3. Antropología religiosa comparada

En el fondo, lo que estamos haciendo al emprender esta historia de la antropología cristiana es una labor de estudios comparados. La metodología comparada es una forma de la investigación moderna que verifica la coincidencia y diversidad de distintos hábitos del saber y de las diferentes disciplinas que lo desarrollan. Existen varios modelos de antropología entre los que se encuentra el proyecto cristiano que se sitúa, como hemos dicho, entre la antropología religiosa y la antropología cultural de nuestros días. Es una etnoantropología en relación a su método y hallazgos. Se podría enmarcar, igualmente, dentro de la antropología fenomenológica como parte de una mayor visión acogedora de la antropología de lo sagrado. El hombre es esencial, natural y originariamente, un ser religioso y trascendente. Este sentimiento, esta percepción y convicción, tiene un largo recorrido en la historia del pensamiento humano. Ya sea la narración y la alegoría del Génesis en la Biblia cristiana, ya sea la explicación mitológica de los griegos, ya sea el "nos hiciste Señor para Ti y nuestro corazón está inquieto hasta que descanse en Ti" de San Agustín, o la capacidad natural de la razón para conocer a Dios de Santo Tomás, expresado en la fuerza argumental de las cinco vías, o ya sea la religión natural defendida por todos los pensadores de la Ilustración moderna. Todos estos hitos forman parte de una gran antropología religiosa basada en la fenomenología de lo sagrado, tal como ha sido ampliamente desarrollado por el recién nombrado Cardenal Julien Ries (1995). Muy influenciado por las investigaciones del teólogo protestante alemán Rudolf Otto (1869–1937) uno de los fundadores de la fenomenología religiosa con su teoría sobre lo sagrado. La identidad de lo sagrado hay que sacarlo de la esfera de lo racional y adscribirlo al sentimiento y a la intuición. El "homo religiosus" se remonta a los primeros orígenes del ser humano de tal manera que las creencias, los ritos y las prácticas religiosas forman parte de esa paleontología de lo sagrado no solo a nivel histórico, sino también fenomenológico. La génesis del sentimiento religioso acompaña a la hipótesis cultural y etnográfica en la formación de otras creencias y valores. La religión no es una adquisición cultural o advenediza aprendida o adquirida socialmente, sino que es una estructura innata y radical del hombre individual que, a su vez, genera unos comportamientos y usos culturales que se entregan a la herencia y a la fenomenología histórica. De acuerdo con esto se puede hablar de una antropología en cada una de las religiones positivas y convencionales existentes. En este sentido son importantes las averiguaciones y síntesis de Mircea Elíade (1907–1987) aplicando en su estudio comparativo de las religiones una epistemología y racionalidad más que una intuición. De ahí que hablemos de una antropología cristiana como una antropología comparada. La fe y la religión también tienen un impacto cultural muy importante.

PRIMERA PARTE
ANTROPOLOGÍA BÍBLICA
I. ANTROPOLOGÍA DEL ANTIGUO TESTAMENTO

1

Introducción

La antropología cristiana es un tema que, por su naturaleza, exige un método histórico. Por ello, tenemos que trasladarnos a sus comienzos que situamos en la Sagrada Escritura. La Biblia es, para los cristianos, el embrión de su antropología. Sin querer hacer una teología bíblica, queremos acceder aquí a todos los datos antropológicos fundamentales proporcionados por ella. La humanidad espera de todas las religiones una respuesta al misterio del hombre, del mal, de la muerte, del dolor, de las tragedias y miserias, del amor y del odio. Todas las religiones se enfrentan con el problema de explicar al hombre no tanto lo que es (su esencia), sino lo que será, lo que espera ser. Un elemento muy importante de todo mensaje religioso es la dimensión de futuro proyectado sobre el horizonte del presente del ser humano. Categorías como muerte e inmortalidad, esperanza, temporalidad, se convierten en dimensiones esenciales de la existencia del hombre en la tierra. De ahí la gran aceptación y acogida que tuvo en pleno siglo XX el discurso y la reflexión de Ernst Bloch (1885–1977) sobre "el principio esperanza". Es decir, la esperanza, el llegar a ser, el porvenir, el futuro es la esencia de toda definición del hombre. No tanto qué somos (presente descriptivo), sino qué seremos (futuro, esperanza y promesa). No tanto qué esperamos (relatividad), sino qué nos espera (el absoluto). Lo importante es aprender a esperar. La antropología religiosa es siempre un discurso prospectivo y proyectivo, y hasta, si se quiere, profético, mesiánico y salvador que no solo describe el presente sino que, sobre todo, es una palabra referida al hombre del futuro o al futuro del hombre. Por tanto, el hombre se agarra siempre a esas anticipaciones de su propio destino en forma de esperanza. También el origen del hombre, del mundo, de las leyes de la naturaleza reclaman la atención del pensamiento religioso, pero siempre mirando al sentido trascendente, al más allá del hombre. La religión es una antropología y no habrá que esperar a la filosofía de Feuerbach para explicarlo. Lo mismo se puede decir de su intencionalidad social. El Antiguo Testamento o el Evangelio incluyen mensajes sociales pero no son una sociología convencional, un análisis de las clases sociales como tampoco es una historia aunque sea una salvación de la historia. Tampoco podemos sucumbir a las afirmaciones de la corriente desmitificadora de la Biblia, principalmente en la teología protestante de R. Bultmann o de O. Culmann. Una cosa es que se constaten elementos antropológicos en el mensaje bíblico y otra, muy distinta, que solo haya un proyecto antropológico. La Biblia no es una antropología aunque contenga elementos de esa naturaleza. En el caso del cristianismo, el hijo del hombre es, al mismo tiempo, el Hijo de Dios. Hay que salvar ambas dimensiones: la humana y la trascendente o revelada. Ahí radica la condición del misterio de la fe. La teología no puede ser solo una antropología aunque lo sea también. La fe es creadora de cultura, la religión es dinamismo para la razón y la revelación de Dios es, igualmente, revelación del hombre.

Por otra parte, a la hora de acercarse a la narración bíblica para escuchar su discurso sobre el hombre, hay que tener en cuenta el giro y la inflexión que se ha producido en la exégesis moderna. Conscientes de que la antropología cristiana es una verdadera forma de antropología cultural o una variante de la misma, admitimos que la Biblia es un documento de su tiempo, escrito en una determinada cultura o tradición, por unos hombres concretos. La dimensión cultural de la Biblia no es despreciable para nuestro intento de verificación antropológica. Es un proceso arqueológico. Mientras que durante años, los estudiosos se preocupaban de explicar y entender el hallazgo de la materialidad o historicidad del texto y su estructura o estado literario, hoy los investigadores buscan en ella el mensaje cultural o sentido espiritual de la misma. Entre esas alusiones bien sean históricas, simbólicas o alegóricas se encuentra el hombre como centro de la revelación. Los exégetas o investigadores de los textos bíblicos, cual arqueólogos de la revelación, se preocupan no solo por su estado de conservación, por su aparición y permanencia, sino también por su proyección indicativa hacia nuestra cultural actual. En el relato bíblico hay que buscar literalidad y mensaje, historicidad y revelación, cultura y fe, antropología y teología. Todo ello en un sentido objetivo, común e histórico. Frente al protestantismo, no podemos dejar que la Escritura sea leída e interpretada por cada uno de los fieles desde la subjetividad, desde la resonancia individual. No podemos construir el sentido del texto con las palabras que más nos agraden, sino que debemos esforzarnos por comprender lo que el autor quiere decir en el contexto cultural de su tiempo, incluido el lenguaje. Antes que la verdad revelada, antes que la verdad del hombre, tenemos que encontrar la verdad del texto. Hay que buscar una línea de continuidad entre el sentido literal y el sentido espiritual de las narraciones.

2

En el principio era el hombre

La noción del hombre en la Biblia tiene un carácter dialógico, pues expresa la relación de Dios con el hombre. En el principio existía el hombre y el hombre estaba junto a Dios, podíamos decir anticipándonos a San Juan en su evangelio, en medio del neoplatonismo de su tiempo. Es decir, la pregunta por el hombre se remonta a la pregunta por Dios en su dimensión creadora. No tiene sentido una teología que se pregunte por el Dios creador si no es para averiguar el sentido derivado de ella que es el hombre. Aquí hay que jugar mucho con la noción de tiempo, con el antes y el después, como hacía San Agustín meditando sobre la historia y el mundo en la Ciudad de Dios. Algunos de sus adversarios, llenos de rabia y de orgullo, le preguntaban al santo e intelectual para sorprenderle: "¿Dónde estaba tu Dios antes de la creación? ¿Estaba ocioso o con los brazos cruzados? Él les respondía poniendo en evidencia la contradicción e ignorancia demostrada en su pregunta: antes de la creación no había tiempo (no existe un Dios "antes" del tiempo) y lo primero que se crea es el tiempo que coincide con el "instante" de la creación. La creación es el tiempo y el tiempo comienza con la creación. Mundo, tiempo, hombre es lo mismo. Todo comienza "al mismo tiempo" que el tiempo. El principio del tiempo es el comienzo del hombre. Ahora entendemos la filosofía de la historia que sitúa al hombre como inmerso en el tiempo, dando centro y forma a la creación.

Antes de entrar en propuestas o desarrollos concretos de la aportación hecha por el relato bíblico a la antropología cristiana podemos decir, de manera general, que la alusión al hombre en ella se hace bajo el signo y la metáfora de Adam que es el primer hombre. Estirpe y familia o unidad del género humano. También esto es un elemento de antropología étnica y cultural. Más tarde vendrá el Nuevo Testamento aludiendo al hombre nuevo creado en Cristo. Los estudiosos de la Biblia resaltan el hecho de que el relato de la creación tiene sentido con vistas al hombre, no es una cosmología sino una antropología, es decir, interesa la historia de lo humano, no de lo mundano. La referencia y la categoría antropológica están presentes desde el principio hasta el final de la Sagrada Escritura. La creación está orientada hacia el hombre y la salvación o plenitud de la historia también es la culminación del proyecto del hombre en el Apocalipsis. No podemos acudir a la lectura del relato de la creación cargados con las preocupaciones científicas, evolucionistas, históricas o metafísicas de la antropología actual (unión cuerpo y alma, el feminismo o la igualdad de géneros), sino dejar hablar al texto en su perspectiva. Por consiguiente, la lectura e interpretación del comienzo de la historia del hombre en el Génesis, hay que realizarla en clave religiosa.

2.1. El hombre como imagen y representación de Dios

Así, pues, en la cabecera de esta síntesis antropológica de la Biblia figura la denominación más repetida y fundamental de todo el pensamiento cristiano sobre el hombre que, como veremos a lo largo de nuestro estudio, es una verdadera revolución cultural que se traslada desde la razón a la civilización occidental, a la sociedad, a la ética, a la convivencia social, al derecho, a la economía. Por eso decimos que todo trasfondo de la cultura es humanista, porque tiene al hombre como principio y fin de la construcción racional. En esta afirmación y convicción descansa toda la teoría de la supremacía de la persona, de la dignidad del individuo, de la inviolabilidad de la vida y de los derechos humanos, del valor supremo de la libertad, del sentido de la humanidad y fraternidad universal. Todo descansa y deriva de esta primera afirmación radical y profunda que ha trascendido los horizontes religiosos y se ha convertido en arquitectura racional de la civilización occidental. Es la herencia conocida como el humanismo cristiano. La condición del hombre como imagen de Dios es el fundamento de toda la antropología cristiana. Aquí, en esta aurora de la humanidad, arranca el tema de la naturaleza humana que tantos fundamentos ha proporcionado a la teología, a la filosofía, a la cultura, al derecho, a la moral, a la política. Este es el nuevo espíritu antropológico del que hemos hablado. Hay que remitirse a esta situación original del hombre para hablar de estado natural, naturaleza humana, el hombre natural refiriéndonos al primer estado, antes del pecado o al resultante del mismo, al hombre corregido. ¿En qué momento del hombre asentamos los llamados derechos humanos? Aquí se inicia, igualmente, la dialéctica del hombre naturalmente bueno o esencialmente malo que ha servido para elaborar distintas teorías explicando el comportamiento de los hombres y de los grupos sociales. San Agustín y la superación del maniqueísmo, los humanistas del Renacimiento italiano con su optimismo antropológico, el maquiavelismo político, los postulados de la reforma protestante de Lutero, los defensores del derecho natural antes que el derecho positivo con Hobbes o Rousseau, las teorías psicológicas de Freud y los supuestos filosóficos de la educación actual. La creación del hombre a imagen y semejanza de Dios forma el núcleo central del pensamiento cristiano. El hombre es la única criatura en el mundo pensada y querida por sí misma, en sí misma. Nunca debe ser utilizada como un instrumento y tiene un valor final en sí mismo no siendo medio para nada ni para nadie. Es persona. Ante el hombre nos encontramos con una diferenciación ontológica en relación con los demás contenidos de la naturaleza. Las teorías científicas llamadas evolucionistas que expliquen el origen del hombre en otros lares, en otros principios, no pueden dañar ni disminuir la suprema divinidad de la persona humana que hay en él.

El hombre como criatura de Dios es pensado y proyectado como imagen suya. Esto significa que el hombre no tiene ninguna existencia autónoma o independiente, sino que todo en él depende de Dios y tiene una relación de fe con Él, que llamamos religión. La religión no es una dimensión accidental, sobrevenida o añadida al hombre a lo largo de su recorrido existencial, sino que es la razón misma de su origen y aparición en el mundo. El hombre es la primera salida sacramental de Dios en el mundo. Por eso, religión es religación o vinculación del hombre a Dios desde el principio. El hombre es un ser condicionado y nada hay en él que sea suelto o absoluto. Es, por consiguiente, un ser sujeto en el doble sentido del término, o sea, ligado, sometido y capacitado de conciencia y responsabilidad. Toda la vida y las necesidades del hombre, tanto materiales como espirituales, están referidas a Dios. El hombre es un ser dependiente desde sus comienzos, porque tiene una ordenación esencial hacia Dios. Salido de la mente y de las manos de Dios, el hombre está formateado y diseñado a su imagen y semejanza y se constituye como la marca de Dios en el mundo al que es enviado como su representante, para continuar la obra de la creación (creced y multiplicaos) siendo su capacidad activa y creadora la función esencial del hombre en la tierra. Tomando el relevo de Dios, al hombre se le concede una libertad y responsabilidad sobre el mundo. La libertad no se entiende aquí como una cualidad que constituya o adorne la esencia estática o metafísica del hombre, sino su capacidad de iniciativa para intervenir en la construcción del mundo en nombre de Dios, siendo su embajador. La libertad es una característica derivada de esta dimensión continuadora, es la personalidad vicaria, en nombre y representación de Dios que ejerce el hombre en la tierra. El hombre como delegado de Dios en la tierra goza de una libertad y autonomía.

Por otra parte, algunos autores, llevados por un exceso de celo humanista, pretenden resaltar la diferencia (incluso en el tiempo) entre la creación del mundo, por una parte, y la creación del hombre por otra. No es necesaria dicha distinción para resaltar la primacía del hombre sobre la naturaleza, pues el acto creador se entiende como un todo, sin partes ni tramos en su contenido. Actualmente se discute si la secuencia temporal de la creación pertenece solo a la condición metafórica del relato y no a sus condiciones históricas o reales. No exige un replanteamiento, una reflexión nueva o una nueva decisión por parte de Dios para dar un carácter más importante y significativo a la aparición del hombre, como si se le hubiese olvidado algo en el primer proyecto. Tiene su atractivo la idea de que, con la creación del hombre, la naturaleza queda completa y perfecta. Como este sentido antropológico del relato de la creación ha sido objeto de numerosas lecturas, explicaciones e interpretaciones a lo largo de la historia del pensamiento cristiano, volveremos sobre su contenido para ser profundizado. El tema del hombre como imagen y semejanza de Dios, como su reflejo más puro, ha acaparado mucha reflexión en toda la filosofía y la teología y ha dado mucho juego en la antropología y en la conciencia occidental.

El paso siguiente consiste en interpretar la ruptura del hombre que se produce en el pecado original y que, ya desde San Pablo, se ha apuntado como una división, una escisión, una rebelión, una fractura del hombre con relación a Dios y con relación a sí mismo. Se produce una distorsión de la armonía original, una descompensación, una corrección del proyecto inicial, una pérdida de equilibrio en las relaciones del hombre. El paso a la autonomía que supone querer ser por sí mismo, sin la dimensión refleja o representante de Dios, sin la referencia esencial, es la nueva situación existencial producida en el desarrollo o en la biografía del ser humano que se considera como una caída, una pérdida de status y de rango, un descenso en la dotación y capacidades iniciales. Todas las consecuencias posteriores y derivadas de esta primera trasgresión vienen contempladas y descritas con términos "judiciales" por parte de los autores del relato. Se ha producido una trasgresión, ha habido desobediencia a un mandato, se ha quebrado la relación de confianza, se ha producido una infidelidad. Castigo, condena, culpa, falta, pena, expulsión, sufrimiento. Aquí es donde sitúan los autores la aparición de la conciencia moral la humanidad con el descubrimiento de la noción y la sensación de la culpa, del mal y de la muerte. Porque "Dios creó al hombre incorruptible —dirá más tarde el libro de la Sabiduría— y lo hizo a semejanza de su naturaleza mas, por envidia del diablo, entró la muerte en el mundo y la experimentan los que le pertenecen" (Sap. I, 1, 23-24). Es un reflejo subjetivo de la condición de rebeldía frente a Dios. Sobre todo, se resalta el comienzo del "ser para la muerte" que ha llegado hasta la filosofía existencial de nuestros días de M. Heidegger. El tema de la muerte y la mortalidad del hombre, unido al de la temporalidad, es uno de los ejes de la antropología cristiana que ha sido recibido y desarrollado por otros ámbitos de reflexión filosófica. Más tarde veremos cómo conjuga San Agustín las dos dimensiones del hombre en este sentido: muerte y vida son dos realidades simultáneas. La condición del hombre es una vida mortal y una muerte vital. Es una existencia sincronizada. Cada acto de vida es un acto de muerte, cada día que vivimos es un día que morimos y el día que dejamos de vivir dejamos también de morir. A estas alturas del relato bíblico la condición mortal viene contemplada como consecuencia del traspiés cometido en el pecado. Es el mayor castigo derivado del mismo. Por ello, la muerte en el hombre pasa a ser una certeza mientras que la inmortalidad es una hipótesis, una aspiración perdida que hay que reponer y recuperar para dar sentido a la vida. Aquí sitúa la antropología cristiana el comienzo del "homo laborans", o el hombre laborioso explicando el hecho y la herencia del pecado original como la causa de la condición que arrastra el hombre en la tierra donde tiene que trabajar y ganarse el pan con el sudor de su frente como castigo. El trabajo del hombre adquiere esta dimensión teológica y redentora. Es castigo o, si se prefiere, un mandato pero también salvación y restauración de las relaciones del hombre con Dios. Durante muchos siglos, la maternidad dolorosa y fatigosa de la mujer fue interpretada también como derivada de esta situación inaugurada por el pecado. Sin embargo, aunque el intento de autonomía por parte del hombre frente a Dios (que ha sido la causa de la nueva situación) ha fracasado, Dios no abandona al hombre y le sigue manteniendo como interlocutor. De ahí toda la teoría de la salvación que sigue adelante como propuesta y oferta histórica ante el fracaso de la primera creación. No hay ningún vacío existencial, no hay ninguna interrupción de la relación, de la amistad o de la dependencia con Dios. El hombre, a pesar de todo, sigue siendo imagen y semejanza de Dios, algo herida, algo desdibujada. A veces se presenta el episodio del pecado original como un fracaso, un intento de apropiación, un gesto de soberbia por parte del hombre que no consiguió su objetivo y quedó malherido y necesitado de ayuda y salvación. Con ello, el hombre "cayó" de su primera dignidad perdiendo una condición existencial envidiable que le igualaba más a Dios todavía. Por eso, toda la antropología bíblica se centra en la recuperación de la dignidad perdida, en la vuelta a la primera situación. Se trata de restablecer y reparar equilibrios. La caída del hombre, el fallo y la ruptura de sus relaciones con Dios en el pecado afectó también a las condiciones de su relación con la naturaleza y, de alguna manera, produjo también un fallo y fracaso de la misma naturaleza, se alteró el orden de las cosas, se produjo el caos y la agresividad comenzando los procesos dolorosos y dañinos. Por ello, la acción de Jesús en el Nuevo Testamento se presenta como una restauración antropológica.

Explicado y entendido, el sentido antropológico de la creación, los autores han seguido indagando sobre más detalles que afecten a la imagen o que arrojen más luz sobre lo que es el resultado de esa creación. Otros datos acerca del hombre proceden de alusiones a su estructura o composición. Siguiendo la terminología hebrea, se habla de un "ruhaj" o aire infundido a la materia o barro, que indica la transmisión del espíritu de Dios al hombre con lo que se convirtió en ser viviente, simbolizando al alma (nephesh) frente al cuerpo. Con ello, se simboliza la participación en el suspiro vital del mismo Dios. Estos primeros pasos de la antropología bíblica nos instalan en la dicotomía, en el dualismo cuerpo y alma que no nos abandonará más. El problema, en adelante, será la dialéctica entre unión y unidad que se fundirá con la teoría de la unidad trascendente de la persona formulada por San Agustín (siguiendo a Platón) y Santo Tomás (siguiendo a Aristóteles). Cuerpo y alma, materia y espíritu tendrán siempre como referencia la unidad de la persona que afecta, por igual, tanto a uno como a otra. Todo el hombre lo es en el cuerpo y todo el hombre lo es en el alma. Pero esto necesita ya una elaboración filosófica y racional posterior que se producirá en el transcurso del tiempo. Se insiste en que la semejanza e igualdad con Dios le viene al hombre por vía del alma, del elemento espiritual aunque, con la síntesis de la unidad personal, se extiende a todo el hombre. Así, el cuerpo recibe también su dignidad propia no solo por ser sede de la imagen, sino por formar parte esencial de ella.

2.2. Hombre y mujer los creó

Ya hemos dicho que en el discurso antropológico de la Biblia converge una visión cultural y una visión religiosa de tal manera que los sucesivos análisis culturales han hecho y facilitado una labor minimizadora, es decir, en el relato bíblico hay más elementos religiosos que culturales. Uno de esos puntos o acuerdos mínimos es la diferencia entre el hombre y la mujer. No se trata de diferencias esenciales, pues la identidad y la dignidad de la mujer queda salvaguardada y está en la misma línea que la del hombre. No se contemplan rivalidades entre los dos géneros, ni dependencia, ni subordinación, ni derivación. Es importante, igualmente, señalar que la diferencia de género entre mujer y hombre está descrita y reducida al mínimo y que no está contemplada o valorada, como decimos, desde la etnografía posterior, sino desde la religión, o sea, desde su origen y dependencia de Dios. La meta del relato conjunto de la creación (referido al varón y a la mujer) no es fundamentar o justificar la diferencia de géneros, sino contribuir a su equiparación en origen y dignidad a pesar de las mínimas diferencias biológicas existentes. El discurso creador sobre la mujer, que no es accidental o subordinado al del varón, sino que forma un todo con él, está dirigido a resaltar la perfección y complementariedad de ambas formas de existencia antropológica. Recurriendo a la literalidad narrativa, se nos dice que en el desfile de los seres, el varón no encuentra a nadie, entre los contenidos de la creación, que se asemeje a él como interlocutor hasta que su mirada descubre entre ellos a la mujer con quien experimenta una vibración especial de su ser, reconociendo en ella una plenitud personal pues forma, con ella, una unidad humana. Carne de su carne y hueso de sus huesos es llamada mujer, o sea, is-issaj, que significa identidad esencial con el varón. La mujer forma parte del yo del varón como su segunda vertiente o mitad en la participación personal. Hasta ese encuentro y convergencia de sentimientos y personalidad, el varón se encontraba solo pero, a partir de ese hallazgo y descubrimiento, encuentra la ayuda necesaria para seguir viviendo, desarrollándose y reproducirse. No podemos pedir al Génesis que nos proporcione todos los fundamentos antropológicos y teológicos para proteger la dignidad de la mujer o para fijar y situar su equiparación con el varón pero tampoco podemos acusarle de ser el causante de derivaciones y discriminaciones producidas o causadas posteriormente por razones de intereses culturales. También queda suficientemente demostrado que el Creador piensa en el varón y en la mujer como seres independientes y que cada uno de ellos, cada uno de los géneros por separado, pueden contener y realizar la condición de ser humano diseñada para ambos. Es decir, el ser humano, resultado de la creación, puede ser vivido y realizado como varón o como mujer. La mujer es otro yo en la identidad común humana.

Superada y resuelta la antropología del dualismo procedente del Dios creador, ahora hay que desarrollar la significación antropológica de la unidad hombre-mujer que están llamados no solo a ser uno en lo esencial, en la común humanidad, sino también uno en la comunión o en la comunicación que es imagen y reflejo de la comunión del hombre con Dios. El amor y la unión de un hombre y una mujer representan mejor la imagen de Dios que vive en unidad, en comunión y comunidad. La superación de la soledad originaria del hombre se realiza mediante la comunión con la mujer por la cual serán dos en una sola carne. Comparten estructuras biológicas comunes, tienen sentimientos y tendencias conjuntas, desarrollan capacidades asociadas y complementarias, participan y disfrutan del mismo patrimonio afectivo. La mujer es la compañera del ser y de la vida del hombre con la que se une para formar una síntesis de comunión con vistas al tercer trascendente que son los sucesores y la descendencia. El matrimonio está contemplado aquí en sus fundamentos más profundos y originales. La secuencia del Génesis contiene elementos suficientes para esta antropología freática que alimenta la aparición de nuevas ideas sobre el hombre, sobre sus tenencias e inclinaciones más inscritas en su ser dual. En esa existencia recíproca se realiza la condición de persona que tienen tanto el varón como la mujer. El ser imagen y semejanza de Dios no contiene solo la individualidad, identidad e integridad de cada uno sino también la comunión de ambas modalidades de ser en la entrega recíproca, pues Dios también es comunión y entrega. La sincronía entre Dios y el hombre se alarga en la sincronía y complementariedad del varón y la mujer.

2.3. El evolucionismo y sus variaciones actuales

El problema de la constitución del hombre como ser derivado en sus mismos comienzos ha planteado a la ciencia el tema de las relaciones entre creación y evolución al que se ha añadido, en pleno siglo XX la teoría del azar y de la necesidad. Creación, evolución, azar o necesidad. He ahí los términos de un largo problema que va encontrando su solución. Génesis, Darwin, Monod, fe, ciencia. Sus inquietudes y teorías deben ser incorporadas y asumidas en una historia de la antropología cristiana como la nuestra. Son explicaciones posteriores que tienen que esperar y respetar su turno para no solaparse o contraponerse a otras. La solución final será el esfuerzo que la razón humana haga para compatibilizar todas las propuestas de verdad que reciba de la religión o de la ciencia. No puede haber contradicción entre ambas. Téngase en cuenta que el evolucionismo no es, inicialmente o principalmente, una teoría antropológica, sino una explicación científica del universo que le afecta, de manera derivada, al origen del hombre como parte esencial del mismo. Pero, lamentablemente, hemos ocupado demasiado tiempo en comparar y enfrentar al evolucionismo con el cristianismo para defender a cada uno de las acusaciones del otro. Las discusiones parecen llevar al resultado de un acuerdo y una compatibilidad entre creacionismo y evolucionismo puesto que hay que respetar la autonomía, el método y las conclusiones de cada uno de ellos. El evolucionismo se puede entender en términos de creación y en la creación caben elementos evolucionistas. Dicho en pocas palabras, la evolución presupone la creación y la creación se entendía como una acción continuada por la evolución dejando a salvo el principio de que Dios es el creador del cielo y de la tierra. Hay concesiones por ambas parte. El cristianismo reconoce que el evolucionismo es algo más que una hipótesis, contiene certezas, pero también es verdad que la teoría evolucionista debe admitir y respetar las dimensiones espirituales de la persona que es el "minimum", o la línea roja, de la creación. El hombre es una cuestión aparte y las teorías científicas, materialistas y reduccionistas no pueden explicar la presencia del alma en él. Por otra parte, el llamado acto de la creación no tiene que entenderse como una intervención única, aislada, espontánea, circunscrita a un "momento", sino que es extensible al tiempo y se realiza más como proceso histórico en el que cabe, perfectamente, el "mecanismo" de la evolución. Además, la evolución no se entiende como sucesivas apariciones sorpresa, sino como fruto de la inteligencia y de la planificación creadora sobre el mundo. San Agustín hará frente a esta aparente contradicción con la teoría de las "razones seminales" que desarrollaremos en otro momento de nuestro estudio. En definitiva, se trata de admitir una inteligencia como origen del mundo o un acaso y suceso ciego, inesperado, improvisado. Después de toda la avalancha de mitología, la filosofía griega (Platón) lo vio muy claro: el mundo está "ideado" o guionizado, dirigido por un pensamiento ordenado y planificado con una inteligencia y finalidad. No hay que olvidar que toda defensa del proyecto creacionista lleva consigo también una dirección finalista. Se crea algo para algo y la teleonomía es una dimensión esencial de los seres vivos, de tal manera que para Aristóteles (y también para los científicos modernos) es lo que distingue a los seres vivos de la simple materia. La "bios" o biología aristotélica es la vida como movimiento interior (crecimiento y desarrollo) de esos seres vivos frente al movimiento espacial exterior o traslación que tienen las cosas inorgánicas. Por mucho alcance que tenga el evolucionismo como teoría científica, solo puede explicar lo sucedido, pero no anticiparse a la primera causa y, sobre todo, la ciencia no puede explicar al hombre como unidad, como totalidad integrada por el cuerpo y por el ama que llamamos persona. Siempre hay un reducto de misterio y de derivación de Dios que es alcanzable y explicable por la razón ayudada por la fe. Porque aquí también podemos decir, con la extraordinaria cortesía de la ciencia, que la fe es algo más que una hipótesis religiosa, es algo más que una revelación, es una coherencia o lógica racional. En definitiva, lo que la ciencia no puede explicar es la aparición de la conciencia y de la trascendencia en el hombre.

Es muy significativo que una teoría como el creacionismo, aceptada y defendida durante tantos siglos por intelectuales creyentes, perdiese o desapareciese su consistencia por la irrupción, de la noche a la mañana, de una teoría y de unos experimentos que comenzaban su andadura en el terreno de la ciencia. Pero es igualmente cierto que la abrumadora mayoría y credibilidad de la postura creacionista fue equilibrándose con la creciente aceptación y difusión de la teoría evolucionista y se equilibraron las probabilidades por ambas partes. A medida que crecía una en aceptación, disminuía la credibilidad histórica de la otra. Ya estaban ambas teorías frente a frente y luchaban con las mismas fuerzas, con las mismas armas, argumentos o pruebas. Se había vencido la resistencia inicial a toda novedad en ese terreno de explicar el origen del hombre. Después se desencadenó una confrontación de las dos posturas que suponían igualmente un dualismo, una división en la comunidad científica: los creyentes se aferraban al creacionismo y los ateos al evolucionismo que aprovechaban para fustigar a la fe, a la religión, a la Iglesia, al catolicismo y reprocharle su despreocupación o abandono de las explicaciones o investigaciones en la materia. Con el tiempo los apoyos y reproches entre seguidores de las dos posiciones se suavizaron y ya había mezcla y diálogo entre defensores y detractores, entre teología y antropología. El punto de encuentro o de compatibilidad, si no de coincidencia, suponía que Dios podía haber creado formas muy primitivas con capacidad de desarrollo sucesivo y gradual hasta alcanzar derivaciones más perfectas. Pero quedaba siempre pendiente la cuestión (que pesaba como una losa) del génesis y aparición del espíritu, de la conciencia, del sujeto, de la persona, de la unidad moral del hombre. Seres humanos que aman y piensan. Es difícil explicar que estas dimensiones tan superiores del hombre procedan de niveles inferiores en vez de admitir que, una realidad más suprema y trascendente, creó y diseñó esta vida que guarda su secreto inexplicable. Ya no se trata del cruce de funciones de San Agustín, con el conocido "creer para entender y entender para creer", sino creer para seguir creyendo y entender para seguir entendiendo. Las vías paralelas del tren, la fe y la ciencia, la teología y la antropología siguen adelante.

2.4. Recepción del evolucionismo hoy: del azar a la necesidad

Otra de las teorías que rozan la concepción cristiana del hombre, contemplada desde la creación, es la desarrollada por el biólogo Jacques Monod (1910–1976) que podíamos unir al Juego de la vida de John Horton Conway en 1970. Monod es un biólogo que puso en contacto la biología con la filosofía y con la ética. El concepto de azar y necesidad existía ya en el suelo filosófico desde los griegos. El destino, la falta de libertad, la necesidad y la determinación fueron supuestos racionales de la filosofía antigua anterior al cristianismo. Con la fuerte biología y la débil filosofía propiciada por Monod, desaparece la vigencia del histórico principio de causalidad. El hombre se queda sin saber ni conocer el maravilloso mundo de las causas y las causas del mundo, de la vida, del hombre. Ya no ha lugar en la ciencia para el proyecto, para la investigación, para la prevención o la anticipación a daños o riesgos. Todo se escapa a nuestra previsión. Ya no hay objetividad ni conocimiento verdadero. Nos hemos privado así de la mejor clave de interpretación del universo y todo aparece (o desaparece) envuelto en una nube oscura de incertidumbre, de inseguridad, de sorpresa y de improvisación. El concepto de causa era una luz para la razón que iluminaba y señalaba sus pasos. Sin embargo, para estos autores, todo es un azar, un milagro, una suerte o fortuna en sentido griego. Bajando de las alturas del lenguaje antropológico podemos convertir la aparición del hombre en una narración literaria. Tomamos un puñado de letras y las arrojamos al aire. Al caer, inexplicable y sorprendentemente, forman de manera ordenada un nombre determinado y la identidad de una persona. O el recurso a la otra imagen: nuestro nombre salió del bombo de la vida en una especie de lotería biológica. El hombre se encontraría solo en la inmensa inmensidad del universo biológico y, como está solo, no tiene antecedentes ni causas, creadoras o no, sino que ha surgido de repente, por azar, por acaso, por casualidad y no trae denominación de origen ni su certificado de procedencia debajo del brazo. No tiene historia ni memoria, ni herencia. Triste destino el de la criatura más noble de la creación. Con ello se empobrece la ciencia y el mundo. El caballo de batalla de la narración bíblica sobre el origen del hombre estaba, para la ciencia, en la expresión "creación de la nada" resaltando así la máxima intervención de Dios. Pero ya se ha visto que esa expresión no excluye ni contradice, en absoluto, las tesis del evolucionismo pues cualquiera que sea el elemento (o el momento) en el que se originó el mundo o el ser humano, es susceptible de ser llamado y considerado como lo que sigue al vacío anterior al ser universal. Si hubo comienzo del tiempo y del ser, antes del tiempo y del ser "estaba" la nada. Con frecuencia, la filosofía ha abierto camino a la ciencia. Las reapariciones actuales del evolucionismo están entre el conflicto y el diálogo con el creacionismo. Si, durante algún tiempo, creíamos que el conflicto entre cristianismo y evolucionismo había cesado o ambas propuestas sobre el origen del hombre habían llegado a un acuerdo de argumentación o se habían reconciliado, he aquí que renace dicha polémica con la aparición de nuevas afirmaciones en un ensayo titulado El gran designio, de los autores S. Hawking y L. Mlodinow (2010) Comienza de nuevo el andar del creyente y el andar del materialista y ateo. Aquí la trayectoria del argumento cambia de dirección: si siempre hemos considerado a Dios Creador como el Absoluto, pero también el condicionante, el "a priori" o la condición para entender y explicar la existencia del mundo, ahora sucede todo lo contrario: el conocimiento del mundo ya no es condición científica necesaria para admitir la existencia de un Dios Creador. Dios es un concepto científicamente inútil y sobra en el laberinto de la razón. Dios ha dejado de ser un supuesto necesario, un postulado que diría Kant, para entender el universo y, por consiguiente, al hombre. El Dios como hipótesis imprescindible queda ahora como arrinconado. El no puede ser la obsesión de la criatura racional. La ciencia hace inútil la filosofía y la antropología. Hay que despedir a Dios de la ciencia y de la pregunta por el hombre. Adiós a Dios. Y sin embargo sabemos que la ciencia tiene como principio y fin la unificación de todo lo existente. Pues bien, Dios es el Todo de la ciencia. Dios es la última tesis que se convierte en principio. Nada original a estas alturas. La pregunta por Dios es paralela a la pregunta por el mundo ya desde Grecia. En el camino, se encontró con la respuesta de la antropología cristiana con la que pretende acabar la física moderna.

Reiteramos aquí lo dicho más arriba: el ensayo aludido no tiene como tema principal la presencia de la antropología en el tema de la creación, sino las características que separan o enfrentan a la filosofía en su relación con las demás ciencias llamadas experimentales. Hemos perdido los filósofos y hay que resignarse ante la derrota. Sin embargo, para otros, la filosofía es la reflexión que suple y salva a la biología pues allí donde no llega esta llega la filosofía. En este sentido, la antropología afirma que el azar no sería un proceso o conocimiento científico, sino todo lo contrario, sería el desconocimiento por parte de la ciencia, de lo que sucede más allá de ella, más allá de sus límites. Ante la imposibilidad de dicho conocimiento, lo más sencillo es atribuirlo al azar. Lo mismo se podría decir de la necesidad como concepto aplicado o contrapuesto en antropología a la existencia de la libertad. El principio de causalidad no anula el proceso de la libertad. Un acontecimiento puede ser libre aunque sea causado. El ejemplo más claro lo tenemos en este punto de la antropología cristiana: Dios crea al hombre libre, sin determinaciones aunque con limitaciones. Con estos datos, podemos entender que el hombre es un misterio de libertad y de obediencia que incluye también la libertad o voluntariedad. Sin embargo, aunque el evolucionismo y el creacionismo hayan firmado las paces y no se arrojen sus verdades uno contra el otro, sigue siendo verdad que la teoría de la evolución ha causado mucho daño a la antropología histórica, pues ha puesto en duda la primacía del hombre sobre las demás criaturas, su superioridad y dignidad, su semejanza con Dios (Gottebenbildlichkeit) y el hombre queda reducido a un producto más de la evolución de la materia, a una expresión más del universo material, vegetal o animal, perdiendo toda capacidad de apelación y legitimación de los derechos humanos que se asientan en esta especialidad, identidad, diferencia y especificidad del ser personal. Es mucha civilización la que se asienta en la noción cristiana del hombre. Para superar estos conflictos, el concepto de creación puede entenderse más claramente hoy con la noción de virtual. Dios es el creador del mundo en forma implícita, lejana o imperceptible pero real, mediante una fuerza virtual depositada en las cosas que va más allá de los tiempos medidos y tasados por los científicos.

La pregunta y la preocupación cristiana sobre qué es el hombre, va más allá de un impacto o importancia individual. Afecta a su entorno o circunstancias personales o familiares condicionando sus relaciones con los demás y con la sociedad. Cada hombre, cada individuo, más allá de su origen y condición, es imagen y reproducción de Dios. En esta identidad y particularidad radica su dignidad, su inviolabilidad, su valor y respetabilidad, su integridad e igualdad que no puede ser violada, atropellada, despreciada, suprimida por ningún otro ser y hombre en el mundo. En esta dignidad del hombre descansa la libertad que tiene que ser utilizada para trabajar sobre el mundo y sobre sí mismo. La libertad consiste en la posibilidad de reflexión sobre el pensar y el hacer que lleva a la capacidad de decidir y a la responsabilidad sobre las decisiones. Los conceptos de ser creado por Dios (Geschöflichkeit) ser asimilado a Dios (Gottesebenbildlichkeit) y ser libre (Freiheit) están en la misma línea de definición y tienen los tres la misma esencia y vinculación. Las tres cosas a la vez en una es el hombre y configuran su esencia y determinación. Qué profundo es la noción de libertad en el cristianismo. Nadie ha llegado a sus raíces como la filosofía que desarrollamos. Hay dos formas de explicar al hombre en el Génesis: una preocupación más sustancial, lo que el hombre es, sus facultades y capacidades (espíritu, razón, lenguaje) y otra más relacional, su dependencia de Dios. El hombre no es producto de sí mismo. El valor y la dignidad del hombre se asientan en esta procedencia, proximidad y similitud con Dios. Él es el original y el hombre una copia y tatuaje existencial. Es la moneda de Dios en el mundo cuyo valor está en Dios. Ese es el fundamento de su superioridad sobre todas las cosas de donde arranca su trascendencia pues Dios es origen del hombre, pero también su destino, vocación o llamamiento. En este sentido el hombre es un misterio escondido, un enigma, un milagro y una cuestión no respondida como decía San Agustín al comienzo de sus Soliloquios.

3

Antropología de la esperanza y liberación

La imagen bíblica del hombre no se agota con el relato de la creación, con la caída del pecado y el castigo correspondiente (en transmisión y herencia), sino que continúa con la promesa de salvación para lo cual es necesaria la antropología política de los profetas. La esperanza del hombre, la fe en sus promesas podía venirse abajo o desfallecer y era necesario un profetismo dirigido al sentimiento del creyente en relación al sentido de la estancia en la tierra, la lucha por la verdad, al triunfo sobre los enemigos. Había que mantener vivo el proyecto de salvación. Estamos en el camino del mismo mundo espiritual y vamos en busca del modelo de cultura antigua que se desarrolla más racionalmente en Grecia y en Roma. Los profetas realizan una primera síntesis cultural y mediadora entre la Biblia y la filosofía o lenguaje de su tiempo siendo un hito muy importante de esa antropología cultural que avanza hacia la antropología cristiana. Aquí cobra sentido el hombre como creyente. Creer va a ser una dimensión esencial de esta antropología. La vida humana en la tierra va a ser una peregrinación, un destierro en busca de la paz, el descanso y felicidad prometida, una lucha contra la desesperación. La antropología de la diferencia vertical entre Dios y el hombre entra en un proceso de diálogo y de proximidad mediante los profetas. Comienza la cultura de la mediación. Por ellos, el Dios lejano y airado se convierte en director y guía para la humanidad. Siguiendo sus indicaciones podremos alcanzar la realización y la libertad. Así se forma la conciencia de pueblo de Dios, propiedad suya por la que se preocupa y cuida. El Reino donde Dios es el que dispone las normas y los mandamientos. Con ello comienza una diferencia o separación entre los buenos y los malos, los obedientes y los desobedientes o rebeldes. Hacer que el pueblo vuelva a la obediencia de Dios es también una misión de los profetas. Con el cumplimiento de los mandamientos, se vuelve a la alianza, a la unión y a la amistad con Dios y se recupera aquella primera familiaridad perdida. Los animadores, los impulsores, los estimuladores de la fe de Israel son los profetas que se encargan de esta sostenibilidad de la promesa y del proyecto de salvación. En esa relación (religión) interpersonal del hombre con Dios, su Creador, en el pecado que supuso un rechazo y desobediencia, se produjo una ofensa a Dios. Dios se sintió ofendido por el hombre al que había creado. ¿Qué te he hecho, en qué te he ofendido? Respóndeme, le pregunta Dios al pueblo a través de Moisés. Los profetas son la mediación y el sacramento visible de esta continuidad en la oferta de salvación. Porque el hombre sigue siendo un hombre tentado y asaltado por las dudas, por la libertad y por la increencia, por el dinero y el poder, viendo cómo viven los paganos, los no creyentes en Dios, el reparto del bien y del mal, los premios y los castigos (riquezas, salud, éxito) de acuerdo con los comportamientos religiosos y morales frente a Yahvéh. La vida humana se convierte en un desierto, lejanía y soledad llena de peligroso y asaltos. La lucha será por mantener la fe y la confianza en un único Dios, por defender el monoteísmo en medio de una sociedad fragmentada en adorar multitud de ídolos. La tentación de rebelarse contra Dios es una dimensión constante del hombre del Antiguo Testamento. Más tarde vendrá Jesús el Mesías prometido y será el gran tentado que acepta, en nombre de todos los hombres, que sean tentados y probados en su fidelidad. Por ello, el profeta recrimina al pueblo su abandono de la fe en el Dios verdadero y la entrega o adoración a los ídolos, a los otros dioses y les invita a volver a Dios, a la conversión. La conversión del hombre es otra característica de esta antropología de los profetas. Pero este mensaje de los profetas tiene, también, su vertiente social. Son críticos con la creencia individual, la piedad, pero también con la situación de la sociedad, del pueblo. Rechazan y condenan los comportamientos injustos, la corrupción, los abusos del poder, el halago de los poderosos y el abandono de los débiles, de los huérfanos y de las viudas. Por su enfrentamiento con los gobernantes y poderosos de su tiempo, los profetas fueron perseguidos, condenados, matados y abandonados. Se encontraron solos defendiendo las virtudes de su pueblo. Su mensaje social resulta incómodo para los ricos, para los sacerdotes y los reyes. No aprueban la política de su tiempo. Advierten de las consecuencias de sus conductas desviadas y anuncian castigos para los trasgresores de los mandamientos divinos. Al tiempo que critican la religión basada en ritos y ceremonias, en gestos y ayunos externos, se dirigen también al interior del hombre, al corazón y a la voluntad, para que busque, no el pan material y perecedero, sino el pan bajado del cielo y el agua que salta hasta la vida eterna. Hay que tener hambre y sed de justicia, de la palabra de Dios. Dios quiere escribir su Ley en el corazón de los hombres. Con estos mensajes, los profetas lanzan al hombre en brazos de una esperanza y de una liberación.

Prometen mejores tiempos, llegarán tiempos donde ya no haya hambre ni sed, ni miseria y todo será abundancia. Otra imagen del hombre discurre por la alegoría de la esclavitud, del destierro de Babilonia de la que será liberado por la mano de Dios.

Los profetas son hombres que, en nombre de Dios, trasmiten su palabra a otros hombres en una situación actual y concreta. Reconocen y repiten toda la antropología contenida en la narración del Génesis. Las palabras y las manos de Dios crearon el mundo y el hombre a su imagen y semejanza aunque hay que reservar el máximo nivel de identidad y semejanza para Jesús, el Hijo de Dios. Le hizo poco inferior a los ángeles, es igualmente enviado y embajador de Dios en el mundo, le transfirió su dignidad y majestad, le concedió el dominio sobre toda la creación que dirigen en su nombre. Puso todas las cosas a sus pies. La situación primera del hombre era de total coincidencia con Dios en su libertad y voluntad. Pero, en algún momento, el hombre quiso ser igual que Dios, usurpar su independencia y poderío, y en ese momento vino el castigo, el rechazo de Dios a las pretensiones del poder por parte del hombre. Aquí se quebró la confianza de Dios en su criatura. Por ello, es necesario recuperar la esperanza mediante las promesas. Los profetas son los encargados de mantener viva la credibilidad de Dios y asegurar la salvación prometida. Se alteró el orden primero y todo se convirtió en dolor y rebelión. Pero los profetas son llamados y enviados para reconducir esa situación. Todo esto forma parte del contexto "legislativo" en que se desarrolla la vida en el exilio y en el éxodo del pueblo hacia la tierra de promisión. El contexto es de desolación, otra imagen muy antropológica. El hombre abandonado e impotente. Con frecuencia, no solo su mensaje, sino su vida era un ejemplo del hombre pobre, solo y desasistido. Ellos encarnan al hombre y viven su contingencia, además de predicar lo que el hombre es. Son hombres colgados solo de Dios, de su fe, de su esperanza en Él. Aportan interioridad a la antropología, lejos de las preocupaciones metafísicas o definiciones identitarias. Por lo demás, combatieron la idea de una religiosidad formal y mecánica, compuesta solo de ritos o gestos externos sin referencia al corazón, sin estar apoyada en actitudes sociales relativas a la justicia, o al compromiso moral. La religión y la moral son asuntos del corazón y no de las manos. El mejor culto es un corazón limpio y una justicia social. Los profetas fueron críticos con las injusticias y unos verdaderos reformadores. Defendieron a los pobres de la vida rural frente a los poderosos de las ciudades y de las monarquías. Combatieron las legislaciones de clase, exigieron los derechos fundamentales del hombre, como el salario, el trato humano, el derecho a la propiedad. Reivindicaban la igualdad, la fraternidad. Fueron revolucionarios del pensamiento frente a tanto abuso y corrupción. Y, sobre todo, fueron pioneros de la libertad condenando la esclavitud.

4

Antropología del diálogo con Dios

El poeta alemán R. M. Rilke (1875–1926) decía que el libro de los salmos era uno de esos libros en los que el hombre puede refugiarse para encontrar ayuda en su debilidad, como puede verse en el salmo 23. Cuántos párpados caídos ha abierto. Con su lectura entraremos en silencio y en reposo, y desparecerá la tiranía del rostro. No son todo oración y solo oración, sino un clamor del hombre herido hacia Dios (véase el salmo 31). Con ello pasamos de una literatura mitológica a una antropología sapiencial, llena de racionalidad, mucho más próxima a nuestras categorías helenísticas. Los libros de la Biblia siguen siendo producto de la cultura de su tiempo. Hay que decir, en defensa de estos escritos, que contienen una gran teoría antropológica en el Antiguo Testamento. San Agustín desarrolló gran parte de sus análisis sobre la existencia humana explicando las situaciones que se describen en ellos. Son gritos y suspiros que nacen de una determinada necesidad del hombre y representan un mapa psicológico del corazón humano. En este caso, los salmos son poesía lírica en forma de oración. El salmo más "antropológico" es el 139 que no sabemos si fue escrito en la intimidad hablando el autor consigo mismo o para expresar en voz alta un diálogo con Dios. ¿Qué es el hombre para que te acuerdes de él? Es una metáfora, porque Dios no se olvida de nada ni se recuerda de nada. Por tanto, los salmos demuestran que Dios sigue pensando en el hombre, que Dios sigue activo en su amor al hombre, no le ha abandonado ni dejado solo frente a sus enemigos. Dios se inclina hacia el hombre; por eso, él también debe inclinarse ante Dios. Son encuentros y actitudes recíprocas que hablan a favor de la dignidad del hombre elevado a la categoría de interlocutor de Dios, que comenzó con la creación, pero que se quebró con el pecado. Sigue la dialéctica o el enfrentamiento entre teología y antropología en la Biblia: Dios es el Creador, el supremo hacedor, el todopoderoso, mientras que el hombre permanece en un nivel mucho más inferior y lejano pero, al mismo tiempo, existe una alianza, una amistad, una cercanía, una promesa, una ayuda, una salvación, una atención (un oído o una oreja atenta al hombre) para escucharle, para acudir en su auxilio. Son formas antropomorfas de describir la situación en que se encuentran las relaciones hombre-Dios que revelan los salmos. Esta presencia activa se expresa en forma de protección y defensa frente a los enemigos de Israel. La guerra material es un signo de la batalla espiritual y de un combate que le obliga al hombre a ser fiel y obedecer a Yahvé. Ello comporta, por parte de la criatura, una confianza total en Dios.

En otro de los salmos que se ocupa del tema del hombre, el salmo 8, prosigue la pregunta por el sentido del hombre. Es significativa esta preocupación y el texto es de los más conocidos y paradigmáticos en la antropología del AT. Además de su condición de criatura o procedencia de Dios, se recalca la posición del hombre en el mundo, su diferencia, peculiaridad y superioridad en relación con el resto de las cosas. Pero al mismo tiempo, se insiste en su especial relación con Dios. A ello corresponde que Dios se vuelca con el hombre y lo cuida como si fuese su jardín particular. En esta línea está la constante estructura de diálogo que se utiliza en los salmos, el género literario, la llamada y el tuteo con Dios. Óyeme, escúchame, inclina tu oído, ven en mi auxilio, date prisa en socorrerme, estate atento a mis súplicas, no me alejes de tu rostro, perdona mi culpa y mi pecado. Todo esto indica un "rebajarse" de Dios al hombre en el que se demuestra el poder divino, no tanto la debilidad humana. Pero no se olvide que estamos en el triunfo del simbolismo y de la alegoría antropomorfa. Existen, en el hombre, ojos, oídos, corazón para Dios igual que Él tiene rostro, manos y ternura para el hombre. Son los órganos de Dios para el hombre y los del hombre para Dios. A pesar de la exaltación y dignidad del ser humano, ante Dios el hombre aparece pequeño y miserable. De ahí sus gritos y súplicas que recalcan su dependencia de Dios. Los salmos son voces de la humanidad y brotan de la naturaleza y de la historia del hombre. Responden a la gran pregunta moral: ¿por qué los malos prosperan y los buenos son afligidos por las desgracias? Son una síntesis antropológica.

Existe en los salmos una antropología sacramental que consiste en elevar las situaciones reales del hombre, como son, dolor, pobreza, soledad, enfermedad, angustia, persecución, temor, muerte, a un lenguaje o verbalización de bienaventuranza y trascendencia, presentarlas ante Dios para convertirlas en un misterio de salvación mediante la oración y la súplica redentora y transformadora. No estamos ante un puro recital poético. Los salmos aportan a la "lectio divina" el misterio de la palabra, o sea, del hombre. San Agustín daba a la "lectio divina" su verdadera significación en este proceso: cuando leemos la palabra de Dios, Él nos habla, cuando rezamos, nosotros le respondemos o le hablamos a Él. Esto tiene lugar en el diálogo religioso que son los salmos. Ellos son una antropología penitencial y bautismal, pues son la expresión y recuperación del hombre desde sus profundidades: desde lo hondo a Ti grito, Señor, Señor escucha mi voz. La voz, la palabra (elemento material y humano) actúa como mediación de salvación, pues la palabra que sale del hombre llena de miseria y de necesidad (o sea vacía), pero cuando vuelva al hombre llega cargada de la fuerza que contiene lo que significa. Aquí hay que intensificar el sentido antropológico y teológico de los salmos y decir que las palabras, tanto las ascendentes (súplica) como las descendentes (ayuda) son mandatos o imperativos que se cumplen sin paliativos. ¿Qué sentido tiene que Dios hable o responda al hombre en los salmos? No son piropos que se pierden en el aire, no son repercusiones o halagos del oído del creyente sino que son intervenciones reales de la acción salvífica de Dios.

La fusión de antropología y teología en los salmos, de existencia humana y palabra de Dios, de necesidad y de salvación, está también presente en el salmo 50, uno de los textos más intimistas y reveladores del sentido del hombre frente Dios. En él, el hombre reconoce lo que es, su culpa y su pecado, su necesidad de reforma y de renovación. La miseria llama a la misericordia, como dice San Agustín. Por eso, podemos hablar de un hombre nuevo, renovado por dentro dotado de un espíritu firme y nuevo (con la carga creadora que tiene en el Antiguo Testamento la palabra y la realidad del "espíritu" como participación del hombre en la vida de Dios) gracias al perdón. La antropología penitencial que reclamábamos antes tiene lugar aquí: la reconciliación es la reconstrucción del hombre mediante la nueva creación que es el arrepentimiento seguido del perdón. La palabra de Dios, que es persona, "borra" y suprime el pasado trayendo una nueva existencia, convirtiendo todo lo anterior en algo viejo y caducado. Es una intervención que incide sobre el tiempo y la historia vivida. Dios "olvida" el pasado de la criatura humana. Porque el Dios creador es también Señor del tiempo y puede cambiarlo y suprimirlo. El salmista pide a Dios un corazón nuevo y que derrame sobre él un espíritu nuevo. Esta antropología del hombre nuevo tiene que ser elevada a su categoría de transformación sacramental en virtud de la cual cambia el concepto de hombre. Esta intervención de Dios en la biografía o en la historia del espíritu humano exige una acción tan grande y poderosa como la misma creación inicial y natural de las cosas. De esta acción de Dios en el corazón humano mediante el arrepentimiento y el perdón nace una nueva criatura, un hombre nuevo, pues se usa el mismo término en hebreo aquí (bara) que en el Génesis. Se trata de una verdadera reinserción del hombre y la vuelta a las relaciones normales con Dios. Algo parecido sucede con el dialogo entre Job y Yahvéh al que se dirige el profeta en forma de diálogo preguntándose qué es el hombre para que Dios se acuerde, al levantarse todas las mañanas, de él quejándose de que hay veces que se olvida. El olvido de Dios, el abandono en el dolor o el apartar su mirada de nosotros es otro de los puntos de esta antropología bíblica dialógica que está presente en los salmos y en los profetas.

5

Antropología sapiencial

Cuando nos adentramos en los libros que componen la literatura sapiencial, encontramos un lenguaje y unas categorías más próximas a nuestra cultura. Sus pensamientos (aun procediendo de un contexto bíblico) están muy cerca de la filosofía helenística. La adscripción de los Libros de la Sabiduría y sus pensamientos, al rey Salomón como autor, no es más que una ficción literaria. Sin embargo, ellos responden a la mentalidad dominante en su tiempo y recogen la tradición oral del pueblo como sucede en casi todos los escritos del Antiguo Testamento. Se conocen como libros sapienciales, no porque procedan de una inteligencia muy sabia o brillante, sino porque invocan a Dios pidiendo prudencia y saber para dirigir el mundo. Se pide vivir en la verdad y en el recto sentido de la vida y de la acción. El autor está influido por las escuelas filosóficas del estoicismo o del platonismo primitivo, pues la Sabiduría puede ser el antecedente del Logos de Platón y de San Juan en el evangelio. La imagen del hombre en estos libros sigue la línea comenzada en el Génesis y repetida en los profetas, en los salmos, cuyos puntos o afirmaciones más importantes ya conocemos: el hombre ha sido creado por Dios a su imagen y semejanza y puesto en la cima de la creación para presidirla, guardarla, desarrollarla en su nombre y representación. De esa posición se derivan una serie de funciones y consecuencias. El hombre-rey del mundo tiene que poseer una inteligencia, una sabiduría que solo pueda venir de Dios, de su Hacedor. El gobierno del mundo se incorpora así a la temática de la nueva antropología sapiencial. Por ello, son un buen manual para el dirigente político del Pueblo de Dios y representan una ética del poder cuyo ejercicio tiene unas condiciones. ¿Va a sustituir la dirección del hombre en la marcha del mundo a la intervención de Dios? ¿Es que tiene el hombre el suficiente conocimiento para ejercer esa función en nombre de Dios? Ante esa responsabilidad, el hombre se siente impotente y pide la ayuda de Dios, suprema Sabiduría. Las cualidades o características de ella son la prudencia, la justicia, la equidad, la fortaleza, la rectitud. De todas estas circunstancias brota la oración del hombre débil llamado a ejercer el poder en la tierra. Un buen manual para gobernantes y políticos poco sensatos y muy orgullosos, totalmente contraria a la antropología de la suficiencia recalcada por los autores renacentistas, concluida la Edad Media. La ética política comienza por la recomendación, a los que gobiernan, de amar la justicia. La rectitud es la mejor forma de hallar a Dios.

La imagen del hombre, desvelada por la literatura sapiencial, indica ya una proximidad, como decimos, al pensamiento helenístico. Solo falta darle un carácter personal a la sabiduría, al Logos platónico, que tendrá lugar en la encarnación del Verbo. El Verbo se hace carne en el prólogo de San Juan evangelista. Por ello, aparece como punto muy importante, el tema de la muerte y de la inmortalidad pero no en un nivel analítico o metafísico, sino descriptivo y hasta, si se quiere, literario como es todo el género de estos escritos. No se trata de demostrar que el hombre es inmortal, sino que se acepta como algo asumido y vivido. Si la sabiduría es algo inmortal y mora en el interior del hombre, en el espíritu, significa que el hombre es inmortal. El mismo argumento utilizado por San Agustín en el tema de las verdades eternas para demostrar la inmortalidad del alma humana, siguiendo los argumentos de Platón. Por lo demás, la antropología de estos libros sigue la línea argumental iniciada en el Génesis. Si allí el hombre fue creado a imagen y semejanza de Dios consistente en la libertad y en la gobernanza del mundo, aquí sucede lo mismo. El hombre es imagen y reproducción de Dios, porque activa y participa de su sabiduría y rectitud que tiene que añadir al poder recibido de Dios. Lo primero que hay que conservar y defender en el universo es la vida. Dios no hizo la muerte, no hemos sido creados para la muerte, sino para la existencia. La verdadera sabiduría es obedecer el mandato de la vida tanto en el cosmos material como en el espíritu. El hombre es inmortal, porque es inmortal la justicia, el deber. Estos argumentos, que parecen tan antiguos, fueron recuperados por Kant en su Crítica de la Razón práctica y les llamó postulados. Es decir, la existencia del bien y del mal, la necesidad de justicia, hace necesario otro orden de existencia, porque en el presente no es posible realizar estas condiciones morales por parte del hombre. Los limpios de corazón hacen un pacto con la justicia para ejercerla y aplicarla. Todo esto implica una esperanza en la inmortalidad. Frente a esta moral de la sabiduría, contempla el autor ya un materialismo hedonista presente en la sociedad que comienza en el "venid pues y gocemos de los bienes presentes, disfrutemos de lo creado ardorosamente… hartémonos de generosos vinos y de perfumes y no se nos escape ninguna flor primaveral…. ninguno de nosotros falte nuestras orgías porque esta es nuestra porción y nuestra suerte" y llega hasta el "comamos y bebamos que mañana moriremos" de los romanos a la que aludía San Pablo en el episodio que originó la conversión de San Agustín. La reflexión y la condición antropológica inciden en el planteamiento moral de la existencia humana. La vida es breve. Nacemos y morimos en un instante. La vida es como el viento y pasa como una sombra. Silencio y olvido nos esperan después de la muerte. Este es el momento decisivo de la moralidad que brota de la sabiduría de los antiguos. San Agustín puso de relieve la ambigüedad y debilidad del argumento hedonista: disfrutemos, que vamos a morir —decían los antiguos—; pero también sirve —pensaba él—, si vamos a morir ¿para que disfrutar? El hecho de la muerte puede empujar al disfrute o a la renuncia. Hay que buscar otras razones para la opción por el placer o por el sacrificio. La muerte es una invitación al placer, dicen los insensatos. Por el contrario, la sabiduría nos debe conducir al recto entendimiento del sentido último de la vida y tiene que deshacer la confusión y la ambivalencia del apoyo filosófico a la ética cristiana y regular nuestro comportamiento en relación a las cosas y a los placeres de la tierra.

Ya vemos cómo la antropología sapiencial se convierte en teoría moral, o sea, en discurso sobre el bien y el mal, sobre los justos y los impíos, entre buenos y malos, en una batalla dialéctica del mayor dualismo que conocemos en la comprensión de la humanidad. El problema de la inmortalidad va unido a esta división o reparto en la condición moral de los hombres. La humanidad se divide en dos bandos, los justos que gozan de la sabiduría y de la rectitud de Dios hasta ser llamados hijos de Dios (ideas que se repetirán en la consideración y persecución de Jesús de Nazaret por parte de los judíos) y los impíos que también son contemplados en el Nuevo Testamento como "id malditos de mi padre" y condenados al final del evangelio de San Mateo. Estos dos grupos están en lucha. La visión o explicación que San Agustín ofrece de este dualismo moral es ya muy distinta a la del judaísmo. El dualismo continúa en La Ciudad de Dios y adquiere caracteres políticos con el dualismo de las dos ciudades, dos sociedades, Iglesia y Estado. Sin embargo, nadie puede saber en la tierra quiénes son buenos o malos, la cizaña está mezclada con el trigo y solo habrá una separación en el diagnóstico final de la historia. Por tanto, tiene que imperar la tolerancia y la convivencia entre buenos y malos en la sociedad y el factor moral no deberá ser motivo de discriminación, aunque en los tiempos de Israel lucha, que llamaremos moral, se simbolizaba en las batallas del pueblo hebreo contra sus enemigos.

Del mismo modo, la antropología sapiencial se convierte en teoría política del hombre gobernador del mundo. La sabiduría que viene de Dios y que fue creada por Él y cuyo origen está en su palabra (Ec 1:1-10) se le concede al hombre en forma de inteligencia para guiar y gobernar al mundo en nombre de Dios. En manos del Señor está el poder en la tierra. El poder no se le da al hombre para su disfrute y ensalzamiento, sino para servir al Señor y a su pueblo. Es un ministerio que hay que ejercer con modestia y misericordia. La soberbia no es fruto de la sabiduría, sino la humildad del poderoso. El gobernante sabio no puede regocijarse en el aplauso de los impíos. En cambio, los poderosos según la tierra, se pasan el poder unos a otros por las injusticias, por las ambiciones y por la avaricia. Esta teoría de la autoridad y del poder trascendió por toda la Edad Media y era aceptada por los gobernantes cristianos. El ejemplo más simbólico y representativo es el Rey Salomón. Cuando Dios le dijo que pidiera lo que quisiera para su reinado, no le pidió oro ni riquezas, sino sabiduría y prudencia para gobernar y discernir con justicia y rectitud al pueblo encomendado (1 Reyes 3). Impresionado por dicho comportamiento, Yahvé le concede todas las virtudes del buen gobierno como son un corazón sabio e inteligente y, además, le concede lo que no pidió, llenándolo de cosas materiales.

II. ANTROPOLOGÍA DEL NUEVO TESTAMENTO

1

Introducción

Los escritos del Nuevo Testamento aceptan, continúan y completan la imagen del hombre en el Antiguo Testamento, a saber, que el hombre ha sido creado por Dios, que el hombre cayó o se alejó de Él mediante el pecado y, finalmente, que Dios sigue ofreciendo al hombre su amistad, su alianza y su salvación. No podemos hablar de ruptura, sino de prolongación e incorporación de nuevas convicciones y perspectivas de acuerdo con renovadas circunstancias culturales. Jesús es el nuevo Adán y toda la creación comienza a comportarse de nuevo. Él es como otro Abraham, como otro Moisés o el último de los profetas. Aquí arrancaría, propiamente, lo que hemos denominado una antropología cristiana, pero no como un tratado sistemático o explícito, sino como una interpretación de los hechos y de las palabras de Jesús. San Agustín distinguía muy bien entre "facta" et "dicta" (hechos y palabras) de Jesús. Es decir, en el evangelio hay acciones o comportamientos, y hay doctrina o teorías. Los Evangelios no son solo palabras o enunciados. En la vida de Jesús hay experiencia personal o ejemplo, hay enunciados y hay propuestas. Los creyentes tenemos que saber interpretar las tres formas de enseñanza: existencia, actuaciones, discursos. Pues bien, todas estas dimensiones "hablan" o enseñan. Son significativas y dan sentido a la historia, teniendo en cuenta que es una historia única de la salvación y que dicha salvación de la historia es salvación del hombre. Hay que investigar en la vida de Jesús y hay que escudriñar sus palabras. De estas interpretaciones de la experiencia cristiana se derivan conclusiones para entender la esencia del hombre y de sus acciones. Por tanto, la antropología es un supuesto cultural de la teología en su versión evangélica de tal manera que podemos hablar de una antropología cristológica. Según esto, en el Nuevo Testamento hay una antropología asumida y valorada o implícita antes que una antropología ofrecida y desarrollada. El hombre es una condición para entender a Jesús. En la misma estructura de la encarnación debemos observar una intencionalidad didáctica y antropológica. Jesús es, al mismo tiempo y en el mismo acto, Dios y hombre, divino y humano, teología y antropología, fe y razón.

2

Suprema dignidad del hombre

Cuando hemos aludido anteriormente a la misma existencia de Jesús como valor y mensaje antropológico nos referimos a la idea central: que Dios se encarnó en el hombre. El "Verbo se hizo carne" de San Juan significa que, a continuación del amor al hombre demostrado por Dios en la creación, viene ahora la encarnación, la elección del hombre como sacramento, intermediación y presencia real de Dios en el mundo, pero de manera más profunda y avanzada que la primera imagen. La humanidad se convierte en el soporte material (hardware) del Hijo de Dios (software) que lo formatea y lo asemeja a su perfil y divinidad. "Hizo de los hombres su morada para siempre y será siempre fiel a la progenie humana" (Ec. 1:1, 16). Con ello, la historia de la antropología o de la imagen del hombre sufre un cambio radical, una inflexión que es necesario interpretar y explicar. De ella habla Jesús cuando alude a una "renovación" del hombre, a una "conversión", a un "seguimiento" de sus discípulos, a una "salvación" y a un "creed en mí porque yo os digo". Todo ello se concentra en el llamado amor de Dios hacia el hombre, en los futuros hijos de Dios. La nueva humanidad lleva consigo la libertad de los hijos de Dios. Algo de ruptura con el Antiguo Testamento tiene que existir porque, de lo contrario, no sería la nueva alianza tantas veces aludida. Debemos realizar un proceso aferente, es decir, cómo se encajan las principales perspectivas del Nuevo Testamento en las cuestiones antropológicas modernas. Hay que activar los procesos antropológicos del Nuevo Testamento y sacar las consecuencias de la encarnación del Verbo. Se ha agotado el antiguo pensamiento sobre el hombre. Un nuevo lenguaje sobre Dios lleva consigo un nuevo lenguaje sobre el hombre. En Cristo Jesús se han terminado y fundido muchos dualismos anteriores: cielo y tierra, Dios y hombre, bien y mal, inmanencia y trascendencia, muerte e inmortalidad, ley y amor, pero, sobre todo, ha cambiado la definición y la esperanza del hombre. Se produce un nuevo anuncio y una nueva pedagogía antropológica para explicar el sentido y la presencia del ser humano en la tierra. Y esto es una nueva forma de libertad, una nueva dignidad. Ya no sirve la imagen, ahora vale la encarnación histórica y real. Nace un nuevo yo, una nueva voluntad, comienza un nuevo destino y se agrandan los horizontes existenciales de la humanidad; en definitiva, se produce una renovación radical del hombre. Si hay algo de nuevo es que Dios en sí, allá lejos en punto de la creación, ya no es la referencia interna del hombre a la que hay que aspirar o ajustar el perfil y la imagen, sino que la referencia y el ejemplar a copiar para entender y esperar al hombre es Cristo Jesús, el Hijo de Dios donde Él se hace visible y experiencia antropológica.

Sin embargo, existe otro punto dialéctico de esta antropología cristológica, o sea de las consecuencias y derivaciones para el hombre de la encarnación de Dios en Cristo Jesús. Por mucha invasión de humanidad, por mucha extensión al hombre que realicemos de la experiencia evangélica de Jesús, hay que seguir proclamando que Jesús es único. Él es la presencia y la actualidad de Dios en el mundo. Que su condición, experiencia y libertad es distinta a la del hombre aunque haya venido para salvarla. Él es el Hijo de Dios y los hombres seremos hijos de Dios en Él, como más tarde piensa y razona San Pablo. Nace la antropología del "ser-en", la llamada "existencia cristiana incluida" que realizan los sacramentos de la Iglesia en los bautizados. Pero hay que seguir distinguiendo la personalidad de Jesús de la nuestra. No es un hombre como tú y como yo, aunque sea nuestro modelo existencial próximo. La significación de este proceso (la encarnación de Dios) en la antropología radica en la nueva dignidad del hombre. Dicho en palabras sencillas de San Juan: tanto vale el hombre, tanto amó Dios al hombre, que le entregó a su propio Hijo. Estas son las consecuencias, la implantación de un nuevo vínculo de Dios con el hombre, de una nueva alianza y compromiso, de un nuevo amor. Esta dignidad tiene una dimensión de reciprocidad: Dios se ha revelado al hombre para que el hombre conozca a Dios, pues Jesús es el camino, es la verdad y es la vida del hombre también.

3

Posibilidad y legitimidad de una antropología cristiana

Nosotros defendemos en este estudio la existencia de una explicación cristiana del hombre. Pero no siempre ha sido así. Hay teólogos que ven con dudas, con críticas y con escepticismo las afirmaciones bíblicas sobre el hombre y señalan que no concuerdan con las modernas aportaciones de las ciencias sobre el tema. Lo primero que hay que tener en cuenta es que el discurso y las referencias al hombre en la Biblia van destinados a todos los hombres. Es un lenguaje universal y no solo cristiano o creyente. Hay que librar al mensaje cristiano de su tentación metafísica, cultural y sociológica. Porque en el escenario evangélico hay gentes muy diversas, grupos étnicos, hombres y mujeres de distinta procedencia, ricos y pobres, reyes, militares, funcionarios, gobernantes, enfermos, trabajadores, comerciantes, impedidos, excluidos, mendigos, perseguidos, pecadores, condenados. Son situaciones reales, geofísicas y humanas. Habrá que ver si todas esas situaciones no son solamente externas, temporales o accidentales, sino que pertenecen a la definición esencial del hombre. Nosotros, como hombres, somos enfermos, pecadores. Jesús es la personalización de todo el hombre, o simplemente nos encontramos ante una ficción literaria o didáctica, ante una representación o comedia para apuntar las relaciones del hombre con Dios, o sea, su salvación. Entonces, la imagen del hombre en los escritos del Nuevo Testamento sería una idea subsidiaria o subordinada. Sería el hombre que interesa al cristianismo. Este tema del realismo cristológico y sacramental en el evangelio le preocupó a San Agustín y se preguntaba: "¿Lo que hizo Jesús no era real o verdadero, no era incisivo, no era existencial y solo 'se dejaba hacer' tentar, pasar hambre, morir como puro teatro aunque ejemplar para los hombres? O, por el contrario, ¿asumió y vivió esas condiciones humanas como verdadera salvación, consagración y transformación de la vida del hombre en la tierra?". El gran proceso de la antropología cristiana consiste en elevar dichas situaciones históricas y reales en simbolismo trascendental y salvífico como se hace, por ejemplo, en las Bienaventuranzas. La antropología de los Evangelios es una antropología existencial basada en la vida misma de Jesús. La facticidad de ayer tiene que tener una repercusión en la actualidad de hoy. Es decir, toda situación humana tiene su correlato existencial en la relación con Dios cuyo mediador es Jesús, que aporta una nueva caracterización del hombre y que, por eso, llamamos hombre nuevo frente al viejo que ya caducó, haciendo nuevas todas las cosas, como dice San Pablo. Jesús no tiene respuesta ni soluciones terrenas o temporales para esas situaciones. Esta nueva dimensión y profundidad en la esencia y en la definición del hombre crea una nueva esfera moral, pues Jesús vino para salvar al hombre, para implantar la justicia y el amor. El hombre en el Nuevo Testamento es visto como una nueva situación de sus relaciones con Dios y con los demás. En todo esto también hay una nueva antropología o incluso sociología, pues se insiste en el mensaje del amor, de la fraternidad entre todos los hombres y se contempla a la humanidad como una gran familia. Más tarde, en la Iglesia primitiva, comienza a organizarse el nuevo orden de la conciencia cristiana en el mundo a través de las obras de caridad, atención a los enfermos y desvalidos. Detrás de ello hay una infraestructura antropológica. No podemos dudar del valor de esta concepción del hombre individual en el cristianismo, cuando vemos el efecto social de otros mensajes religiosos que optan por la confrontación y la lucha en la sociedad.

El problema fundamental de una antropología cristiana consiste en explicar el tipo de relación y de unidad entre el Jesús real y el género humano. Tiene que ser una relación y una significación que trascienda la condición del tiempo y de la historia, pues Jesús salvó, asumió y transformó no solo a los hombres que vivieron con Él, a sus contemporáneos, sino también a los anteriores y posteriores a Él, porque para esta antropología que ensayamos no hay temporalidad, o sea, pasado y futuro, como no la hay para la salvación que, aunque sea llamada historia de la salvación, es salvación de toda la historia, pero sin historia. Mejor dicho, en materia de antropología de la salvación todos somos contemporáneos de Jesús como todos fuimos unidos y contemporáneos de Adán en el pecado. Esto se realiza mediante los sacramentos y, sobre todo, mediante el gran sacramento (protosacramento) que es la Iglesia como nuevo proyecto de creación y de hombre. En Jesús todo lo hizo nuevo. Donde creemos que termina Jesús, allí comienza la nueva humanidad salida de Él, mientras brotaba de su costado en la cruz sangre y agua, recordándonos otro costado en el comienzo de la creación.

El registro antropológico del Nuevo Testamento se concentra, por nuestra parte, en los Evangelios, en las cartas de San Pablo y en los escritos de San Juan. Pensar de nuevo al hombre y la incidencia que tiene en la vida de los hombres la existencia de Jesús en los Evangelios. Esta es la finalidad de toda antropología cristiana en este punto. Moviéndonos en el esquema dual de que el Jesús histórico es Dios y hombre, al mismo tiempo y en la misma persona, nos preguntamos cómo se realiza la transferencia de su antropología (existencia, facticidad y experiencia) a nuestra propia y nueva personalidad. Pero también sucede todo lo contrario, es decir cómo se beneficia nuestra condición humana de su condición divina. Su dimensión temporal y humana es nuestra salvación trascendente y su condición trascendente es nuestra trasformación humana. Esa nueva personalidad del hombre a raíz de lo sucedido existencialmente en el Hijo de Dios (su muerte y resurrección) se explica en los Evangelios como una nueva humanidad y una nueva libertad de los hijos de Dios. Esta es consecuencia de la antropología cristiana que comienza, históricamente, con Jesús. La fuerza de la misericordia y de la salvación es más fuerte que la fuerza del pecado y de la muerte. Hay que poner a los Evangelios en el mapa de la antropología cristiana y, viceversa; hay que situar el estudio del hombre en el marco de los Evangelios. Considerados como historia y como salvación, pero no separadas sino integradas en Cristo Jesús, hay que entregarse a la gran equivalencia: la existencia de Jesús es nuestra propia existencia. Como sucedía en Adán. Él es el primero, pero no el único y a continuación le siguen los demás hombres. Por ello, su destino es nuestro destino. Su presente es el anuncio y adelanto, a la vez, de nuestro futuro. Todo esto no tiene valor en un lenguaje o sentido "confesional" o sagrado, sino en un horizonte antropológico y universal. La teoría de la comprensión significa que todos los hombres están incluidos en la dialéctica de la salvación, de la nueva humanidad. Cristo es el hombre universal, el Salvador de toda la historia. Los procesos son paralelos y continuadores: la creación fue de todos y para todos, la inflexión del pecado tuvo las mismas dimensiones y, ahora, la salvación, la redención, el hombre nuevo es ofertado a todos; no hay exclusión alguna por razones de procedencia ni judíos, ni griegos, ni gentiles, ni pobres, ni ricos, ni libres ni esclavos. Todo eso, con el tiempo, se ha sociologizado, se ha convertido en dualismos y divisiones, pero lo que más une a los hombres es su condición y origen común. De acuerdo con estas dimensiones universales de la obra de Jesús, tenemos que el mayor hecho de significación antropológica de los Evangelios es la Resurrección. Volvemos al mismo método teológico de la mano de San Pablo: la unidad del género humano en Cristo Jesús permite entender que en Él hemos resucitado todos y que su triunfo sobre la muerte (¿dónde está oh muerte tu victoria?) es el triunfo de todos, porque la Iglesia como nueva configuración del mundo y de la creación, es el Jesús universal y definitivo.

3.1. Antropología de la transformación en San Juan

El hombre y Dios son los dos temas centrales del Evangelio de San Juan. Entre los escritos de San Pablo y de San Juan se reparten la visión antropológica del Nuevo Testamento, al lado de la cristología y de la soteriología. El creciente interés por el estudio del hombre, que invade a todas las ciencias en el siglo XX, llega también a la exégesis bíblica. A esto hay que añadir que, frente a la visión pesimista y, a veces, negativa del hombre moderno sobre sí mismo (guerras, catástrofes, contaminación) la imagen del hombre en San Juan es de las más positivas y optimistas debido a su deseo de contemplar al hombre ideal y trasformado por su origen y proximidad a Dios. La antropología constructiva de San Juan goza de las condiciones filosóficas y culturales de su tiempo que no son definiciones metafísicas del hombre, sino descripciones concretas de su posición en la escala de valores que componen la vida. Ahí se debe buscar el sentido dialógico y comunicativo del lenguaje de San Juan en su descripción del hombre. Del Dios-palabra se pasa al hombre-carne para revolucionar la verdad de la existencia humana. De la abstracción a lo concreto. Dios se revela en la materialidad del cuerpo humano por mucho neoplatonismo que haya en aquel tiempo. Al autor del cuarto Evangelio le preocupa salvar la identidad de Dios, la distancia con el hombre, pero también encontrar un elemento mediador para reconciliar ambas posiciones. Ese mediador es Jesús constituido de palabra y carne a la vez, de espíritu y de cuerpo. Esto tiene sus consecuencias para entender la dignidad del hombre que es introducido en la esfera de lo divino, pues es hecho hijo de Dios. La imagen de la luz y de la iluminación sirve también para explicar esas relaciones del hombre con Dios. San Agustín aprovechará este símbolo en su teoría del hombre y del conocimiento, pues la inteligencia, la razón, la verdad, es ese canal que nos une a los hombres con Dios. La imagen común entre el hombre y Dios es la razón en común, pues conociendo al Hijo se conoce también al Padre.

Un paseo por las ideas antropológicas de San Juan desemboca en la reflexión sobre la dignidad del hombre que se ha hecho merecedor del amor de Dios como acontecimiento visible en Cristo Jesús, y que incluye al hombre. La teología de la unidad entre Dios y su Hijo tiene como consecuencia que quien ama al Hijo ama al Padre y es amado por el Padre. La humanidad entera es un gran proyecto de amor. Y el amor no es una categoría exclusivamente teológica, sino profundamente antropológica que se realiza en el principio de transformación y de inserción: como mi Padre me amó así también os he amado yo, permaneced en mi amor. Y en la otra inserción: amaos unos a otros como yo os he amado. El amor funda una sociedad y representa una pauta de conducta humana individual y social y no solo cristiana. No hay una sociedad humana o civil por una parte y cristiana por otra, como no hay un amor humano y otro de creyentes o cristiano. Solo existe un Dios, un hombre, un amor, un mundo, una comunidad, una historia, una salvación. ¿Qué más motivos antropológicos queremos encontrar en el Evangelio de San Juan, sino es esta visión de todas las cosas unificadas y reunidas en el amor de Dios que se hace visible y accesible (en ambas direcciones) en Cristo Jesús? El dualismo y la discriminación han desaparecido en temas de salvación y de aproximación de Dios al hombre. Dios es amor no es ninguna ideología, no es ninguna supraestructura o alienación del hombre, sino que es una realidad llamada a trasformar la otra realidad. Dios es amor y el hombre es también amor y es lo que ama. La sociedad comienza en el corazón de cada hombre. La sociología y la convivencia son, antes que nada, antropología y el amor es el motor de la historia. La configuración social comienza en la configuración del corazón humano a imagen y semejanza del amor de Dios al hombre que es el universal antropológico. Dios es el origen del amor en el mundo, Cristo Jesús es el intermediario, el Espíritu Santo ejerce como transmisor y la Iglesia es la distribuidora o servidora a las terminales de los hombres. Este es el nuevo proyecto de humanidad nacido de las entrañas del pensamiento de San Juan. Tenemos que trasformar el amor teologal en sentimiento y en fuerza motora y personalista del mundo. Esta es la misión de la antropología de San Juan. El amor de Dios es la génesis de la sociedad humana. Dos amores constituyeron dos clases de civilizaciones. Nuestra constitución es el amor y el cristianismo es la gran ciudad donde se convive amando y se ama conviviendo dando origen a la andadura histórico social de la humanidad en un proyecto de madurez y crecimiento hasta la perfección del mundo. El amor de Dios derramado en nuestros corazones por el Espíritu Santo que se nos ha dado (teología) tiene que convertirse en motivo y energía de la voluntad y de la libertad humanas (antropología) para transformarse en génesis y forma de convivencia o fraternidad (sociología). Esta es la fenomenología del amor que comienza en Dios y termina inspirando el derecho, la moral, la economía o la acción política. Si la vida de los creyentes no fuera vida social, no existiría la comunidad de valores y de percepciones. De momento, en San Juan se trabaja solo con una única noción del amor que es el de Dios. Más tarde, en San Pablo, ya se habla de dos amores, de dos fuerzas contrarias que pugnan en el interior del hombre y que le arrastran a un tipo de vida u otro. Somos iguales no solo los que tenemos los mismos sentimientos, sino también los que amamos los mismos objetos, los mismos valores. De una comunidad subjetiva se ha pasado a una concordia social y política. Esta es la antropología de la trasformación del mundo que hemos puesto como distintivo de la teología de San Juan. Todo esto nos lleva a la conclusión de que el amor es una experiencia única en el hombre y en el creyente, donde convergen la corriente de Dios y la del género humano.

3.2. El hombre dividido en San Pablo

El hombre salvado y liberado de los Evangelios no es el hombre pacífico y terminado. La nueva libertad no se produce sino en el esfuerzo y en la lucha diaria. La antropología paulina es más interiorista y sicológica que la del resto del Nuevo Testamento. Pablo llena e impregna la antropología cristiana como una experiencia propia de Jesús. Por eso tiene esa carga dramática o de lucha. Aquí tiene lugar la ecuación a la que hemos aludido otras veces: toda afirmación sobre Dios es una afirmación sobre el hombre y viceversa: toda percepción sobre el hombre es una aplicación sobre Jesús. Aparece, en primer lugar, el hombre dividido entre el bien y el mal, entre la gracia y el pecado, entre la fe y la ley, entre la libertad y la salvación. Este fue el perfil de hombre cristiano que conquistó a San Agustín el cual, acostumbrado a tanta dialéctica en el pensamiento, vio en él el único dualismo merecedor de atención, de desarrollo y de implicación. La antropología de San Pablo es una antropología moral y existencial que, reconociendo la primacía de la salvación por la gracia y por la redención de Cristo (punto fuerte de la teología o de la interpretación protestante de Lutero), sin embargo acepta la participación del hombre nuevo creado en Cristo como un verdadero compromiso para los creyentes y bautizados en Cristo Jesús, en su nombre y en su espíritu. La lucha de clases se convierte en la lucha del hombre en el corazón. La imagen del hombre en San Pablo está llena de dualidades. El yo de Adán y el yo de Cristo. Hombre viejo, hombre nuevo. El bien y el mal. El pecado y la gracia. La ley y la fe. Cristo y la Iglesia. La libertad y la esclavitud. La salvación y la condenación. Los gentiles y los creyentes. Judíos y griegos. El espíritu y la carne. El cuerpo y el alma. Fuerza y debilidad. Muerte e inmoralidad. Lo temporal y lo eterno. La luz y las tinieblas. El día y la noche. Todo esto condiciona la sistematización de su antropología. Como en otras muchas ocasiones, este dualismo existencial cristiano fue desarrollado por San Agustín que vivió y experimentó, en su propio espíritu, esta lucha o escisión del hombre consigo mismo. Porque lo peculiar de esta antropología de la lucha es la unidad personal del escenario: mi yo lucha contra mi yo y yo mismo soy el que combato contra mi mismo. También se lucha contra los llamados elementos o factores externos. Pero el germen de la división está dentro de mí. Yo soy yo en ambos bandos, yo estoy contra mí y por eso soy una pura contradicción. En la moderna psicología, esto es una constatación empírica y no solo metafísica. Lo podemos llamar, según las escuelas, angustia o tensión, lo podemos llamar inquietud, desequilibrio, alteración del ánimo o, incluso, el inconsciente freudiano. Quizá el término más exacto sea el de pasión que es, a la vez, antiguo y moderno. El hombre es una pasión inútil, sentenciaron algunos existencialistas anunciando el fracaso de la modernidad. Lo que aquí queremos hacer es recorrer un camino desde el centro del pensamiento paulino a la periferia. Ese centro es la antropología religiosa que se hace antropología moral, porque la presencia de Jesús, de la gracia o de la salvación desencadena un proceso de recuperación del hombre viejo.

Posibilidad y legitimidad de una antropología cristiana

Pablo, judío de procedencia y educación, pero romano de adscripción, conoce muy bien las escuelas morales de su tiempo y traslada a la conducta humana la nueva identidad cristiana. El primer dualismo le sirve para desarrollar un perfil del comportamiento humano: no hay que vivir según la carne, sino según el espíritu. De la carne vienen las pasiones, los excesos, los abusos, los pecados de la carne y otras actitudes que, teniendo su origen en ella, llegan hasta anidar, turbar, alterar y corromper al espíritu interior. No al hedonismo y a la cultura de los placeres de la época. El dominio en el hombre tiene que venir de la gracia, de la acción y de la obediencia a otro Espíritu recibido por los creyentes que es el de Jesús. En esa forma de vida está la libertad de los hijos de Dios. El hombre interior, podríamos decir hoy. Pablo razona con la composición dual del hombre que es cuerpo y que es espíritu, pero alude a esa tercera vía de la trascendencia en virtud de la cual, el cuerpo humano es vivo, es santo por ser templo del Espíritu Santo y es un sacrifico agradable a Dios. Pero el cuerpo hace al hombre un ser vulnerable, frágil, mortal y limitado. Por ello, la existencia cristiana es una renovación de las coordenadas de la existencia puramente humana y corporal, una nueva intervención de Dios que supere la acción, frustrada por el pecado, de la primera creación del hombre, pues en ella se hacen nuevas todas las cosas. Los romanos habían llegado a una situación de refinamiento y paroxismo en sus costumbres que la vida transcurría entre abundancia y placeres. Frente a eso, Pablo sugiere la forma de vida que brota de la estructura antropológica de los cristianos. Un desafío de la moral y dos formas de existencia: la existencia carnal sobre la tierra y la existencia trascendente del espíritu. El contrapunto de la carne no es el espíritu, sino el mismo Hijo de Dios.

Existe igualmente una teoría del pecado en San Pablo reconvertida en categoría antropológica. El pecado es una realidad palpable y existencial y, en cierto modo, viene personificado porque de él se dice, que entró en el mundo, que es una fuerza que domina al hombre y convierte a los hombres en esclavos, que habita en ellos y que la muerte es un tributo, un sueldo, un peaje, que hay que pagar al pecado. Tiene su fuerza en nosotros y nos arrastra donde no queremos; nos impide llegar o hacer lo que queremos hacer. Es una dialéctica de impotencia en ambos sentidos: hago lo que no quiero y no hago lo que quiero. Esto no es una afirmación cristiana, sino también una constatación experimental y psicológica. Las contradicciones son una definición del hombre moderno. El pecado fue la puerta de entrada del mal en el mundo y existe un pecado cósmico. La más grave consecuencia del pecado es la muerte lo que no significa que el hombre haya sido creado o destinado a la muerte. En disputa con los judíos, Pablo afirma que la Ley del Antiguo Testamento no salva ni libra al hombre del pecado y, por tanto, de la muerte, sino solamente la gracia de Jesucristo triunfador del pecado y de la muerte que se hace presente en nosotros mediante la aceptación de la gracia y la justificación de la fe. Frente al amor a la Ley de Moisés está la ley del Amor de Jesucristo. Aquí comienza una nueva existencia universal, un nuevo proyecto de humanidad que es el ser en Cristo con una nueva fórmula de la libertad. Con ello, todos somos Pablo y con esta predicación y doctrina, Pablo ha fundado una nueva civilización precisamente en Roma, el corazón de occidente. Habló desde el foro o el areópago a sus gobernantes y ciudadanos demócratas, escribió a su población intercultural, viajó por el imperio, propuso una antropología superadora del materialismo y el hedonismo, desarrolló el tema de la verdadera libertad que aportan los cristianos. Contribuyó a la constitución de la Europa libre y ordenada mediante las leyes y el derecho del que hoy disfrutamos. El evangelio no se opone a la filosofía, pero la única estrategia es la fe en un solo y único Dios. Los dioses y los altares paganos no sirven para nada, son máscaras, explotación y engaño del hombre.

No será justo quedarse en la lectura o reducción intimista, ascética, individual, del pensamiento de San Pablo que, además de una dimensión cristológica y soteriológica, tiene también una vocación universal y política. La nueva "existencia en Cristo" supone una renovación radical de los horizontes de la humanidad y de la comunión interpersonal. Con ello se forma una unidad de sentimientos que se denomina el cuerpo de Cristo, un yo social como con Adán, la Iglesia, el nuevo pueblo de Dios que no vive sometido a la ley antigua, sino a la libertad de los hijos de Dios formando un cuerpo "místico" o el nosotros colectivo al que todos los hombres están convocados. Allí comenzó a llamarse a este grupo "los cristianos" que, sin ser un partido o secta, sí fueron el germen de una nueva ciudad o civilización llamada cristiandad. Se presentaban ante la población desafiando el politeísmo con su fe en un solo Dios creador y salvador, con un manifiesto, unas propuestas "electorales" que incluían el valor, respeto y la dignidad de las personas, la igualdad de todos los hombres y mujeres a raíz de su pertenencia y permanencia en Cristo, la libertad como condición de la persona y de la vida humana, la fraternidad universal, la esperanza en una existencia eterna. Estos mensajes de calado social prendieron en el pueblo y en los intelectuales de la época. Los cristianos aceptaban las leyes del imperio, obedecían a los gobernantes, pagaban sus impuestos y colaboraban en el orden establecido Pablo es así el inspirador y el fundador de la nueva ciudadanía que consiste en ser romano y cristiano a la vez, según el capítulo XIII de su Carta a los Romanos. Había nacido la Europa de hoy.

Resumiendo

La Biblia no es un tratado sobre el hombre, no dice todo lo que el hombre es, sino solamente sus relaciones con Dios. No es una sistematización de la antropología. Es un discurso revelado sobre Dios y, en su desarrollo, introduce o incluye el tema del hombre. La pregunta por el hombre está implícita en la pregunta sobre

Resumiendo

Dios. Por tanto, podemos decir, en este punto, que la antropología cristiana es una derivación, una consecuencia de la hermenéutica. Sin embargo, esta visión parcial del hombre en la Biblia está siendo referencia y paradigma, incluso para las ciencias que entran en discusión con ella. Por eso, no hablamos de una propuesta del pasado, sino totalmente actualizada. La fórmula por excelencia de esta antropología embrionaria consiste en la designación del hombre como imagen y semejanza de Dios. ¿Qué significa esta expresión? Todo el pensamiento cristiano se ha volcado en explicarla y aplicarla de forma trasversal a lo largo de toda la historia. Lejos de elucubraciones metafísicas, cada hombre y cada mujer es un representante de Dios en el mundo y ante el mundo. Es imagen de Dios en tanto en cuanto dirige y gobierna el mundo según los designios de Dios sobre la historia. Pero la armonía inicial, el equilibrio y la compenetración entre Dios-hombre-naturaleza se rompió con el pecado que fue personal, pero también colectivo por la herencia. Fue el origen del mal en el mundo, el desorden y la rebelión. Este problema preocupó toda la vida a San Agustín: ¿cómo se trasmite el pecado a los descendientes de Adán? ¿Cómo nacemos con el pecado? El mal, o sea, el pecado, es parte de nuestro ser humano. De este cambio de tendencia en el ser del hombre se sigue una distorsión de todas las relaciones del hombre que son, relaciones con Dios (lejanía y desobediencia), conmigo mismo (lucha y muerte) con los demás (violencia) y con la naturaleza (agresión y dolor). El pecado es una corrupción del hombre sin paliativos, trastorna sus facultades, invierte sus tendencias, altera el orden de su naturaleza y es la madre de todas las corrupciones que son manifestaciones de la corrupción inicial, y colectiva.

El hombre es cuerpo y espíritu. Ambas son partes integrales e intercambiables de la única persona existente. El espíritu sirve de puente para participar en el hálito de Dios, pero también nuestro cuerpo ha sido creado por Él. Así hay que entender todo el uso y entorno de los sentidos, de la sexualidad, de los placeres, del consumo. Del mismo modo que el ser humano se compone de cuerpo y espíritu, también se compone de varón y hembra, formando ambos un solo ser. Hombre y mujer representan a Dios en la vida y en la marcha del mundo. Todo esto es conducido a su plenitud en el Nuevo Testamento donde Dios no solo crea al hombre, sino que se hace hombre como nosotros en todo menos en el pecado para demostrar la más grande dignidad del cuerpo humano. La fragilidad y necesidad del hombre en la tierra, alejado, errante y desterrado abre y explica la antropología de la oración y del diálogo en los Salmos donde se demuestra una confianza y proximidad con Dios a pesar del fracaso que fue el pecado. El hombre caído quiere levantarse. La cuestión del hombre invade también los escritos del Nuevo Testamento. El Verbo se hace carne como tú y como yo, el Hijo de Dios, la salvación y la redención del hombre, el amor al mundo y al hombre por parte de Dios. La figura de Jesús prefigura, a su vez, un hombre y un orden nuevo que van desarrollando los Evangelios y los escritos posteriores, en especial, San Juan con la derivación del amor de Dios al hombre. Quien no ama al hombre que ve, cómo va a amar a Dios a quien no ve. San Pablo es el artífice de la nueva antropología y arquitectura comunitaria en la Iglesia como sociedad de los creyentes. Los comienzos del cristianismo están pendientes de los escritos de San Pablo y a él se refieren constantemente. Su antropología es inseparable de su cristología, de tal manera que Cristo y el hombre forman una unidad de reflexión, como ha puesto de relieve el gran estudio sobre la teología de San Pablo, de Ferdinand Prat de 1937.

SEGUNDA PARTE
LA ANTROPOLOGÍA EN LOS ORÍGENES DEL CRISTIANISMO

1

La difícil reconstrucción

Aquí es donde comienza la diferenciación y sistematización racional de la antropología cristiana, introduciendo ya elementos culturales en ella. La finalidad en estos primeros momentos es muy amplia y se concreta en tres objetivos: diferenciar el pensamiento cristiano del pensamiento judío, identificar lo cristiano frente a la filosofía helenística (resaltando coincidencias y diferencias) y desarrollar una teoría dialógica, pero de procedencia evangélica como obediencia al mensaje de Jesús. Las dos dimensiones de este esfuerzo son herencia e innovación y ambas fueron realizadas por los primeros pensadores cristianos. Podemos hablar de una antropología dialéctica cristiana pues la reflexión de los Santos Padres sobre el hombre se siente empujada por la herencia judía y por la innovación cultural griega, amén de la propia originalidad del pensamiento cristiano. Es cierto que podemos hablar de una antropología precristiana en el sentido de que la filosofía griega había realizado la ruptura diferencial cosmológica y el hombre aparecía como un ser distinto al mundo a la hora de la reflexión. Poco a poco se puso al hombre en el centro de la naturaleza con su dimensión única. Más aún, se puede hablar de un cierto cristianismo implícito en toda la filosofía griega, como hace San Agustín cuando dice que, a aquellas doctrinas, a aquellas teorías solo les faltaba el nombre de Dios para ser asumidas por los cristianos. Gran ecumenismo y diálogo intercultural para la época.

Estamos al inicio de la relectura racional de la Biblia y de un cristianismo más intelectual, pero seguidor de la revelación y, sobre todo, de las palabras de Jesús tal como salieron de su boca. Tampoco tenemos que ignorar las teorías sobre la ruptura de la continuidad entre el Jesús histórico y la Iglesia o la organización posterior de sus doctrinas. No todo es hermenéutica y la distancia señalada por Raimarus, Harnack, Leasing, Barth y otros teólogos protestantes, no son voces solitarias. Al principio hay una fuerte cultura comunitaria que poco a poco deriva hacia responsables individuales. ¿Qué pasó con los seguidores de Jesús después de su muerte? Nos preguntamos hoy ¿cómo se organiza un cristianismo sin Cristo? ¿Es lo mismo la religión que historia de la religión? ¿Existe una acomodación al pasado o una asimilación al presente de aquel tiempo? ¿Qué aporta el cristianismo de nuevo al orden del mundo en el que aparece? Si, por una parte, está el judaísmo y por otra el helenismo, ¿cuál es la tercera vía representada por el mensaje cristiano? ¿Es que no hay nada de original en él? La cuestión sobre los orígenes del cristianismo se convierte en el cristianismo en su originalidad. Aquí se superponen tres niveles: el sentimiento natural religioso, el proyecto evangélico cristiano y el positivismo religioso convencional de la Iglesia de Jesús en sus primeros pasos. Todo esto forma parte de lo que entendemos por los orígenes del cristianismo. La religión en sí es un producto del hombre en soledad; la religión revelada es una entrega histórica del Cristo de los evangelios y la religión positiva es un proyecto institucional, convencional y concreto de una comunidad de creyentes. ¿Es lo mismo la religión de Cristo que la religión cristiana? ¿Es la verdad del cristianismo independiente de su historia y narración inicial? ¿No hubo una decepción en el origen del cristianismo actual o contemporáneo? O una sorpresa señalada por los protestantes: Jesús predicó el Reino de Dios y vino la Iglesia. Otros hablan abiertamente de traición. La Iglesia primitiva es una falsificación del verdadero rostro de Jesús y una abdicación de sus principios y enseñanzas. La cultura de las corrientes y del contexto ha robado y vencido a la teología. La antropología de esos tiempos despega paulatinamente de su arranque judío y comienza a formularse en categorías helenísticas. Es el gran desafío o conflicto del cristianismo primitivo: afrontar la conversión del mundo pagano. La tarea no era nada fácil, pues el cristianismo no fue, desde el principio, un bloque monolítico de pensamiento único, sino un pluralismo religioso, cultural y hasta lingüístico. Había mucha dispersión geográfica y mucha diáspora étnica. Había que hacer un ejercicio de diálogo y de multiprocedencia o pluralismo cultural. Pero poco a poco se abrió paso la conciencia de unidad doctrinal. La teología deja de ser idealista y adquiere un contexto antropológico y social. El cristianismo tenía ante sí un panorama muy difícil. El escenario religioso (politeísmo frente a monoteísmo) y el entramado moral (pasiones y libertad) se presentaban muy difíciles y complejos. La existencia de muchos dioses no era solo un tema del pensamiento y de las ideas, sino que era una condición para la independencia y la permisividad. No había orden moral. Los dioses no eran normativos o reguladores de la conciencia ni de la conducta y no suscitaban la responsabilidad o la sensación de culpabilidad en el hombre. Todo era lícito. Había que acometer la conversión del mundo antiguo, de las ideas, de los comportamientos sociales, de las instituciones, de los parámetros y de las referencias de la conducta. La teoría cristiana sobre el poder era especialmente sensible. Las costumbres y el placer no tenían límite, o mejor, su único límite era el placer sin límite. Satisfechas las necesidades materiales por la riqueza y el consumo y, llegados a la sensación de cansancio y hastío, es cierto que se abría un cierto interrogante en la sociedad romana sobre el porvenir del hombre, sobre la prolongación de la existencia humana, sobre el más allá. ¿Qué valor tiene el hombre en este contexto materialista? ¿Es solo cuerpo o tiene un alma aspirante a la inmortalidad y a la supervivencia? ¿Cómo pasar de la teoría sobre la dignidad de la persona a la exigencia de los derechos humanos en el ordenamiento jurídico y en la práctica política? Ha sido una labor ingente la realizada por el primer cristianismo en la cultura del Imperio romano. El embrión de toda esta nueva civilización está en el concepto de hombre traído, defendido e implantado por los cristianos en medio de una ruina de los valores. Ahí estaban las escuelas helenísticas que mantenían viva esta preocupación en algunas mentes inquietas. Era necesario encontrar un punto de apoyo para el hombre nuevo, para otra humanidad, para la renovación de la moral. En definitiva, una nueva interpretación y explicación del sentido de la vida humana y su paso por la tierra. Había que rehacer el orden de los valores. No quedaba espacio para el hombre interior. ¿Qué sentido dábamos al tema de la libertad? Hay que ver cómo acudían al cristianismo los esclavos y se echaban en brazos de la Iglesia. Esta capacidad de convocatoria de los primeros cristianos en el ámbito de la vida social se extendió a muchos otros campos como son el matrimonio, la familia, la educación, la digital e igualdad de la mujer, el sentido del amor, de la procreación, de la autoridad y su legitimación, del trabajo, de la propiedad privada de los bienes, del progreso y de las riquezas. Ha hecho más el cristianismo por la sostenibilidad del mundo, de la vida, de la persona y de la sociedad que todos los sistemas de ciencia, de pensamiento, de intervención o de salvación.

No podemos tampoco caer en la tentación del método retrospectivo aplicado a la antropología antigua. No se trata ahora de analizar al cristianismo primitivo desde la cultura griega, mediatizando categorías y sentidos, sino de analizar al cristianismo en sí mismo y más tarde deducir las consecuencias. Es decir, no es el helenismo el origen del proyecto antropológico o ético o social cristiano, sino todo lo contrario. Las propuestas del cristianismo transformaron las categorías del pensamiento antiguo. Por lo demás, se insiste en los intentos actuales por resucitar las pautas del cristianismo primitivo volviendo a la pureza de aquellos tiempos y comportamientos, pues se sigue pensando que, con la aparición de Constantino en el 311, la Iglesia Católica se acomodó a privilegios y prebendas concedidas por el poder civil a cambo de una adhesión y defensa del orden establecido y del poder ejercido por los emperadores. Sería una Iglesia Estado dentro de otro Estado. Este dualismo continuó activo y vigente durante toda la Edad Media, apoyándose en la teoría de las dos ciudades de San Agustín. En el terreno jurídico y en la fijación de las relaciones con los gobiernos se seguía hablando de dos sociedades perfectas: la eclesiástica y la civil, o sea, la Iglesia y el Estado. Pero, afortunadamente, muchos elementos del antiguo cristianismo se encuentran en la Iglesia de hoy y son bienvenidos. Estos mismos autores hablan de los conflictos y diferencias surgidos en la comunidad primitiva entre los cristianos, queriendo enfrentar a una Iglesia carismática movida por la libertad del espíritu con una Iglesia autoritaria, una comunidad del amor y de la diaconía o servicio con una comunidad jerárquica y normativa, a Pedro con Pablo, a los mártires perseguidos, confesores y líderes morales con los mandatarios o superiores, al poder moral del testimonio y del sufrimiento con el poder y la fuerza de las estructuras organizativas. Tampoco sería bueno para nuestro estudio reducir el cristianismo primitivo a un mensaje puramente liberador o de transformación social sin atender la trascendencia y la salvación del hombre. La soteriología va unida a la antropología cristiana. Jesús vino a salvar la historia y no solo a organizar la sociedad temporal. ¿Qué intereses podrían mover a una religión, a una "secta" como los cristianos, cuyo mensaje era predicar la salvación en Cristo Jesús en el "otro" mundo, preocuparse por la situación del hombre, por su valor o dignidad? O fue un arrepentimiento o fue una urgencia a la vista del amor de Dios al hombre y ante el trato que aquella cultura daba al ser humano. Lejos de cualquier cálculo finalista o estratégico, el cristianismo dejó claro, desde el principio, que venía a defender al hombre movido por el inmenso amor que Dios había demostrado por él, enviando a su propio Hijo, nacido de mujer. Este es un proyecto gratuito sin beneficios contables, pero ha sido una buena inversión para todo el mundo occidental. El valor añadido al hombre por el cristianismo ha sido inconmensurable. Muy al contrario, los defensores de esta antropología sufrieron muchas persecuciones por defender y ajustar el puesto del hombre en el mundo. No olvidemos que los emperadores romanos se sentían como unos dioses y había que enfrentarse a ellos para decirles que Dios no hay más que uno, y que ellos eran simplemente hombres. Esta fue otra revolución antropológica muy importante que hay que adjudicar al cristianismo: la desmitologización del poder temporal en el mundo, pese a lo cual los cristianos nos sometemos gustosamente a él pagando nuestros impuestos. Al César lo que es del César y a Dios lo que es de Dios. La ciudadanía cristiana es compatible con la presencia mundana. Así, pues, la teología va en ayuda de la antropología y esta sirve para situar la sociología o la Ciudad de Dios.

2

Pedagogía cristiana y antropología

Pero no podemos seguir haciendo especulaciones sobre las ideas del cristianismo antiguo sin descender a conocer y analizar sus documentos. Existe una literatura cristiana correspondiente a esa época. Ya decía Nietzsche que la filosofía comenzaba en la filología. El mismo amor, pero uno se dirige al contenido y otro al envolvente. No hay ideas o conceptos sin textos. Hay que aproximarse a los escritos para conocer sus teorías. Convendría comenzar delimitando qué se entiende por cristianismo inicial o primitivo (Urchristentum). Para algunos, el concepto y el espacio histórico temporal pueden remontarse hasta la muerte de Jesús comprendiendo el periodo de la predicación y de la actividad apostólica: los viajes misioneros, los escritos enviados, las comunidades y los ministerios creados por ellos. Para otros, en cambio, el cristianismo tiene su origen en la racionalización de los contenidos revelados a la luz de la cultura del tiempo y comenzaría con los Padres Apostólicos, o sea, la generación siguiente a los apóstoles que vivieron con ellos. Sería el segundo escalafón de pensadores cristianos que siguieron la dialéctica apuntada: por una parte había que separar y distinguir al cristianismo del judaísmo ante los ojos de las autoridades civiles pero, por otra parte, no se podía prescindir de las raíces doctrinales que se alimentaban de sus ideas y se compartían, sobre todo, el monoteísmo. En el concepto o la delimitación de los orígenes del cristianismo ya no pueden caber dudas sobre personas, tiempos, lugares, fuentes, escritos. Estas y otras circunstancias están plenamente aclaradas y despejadas históricamente. Ya no hay mitos ni alegorías. Es un concepto histórico y cultural lejos de cualquier clase de especulación. Algunos teólogos protestantes (Klaus Berger, 1940), en su afán desmitologizador, quieren sustituir una teología del Nuevo Testamento por una historia de la teología del cristianismo en sus orígenes. En vez de exégesis o hermenéutica como análisis de lenguajes lejanos o extraños, abogan por una metodología con criterios históricos. Los Evangelios mostraban poco entusiasmo por los datos históricos o por las fechas exactas de los acontecimientos. Ahora, sin embargo, se inicia la agenda del cristianismo y el registro de los principales acontecimientos. Por eso se puede hablar de una teología histórica y, por extensión, podríamos deducir una teología antropológica partiendo del sentido cristiano del hombre. Aquí, en estos tiempos y escritos de la Patrística, comienza la fuerte racionalidad frente a la débil exégesis. En estos contactos interdisciplinares arrancan espacios comunes para la teología fundamental, para la antropología y la ética cristiana.

Nos movemos en el ámbito histórico y literario de los siglos I al IV, aunque algunos autores alargan el cristianismo antiguo hasta el siglo VII. En otros estudios de la teología, por el contrario, adelantan el comienzo de la Edad Media a la muerte de San Agustín en el 430. Lo que aquí investigamos es la imagen y explicación del hombre en los escritos recepcionados como postapostólicos, aunque sus autores gozaron de la experiencia y del trato con los apóstoles considerados, a su vez, como los testigos de Jesús. De esa manera se establece una línea de continuidad histórica y de legitimidad doctrinal que se llama tradición. Estos escritos aceptados comúnmente son: la Primera Carta de San Clemente de Alejandría dirigida a la comunidad de Corinto desde Roma, imitando los mismos géneros literarios anteriores. De interés para nuestra cuestión son los llamados Stromata que junto al Proteptikos y el Paidagogus forman la trilogía alejandrina. A continuación se estudia también el documento conocido como La Didaché que está entre un catecismo moral, un manual litúrgico y un canto a la esperanza en el regreso del Señor. Importante para conocer las ideas de la época está la Carta de San Ignacio obispo de Antioquia que, condenado a muerte en la parte oriental del imperio, es traído por mar a Roma para ser devorado por las fieras en el circo romano para deleite de los altos mandatarios y tiranos, a la vez que escarmiento para los ciudadanos. Triste destino de estos gigantes de la historia. Otra segunda Carta de San Clemente cierra la producción literaria de estos primeros pasos del pensamiento cristiano antiguo en sus dos primeros siglos.

3

Constitucionalismo cristiano

Pertenece igualmente a una historia de la antropología cristiana en construcción, la referencia de aquellos pensadores iniciales no solo a la estructura del hombre, sino también de la sociedad. No podemos separar la antropología de la transformación social que lleva implícita. El mensaje humano es también un mensaje de convivencia social Ellos traían un proyecto de hombre, de salvación, de futuro del mundo y de la humanidad ¿y cómo iban a no querer que se realizara? Se pasó del periodo de la fe al tiempo de la constitución y permanencia en el tiempo, de la contemplación a la organización temporal. Ya no cabía mirar al cielo, sino al suelo. La fe es una mirada interior a Dios, pero también es una oferta de convivencia y un lenguaje para todos los hombres. El modelo de convivencia de los creyentes está descrito en Hechos 4:32-35: tenían todas las cosas en común, nadie llamaba propio a lo suyo, sino que a cada uno se le daba según sus necesidades. Esta forma de vida sirvió en los primeros siglos, como sabemos, para fundar el monacato y la vida en común, pero fue una minoría en el seno de la Iglesia. Los creyentes tenían un modelo de comunidad, de fraternidad y de organización social. No solo principios, creencias o enunciados, sino también estructuras de participación y colaboración. Y sobre todo, ante un mundo profundamente dividido y enfrentado, ambicioso y guerrero como era el Imperio romano, ellos vienen con el espíritu de lo común contribuyendo con ello a la constitución y fundación de la civilización occidental. Un solo Dios, una familia humana, una verdad, un único mundo, un mismo deseo de felicidad. El cristianismo aporta la cultura del amor y la fraternidad frente a la cultura del odio, del enfrentamiento y de la exclusión. Presentan una idea nueva sobre la familia, la igualdad humana, el poder, la justicia, la autoridad, el matrimonio, la riqueza y la pobreza, la posesión, la muerte, el dolor. La gran metamorfosis que se produce en el cristianismo va de la provisionalidad esperando la parusía hasta la constitución de la Iglesia como sociedad permanente. Una sociedad dentro de otra sociedad.

Los cristianos cambian el paradigma de este mundo. Su constitucionalismo reside en negar el valor divino del poder temporal de los emperadores. No son dioses. El monoteísmo tiene sus consecuencias y exige que nadie sea dios sobre la tierra. No hay más que un solo Dios de quien procede toda autoridad y toda ordenación de la naturaleza y de la sociedad. Esta derivación del poder, esta genealogía de la autoridad, en vez de la exaltación de los poderosos de este mundo, es el cambio al que hemos aludido anteriormente. Que la autoridad temporal sea sagrada y que el poder político venga de Dios no es lo mismo que divinizar a los emperadores. Esta nueva teoría del poder comenzó ya en San Pablo que pidió un cambio de mentalidad y de costumbres en los creyentes frente a los paganos. Como continuador del judaísmo, el cristianismo tenía que rechazar o reformar el concepto de ley. El valor de la ley quedaba superado por el de la fe y la gracia conducentes a la libertad de espíritu frente a la esclavitud de la ley, pero eso no lleva consigo el rechazo de toda autoridad temporal. Hay que hacer compatible la libertad de los hijos de Dios con el acatamiento del orden civil constitucional establecido. Somos creyentes, pero también ciudadanos de este mundo y, aunque tengamos y aspiremos a una patria o una ciudad celeste, debemos formar parte activa de la ciudad terrena. Durante algún tiempo, el poder de los emperadores fue considerado por los creyentes como algo diabólico y contrario a la fe y a la obediencia a Dios. Pero a medida que estos gobernantes fueron cambiando su actitud hacia los cristianos, cambió igualmente la consideración del poder de este mundo en la teoría y en la práctica de la Iglesia. Hay que obedecer a los poderes constituidos, pues son expresión del poder de Dios. ¿Sería este el pacto constitucional de aquel tiempo, una especie de concordato invisible entre Iglesia y Estado? Los cristianos aceptan al emperador y el emperador legaliza a los cristianos. Ya no se les puede acusar de ser los causantes de los males que afectan al imperio por negar la validez y el culto de los dioses paganos o perseguir por ello. Muy al contrario, los discípulos de Jesús contribuyen al bienestar del reino temporal con su mensaje social sobre igualdad, derechos, respeto y dignidad de los hombres.

Otro momento importante de este constitucionalismo interno de los creyentes y el estatuto civil del cristianismo es el tránsito de la fe y el testimonio hacia la autoridad y la obediencia dentro de la Iglesia. Jesús y los apóstoles vivieron una etapa y experiencia única y excepcional, pues fueron los agentes y testigos de la resurrección de donde viene toda la fuerza y la convicción de estas primeras generaciones. Pero esa etapa pasó y ahora todo tiene que levantarse sobre la credibilidad, el testimonio y la tradición. La comunidad de testigos tiene que constituirse en comunidad de funciones. De los carismas o impulsos del espíritu hay que pasar a la organización de servicios y ministerios. La fuerza, la obligación de la norma ya no está en el espíritu, sino en el mandato y en los superiores. ¿Cómo se produce la génesis y la justificación de la autoridad en la Iglesia de entonces? Hasta entonces, el principio legitimador del poder y de la fuerza moral en la comunidad residía en el hecho de haber estado con Jesús, haber compartido su vida y haber sido testigo de su resurrección. Era una garantía. Esa validación y el peso de haber sido discípulos y compañeros de Jesús fue ostentada, únicamente, por los apóstoles. Desaparecidos ellos como notarios de la resurrección, desparece esta condición de garantía y además es intransferible. ¿Cómo continuar viva la autoridad moral de los apóstoles en la Iglesia? ¿Dónde encontrar las personas y los mecanismos de sucesión y transmisión ordenada? En estos momentos fundacionales y constituyentes es necesario distinguir entre espíritu o carisma y servicio o ministerio (Amt) en la Iglesia primitiva. ¿Quién, cómo y dónde se constituye la comunidad cristiana? La obediencia interna y externa, civil y religiosa, es concebida por los cristianos de ese tiempo como un sacramento antropológico de salvación. Cristo se hizo obediente hasta la muerte y una muerte de cruz. Por eso, Dios lo exaltó sobre todo nombre. Es decir, la obediencia de Jesús al Padre salvó al mundo. Los cristianos debemos seguir su ejemplo. Ellos no pretendían la descomposición del orden natural o político donde está reflejado el orden natural que viene de Dios. Son igualmente conscientes de que, aunque hay que obedecer a las leyes humanas, hay que obedecer a Dios antes que a los hombres. Este mandato se recibe en la conciencia. Por la fidelidad a ella han sufrido en aquel tiempo y sufren en el nuestro, en plenas dictaduras o en perfectas democracias, muchas persecuciones. La vida de Tomás Moro en la Inglaterra del siglo XVI es un ejemplo de este conflicto interno de los políticos creyentes. Conciencia o parlamento, el deber o el voto, lo lícito o lo legal, la moral o la política, la convicción o la convención. A pesar de todo, está vigente el grito de San Pablo: amenazados, aterrados, perseguidos y, sin embargo, vivimos. Hay que conformar una nueva mentalidad en el mundo occidental y cambiar ciertas costumbres romanas. Así como el culto a Dios es un sacramento, el culto al hombre constituye una liturgia social, un principio transformador de levadura cultural.

No podemos olvidar que algunos poderosos, en aquel tiempo y en el nuestro, deseaban que los cristianos fuesen solamente una secta, un grupo minoritario, una catacumba, sin aflorar o influir en el tejido o en la construcción de la sociedad. Solo religión y no movimiento social. Sacristía y no aula o tribuna. Por ello, impedían la legalización o la legitimación de los cristianos como fuerza y organización. Discriminar y deslegitimar a la Iglesia, impidiendo el ejercicio de su función. Muchos eran los que deseaban que los cristianos permaneciesen fuera de las leyes y de la constitución romana, ser perseguidos, aniquilados, descalificados y discriminados como ciudadanos por ser, simplemente, cristianos de nombre, creyentes en el único Dios vivo y verdadero. Encajar al cristianismo en la estructura política y jurídica del Imperio no fue tarea fácil. Primero fue el estatuto intelectual y el prestigio de alguno de sus miembros, luego se reconoció su valía y aportación moral a la vida del imperio, por fin, llegó la legalización hecha, más bien, por intereses políticos y fiscales, pues, hasta entonces los cristianos, al no ser ciudadanos legales, no pagaban impuestos. Al venir reconocidos como miembros de pleno derecho, ya contribuían a engordar las arcas del Estado con sus tributos. Los documentos fundacionales y constitutivos de esta nueva situación social del cristianismo y de su estatuto jurídico, son procedimientos e instrumentos adecuados a su tiempo. La primera constitución cristiana, como hemos apuntado, está en los Hechos de los Apóstoles que, durante tantos siglos, sirvieron para entender la nueva forma de vida y de organización social. Frente a una tendencia "ideologizante" y posterior hay que decir que el cristianismo fue primero un grupo, una reunión, una asamblea con una fe en común, una celebración, una unión y fraternidad por amor que se animaban mutuamente y se fortalecían celebrando y representando los mismos misterios, los mismos recuerdos, escuchando la misma palabra y confortándose en la misma esperanza en la vuelta del Señor. La primera constitución podríamos verla en el llamado Símbolo Apostólico como manifiesto de fe y comunión. No podemos despreciar el impulso creador de la liturgia que fue la primera fuente de fe y de enseñanza cristiana. La exégesis y la predicación fueron el lugar y la forma de explicar el mensaje cristiano. Como los judíos, también los cristianos reafirmaban su fe en Dios mediante el culto que traspasaba la materialidad de los ritos para adquirir un sentido antropológico indicativo del reconocimiento y superioridad del Dios creador y Señor de todas las cosas, señalando así la necesidad y el sometimiento del hombre a Dios. El centro de la reunión y de la celebración va a ser la eucaristía como memorial de la pasión, muerte y resurrección del Señor (kyrios) cuya condición es adquirida, precisamente, por el triunfo de la resurrección. Ahí comienza la nueva humanidad. En este contexto de seguir y conocer la vida de los primeros creyentes adquiere un valor especial la Didaché como manual entre liturgia y moral. También abundan, por esa época, las llamadas Constituciones Apostólicas o eclesiásticas dirigidas a garantizar la línea de transmisión, continuidad y tradición (entrega) de la doctrina de los apóstoles. Poco a poco se van perfilando los cauces jurídicos en los que transcurre la vida de la Iglesia. La Primera Carta de San Clemente de Roma entra ya de lleno en el tema de la autoridad y de la obediencia en la Iglesia, ante el conato de rebelión de los fieles de Corinto. Estamos todavía en un periodo constituyente del cristianismo en el mundo con el evangelio de Jesucristo como ley fundamental y los apóstoles como padres fundadores. Estamos pasando constantemente de la historia a la teología, de los hechos a su explicación o interpretación y viceversa. Sucede que cada vez se hace más intensa y próxima dicha relación: la historia del cristianismo está más cerca del discurso y es más real. La teología y antropología se hacen en lenguajes más claros y coincidentes con la razón y la cultura del tiempo. Los hechos históricos son los cimientos sobre los que se alza el gran edificio doctrinal de la fe cristiana.

3.1. La antropología invisible de San Ignacio de Antioquía

En Antioquía fueron llamados los discípulos de Jesús, por primera vez, cristianos. En estos primeros pasos de la comunidad cristiana se está muy pendiente de la Escritura y de la Revelación. Por ello, no sabríamos distinguir entre una visión antropológica de la teología o una explicación teológica del hombre. Las categorías antropológicas se convierten inmediatamente en conceptos morales o espirituales. Cuerpo y alma, carne y espíritu, como en San Pablo, se intercambian su carga antropológica y su sentido moral. Vivir según el cuerpo, vivir según el espíritu. Igualmente, la cristología implica una definición del hombre mismo, pues Cristo es lo más humano y es el precedente del hombre nuevo, su sentido su meta a la vez. No podemos esperar una sistematización de la antropología en la antigüedad cristiana, pero sí encontramos elementos sueltos y alusiones concretas procedentes de la cultura predominante: La Stoa, Platón, Aristóteles. Dicho de otra manera: en toda cristología de esa época subyace una antropología y toda imagen o explicación del hombre está referida a Cristo. La teología de ese tiempo es una antropología invisible. El hombre forma parte del misterio de la salvación y no hay sacramento sin él, pues si Cristo y la Iglesia son el "primer" sacramento o presencia de Dios en la historia, el hombre es el elemento necesario de los mismos para poder transformar o santificar el mundo. El contexto antropológico sirve de soporte racional al cristianismo primitivo, para dinamizar la moral y encauzar la actividad espiritual del creyente. El cristianismo es la religión del hombre. A un cierto punto, la antropología de San Ignacio (70-107) se convierte en una reflexión sobre si mismo, en una valoración de la vida humana camino del martirio. Antropología desde la costa, podríamos decir, pues los obispos de las Iglesias locales se acercaban al puerto por donde pasaba San Ignacio para saludarle y animarle. En definitiva, el martirio era una prueba fehaciente de esa defensa del hombre. Podrían matar al cuerpo pero no terminaban con el hombre, con el alma que entraba así en una nueva forma de existencia liberadora. La muerte no es el final del hombre. Morir es un nuevo nacimiento para San Ignacio, una emigración. Evidentemente, la palabra espíritu tiene en él un sentido mucho más fuerte y trascendente que el puro horizonte filosófico o definitorio del hombre. Se refiere a la vocación y dimensión espiritual, incluida la inmortalidad, que adquiere el bautizado. El dualismo humano es aquí muy útil para separar y señalar el destino del cuerpo como distinto al destino del alma que es la bifurcación existencial. No se contempla ni discute todavía la unidad del hombre que vendrá a crear, posteriormente, tantos problemas a Orígenes, a Tertuliano y al mismo San Agustín para salvar las exigencias de la creación, del pecado original, del bautismo, de la muerte, del mal, y de la inmortalidad. La unidad del hombre es la cuestión más importante a desarrollar en los siglos siguientes. Sin embargo, esta antropología cristiana no es espiritualista ni abandona o ignora la suerte del cuerpo, de la carne, pues Jesús asumió el cuerpo humano y con Él estamos íntimamente unidos los cristianos en la fe y en el amor formando otro "cuerpo" con Él.

3.2. Una estrella desprendida. San Clemente de Alejandría

Si los primeros conflictos en la antropología cristiana fueron entre historia y revelación; ahora la confrontación está entre la fe y la razón. Comienza un periodo de asimilación, de recepción entre el cristianismo y las culturas de su tiempo. Comienza el blanqueo de la filosofía griega. Alejandría es un núcleo intelectual y ciudad universitaria en Egipto donde convergen y conviven diferentes culturas. Regada con abundantes recursos debido a la protección y el mecenazgo de Alejando Magno, de allí salen los primeros pensadores que emigran del helenismo al cristianismo. Panteno, Clemente, Orígenes. Estrellas rutilantes y errantes que se sueltan de su órbita natural para habitar otro firmamento de ideas. Escuela de catequistas, fundadores y maestros de la pedagogía cristiana que realizan la integración entre filosofía y revelación. En ellos están los primeros intentos de sintetizar cristianismo y filosofía. La filosofía es la preparación del evangelio. La verdad tiene sus épocas, su historia, es decir, un pasado, un presente y un futuro. Lo que una aporta al otro y viceversa. El cristianismo es una pedagogía de la historia, pues la conduce hacia su perfección y plenitud. La Biblia da una nueva dimensión a la filosofía: Logos, Cristo, el hombre son los tres temas principales y que van enlazados. Para entender al hombre se acude a las referencias bíblicas de la imagen y semejanza de Dios. La cuestión del dualismo antropológico Dios-hombre se resuelve, en San Clemente de Alejandría, hablando de un elemento, una mezcla de lo divino y de lo humano en el hombre que comparte o tiene en común con Dios. Existe una sabiduría, un saber en común entre el hombre y Dios. Podría ser el Logos, el Verbo, el entendimiento. Esta es la tesis defendida por P. Schwanz en su estudio sobre la imagen de Dios como problema cristológico y antropológico en la antigüedad desde San Pablo a San Clemente de Alejandría (1976). Con ello, el cristianismo se convierte en el ladrón del helenismo, en el saqueador de sus ideas y reflexiones para hacerlas propias. Pero el discurso antropológico de San Clemente no se circunscribe a un concepto abstracto y definitorio, sino también a un análisis estructural que diríamos hoy. El hombre tiene cuatro niveles: la apatía anímica (la paz del alma), la ética corporal (dominio de los instintos), la racionalidad (saber, aprender) y la mística o la teoría. Este es el hombre pleno, el hombre integral. La pedagogía cristiana entendida como economía antropológica es la tarea de construir al hombre en estos cuatro estamentos. Una cosa es el desarrollo físico del hombre y otra el desarrollo cultural. Las edades del mundo son también las edades del hombre, o sea, creación, educación y plenitud. Por eso, toda antropología es histórica y toda historia es antropología como decíamos al principio de nuestro estudio. Tanto el fin del hombre, como el fin de la historia, es llegar hasta Dios, una vez que Dios ha venido hasta ella en Cristo Jesús. El hombre ha sido creado a imagen y semejanza de Dios. Pues bien, eso no es ningún fin, sino solo el principio de una progresiva asimilación a Dios que, mediante Cristo, se convierte en una regeneración, en una nueva creación camino de la exaltación suprema del hombre al final de la historia. La imagen y semejanza de Dios en el hombre es una raíz, es una vocación, es una semilla, es un proyecto que hay que desarrollar y crecer. La dependencia antropológica se convierte en proceso autónomo: el hombre es imagen de Dios por sí mismo, por ser hombre. Por eso mismo, es capaz de entender las verdades contenidas en la revelación, en el cristianismo, que llamamos fe. Más aún, la filosofía griega forma parte de esa revelación como un contexto preparatorio del cristianismo, pues también la verdad filosófica, como tal, es venida de Dios. El hombre es la imagen de Dios olvidada, pero recuperada y restaurada por el Logos, por Cristo. Tanto uno como el otro son el arquetipo para la nueva edición del hombre que se realiza en San Clemente de Alejandría reconciliando al platonismo con la Escritura. Aquí comienza la dimensión trascendente que imprime el monoteísmo judeocristiano a la cultura griega que aporta la inmanencia de los dioses a la carta. Con ello se realiza la tercera hipóstasis. La primera fue la creación, la segunda fue la encarnación y esta tercera es la unión de logos y carne en el hombre mismo para completar su proyecto, pues se trata de seguir siendo hombre. La historicidad de Dios, la de Cristo y la del hombre forman el núcleo esencial de esta antropología cristiana en su nacimiento. La verdad es única, esté en Dios, en Cristo o en el hombre. Esta es la unión y la familia espiritual, esta es la misión cristiana que aquí estudiamos. Como verdadero Dios y verdadero hombre, a la vez, Cristo es el verdadero educador y maestro, el arquetipo y ejemplar de la humanidad. El único hombre del futuro es el futuro del hombre. No podía ser de otra manera hablar de Cristo como educador del hombre en aquella escuela de Alejandría. Gran valor y coraje por parte de los cristianos al hablar del futuro, pues afrontaban un presente de persecución, prohibición, aniquilamiento. Pero ellos hacen del porvenir la piedra de su construcción teórica del universo y del hombre. El cristianismo era el futuro y la religión de la esperanza frente a tanta catástrofe política y constitucional.

4

Orígenes: el asalto a la totalidad

Cuando hemos apuntado al principio de nuestro estudio que la antropología cristiana era una antropología cultural no nos estábamos refiriendo a ninguna época concreta, sino a toda su situación y extensión temporal. Al principio fue el judaísmo como cultura con quien se realizaba la dialéctica de confrontación y de asunción o seguimiento con diferencia y renovación del discurso. Ahora, en el siglo II, es el helenismo el que acapara todos los conflictos de la visión cristiana, pero también el que proporciona elementos útiles y positivos de integración e incorporación, de tal manera que se llega a hablar de un platonismo cristiano durante estos siglos. Se puede hablar de un multiculturalismo cristiano que comenzó en San Pablo dirigiéndose a todos los pueblos y comunidades de su entorno. Espacio mediterráneo, podríamos decir. No todos estaban de cuerdo con esta asimilación. Algunos pretendían arrancar a la teología de sus raíces judías. Otros, por el contrario, abogaban con el diálogo intercultural. Sin abandonar la Escuela de Alejandría del siglo II continuamos en las raíces del cristianismo, pues los Padres de la Iglesia están allí donde comienza la civilización occidental, allí donde la cultura griega y romana se entroncan con la cristiana. Pescadores y aradores frente a oradores, que dice San Agustín. El cristianismo ha dejado de ser el consuelo y la teoría de los pobres y de los esclavos para penetrar en los ambientes intelectuales de las escuelas y de las universidades para pasar luego a los ambientes militares y administrativos del Imperio. Esto contradice las tesis de algunos marxistas renovadores (K. J. Kautsky 1854–1938) que han mostrado interés por estudiar los comienzos sociales del cristianismo como religión del proletariado para aproximarle a sus tesis, implicando a los cristianos en la lucha de clases de su tiempo aunque, finalmente el espíritu revolucionario de Jesús fue superado por la burocracia y la organización llamada iglesia. Siempre la relación entre condiciones materiales y formulaciones ideológicas. Orígenes (185–254) pertenece a ese círculo de pensadores que se mueven en la Escuela donde fue discípulo de Clemente de Alejandría, después de haber perdido a su padre, Leónidas, en el año 202 en una de las múltiples persecuciones contra los cristianos. Tras muchos viajes en busca de mecenazgos y experimentando muchas vicisitudes personales, durante una estancia en Cesarea de Palestina, los obispos locales encargan a Orígenes la creación y dirección de una escuela de filosofía y teología donde ejerce como profesor. Así quiso convertir al cristianismo en la cultura universal, aprovechando la extensión y aceptación del helenismo, echando mano del platonismo recibido de Filón de Alejandría. Con la plena irrupción del platonismo, se puede hablar de una graduación antropológica en el pensamiento de Orígenes, en el sentido de que el hombre es "indirectamente" imagen de Dios puesto que la réplica o copia directa de Dios es el Logos. Solo él es la imagen pura, directa e inmediata de Dios y el hombre es "imagen de la imagen" de Dios. Esto tiene relación con la consideración de Jesús como unigénito y primogénito. Todos buscan un mediador que salve la distancia entre Dios y el hombre. Y, desde luego, la esencia del hombre como imagen de Dios hay que situarla en el entendimiento. El cuerpo, en estos momentos, queda un poco aparcado y toda la atención está dirigida a explicar la espiritualidad del hombre como réplica de Dios. Asentado que la imagen de Dios en el hombre reside en el alma y no en el cuerpo ¿cómo se incorpora el cuerpo a esta totalidad y a este reflejo? Poco a poco es todo el hombre, todo el complejo humano el que es visto y aceptado como imagen de Dios y, además, ahí radica el fundamento de su grandeza y dignidad, incluido el cuerpo. Todo este proceso tiene que ir madurando y cuesta algún tiempo comprenderlo. Aquí apunta la distinción entre naturaleza y gracia, entre hombre natural y hombre sobrenatural. En estos momentos, parece que la comprensión y racionalización antropológica no tiene límite y, sin embargo, no faltan autores, sobre todo protestantes, admitiendo que el hombre como imagen de Dios solo se conoce por la revelación. Lo que puede suceder es que cambia el concepto de revelación en cuanto que ella no puede entenderse sin lo que llamamos exégesis. En Orígenes comienza la verdadera hermenéutica hablando de los tres sentidos de la Biblia. Antes que filósofo él fue cultivador de la crítica textual de la Biblia propiciando una traducción al griego de los textos hebraicos así como un gran comentarista de la Sagrada Escritura y su antropología forma parte de su insurgencia. Orígenes fue el primer pensador que emprendió una sistematización del cristianismo desde la filosofía griega referidas a la autonomía, a la libertad y al desarrollo del hombre.

4.1. Antropología de la graduación o la tercera vía

Otro momento importante de esta antropología origeniana es la labor de analizar y seccionar al hombre. Hay que entrar en el interior e iluminar el misterio humano con la luz de la fe cristiana. No podemos quedarnos en una antropología descriptiva, exterior, discursiva, sino interpretativa y explicativa. Al ser Orígenes un laico en la producción teológica de su tiempo, fue algo menospreciado y minusvalorado e, incluso, considerado un tanto revolucionario y heterodoxo. ¡Cómo un seglar se atrevía a interpretar la Biblia, cuando la teología surgía de la celebración litúrgica y del comentario de la misma, realizada por el obispo celebrante! Pero la recepción actual de Orígenes es plenamente compatible con las tesis cristianas y están en conexión con la ortodoxia de la modernidad, y se le considera uno de los inspiradores del humanismo cristiano. Orígenes tuvo mucha influencia en la formación de la cultura cristiana de su tiempo. En antropología seguimos prisioneros del dualismo filosófico que, poco a poco, hay que ir transformando en unidad de la persona mediante el desarrollo de la fórmula imagen de Dios que heredamos de la Escritura. El dualismo griego como recurso dominante en la definición del hombre, pasa en Orígenes a ser una fórmula mediadora entre cristianismo y helenismo, adoptando la forma de hombre interior (alma) y hombre exterior (cuerpo), pero siempre y en todo el hombre. Unidad y totalidad, esta es una solución contemporánea. Es un paso muy importante que va más allá de la constitución del hombre y se adentra en su comprensión total del mismo como un todo, además de las partes. Sin embargo, hay que modificar la estrategia y completar el dualismo antropológico con una tercera vía. De dos elementos constitutivos del hombre (alma y cuerpo) hay que pasar a designar tres para salvar esa profunda relación del hombre con Dios, pero reafirmando, a la vez, la distancia y, sobre todo, obviando la dificultad de explicar la presencia y la función del cuerpo en este proceso de aproximación a Dios, y dignificación de la existencia humana. Esta tridimensión (cuerpo o "soma", alma o "psyche", y espíritu o "nous") del hombre se hace a instancias del platonismo cristiano que evocaba un elemento común a Dios y al hombre situado a nivel de Logos. El alma va a ser el elemento mediador entre el espíritu y el cuerpo material. Era fácil y peligroso, a la vez, pasar del ejemplarismo y la semejanza, a la identificación y la confusión, entrando en un panteísmo que no salvaba la afirmación bíblica, traicionaba al judaísmo y daba alas a la teoría del politeísmo en los griegos. Había que hacer muchos equilibrios y allí estaba Orígenes para sortear los peligros de confusión que se cernían sobre la antropología cristiana. Todo esto va a condicionar, más adelante, la teoría de la libertad y de la responsabilidad moral. Para que exista tal libertad en el hombre tiene que haber una completa autosuficiencia ontológica, pues en la plena derivación y dependencia de Dios como esencia del hombre no se comprendería la responsabilidad ni el tema del pecado. El tema de la emanación estaba muy cerca. Por eso hay que corregir la teoría de la imagen o del ejemplar según el cual es formado el hombre creado por Dios y se pasó a explicar al ser humano como una participación gradual, piramidal, descendente que arranca de la cumbre existencial que es Dios y se difumina en otras esencias. Faltan todavía muchos elementos de reflexión para completar el panorama de una antropología cristiana, como es el tema de la creación de la nada del que se ocupará San Agustín con todas sus consecuencias. En el fondo, hay que preservar la trascendencia de Dios y la inmanencia del hombre en el mundo. Así, pues, se buscan realidades intermedias entre Dios y el hombre para salvar ambos postulados. El yo de Dios no puede ser el yo del hombre. El Verbo o Logos de San Juan sería una realidad extramuros del hombre que serviría como elemento movible y adaptable tanto a Dios como al hombre. Por lo demás, ¿dónde hay que colocar, según Orígenes, el yo del hombre? ¿En el alma, en el espíritu? De nuevo hay que distinguir dos planos en el hombre: el natural y el sobrenatural. ¿Quién muere con el cuerpo? ¿Quién sobrevive al cuerpo? Todo esto revela una intranquilidad en la antropología de aquel tiempo, pero es en esas refriegas donde se perfila la reflexión continuada y sostenida que llega a otras figuras del cristianismo. Cuando recorremos estas catacumbas del pensamiento antiguo, deteniéndonos en la idea del hombre que tenían los primeros cristianaos, no estamos haciendo una labor de arqueología, sino buscando los fundamentos más firmes sobre los que se levanta la concepción moderna, sobre la dignidad y el valor del hombre, para reivindicar y defender sus derechos. Lo antiguo y lo moderno se unen y alían en la exaltación de la persona humana y cada uno lo hace al estilo cultural de su tiempo. Pero el vínculo entre lo antiguo y lo moderno está ahí. Asistimos a la aparición y consolidación cristiana de la dignidad del hombre. Ello se produce en medio de luchas, acusaciones, diferencias entre la Biblia, el judaísmo, el helenismo, Platón, Aristóteles, la Stoa, pensamiento romano. Pero, al final, lo que queda es la supremacía y la centralidad del hombre en la tierra. Lo que más resalta en la antropología de los orígenes de nuestro autor es la graduación ontológica que se introduce en los contenidos y los resultados de la creación. Cuanto más cerca se está de las fuentes del calor más caliente resulta un objeto y cuando más alejado, más frío. Lo mismo sucede con la luz. Este es el principio que se aplica a la calidad ontológica de los seres hasta llegar al cuerpo del hombre que, por alejamiento o por rebeldía o por opacidad, se coloca en el extremo último con la materia. Pero es compañero de ser del alma, vecino y *partner* del espíritu. Este fue el fundamento de una de las vías de Santo Tomás para demostrar la existencia de Dios, la proximidad o la lejanía de la criatura respecto a su origen o creador.

Hemos dicho antes que la antropología cristiana se encuentra a estas alturas de Orígenes en el camino hacia la comprensión de la totalidad del hombre y hacia su unidad. Pero el camino es difícil y ahora nos hallamos entretenidos en diversos dualismos que no cesan. Dualismo espiritual, apuntando la existencia de dos niveles en la esencia del neuma o del logos: uno que mira hacia Dios y otro que mira hacia el cuerpo. O sea, un alma racional y un alma irracional, pasional. Un alma es invisible y otra es orgánica y visible, pues su esencia y actividad rozan y comparten la actividad material y sensible del cuerpo y sus sensaciones. Esta bidimensionalidad del alma sobrevive en nuestros días cuando, a partir de Descartes, nos preguntamos cuál es el punto de contacto en el hombre entre biología y psicología, entre mente y cerebro, entre neuronas y facultades superiores como pueden ser el lenguaje, la memoria, el pensamiento o la creatividad. La única diferencia entre nuestro modelo psicológico explicativo y la antropología antigua puede estar en que ellos hablaban de una división externa en el espíritu y nosotros, asegurada la unidad del hombre, hablamos de una diversificación interna de facultades o funciones dentro del único ser que llamamos persona. En esta línea de argumentación de la diversificación del hombre, y creando problemas en la integración alma cuerpo en Orígenes, nos espera también el problema de la resurrección que por mucho que el ama sea un verso suelto, libre y volador, afecta también al cuerpo. La resurrección de la carne. En cualquier planteamiento teológico, indudablemente, la antropología se roza con la escatología. No podemos hacer planteamientos aislados, sino que todas las ciencias deben comunicarse sus conclusiones y no se pueden ignorar unas a otras. Para tener un conocimiento exacto del mundo hay que admitir todas las aportaciones y perspectivas. El problema teológico y antropológico de la resurrección de la carne o de la inmortalidad del hombre encuentra aquí, en la obra de Orígenes, su radicalidad inicial: el yo no muere a pesar de la muerte del cuerpo y sigue adelante. A falta de otro vocablo, decimos que quien muere no está muerto, sino que vive. El problema de la resurrección ha pasado por distintas fases. Después de una gran explosión y dedicación en los primeros siglos del cristianismo, pasó a ser algo pasivo y olvidadizo. Pero ha vuelto a renacer con fuerza en la teología actual (católica y protestante) debido, quizá, al interés por la cristología pues Jesús fue el primero de una serie, como dice San Pablo, y luego vendrán los demás, los que han sido bautizados en Él. Con Orígenes tiene lugar una verdadera hipóstasis entre teología y antropología. *Vere christianus, vere patonicus*. Porque toda la reflexión sobre el hombre, su composición y estructura, su alma o su cuerpo, van dirigidos a salvar el concepto de libertad. El punto de partida de este humanismo, que hay que situar en la fórmula bíblica de la imagen de Dios en el hombre, nos lleva directamente a la noción y a la realidad de la libertad humana.

4.2. Tiempo y hombre

La antropología cristiana de esta época rompe también con un cierto recelo, un cierto miedo a traspasar la barrera del tiempo en que se sitúa al hombre como imagen de Dios, según Gn. 1:26-27 y Gn. 2:7. El gran respeto a la situación de criatura que es el hombre no permitía mirar más allá del momento de la creación como comienzo, lo cual implica la noción de tiempo asociada a la de historia, a la del mundo, a la del hombre. El comienzo o la creación del hombre se entienden como una barrera y un abismo que separa a Dios de su criatura por mucho que queramos acercarlos. La victoria sobre el tiempo corresponde a Jesús, el Hijo de Dios, el Verbo que es eterno. Sin embargo, Orígenes, por su estancia en Palestina, está influenciado por teorías orientalistas. Ahora viene la reflexión cristiana más abierta, de la mano del neoplatonismo que habla de una preexistencia del alma humana. ¿Y si la condición de imagen de Dios con que se caracteriza al hombre implica también estar en la órbita existencial de Dios, incluido el tiempo, sin serlo? La reflexión viene empujada también por el tema de la inmortalidad que es supervivencia a posteriori. No olvidemos que para Orígenes, la Iglesia es la comunidad de los preexistentes. La antropología cristiana tiene que salir de la Biblia, abandonar su lenguaje y buscar categorías externas en el helenismo para presentarse en la cultura contemporánea. Está también el tema de la resurrección de Jesús como sujeto histórico y de los cristianos como sujeto social que invita a examinar el tema de la inmortalidad en los filósofos de su tiempo. Hay que encontrar un suelo común para entender el cristianismo y el helenismo sin contradicciones. Los griegos no estaban equivocados, sino que no habían llegado a la verdad o no había llegado la verdad a ellos. Todos los mitos y la majestad de los dioses son, como el Antiguo Testamento, antecedentes de Cristo. La verdad es como el sol que ilumina a todos los que viven en este mundo, sean judíos, paganos, griegos o cristianos. Todo ello nos conduce a afrontar la relación, o mejor, la función que juega el tiempo en la determinación de la creación y del hombre. Es cierto que este problema fue tratado más explícitamente por San Agustín en su grandiosa obra La Ciudad de Dios y en los tres últimos libros de Las Confesiones. Pero ya había elementos suficientes en la antropología precedente. El problema no parece baladí. Se trata de los dos extremos de la existencia del hombre en la tierra o, si se prefiere, del origen y del destino de la vida. Preexistencia y subsistencia como dos orillas del ser. El recorrido ya lo conocemos pero su manantial y su desembocadura interesan también para conocer el río de la vida. Con razón, las cuestiones filosóficas sobre el comienzo del hombre y del mundo se tratan en su obra "peri arjon" o sea *De principiis*. Así, pues, un tema central de esa antropología origeniana es el tema de la preexistencia, que se entiende mejor en el contexto influyente de la cultura oriental durante su estancia en Cesarea de Palestina. Según una interpretación de Orígenes, antes de que el hombre apareciera sobre la tierra o se produjera el nacimiento en y para el mundo, ya llevaba un tiempo existiendo como criatura en Dios, ya tenía una existencia tras de sí. Ya llevaban un tiempo siendo ciudadanos del Reino de Dios, junto con otra clase de criaturas. Todo ello sin el cuerpo material. Se rompe así el principio de la sincronía temporal (valga la redundancia) entre cuerpo y alma como esencia y resultado de la creación del hombre en el comienzo de la misma. En la cúpula de esta estructura existencial estaba ya el Verbo de Dios, Cristo Jesús al que alude San Pablo en Col. 1:15. El cuerpo humano era el último eslabón en esta cadena de alejamientos o de enfriamiento de las relaciones de los seres con Dios. El efecto del fiel de la balanza, en esta antropología, se produce al final o en el otro extremo, en la escatología, de la vida del hombre. Mediante la resurrección, Jesús recoge lo disperso y caído o alejado, devuelve al hombre a su situación inicial donde se admite más fácilmente que el alma adquiera una existencia y una esencia sin el cuerpo rompiendo así, de nuevo, la sincronía de la muerte o sea de la coincidencia entre alma y cuerpo. Los escritos, las ideas, las doctrinas, las interpretaciones, las enseñanzas de los primeros pensadores y autores cristianos sufren también las vicisitudes de la historia y se produce una mezcla de política y religión que lleva a imponer ciertas tesis frente a otras. Esta política doctrinal, mezclando fe y derecho, dogmas y leyes, se realiza en el Concilio de Constantinopla a la altura del emperador Justiniano (483–565), donde son rechazadas algunas tesis de Orígenes. En el año 543 dictó el emperador un decreto contra Orígenes y sus tesis sobre la preexistencia.

El problema del tiempo como esencial a la creación no podemos adscribirlo al tema de Dios, sino al tema del hombre y, consecuentemente, al de la historia. La temporalidad del hombre ha sido un tema activado en la filosofía moderna y existencialista con el pensamiento de Heidegger en su obra *Sein und Zeit* que causó un poco de desconcierto, pues unía en una misma reflexión a la ontología y a la cosmología como ciencias vecinas. Pero con ello quería indicar que existe la posibilidad de una metafísica del tiempo que siempre ha preocupado (sorge) al hombre. Y la antropología cristiana es la responsable de esta aproximación, pues frente al destino, al eterno retorno de los griegos, ha defendido la contingencia de la historia que tiene un principio y tiene un fin, entendido no tanto como límite sino como intencionalidad y finalidad. De la preocupación por el tiempo nace la filosofía de la historia iniciada por San Agustín y tan fuertemente impulsada por Hegel en los siglos XIX. La teoría de la preexistencia del hombre nace como contrapeso o vaso comunicante de la teoría de la inmortalidad defendida por los cristianos. Orígenes fue un autor que asumió las implicaciones cristianas de la filosofía platónica en el punto de la existencia anterior o anticipada. Es difícil penetrar en ese terreno, pues está lleno de hipótesis o, si se prefiere, de intuiciones sobre la creación, en concreto, la del hombre. Sirviéndose de la razón, poco a poco se elabora una teoría que resulta coherente para las ideas de su tiempo. El interrogante es muy claro: ¿Existe una historia anterior a la historia de la creación? ¿Puede haber una percepción de la historia del tiempo anterior al tiempo real sin que sea tiempo y, además, hecha desde el tiempo? Peligroso juego de palabras y de ideas que han motivado tanta controversia. Porque también se puede poner en peligro la unidad del ser humano diciendo que el alma existía previamente a la creación y que el cuerpo llegó después. ¿Qué hay en todo esto: relato, poesía, revelación o racionalidad y conocimiento lógico y disciplinado?

4.3. Muerte e inmortalidad

Si el tema del tiempo parece una categoría de corte metafísico, algo alejada de la antropología, no creemos que pase lo mismo con el tema de la muerte y de la inmortalidad que, poco a poco, va sustituyendo conceptos como escatología, parusía, resurrección. Aquí vemos un ejemplo muy claro de la reconversión cultural del cristianismo o de la transición teología => filosofía en la antigüedad cristiana. *Communicatio idiomatum* o intercambio lingüístico, interacción discursiva o préstamo de categorías que decía Orígenes. La muerte no era una teoría, sino una experiencia diaria en aquellas comunidades represaliadas y perseguidas por su fe. La muerte podía llamar a la puerta en cualquier momento y se convertía en una decisión y destino inmediato muy asumido y meditado. Antes de seguir adelante con este tema, hay que hacer dos anotaciones: con el tema de la muerte se entra en una antropología concreta del individuo, pues es el yo concreto el que muere y, por otra parte, el hecho de la muerte hay que compatibilizarlo con el mantenimiento de la dignidad de la persona. Por el hecho de ser mortal no se pierde la dignidad de ser hombre pues, en cierta medida, se recupera en forma de libertad. La idea del cuerpo como cárcel, sepulcro o materia pesa mucho todavía. Téngase en cuenta que el concepto primero y la defensa inicial de la resurrección en las primitivas comunidades cristianas aceptaba fácilmente la resurrección de la carne. La discusión o separación en este punto entre alma y cuerpo llegó más tarde a raíz de la confrontación con el platonismo y sus distinciones. Incorporando el cuerpo al hecho de la resurrección, se dificultaba la vuelta o la re-unión del hombre con Dios. Había que dar la vuelta al fenómeno de la resurrección adscrito solo a la condición espiritual del hombre, pero salvando la individualidad que comprende ambos extremos, cuerpo y alma. Por lo demás, si no resucita el cuerpo del hombre, eso parece contradecir la resurrección física de Jesús y su resurrección social o corporativa de la humanidad después de Él, aminorando y recortando así el poder de Dios sobre vivos y muertos. Igualmente, había que salvar la afirmación bíblica de la muerte real del cuerpo de Cristo como cordero sacrificado y oferta pues, de lo contrario, no habría redención ni salvación a cambio. Como se ve, el problema de la resurrección y de la inmortalidad no está tanto en el hecho (que también), sino en la continuidad e identidad entre el ser personal anterior y posterior a la muerte. Tiene que haber un principio de transición, un elemento sustancial puente que, de acuerdo con la esencia del devenir y del cambio en Heráclito, algo permanezca y algo cambie en la fenomenología de la resurrección. Ese principio de unidad, esa realidad común puede ser ya lo que más adelante llamaremos persona. No hay interrupción esencial de la mismidad aunque haya alteración de las formas de existencia de una a otra orilla de la muerte. Cambian las cualidades y hasta las situaciones o los estados, pero no la esencia y la sustancia. Quien muere y quien resucita debe ser el mismo y la continuidad entre los dos mundos se reduce a uno solo que es el programado por Dios desde la creación del único mundo existente. La muerte no puede ser la última dimensión del mundo. La muerte ha sido vencida por la vida. Podemos decir que Orígenes llevó a cabo una delicada y difícil operación de distinguir o graduar los elementos del hombre reconocibles y procedentes del platonismo para salvar las exigencias de la inmortalidad desde el punto de vista cristiano.

Lo que San Agustín (354–430) significó para el cristianismo occidental, lo fue Orígenes para la Iglesia oriental de su tiempo. En el análisis tridimensional del hombre en Orígenes (cuerpo, alma, espíritu) parece que todo está referido al pneuma, al espíritu, que es la culminación de la persona. La inmortalidad y la resurrección antropológica sería una transformación interna del hombre por la cual, el espíritu va cristalizando o ganando espacio y funciones a los otros dos elementos. A ese principio activo y espiritual se deben atribuir todas las características del hombre futuro: inmaterial, incorruptible, inmortal. Por la ley de la simetría histórica y antropológica, esta situación final del hombre debería ser igual que la del principio: preexistencia y subsistencia son las llaves que abren y cierran el ser humano. Pero lo mismo que se afirma del hombre se dice también del mundo. Hubo un precedente (antes de la creación) y ahora tiene que haber un siguiente o final después de la redención. Porque Cristo es el principio y el fin, el alfa y omega, el que hace nuevas todas las cosas. Así, pues, el itinerario antropológico coincide con el cristológico en Orígenes: la trayectoria circular del hombre es así: el cuerpo salió de su anterioridad, pasó a su presencialidad mundana con el alma y ahora vuelve a su posterioridad. Es el mismo verso y la misma melodía en distintos tiempos.

4.4. Cuerpo y alma

Desde el punto de vista metodológico se está demostrando la unidad en el estudio del hombre, pues en cualquier idea que sea desarrollada nos encontramos con todo el hombre. El tiempo, la creación, la historia, la estructura, la muerte, la libertad, el cuerpo y alma, la inmortalidad, la salvación. Son distintos ángulos de visión. Toda esta terminología se activa en el hombre de tal manera que la antropología es la convergencia de la teología y su continuación cultural. Aquí parece que entramos en un discurso antropológico más habitual como son las relaciones cuerpo-alma-espíritu. En esa jerarquía de elementos el alma es el centro de las relaciones humanas: en su alianza y proximidad con el cuerpo le permite trasmitir la vida a este, pero también recibe de él el lastre de las pasiones, de lo irracional, de los instintos, de tal manera que la convivencia cuerpo-alma en el mismo hombre no es fácil ni pacífica y pueden estar en guerra permanente. No siempre el alma es la perdedora, pues también recibe muchos beneficios y satisfacciones dada su condición corporal, sobre todo su posición en el mundo, su espacio temporal, su experiencia y comunicación con él. Es el principio de la vida del cuerpo, como quedaba ya claro en Platón y más tarde en Aristóteles. Por tanto, aquí se produce el juego de la muerte y de la inmortalidad. Cuando el cuerpo muere, se activa en el alma el principio de inmortalidad que lleva en ella, alcanzando un estado de equilibrio, pues vuelve a reunirse y a recuperar aquello que lo constituía como semejante al espíritu. En esta semejanza con Dios hay que situar el germen y la tendencia hacia Dios que es la inmortalidad. "Nos hiciste Señor para Ti, y nuestro corazón estará inquieto hasta que descanse en Ti" confesaba San Agustín. Siguiendo la metáfora de Jesús en su diálogo con la mujer samaritana, el espíritu es una fuente de agua viva que salta hasta la vida eterna. Igualmente, sobre el alma descansa toda la capacidad de conocer y entender las ideas y la verdad que tiene el hombre. Todavía no tenemos una teoría del conocimiento tal como se desarrollará más tarde. Continuando esta mezcla en la reflexión antropológica de Orígenes nos encontramos también con que el cuerpo es necesario para el alma, pero no de manera esencial sino accidental, siguiendo el nivel de exigencia de Platón: unión accidental. Sin embargo, al cuerpo del hombre se le aplican todos los parámetros y cualidades de la materia, aunque sea una materia especial y estratégicamente situada al lado del alma y teniendo siempre en cuenta que está llamada a resucitar, a transformarse por lo cual hay que preparar y proteger la identidad formal del cuerpo resucitado en relación con su adscripción anterior a la muerte. Finalmente, el tercer escenario de la antropología origeniana es el espíritu como parte más alta o noble del hombre. La trilogía antropológica va a responder a la trinidad divina. El espíritu del hombre no es el Espíritu divino como tal, directo y personal ni el del Hijo de Dios nacido de Él, pero es un espíritu eco y reflejo participativo de lo divino. Rigurosamente hablando no forma parte de la esencia del hombre, pero es un préstamo de por vida concedido al hombre para dotarle, por una parte, de receptividad e interlocución con Dios y, por otra, capacitarlo y habilitarlo para una vida superior y facilitar su trascendencia diferencial. Es un don de Dios con toda la carga que tiene de procedencia, sentido de gratuidad y densidad de valor, esta expresión en la Biblia.

El espíritu del hombre es –según Orígenes– la estructura más profundamente religiosa que hay en él, capaz de ofrecer el soporte antropológico que necesita la trascendencia. No es un sobreañadido, una realidad adquirida o aprendida, sino que es consustancial a su definición, pero sitúa al hombre (cuerpo y alma) en un nivel de apertura y de diálogo con Dios debido a la comunidad y a la participación en su propio espíritu. En este sentido, nos encontramos con otra forma de antropología dialéctica, pues el espíritu es parte a la vez del hombre y, sin embargo, trasciende al hombre. Es un tatuaje, un sello, una moneda de carácter superior que refleja o reproduce una dimensión de orden divino. El espíritu es la vida del alma igual que el alma es la vida del cuerpo. Así se produce la cadena antropológica que comienza en el Dios creador y terminará también en Él como salvador y receptor del hombre al final del camino. El espíritu no forma parte de la personalidad del hombre propiamente dicha, es decir, no invade competencias del ser total, incluido el cuerpo, la carne. Está fuera del circuito formado por las sensaciones, la experiencia sensible, el frío o el calor que son trasmitidas por los canales sensitivos. Por ello, está a salvo de toda culpa, contaminación o pecado directamente inducido. No le afecta la muerte del cuerpo y sobrevive a las incidencias de la mortalidad y temporalidad del hombre, pues no es ningún eslabón en su historia, biografía o trayectoria. Es más impermeable que el alma y solo mantiene un diálogo existencial con Dios, razón y fundamento de su ser. El espíritu en el hombre es la mayor plasticidad y receptividad que este ofrece a la influencia de Dios sobre él. Este pensamiento está en línea con la teoría agustiniana de la "memoria Dei" y la "memoria sui" que fortalece y profundiza en el tema tan interesante de la trinidad teológica y de la trinidad antropológica.

5

Libertad y dignidad del hombre

Observamos que muchas cuestiones en la antropología cristiana de este tiempo son como rebotes o réplicas de las cuestiones teológicas. Uno de esos temas es el de la libertad o responsabilidad moral frente a la salvación. En principio, la libertad del hombre nace de su condición original de imagen de Dios, de quien es su reflejo y continuación en el mundo. Pero, la interposición de la cristología y de la soteriología con la implicación de conceptos como salvación, ley, gracia, don, hacen más urgente la fijación de la noción cristiana de la libertad del hombre. Hay que poner de acuerdo la libertad con la intervención creadora y salvífica de Dios en el hombre. La libertad ha sido igualmente creada por Dios y no es un astro suelto. ¿Qué significa esto? Los autores tenían que hacerse cargo de la universalización de la filosofía griega. Por tanto, se realiza la conocida hipóstasis entre las exigencias de una y otra, entre fe y razón, entre cristianismo y filosofía, teniendo como escenario al hombre. Lo más fácil es distinguir dos tiempos en la libertad: la natural o inicial y la derivada del pecado original y de la rebelión que fue un mal uso de la libertad. Se abren así dos campos distintos: el de la naturaleza y el de la libertad. Frente a la naturaleza hecha por Dios, la libertad hace su propia naturaleza. La valentía de Orígenes consiste en afirmar que la libertad no depende de la esencia de la naturaleza; no viene condicionada por la razón, sino de sí misma. Por ello, el hombre puede hacer el bien o el mal, puede ser ángel o demonio. El drama de la libertad consiste en ser libertad también *coram Deo*, ante Dios, frente a Dios. Ni el bien ni el mal que hace el hombre son imposiciones dictadas al hombre por Dios, que no es un tirano. Dios se dirige al hombre con libertad y el trato o el diálogo es de libertad a libertad. A esto hay que añadir la condición dinámica de la voluntad que cambia constantemente, que se regenera y renace siempre, pues nosotros mismos somos los padres de nuestras acciones y lo que queremos ser. La recepción histórica de este concepto de libertad en Orígenes tiene mucho recorrido y llega hasta San Agustín y los tiempos modernos a través de las cuestiones planteadas por los maniqueos sobre el origen del bien y el mal o el tema de la predestinación.

Paralelo al tema de la libertad corre en Orígenes el tema de la dignidad del hombre. Ya tenemos reunidos todos los elementos antropológicos necesarios que nos van a permitir comprender esta categoría o dimensión del hombre. Imagen de Dios, partícipe de su espíritu, receptividad y adaptabilidad de las ideas en el alma como vida e información del cuerpo, vocación y llamamiento hacia la trascendencia de la vida eterna, raíces de inmortalidad en ella. Todo esto nos habla de una dignidad específica y diferencial del ser humano en relación con otros contenidos de la creación. También es cierto, como veremos en otro momento de nuestro estudio, que el hombre recoge, asume y eleva en sí mismo toda la dignidad de la naturaleza y de las cosas, pues él es un mundo en pequeño, un microcosmos, resumen y síntesis de toda la creación. Con las ideas de Orígenes se va estabilizando la antropología cristiana que logra gran influencia en todo el pensamiento antiguo, hasta que llegue San Agustín con su visión más modernizadora y más universalizadora. Desde el Renacimiento hasta la Ilustración se defiende la semejanza del hombre con Dios mediante el espíritu como el fundamento de la dignidad humana y la base de los derechos humanos, en el mundo y en las sociedades. Y, a pesar de la llamada secularización del pensamiento, esta idea ha calado en la cultura y cristalizado en el derecho y en la política de nuestros días. Es cierto que, en la cultura y en el suelo que pisa Orígenes en el Egipto de aquel tiempo, el auténtico ejemplo, imagen, representante y semejanza de Dios es el Rey o el templo, o las estatuas. Nadie había entendido el valor del hombre como tal reflejo o brillo de Dios en el mundo. La labor del pensamiento cristiano es doble: por una parte, desmontar el valor divino de los mitos y, por otra, elevar la condición del hombre a un nivel próximo a Dios como imagen viviente de su creador. La elaboración de la teoría sobre la dignidad del hombre, a partir de estos datos bíblicos, se hace difícil y tiene que sortear acusaciones, amenazas y persecuciones. Son las primeras persecuciones ideológicas y una represión del pensamiento en la historia. La revolución de las ideas es más profunda de lo que se cree. Por ser imagen derivada de Dios, el hombre puede conocer el bien y el mal. Nace la dimensión o capacidad ética del hombre y el orden moral en el mundo. El hombre debe vivir según ese orden establecido por Dios, siendo ello el principio de la responsabilidad moral. A continuación, en plena mentalidad griega en la que nos encontramos, la condición del hombre como semejante a Dios se asocia al tema de la inmortalidad o fuerza superviviente, germen de inmortalidad que arrastra el hombre. Dicha condición es independiente de la presencia e influencia del cuerpo humano al que hay que dotar de un estatuto antropológico de unión y separación a la vez del alma. Otra antropología dialéctica difícil de conciliar. Buscando el soporte formal del hombre para esta dignidad y trascendencia, lo encuentran en el logos, en el pneuma, en el espíritu, como elemento distribuidor, transversal y multifuncional. Mantenemos esta teoría aparcada aquí a la espera de otras aportaciones posteriores procedentes de San Ireneo y de San Agustín principalmente, para ser continuadas por Santo Tomás y toda la filosofía de la Edad Media, llegando hasta el conocido humanismo renacentista.

6

Los diálogos de la inquietud en San Justino

Ya queda dicho que la producción de la literatura cristiana antigua tiene esos periodos sucesivos a partir de la generación de los apóstoles: padres apostólicos, padres apologetas griegos del siglo II y padres latinos que constituyen y culminan la edad de oro de esta época. El cristianismo es un continuo flujo de pensamiento y de ideas que se cruzan con el helenismo, a través del género literario correspondiente. Primero fueron las cartas y ahora tenemos el diálogo, a ejemplo de Sócrates o de Platón, y más tarde San Agustín. Sea o no explícito, el diálogo es la característica más importante de la cultura cristiana de este tiempo. Ya sabemos que existen dos posturas: unos que rechazan la asimilación del helenismo por parte del cristianismo y otros que son partidarios de su encuentro y entendimiento común. Cuando aparece la cultura cristiana, la filosofía griega entierra su arma y se produce el diálogo. Justino (100–165) es el símbolo del intelectual de la época. Sintiendo desde joven una inquietud y un hambre por la verdad, como buen filósofo que ama la sabiduría, la busca en el escenario científico de su tiempo. En su peregrinar físico e intelectual se presenta en Roma, en el corazón del imperio y desde allí se convierte en un crítico de la sociedad romana y del poder político de los emperadores. Después de haber recorrido distintas escuelas en el ámbito del platonismo, se encuentra con la explicación cristiana y su proyecto de historia, de hombre, de salvación. Los estoicos no hablaban de Dios; los peripatéticos eran demasiado soberbios, avaros y codiciosos; los pitagóricos no le aceptaron en su escuela, porque no estaba suficientemente preparado en otras ciencias o artes como la música o la astronomía. Finalmente, se dirigió a los platónicos trabando amistad con un prestigioso profesor de la ciudad. Cansado y desorientado, un día, buscando la meditación y la soledad, paseaba por la orilla del mar cuando se encontró con un maestro judío que le habló de los profetas y de la verdad revelada por Dios. Aquello le encendió el espíritu y colmó sus ansias de verdad, y se entregó a la lectura de las Escrituras, en especial, del apóstol Pablo. Cuando los intelectuales de la época buscaban a Dios, buscaban también al hombre y su sentido. La respuesta de la teología va a ser también una antropología que acompaña a la fe observante y participante. Esta era una experiencia y un itinerario muy común de aquellos pensadores o buscadores de la verdad, que se repetía con frecuencia. Esta sabiduría que hablaba de Dios, unida al ejemplo de vida moral de los cristianos que no temían la muerte y deseaban el martirio, lo llevó a la decisión de pedir el bautismo y dedicarse a la defensa de las falsas acusaciones contra los cristianos, para lo cual se instaló en Roma. Nadie mejor que él conocía el panorama de ideas y tendencias filosóficas para confrontar al cristianismo con los sistemas dominantes, de tal manera que podemos hablar de una verdadera antropología filosófica y cultural en el ámbito del cristianismo.

6.1. Antropología predecesora y la razón como génesis cultural

El "logos" sigue siendo, en este tiempo, el centro principal de atención y reflexión de toda la filosofía y aparece como referencia de cualquier organización o sistema de pensamiento. Pero había que dar otro salto: el cristianismo no es una filosofía cualquiera, una escuela más, sino que es la verdadera filosofía. Además, el cristianismo no era solo sabiduría, sino una religión, una salvación, mientras que el helenismo era puro discurso vacío, verbal o conceptual. El cristianismo ofrecía no solo una visión, una teoría, sino un proyecto de cambio del mundo y de salvación del hombre que ya había sido anticipada y realizada en Cristo Jesús como logos encarnado. El cristianismo no puede condenar ni rechazar lo que hay de verdad en el paganismo, de tal manera que todo lo anterior a él pueda ser considerado como una semilla cristiana, un "semina Verbi" y los filósofos unos antecedentes de los cristianos. A través de esta reflexión hay que saltar a la comprensión del hombre creyente. Dicho de otro modo, todas las teorías filosóficas, todas las religiones todas las concepciones del mundo y del hombre no son más que un reflejo anticipado del cristianismo o de la única verdad traída por Cristo. Todos los esfuerzos de la razón humana convergen en Cristo, aunque sean por distintos caminos, llámense revelación o filosofía. Todo hombre es precedente del cristiano, toda razón o verdad es antecedente preparatorio de la fe y toda antropología griega es precursora de la cristiana. No hay otra antropología como no hay otra verdad. El Logos, la razón, el verbo o la palabra de Dios se encarnaron en Cristo. Desde entonces, todos los hombres gozan de esa razón, como germen de su capacidad, para encontrar la verdad religiosa y trascendente mediante el diálogo con Dios. Todos los hombres, dotados de razón, participan del logos universal. Según ello, todos los hombres que usen la razón y vivan de acuerdo a sus principios, normas o exigencias, ya están siendo cristianos e hijos de Dios. Modernamente se habla en la teología y en la Iglesia Católica (sobre todo a partir del Concilio Vaticano II) de un cristianismo anónimo, implícito o escondido en otras concepciones religiosas o tradiciones. La razón es huella de la fe y la filosofía griega es preparación del evangelio decía ya Eusebio de Cesarea, el historiador de las ideas de este periodo primitivo del cristianismo. El hombre, en cuanto hombre, está dirigido ya a la verdad cristiana. ¿Significa esto el allanamiento, la igualdad o la indiferencia del cristianismo frente a otras posiciones religiosas? ¿Pierde el cristianismo su identidad y diferenciación o su posición en el tema de la salvación? El Dios desconocido, el Dios de los filósofos, termina completándose en el Dios de los cristianos superando su estado y situación en relación con la única verdad existente. Los dioses paganos son fruto de los hábitos y costumbres de los griegos, mientras que el Dios cristiano pertenece al ser vivo, real e histórico revelado en Cristo Jesús. El Dios cristiano no se asemeja ni se parece a ninguno de los dioses inventados, Zeus, Hermes, Dionisos, Júpiter o Delfos; es el Dios real resplandeciente en Cristo Jesús. El cristianismo ha cerrado, completado y dignificado las antiguas religiones. Por eso, los cristianos son la nueva religión, el nuevo hombre y la nueva historia del mundo. Jerusalén, Atenas, Roma. El nuevo Sócrates. Todo el mundo antiguo cobra nueva vida en el cristianismo en vigor.

6.2. Visibilidad y corporeidad en el hombre

Estamos asistiendo al encuentro o a la confrontación de la propuesta bíblica sobre el hombre creado por Dios, con la doctrina platónica sobre el alma y el cuerpo. Esto es algo frecuente y recurrente en el cristianismo primitivo. Todos los padres y autores usan el mismo esquema. Se podría pensar que el cuerpo aparece un poco minusvalorado. Es el impulso de moda por el que se dejan llevar los pensadores cristianos. Sin embargo, el fuerte platonismo va dejando paso al aristotelismo, podríamos decir y restablece un poco el equilibrio entre ambas dimensiones del hombre. Las acusaciones contra los cristianos iban en este sentido y había que defenderse de ellas. Nos movemos dentro del espacio dual y dialéctico entre pluralismo y unidad en el universo griego. Dos conceptos encontrados y cruzados. Los griegos defendían la pluralidad de dioses, mientras que los cristianos se reafirmaban en su monoteísmo. Pluralismo religioso frente a monismo filosófico y viceversa, monismo teológico frente a pluralismo filosófico. No son cuestiones fácilmente prescindibles, pues seguimos en un cristianismo etnocéntrico. En ese intercambio de pensamiento puede nacer la teoría de la explicación trinitaria, admitiendo un pluralismo y un monismo a la vez en el concepto y en la existencia del Dios cristiano. Dios es uno y trino. Este hilo conductor llega hasta la antropología: cómo puede ser el hombre un conjunto de elementos y, sin embargo, luchar por la unidad cuerpo y alma. La teología está inmersa en la dialéctica de la permanencia y el cambio de Heráclito a Parménides. Cómo se puede partir de la unidad del logos griego y explicar el despliegue material del hombre por exigencias de la teología de la carne de Dios. Hay que sacar el logos al espacio visible. Ya Platón había convertido el logos en "idea" palabra griega que significa "imagen que se ve" no con los ojos visibles, sino con los del alma. En ella se basa el conocimiento. Para los cristianos, hay que hacer visible a Dios pasando de la historicidad a la visibilidad intelectual que hará San Agustín. Aquí se chocaba con la cultura griega en dirección contraria, que hacía de los dioses una figuración humana proyectando en ellos los rasgos humanos: belleza, fuerza, armonía, atracción, poder, majestad, inmortalidad. Los dioses beben ambrosía, o sea, la bebida de la inmortalidad. Todas estas cualidades son aspiraciones y proyecciones de los hombres incluidos los vicios, pues los dioses también se divierten y su vida y conducta no son ejemplo de moralidad para los hombres. No son modelos éticos y, sin embargo, hay un logos común a todos los hombres e incluso a la materia.

Nos trasladamos de nuevo a la antropología de San Justino, donde hay que encajar la existencia y la función del cuerpo del hombre dentro del más puro platonismo. Solucionado el tema de la existencia de los dioses griegos, negando su pluralidad y reafirmando el monoteísmo judeocristiano, ahora hay que responder a la pregunta de qué es el hombre. Los dioses, para los griegos, tenían cuerpo; para los cristianos, esos son falsos y el verdadero Dios es invisible, eterno, inengendrado. En el fondo, Justino da la vida por defender la idea del Dios único y verdadero, pues el emperador, antes de condenarle a muerte, no se cansa de preguntarle por su Dios. Sus respuestas enfurecen al tirano. En el fondo, el cristianismo vino a turbar y revolucionar la vida de los dioses en el Olimpo griego y, con ello, la vida del imperio, pues los ciudadanos hacían la vida de los dioses. Todo cambiaba según la idea que se tuviese de Dios. No hay teología sin antropología y sin moral. Los romanos ajustaban sus costumbres a aquellas de los dioses. Era una forma de agradarles. Si alguien venía a cambiar sus dioses, cambiaba o turbaba igualmente la vida alegre y permisiva sobre la tierra. Por eso eran considerados alteradores de todo orden en lo político, en lo social, en lo jurídico, en lo moral y eran perseguidos o eliminados. Eran molestos y una amenaza social al orden establecido. Si los dioses no son humanos ¿dónde queda mi libertad? No interesaban tanto las cuestiones metafísicas sobre Dios, sino su incidencia y modificación en la concepción y construcción del quehacer diario, en los esquemas de vida. El gozo de las cosas. Hasta que apareció el concepto de felicidad en el horizonte de la trascendencia. El mensaje cristiano era una pregunta dirigida al sentido de la libertad y de la felicidad. Los dioses venían —según las sospechas paganas— a limitar deseos y caprichos de los hombres cuando la felicidad estaba muy íntimamente ligada a ellos. Solucionado el tema de la visibilidad de los falsos dioses paganos, había que despejar el tema de la visibilidad del hombre, del logos, mediante la teoría del cuerpo. Con San Justino se da un paso adelante de la pluralidad a la unidad en antropología. Pero todavía es deudor del hombre tripartito: cuerpo, alma, espíritu, pero menos, pues restringe la condición de participación en el "espíritu" a los bautizados. Por tanto, lo "espiritual" en el hombre va adquiriendo una categoría de sobrenatural relegándose al orden divino, pero puede ser el nudo de enlace entre antropología y teología. Se abre el camino hacia un dualismo mediante la distinción entre orden natural y orden sobrenatural, entre naturaleza y gracia, entre libertad y salvación que continuará en la Edad Media. Digamos que San Justino se acerca más al esquema aristotélico: el hombre es cuerpo y alma. Como no podía ser de otra manera, el cuerpo humano proviene de Dios que lo creó, o sea, lo moldeó con sus manos. No entra a calificar su valor y relación esencial o accidental. Tres cuestiones preocupan a la antropología cristiana en este momento: 1) cómo se integra y explica la presencia del cuerpo del hombre en la cadena o cascada creadora que emana de Dios (Plotino); 2) cómo se compatibiliza la unidad y pluralidad en el ser de Dios sin renunciar al monoteísmo; y 3) cómo se explica la inmortalidad del alma humana que no tiene principios activos internos o potencialidad de sobrevivencia, sino que tiene que recibirlos por la participación en el espíritu, igual que participa en la resurrección de Jesús, en su espíritu resucitado. Esta síntesis cristiana obliga a dar muchas razones y explicaciones de la fe ante la cultura griega. De forma argumental y dialéctica, se podría decir que el alma es el límite del cuerpo, pero a la vez su prolongación; es decir, todo lo que no puede hacer él por ser material y corruptible, lo puede hacer el alma en beneficio del cuerpo, como es, conocer, ver a Dios, sobrevivir a la muerte. Quizá el nudo gordiano de esta antropología sea la transferencia interna de funciones y cualidades entre el cuerpo y el alma en el hombre, incluida la inmortalidad. De cara al cuerpo, el alma le da vida en un sentido biológico pues, en ella, el logos se hace carne para habitar en el hombre. Aquí es donde algunos autores abandonan la tercera vía o tercer elemento del hombre y ya se dirigen definitivamente hacia el dualismo cuerpo-alma, pues el espíritu o logos "divino" queda integrado en el alma. Alma sería la esencia del hombre más cerca del cuerpo y espíritu sería la misma esencia, pero participada por el Logos divino a quien podemos llamar, también, espíritu. Estas parecen ser las conclusiones a las que llega García Grimaldos en su estudio sobre El nuevo impulso de San Agustín a la antropología cristiana (2005, 66). Con ello se camina hacia la unidad del hombre por la superación del dualismo platónico y aristotélico en nuestro caso. Sin embargo, las tres partes del hombre volverán a la reflexión y a la consideración de San Agustín, cuando compare la trinidad teológica y la trinidad antropológica.

7

Los comienzos del humanismo cristiano occidental

Antropología es todo lo directamente relacionado con el ser del hombre, su fenomenología y comprensión, pero también las condiciones de su existencia y realización como pueden ser el origen, el tiempo, la historicidad, la contingencia y mortalidad, la convivencia y sociabilidad, la normatividad y el poder, la universalidad de la conciencia, los valores del espíritu, las creencias, los derechos, las estructuras económicas y políticas. Todos estos temas están presentes en las primeras formulaciones del pensamiento cristiano antiguo, de tal manera que podemos hablar de una antropología cultural cristiana. La antropología es una rama del saber científico y surge con esta denominación a través del estudio y la observación de la historia y la evolución del hombre. Las particularidades de su procedencia han determinado su aceptación, con uno u otro nombre, en el concierto de las ciencias del espíritu. Queremos resaltar aquí lo suficientemente relevante que es el fenómeno cristiano como para propiciar su estudio o interés científico y desarrollo. En el análisis sociológico y cultural de aquel tiempo (siglos I–IV) nace un hombre distinto. Sus necesidades o características emergentes nos indican que la humanidad se encuentra ante una cultura diferente de la griega. Está demostrado que se produce una transición entre dos mundos culturales. Tenemos valores nuevos y comunes, instituciones significativas, grupos étnicos o comunidades relevantes, ideas y sistemas de pensamiento sólidos, programas morales, comportamientos diferentes y propuestas políticas que terminan incidiendo y cambiando la mentalidad, la sociedad y a los individuos que viven en ella. Para el cristianismo en general, y para la teología en particular, la historia es algo fundamental que aporta materiales indispensables para su elaboración.

Todo el análisis que hemos hecho en las páginas anteriores sobre el hombre, su origen y constitución (cuerpo-alma) no eran una obsesión de filósofos y teólogos para consumo interno de pensadores o polemistas. Esas reflexiones representan el comienzo del humanismo occidental cristiano en el sentido de que, en adelante, es el hombre el que interesa. El cristianismo descubre así, ante el mundo entero, el valor y la defensa del individuo singular y concreto que llamamos hombre. En el Imperio romano existía el ciudadano, el súbdito, el guerrero o el esclavo. Los dioses también formaban parte esencial e integrante de la sociedad. Había, sin embargo, que separar los dos órdenes y no confundirlos. Pero más allá de cualquier dimensión, función o instrumento, existe el ser digno y respetable de la persona con su origen y destino divino, y determinación de conocimiento y libertad. La reflexión cristiana contribuye a la explicación de la complejidad humana y el conjunto de sus relaciones. Desde el punto de vista cultural tenemos una serie de unificaciones que favorecen la penetración y expansión de la interpretación cristiana en el mundo grecorromano: territorio y geografía, unificación lingüística y administrativa, sistema educativo, homogeneidad de leyes y de ordenanzas jurídicas y políticas. La Iglesia se beneficia de este suelo, que le sirve como medio de transporte, para llevar su mensaje y realizar su vocación de universalidad. Lo que aquí podemos resaltar es la movilidad del conocimiento y de las ideas que se producen entre el oriente y el occidente cristiano, con un sentido de emigración o intercambio. Un imperio, una lengua, una fe, una Iglesia. Los autores estudiados hasta ahora pertenecían a la esfera de la cultura oriental. Al fin y al cabo, el cristianismo había nacido en Palestina y ese fue su primer contexto inmediato. Pero debido a esa facilidad de comunicación y compromiso de catolicidad (católico significa universal respuesta al mandato id al mundo entero) los pensadores cristianos, ciudadanos del imperio, se trasladan allí donde era necesario. De esa manera, podemos hablar del occidente cristiano, raíz y fundamento de la cultura europea actual. Ahí comienza el primer humanismo de la historia al que le seguirán distintas ediciones. Tras la caída de Constantinopla en 1453 se produce otra emigración y flujo de intelectuales de Bizancio a Italia, que forman el segundo humanismo renacentista. En este momento, cristianismo significa humanismo o consideración y dignificación del individuo

8

La antropología interdisciplinar de San Ireneo

Fruto de este intercambio doctrinal podemos conocer y estudiar la figura y el pensamiento de San Ireneo de Lyon (130–202). Continúa la codificación cristiana de la sabiduría pagana a la que hay que formatear y adaptar. La situación no era nada fácil, pues continuamente surgían movimientos doctrinales camuflados de ortodoxia, mezcla de elementos cristianos y paganos. Los enemigos del cristianismo ya no estaban fuera, sino dentro. Se ha comparado al gnosticismo con un virus que contamina las redes informáticas. Sus iniciadores no querían salirse del cristianismo, pero decían tener una teoría y una explicación más fiables que los otros. Existía mucha confusión y los límites entre unos y otros no eran claros. La etapa del cristianismo inicial consistente en oír, entender y explicar la palabra de Dios en la Escritura, estaba superada por otra etapa de consolidación de las verdades y argumentación de las razones para creer. Menos exégesis y más teología podríamos decir. La inteligencia explica la fe que también tiene sus razones. No es lo mismo creer antes de razonar que después de haber razonado. Todos razonaban, pero no todos creían. El gnosticismo era como un existencialismo puro de nuestros días. Por eso, San Ireneo es más actual que nunca y aporta elementos muy importantes a la antropología interdisciplinar y cristiana, trayendo a occidente las ideas asiáticas. Nacido en Smirna en torno al año 125 o 130 de nuestra era, fue discípulo de San Policarpo. Durante la persecución de Marco Aurelio se encuentra como clérigo en la iglesia de Lyon, en Francia. En el año 177 es enviado a Roma con una carta para el Papa Eleuterio, que contiene una exposición sobre las herejías gnósticas, en particular sobre los montanistas y los valentinianos. Allí conoció las escuelas locales de filosofía platónica y él mismo recibe una formación gnóstica. De regreso a Lyon es ordenado obispo de la diócesis y desarrolla su actividad intelectual teniendo como fondo dichas ideas gnósticas puras. Algunos lo consideran el padre o el fundador de la teología dogmática católica. Sucede aquí que muchos movimientos intelectuales y autores de la época hubiesen pasado desapercibidos si sus obras no se citaran y se aludiera a ellas en los escritos cristianos. Solo son conocidos por la mención que hacen de ellos los teólogos cristianos. El pensamiento cristiano aparece así, de nuevo, como el salvador de la cultura antigua. El resultado de esta confrontación será, como sucede con frecuencia, la viabilidad de un gnosticismo cristiano por transformación. El gnosticismo se presentaba como la nueva religión a la sombra del cristianismo del que era una especie de parásito. Y no se podía seguir manteniendo la confusión o la ambigüedad. El gnosticismo pretendía ser una religión de élite, de elegidos o perfectos, mientras que el evangelio se ofrecía a todo hombre y mujer, por sencillos que fuesen. Distinta sociología para uno y otro. Por lo demás, comienza la diferenciación entre Iglesia oriental o Iglesia griega y la Iglesia latina o Iglesia occidental. Padres griegos, padres latinos, literatura griega o literatura latina y no solo por la lengua en que escriben, sino también por el planteamiento y las ideas. Lo hemos llamado humanismo cristiano occidental frente al pensamiento asiático de la escuela alejandrina, pero todos ellos procedentes de la misma fe y revelación. La situación de encrucijada y la actitud de diálogo, pero también la labor de distinción entre gnosis y cristianismo llevada a cabo por San Ireneo, es muy importante y significativa sobre todo a partir del Concilio Vaticano II, donde se recomienda la atención y la escucha interdisciplinar de la teología actual. San Ireneo representa una nueva era para el cristianismo. Por ello, hemos asistido en el siglo XX a una rehabilitación de los estudios sobre el gnosticismo, que ha pasado de ser una herejía cristiana (como indica el mismo título de su obra *Adversus haereses*), a ser considerada otra religión. Era el espíritu del tiempo y la mentalidad de la época. Mi maestro en la universidad romana, el jesuita español Antonio Orbe (junto a los teólogos alemanes Urs von Balthasar y Kart Rahner), ha sido uno de los más importantes investigadores de la antropología de San Ireneo, en las circunstancias condicionantes del movimiento valentiniano incidiendo en su actualidad. Por aquellos años (1963), preparaba el profesor Orbe la publicación de sus dos volúmenes sobre Estudios Valentinianos. De él recibí yo la observación de que el mapa antropológico de la historia del cristianismo no está completo ni se puede entender sin la síntesis de San Ireneo. La obra y el pensamiento de San Ireneo comprenden muchos enlaces. Nosotros activamos el de su antropología. Pero hay que admitir, al mismo tiempo, que en el siglo II de la era cristiana, el gnosticismo lo invadía todo y que era muy difícil distinguir aquellas corrientes ortodoxas que cristalizaron en el cristianismo de aquellas que terminaron apartándose y desviándose de él, a las que calificaron de heréticas. Todas las teorías gnósticas luchan por resaltar la divinidad que contiene el hombre, que la imagen y semejanza de Dios se da en todo hombre. Hasta ahí puede haber coincidencia y compatibilidad entre una antropología gnóstica y otra cristiana. La diferencia comienza cuando se separa y se distingue al Dios creador del Dios salvador.

8.1. La antropología formal como solución

La antropología de San Ireneo comprende una visión conjunta de Dios, del hombre, del mundo, de la salvación, de la historia. Por eso hablamos de una madurez en la cultura cristiana. Toda religión es una teología, una cosmología, una escatología y una antropología. De hecho, la "gnosis" se entiende como una capacidad del hombre para conocer lo divino, en este caso, lo trascendente. Por tanto, estamos en un escenario antropológico. Con el gnosticismo seguimos en el dualismo que nos persigue por todas partes: dualismo cosmológico, Dios y el mundo. Dualismo moral, el bien y el mal. Dualismo antropológico, cuerpo y alma. Dualismo político, Iglesia y Estado. Sin embargo, el cristianismo tiende puentes para que ese dualismo no sea un abismo y, salvando las distancias, se produzca una comunicación entre todos los extremos, haciendo eficaz de nuevo la antropología dialéctica o de mediación que tanto hemos invocado. Esa es la antropología de San Ireneo: un intento de reconciliación cultural de su tiempo liderada por el cristianismo. Se supera, por parte de los gnósticos, la débil unión o vinculación entre Dios y el hombre que representaba la metáfora de imagen y semejanza del Génesis y se llega a una comunidad esencial (Wesengleichheit) mediante el espíritu que emigra de Dios al hombre y vive su exilio en el cuerpo. La antropología bíblica no consiste en revelar de Dios lo que piensa sobre el hombre, sino la revelación que Dios hace de sí mismo al hombre. Este es un giro importante en explicación de la antropología del Génesis. El hombre no es el tema u objeto de la revelación bíblica, de la palabra de Dios, sino su destinatario. La salvación del hombre, que preocupa tanto al gnosticismo como al cristianismo, se explica de manera distinta, como no podía ser de otro modo: la gnosis o conocimiento de Dios salva al hombre (auto salvación) mientras que, para los cristianos, no hay más salvación que la liberación ofrecida en Cristo Jesús. Hay muchos autores para los que el gnosticismo no ha muerto y sigue activo en todas las épocas del pensamiento, en el agustinismo, en la Edad Media, en el Renacimiento, en la época de la Ilustración. Hasta la psicología actual es deudora de las ideas del espiritualismo de aquel tiempo. Las ideas participan también del complejo de la aldea global. La antigüedad es la crisis y el ocaso de la civilización. Luego viene la renovación con los humanistas del renacimiento y la vitalidad vuelve con la modernidad y la ilustración donde reaparece el fantasma o la sensación del fin de la civilización antigua. Y siempre aparece la antropología como reacción a esta crisis cíclica del pensamiento occidental. Es la idea tractora y potenciadora que arrastra toda reflexión filosófica y teológica, y ofrece seguridad a la cultura de cada momento.

Al mismo tiempo que analizamos la antropología de San Ireneo iremos dando cuenta de sus coincidencias y de sus variaciones con otras corrientes o con otros autores. Evidentemente, Ireneo se aferra a las palabras del Génesis 2:7 donde se dice que Dios hizo al hombre moldeado con el "humus" de la tierra. Por consiguiente, para San Ireneo el hombre no consta de cuerpo, alma y espíritu (como en el gnosticismo), sino de cuerpo, alma y plasma o formateo. El espíritu no forma un elemento del hombre, sino que es la forma (figura) dada a los elementos que forman al hombre. Este tiene dos elementos constituyentes y un enlace, estructura, orientación, integración entre ellos. Por lo demás, San Ireneo no piensa en Adán, sino en cada uno de los hombres cuya serie ha comenzado en él y continúa después de Cristo. Aquí podríamos sospechar que nos encontramos en la famosa teoría del "enemigo inventado", pues son afirmaciones frente a los adversarios, o sea, los gnósticos. Por ello, el método de San Ireneo tiene su estructura progresiva: primero presenta la postura de los gnósticos, luego la rebate, la desmonta o la contradice para terminar con la exposición positiva de la antropología cristiana. Hay un hombre corporal (physikos), hay un hombre espiritual (pneumatikos) y hay un hombre formal (hylikos). Para los valentinianos, cada uno de estos "tres hombres" tiene un destino, una salvación escatológica distinta. Y esto es lo que no puede ser aceptado por San Ireneo, pues la salvación es única para toda la humanidad, para toda la historia. Solo hay un hombre, porque solo hay un proyecto de salvación universal (oikonomía) y una sola historia. De esta dialéctica de salvación sale la dialéctica antropológica: un solo Dios, una sola voluntad, una salvación, y una unidad del género humano. El proyecto de humanidad es una recapitulación de todos los hombres en Cristo (como tipo y cabeza) que es la Iglesia. Esta novedad introducida por San Ireneo en su antropología nos parece muy importante. El hombre contiene dos elementos "materiales" o sea objetivos, dos partes que constituyen el todo, pero también tiene una tercera realidad que es la forma, el diseño, la trabazón que une y cierra, como el plasma o el cemento, a toda la arquitectura del hombre, o sea, cuerpo y alma. San Agustín leyó mucho a San Ireneo y vio en este elemento formal del hombre el germen de la idea de persona como tercer componente, trascendente y superador, del dualismo en el que estaba atascada la antropología hasta esos momentos. El hombre se compone de un elemento visible (cuerpo) y otro elemento invisible (alma), pero además tiene una tercera fuerza o realidad trascendente a esas dos que sirve para cohesionarlas, para unirlas y superarlas en una tercera referencia que no es ni cuerpo solo, ni alma sola, ni la suma de los dos juntos, sino la transformación de las dos en una unidad resultante y superadora que participa de ambas por igual.

8.2. La profundidad antropológica de la salvación

Para contrarrestar la hegemonía del espíritu en el hombre, puesta de relieve por los gnósticos, había que acelerar todas las posibilidades de resaltar el valor del cuerpo en el hombre. Ya se había superado el dualismo "material" y se había descubierto el elemento estructurador y trascendente que más tarde se llamará persona. Por lo demás, la antropología de la salvación era la misma que la de la creación y el pecado no destruía ni interrumpía al hombre o a la historia, sino que era vencido superado por el nuevo proyecto de salvación realizado en Cristo Jesús. Pero, existe un elemento visible y corporal en el hombre que también es merecedor de la salvación. *Salus carnis* (salvación de la carne de *Adv. Haer. V*, 36, 39) puede ser la clave de esta antropología profunda de San Ireneo. Al mismo tiempo se va aclarando la estrecha vinculación que existe entre el cuerpo y el alma que no son independientes entre sí, no forman dos mundos a parte. Están unidos profundamente en el ser (Zusammengebundensein). La mezcla del cuerpo y el alma en el hombre se llama persona según San Agustín en la Carta 169, 2, 8, aunque sea Boecio, siglos más tarde, quien elabore la noción clásica de persona como unidad sustancial y diferencial del hombre. Es importante resaltar que la antropología religiosa no se ocupa solo de explicar las relaciones del hombre con Dios, sino también las relaciones del hombre consigo mismo, o sea, del cuerpo con el alma. A eso hay que añadir el concepto de "hombre nuevo" en San Ireneo (anakefalaiosis). No hay ruptura ni quiebra en la línea de continuidad del hombre. Hombre nuevo y hombre viejo son expresiones que se refieren a la radicalidad salvífica y no ontológica del proyecto hombre. Este sufre un parón con el pecado original, pero se reanuda la marcha con la aparición o encarnación de Cristo. Él es la reproducción original de Dios y nosotros somos su copia y volvemos a ser "eikon" de Dios. Por eso se llama salvación. Para los gnósticos, solamente el alma participaba en la salvación, en cambio, para San Ireneo es todo el hombre el salvado por Cristo Jesús. La salvación tiene una mayor profundidad antropológica en nuestro autor y la unidad de salvación abre la puerta a la unidad del hombre, camino de ser entendido como persona única en sus dos componentes. Igualmente, todo el hombre, incluido el cuerpo, es imagen y semejanza de Dios y, consiguientemente, el cuerpo también participa de la inmortalidad del alma venida de Dios. La dialéctica inspiratio-adspiratio (insuflar y aspirar) son los dos procesos de Dios en el hombre y del hombre en Dios. La "eikonicidad" y la "logosicidad" del hombre con Dios están siendo la base antropológica de estas teorías. Un cuadro, una imagen, una figura de Dios es el Logos y un cuadro, figura e icono del Logos es el hombre, por ser creado a su imagen y semejanza. La hipóstasis entre Dios y el hombre, en sus diferentes formas, constituye la cuestión permanente de la antropología cristiana, pero siempre en la dialéctica de igualdad y diferencia, coincidencia y distinción, convergencia y separación, inmanencia y trascendencia. Es la doble raíz de la teoría sobre el hombre que rige en estos siglos: la raíz bíblica y la helenística. Exégesis, teología y antropología se reparten las preocupaciones de San Ireneo. Pero cuando muere este (202), Plotino todavía no había nacido. Lo que está claro es la génesis bíblica de la cultura antigua griega. Por ello, San Ireneo no se deja impresionar tanto por la filosofía griega, sino por la fidelidad a la Escritura aunque no deja de preocuparle que ello sea comprendido por los gnósticos a lo que dedica su esfuerzo e inteligencia con la esperanza secreta de llegar a la formación de una gnosis cristiana. En un primer momento, el gnosticismo no consideró al cristianismo como enemigo, sino que quiso formar con él un frente religioso común y le interesaba este acercamiento ecuménico para poder ser considerado no solo un sistema filosófico, sino una religión. Esto fue lo que puso en guardia a San Ireneo, pues no veía en dicho sistema una fuerza suficiente de mensaje salvífico capaz de superar la convicción del cristianismo. No había razones para descalificar a todo el fenómeno cultural gnóstico, sino simplemente la recepción y explicación que hacía del cristianismo. El principal reproche que merecía el gnosticismo era el dualismo que introducía en la concepción del mundo, de la historia, del hombre, de la salvación. La partición del hombre también es un gran motivo de preocupación pues para San Ireneo "gloria Dei vivens homo est" (El hombre viviente es la gloria de Dios de *Adv. Haer.* 20, 1-7). En todo este proyecto tiene una gran importancia, como es natural, el conocimiento. El gnosticismo ofrece la salvación también, pero una salvación distinta no solo en su recorrido, sino también en su resultado. La salvación y la libertad gnóstica no es la misma que la cristiana. Todo ello nos conduce a la única "economía de Dios", al único proyecto de salvación del mundo. Así, pues, todo habla de unidad: Dios, Cristo, la salvación, el hombre, el mundo, los tiempos. Este es el orden del pensamiento de San Ireneo.

8.3. Una antropología más analítica y positiva

Pero la labor desarrollada por San Ireneo no se limita a vigilar los muros externos del cristianismo para defenderlos contra los ataques de sus enemigos. Una vez protegido o asegurado el espacio cristiano, la fe y la teología como recinto de salvación, se introduce en el interior de la antropología para desarrollar las principales cuestiones y ofrecer soluciones positivas a la estancia y existencia del hombre, desmitificando, podríamos decir, la alta terminología. El gnosticismo también era una doctrina y una pregunta dirigida al hombre. ¿Qué es el hombre? El hombre es un ser racional y, por eso mismo, imagen de Dios, creado en libertad y señor de sus acciones. Era un problema central de todo el sistema doctrinal de la época y, por tanto, del cristianismo. Se admitían apuestas, propuestas, respuestas. Pero no todas eran iguales y había que justificar y argumentar los diferentes modelos de humanismo. Nos puede sonar a literatura narrativa, pero es pura antropología cristiana cuando dice San Ireneo: "Oh hombre, tú eres una obra de arte de Dios. Tiende y atiende la mano de tu Hacedor que todo lo ha hecho en el momento oportuno, incluso aquello que tú harás. Ofrécele un corazón dispuesto y voluntario y protege la figura que ha esculpido en ti. Permanece moldeable, no te endurezcas para que no pierdas, al final, la huella de su dedo. Si conservas en ti la marca de sus dedos, alcanzarás la plenitud de tu ser. El arte de Dios esculpió el barro que tú eres. Después de formatear la materia, te adornará por dentro y por fuera con plata y oro. Te ha hecho tan hermoso y atractivo que, al final, Él mismo te deseará. El acto creador viene del Dios bondadoso, pero el ser creado es la esencia de la naturaleza humana". Muchos aspectos de la antropología de San Ireneo se concentran en este párrafo. A parte de la procedencia del hombre, su disposición y disponibilidad, el ser creado es la esencia o naturaleza del hombre, pero lo que el hombre será a partir de ahí es obra de su libertad y decisión hasta que llegue a la plenitud o plena divinización. Infancia y madurez del hombre es otro de los temas de interés en esta antropología de San Ireneo. Con esa distinción el autor quiere hacer frente a la división histórico-salvífica del hombre: el primer hombre (Adán) y el segundo (Cristo). Así podemos comenzar un paseo por el interior del único hombre según el pensamiento de San Ireneo que constituye esta antropología analítica y discursiva, en un sentido más positivo y creador que defensivo. Los comienzos del hombre —ya lo hemos visto— tienen lugar en las manos amorosas del Dios alfarero y escultor. Manos de Dios (asistencias) son el Logos y el Espíritu para crear al hombre. Los brazos de Dios clavados en la cruz, que también construyen el mundo muriendo por él para salvarle en una nueva creación. Polvo o barro espiritual y divino es el hombre. Pero ello viene precedido de una decisión libre y voluntaria por parte de Dios. No fue una improvisación, sino un plan trazado desde antiguo, o sea, desde la eternidad. Por tanto, el hombre real, histórico, materia y espíritu, tuvo una "preexistencia" anterior a sí mismo en el Logos o Verbo del Padre. Ya estamos mencionando la trinidad teológica que sugiere la trinidad antropológica. El Poder del Padre, la Sabiduría del Hijo y el Arte del Espíritu concurren en la formación el hombre. Tampoco nos arrojemos con tanto entusiasmo en brazos de la alegoría pura, pues en Dios no hay diferencia entre pensar y hacer, entre idea y decisión, entre mente e intervención, entre cerebro y manos, entre amor y criatura. Amarla es crearla y el acto de la creación coincide con el acto de amor, porque Dios es amor y amor es todo lo que sale de Él. Dios promueve al hombre y no tiene necesidad de él, sino que lo convierte en logos o espíritu objetivo y transposición "externa" de su intimidad. Es una derivación y variante objetiva y reflexiva de sí mismo. Describir de esta forma la intervención de Dios en el origen del hombre tiene su importancia, pues estaban circulando ya por las aulas y las plazas romanas las teorías o los mecanismos de la emanación y había que evitar sus peligros de interpretación. Por tanto, es importante establecer de alguna manera un antes y un después del comienzo del hombre, aunque estas categorías temporales las pongamos nosotros y sean una forma comprensiva o explicativa de los procesos reales.

El paso siguiente es la identidad del hombre como ser viviente. Para entenderlo nos sirve la dialéctica inspiratio-aspiratio (soplo y respiro). La transformación filosófica de estas categorías ya la conocemos: el cuerpo material del hombre es moldeado por Dios mediante la infusión de un alma espiritual que le da vida. El alma tiene una doble función: una de cara al cuerpo y otra de cara a Dios. Ella es la forma viviente del cuerpo al que le capacita para conocer, razonar y comprender las ideas. Es la sede de la libertad y responsabilidad del hombre poniendo las bases de la conciencia religiosa y moral. Pero también es un asiento, un chip, una fuerza, una banda magnética, un plasma que corre por sus venas para conectar con Dios. Es la capacidad del hombre de sintonizar con Dios, porque ambos están en la misma frecuencia que es el Logos, el espíritu. Es la estructura sacramental del hombre donde se repiten y resuenan las estructuras de otros sacramentos o hipóstasis convertibles en la historia de la salvación: Dios y el hombre imagen, carne y espíritu, el Hijo de Dios e Hijo del hombre, la Iglesia cuerpo visible y espiritual, la eucaristía del pan y del vino. Todos ellos son subsistemas sacramentales o sacramentos regionales y derivaciones del gran sacramento central que es la creación y la salvación del hombre. Los demás son misterios periféricos pero cargados de las competencias y virtudes del primer sacramento que subyace en el comienzo de la antropología cristiana. Podríamos, incluso, hablar de una eucaristía viviente que es el hombre donde el espíritu alimenta a la carne igual que el pan de la eucaristía alimenta al cuerpo y al espíritu del hombre para hacerle incorruptible e inmortal.

8.4. Antropología progresiva de la indigencia y de la madurez

La imagen del hombre en San Ireneo no es una contemplación metafísica o estática del ser humano, sino que es una antropología progresiva con la que viene a romper muchas contradicciones contenidas en otras explicaciones o aplicaciones dentro y fuera del cristianismo. La imagen del barro nos lleva de la mano a la imagen de la vulnerabilidad del hombre. El hombre tiene su origen en el orden de la existencia llamada penuria o fragilidad. Es el primer estado de la naturaleza humana y por eso cedió a la tentación del primer pecado y cayó. Se puede hablar del hombre histórico en un sentido cristiano. Es la infancia del hombre representada por Adán, cuyo nombre significa tierra. Este primer estadio del hombre ha sido muy recurrente en todo el humanismo occidental y ha sido un punto de referencia para muchas reflexiones, incluida la filosofía del derecho. El derecho natural frente al derecho positivo del siglo XVIII. Existe un hombre naturalmente bueno, espontáneo, sin contaminar, en el que están inscritos unos valores y tendencias innatas muy respetables y duraderas. De ese hombre brota el resto de la personalidad consciente y religiosa de quien es desarrollo. El hombre semilla y sembrado por Dios en el mundo. Este es el hombre plasmado, pues el resto del hombre futuro ya es el resultado de la libertad propia y de la decisión responsable. La palabra plasma viene de plasis que significa modelar. El ser humano es una plasis de Dios. Infancia y fragilidad que con el pecado se convierte en enfermedad y necesita la salvación (salvación viene de "salus" o salud que es curación). El hombre enfermo que necesita al "medicus mundi" o salvador del mundo al que San Agustín dedica una parte de su cristología y que se presenta como "salus infirmorum". Los conceptos se albergan en las imágenes y el sentido teológico en las alegorías nominales. Las preguntas no las hace San Ireneo, sino la antropología posterior ¿Cómo fue posible la tentación y la fragilidad en el hombre primitivo? ¿Es que Dios le creó ya débil? Entonces ya estaba enfermo con la enfermedad llamada mortalidad, porque desde que nacemos arrastramos esta debilidad que conduce a la muerte. Para San Ireneo, el pecado no pertenece a la esencia natural del hombre, sino que es una actuación venida de fuera. Sabremos, más tarde por medio de San Agustín, los problemas que plantea a la cristología esta condición del cuerpo humano, pues Jesús la asumió en todos sus términos. Toda esta antropología de la debilidad descansa en el cuerpo, en lo material. Él es el responsable de la fragilidad y vulnerabilidad humana. Porque el espíritu es fuerte y la carne es débil como reconoce San Pablo. A estas alturas de la civilización occidental, la afirmación de que el cuerpo humano es frágil y el espíritu fuerte, ya no es solo una afirmación ascético-teológica, sino una constatación biológica y experimental apoyada en la psicología humana.

Tendremos ocasión de seguir hablando de la condición corporal del hombre desarrollada por San Ireneo, pero ahora tenemos que contemplar la otra etapa, la otra cara del hombre: su mayoría de edad, su madurez, su transformación en la historia y por la historia. La plenitud de los tiempos es, también, la plenitud del hombre. Las "edades" de Dios son también las edades del hombre y de la historia. Después de la paciencia en el madurar viene la gloria en San Ireneo según Urs von Balthasar. Esta es la economía de Dios, o sea, la unidad de la historia o el compendio de la salvación (salus in compendium, de *Adv. Haere. III:18.1*). Como decíamos al comienzo de nuestro estudio, la historia del hombre se identifica con su reflexión o antropología. Entramos así en la antropología de la gloria, porque el hombre es un ser que no está hecho, no está salvado, sino que camina hacia su perfección y plenitud. La historia es el tiempo disponible que el hombre necesita para su integración y realización en Cristo (tempus augmenti). Por eso, la encarnación de Cristo no es el final, sino el comienzo de un nuevo proceso de transformación de los tiempos. La historia es expresión de la belleza divina y la impresión de esa armonía en el hombre. Hay que conjugar la unidad con la continuidad tanto de Dios (creador y salvador) como del hombre (natural y maduro) como de la historia (encarnación y escatología). Podríamos desarrollar una antropología de la unidad en San Ireneo que afecta a todos los terminales de su pensamiento, ya sea filosófico o teológico, teniendo en cuenta que ellos no sistematizaban ni dividían, sino que lo hacemos nosotros para entenderlos. La metodología dialéctica en San Ireneo se comprende como unidad-continuidad-totalidad-comunión. Todo esto no contradice la antropología progresiva que estamos desarrollando, porque el hombre no es perfecto desde el principio, sino que existe la infancia del hombre en el tiempo como existe su atardecer. La temporalidad es esencial en la antropología cristiana. La vocación al crecimiento no material, sino espiritual del hombre está presente en toda la teoría de estos tiempos, pues se habla del alimento de la palabra y de la eucaristía, de la leche y del pan. El crecimiento del hombre, el hombre plasmado y maduro en San Ireneo nos lleva, igualmente, al tema del hambre y de la sed del Dios vivo que forman la esencia de la inquietud religiosa y la búsqueda de Dios que ya aparecía en los salmos y que San Agustín convierte en el fundamento de su antropología religiosa. Los cristianos comienzan siendo "sicut infantes" y reflejan la graduación del desarrollo y crecimiento del hombre hasta llegar a su perfección. No hay ninguna negación del hombre reconociendo la debilidad inicial de la carne porque, automáticamente, proporcionalmente, la fragilidad humana se convierte en la fuerza de Dios que resplandece en ella. El hombre refleja el poder de Dios como si fuese el gran orfebre, pues una parte se convierte en ojos, otra en venas, otra en nervios y arterias. Toda la arquitectura sensorial del hombre vulnerable deja entrever la destreza inteligente de Dios, pues el hombre es el arte de Dios. El pecado supone la destrucción de esta talla y figura, pero la redención supone la reconstrucción o restauración del edificio humano como obra de Dios. Entonces la carne histórica de Dios en Cristo se hace nuestra carne para la vida del mundo que es también alimento y semilla de inmortalidad, porque el que come de esa carne no morirá para siempre. De Él recibimos el crecimiento, porque además es un libro abierto, es el Maestro. En esta terminología espiritual alimentaria y nutricional, como parte de la pedagogía cristiana, la carne come a la carne. La carne del hombre come la carne de Cristo. Sin embargo, hay que recordar que Jesús también asumió un "cuerpo psíquico" y no solo carnal. Esta progresión lineal del hombre, de la salvación y del mundo es el comienzo de la articulación de la historia adjudicada por San Agustín al cristianismo frente al eterno retorno del helenismo. En la filosofía del tiempo estaba también presente el sentido de escala o ascenso aplicado a la cadena ontológica de lo creado tanto en Platón como en los neoplatónicos. El hombre es, por naturaleza, una aspiración, una ascensión, una superación que llega hasta el superhombre de Nietzsche. Al concepto de ser le acompaña siempre el concepto de devenir, de jerarquía, de aproximación o de alejamiento que utilizará más tarde la metafísica escolástica. Sin embargo, la creación del hombre adquiere todo su sentido en él desde el principio del mismo. No fue un tropiezo ni un descuido, ni una improvisación. Hay diferencia: el hombre es querido y creado por Dios por sí mismo, por su valor y dignidad mientras que el resto de las cosas son creadas para su servicio. Se concreta, igualmente, que el cuerpo fue explícitamente plasmado por Dios. Llama la atención que, frente a los movimientos o filosofías espiritualistas del tiempo, el cristianismo de la época apueste tanto por el valor del cuerpo de la carne. Más tarde se acusará a la moral católica como heredera del desprecio al cuerpo, a la sexualidad, al matrimonio, a las riquezas, al gozo y al placer del cuerpo. Esa no es la vera histórica, sino la convencional e interesada.

8.5. El hombre moderado

Necesitamos seguir buscando quiénes somos. En San Ireneo, como en otros muchos pensadores cristianos, el hombre es cuerpo y alma. ¿Pero será también el cuerpo contra el alma? ¿Cómo están las relaciones entre ambos? Ya lo hemos dicho; no queremos hacer de la antropología cristiana una arqueología. No interesa tanto el pasado del hombre por curiosidad, sino su presente. Sin embargo, no se puede negar que el recurso al pasado histórico tenga un punto epistemológico, pues nos ayuda a conocer al hombre de hoy y de siempre. Puestos a establecer una cronología imposible parece que Dios crea primero el cuerpo de la tierra, al que añade un alma que le infunde vida. La carne es elevada a su máxima dignidad en la creación y constitución del hombre según San Ireneo. Después vendrá otra mayor dignificación en la encarnación del Verbo con la recapitulación o síntesis como cuerpo social, que es la humanidad en la Iglesia. Tenemos que navegar entre varias identidades. Primero la identidad hombre-carne. Por tanto, la glorificación del hombre es también gloria y esplendor de la carne. A ello le sigue la unión carne-espíritu que hace posible hablar de salvación del hombre y no solo de la carne. "Salus carnis" es igualmente "salus hominis" o salvación del hombre. Queda otra identificación o comunión que es la del cuerpo y alma. El alma se une al cuerpo para constituir al hombre. Cuando decimos esto, aparece el fantasma platónico: ¿qué clase de unión? Aquí es donde tiene que ahondar el cristianismo para reivindicar su defensa de la persona en la cultura occidental. Ahora comienza la exploración, la naturaleza y la definición de esa relación. Costará siglos su aclaración y alcance, pero la tarea merece la pena pues es la piedra angular de la convivencia humana. La antropología del enfrentamiento cuerpo y alma se va a dilucidar en una visión más integradora de ambas dimensiones. Es decir, el cuerpo no va a luchar contra el alma o viceversa, sino que ambos van a luchar dentro de la persona o en defensa de la persona aportando cada uno su nivel de intervención. Uno aporta la fuerza, otra la razón. No son dos luchas, sino una sola lucha complementaria. El escenario planteado es el mismo que en Platón: el hombre es moderación y templanza. A esta conclusión se llega analizando la terminología intervenida. La sustancia del hombre es la suma, el añadido (adunatio) del cuerpo y del alma que fueron creados por Dios a su imagen y semejanza en ese equilibrio de plasma, de limo, de materia y de forma, porque la esencia de Dios también es armonía en su ser y en su diversificación. El unir hombre y salvación en San Ireneo ya se menciona a todo el hombre. Es importante ver que a la totalidad y unidad del hombre o de la nueva antropología se llega, en San Ireneo, a través del desarrollo del concepto de salvación cristiana que no excluye a nada ni a nadie. Asistimos aquí al proceso reduccionista que tiene lugar en el seno de la teoría antropológica: de tres elementos (cuerpo, alma, espíritu o metafísica) se pasa a dos (cuerpo y alma o soteriología) y de dos se pasa a uno (antropología o persona), al hombre como unidad de salvación. Ni el cuerpo solo hace al hombre ni el alma solo acapara la definición o la esencia del hombre, sino que ambos, cuerpo y alma, son del hombre. La mezcla y comunión del cuerpo y alma hacen al hombre total. Estas son las categorías de la unidad del hombre que más tarde llamaremos persona. De ahí que los estudiosos de San Ireneo reservan o aplican el nombre de sustancia solo a la unidad humana resultante y transcendente, no a su composición tridimensional de cuerpo, alma y espíritu. En este conjunto antropológico, parece que el alma tiene una función de equilibrio, pues ejerce una doble relación: con el cuerpo y con el espíritu. De su contacto con el espíritu se sigue la fuerza moral mientras que de su aproximación a la carne se deriva una vida pasional e instintiva contraria a los intereses del espíritu. Es la función moderadora de la razón. Del seguimiento de la terminología al teólogo Ireneo se le va la mente y mezcla el espíritu metafísico con el Espíritu cristiano o salvífico del Dios trinitario. El Espíritu sobrenatural tiene su asiento y encaje en el espíritu natural o antropológico. Es el juego de palabras de Espíritu (cristiano) a espíritu (natural) en el hombre. Todo un ensayo de antropología dialéctica que venimos apuntando desde el principio. La obra y el pensamiento de San Ireneo se extendieron rápidamente y ejercieron mucha influencia en los autores cristianos del siglo III y IV llegando hasta el norte de África, en parte por las ideas maniqueas de Tertuliano convertido luego al cristianismo. Allí estaba San Agustín para distinguir y defender la verdadera doctrina cristiana. Tertuliano tampoco fue ajeno a esta lucha, pero él insistió más en el catolicismo como una nueva legalidad y un nuevo orden jurídico y constitucional de la Iglesia. La racionalidad cristiana se convertía en una nueva legitimidad civil capaz de cambiar la referencia de las leyes. "Novus ordo" que diría San León Magno, siglos después, en sus predicaciones, apuntando la decadencia del orden jurídico y del Imperio romano sustituido por el modelo de convivencia cristiana.

8.6. Una antropología global de la historia

En San Ireneo tenemos elementos suficientes para intentar una síntesis de la llamada filosofía de la historia, que será completada o enriquecida más adelante. Visión y razón unitaria del suceder del tiempo y de los siglos. Un Dios, un mundo, un hombre, una salvación, una historia. Es un plan unitario que, si por una parte afectaba al hombre, por otra afecta a la historia como realidad global. Volviendo a la imagen recurrente de la Biblia: si Dios es el artífice del hombre, también es el diseñador y arquitecto de la historia en sus etapas sucesivas, progresivas: Adán, los profetas, el exilio, el Nuevo Testamento, la Iglesia y, finalmente, la plenitud de los tiempos o la gloria del universo. La gloria del Señor pasa a ser gloria del hombre y de todas las naciones. Ya lo hemos apuntado: el centro de la historia y de los tiempos es Cristo. En un pensamiento lineal, todo lo anterior a Él era anticipación, anuncio, referencia simbólica o proclamación y preparación. Y todo lo que le sigue es proyección, continuación y plenitud de su ser e intervención. No se ha salvado solo al hombre, sino también a la historia. Y no solo al tiempo pasado, sino también al venidero. La historia es solo el despliegue en el tiempo de la intervención única creadora y salvadora de Dios, que tuvo lugar una sola vez, pero que salta hasta la vida eterna o el final de los tiempos. La historia no es una simple cronología (del dios kronos griego) o sucesión de hechos sin conexión, sino que ella es el contenido y la realización del plan de salvación que también tiene un nombre de Dios detrás, Cristo Jesús. De la concepción material o temporal de la historia se pasa a la visión formal y finalista de la misma. Todo esto tiene un nombre en San Ireneo: la economía de Dios en compendio. La historia no es un marco de tiempo vacío, sino una emisión de salvación en el tiempo. La salvación llena la historia. Estamos desarrollando el Jesús de la economía, pues la historia es el puente de Dios que tiene dos arcos. El primero va desde la creación como primera orilla de la historia a la escatología como la otra orilla apoyado, en el medio, en la encarnación. Por ello, la esperanza es la dimensión más interna del hombre como proyecto y proyección que acaba en la resurrección. El cristianismo es la profesión de la esperanza. La esperanza necesita el soporte antropológico. La resurrección y la inmortalidad es una nueva creación en virtud de la cual, el cuerpo recibe una nueva transfusión de vida proporcionada por el Espíritu de Dios como instrumento de salvación. Después de la muerte cambia el "status" de la existencia humana. Seguimos en la transición de unas categorías teológicas en un mensaje antropológico. El lugar de la llamada escatología o situación final del mundo y de la historia es el hombre que busca y espera su seguridad y continuidad existencial en Dios y no en las cosas cambiantes. Solo en Él encuentra respuesta al sentido de la permanencia en el tiempo. El tiempo está "cumplido" y la accesibilidad histórica a Dios está abierta en Jesucristo. Hemos conocido lo primero y ahora necesitamos conocer lo último, sabiendo que todo es único pues el tiempo es la extensión y duración de la oferta de salvación. Nunca el cristianismo se había convertido en un discurso tan profundo sobre el tiempo como en esta teoría de los primeros siglos. Parece una teología del fracaso y del arrepentimiento. Una fe revisionista. Como esperaban y anunciaban el ya próximo fin del mundo, del tiempo, y no llegaba (lo que llegó fue la Iglesia) entonces se decidieron a justificar la permanencia y, de construir una tienda provisional para pasar la noche, optaron por diseñar una morada o casa permanente. Aquí interesa no tanto una metafísica del tiempo (como en los griegos), sino una noción o explicación de la temporalidad humana. El tiempo no es ajeno o una circunstancia exterior al hombre, sino que forma parte de su realización. No son dos procesos paralelos, sino implicados recíprocamente. El hombre no existe solo "en" el tiempo, sino que existe "con" el tiempo, existe temporalmente y el tiempo forma parte no solo de su existencia, sino también de su esencia y quien salve al hombre tiene que salvar también al tiempo y a la historia. El hombre es formalmente histórico y temporal. Eso quiere decir que el hombre no puede realizar sus posibilidades o su desarrollo de una sola vez, sino que necesita un tiempo progresivo y sucesivo para llegar a su plenitud. Saltamos de la unidad del hombre a la unidad del tiempo que es la historia. Es decir, el ayer está creando el ahora y ambos son causas del mañana. Ese es el tiempo como trascendencia, pues cada momento es sobrepasado por el siguiente. El hombre vive el presente por el pasado y hacia el futuro y, por eso, es un ser inacabado. Memoria ontológica y esperanza o anticipación histórica es el ser del hombre en la tierra y su constitución.

Pero, volvamos y retomemos las raíces antropológicas de todo este proyecto de salvación de la historia en San Ireneo. La condición creada del hombre lleva consigo un germen de incorruptibilidad existencial y un principio o instinto de inmortalidad. A pesar de tener un cuerpo mortal y, como tal, corruptible. El soplo es temporal, pero el principio es eterno, dirá San Ireneo. Algunos estudiosos lo llaman inmortalidad relativa. Otra vez la dialéctica o paradoja antropológica y contradictoria. Los primeros pensadores cristianos tuvieron que dedicar mucho esfuerzo a establecer las compatibilidades y resolver estos enfrentamientos entre dos mundos. La argumentación se presenta también muy ambigua. Al parecer, Dios creó al hombre globalmente, naturalmente, incorruptible pero, el traspiés (desobediencia) del pecado original, o sea, el mal uso de la libertad por parte del hombre, le hizo que cayese en el dominio de la mortalidad. El pecado es un aguijón de muerte y solo Cristo consiguió arrancar el veneno introducido por él salvando al hombre de una muerte segura y definitiva. ¿Dónde está, oh muerte, tu victoria? Por el cuerpo entró la muerte en el alma y, si insistimos en la unidad del hombre como persona, tenemos que defender, igualmente, la muerte de todo el hombre. Así las cosas, hay que recurrir a la interpretación cristiana para resolver este problema. El cristianismo vino para eso, para hacer comprensible lo que era contradictorio. Cristo en su resurrección reactivó la capacidad del hombre para la inmortalidad. Todo ello sucede, porque la carne del hombre, en este protosacramento que es la historia de la salvación, recibe otra vez el alimento del Espíritu de Jesús resucitado del que la eucaristía es su símbolo y celebración. La antropología de lo último parece derrotada por la teología y, sin embargo, es su mejor aliada. El supuesto de la resurrección, como argumento, procede de la cristología, pero puede fundarse en la antropología. El hombre es una unidad de cuerpo y alma y, en esa unidad, el alma actúa como configuradora del cuerpo. Esto significa que cuerpo y el alma están profundamente ordenados y orientados el uno hacia la otra y viceversa. En todo caso, la íntima relación o unión del cuerpo con el alma hacen que sea incomprensible que uno pueda vivir sin el otro y, por tanto, hacen conveniente y congruente que, después de la muerte, exista una ordenación ontológica del cuerpo hacia el alma. Solo la glorificación del cuerpo o la resurrección de la carne harán posible el reencuentro ontológico del hombre. Si la creación del hombre fue el comienzo de la historia, su plenitud se encuentra, igualmente, en la consumación del hombre. Hay una comunión entre el tiempo y el hombre de tal manera que, la historia es el hombre.

9

Tertuliano o la reconversión cultural

La historia de la antropología cristiana es la aparición sucesiva de conversiones intelectuales producidas en el seno de la cultura romana. El núcleo y la estructura del mensaje cristiano atrajeron a muchos centros académicos y a los responsables de sus enseñanzas. Seguimos avanzando en el ámbito cultural de occidente. La verdad se dirige a la inteligencia humana y viajaba con ella. Estamos todavía en una teología hecha por laicos. Al principio eran los obispos, Ignacio, Clemente, Ireneo. Ahora son los laicos, es decir, Orígenes, Tertuliano, los mayores protagonistas de esta lectura antropológica de las enseñanzas cristianas. En algunos casos, eso suponía una reconversión de los mismos pensadores que habían peregrinado de escuela en escuela buscando la verdad. El prototipo de pensador como San Agustín, por ejemplo, se repetía con frecuencia. La inquietud y el amor por la verdad y por la belleza los movían y los dirigían en su búsqueda y no descansaban hasta encontrarla. Esto sucedía cuando se topaban con el cristianismo. Estamos en el escenario del África romana o África cristiana, que es un espacio nuevo. Completada la conquista militar por los ejércitos, la administración del Estado, la cultura romana, la lengua latina, habían llegado a ese extremo más occidental del norte africano, las provincias de Numidia y Mauritania. Allí se produce también un proceso de absorción y fusión cultural. El África oriental ya era cristiana por su proximidad a Palestina. Egipto (Alejandría) fue la puerta principal de entrada del cristianismo en ese continente. Pero con la ocupación romana se extendió también hacia el occidente (en este caso el norte de África) siguiendo la ruta del mar Mediterráneo. Y no sin resistencia, pues había muchas identidades culturales, monarquías, religiones. Fueron surgiendo "pequeñas Romas" tanto en la costa como en el interior de la meseta o planicie. Cartago fue una de esas ciudades que se erigió en capital de la costa y competidora de la metrópoli. Era puerto de mar y refugio en la ruta comercial y en el flujo de emigraciones. Por estas razones se convirtió, igualmente, en la capital del catolicismo norteafricano. Cartago, ciudad universitaria. En ella abundaba la mayor oferta religiosa dirigida a captar a la juventud inquieta y estudiantil. Haciendo honor al nombre (Cartago viene de Sartago, o sea, sartén en su dialecto), aquello parecía un hervidero de pasiones, dice San Agustín cuando estudiaba, de joven, en las aulas de su universidad. Consiguientemente, Cartago se convirtió en la capital del catolicismo africano. Allí se celebraban los concilios de la Iglesia.

Tertuliano (150–220) fue una de esas mentes ecuménicas de aquellos tiempos donde había que hacer compatibles la fe cristiana con la ciudadanía filosófica y romana. Ya no había tanta persecución o incompatibilidad entre romanicidad y catolicidad. Más aun, ambos extremos se veían útiles el uno para el otro. El Imperio romano se aprovechaba de la cultura de la unidad y universalidad predicada por los cristianos y estos veían en la estructura del imperio un espacio o unas vías de penetración y expansión. Por lo demás, ya eran muchas personalidades civiles las que venían en busca del mensaje cristiano. Uno de ellos fue aquel hijo de un alto mando militar romano nacido en Cartago y de nombre abreviado Tertuliano. Apoyado en su origen y prestigio, convenció a las autoridades de que los cristianos eran también leales ciudadanos, cumpliendo las leyes romanas y no había lugar para la persecución y muerte. Esto abría las puertas a una nueva situación constitucional de la Iglesia. Igual que se trabajaba para ganarse la aceptación y reconocimiento de la filosofía, se luchaba también para conseguir el respeto de los ciudadanos y de las autoridades. Lo mismo que se aproximaba la teología a la antropología también se acercaba la moral cristiana al derecho para darle un sentido. La sociedad romana era una sociedad permisiva y, a veces, desenfrenada donde los dioses no tenían fuerza moral ninguna para imponer o dirigir la conducta social ni de los dirigentes ni de los súbditos. Y, sobre todo, había que refundar el concepto de libertad, el de ley, el de responsabilidad, el valor de las instituciones, el de autoridad. Toda una tarea antropológica y social por delante. De ahí que la Iglesia, la comunidad de los creyentes, se organizase como una verdadera sociedad y se propusiese como ejemplo de orden, jerarquía, autoridad y obediencia pero también de respeto y dignidad de la persona, de libertad de espíritu y de coherencia moral. Fue un iniciador de la latinidad de la Iglesia y su primacía en occidente. Estos hombres no eran autores de una antropología académica concebida en los lejanos laboratorios de la filosofía, sino protagonistas de una lucha y de una experiencia propia. La reflexión seguía a la vida. Lo que decían, lo que enseñaban, lo habían experimentado en su propia razón y carne. Por otra parte, a Tertuliano le correspondió la tarea de "liberar la libertad" o socializar la antropología, es decir, el concepto profundo y cristiano de libertad como condición y dotación personal del hombre hay que sacarlo y reivindicarlo en la sociedad. No era una argumentación fácil convencer a las autoridades de que la libertad individual e intransferible tiene que ser ejercida, asumida y reconocida en un sistema social de convivencia y de autoridad. Libertad y esclavitud no eran conceptos profundo ni convicciones en el Imperio romano, sino "status" y posiciones sociales, número y registro, un censo de cara al Estado. Nada más. El cristianismo, en cambio, vino a rescatar estas nociones para situarlas en su verdadera perspectiva que es la persona humana. Hay una coincidencia entre libertad, hombre y ciudadano. Ese es el puesto de Tertuliano en la historia de la antropología: convertir en ciudadano al hombre cristiano mediante la legitimidad de la fe y convertir la actividad del Estado en respeto a la dignidad personal. Transformar la mayor cualidad antropológica en derecho social. Comprender que la sociedad está compuesta de personas libres y, como tales, deben ser tratados y participar en los asuntos públicos siendo considerados como dueños de su propia decisión y nadie debe decidir en su nombre. Colocar al hombre en el centro de la política, de la administración, del derecho o de la economía costó muchos esfuerzos a los pensadores cristianos. Así se produjo la gran reconversión (retorsio) cultural de occidente. Tertuliano es el gran "traductor" de la cultura antigua y de la Iglesia. Conoce el griego y el latín (San Agustín no hablaba ni escribía el griego y se expresaba en latín bereber) y comienza la producción latina en la Iglesia. A él se deben muchos términos en teología y sobre todo en el derecho de la Iglesia que también es una institución terrena y no solo una religión del más allá.

9.1. Antropología social y legitimidad cristiana

De formación jurídica y retórica (el ideal del intelectual romano) Tertuliano ya no trataba solo las cuestiones privadas del cristianismo relativas a la fe o a los sacramentos, sino que defendía dicha condición ante las autoridades del Imperio. La religión de Jesús tiene derecho a una presencia, ejercicio y reconocimiento público por parte de las autoridades civiles, pues sus miembros y fieles pertenecen a este mundo, a esta sociedad cultural y política. No son extranjeros, extraños, enemigos invasores, o revolucionarios. No tienen que ser permanentemente rechazados, discriminados o perseguidos. A los cristianos se les condenaba solo por el nombre. Aquí juega un papel muy importante la clara distinción entre judaísmo y cristianismo. No son lo mismo, aunque ambos sean una religión y no solo una explicación del universo. Nuestro autor ya era un cristiano comprometido con los asuntos del Imperio. Una nueva imagen del catolicismo en aquellos tiempos. El método de Tertuliano es muy sencillo: devolver los argumentos del enemigo contra él mismo desarrollando, inmediatamente, una visión positiva de lo problemas. La antropología política de Tertuliano comienza por desmontar el mundo de los dioses griegos, el olimpo de boato y placer. Los dioses no gobiernan y los gobernantes no son dioses. El mundo lo gobiernan los hombres (que no son dioses) bajo las directrices del único Dios verdadero, autor y creador del orden natural, de la razón que se manifiesta en la autoridad de la ley escrita. Con Tertuliano, sobre todo en su obra, *Ad Nationes*, la antropología se convierte en una pedagogía social. No se puede odiar a los cristianos simplemente por el nombre. Ellos no son responsables de los males de la tierra. Es el mismo argumento que el usado por San Agustín en La Ciudad de Dios. Los desastres de Roma no son un castigo de los dioses griegos por haber abandonado su culto. Muy al contrario, el cristianismo aporta a la sociedad civil unos valores, unas costumbres, unos usos, unas leyes morales, una conducta de honradez que mejora, fortalece y cohesiona a la sociedad. Defensa del cristianismo, se puede llamar a la obra de Tertuliano, pero no solo en un sentido intelectual, conceptual, sino también organizativo y de legitimidad constitucional. Se necesita mucho valor y convicción para hacer frente a una situación de hecho o realidad social (odio, exclusión, persecución, muerte de los cristianos) y exigir justicia, igualdad de trato, consideración legal y legitimidad jurídica para este grupo de ciudadanos que eran discriminados y oprimidos solo por sus creencias. Una verdadera lucha de clases de aquellos tiempos liderada por la fuerza de la fe en un único Dios, en una fraternidad universal, en una vigencia y superioridad del amor sobre cualquier consideración. Ahora bien, todo eso tiene como origen y raíz, el desconocimiento que se tiene de las ideas y de la vida cristiana. La convivencia en el mundo no se puede fundar en el odio, en la fuerza y en la confrontación como parecía indicar el imperialismo romano. El cristianismo significa en esos momentos, la oposición al totalitarismo de los emperadores y gobernantes. Inaugura la etapa del pluralismo y de la tolerancia social moderna y se pide un respeto a la dignidad y libertad de las personas exigiendo, por parte de Tertuliano, los principios jurídicos de presunción de inocencia, derecho a la defensa y de legalidad en los procedimientos. Con anterioridad, todo esto era impensable, pues simplemente por llamarse cristianos ya era motivo de acusación, de imputación, de culpabilidad y de condenación, sin más razones o argumentos. Ya no hacía falta proceso, ya no hacía falta probar nada. El ser cristiano anulaba al ser humano a estos efectos. Sin embargo, los nombres, las etimologías, las denominaciones no delinquen. Son las personas que hay detrás de ellos. Hay que conocer la profundidad del odio a los cristianos que había en aquella sociedad. Los cristianos no tenían derecho a vivir en este mundo. Así, pues, el servicio a la causa de la legalidad en el mundo es impagable por parte de estos autores. Es lo que podríamos llamar una conquista de la antigüedad. El derecho tiene unos principios racionales y no depende solo de la voluntad de los gobernantes déspotas. Las conclusiones beneficiosas de estas ideas serían interminables para la cultura moderna. Por ejemplo, no se puede condenar a nadie por sus ideas ni por sus creencias, ni por sus opiniones. Esto ha pasado a formar parte de las diferentes Declaraciones Universales de los derechos humanos de la actualidad. Por lo demás, Tertuliano plantea en su pedagogía social cristiana la obligación y posibilidad de oponerse a leyes injustas que lo son cuando ellas no se adaptan al bien ni a la verdad. Las leyes pueden ser mejoradas y es obligación de los ciudadanos trabajar para ello. Hay leyes que pueden ser derogadas con el tiempo y algunas lo han sido ya. Y tanto el Senado como el emperador pueden equivocarse. El bien y el mal están más allá de las leyes y estas deben someterse a la justicia y a la moralidad. Una cosa es el derecho, otra la justicia, otra el bien o el mal moral y otra las leyes. La ley solo tiene derecho a prohibir lo malo, dice Tertuliano en Apologético, cap. IV. Las leyes positivas no pueden obligar a hacer el mal que rechaza la conciencia y deben estar inspiradas por la moral y el bien natural. Un importante mensaje para la mentalidad política moderna que cree que los parlamentos, democráticamente elegidos, están por encima de todo límite de licitud jurídico. El conflicto entre derecho y moral que comenzó en aquel tiempo no ha sido resuelto actualmente. El valor de la legislación humana depende de su coincidencia con la moralidad. La formación y condición jurídica de Tertuliano, unidas a su fe de cristiano, ha dado sus frutos en el ordenamiento social de occidente. Los emperadores romanos hubiesen deseado un cristianismo de catacumba, de sacristía, clandestino, sin molestar a sus súbditos, sin alterar el orden impuesto por la fuerza, la autoridad o la obediencia. Sin embargo, el mensaje evangélico también traía consecuencias y cambios sociales.

Con el cristianismo nace un nuevo concepto de nación pues, hasta entonces, formaban una nación, solamente aquellos que eran súbditos del Imperio romano. Los cristianos, por el contrario, tenían otra nacionalidad, obedecían otras leyes, formaban una nueva ciudadanía en la fidelidad a Cristo. ¿Cómo encajaba esto en la política de aquel tiempo? Continuaba la perplejidad y el asombro de Pilato trasladado a la pregunta de los emperadores ¿pero vosotros los cristianos sois un reino, tenéis unas leyes, una fuerza, una organización propia? Eran vistos como un peligro para la estabilidad y prosperidad del orden establecido. Lo más fácil era acusarlos de traidores e ilegalizarlos, perseguirlos y matarlos. No podían entregar su lealtad total al Estado. Es más importante ser cristiano que romano. Los cristianos también forman una corporación y constituyen una comunidad de creencias, de leyes y de disciplina. No son un Estado dentro del Estado ni tampoco son enemigos de él, sino que contribuyen a su solidez mediante las buenas prácticas y costumbres. He ahí el desafío de la antropología social traída por ellos. Lo que preocupaba a las autoridades civiles era la infiltración, la penetración, la extensión del cristianismo en todos los organismos del Estado. El cristianismo comenzaba a ser atractivo y cautivaba a las mentes, a los sentimientos de la nobleza, a los poderosos. Era una revolución moral, desde dentro de la conciencia y de la libertad, desde los nuevos valores transformadores que no aniquiladores del orden temporal. Los cristianos buscaban su identidad frente al imperio y los paganos se asombran de que el cristianismo dejase de ser una religión de esclavos y para esclavos. También los señores abrazaban los principios del evangelio. Toda una novedad y un cambio de civilización. Lo romano no era una religión, sino un poder temporal, una forma de vivir y de dominar al mundo, una manera de disfrutar en la tierra sin otras preocupaciones sobre el sentido trascendente de la vida como son la salvación, la fraternidad universal, la comunión e igualdad entre todos los hombres, la regulación del amor o de la libertad en las instituciones. Si admitimos que Tertuliano es el padre de la teología dogmática, tenemos que ver en él, igualmente, el autor de la teoría política cristiana y del principio de libertad religiosa. A los filósofos no se les penaliza cuando atacan a los cristianos y, en cambio, a estos no se les permite ejercer su derecho a creer, a opinar, a practicar el culto. Es una discriminación injusta propia de un pensamiento y de unas leyes intolerantes y totalitarias. Los cristianos luchaban por una cosa tan elemental como el derecho de reunión, de celebrar sus asambleas de formación y litúrgicas. El problema residía en la incapacidad de las autoridades imperiales de no entender la existencia de un reino, de una nación sin su dios correspondiente, o viceversa, la existencia de un dios sin reino, pues creían que los dioses creaban y protegían "sus" imperios. El Dios de los cristianos no traía ni imponía un gobierno determinado de carácter temporal. En el fondo, los romanos no entendían la separación entre religión y política propiciada por los cristianos, la secularización de la historia y del poder. Los dioses no dan los reinos, no imponen el orden temporal. Los triunfos temporales no son triunfos de los dioses y las guerras no las hacen los dioses, sino los hombres. En ellas mueren igual creyentes que no creyentes. Más aún, los cristianos piden a Dios por la salud y el éxito de todos los emperadores, por la paz y seguridad del imperio, por los ejércitos fuertes, por la prosperidad y lealtad de los gobernantes, por la honradez de los ciudadanos. Solo el Dios único y de todos (emperadores y súbditos) puede conceder estos bienes. Los cristianos no buscan ni necesitan los honores y la gloria de la república. Ellos pertenecen solo a un Estado que es el mundo, el de todos los hombres. No tienen ni actúan con una conciencia colectiva de gremio, de separación, de raza o nacionalismos. Cuando piden y exigen algo al Estado no lo piden para sí mismos, sino para todos los ciudadanos, para todos los hombres. Por ejemplo, la libertad de la esclavitud. El estilo de vida de los cristianos está abierto a todos y es una oferta sin condiciones sociales, sin discriminaciones raciales o económicas. Los cristianos no firman una clase social, sino que defienden una clase de sociedad donde todos son iguales y respetados en su libertad y dignidad como hombres. La condición humana está por delante de la nacionalidad o adscripción ciudadana.

9.2. El hombre naturalmente cristiano

Al lado de otras inquietudes o preguntas sobre el hombre, a Tertuliano ya no le interesa tanto escarbar en las estructuras del ser humano, su arquitectura o composición, sino analizar la capacidad para el diálogo y la apertura religiosa. Esa fue la experiencia que marcó su teoría antropológica. Partiendo del punto inicial como es el tema de la creación, la antropología de Tertuliano, que es toda ella antropología religiosa, comienza reafirmando y defendiendo la existencia de un único Dios y creador, frente a la multitud de dioses griegos que no son más que estatuas de materia y pintura. Así planteado, el mundo aparece como un proyecto teocéntrico, un escenario o un palacio natural de orden y belleza que rodea a Dios, donde todas las cosas son complementos que están a su servicio. Por eso los griegos llamaron al mundo "cosmos", que significa ornamento y adorno. Nos encontramos de nuevo con la trinidad operativa y creadora de la que hablaba Ireneo: Dios creo el mundo de la nada con el poder de su palabra, con el diseño de su razón y con el arte de su virtud. Con ello, Tertuliano inaugura la teoría del mundo como huella y vestigio de Dios donde Él se revela y donde todos los hombres pueden conocerle mediante los signos dejados en la naturaleza. Mil gracias derramando, pasó por estos sotos con presura, que diría el poeta y místico San Juan de la Cruz. Estamos en el corazón de la llamada teología natural como paso de la teología negativa de Nicolás de Cusa. Dios es invisible, pero puede ser atisbado. Dios es inabarcable, pero puede ser tocado. Dios es incomprensible, pero puede ser percibido por la mente; es inalcanzable, pero los sentidos pueden sentirlo a través de sus criaturas. Dios comienza donde termina el hombre, donde no puede llegar el hombre. La esencia de Dios es la incapacidad del hombre para comprenderle, diría Feuerbach imitando a Tertuliano. La falta de nuestra capacidad para definirle explica la infinita naturaleza de su ser, se dice en Apologético, 18. Dios es lo excedente del hombre, la superación del hombre. Dios es el absolutamente Otro, la despersonalización o deshumanización. Todo esto que en la Edad Media, en la Escolástica, se utilizó para demostrar la existencia de Dios, en Tertuliano revela la existencia del hombre naturalmente religioso como buscador de Dios en las cosas. Es el principio de la dialéctica religiosa compuesta de inmanencia (la naturaleza) y trascendencia (Dios) como metodología antropológica que desarrollará más tarde San Agustín en el tema de la interioridad. Sin salirnos de la antropología encontramos un suelo natural y cristiano en el hombre. Dios es, a la vez, la duda y la certeza del hombre. El miedo del hombre es el principio de la idea de Dios, porque el mismo miedo a lo desconocido ya nos dirige hacia Él, pues el temor ya es sabiduría. En la dialéctica teológica, el misterio y el conocimiento se dan al mismo tiempo. Toda la arquitectura, toda la hermosura del universo nos hablan de Dios, pero también las criaturas nos lo ocultan. Solamente el alma que llevamos dentro del cuerpo es el testimonio y la voz más segura de Dios en el hombre. Cuando el alma, prisionera de las cosas, entra en sí misma y despierta del letargo, del sueño, del engaño, entonces, con un impulso natural, llama al Dios verdadero, uno y grande (Apol. 17). Y esta voz es común a todos los hombres de todos los tiempos. Este es el testimonio del alma naturalmente cristiana. Por el contrario, algunos pensadores actuales creen que el ateísmo como negación de Dios está inscrito ya en los genes biológicos del hombre y en los orígenes o estructura de la razón humana. Sin embargo, la tragedia tanto del ateísmo moderno como del discurso religioso es que hay que hablar de Dios desde las limitaciones y condiciones del lenguaje humano. Pero esto no significa que el sentimiento y la razón humana sean neutros en relación al tema de Dios. Por su propia naturaleza están orientados hacia Él como la vida de la verdad. Tú, oh alma, increpa Tertuliano, no eres cristiana, lo sé, porque uno se hace cristiano en los sacramentos, pero tienes unos gérmenes, una orientación natural hacia Dios, como los girasoles que siguen la luz del sol y no en un sentido psicológico sino real. El análisis psicológico y la educación vendrán después.

9.3. Dependencia cultural y corporealismo

Pero la antropología de Tertuliano, como toda su filosofía, es un diálogo con el tiempo y no puede prescindir de las controversias o influencias contemporáneas. Por ello, hay que defender la idea y la constitución del hombre frente a los enemigos del cristianismo. Aunque parezca lo contrario, la imagen del hombre tiene sus consecuencias en la imagen de Dios y, sobre todo, en la validez de la encarnación. Todo está muy condicionado. Si el hombre no es un cuerpo, entonces no hubo encarnación histórica de Dios ni salvación, ni resurrección. Por ello es injusto tratar o señalar al cristianismo como teoría o tendencia espiritualista, cuando es quien más ha defendido la corporeidad del hombre. No faltan momentos en la actualidad donde parece que asistimos a un cristianismo arrepentido o nos avergonzamos de admitir un cuerpo material, atribuyendo a Tertuliano la duda y la posibilidad de la existencia de un cuerpo no material, como afirmaba el gnóstico Apelles aludiendo a una cierta materia celeste. Quizá con esta confrontación entre un materialismo puro y un espiritualismo radical nos encontremos ante el nacimiento del mundo de lo psíquico que, en aquellos tiempos, era un gran avance de la cultura. Podría ser el comienzo de la psicología. Estamos realizando una lectura o interpretación del cristianismo primitivo bajo la presión antropológica del pensamiento moderno. El cristianismo de estos autores caminaba o navegaba entre dos escollos. Si evitaban uno, el barco podía encallar en otro. Es decir, para evitar caer en el politeísmo, a veces grosero de los griegos se insistía en que el Dios monoteísta era una sustancia espiritual. Los seguidores de Marción tenían por indigno e imposible que Dios tuviese un cuerpo. Con ello destruían las bases de la esperanza cristiana. Si Dios no asumió un cuerpo y todo fue una apariencia o falsa representación, una farsa, el hombre no tiene sentido, puesto que sus condiciones existenciales no fueron incorporadas a la historia de la salvación. Desde entonces, toda carne es carne de Cristo. Nacer y morir del hombre es nacer y morir de Cristo. Este es el gran sacramento de la antropología de Tertuliano. Los ojos de la cristología están puestos en la antropología. Se implican mutuamente. Al defender la historicidad de uno se defiende la del otro. Para evitar chocar con el acantilado de los gnósticos, tenían que defender la corporeidad divina derivada de la encarnación del Verbo. Todo esto conduce a una reflexión: la antropología cristiana obedece a la doble dependencia del evangelio y de los movimientos intelectuales o culturales de la época. El pensamiento de los Padres, profundamente enraizado en la fe y en la confianza en la verdad e identidad del cristianismo, se lanza al encuentro del orden conceptual griego para adentrarse en su núcleo de reflexión. Los primeros intentos son débiles y descriptivos, pero más tarde son un ejemplo de valor interpretativo. Al principio se señalaban las diferencias. Después, las diferencias y las coincidencias para terminar elaborando una síntesis cristiana propia.

Una antropología de la sospecha se extiende sobre el cristianismo a la hora de tratar el tema del cuerpo. Sin embargo, él es quien realiza la mayor valoración cultural y antropológica del mismo. Las reservas y las reticencias vienen de otros ángulos del pensamiento, pues las relaciones entre fe y razón, entre antropología y teología se producen de forma histórico-cultural y progresiva. Es decir, no son connotaciones abstractas o simbólicas, sino concretas y temporales. Como indicábamos más arriba, en el caso contemplado del hombre los ateísmos modernos han preferido anular y excluir el concepto de Dios utilizando la dialéctica negativa, o sea, afirmando de Él lo que "no es" a partir del hombre. En vez de decir que Dios es la culminación del hombre precisamente por ser lo que el hombre no es, podemos pasar a una antropología positiva reconociendo que el hombre es la introducción o el prólogo de Dios, su primavera y su anticipación que la antropología es el precedente de la teología, o que Dios tiene antecedentes en el hombre. Este es el sentido de la tradición filosófica muy contraria a las corrientes ateas. Huella, imagen, prefiguración, copia, rostro, todo indica que, por la antropología se llega a la religión. La razón humana es un camino hacia la fe. Creer para entender y entender para seguir creyendo, que argumentaba San Agustín. Tertuliano aplica al cuerpo el mismo sentido de orden, belleza, complejo armónico y ensamblado que el mundo físico. El mundo es el cuerpo humano ampliado y el cuerpo es un mundo físico en pequeño o concentrado. De hecho, los sentidos son esa equivalencia o sintonización entre las energías de uno y otro ámbito. Los elementos que conforman el cuerpo son los mismos que encontramos en la naturaleza orgánica: aire, agua, tierra, luz, calor. Todo ello dispuesto y relacionado en uno y otro de la misma manera. La sangre en las venas es como los ríos de la tierra que transportan el agua a los tejidos. El aire en los pulmones es una entrada del oxígeno, los huesos son como la roca y la consistencia. Los ojos, las manos, nos hablan del contacto e intercambio entre el mundo exterior y el organismo vivo que comparten energía y principios de vida, la luz del sol y de las plantas. Las necesidades del cuerpo humano son necesidades energéticas procedentes del mundo exterior. Por el cuerpo somos mundo, somos química, somos elementos, somos tierra, somos agua. Esto significa una vinculación real y una dependencia expresada en tendencia profunda que se realiza en los instintos, en la atracción y en los impulsos constitutivos de la conducta humana.

Al lado de esta línea argumental (que el cuerpo procede de la tierra) tenemos la otra vertiente de la teoría del cuerpo según Tertuliano, es decir, la materia transformada, que constituye la esencia del acto creador lleva siempre la huella (además de su procedencia), la marca, el registro, la patente o la firma de su hacedor y autor. Si el hombre tiene, en la carne, una señal de la tierra también tiene una cualidad o herencia del espíritu. Este cruce de conceptos (cuerpo psíquico y alma corporal) aunque de procedencia opuesta (marcionistas, velentinianos, cristianos) introduce ya la necesidad de alumbrar una tercera realidad o categoría intermedia o "compuesta" de ambos elementos en la explicación del hombre. Si se puede decir, con toda rotundidad, que el verbo se hizo carne, también vale lo contrario, la carne se hizo logos o espíritu. Aparece la expresión "naturaleza psíquica" para referirse a ese cruce de sustancias. Todavía no se ha superado el dualismo rígido, pero se prepara el camino para el personalismo. La noción de persona también crea problemas en la cristología. Aquí no estamos estudiando dogmas, sino asistiendo al nacimiento de la antropología cultural cristiana empujada por elementos tan distintos que, a veces, aun pudiendo parecer contradictorios pueden soportar un análisis racional. El intercambio de influencia del cuerpo en el alma y viceversa, constituye la esencia de toda antropología. El cuerpo no es extraño al espíritu ni este a la carne. Esa esencia y vocación para la unión puede ser el concepto de persona. Estamos desarrollando la antropología y política corporal de los primeros siglos cristianos. Los conceptos heredados de la filosofía griega y del judaísmo no servían del todo, aunque ambos arrastran al pensamiento cristiano. La unidad de los dos elementos que componen la estructura del hombre inicia su camino hacia la convergencia empujada por las exigencias morales, es decir, del cuerpo y del alma (nociones filosóficas) tiene que nacer un sujeto moral, una única conciencia activa y responsable (persona) de los actos del hombre. Las sustancias se distinguen por sus acciones y se pasa del orden ontológico al orden moral.

9.4. Comparece el alma o la psicología cristiana

La fusión suave y protectora entre teología y antropología, sin perder ninguna su identidad, sigue adelante en Tertuliano. Primero, en los conceptos y luego en las instituciones. Porque también hay un cristianismo institucional o político, pues el evangelio lo transforma todo. Tertuliano defendiendo al cristianismo construye la mayor síntesis de teología y antropología. Hablemos del alma dejando hablar al alma. Es importante esta actitud apriorística reconociendo el valor de lo natural, de lo que no está contaminado, educado o inducido en el alma humana. Escuchemos al alma. La pedagogía de Rousseau anticipada. Creer en el hombre natural. Sobre el testimonio del alma no pervertida, no manipulada. Es una gran obra, una gran cuestión recordar al alma, escuchar su testimonio. Porque el alma es, esencialmente, memoria de sí misma, discurso interno. La naturaleza es la mejor maestra, la mejor revelación del hombre. La filosofía solo hace despertar al alma dormida. Comparece el alma. Esta es la gran curiosidad del hombre, como dirá San Agustín más tarde, conocer a Dios y al alma. Por lo demás, según Tertuliano, el alma consiste en el medio del hombre, (consiste in medio) su centro o equilibrio, ya provenga de Dios, provenga de la tierra, sea temporal o eterna. Ella es el dios pequeño (mínime divina), bajada del cielo o cocinada con la tierra, comience con el cuerpo, venga antes o después de él. Ella constituye al hombre racional. No nos referimos al alma académica, al dios de los filósofos, a la mente formada o deformada, sino al alma simple, ruda e impoluta, aquello que tienen los que solo tienen alma. La ignorancia es la mayor ciencia del alma, pues en la educación y en la sabiduría adquirida nadie cree ya. Ese es el tesoro que buscamos, lo que constituye la primera esencia del hombre, aquello de lo que es autor el mismo hombre no los demás que han vertido cosas sobre ella. Lo que tú solo decides conocer, no lo que te enseñan los demás, la sabiduría popular, la verdad universal. La verdad se manifiesta en el alma simple y sencilla antes de ser adoctrinada. La idea de un Dios bueno por naturaleza, justo y compasivo, es algo innato en el hombre. Jesús no escogió a sabios y filósofos ni mandó a los estoicos a predicar su mensaje, sino a los sencillos pescadores como entendió muy bien San Pablo.

En la cuestión del alma seguimos en el régimen de coincidencias y divergencias con los filósofos griegos. Seneca saepe noster, que dice Tertuliano. Proximidad, recuperación y superación son los tres tiempos de esta dialéctica de la psicología cristiana. También hay cuestiones teológicas como son el origen del alma, su naturaleza, el pecado original, su relación con el cuerpo, su posición después de la muerte. Persiste el núcleo de la confusión: hay un alma corporal y un alma espiritual; hay un alma racional y un alma irracional. ¿Hablamos de un alma o de dos almas en Tertuliano? Es cuestión de zonificar el alma como lo habían hecho Platón y Aristóteles. Son como hemisferios que no rompen la naturaleza única del alma ni llegan a constituirse en esencias independientes. Las regiones del alma humana. La comparación con el cuerpo es muy didáctica: igual que el cuerpo tiene sentidos para percibir las realidades materiales, así también el alma tiene sus facultades o canales para entrar en contacto con el mundo de la verdad y del logos. Le faltó adelantarse a la filosofía experimental y decir que el alma percibe el mundo a través del cuerpo. Por tanto, no es un puro dualismo o paralelismo, sino que hay que poner de acuerdo la colaboración sentidos-mente en el tema del conocimiento humano. En otras ocasiones, el alma no es ni corporal ni espiritual, sino que constituye, por sí misma, un orden esencial propio que viene directamente de Dios. El dualismo de 1 Co. 15:47 y 1 Co. 15:50 se interpreta no como dos sustancias, sino como dos modos de conducta y actuación impregnadas o por la carne o por el espíritu como en Gá. 5:17. No son dos identidades, dos almas, sino un alma con dos modalidades. El dualismo en la modalidad de las almas se puede entender también en un sentido histórico-salvífico, igual que decimos, el primer hombre (Adán) y el segundo (Cristo). El primer hombre recibió un alma y el segundo otra alma distinta. Más aún, el mismo hombre recibe dos almas, una como la de Adán y otra como la de Cristo. Aquí hay que separar lo que es teología y Escritura de lo que es antropología filosófica significativa. No se trata de dos sustancias, sino de dos regímenes del alma, dos disciplinas. No es más que la diferencia entre vida carnal o biológica y vida espiritual. Es un dualismo moral como sucede en San Pablo o el experimentado por San Agustín en el momento decisivo de su conversión en el huerto. Todo dualismo en la constitución antropológica del alma queda superado. La claridad del sol y la oscuridad de la noche, ambas son o forman el día. Lo mismo sucede con el cuerpo y el alma, la materia y el espíritu que conforman una sustancia. Por lo demás, la antropología del alma en Tertuliano sigue adelante con las previsiones y con la agenda acostumbrada: el alma es espíritu porque procede de la in-spiración o soplo de Dios, es creada por Dios mismo; existe un "alma universal" o común de la que proceden todas las almas diversificadas o individuales. Se le reconocen todas las capacidades, llamadas facultades, de racionalidad, libertad, inmortalidad, conocimiento. Lo que los filósofos llaman división o partes del alma son solo distintas capacidades, funciones y facultades. El argumento para defender la individualidad del alma en cada hombre sirve para reforzar el fundamento de la dignidad de la persona humana en la moderna teoría del derecho: se alude a la metáfora de la semilla que contiene ya en sí todos los elementos particulares del futuro árbol. Esta teoría será desarrollada por San Agustín en las "razones seminales" o la gran memoria antropológica en el mundo. Igualmente se desarrolla la teoría de la residencia del alma que sigue estas tres fórmulas: la imagen bíblica del cuerpo como templo del alma, del platonismo o el cuerpo como sepulcro o cárcel del alma y, finalmente, el alma como inquilino del cuerpo. Todo esto nos lleva a desarrollar el concepto, un poco extraño para nuestro tiempo, de "la corporeidad del alma" en Tertuliano. Si lo apuramos nos conduce a una corporalización del alma en el sentido de que, como diríamos hoy, el cuerpo rodea y mediatiza al alma, la hace visible y reconocible de manera ontológica, sustancial, y no solo espacial o territorial. Para él, esto es una ley universal y metafísica (el corporealismo), pues todo lo que existe, es cuerpo. La psicología pura no existe, sino que todo pasa a través del cuerpo: instintos, sensaciones, emociones, aunque también se defienden los sentidos intelectuales. Sutileza o verdad. Si el alma está tan implicada en el cuerpo (y viceversa) de manera sustancial ¿cómo defendemos la inmortalidad del alma? ¿O es que afecta a los dos? Nihil enim anima si non corpus. Lo mismo cabe decir de su origen y creación. Pero la corporeidad del alma (seelenkörper) es de una característica especial, así como su invisibilidad y la identidad de su sustancialidad. Tanto el cuerpo como el alma están organizados en torno a la sustancia. Una idea de Tertuliano muy influyente en la actualidad cuando se quiere revalorizar la posición del cuerpo en el conjunto y en la definición del hombre y que abre la puerta a las investigaciones de la psicología moderna. Corporeidad del alma o espiritualidad del cuerpo.

9.5. Antropología y psicología de la inmortalidad

Ya hemos aludido a la proximidad y familiaridad con que los primeros cristianos hablaban sobre la muerte. No era una teoría fría o académica, sino experiencia diaria y cercana. La muerte llamaba diariamente a sus puertas. Paradójicamente, el discurso sobre la muerte era corto, pero la extensión y profundidad se trasladaba a la convicción sobre la resurrección y la inmortalidad que entran, así, a formar parte de la antropología natural cristiana. Primera afirmación: la muerte es un hecho, un destino, una suerte universal implícita en la naturaleza humana. Por eso, este fenómeno es comprendido por la razón natural sin que sea necesaria la revelación. La incidencia de la muerte en el hombre consiste en la separación del cuerpo y del alma. Separado del alma, el cuerpo muere. Los intentos científicos de mantener vivo un cadáver han fracasado. El tiempo del edificio corporal ha terminado, la vivienda del alma se ha derrumbado. Pero aquí está la importancia del argumento: si la vida humana termina cuando se separa el cuerpo del alma, es que había una unión o unidad muy profunda entre ellos: el cuerpo era alma y el alma era cuerpo. De lo contrario, la muerte de uno no influiría en la del otro. La comunión entre ambos es clara y la dialéctica o contraposición cuerpo-mortalidad y espíritu-inmortalidad también. La cuestión de la inmortalidad no es una discusión "técnica" o estratégica del cristianismo, sino que es su esencia. La fuerza de esa verdad hace exclamar a Tertuliano: por eso somos nosotros cristianos. Es una fe diferencial y radical. Sin embargo, el cristianismo da por amortizado el tema de la resurrección del alma de la mano de los platónicos, y ahora pone toda su intensidad argumental en la resurrección de la carne, con lo cual hay que volver a la consideración y dignificación del cuerpo humano y así es cómo la inmortalidad del hombre se convierte en un tema de la antropología cristiana. Tanto la formación y creación del cuerpo por parte de Dios (directamente o por su mandato y encargo) como su asunción y revestimiento por Cristo, fueron una elevación, valoración y consagración que culmina ahora en la resurrección de la carne. En la creación fue ennoblecido, convirtiendo y transformando el polvo en sustancia y vida Fue adjudicado y adscrito al alma como su vehículo, como ayuda, sostén y compañero. Es la primera pareja y matrimonio natural que ha existido de cuya alianza participan otras uniones sacramentales. El participa como elemento fundamental en la salvación del alma. No hay hombre, no hay tiempo, no hay salvación, no hay historia de la salvación o salvación en la historia sin la presencia y la mediación del cuerpo. El es una clave esencial para entender el sentido del tiempo. Es el mediador universal de la transformación de la salvación terrena. Por ello, no se puede prescindir de él. Pero existe también una antropología corporal reversible, es decir, el cuerpo mismo necesita de salvación, pues la carne es débil y antesala del pecado. Los que viven en la carne no pueden agradar a Dios, a pesar de que el cuerpo es templo de Dios y miembro de Cristo. Por ello, se habla abiertamente de la resurrección de la carne y se pide que la misma intervención que tuvo Dios para crear el cuerpo la tenga ahora para re-crearlo, para resucitarlo. Dios puso al hombre en el mundo y ahora debe continuar aquella obra que no puede interrumpir la muerte, pues Dios es más fuerte que la muerte. Es el mismo poder, el mismo amor, el mismo sentido en una y en otra, aunque —dice Tertuliano— un poco mas fácil y menos costosa que la primera, pues ya no parte de cero, o sea, de la nada. Ambas intervenciones en el cuerpo son intercambiables, pues la primera creación es una resurrección de la naturaleza en toda regla y la segunda es una repetición de la primera, como sucede en el ave llamado fénix que resurge de sí mismo. La resurrección de la carne es una necesidad y obedece a un ciclo que se completa. La muerte no es más que la noche de la vida pero, pasada la noche, después llega otro día, la misma luz y el mismo resplandor que el día anterior. Todo nos conduce a la misma unidad del hombre pues las acciones humanas son tanto del cuerpo como del alma. Ambos son responsables y origen de lo que sale del hombre, sea el corazón o la boca, sea el amor o el odio. Esas acciones deben ser juzgadas por Dios y para ser juzgadas deben existir tanto el cuerpo como el alma. Es necesario juzgar a todo el hombre. En el tema de la resurrección se cuela el elemento jurídico y de tribunales, según la formación de Tertuliano. Hay que juzgar y premiar al cuerpo, pues él ha tomado parte en todas las acciones del hombre. Tenemos así una psicología de la inmortalidad desarrollada por nuestro autor. En ella se habla, igualmente, de la doble resurrección, la temporal o intermedia (a la que se puede llamar espiritual) y la definitiva que tendrá lugar al final de los tiempos. Sin embargo, a la lucha por fijar la realidad de la resurrección hay que añadir la demostración de la continuidad en la vida del cuerpo individual lo cual no impide reconocer que la situación existencial después de la muerte no es idéntica a la actual. Allí ya no habrá ni llantos ni lágrimas. Es el mundo nuevo, el cielo nuevo y la tierra nueva del Apocalipsis de San Juan. Ha desaparecido toda historicidad, toda temporalidad, toda contingencia y fragilidad. Es el futuro y el fundamento de toda esperanza en la tierra que representan los cristianos. La carne va a resucitar, concluye Tertuliano, la misma carne de cada uno de nosotros que llegará a su plenitud. La misma unión, la misma alianza, la misma unidad entre el mismo espíritu y la misma carne. Los mismos elementos que estaban unidos en su persona (Cristo Jesús) y en la nuestra, como se unen un esposo y una esposa. Así se acompañarán uno al otro. El matrimonio del cuerpo y el alma continuará eternamente.

9.6. Percepción optimista del mundo

En el proyecto de una antropología cristiana no se puede separar la visión del hombre y la visión del mundo que tienen un mismo origen y destino. Por lo demás, cualquier punto o contenido de la antropología de Tertuliano repercute en otros ángulos de su pensamiento. Con el tema del mundo entramos de lleno en la llamada "oikonomia" o sea, la disposición y el proyecto de Dios sobre el hombre y la historia a partir de su estructura trinitaria que culmina en Cristo Jesús. La teoría sobre el mundo convoca otros aspectos de su sistema: la creación y la redención del mismo, su conservación y plenitud, la relación del hombre con las cosas, dominio o esclavitud, el tema del mal, el señorío de las pasiones, contingencia y temporalidad. En una muy rápida síntesis, para Tertuliano Dios creó el mundo desde su amor y bondad intrínseca y, por tanto, el mundo es bueno en sí mismo, desde su causa y origen. Es un espectáculo de belleza y armonía, pues todo está racionalmente ordenado y clasificado. Lo importante es que el hombre sea capaz de captar esa belleza constitutiva mediante la razón y los sentidos. La reflexión serena y prolongada de San Agustín precisará más esa idea: el mundo es bueno simplemente por ser, pues todo lo que es, ya es bueno por el hecho de ser. Ser y valor se identifican; ontología y cosmología, física y moral coinciden en la valoración de las cosas. También Marción tocó este punto: la distancia entre el mundo y Dios, el Dios extraño y alejado del mundo. El cristianismo tiene que cargar con esa dificultad, separación y dualismo pues, para los marcionitas muy puritanos, la materia física de la que procede el mundo es algo malo y principio del mal. Nuestra manera de proceder es la misma, pues la visión del mundo y su explicación concentran mucha antropología. Es decir, en el principio era el mundo y el mundo estaba junto a Dios, aunque el mundo no fuese Dios. Todo fue creado por Él. El hombre fue hecho a imagen y semejanza de Dios como coronación de la maravillosa obra que es la naturaleza física, el cielo y la tierra. Ese es el origen de la dignidad del hombre y de las cosas. Dicha dignidad consiste en que el hombre fue elevado a la categoría de cooperador de Dios y partícipe en la continuidad de la creación. El hombre pasa a ser el representante de Dios en el mundo, su embajador, encargado y cuidador de la naturaleza. Por eso se puede hablar justamente de procreación. Esta condición o prerrogativa del hombre sobre el mundo no implica ninguna tiranía, capacidad de abuso o destrucción, sino todo lo contrario: el hombre está puesto para proteger y alimentar a la naturaleza y acompañar su crecimiento. El peligro de que una exaltación o divinización del mundo suponga una independencia, ruptura y separación del sentido religioso de las cosas en sí, no proviene del cristianismo, sino de otros movimientos más secularizantes o ateos, tanto del mundo antiguo como de la modernidad ilustrada, aunque esta mentalidad comenzó en el Renacimiento. Esta labor del hombre en el mundo, con la que ejerce su condición de ayudante de Dios, es lo que llamamos cultura, o sea, toda clase de descubrimientos, de intervención promotora o correctora, de acción preventiva, de investigación o invención, de elaboración y aplicación de los resultados obtenidos de la naturaleza para beneficio de la humanidad. A veces, la innovación y la producción industrial parecen una "destrucción creadora" del mundo jugando con la materia y energía existentes o futuras. Según esto, la configuración del mundo es una colaboración entre razón, naturaleza, leyes y sociedad. El mundo es bueno tal como salió de las manos de Dios. Solo el pecado introdujo el mal en el mundo, y esto significa corrupción. La explicación de Tertuliano sobre el valor del mundo tiene enfrente a sus adversarios los gnósticos, para los cuales el universo pierde todo su sentido positivo de mediación entre Dios y el hombre. El carácter extranjero de Dios, en relación con el mundo, hace que la realidad más universal y triunfante en él sea el mal que reina y se extiende por todas partes. Defender la autonomía del mundo (con lo que se solucionaba el tema del mal) era delicado, pues la falta de contacto "físico" o real entre Dios y el mundo nos llevaba a dar la razón a los gnósticos. Por ello, Dios es el verdadero Prometeo que dirá Tertuliano. Pero, si el mundo tiene algún desperfecto causado por el hombre, la segunda creación —o sea la encarnación de Cristo— viene a salvarlo, a repararlo y redimirlo en sentido cósmico. Salvación del mundo y no solo del hombre. La encarnación es la segunda fase de la creación y no existe ninguna interrupción de la bondad de las cosas. Todo eso revela el pensamiento de crisis y de discusión en que se encuentra permanentemente el cristianismo en el siglo II, donde actúa nuestro autor.

9.7. Antropología de la moral natural

Sin ánimo de introducir en Tertuliano el esquema de progresista-conservador, hay que reconocer en él posiciones y retractaciones en su pensamiento. Su itinerario intelectual está lleno de exigencias, pero también de comprensión. Antropología y moral, ser y acción, ontología y conducta. Cada uno es (metafísica), lo que hace (moral), o espíritu subjetivo y espíritu objetivo que diría Hegel. La identidad del cristianismo primitivo y su conflicto con el mundo romano no se producía solo a nivel de ideas o de reflexión, sino también a nivel de actuación, de testimonio y de transformación de las costumbres de la sociedad. Hay una filosofía sin palabras que tiene que ver con el cambio del mundo. Si había razones para creer, también había razones para una nueva conducta individual y social que era, en definitiva, lo que inquietaba a los dirigentes del pueblo. La influencia en la población y su capacidad de convocatoria. Sus planteamientos sobre la libertad, dignidad, fidelidad, resolución, coherencia, sacrificio, solidaridad frente a tanta pasión, egoísmo, relajación y permisividad. Por tanto, hay que reconocer la labor de cambio y regeneración que había por delante para los cristianos en el terreno de la economía, de la política, de la justicia, de la sexualidad, de la riqueza y posesión, de la autoridad, de la esclavitud, del matrimonio, de la familia. Desde la perspectiva actual, algunos estudiosos dividen el pensamiento de Tertuliano en tres etapas, de acuerdo con su experiencia y rigurosidad en su vida y en sus juicios. Otros aproximan los esquemas y la división de la teología actual y hablan del Tertuliano intérprete de la Biblia, apologeta o polemista, dogmático, defensor de la tradición, moralista, ascético, de acuerdo con una clasificación de sus escritos. Tampoco podemos despreciar la dimensión de Tertuliano como pensador crítico que otros colocan al borde de la ortodoxia, enfrentado a la tradición y a la Iglesia.

Frente a los que creen que los primeros cristianos sacaban sus planteamientos morales solo de la revelación, del evangelio, de las palabras y de los hechos de Jesús o de sus consejos, prolongando así la corriente de una ética formal de la ley al estilo judío, de la moral del mandato, de la norma por la norma, hay que reconocer una gran presencia de la moral natural cristiana en Tertuliano. Así pues, el seguimiento que hacemos del pensamiento antropológico de esta época nos conduce, igualmente, al descubrimiento del hombre naturalmente moral. Es la continuación del optimismo radical que veíamos antes. La naturaleza del hombre y de las cosas es buena y ya contiene en sí misma un germen de moralidad y eticidad consistente en respetar, por parte del hombre, su función o finalidad. Es una ética material que es la menos material de las éticas, pues reconoce el principio del bien presente en la naturaleza que llega hasta la conciencia. Todo el optimismo demostrado por Tertuliano en la valoración de la razón natural de los filósofos griegos, que es capaz de alcanzar o ver la existencia de la verdad, hay que aplicarla aquí a la existencia de una ley natural. El hombre es naturalmente moral. Pero esta asunción y potenciación de las estructuras naturales de la conducta moral no se opone a que los cristianos tengan una identidad moral propia referida a Cristo. Existe una moral cristiana que no rechaza (secundum naturam vivere), sino que transciende y potencia la moral racional. Los cristianos tienen un comportamiento particular y diferencial en el día a día frente a los paganos de Cartago. Pero es importante esta acogida que la antropología cristiana hace de la moral natural en una sociedad como la romana que, ignorando los mandatos y las indicaciones innatas de ese orden, obedecía solo a las prescripciones de los dioses activadas por las órdenes de los emperadores. Moral positiva desprovista de fundamentos firmes, basada solo en el capricho de los poderosos, en sus leyes interesadas frente a la moral racional, obedeciendo las tendencias puestas por la naturaleza del hombre como resonancia y prolongación del mandato creador. La vida de un cristiano, de acuerdo con esta fidelidad a la naturaleza del hombre, podría aproximarse a la de los estoicos. Pero era algo más. Hay que rechazar el culto a los ídolos y otras muchas prácticas de los paganos como "costumbres corrompidas". La idolatría es el principal crimen de los creyentes. Sin embargo, los cristianos no tienen que negar nada de lo humano, sino asumirlo como Cristo se asemejó en todo a nosotros menos en el pecado. El bien natural confluye y desemboca en el bien cristiano. Es el sacramento de la moralidad que une en alianza lo natural y lo evangélico. Pero la vida y la conducta de los bautizados tienen exigencias propias. Tertuliano denomina esta moral derivada "disciplina Christi". Más aún, los sacramentos son fuente y origen de la nueva moralidad cristiana. Hay que distanciarse de los paganos sin que ello signifique un "apartheid", una discriminación, un desprecio o una angustia. También entre los paganos puede reinar el bien y serían como unos cristianos implícitos que hemos reconocido otras veces. Moral ecuménica. Esto, que en teoría parece muy sencillo de entender, era difícil de cumplir, pues los cristianos ejercían las mismas profesiones que los romanos, estaban sometidos a la misma obediencia estatal y tenían sus compromisos civiles. Solo los diferenciaba la fe y la conciencia. En su interior se podía producir esa ruptura, conflicto u objeción de conciencia hasta llegar a temer a la muerte. De hecho, algunos oficios estaban prohibidos para los cristianos. Siempre ha sido difícil la presencia de lo cristiano en un mundo secularizado y pagano, igual que sucede hoy mismo. Todo esto constituye una tarea y un esfuerzo de educación. Como sucedía en el ámbito religioso, las leyes o el derecho positivo (Tertuliano era un hombre de formación jurídica) es un deseo regresivo a la ley natural que todos llevamos dentro. La ética cristiana se inspira en la Escritura, en la disciplina eclesiástica o magisterio que interpreta las leyes de la naturaleza y el orden en el universo y, finalmente, en la paciencia de la que Cristo es un ejemplo a seguir. Sin la paciencia, las demás virtudes no tienen valor ni sentido. Paciencia significa poner la mirada en la trascendencia, en el futuro, en el porvenir y significa esperanza. No es la paciencia esa virtud mística, que soporta calladamente la desgracia o el sufrimiento, sino una estructura o configuración del tiempo y de la historia. Es una actitud inherente a la fe. El cristiano tiene que esperar a que la salvación llegue a su fin, pues todavía se está jugando el partido. Significa la tolerancia o paciencia social para no juzgar ni condenar a nadie sin conocerlo. Solo Dios puede discernir y separar el trigo de la cizaña. Esto no significa que el cristianismo sea neutral o indiferente en cuestión de valores, o que no haya ninguna prohibición o resistencia a las tendencias naturales del hombre. La conciencia moral del creyente está amueblada a base de principios de orden natural, datos procedentes de la Escritura, exigencias y normativas de la Iglesia o su jerarquía derivadas de la fe y adhesión al Cristo resucitado.

10

Otras cuestiones antropológicas

Frente a la macroantropología que hemos repasado hasta ahora, podemos afrontar en Tertuliano otros recorridos, otros meandros o reflejos consecutivos de su pensamiento sobre el hombre. Son cuestiones derivadas, porque tienen el mismo centro de preocupación, es decir, una visión cristiana del ser humano y sus intervenciones en el mundo, dada su condición de creyente. Son otras rutas de la antropología de Tertuliano que pueden ser consideradas como ramas del mismo tronco y enraizadas en su mismo espíritu.

10.1. Matrimonio y dignidad de la mujer

Se ha querido personalizar en Tertuliano el pensamiento negativo sobre la mujer en el cristianismo antiguo y su función o posición en el mundo. Se ha pretendido apoyar esa conclusión en la propia biografía y personalidad del autor, a pesar del desconocimiento que tenemos de ella, pues Tertuliano sigue siendo una figura enigmática. Aplicando un método racional tenemos que contemplar tres aspectos en todo estudio sobre la mujer: a saber: es necesario distinguir entre su condición antropológica, su función biológica y su posición social. Por lo demás, tampoco podemos prescindir de las condiciones o del contexto histórico en que se desarrolla dicho pensamiento antropológico en Tertuliano. La realidad mandaba tanto de un lado (el rigorismo de la moral montanista como mentalidad extendida por todo el Imperio) como la laxitud de la vida y costumbres romanas. Y no solo de la práctica, sino también de la cultura académica. Por ello, es un error creer que los primeros cristianos fueron enemigos de la mujer o del feminismo actual. Tertuliano se encontraba entre el pensamiento y la institución que es, a día de hoy, otra forma de pensamiento único. Aún así y dentro de las limitaciones culturales de la época, el cristianismo es el movimiento que más hizo por la valoración y liberación de la mujer en el mundo, defendiendo su presencia como mujer en las instituciones jurídicas y sociales. Pero, dejando a un lado las teorías, tenemos la propia experiencia del Tertuliano esposo que escribe a su mujer. Es evidente que existe una cierta idealización, sublimación, de la condición de esposa (a la que llama consierva del Señor) frente a la pura condición de mujer. Pero, al contrario de lo que se dice, el valor y la defensa de la institución del matrimonio, tal como se realiza en el cristianismo, implica una mayor dignidad de la mujer en el mundo. Vayamos por partes; a su condición biológica de ser humano, de mujer, se añade la dignidad de esposa que la convierte o sitúa en igualdad con el varón, de tal manera que forma una unidad de amor y de estimación. El matrimonio como unión de varón y hembra enaltece y eleva a ambos a la categoría de complementariedad o de perfección mayor que no tenían por separado. La referida nueva condición o posicionamiento antropológico del matrimonio recibe su sentido por la contribución a crear y continuar el mundo, llenando de vida la faz de la tierra. El matrimonio es el jardín del mundo donde se planta y se cuida la vida. Nos recuerda a la primera unión entre el primer hombre (Adán) y la primera mujer (Eva). La creación comenzó en un matrimonio. Sin embargo, Tertuliano remite la razón del matrimonio a las palabras del Apóstol Pablo "mejor es casarse que abrasarse en las tentaciones", como si el matrimonio entre hombre y mujer fuera solo un remedio, un calmante, un sedante y no un proyecto inicial de Dios desde el principio de la creación, ratificado y consagrado por Cristo Jesús en su unión con la Iglesia. Si es una medida, un medio o instrumento, una solución, una disciplina, no es un bien querido por Dios en sí mismo. No es igual la medicina que la salud que restaura. El matrimonio parece, pues, como algo no prohibido. En esa dinámica paulina, el matrimonio es una concesión a la debilidad de la carne. La misma pedagogía aplica Tertuliano al hecho de casarse para tener descendencia y disfrutar, así, de la alegría y satisfacción de los hijos a fin de que les acompañen, ayuden y consuelen en su ancianidad. Si esto fuese así, robaríamos niños para esos mismos fines. Todas las características del matrimonio cristiano (como la monogamia, la fidelidad y la indisolubilidad) exigidas por la Iglesia de la época van dirigidas a proteger y defender la dignidad de la mujer frente al marido.

No se puede acusar a Tertuliano de un pesimismo negativo en estas cuestiones puesto que se le considera un gran defensor de la corporeidad del hombre, donde se enmarca el tema de la sexualidad y del matrimonio. Esto no impide que su postura pueda ser considerada rigorista. En primer lugar y gradualmente, el matrimonio no es algo prohibido, porque no es algo malo. De la consideración moral se pasa a su función: el matrimonio, desde el punto de vista pastoral, es algo conveniente y hasta necesario, pero no en un sentido psicoanalítico, sino histórico- temporal. El matrimonio como proceso creador y renovador antropológico forma parte de la estructura de la temporalidad humana afectada por la caducidad, contingencia y limitación de la corporeidad en el tiempo. Somos cuerpo. El matrimonio es necesario para mantener la continuidad del mundo y de la historia. Esto nos acerca a una tradición que vincula pecado original, mortalidad del hombre y sexualidad humana. La activación de la sexualidad sería consecuencia de esta nueva situación de la humanidad. San Agustín no tuvo reparo en insistir en esta dimensión social de la unión hombre-mujer. A largo plazo, este planteamiento antropológico choca con la perspectiva de San Pablo que contaba con el ya inminente fin del mundo, que convertía en pequeña e indiferente la cuestión o preocupación por el matrimonio. Esto cambia la actitud existencial del creyente frente a todas las realidades temporales. Aquí comienza la dialéctica misterio-institución, pues hay que trasladar o encajar una realidad de fe en una legislación romana. El paso siguiente en la pedagogía cristiana será vincular la sexualidad corporal al hecho del amor. El discurso sobre la sexualidad en estos primeros siglos cristianos versa sobre el eje vida-muerte, mientras que en la modernidad incorpora el mundo psicológico del cuerpo-amor. El cristianismo reafirma la corporeidad del hombre, pero una corporeidad limitada y condicionada por el tiempo, por la muerte y por la solidaridad compartida del amor.

10.2. Antropología política y del Estado

Tertuliano es un pensador estratégico, jurista y creyente, y tiene una visión de las relaciones entre la fe y la cultura, entre el cristiano y el mundo, entre la Iglesia y el estado romano. Nos preguntamos: ¿Cuál era la esencia del imperio romano? El poder, el dominio, el sometimiento y la ocupación de territorios y culturas. Para ellos, el cristianismo era un enemigo de sus deseos de expansión. Tertuliano comienza reprochando el triunfalismo estatal basado en el endiosamiento de cargos, honores, distinciones, aclamaciones, servidumbres. Los cristianos no quieren ser un partido político y no luchan por un Estado concreto, sino por una nacionalidad, un estado único para todos los hombres, que es el mundo. ¿Quiere eso decir que los cristianos son contrarios a todas las instituciones del Imperio o de la República? Porque ellos también se organizan y forman un grupo, un gremio, un consorcio, una comunidad, una cofradía, un sodalicio, con presencia activa en la sociedad y sus necesidades. Tienen ideales comunes, comparten valores y costumbres, se ayudan y socorren mutuamente, incluso redimiendo esclavos. Los cristianos no rechazan el Estado ni sus competencias. Y, lo más importante, la Iglesia también reclama un derecho para sí misma y una tolerancia religiosa para todas las confesiones por parte del Estado. La vía del poder o de la opresión en el Imperio tiene que dar paso a la libertad de pensamiento, de creencias, de culto, salvando siempre el principio de autoridad que también se reclama en la Iglesia. Pertenece al derecho y a la potestad natural —dice Tertuliano en *Ad Scapulam*, 2— que cada uno piense como crea conveniente y elegir la religión que le convenga. No pertenece a la religión obligar a otro a aceptarla, pues creer es cuestión de libertad y no de coacción. Creer en Dios es libertad pura: "sed nec religionis est cogere religionem, quae sponte suscipi debeat, non vi". Ya se había adelantado Séneca diciendo "Deo parere libertas est". La antropología política del Estado no podemos relegarla a un lugar secundario en Tertuliano. Su actitud defensora o apologética no se refiere solo a las cuestiones doctrinales, conceptuales, sino a la presencia de la Iglesia primitiva en la sociedad y organización romana. Sin embargo, la actitud de los cristianos frente a un Estado perseguidor no es solo pasiva o defensiva, sino también una oposición activa. Para los cristianos, aun perseguidos por el Estado, la sociedad romana era "su" Estado y como tal tenían que defenderlo aunque fuesen críticos con él. Lo que perjudique a la república les perjudica también a ellos. A partir de ahí, la concepción teológica del mundo civil y político sigue siendo que el orden y la autoridad vienen de Dios, lo que no significa el endiosamiento o divinización de las personas que lo ejercen. Más adelante se señalará al ejercicio del poder como un ministerio o servicio a los súbditos (potestas-ministerium) que conlleva humildad y sencillez, sin señales de ostentación en el cargo, lejos de cualquier signo de soberbia, hegemonía o dictadura. Pero estamos ya en un régimen cristiano posterior. El poder político pasa de ser una estructura del Estado a la esfera de la ética y de la responsabilidad personal, pues el gobernante tiene que responder de sus actos ante el Supremo regidor del mundo. La mayor densidad de pensamiento antropológico y político lo encontramos en estas palabras de Tertuliano. "Saben los emperadores de dónde les viene el poder y, como hombres, con qué intención. Saben que ha sido Dios bajo cuya potestad están y del que son continuadores, que son los primeros después de Él, pero ante todos y sobre todos los dioses. El origen del poder civil y político en Dios, según los cristianos, se distingue del culto de los paganos a los emperadores como si fuesen dioses. Todo ello para terminar con la autonomía del poder de los césares que justificaban en los dioses del olimpo. Muy al contrario, esta delegación de la potestad derivada de Dios hace del gobernante un servidor, un diácono, un ministro. Regir es servir.

10.3. La actividad económica

Puesto el hombre por Dios en el mundo como su administrador, las riquezas no tienen por qué ser malas, aunque se admite la posibilidad de un mal uso de las mismas. San Agustín, otro cristiano africano, distinguirá, más tarde, entre el "uti" y el "frui", o sea entre el usar y disfrutar de las cosas. Como derivadas de Dios, las cosas o bienes son buenos. Por eso se llaman bienes, porque proceden del Bien supremo. Pero no se pueden separar del sentido religioso del hombre. El conocimiento y la búsqueda de Dios son compatibles con un deseo de mejorar las condiciones materiales de la vida en la tierra. El deseo de posesión en el hombre es del todo legítimo y compatible con el amor a Dios. En este tema como en otros, la actitud de Tertuliano contiene el dualismo y la dialéctica que oscila entre un optimismo fundado y un pesimismo atribuido. No ignora Tertuliano que el mundo de los negocios está lleno de mentiras y engaños. Dos que negocian un trueque, una compraventa son dos personas que se estafan una a la otra. Lo que acuerdan es engañarse mutuamente. Por eso nadie sale perdiendo y, aparentemente, ambos han ganado. Si cesase la avaricia y el deseo de posesión en las relaciones o transacciones mercantiles entre los hombres, cesarían también la mentira y los robos. La vida de los pequeños mercaderes, de los detallistas, consiste en engañar y robar. Es una profesión sucia. Este era el panorama comercial del imperio. Los grandes tratantes o comerciantes contribuyen más y mejor al equilibrio en el reparto de las necesidades humanas, mediante el comercio internacional y a la igualdad social, pues se realiza un reparto de la propiedad. Sin embargo, la riqueza es otra forma de dominio y de esclavitud, sobre todo cuando establece una estrecha alianza con los intereses del poder político, con los mandatarios. La vida de África y en concreto la de Cartago transcurría en el transporte de mercancías para los mercados interiores donde habitaban y trabajaban los campesinos con sus cosechas de cereales y de aceite. A veces, la actividad comercial presidida por la codicia se sitúa en los niveles más bajos de los instintos humanos. Es cuando menos, sospechosa, peligrosa y dañina para la comunidad. El pensamiento laico, pero cristiano, de

Tertuliano favorece a la teología actual para situar o entender la verdadera secularización o presencia de la fe en el mundo. Los cristianos viven "en" este mundo y "de" este mundo. El mundo no es solo un espacio, un contexto, sino una fuente de producción, creación y vida. Tienen sus raíces en él. Los fieles de Cristo tienen las mismas necesidades que los demás ciudadanos. Necesitan el foro, los baños, los mercados, los viajes, trabajar en las cosechas, en los establos, en las oficinas. Hacen el servicio militar y demuestran su capacidad creadora, artística y artesanal. Viven del fruto de sus manos. Agradecen las cosas a Dios usando y disfrutando de ellas. La producción tiene que ir orientada a satisfacer las necesidades de la comunidad fortaleciendo así la fraternidad. Tiene un fin personal, pero también social. Los bienes de la tierra son como un descanso para los cristianos. Igual que descansó Dios después de la creación. Cada día hay que construir el mundo, hay que construir la civilización para que las islas no estén desiertas. Hay que construir viviendas, caminos, puentes, para que haya población en todas partes, para que haya un Estado. Pero no tenemos que presionar y oprimir a la naturaleza hasta agotarla. No tenemos que ser una carga para el mundo. La economía y el trabajo de los cristianos tienen un sentido federal y fraterno: "ex substantia familiari fratres sumus", pues se tiene en común no solo la sangre, la fe, sino también las posesiones que fortalecen el sentido de familia. El progreso, el desarrollo, la cultura y la civilización tienen que estar al servicio del gran proyecto de fraternidad universal y humana. Los que comunicamos o comulgamos en la fe y en la esperanza tenemos que comunicar también las riquezas. Es la globalización de los sentimientos de unidad. Los cristianos son hombres y hermanos, dos clases de vínculos que contribuyen al mismo fin de la creación. Hay una fraternidad de la sangre, pero también una fraternidad de la fe y de la posesión material. De ahí el nombre de cofradías, cofrades, "cum fratres". Lo tenían todo en común, excepto las mujeres. De esta convicción nace el monacato cristiano, precisamente en África, de la mano de San Agustín y sus compañeros.

Los cristianos tienen que estar siempre justificándose en medio de una sociedad hostil y contraria a sus intereses. Tienen que dar cuenta de su fe cuando otros eran favorecidos y privilegiados por las autoridades romanas. El mensaje social de Tertuliano no tiene solo una lectura interna, sino también de cara a la sociedad. Los cristianos trabajan por el mundo y por el Estado igual que los demás. Pagan sus impuestos y tienen derecho a unas prestaciones. No aspiran a formar un partido político ni quieren fundar una república propia y cristiana, sino que aceptan el Estado existente y no tienen más que una república, la patria universal de todos los hombres: "omnium unam republicam agnoscimus, mundum": *Apol.* 38. Por el contrario, no quieren honores y reconocimientos, y su atención y dedicación va dirigida a los más pobres y débiles de la sociedad. Decimos con frecuencia que con el cristianismo aparece la idea de libertad en el mundo occidental, porque los griegos fueron incapaces de acceder a ella por impedírselo la noción de destino.

Lo mismo sucede con la idea de caridad, de gratuidad. Los cristianos introducen y repiten la actitud de Dios hacia los hombres que es el amor. En formato social, eso se traduce en la donación de sus bienes (quasi deposita pietatis sunt) mediante la colecta realizada una vez al mes, destinadas a las obras de caridad instituidas en la Iglesia para atender a los huérfanos, a las viudas, a los enfermos y esclavos. En la vida civil del Imperio, todo era codicia, ganancia, tributo o beneficio y nada reflejaba la gratuidad del amor de Dios a los hombres más que la ayuda mutua de los creyentes.

11

Antropología y nueva identidad en San Cipriano

Seguimos en el ámbito del África romana y cristiana, dentro de la literatura latina en torno a la capital Cartago. Antes fueron las preocupaciones de un seglar intelectual como Tertuliano, inquieto y rebelde, pero muy activo en el estudio y en la investigación de la identidad cristiana. Ahora, en el mismo escenario pero con otras preocupaciones más pastorales, nos encontramos con el pensamiento antropológico de San Cipriano (210–258), obispo de Cartago y prestigioso dirigente social de la época. Es el prototipo de intelectual cristiano: nacido en el mismo Cartago, de familia pudiente quizá venida de la metrópoli para implantar la administración romana como funcionarios, dotado de una educación exigente en el campo del derecho y de la oratoria como correspondía al rango de la familia. El paralelismo de su vida con Tertuliano y San Agustín es muy evidente. Aunque Cipriano nunca fue un ciego seguidor de Tertuliano. Temperamento bereber, imbuidos de un nacionalismo periférico, defendieron la personalidad y especificidad del catolicismo africano frente al centralismo romano, buscando el equilibrio entre unidad y ruptura, fidelidad al primado y autonomía o identidad cultural, pues no faltaban las tensiones que viajaban del campo civil al religioso alimentando una especie de competencia que podían terminar en conflicto. Si al principio la predicación evangélica se apoyó en el judaísmo para introducirse en su mundo, en su terreno, en sus secuaces, usando sus categorías (al fin y al cabo ambas eran religiones monoteístas), después se sirvió del helenismo para transformar la visión del mundo y de la historia. También existían movimientos que eran una mezcla o síntesis de ambos, judeocristianos y helenistas. Hubo que adoptar diferentes lenguajes, de acuerdo con el contexto religioso o pagano. Hablar de la Ley con los judíos o del Logos con los griegos era una estrategia cultural que no desvirtuaba, sino que encarnaba el mensaje evangélico. Poco a poco, los pensadores cristianos fueron conformando un patrimonio doctrinal, elaborando sus propios conceptos y formulando sus categorías que constituyen el sistema teológico entregado a la tradición y a la historia. Tenía lugar una especie de "transustanciación lingüística". Una palabra con sentido propio procedente del helenismo era utilizada por el racionalismo cristiano en un sentido acorde con las exigencias de la fe o del evangelio para expresar verdades contenidas en él. Por lo demás, a medida que se alejaba la posibilidad del fin inminente del mundo (parousia), había que preparar a la comunidad para una más larga permanencia en la fidelidad a Cristo en la tierra.

Las circunstancias vitales y las vicisitudes pastorales de Cipriano no le permitieron dedicar su mente y su inteligencia al estudio y sistematización de la teología y, mucho menos, de la antropología. Pero toda la formación con la que llegó de la vida civil, le sirvieron para profundizar en las cuestiones y debates de su tiempo. Su planteamiento disciplinar o práctico de la vida cristiana presupone una idea del hombre tomada de la cultura de su entorno. Fue una figura representativa del cristianismo africano y su líder indiscutible hasta la llegada de San Agustín (354). Nacido en una rica familia de la nobleza local, púnica o bereber, puso sus riquezas a disposición de los más pobres de la comunidad, siguiendo el espíritu del evangelio o la espiritualidad de aquel tiempo. Su elección como obispo fue muy discutida precisamente por su alta procedencia y riqueza. La carta que escribe a su amigo Donato revela un escenario de ensueño, en un jardín de la casa o palacio rodeado de silencio, tranquilidad y belleza del paisaje acariciado de la suave brisa del otoño africano. Un ambiente muy apto para revestir de palabras los pensamientos. La mente se alimenta de lo que oímos y vemos. Por otra parte, durante el reinado de Decio en el 250, se colocaron estatuas del emperador al lado de las estatuas de los dioses obligando a los cristianos a dar culto simultáneamente a dios y al emperador. Algunos clérigos propugnaron la rebelión civil hoy llamada objeción de conciencia. ¿Cómo podía un cristiano, con la fe en un solo Dios, venerar a aquellos ídolos que eran piedra y pintura o al emperador que solo era un hombre? Al hacerlo y venerar al emperador, se les extendía un certificado o libelo. Quien no lo tuviese era perseguido, encarcelado, exiliado, amenazado, juzgado y condenado a muerte. Otra parte prefirió someterse al edicto gubernamental para salvar su vida. El emperador pretendía restaurar una política de reafirmación nacional y volver a los valores de Roma que estaban en decadencia debido, precisamente, a la fuerte presencia de los valores cristianos. Se diga lo que se diga, la marcha del mundo la marcan los valores (los dos amores que diría San Agustín) de uno u otro signo como son, el egoísmo o el sacrificio, el amor o el odio. Esto obligó a una reflexión sobre la importancia de ser cristianos en un mundo hostil y sus alternativas. O clandestinidad o legitimad constitucional. La persecución de los cristianos tenía como finalidad defender la unidad del Imperio. Atacar a la Iglesia parece siempre una estrategia política muy rentable pero la historia se ha engullido a los regímenes, a los imperios, que han naufragado y la Iglesia permanece.

11.1. Nuevas condiciones socioculturales

Continuaba la inculturación sobre todo en África. A estas alturas del siglo III, con una gran implantación del cristianismo, la Iglesia caminaba hacia una estabilidad y paz que impulsaba la teoría de la universalidad, algo contagiada por la proyección global del Imperio romano en el mundo. Iglesia y sociedad avanzaban juntas en muchas cuestiones de organización. La catolicidad del evangelio podía entenderse como una característica en complicidad con la romanidad política. Los gobernantes se aprovecharon del cristianismo. El "ordo romanus" era a la vez "ordo christianus" La antropología como preocupación parecía ya amortizada y tranquila en el pensamiento y los problemas iban ahora por otros derroteros, en una dirección más teológica. Nos acercamos a la fase de esplendor del pensamiento antropológico. Los cristianos salían de su aislamiento, poco a poco iban atrayendo la atención y se convertían en centro de interés de la sociedad romana y de la marcha del mundo. Su mensaje era más universal y no tenía fronteras, aunque todavía persistían los grupos o sectas doctrinales y de moralidad, distintos a las comunidades fieles a la tradición y al magisterio. La fe cristiana se extendía en el campo y no solo en las grandes ciudades. Ya había tenido lugar una expansión y transformación del cristianismo, no solamente en lo geográfico, sino también en lo social y en lo cultural. El monoteísmo había ganado la batalla al politeísmo y ello tenía sus consecuencias políticas. El culto al emperador no tenía sentido. Por el contrario, la religión cristiana (y monoteísta) era considerada como "salus pública" o sea parte de la coherencia o fortaleza social y comprometida con ella. Es decir, los cristianos dejaban de ser un "misterio" un grupo o secta secreta y se convertían en un fenómeno público, legitimado o reconocido y, como tal, factor de estabilidad moral y social. Al final del siglo II, el mapa cristiano era muy amplio: Palestina, Siria, Chipre, Asia Menor, Grecia, Egipto, Italia, Dalmacia, Galia, Germania, Hispania, Norte de África. Crecimiento era la palabra clave. El proceso de aproximación entre religión y sociedad consumió cuatro etapas o niveles: a) clandestinidad o persecución; b) difícil coexistencia; c) conflicto abierto o declarado y d) convergencia entre Iglesia y Estado o asimilación entre cristianismo y sociedad. Tampoco es despreciable la idea de que, cuando el Imperio romano entra en crisis o decadencia y se desmorona, el cristianismo y la Iglesia son vistos como una salvación, pues mantienen viva la conciencia de universalidad a la que siempre había aspirado Roma. Así pues, el tránsito de la Iglesia como minoría aislada y prohibida a la expansión de hecho y legitimación de derecho, se produce en estos años del siglo III que analizamos cuando vive Cipriano. Aún así, la consideración del cristianismo como peligro para el Imperio, en las ideas y en la moral, sigue adelante. También aumenta la ética de la distancia en relación con el mundo y la moral oficial y, aunque las costumbres de los cristianos fueron criticadas (o incuso prohibidas) al principio, ahora son aceptadas como parte integrante de la conducta pública, pues ven en ellas la respuesta alternativa a la depravación y corrupción de la sociedad romana. Una de esas actitudes más transformadoras de la sociedad es la idea de "desclasificar" la estructura social luchando por la igualdad radical y universal de todos los hombres, razas y culturas. El cristianismo africano también recibía influencias directas de la parte oriental del Imperio romano. La fase de expansión conocida como "sirio-palestina" había pasado, y ahora la fe cristiana arraigaba en ciudades y en clases medias altas, lo que no era fácil ,pues a los ricos les pedía compartir sus bienes con los necesitados. Hay más escepticismo y reticencias religiosas entre las clases ricas que entre los desposeídos. Cartago y sus alrededores costeros concentraban una gran densidad de creyentes convertidos al cristianismo en las ciudades.

A medida que la fuerza e influencia del cristianismo avanza en occidente, los cristianos se distancian también de las principales preocupaciones del Imperio y organizan su propio pensamiento y sus instituciones. A partir de los acuerdos de Milán de 311 parece que la Iglesia existe como un Estado dentro del Estado, pero eso no es verdad. El edicto de Constantino supuso solo una tolerancia o permisividad de la acción de la Iglesia en el Imperio siendo, considerada en igualdad de condiciones. La Iglesia, con una organización propia, solo pretende conseguir independencia, libertad y autosuficiencia para cumplir y realizar su misión sin depender del control estatal. Este dualismo o paralelismo de la presencia de la religión en el mundo ha sido muy criticado en nuestros días, donde se prefiere el modelo secular de encarnación al modelo cristiandad de réplica y competencia, aunque suponga prolongar el aislamiento y la soledad de los cristianos. Ello no impide sin embargo, la colaboración de ambas potestades en beneficio del mismo hombre. La antropología salva de nuevo a la política porque ha traspasado sus competencias a la ética y a la teoría social. Con el paso del tiempo, las autoridades del Imperio ven en la Iglesia una posibilidad de apuntalarle y salvarle, sobre todo en los territorios periféricos donde los enemigos externos, los propios soldados mercenarios y traidores y los bárbaros ya presionaban sobre las fronteras naturales y políticas.

11.2. La transferencia antropológica del cristianismo

Está claro que el cristianismo ya no es solo un sentimiento, un misterio o culto a celebrar, sino que es una visión y organización del mundo y de la sociedad cuyo prototipo es la Iglesia, la comunión de fe y de compromiso para mejorar la marcha del mundo y de la humanidad. En ella encuentra el hombre la rehabilitación y la vuelta a su dignidad perdida. El diagnóstico de la sociedad afrorromana era la excesiva avaricia o deseo de riqueza y el amor incontenible al poder y, no en último lugar, la corrupción de los hombres y de las leyes. Cartago era una urbe rica y licenciosa llena de funcionarios sedientos de poder. La verdadera condición de ciudadano libre se encuentra en el cristianismo. Fuera de él todo es esclavitud. La verdadera república o política se realiza en la Iglesia como unidad y comunión, fraternidad y solidaridad. Pero también se apuesta por una Iglesia y sociedad jerárquicas y no solo carismáticas. La unidad no tiene por qué ser incompatible con la libertad, la participación. Nadie mejor que San Cipriano; luchó y defendió la necesidad de un orden, de una autoridad, de una obediencia, de unas leyes para constituir una sociedad, una comunidad humana o religiosa. Es verdad que en la Iglesia de Cartago sobrevolaba la tensión entre el valor y prestigio de los confesores (los perseguidos), que eran líderes morales del pueblo, de los creyentes, por su coraje en la fe y otros dirigentes puestos por los superiores de Roma dotados de "autoridad" para presidir la comunidad. Pero podemos preguntarnos en toda acción de gobierno ¿qué es la autoridad sin el testimonio y el ejemplo moral de la persona que la ostenta? ¿Quién es más "superior", el valiente y humilde que da la vida por sus convicciones o el gobernante henchido y soberbio, emperador que se apoya solo en la fuerza de la ley, en la imposición, en el mandato, en el castigo, en la coacción y miedo, para conseguir que se acate el peso de su autoridad? En el fondo nos encontramos en otra de las innumerables dialécticas de la historia: la contraposición entre la talla moral de un gobernante y su autoridad o la diferencia entre autoridad política y autoridad moral. En la Iglesia de Cipriano tiene que haber las dos cosas en la misma persona: el pastor, el que manda, tiene que dar ejemplo a sus fieles y sacrificarse por ellos, convirtiendo el poder en servicio y el gobierno en ministerio. La Iglesia se convierte así en un modelo imitable y extrapolable de sociedad. Toda esta ética de la autoridad como servicio tiene que trasladarse a la comunidad política que en aquel momento era el Imperio romano, con unas carencias morales que algunos analistas e historiadores señalan como la causa de su decadencia. Cuando el hombre se corrompe, todo se corrompe con él, y las malas prácticas arrastran a los pueblos del mayor esplendor al peor de los abismos. La antropología cristiana del poder (desarrollada por San Cipriano en su Carta al amigo Donato) indica que el hombre, el soporte natural, el sujeto que ostenta la autoridad o el señorío es una estructura frágil, caduca, mediocre, de barro, perecedera y vulnerable. A veces sucede que cuanto más débil es el pedestal de la persona más se pretende que sea la grandeza de las atribuciones. La persona huye y se refugia en la función. La superioridad moral del cristianismo frente a la sociedad romana era evidente. De ello daban cuenta los innumerables cristianos que preferían la muerte del martirio llamando diariamente a su puerta, a la traición y negación de su fe en Cristo Jesús adorando a los dioses paganos o al emperador. Dicho de forma más didáctica, el bautismo como encuentro con Cristo crea una nueva experiencia en el cristiano, que se traduce en una dimensión antropológica más profunda y se expresa en el cambio de conducta moral.

11.3. El hombre nuevo como superestructura

Menos filósofo y profundo que Orígenes, y menos polemista y dialéctico que Tertuliano, San Cipriano trabaja también con el supuesto de que, creados a imagen y semejanza de Dios, estamos ante un hombre nuevo y una historia nueva. Puede parecer que huye de una antropología en sí para esconderse en el conocido concepto de hombre sobrenatural. Pero esto necesita una precisión. El hombre sobrenatural, el bautizado, el creyente no es algo añadido a nuestra condición natural, no es una superestructura histórica, sino la renovación y potenciación del mismo hombre que salió de las manos de Dios y fue renovado en Cristo. Es un nacimiento nuevo: *Ad Donat.* 3, una ruptura con lo que se ha sido anteriormente. Eso significa el agua del bautismo arrojada sobre una planta nueva, sobre un retoño, no sobre un palo seco y perdido que ya no puede reverdecer. Como no podía ser de otra manera, ese renacimiento se realiza más allá del cuerpo que permanece el mismo, pues lo que cambia es el interior, el alma. Con la fe cristiana, la morfología corporal del hombre no cambia. Creyentes y paganos no se diferencian por fuera. Son hombres y ciudadanos como los demás. Solo cambia el perfil psicológico, político y moral. El proceso se hace más didáctico e inteligible cuando trasformamos la nueva identidad cristiana en una renovación de la conducta ciudadana y cristiana que llamamos, habitualmente, conversión. Cipriano lo había experimentado en sí mismo, pues se había convertido de su vida anterior llena de riquezas y de poder a una vida de servicio a la comunidad, renunciando a la comodidad y privilegios de la alta clase social a la que pertenecía. Lejos del oro y oropeles. Desclasificación e igualdad como estructura social cristiana. Nace un nuevo hombre, nace una nueva sociedad. Los gobernantes no tienen nada que temer de la recientemente formada corporación y de su oferta moral que significa un saneamiento de la política romana. Porque también existe un proceso inverso: las riquezas, los honores, la soberbia, el poder, la lujuria, la codicia y, en general, todos los vicios se pegan al hombre, se integran formando parte esencial de él o de su estructura afectiva y, cuando no los tiene, aparece solitario e infeliz, pues le hacían una agradable compañía. Sin embargo, el nuevo espíritu recibido fluye y recrea al hombre que se convierte en un corazón inquieto y sediento de Dios. El espíritu es la medida del hombre y es el mayor poder del que dispone y la mayor fuerza que lo mueve en la vida. Por el agua del bautismo el cristiano ha comenzado a ser otro hombre dirigido por el espíritu de la libertad. Pero, como el cuerpo no ha cambiado, por muy grande que sea el poder del espíritu y de la mente, seguimos siendo débiles y tentados por las pasiones y nubarrones de la carne. Este es el gobierno interior, la paz antropológica a la que el hombre tiene que atender. Es comparable al escalador que ha conquistado la cima de la montaña (la imagen es acorde con la geografía africana que rodea a Cipriano en su tierra natal) y desde ella contempla las batallas que se dirimen en el valle o en la llanura: están llenas de ladrones, piratas, sangre, asesinatos y muerte; cuando se trata de un individuo se llama delito, pero cuando se trata de algo colectivo y masivo se llama guerra y acción victoriosa. El asesinato individual se castiga, mientras que la guerra masiva queda impune. Precisamente por ser masiva permanece anónima. Esa era la gran descomposición del Imperio romano que se contemplaba desde las montañas físicas y alturas morales del África cristiana. Esta degradación y corrupción afectaba no solo a las personas, sino también a las instituciones: el foro, los abogados, los militares, los senadores, los curiales, los magistrados, los políticos.

Igual que el gobierno del hombre está sometido a guerras, instintos y pasiones, también el gobierno de este mundo, o sea los políticos y los gobernantes, están siendo llevados por otras fuerzas irracionales. En la ciudad exterior, en la ciudad terrena, a diferencia de la ciudad de espíritu donde reina la libertad, todo es destrucción y muerte. Ejemplo de ello son los juegos y las celebraciones del circo romano donde la muerte de unos hombres (los cristianos) entregados a las fieras, sirve de espectáculo y recreo para otros que se sienten poderosos. Nunca se había llegado a tal grado de depravación como es disfrutar viendo morir a hombres iguales que ellos. Muere un hombre para complacer a otros hombres. La muerte de los demás, convertida en propio placer y enseñada a los jóvenes y más fuertes como un arte de matar. El crimen no solo se practicaba, sino que también se enseñaba y se recompensaba como un trofeo de gloria. Por aquí comenzó la lucha del cristianismo por el respeto y la dignidad de la persona y su teoría sobre las guerras, el terrorismo, el derecho a la vida, contraria a toda clase de muerte. El matar a un hombre nunca es un arte, nunca es un placer. Y mucho menos un espectáculo. Hacer de la muerte humana un juego tan macabro nos recuerda el nivel de degradación moral en el que había caído la civilización imperial de Roma. Y todo eso tuvo que rescatarlo y abolirlo el cristianismo. Los crímenes no se extinguen ni borran con el paso del tiempo, sino que quedan grabados en la historia y permanecen inscritos en ella para siempre. Son crímenes de la humanidad. Pero por lo menos hay que superarlo mediante una teoría moral y jurídica condenatoria para que no se repitan nunca más. Humanismo pacifista podría ser la síntesis de esta antropología de San Cipriano que, cuando hacía todas estas consideraciones, parece que estuviese contemplando y describiendo su propia muerte. Cuando los cristianos morían devorados por las fieras, moría el hombre, el cuerpo y no solo la dimensión sobrenatural. Muere un hombre para que otro hombre se sienta saciado y satisfecho en sus ansias de ver morir. Alegría para los ojos, alimento para el vicio, estímulo para los instintos y pasto para el odio insaciable del corazón, convirtiendo al hombre en fiera invisible representado por la fiera física del circo. Y todo eso estimulado por las autoridades de la república que deberían ser ejemplo de honestidad para los ciudadanos.

11.4. Emergencia de los valores en la antropología cristiana

a. En este seguimiento antropológico que hacemos del pensamiento de San Cipriano en pleno siglo III africano, nos encontramos con una crítica social a la situación existente en relación no solo con las ideas, sino también con los valores. La corrupción de los funcionarios era un hecho y práctica generalizada, comenzando por la justicia, o sea, el foro en sus distintos niveles o instancias. Amiguismo y corrupción eran los dos calificativos más inmediatos. Engaños y sobornos corrían por los pasillos del foro o de la audiencia, precediendo a las sentencias dictadas en función de favores económicos. Le siguen los vicios y la opulencia en el ejercicio y disfrute del poder no solo por parte de los gobernantes, sino también de la clase burguesa. Cipriano conocía muy bien esta sociedad de la que él había formado parte como jurista y que, unida a sus posesiones, lo proyectó a la jerarquía eclesiástica como obispo. El cristianismo en África era algo más que cultura o religiosidad popular, aunque todos coinciden en ofrecer el mensaje cristiano en un lenguaje sencillo e inteligible para las masas, mayoritariamente campesinos del interior. La denuncia de las prácticas corruptas en la sociedad romana pueden hacerla autores como Tertuliano, Cipriano o Agustín, pues conocen muy bien la procedencia y el asentamiento de ellas. El cristianismo es quien rompe la idea de que la religión forma parte de la esencia del Estado, como quería el politeísmo antiguo. La ética cristiana es una confrontación en toda regla con la vida de los romanos que se resume, como ya hemos dicho, en la ostentación de riqueza y de poder. A los cristianos se les pide que se aparten de estas formas de proceder, incluso que rechacen honores y condecoraciones. El mismo Cipriano, al ser nombrado obispo, dona sus bienes para ayudar a los pobres, a los huérfanos, a las viudas, a los prisioneros, a los mendigos. Como en todos los tiempos, algunos paganos se convertían al cristianismo, pero sin renunciar a su vida anterior o costumbres. Por ello, la conducta moral ajustada al evangelio, y no solo la ortodoxia en el plano del pensamiento, suponen la piedra de toque para el cristianismo de aquellos enclaves y su diferenciación. Había que hacer visible y palpable la esencia del cristianismo. La pobreza y la sencillez de vida eran unos de los signos más inteligibles junto a la disponibilidad al martirio y la fuerza para hacer frente a la persecución. Los tiempos difíciles plantean grandes cuestiones a la antropología cristiana. Como sucederá más tarde con el binomio virginidad-matrimonio, también aquí se veía la pobreza, el desprendimiento o la comunicación de bienes como una de las características más esenciales del cristianismo primitivo. Sin embargo, con el tiempo, la pobreza como práctica común, universal o condición general para ser cristiano, quedó relegada a un nivel de voluntariedad y opcionalidad, dando origen a la forma de vida que llamamos monacato. A partir de ahí, hubo que realizar una antropología de la posesión y de la propiedad en torno a los bienes de la tierra, que sería el origen de la fórmula actual, incorporada al humanismo y a la democracia cristiana y conocida como el sentido social de las riquezas.

b. ¿Y qué decir de la libertad, de la participación, de la democracia en la Iglesia africana en las preocupaciones de San Cipriano? Partimos de que los creyentes forman una corporación de fe, de sentimientos, de celebración. No son una sociedad aunque no renuncian a una organización interna basada en la autoridad y en la obediencia derivada de Jesucristo y de los Apóstoles. Hemos aludido a una extracción popular de los creyentes que, poco a poco, se extiende a otras capas de la estratificación social y administrativa del Imperio. ¿Cómo se gestiona la autoridad y la representación en la Iglesia? Las comunidades locales están presididas por un obispo o vigilante y atendidas por presbíteros (encargados de la predicación y la celebración de los sacramentos) y por diáconos que, como el mismo nombre indica, se encargan del servicio y de la gestión de la caridad y de las ayudas. Ahora bien, lo que aparece en distintas manifestaciones es la participación del pueblo fiel y sencillo en la elección de sus dirigentes que adopta una u otra forma. En la elección del monje Agustín, años más tarde, como obispo de Hipona sirvió el procedimiento de aclamación de los fieles reunidos en la Catedral a propuesta del anciano Valerio que buscaba un digno sucesor. En la elección de Cipriano como obispo de Cartago intervinieron los presbíteros y los fieles, fijándose en su formación, a pesar de ser joven y recién llegado a la comunidad (neófito), aunque otros piensan que influyó, igualmente, su posición social y económica. La intervención de Roma no era decisiva, aunque la comunión con el Primado Romano era necesaria. Por lo demás, seguían los conflictos entre confesores y superiores, entre sufrimientos y autoridad. Había participación en la Iglesia que era la forma de democracia en aquel tiempo. También en esto daban ejemplo los cristianos frente a las formas civiles de entender y ejercer la jerarquía. La presencia del laicado en la organización de la Iglesia aparece claramente distinguida lo cual no termina con los movimientos de oposición en su seno. La comunidad de creyentes se presentaba así como un "collegium" o corporación democrática que tenía sus propias reglas de actuación aprobadas y supervisadas por las autoridades civiles. La vida parlamentaria de la Iglesia se ejercía en los numerosos Concilios celebrados en aquellos años, especialmente en África. La libertad y el liberalismo comenzaron en la Iglesia antigua.

c. En cuanto a la posesión y riquezas ya hemos visto que quienes escriben sobre ellas, como Cipriano, han sido miembros de la nobleza social y, al abrazar el cristianismo, se han planteado personalmente su actitud ante la pobreza y ante la riqueza. La imagen cristiana del hombre no es indiferente o neutra ante las realidades de este mundo de las que no se puede desentender. Una vez más, en este tema de la posesión y las riquezas como en otros muchos, la antropología se encuentra de lleno rodeada de cristología. Es decir, Cristo es el hombre nuevo, el guión de la nueva humanidad que inaugura el tramo final de la historia al que está invitado el cristiano y al que se incorpora mediante el bautismo. La antropología cristiana en este punto desarrolla un plan global que puede ser interpretado y comprendido desde el proyecto total de la historia de la salvación. Dios es rico en poder, en amor, en misericordia, en bondad. De esa riqueza ha participado el hombre siendo creado primero y salvado después por Él. La mayor de las riquezas es habernos hecho hijos de Dios. Se hizo esclavo para darnos la libertad, se hizo mortal para hacernos inmortales. Ese fue el precio que Dios pagó por los hombres. Ha sido un intercambio desproporcionado y asimétrico, generoso, desprendido y gratuito. Ahora se trata de que el hombre, receptor en la tierra de tanta riqueza y bondad, se constituya en emisor, continuando a la vez este proceso histórico de donación y transmisión de bienes para que no se interrumpa esa visibilidad de los tesoros de Dios a los hombres. Los bienes internos y espirituales no se ven, pero el sentido de su presencia y función se hacen visibles en la donación y comunicación de bienes materiales, que son signos y sacramento de los bienes eternos. El humanismo moderno en materia o teoría económica ha adoptado la fórmula de "el sentido social de la propiedad privada" que define la visión cristiana de la riqueza material. Pero la comunicación cristiana de bienes va más allá. La Iglesia como comunidad receptora, continuadora y administradora de este patrimonio de salvación tiene que ser depositaria e intermediaria de esta cadena de transmisión de la misericordia de Dios en el mundo. Toda la posesión de bienes temporales, toda la disposición o disponibilidad de los mismos, tiene un sentido sacramental como es hacer visible los procesos y transacciones espirituales que han tenido lugar entre Dios y la humanidad, a lo largo del tiempo. Igualmente, el hombre tiene un orden de necesidades que van más allá de las puramente naturales, biológicas y económicas, de tal manera que el hombre pobre y necesitado también es signo de la debilidad y humanidad de Cristo en la historia. Por eso, el sentido de Mt. 25:45: "Lo que hacéis con uno de estos humildes y necesitados que creen en mi conmigo lo hicisteis". La misma bondad, ayuda y cuidado que ha tenido Dios con nosotros tenemos que usar nosotros con los hermanos pues somos representantes de la misma. Así, pues, hay que organizar la ayuda y la caridad en la Iglesia, en la comunidad de fe que es también comunidad de bienes. Este es mayor activo que poseemos los creyentes. Ese es el sentido sacramental de la limosna que lava los pecados y limpia los delitos. El tiempo de la Iglesia es el tiempo de la limosna.

Pero en toda esta aproximación al tema de las riquezas no interesa tanto su valoración teológica, sino su repercusión antropológica, es decir, los procesos de desestabilización que pueden producir en el paisaje interior y afectivo del hombre cristiano. En ese sentido, fiel a cualquier observación psicológica, se afirma que la codicia es el origen de todos los vicios. Como contrapeso o forma de neutralizar la avaricia, tenemos la limosna y la caridad con los necesitados. Dios no nos va a pedir directamente la ayuda, la contraprestación a su misericordia, sino que la va a pedir a través de sus hijos necesitados. También juega un papel muy importante en la actitud del hombre frente a los bienes propios, el miedo al futuro. Admitida la fragilidad y contingencia de la vida humana o de los acontecimientos de la historia, existe en el ser humano una tendencia a guardar herencias, activos financieros y posesiones para una posible necesidad o falta de recursos en el futuro. Por ello, para que esto no sea una disculpa o razón de no practicar la limosna en la Iglesia, se invita a los creyentes a la confianza en Dios. No venimos a este mundo para hacernos ricos. La actitud más recomendable entre los cristianos, según S. Cipriano, es la que emerge en la figura de Job: hemos entrado desnudos en este mundo. Todo lo que tenemos es pura donación de Dios. Él nos lo ha dado y nos lo ha quitado, sea siempre bendito. La riqueza nunca es un fin, sino un medio para remediar nuestras necesidades y las del prójimo. Más aún, si somos ricos es para practicar la caridad y la ayuda a los demás. Pero, con la apelación a la distribución y comunicación de bienes provocada por el cristianismo, no se trata de hacer caridad sino justicia e igualdad. Se vuelve constantemente al principio fundamental de toda antropología económica: todo nos viene de Dios y la riqueza está destinada a ser usada por todo el género humano, sin excluir a nadie. Unidad de procedencia y totalidad de uso, fin y disfrute de los bienes de este mundo es una constante en la teología de la tierra que es la sociología cristiana. Hay ingresos que son iguales para todos: el sol, la lluvia, las estrellas, el día, la noche, los sentidos. A esta igualdad en la asignación y posesión de bienes temporales hay que añadir los bienes celestiales como son la gracia, la libertad, la santidad, la eternidad, la inmortalidad, el nuevo paraíso, la verdad, la certeza. Después de esto, corresponde a la caridad redentora continuar la acción iniciada por Dios en el hombre. Al lado de la fuerza de los conceptos y la seguridad o consuelo de la fe, estaba también la acción caritativa de la comunidad de creyentes donde muchos ciudadanos, socialmente excluidos, encontraban cobijo y remedio a sus necesidades.

d. Para situar correctamente el matrimonio y la sexualidad, dentro del cristianismo, a la altura del pensamiento de San Cipriano, hay que arrastrar toda la tradición que arranca de la creación, del pecado original, las afirmaciones del apóstol San Pablo y de otros autores más o menos maniqueos o moralistas de los primeros siglos. Reina el dualismo en todo. Poco a poco, estas teorías se van filtrando, codificando o purificando en contacto con la cultura existente. Matrimonio y sexualidad son dos claves de interpretación de la historia de la salvación. El elogio de la virginidad no llevaba consigo la condena del matrimonio, aunque siempre llevaba un plus de preferencia dentro de la voluntariedad y generosidad. En la cultura antigua nadie había acometido la estructuración del sentido de la sexualidad hasta la llegada del cristianismo. El tema del matrimonio en San Cipriano está afectado por la cultura cristiana de la prisa, de la proximidad y del suspiro de la muerte. Cuanto antes venga, antes tendrá lugar la liberación de este mundo. Cuanto más tarde pase este mundo o más aumente la vida temporal, más se acumulan las tormentas y las tentaciones entre las que se encuentra la suavidad del sexo que se puede dejar pasar en silencio. Pero no deja de ser una persecución a la que se puede hacer frente. Es una lucha, es un desafío, es un obstáculo a superar en la carrera de fondo que es la vida cristiana. Definitivamente, la sexualidad, la lujuria, se encuentran entre las pasiones del hombre que hay que combatir. Es un aguijón, una espina, una flagelación que dirá San Pablo, un vicio carnal, dirá San Cipriano en *De mortalitate*, 4. Son las lágrimas del mundo y la tristeza del amor antes que llegue la alegría. Para superarla es necesaria una actitud de paciencia, de espera. La virginidad o el celibato reflejan mejor esta situación de expectativa, de vela, de vigilancia en la noche de los tiempos, hasta que vuelva el Señor en una nueva aurora de la historia. En este aspecto, el matrimonio adquiere un valor de consolación, de tranquilidad, llenando de sentido la espera temporal que es toda la Iglesia. La unión de hombre-mujer sería una especie de despresurización o liberalización de la presión ejercida por la carne sobre el espíritu para restablecer así el equilibrio antropológico. Aclarada la no vinculación esencial entre virginidad y evangelio o, admitido el pluralismo de la opción cristiana en cuanto al "status" de la sexualidad, va a comenzar la justificación antropológica y teológica del matrimonio. Lo que ha hecho San Cipriano es la integración de la sexualidad en la estructura del hombre, situada a nivel de impulso fuerte y contrario (en esto se puede acusar al cristianismo de imprecisión) como algo distorsionante del hombre, como algo perturbador que se interpone como obstáculo entre la gracia y la suprema perfección del creyente. Recordemos la alusión al esfuerzo del atleta para alcanzar la meta. No hay una oposición ni confrontación con la naturaleza de la sexualidad humana, sino su verdadera significación e interpretación en esta fase de la historia de la salvación.

La sociedad romana estaba profunda y radicalmente dividida o enfrentada. Hombres-mujeres, esclavos-libres, ricos-pobres, nobles-plebeyos, funcionarios, campesinos, mercaderes, militares, mandatarios, nacionales, bárbaros. Eran mayores las diferencias que las coincidencias. Más allá del mensaje teórico igualitario predicado por los cristianos, la Iglesia era la única institución para realizar la igualdad, la libertad y la dignidad sobre todo de la mujer en relación con el hombre. La mujer educada y casada según el espíritu y el derecho de la Iglesia, alcanzaba esa condición a través del matrimonio cristiano. No se permitía que fuese ni menor, ni menos, ni esclava de su esposo. La mujer plebeya, por ejemplo, casada por el rito cristiano con un aristócrata, adquiría esa condición de nobleza propia del marido. Esto desencadenaba una profunda transformación social que nadie había osado emprender. Era un "ethos" igualitario que iba más allá de lo social o de lo jurídico. Esto equivalía a la humanización de la historia y de la civilización. Las mujeres que optaban por el cristianismo quedaban "automáticamente" emancipadas por ese hecho. Ellas ya no estaban bajo el marido. Sin embargo, la igualdad y la emancipación de la mujer, así como la libertad frente a la esclavitud, no deben entenderse en un sentido político. Con ello no se destruía el orden social, la autoridad o la jerarquía. Tampoco propició la abolición inmediata de la esclavitud. Son dos órdenes distintos. Es necesario distinguir entre la esencia e intencionalidad del mensaje cristiano en torno a la mujer y la praxis real de su situación social. La Iglesia primitiva no viene a hacer una revolución feminista al estilo moderno, sino a plantear el sentido cristiano de ser hombre o de ser mujer en el proyecto creador de Dios. Como consecuencia de ello, cambió el "roll" de la mujer en la sociedad. La virginidad demuestra que se puede hacer frente a la carne, a la biología, por la fuerza del espíritu y, sobre todo, del evangelio. No hay un determinismo biológico, sino una libertad del corazón. Además, las mujeres que optan por la virginidad pueden vivir en común, formando comunidades que es otra forma de reafirmación feminista. El evangelio era el único motivo para la renuncia a la sexualidad y a la maternidad.

La muerte se asocia al retorno del Señor e impregna todo el ambiente interpretativo y toda reflexión sobre las realidades temporales. La muerte no es solo la terminación de la vida personal o individual, sino que se apunta al desmoronamiento del Imperio romano que se cae a pedazos, que termina este orden de la vida. Es, por tanto, una visión antropológica de la finitud de todas las cosas. Es un lote de mortalidad extendida. Esto puede denominarse como una antropología del martirio no solo físico, sino también espiritual y cultural. Mártir (del griego martus) significa testigo, confesor, coherencia y valentía. Todo el cristianismo primitivo vivía en esta actitud de ser testigos de la dignidad de la persona humana y de la inviolabilidad del orden moral basado en la libertad. Los mártires lo fueron víctimas del orden público o de la publicidad de la fe rechazada por las autoridades. Fueron condenados por no adorar la supremacía del César para fijar el orden moral. Todo está teñido y afectado de mortalidad, de riesgo y, aunque parezca contradictorio, de despreocupación. La antropología de San Cipriano tiene una gran tasa de mortalidad que afecta, en general, a todo el cristianismo primitivo, pasando la muerte a ser no un momento del tiempo, sino una situación y condición del tiempo y del hombre. La mortalidad como condición y evaluación cualitativa de la vida humana en la tierra. Si la historia es una lucha no de clases, sino entre el bien y el mal, parecía haber llegado el momento del triunfo del mal. Así era la vida del Imperio romano: vicios y depravaciones por todas partes, en todas las capas sociales. Solo los cristianos, precisamente por tener el pensamiento fijo en el final y no considerar la seriedad de este mundo, golpeados por la ética de lo inminente, actuaban de manera muy distinta y contraria, practicando la sobriedad, el amor fraterno, la sencillez, la renuncia, el sacrificio y amor a la patria, como demuestra Atenágoras a lo largo de su Legación en favor de los cristianos. Para ellos, este mundo era ya algo viejo, deteriorado y provisional. El escenario ya no servía, pues el techo y las paredes se resquebrajaban al ritmo del cambio social de los valores y del empuje de los bárbaros. Una civilización concluía, llegaba a su fin y los cristianos estaban llamados a alumbrar el nuevo mundo, la nueva parada. Austeridad, prudencia, testimonio, renuncia. Eran los valores alternativos y de réplica a la licenciosa vida romana que nos había conducido a esa situación de postración y decadencia. Nunca la cultura antigua grecorromana había encontrado un defensor tan fuerte como el cristianismo. Por eso, también ellos tenían miedo de las consecuencias derivadas para la fe del derrumbamiento de aquel orden social ya asumido e integrado.

12

El esplendor de la antropología cristiana

El guión y la programación antropológica del pensamiento cristiano siguen adelante. A medida que la Iglesia va adquiriendo un "status" civil y puede ejercer su función de forma más amplia, libre y convincente, comienza el trabajo de afianzar lo conseguido, pero también de avanzar y completar el discurso sobre el hombre. El Imperio romano está en su plenitud de influencia y despliegue tanto en oriente como en occidente. Los centros de reflexión siguen siendo Alejandría en Egipto, Roma en el continente europeo y Cartago en el norteafricano. Es verdad, también, que las disputas internas en la Iglesia se van acentuando a medida que se comunican y encuentran diferentes culturas y experiencias locales, dado el pluralismo de clase y de pensamiento. Entre esta geocultura está el proceso de una antropología invisible que se sirve en términos de una teología más severa y disciplinada, fruto de las decisiones conciliares. Dejamos de momento el escenario del África romana a la que volveremos cuando estudiemos a San Agustín para retomar el pensamiento que se desarrolla en la parte oriental del Imperio. Podemos seguir combinando la literatura griega con la producción latina. Se percibe una diferencia de tratamiento por parte del Estado en relación con el cristianismo que, en la parte oriental del Imperio, es considerado más como religión y, en la parte occidental, más como movimiento doctrinal y político. La institucionalización de la Iglesia camina más deprisa en occidente. No faltaron intentos de unificar ambas partes del Imperio y, por tanto, de la Iglesia. Estamos atravesando el giro constantiniano en el año 313. Diocleciano ya había suspendido las persecuciones contra ella. Más tarde, con sus sucesores Constancio II y Justiniano, el cristianismo pasará a ser una religión de Estado gozando de la protección y ayuda concedida a todas las religiones. Se vuelve a la situación criticada. Es decir, la religión cristiana se considera parte del sistema del Estado. No estaba clara la distinción entre Estado y sociedad civil y el Emperador o sus delegados presiden los Concilios locales. La Iglesia es instrumentalizada políticamente en favor del Estado, aunque pronto aparecen la diferencia de fines y de funciones entre uno y otra a causa de unidad en cuestiones de fe y de disciplina Toda esta normalización de la Iglesia favorece el desarrollo de una actividad creadora y literaria que ejercen los principales intelectuales y escritores de la Iglesia, aunque algunos estudiosos dicen de San Atanasio que fue más sintetizador que creador en la teología. Más allá de esta clasificación, Atanasio fue un líder espiritual de su tiempo, criticando el politeísmo popular como cultura o pensamiento oficial. Fue tan importante su labor de escritor como incomprendido incluso por los suyos. Es una figura clave y central para la formulación del cristianismo en su expresión más elaborada que son los dogmas. Lo mismo cabe decir de la antropología social y política de la Iglesia desarrollada por él en un mundo lleno de turbulencias y transiciones.

12.1. El lugar de la antropología en San Atanasio

Cabría pensar que la concentración de las preocupaciones cristianas sobre los dogmas supondría un olvido o desatención de la construcción de la noción del hombre. Sin embargo, por esa unidad de pensamiento aludida anteriormente, todas las cuestiones están tejidas y relacionadas: Dios, Cristo, el hombre, la Iglesia. Al preguntarse quién era Jesús, hubo que tirar de archivo antropológico. La lógica de la teología nos lleva a la lógica de la antropología. Esto sucede con el pensamiento de San Atanasio (205–373) una de las grandes figuras de la Iglesia en ese tiempo, a pesar de su baja estatura con la que bromeaban sus enemigos. Hay que seguir reforestando el cristianismo con el desarrollo de la reflexión sobre el hombre en el que convergen Dios, Cristo, la temporalidad y la historia. Para el pensamiento secularizador moderno es difícil de entender que la cuestión cristológica se convierta en una cuestión antropológica. Se trata de un dilema "esencial", es decir, ¿era Jesús un hombre real o su humanidad era una pura apariencia (valdría también el término aparición), una ficción sin soporte ni contenido histórico o material? El hombre que había en Él, ¿es verdadero o falso? Nadie mejor que San Atanasio que conoce bien el griego y el helenismo para acometer esta reflexión. Por lo demás, el enfrentamiento entre las dos partes del Imperio afectó a su vida y la obligada huida a Roma lo puso en contacto con toda la Iglesia y el clero occidental. No podemos olvidar que los dirigentes eclesiales eran también dirigentes sociales cuya fuerza de convocatoria, prestigio moral y mensaje social temían los emperadores. Había que hacer coincidir la teología con la política y eso podía hacerlo la antropología. Por eso los perseguían. Alejandría seguía siendo un centro de irradiación intelectual del cristianismo y allí volvió Atanasio como obispo perseguido, valiente, luchador y defensor de la independencia de la Iglesia en relación con el emperador o de la religión frente al Estado. Son las grandes figuras institucionales. La antropología se había trasladado ya a la organización de la Iglesia y Atanasio pasó años con los monjes de Egipto, experimentando una forma de vida muy acorde con las teorías de su tiempo. Les preocupaba el hombre, no solo el cristiano, pues estos autores pensaban que el ideal del hombre (o el hombre ideal) era el cristianismo que emana del evangelio y que ha sido elaborado por la razón filosófica. Así, pues, nos confirmamos en la sospecha de que, en esta época, toda teología tiene una motivación antropológica indiscutible que no invalida la legítima función de la ciencia y la reflexión sobre Dios. No queremos ir de Concilio en Concilio (Nicea, Éfeso o Calcedonia), pero sí de hombre (Cristo Jesús) a hombre. Como ya ha sido apuntado, el cristianismo se jugaba mucho en este realismo antropológico en torno a Jesús, pues de ello dependía toda la eficacia de la salvación en la historia. Si Cristo no tuvo un cuerpo como el nuestro, todo resultaba inútil y engañoso. Si tuvo un cuerpo, para ser hombre tuvo que tener también un alma que, según la lógica del helenismo, da vida al cuerpo y que, según la lógica cristiana, habría sido creada por Dios. Los problemas aumentaban con esta incursión antropológica de la figura de Cristo. Porque un hombre así, un alma así, necesitaba también la salvación y, a la vez, no podía salvar a la humanidad. Esta es, pues, la antropología de la mediación, pues el cuerpo le sirve a Jesús para comunicarse y establecer un puente entre Dios y el hombre. Esa es su función como pontífice o hacedor de puentes. La misma función representativa y vicaria adquiere el cuerpo de Jesús en la resurrección y no solo en la encarnación. A partir de esa exaltación del cuerpo unido a la divinidad, recibe su respeto y adoración por parte de los hombres. Porque tampoco se puede pasar por alto la superación de la mortalidad por parte del hombre que tuvo lugar en el cuerpo de Jesús. El hombre estaba condenado a morir. Esa era su condición, ese era su destino. Pero al asumir (no en el sentido del arrianismo) Jesús un cuerpo humano como propio, como el de los demás, dotó a todo cuerpo, a todo hombre con esa fuerza y ese germen de inmortalidad. Se puede comprender con un ejemplo: el primer cuadro, la primera imagen pintada del hombre, salido de las manos de Dios, se había deteriorado, envejecido y borrado por el pecado y el paso del tiempo. Entonces, para hacer posible su reparación, tuvo que venir o aparecer de nuevo el original y poder restaurarlo de nuevo a la vista de él, con la misma viveza de colores, de facciones, de rasgos y cualidades que al principio de la creación. Él se hizo lo que nosotros somos para que nosotros seamos lo que Él fue. Otra idea más de la línea recta que une a la teología y a la antropología en el pensamiento de San Atanasio. El hombre quiere conocer al verdadero Dios. El camino de ese conocimiento está en nosotros, en nuestra razón que ha sido creada y dotada a imagen y semejanza de Dios. Como por el pecado la huella de Dios en nosotros fue parcialmente borrada, ahora hay que acudir al mundo en cuyo orden y armonía se manifiesta la racionalidad divina. Sin embargo, Cristo es la palabra personal de Dios. Cuando la imagen de Dios brille de nuevo en nosotros, entonces reconoceremos a Dios. Jesús es el re-conocimiento de Dios, la re-logosificación del mundo y el hombre. Con la muerte sucede la misma simetría y colectivización que llamamos "mística": si Jesús nació, vivió y murió por todos, resucitando nos representa igualmente a todos, asumiendo Él nuestro destino. Jesús es el hombre semilla o el principio de toda humanidad.

12.2. La conexión antropológica

Aunque el discurso antropológico y el modelo cristológico en la época de San Atanasio parezcan alejados uno del otro, sin embargo, se abre con ello una amplia vía metodológica de colaboración para nuestro intento que consiste, simplemente, en hacer converger los dualismos existentes y la dialéctica antropológica en una única realidad. Como en la teología, también en la antropología hay que ir de la trinidad a la unidad. Es la más profunda colaboración entre razón y fe, inteligencia y revelación. Nos referimos a que, de la doble estructura del ser de Jesús (Dios y hombre) emerge la noción de persona como solución, pues no puede haber en Él un doble Dios o un doble hombre a pesar de ser ambas cosas a la vez. No hay en Él dos individuos. Lo mismo sucede en el hombre. Ese es el momento antropológico más importante: ser a la vez, ser personal, ser único y diversificado al mismo tiempo. Tiene que haber una categoría (llamada persona) que unifique sin confundir a los dos "sujetos" de Cristo Jesús. La misma persona es Hijo de Dios y hombre nacido de María. También aquí la teología ayuda a la antropología: si Cristo es un verdadero Dios y un verdadero hombre, si ambas dimensiones tienen un principio único, ese principio y base se llama persona. La unión entre divinidad y humanidad en Cristo dio pie y origen a la noción de persona que se trasladó más tarde al hombre, a la explicación del dualismo existente en él. La palabra "naturaleza" no servía para referirse a la única realidad existente en Cristo, no arreglaba las cosas. El monofisismo tampoco encajaba en la fe. Recientemente en pleno siglo XX, ha surgido la famosa polémica sobre el "yo" de Cristo y sus implicaciones psicológicas y morales cuyas bases ya están presentes en esta antropología primitiva más "dogmática" que psíquica. A partir de ahí comienza el proceso de elaboración de la noción de persona que termina en la fórmula sintetizadora del Concilio de Calcedonia: dos naturalezas en una sola persona. Lo mismo va a suceder en el hombre: cuerpo y alma como dos naturalezas que conforman una sola persona o sujeto. La antropología y la teología de la mano han dado su fruto. Lo que une es la persona. Por tanto, la palabra persona indica una categoría interna a la antropología y a la teología del siglo III y produce la continuidad y emigración recíproca entre ambas ciencias. El resultado de esta reflexión comparativa es que la antropología explica al hombre a imagen y semejanza de la estructura de Jesús y, recíprocamente, la teología entiende a Jesús recurriendo a la constitución del hombre. Cuerpo y alma son consustanciales y hay una "homousia" entre dichas sustancias para formar la única persona que es el hombre. Se abre otra vía al humanismo occidental inspirada en la transferencia trinitaria que le servirá a San Agustín para redondear la comprensión de su antropología. La conexión antropológica deja paso a la colaboración y comunicación humana y personal. En Jesús, entre la humanidad y la divinidad y en el hombre entre el cuerpo y el alma. Cristo, siendo Dios, tuvo un cuerpo propio que utilizaba como instrumento de comunicación, de revelación y de salvación. Nunca el cuerpo humano había adquirido tanta nobleza, exaltación y dignidad como cuando, unido a lo divino, se convierte en sede, refugio e instrumento de salvación. En ella fue elevada y condecorada toda la naturaleza material visible, pues la carne de Cristo estaba allí en representación del resto de las criaturas materiales. Aunque por sí misma y por sí sola la carne sea una parte insignificante de la creación, al unirse a Dios en Cristo

Jesús arrastra consigo al conjunto de las cosas. El cuerpo, lo humano de Jesús no era algo cerrado en sí mismo En cuanto a materia era limitado y concreto, pero en cuanto unido a la divinidad estaba abierto a todas las cosas y las contenía a todas, las trascendía a todas y por eso las vivificaba a todas en sí mismo. Esta unión o unidad entre hombre y universo en Cristo se hace actual en la visión cristiana del mundo, de la vida y del medio ambiente, reuniendo todas las cosas en sí mismo. Con ello, Dios era sujeto y objeto de acciones propias de la carne, como son nacer, sufrir, padecer sed, hambre, cansancio, morir. Es la gran paradoja de la humanidad o corporeidad divina. Cuando padecía el cuerpo, el Verbo no estaba de espectador, sino de protagonista. Lo mismo sucede en el hombre, pues el alma no "tiene" un cuerpo, sino que "es" un cuerpo en el que padece, conoce, ama, sufre o muere. La filosofía existencial de nuestros días ha querido profundizar en esta íntima unión o conexión cuerpo-alma diciendo que el alma "existe en un cuerpo" para indicar el mismo nivel esencial en el que se mueven y desarrollan su vida y actividad. El paralelismo racional entre antropología y cristología parece imbatible. Todo el énfasis que puso San Atanasio en defender la verdadera divinidad y humanidad de Jesús pertenece a la esencia del cristianismo y del humanismo. Sin ambas dimensiones de Cristo no hay proyecto conjunto del hombre y Dios en la historia, pues el hombre reencuentra entre la encarnación de Jesús y la existencia del mundo.

12.3. La antropología como experimento social

Con San Atanasio la antropología sale a la calle, aunque parezca un discurso oscurantista o intimista, teológico y rígido, sobre la personalidad de Jesús y del hombre. Ya lo hemos apuntado: los dirigentes eclesiásticos, los líderes del pensamiento cristiano eran también grandes reformadores y defensores sociales. Había que atender a dos frentes simultáneos. La construcción de conceptos, verdades, certezas, creencias en un mundo muy inseguro o relativizado y una fijación de posiciones de la Iglesia frente al poder político, la dictadura o la persecución. Conviene recordar que, en el enfrentamiento cultural de aquella época, la educación cristiana era la ideología más avanzada que defendía las posiciones más progresistas basadas en su libertad que daba la fuerza del evangelio. Los demás autores se rinden al pensamiento oficial y único para no tener problemas con las autoridades del Imperio. Es muy difícil de entender que, a pesar de la aparente colaboración entre Iglesia y Estado, el Emperador actuase como guardián de la ortodoxia protegiendo la fe verdadera de la Iglesia. Eso parecía deducirse de su intervención en la preparación, convocatoria, desarrollo y difusión de los Concilios. Por ello, es más lógico pensar que la persecución y condena de los dirigentes eclesiásticos se producía por miedo a su influencia y a sus mensajes contrarios a la divinidad de los emperadores. Los obispos no eran juzgados y condenados como herejes, sino como potenciales opositores al régimen unipersonal y absolutista de los gobernantes. El conocido síndrome de Pilatos. El cristianismo es el único pensamiento secular que separa la religión de la esencia del Estado. Lo que el investigador Hartmut Leppin (2011) ha llamado "El experimento cristiano" en la era de Justiniano, el emperador de las palabras. Vamos adentrarnos ahora en las consecuencias de una antropología crítica en relación con los asuntos temporales en torno al poder y al gobierno. La persecución y los sucesivos exilios que padeció el obispo Atanasio no fueron causados por sus ideas teológicas, por sus defensas del dogma tanto de la Trinidad como de la Encarnación, sino por su oposición al totalitarismo de unos emperadores y por la crítica a aquellos que, considerándose dioses, no respetaban la exigencia religiosa del monoteísmo aportada por el cristianismo y encarnada por la Iglesia Católica de aquel momento. Eran tiempos de conflictividad en varios frentes. Por un lado las herejías doctrinales, pero por otro también las herejías sociales y los errores y los abusos políticos. La ética continuaba a la religión y los cristianos estaban ahí para dar testimonio de una y de otra. No podían callarse ante los equívocos de ambas dimensiones. Tomamos las ideas de San Atanasio en sus distintas "defensas" o Apologías dirigidas a los emperadores. En primer lugar, hay que deshacer varios mitos, entre los que se encuentra el mito del poder. Resulta repetitivo, los emperadores no son dioses, sino hombres mortales como los demás. No merecen ninguna forma de culto. El culto a los gobernantes es una inmoralidad. Por otra parte, a los emperadores, cristianos incluidos, hay que decirles que su poder viene de Dios y a Él tiene que volver después de haber sido ejercido con mansedumbre y humildad, con temor y respeto, con prudencia y paciencia. Tienen que servir a la verdad y no pueden juzgar atendiendo a la mentira, o sea, a las falsas acusaciones como era el caso de los cristianos. La verdad es la protección o el mejor escudo del gobernante. Una espada mata el cuerpo pero la mentira mata al alma. Los delitos no se inventan, ni se presumen ni se sospechan. Si se han cometido, se prueban y luego se castigan. Había mucha corrupción en el foro, en el ejercicio del derecho. Hay que escuchar a todas las partes y admitir el derecho a ser oído en defensa propia y salvar el principio de seguridad jurídica. No se pueden dictar leyes contra los cristianos por el hecho de llamarse así y de serlo. Hay que analizar su comportamiento y comprobar que llevan una vida intachable en usos y en costumbres. El emperador tiene que ser neutral y amigo de todos, y no puede actuar por prejuicios o animadversión. No se les puede privar del derecho a la ciudadanía. Tienen derecho a una existencia y convivencia pacífica al lado de otras minorías. Por lo demás, los cristianos no quieren ni honores, ni distinciones, ni alabanzas que rechazan porque solo se tributan a Dios. Tampoco piden privilegios, sino igualdad de derechos, de consideración y de condiciones de vida. Si se demuestra que han infringido las leyes, aceptan la condena y se someten a la misma. Ha sido una tarea muy difícil elaborar la noción de derechos humanos y unirla a la condición de cristiano. Aquí comenzó a generarse el concepto de derechos universales de la mano de los autores cristianos sirviendo de base para los posteriores códigos occidentales siendo uno de los primeros el Código de Justiniano. La historia de la criminalización del cristianismo había consumido un tramo como ha investigado Karlheinz Deschner (1986) y comenzaba otra etapa de la construcción de occidente. El mundo cristiano no se durmió un día perseguido y al día siguiente suspiró aliviado, pero sí fue un factor de transformación permanente de la política y de la sociedad romana.

12.4. El amor como universal antropológico

Paralelamente, el cristianismo tuvo que luchar mucho contra el odio reinante en la sociedad y en las clases romanas. La cobertura teológica estaba en el Dios es amor, y tanto amó Dios al mundo que le entregó a su propio Hijo. Un mandamiento nuevo os doy, que os améis los unos a los otros como yo os he amado. Permaneced en mi amor (Jn. 13:35). Los cristianos continúan en la tierra el amor de Dios que resplandece en Cristo Jesús. La civilización cristiana es una primacía y superioridad del amor sobre otros sentimientos instintivos y otras tendencias o inclinaciones contrarias a este principio o mandato. El amor es el universal antropológico por excelencia en el cristianismo primitivo. Si los cristianos encontraron dificultades para introducir en la cultura de su tiempo el concepto de monoteísmo (haciendo un rodeo para salvar la encarnación de Jesús), muchos más obstáculos encontraron para convencer a la sociedad de que ese Dios monoteísta era amor y amaba a los hombres, cuando la sociedad romana estaba acostumbrada a la venganza de los dioses (un concepto también judío) como conducta habitual. No olvidemos que se culpaba a los cristianos de la decadencia del Imperio romano como castigo de los dioses del Olimpo por permitir a sus gobernantes la existencia de otras religiones. Primero, un amor practicado entre ellos como fraternidad y luego transferido a las relaciones en la comunidad como parte importante de su organización social. Este era el experimento cristiano del que hablamos más arriba. No cabe duda de que este principio antropológico y social puso en crisis toda la consistencia de la sociedad y de la política romana que se creía inconmovible y eterna. A través de esta conciencia del amor se inicia la teoría del sujeto en la historia. El hombre sujeto se hace el centro de la historia y de él nace el amor como referencia fundamental para su construcción. Tengamos en cuenta que no hay metamorfosis de la sociedad sin la transformación del sujeto humano, y esto era lo que propiciaba la educación cristiana. El escenario ontológico y funcional de esta conversión intelectual y moral es la persona. La fuerza para esta labor no le viene al cristiano de la razón, sino de la voluntad y del amor recibido de la existencia trinitaria y derramada en nuestros corazones por el Espíritu Santo que se nos ha dado. Esta dialéctica exige de nosotros un salto desde el egoísmo hasta el amor al prójimo. El abandono del yo egoísta reproduce en el mundo el misterio y el orden trinitario. El encuentro con los demás, la apertura del amor al prójimo es lo que nos da fuerza para seguir amando. Porque Dios sigue amando en el hombre al hombre. La raíz y la fuente del amor en el mundo están en la trascendencia del Dios creador y salvador, y tiene sus consecuencias antropológicas, pues Dios no nos ama porque seamos su imagen o tengamos una divinidad como hombres, sino que tenemos la dignidad humana porque nos ama Dios. Como suele suceder, el cristianismo fue el encargado de traducir este amor a los hermanos en un amor universal a todos los hombres para terminar con las guerras y los enfrentamientos y, como necesidad más inmediata, convertirlo en amor a la patria, a la ciudadanía y a la nación romana.

12.5. Antropología de las opciones preferentes

No podemos detenernos en el pensamiento antropológico como esfuerzo dirigido solamente a ordenar los conceptos, las teorías, en definitiva, las repercusiones del evangelio en la filosofía del tiempo. No olvidemos que los pensadores cristianos son también pastores y educadores de una comunidad de creyentes, que asume compromisos y comportamientos de vida y de costumbres en medio de una cultura determinada. Podemos hablar, por tanto, de una antropología moral como aquella dimensión de la fe cristiana destinada a discernir, practicar y orientar la conciencia, el sentimiento y las actitudes de los creyentes en el mundo. Evidentemente, esto necesita una elaboración conceptual equivalente a la que se realiza en otros ámbitos de las ideas. Pero el carácter de misterio, contrariedad y oscuridad que rodea a las verdades teóricas, incluye también los misterios de la presencia y vida moral de los cristianos en el mundo. ¿Cómo se fija o se abre camino una determinada conducta referida al cambio de usos, costumbres, afectos, sentimientos, placeres, decisiones, leyes, instituciones? Y una cuestión más compleja: ¿Cómo se copia, se sigue, se imita o implanta en la vida del Imperio aquella conducta iniciada por el Señor Jesús durante su estancia en la tierra? Porque todo en Él tiene carácter ejemplar, de maestro. Los creyentes son discípulos y eso afecta no solo a la forma de pensar, sino también de vivir. Y sobre todo, eso tiene que pasar a ser un "estado" o situación estable y permanente en la Iglesia. Hay formas de vida colectiva, vidas consagradas, hay "profesiones" o dedicaciones que gozan de una aprobación, estatuto o aplauso social cristiano. Lo que comienza siendo un carisma, una opción personal se institucionaliza como una estratificación dentro de la comunidad. Una antropología comparada de los estados y de las profesiones en la Iglesia. Se trata de analizar el ascetismo de San Atanasio para ver cómo se realiza en él un proyecto de hombre. Por tanto, toda la espiritualidad de San Atanasio tiene una intencionalidad antropológica, ya se hable de la virginidad, de la pobreza, del matrimonio. Todo ello en un sentido histórico salvífico cuando dice que la virginidad entró en la Iglesia a través de María. Igualmente, la condición de las vírgenes anuncia y adelanta en la tierra lo que será la vida futura de la humanidad, como decía San Cipriano en *De habitu virg*. 22. Es una transferencia y notificación en el presente de lo que será el futuro del hombre. Se trata de analizar los comportamientos o estados de los cristianos a la luz de la imagen del hombre que irradia la encarnación que funda una nueva era en la antropología. Hemos aludido al carácter existencial de las doctrinas de San Atanasio. Algunos manifiestan su sorpresa de cómo un obispo con tantas vicisitudes y movidas en su vida como son, persecuciones, juicios, defensas, condenas, traslados, huidas, exilios, viajes, ocupaciones, reuniones, pudo tener tiempo y reposo para elaborar la síntesis teológica alcanzada. Por otra parte, conocemos su estancia y permanencia de juventud entre los monjes de Egipto que le permitieron conocer y escribir la Vida de San Antonio, fundador y eremita por excelencia de aquellos tiempos. Atanasio contra el mundo y todo el mundo contra él, podíamos decir jugando con las palabras. A veces se tenía la sensación de que estaba solo en la defensa de verdades y convicciones. Ni siquiera la totalidad de los obispos le defendía en aquellas batallas doctrinales que eran los Concilios.

Más allá de las razones teológicas que avalan el matrimonio o el celibato (palabras y hechos de Jesús), se analiza el fenómeno sociológico de las numerosas mujeres que optan por el estado o profesión de la virginidad. Hay muchos escritos sobre ellas: San Atanasio, San Ambrosio, San Agustín, San Juan Crisóstomo. Era un fenómeno muy extendido en la Iglesia que cambiaba el "roll" convencional, sexual y social de la mujer. De la marginalidad de la mujer en el Imperio romano se pasa a su importancia en el cristianismo. Algunos lo asocian al cese de las persecuciones y del martirio. Al no ser posible la entrega de la vida, morir por el amor de Cristo, el monacato supone otra forma de renuncia y demostración del deseo de estar con el Señor. Es una urgencia del deseo escatológico: esperar la venida del Señor en la consagración y celibato. Conexión entre martirio y ascetismo. Ambos eran un ideal en la vida de los cristianos. En la calificación de valores, el matrimonio caía en el orden de necesidades (para continuar el mundo), mientras que la virginidad pertenece al orden de los ideales. Pesaba mucho la idea de que la sexualidad, la generación, el matrimonio era la forma de transmitir el pecado original en la historia. El celibato es una renuncia, mientras que el matrimonio es una concesión. El matrimonio una esclavitud o castigo; la virginidad una liberación. El feminismo radical de nuestros días no puede comprender estas motivaciones. Más adelante, en otros escritos patrísticos comienza a sustituirse este lenguaje por mecanismos de sublimación, que tanto ha criticado Freud. Se habla de matrimonio espiritual, esposas de Cristo, fecundidad espiritual o virginidad en la mente como hace San Agustín. La virginidad puede ser un "pathos", una vocación, una opción, un estado, una forma de vida igual que la sexualidad. San Atanasio participa plenamente en la institucionalización de estas preferentes y variantes en la organización de la Iglesia de su tiempo. La primera forma de vivir la virginidad en la mujer se realizaba en las propias casas o viviendas, y no había que pensar todavía en los monasterios o comunidades que vendrán más tarde con San Agustín. Solo se pedía un distintivo consistente en un hábito o vestimenta sencilla y sin lujos ni adornos. Hemos descendido de las alturas de los conceptos antiarrianos a la esfera de la política y del gobierno de la Iglesia. Los oficios, los servicios en la Iglesia no se entienden como jerarquía y representación, sino como estados, opciones, posiciones y compromisos en relación con el evangelio y sus exigencias. Esta es la "ordenación" existente en la Iglesia. El arrianismo, a parte de la batalla de los conceptos, fue una verdadera crisis social en la Iglesia y había que ocuparse de sus nefastos efectos. Ya había muchos obispos que simpatizaban con el arrianismo, a pesar de las conclusiones de los Concilios.

13

El progreso de la antropología fundamental

Seguimos en la corriente del pensamiento oriental del cristianismo primitivo, con figuras y pensadores tan importantes como son San Basilio el Grande, Gregorio Nacianceno o San Gregorio Niceno, el hermano de Basilio. Cesarea sigue siendo un núcleo importante de actividad cristiana e intelectual junto a Egipto y Siria. Los problemas en torno a la unidad de la Iglesia iban en aumento, y parecía que no había tiempo ni lugar para otras discusiones. La situación política y social se había dado la vuelta: ahora era la intromisión de los césares en los asuntos religiosos lo que provocaba muchas fricciones, pues algunos eclesiásticos se rendían a los encantos del poder y del favor imperial. Hacía falta mucho coraje moral, mucha convicción y amor al evangelio para oponerse a las tentaciones temporales en la Iglesia. Abundaban las intrigas. Pero el escenario más frecuente era la lucha del poder contra el poder, es decir, la autoridad de la Iglesia contra la del Estado, los obispos contra los emperadores. En una de esas estrategias, el emperador pensó que dividiendo el territorio de Cesarea en varias diócesis, se debilitaría el poder y la influencia del obispo Basilio. Pero este respondió nombrando a su hermano Gregorio y al otro Gregorio, su amigo, como obispos de la región. Intentó informar a Roma sobre la situación, pero no encontró la debida comprensión. Había demasiada distancia (geográfica) y diferente sensibilidad (cultural) entre la parte oriental y occidental del Imperio y lo mismo sucedía en la Iglesia. Aquí tenemos que cambiar de referencia y, al mismo tiempo que hacemos la historia del desarrollo de la Iglesia, hacemos también la construcción del hombre cristiano acudiendo al realismo y radicalismo de la fe. Es llamativo que la reflexión de la época sobre el hombre venga de unos dirigentes ascetas, pobres y austeros (procedentes d familias ricas y pudientes) que no creen en la grandeza del poder humano, sino en el poder de la sencillez y de la renuncia. El pensamiento de estos autores era menos especulativo y más pegado a la realidad de la Iglesia y de la sociedad.

Podemos hablar de una antropología cultural y cristiana nacida de la presencia de la Iglesia en un mundo diferente. Es una antropología crítica y de la oposición entre el espíritu del poder y el poder del espíritu. Es una antropología penetrante y directa, porque no se entretiene en cuestiones abstractas, sino que responde a las situaciones vividas en la Iglesia y en el Imperio. Es verdad que la cristiandad estaba todavía impresionada y agitada por la cuestión trinitaria, pero eso no olvidaba la presencia del hombre en el creyente y no solo del creyente en el hombre. Precisamente, este misterio trinitario ayuda a comprender el misterio del hombre como trinidad en la tierra, el "homousius" antropológico. Ello nos ayuda a entender la identidad y diversidad dentro del hombre. Desde ahora, la antropología la van a hacer grandes figuras del espíritu, no los poderosos y ambiciosos según la tierra. Esto es importante, la concepción del hombre se va a hacer desde la renuncia y desde la ascética, lo cual no resta un ápice a su actualidad. Tengamos en cuenta que, dentro de pocos siglos, la cultura europea que llamamos Renacimiento, viene de estas latitudes del oriente. Estamos asistiendo a la aparición de las ideas del prerrenacimiento. La antropología especulativa va a dejar paso a la antropología existencial más integral y vivida en la renuncia y desnudez del hombre y de la naturaleza humana frente a tanto oropel del poder que enmascara y oculta la realidad esencial de pobreza e impotencia que es el ser humano.

13.1. La antropología iconográfica de San Basilio el Grande

La antropogénesis sigue siendo una constante en la enseñanza cristiana en estas latitudes en el siglo IV. Se mira a la voz del pasado en el Génesis, pero también hay que adecuarla a la realidad cultural de cada momento. La Iglesia sigue defendiendo el origen del hombre y del mundo de las manos de Dios, pero hay que estar atentos al reduccionismo científico de cada momento. Hoy hemos renunciado a la fórmula alternativa y contradictoria que dice o creación o evolución del hombre por otra más conciliadora: creación y evolución. Esta vinculación no hay que entenderla de manera cronológica, sino lógica y especulativa. El acto creador concedió a la materia una capacidad de evolucionar, de la misma manera que la caída del pecado introdujo en el hombre un deterioro en su personalidad y un principio de tragedia permanente en el tiempo. Paralelo a este tema corre el dualismo del bien y del mal como ethogenesis. A partir de ahí, el esfuerzo se concentra en estudiar la capacidad natural que tiene el hombre para conocer a Dios. Con ello, el hombre es una esencia religiosa y una esencia moral, pues lleva dentro de sí una ley o tendencia capaz de distinguir el bien y el mal. En eso consiste la primacía y la dignidad del hombre sobre otras cosas. Esta es la estructura del hombre que se asemeja al misterio trinitario por lo cual, ni siquiera el hombre es capaz de conocerse o abarcarse a sí mismo. Es decir, existe una naturaleza común y universal de todos los hombres. Esta esencia común es el fundamento del derecho natural en el mundo. Se habla de una antropología ortodoxa nacida de las obras de estos autores entre los que se encuentra San Basilio el Grande (330–379) que se apoya en la cristología. El paralelismo y la vida de San Basilio, homologable con los intelectuales cristianos de aquel tiempo, son evidentes. Como Tertuliano, Orígenes, Cipriano o Agustín, San Basilio nace en una familia culta con gran sensibilidad para la educación clásica (retórica y leyes) en la que realiza su formación elemental y universitaria. Después de una juventud muy agitada e inquieta en la búsqueda de la verdad, se convierte intelectualmente no solo al cristianismo, sino a la vida monástica real. Siguiendo esa vocación a la radicalidad del evangelio, vende sus bienes para dárselos a los pobres y emprende una vida de ascesis y renuncias. De ahí sale para ser ordenado sacerdote y más tarde elegido obispo de Cesarea, a la edad de 40 años. La teología se traduce en él en antropología cristiana. En Cristo Jesús se realizó la hipóstasis entre Dios y la humanidad. La antropología ortodoxa no es una contemplación del hombre, sino su realización. Hay que construir al hombre a base de ascesis material y real. Lo más espiritual es lo más corporal, o sea, la "encarnación", como actuación sobre la historia y el desarrollo del hombre. Cristo no vino al mundo para fundar una nueva religión o proclamar otra ética, sino para renovar o reformar al hombre. La antropología cristiana es una lucha que introduce Cristo en el mundo para vivir según la actividad trinitaria. Que Cristo es la imagen increada y eterna de Dios y que el hombre es la imagen esencial y creada de Dios, constituye el sentido y la razón de la existencia del hombre en la tierra. Ser hombre significa centrar todas nuestras expectativas de acción y de vida en Dios. Solo así desarrollamos nuestro ser hasta su plenitud. La existencia humana le debe a esta referencia iconográfica su explicación. La antropología cristiana significa responder a esta condición iconográfica. También el mundo en su ordenamiento y belleza es un icono de Dios, un reflejo de su esencia y estructura. Por eso, el hombre puede llegar a Él a través de la contemplación o lectura de las cosas. Son ideas que anticipan el espíritu del Renacimiento. Lo mismo sucede con la libertad y con el amor. Ser ikono de Dios equivale a ser libre. Y el sello de Dios en el hombre es el amor. La palabra "ascesis" significa "ejercicio", esfuerzo y gimnasia del cuerpo y de la mente, dominio de las fuerzas y de las pasiones. La antropología es la nueva y permanente creación, es una revolución, un rebelarse contra nosotros mismos. Pero esto no se produce sin fuerza y sin violencia en mí mismo. La ascesis es la construcción del hombre para esta antropología ortodoxa. El cristianismo, además de ser una opción por la fe en Cristo Jesús, es también una opción por el hombre a quien eleva a la categoría de persona en referencia a otras personas que forman una unidad entre sí. La teología y la antropología se abrazan. Ya hacía tiempo que aparecía en el horizonte cristiano el término persona para definir al hombre. A la altura que estamos, examinando los conceptos antropológicos de la época, en especial los de San Basilio, constatamos que la noción de persona está de vuelta, pues ha sido muy utilizada en los Concilios celebrados para dirimir la cuestión trinitaria.

Ahora tiene lugar su aprovechamiento para entender y, sobre todo, identificar y dignificar al hombre.

13.2. Antropología cosmológica y de la persona

Uno de los escenarios donde más desarrolla San Basilio su proyecto antropológico es en el comentario a los libros del Génesis. La visión científica del mundo era deudora de las categorías explicativas de la Biblia hasta el siglo XVII. Pero la cosmología científica iniciada a raíz de la Ilustración, aportó otras hipótesis y explicaciones sobre el origen de la vida en la tierra. El universo filosófico en torno al universo cosmológico sufrió una gran conmoción. Actualmente los científicos no renuncian a la idea de explicar el origen del mundo, sin tener que acudir a un principio trascendente rompiendo así o, por lo menos, condicionando la validez de la interpretación cristiana. Pues bien, San Basilio y el pensamiento capadocio aportaron su explicación. Porque, aunque esta antropología cristiana tenga un autor único en él, sin embargo sus reflexiones y construcciones son fruto de las circunstancias sociales o locales en que se desarrollaron, en especial, la situación de la Iglesia en medio del Imperio decadente. A esta aproximación a la obra de Dios en el Hexameron se denomina "el método de la creación" y se extiende más la vocación filosófica de estos sermones señalando que "son la ciencia del tiempo". Son, podríamos decir hoy, una verdadera filosofía de la naturaleza y de la historia, al estilo de cómo la emprendió más tarde San Agustín en La Ciudad de Dios. Todo ello puede concentrarse en lo que se llama "la lectura del mundo" que tanto desarrollaron los renacentistas. Hay que saber leer, interpretar y entender a Dios en la creación. Aunque parezca extraño, la teoría trinitaria de esos años, está constantemente rozando y usando categorías como engendrado, temporal, eterno, creado, la nada, etc. y todo eso tiene un trasfondo antropológico. La antropología del tiempo y del mundo es desarrollada por San Basilio en sus comentarios a los libros del Génesis, conocidos como el Hexameron. Lo hace ante sus fieles, sus gentes, su pueblo formado por hombres, mujeres, niños, profesionales, estudiosos y cultos, trabajadores, artesanos, comerciantes, aldeanos que tienen que sustentar sus negocios y familias. También intelectuales y científicos. Esta es la mirada sobre la creación como una obra entre el misterio y el simbolismo, la belleza y la armonía, la inteligencia y la sabiduría, la interpretación y la meditación. Se necesita una disposición y receptividad interior para entender el mensaje. Los ojos de la fe y la fe con ojos muy limpios libres. Por eso distingue San Basilio entre el mundo físico y exterior, objeto de contemplación, que sirve de residencia y hogar para los hombres y el mundo invisible e interior, que es el reflejado y admirado en nosotros. El mundo es una estancia. Hay que estar libre de ataduras y prejuicios para entender este mensaje. Creer para entender y entender para creer, que dirá San Agustín. Los especialistas acusan a San Basilio de usar demasiado el sentido literal del texto. Es más creíble y coherente la narración bíblica sobre el mundo que las teorías y especulaciones filosóficas de su tiempo. El mundo es obra de Dios con todo el sentido que tiene la subjetividad divina. Detrás de un qué hay un quién con suficiente poder e inteligencia para crear. No hay que despreciar la expresión "en el principio", o sea, en el comienzo absoluto de todo el tiempo incluido. La antropología cristiana de la creación no recae sobre el contenido material de ella, sino sobre su marco formal: en el tiempo, en la historia que es también creada. Nada hay eterno fuera de Dios. El tiempo ha venido con el mundo y en el mundo. El orden y la sucesión es la esencia de ese mundo visible y creado. Un orden racional que dirige el mundo físico. Este es el mundo-escuela, el mundo-libro, el que la razón humana debe aprender a leer. Como en otros autores, la indagación sobre el origen del mundo llega a preguntarse cuál podría ser la situación o la circunstancia existente al "comenzar" el mundo y el tiempo. La respuesta es la eternidad como "materia" amorfa del tiempo. Por ello, el tiempo no es el continente de las cosas, sino su contenido. Están transidas de tiempos. No pasa el tiempo por ellas, sino ellas por el tiempo y con el tiempo. La temporalidad no se entiende aquí en un sentido cronológico (unidades de tiempo), sino metafísico y antropológico. Por eso se denomina principio también al proyecto, al diseño, a la idea, a la verdad, al comienzo del orden en que es creado el mundo. El tiempo es lo que permanece y sirve de substrato, puente o soporte ontológico para que las cosas aparezcan y desaparezcan. Las cosas, los hombres, la historia son tiempo: comienzan, pasan y mueren, pero no por eso se interrumpen los tiempos.

Esta visión antropológica del mundo no puede sustraerse al clásico tema del origen del bien y del mal, que se enfrenta al dualismo de aquel tiempo: dos principios paralelos, uno para el bien y otro para el mal. Sin embargo, en Basilio aparece ya la solución que consagrará definitivamente San Agustín frente a los maniqueos: el mal no tiene principio, porque no es un ser, sino una negación, un no-ser. Al no tener sustancia o consistencia no necesita un agente cosmológico. Todo el mal que hay en el mundo procede de la voluntad humana, tiene un origen psicológico, no ontológico, pues ella sí fue afectada por el mal originario del pecado que distorsionó la orientación jerárquica del hombre frente Dios. Es la raíz antropológica de todo el mal que hay en el mundo, tanto el mal físico como el mal moral. En el último capítulo de la Homilía 9 sobre el Hexamerón y, siguiendo el estilo de los filósofos griegos, San Basilio se pregunta por qué es tan fácil conocer al mundo y no nos conocemos a nosotros mismos. Es muy difícil conocerse a sí mismo. Mientras los ojos del cuerpo miran al mundo exterior no pueden, sin embargo, utilizar su potencia para escudriñar el mundo interior humano. Lo mismo sucede con la razón: conoce mejor los objetos fuera de ella y no se conoce a ella misma mediante la reflexión. A esta capacidad de conocerse o investigarse a sí mismo lo llama nuestro autor ser persona. En Génesis 1:16 Dios dialoga consigo mismo: Hagamos a un hombre a "nuestra" imagen y semejanza. Esta capacidad de Dios de hablar consigo mismo indica su carácter personal y trinitario, porque se desdobla en su interlocución: habla y hace, piensa y crea, luego ya son dos personas en sí mismo. Es una palabra creadora. Se trata de la misma persona. Cuando creó las cosas bastaba con decir: hágase la luz, y se hacía la luz. En cambio, tratándose del hombre, precede un pensamiento, una consulta, una reflexión. En sí mismo. No se lo dice ni se lo anuncia a los ángeles o a los animales. Se consulta a sí mismo. En la teología trinitaria de San Basilio es donde se cocina la noción de persona y de naturaleza de tanta importancia en la antropología occidental. Sobre todo, en la *Carta XVIII* (según la edición de los Maurinos) dirigida a su hermano Gregorio, obispo de Nisa. Allí se distingue entre naturaleza (sustancia-esencia-Rusia) persona (hipóstasis). Fundamentalmente, la esencia es algo universal, mientras que la persona es algo individual y concreto. Lamenta que muchos críticos (mejor dicho no críticos, porque no son precisos) confundan esencia y persona. Así, algunos usan la palabra "hombre" para dirigirse tanto a la esencia universal como a la identidad singular de un individuo, de este hombre concreto, Pedro, Andrés. Con la palabra "persona" (hipóstasis) designamos algo concreto y definido, un hombre. De aquí arrancará la conocida definición de Boecio, pocos siglos más tarde. Lo mismo hay que decir cuando hablamos de Dios, que podemos referirnos a su naturaleza común o a sus diferencias o personas. Nada hay de extraño que nosotros unamos y separemos el mismo objeto. Las dudas seguían adelante en el terreno teológico, pues había que ver si la categoría de "persona" podía recoger o explicar todo lo que se dice de Dios y de la Trinidad en el Nuevo Testamento, en especial en San Pablo. Persona se refiere y caracteriza la existencia de un individuo, de una propiedad. Toda esta reflexión de altura teológica hay que trasladarla a la arena antropológica para conocer y explicar las relaciones cuerpo y alma en una única esencia del hombre que llamamos persona.

13.3. Antropocentrismo cristiano del mundo

Sin embargo, el autor desarrolla la alianza entre el hombre y la naturaleza en un antropocentrismo del mundo propio de nuestros autores renacentistas. El mundo es como un jardín donde la vegetación crece al servicio del hombre, que tiene que cuidar de él. La flora "divina" nos remite a la belleza y al esplendor de Dios, pero su existencia y permanencia marchita nos recuerda la condición de la vida humana ya que nacemos, crecemos y desaparecemos como las plantas, pues a la primavera y al florecer de la vida le sigue el otoño, el atardecer de las hojas caídas y el invierno de la senectud y el declive. Somos flor de un día. Secase la hierba y se marchita la flor. Sin embargo, el proyecto de Dios para la vida en la tierra responde al régimen de semillas, de relevo y de continuidad. Es un proyecto de conservación y de reserva. La simiente es un depósito de vida dentro de su género, que contiene ya el futuro crecimiento y desarrollo del ser venidero. En el sistema orgánico todo muere, pero todo nace de nuevo para continuar llenando el mundo de belleza y de alimentos. La tierra tiene una capacidad, llamada raíz, para la generación y regeneración de los seres, de tal manera que Dios crea la vida que, aunque caduca y contingente, continúa en las raíces y simientes de las cosas y del hombre. El mundo es, esencialmente, fertilidad y producción dirigidas por el hombre y para el hombre. Si el mismo ser humano es imagen de Dios, el mundo es el reflejo de su fecundidad trinitaria. Este sistema seminal ha sido querido y diseñado por Dios y su evolución forma parte del mismo proyecto de la creación. Por eso, el mundo no necesita solo ser contemplado, sino también investigado. Hemos dicho arriba que hay dos mundos en el mundo: uno visible y el otro invisible. Uno conocido y otro desconocido. La ciencia es la lucha de todos para conocer al mundo que se oculta detrás del mundo que se ve. Leer e interpretar. Nuestra tarea como cristianos es descubrir e investigar el mundo para lo que nos puede ayudar y dar fuerzas la fe, pues todos somos coinvestigadores, cooperadores. No puede estar la ciencia o la verdad del mundo únicamente en las manos de los no creyentes. Tenemos que llegar hasta la verdad del mundo. Es la misma creación la que emite las voces y señales para que podamos conocerla en cuanto que es una unidad (uni-versum que decía Ortega y Gasset). Por tanto, hay que oír y escuchar a la naturaleza en sus leyes y tendencias. Esto lo comprendían perfectamente aquellos labradores que escuchaban al obispo Basilio, pues luchaban con el suelo y la tierra para sacar el fruto de sus entrañas, sus secretos. Porque por mucho que investiguemos, el mundo sigue siendo de unas dimensiones inabarcables y seguirá siendo un misterio para el hombre que se considera centro del universo. Al mismo tiempo, aprovechaba para decirles que los hombres éramos siembra y cosecha de Dios. De Él recibimos la cosecha, las riquezas, los bienes presentes y futuros. La aproximación del hombre a las cosas tiene un sentido sacramental y trascendente. Es decir, todos los valores de belleza pasajera y de bondad caduca nos remiten a la belleza eterna y bondad imperecedera de Dios. Ese es el mundo invisible de la dialéctica visible-invisible.

Adentrándonos en el terreno de la moral "natural", San Basilio reconoce que existe en el mundo una tendencia, una orientación, un mandato, un impulso. Igual que la flecha sigue el ámbito, el recorrido, la dirección señalada por su lanzador, así el mundo lleva en su seno una fuerza determinante de su existencia y acción a la que el hombre tiene que atender y obedecer, sin que eso suponga un determinismo y una necesidad. Lo que se ha comenzado en la naturaleza tiene que terminarse. El mundo tiene un mandato inherente a la vida y debe cumplirse. Es como si la tierra tuviese un alma a lo que los filósofos llaman finalidad o intencionalidad cosmológica. Los procesos en la naturaleza no son mecánicos (externos), sino vivos y finalistas (bios) de acuerdo con las reflexiones de Aristóteles sobre la teleología. Esto nos lleva a la valoración moral de la vida y acción del hombre. Si nos dejamos llevar por la razón, superamos y trascendemos el mundo. Si, por el contrario, nos dejamos llevar por los instintos, entonces "caemos" a un nivel inferior como pueden ser las fieras. Pero también el hombre tiene unos principios, unas virtudes por naturaleza. Así como el mal es una enfermedad, una debilidad del alma natural, las virtudes naturales son como la fuerza y la salud. Son como unos actos reflejos naturales que dice la psicología de hoy, por lo cual rechazamos el dolor, tendemos al placer y al bienestar. Estos contenidos morales de la naturaleza (que pasan a ser de la conciencia) no se aprenden, sino que se poseen de manera innata, como pueden ser la honradez, la prudencia, la justicia, la fortaleza,

13.4. Antropología del compromiso político

Además de los problemas relacionados con la definición y el mantenimiento de verdades o dogmas como la trinidad, la encarnación, la divinidad de Jesús, el pecado original, etc. existen, en la vida y en la actividad literaria de San Basilio, otras preocupaciones, como pueden ser la unidad de la Iglesia, su estilo pastoral, su disciplina y política eclesial, su actividad social o su espiritualidad. Todo ello hay que recogerlo de las innumerables cartas que él dirigió como obispo y amigo, y de las que recibió. Este género literario epistolar era muy utilizado por sus autores y constituye, al lado de las predicaciones, una fuente de la teología primitiva. Resulta paradójico que aquellos responsables de la Iglesia que más sufrieron las intervenciones y persecuciones del poder civil tuvieran todavía motivos y razones para defender la legitimidad del orden establecido y de la autoridad constituida. Ello no es debido al pacto y al consenso que se produjo con el acuerdo de Milán en el 313 (cujus regio ejus et religio), sino a la firme convicción de que el mundo está ordenado por Dios, refleja su armonía y bondad y que en el corazón humano hay una llama y llamada a la convivencia y fraternización entre los hombres. Los cristianos vienen al mundo no para implantar una república propia, un contrapoder al sistema, sino para mejorar ese mismo sistema cambiando los sentimientos interiores y la conciencia de los hombres, ciudadanos y creyentes. Lo natural, lo social y lo moral tienen que converger en el único corazón del hombre. Tres dimensiones juntas como otra conciencia trinitaria humana. No hay vida política sin leyes morales y estas no existen sin leyes naturales. Naturaleza, moral, política. Se ha querido presentar a San Basilio como un hombre de acción más que como un pensador. Sin embargo, toda su actividad como responsable del gobierno de la Iglesia tiene sus raíces en las convicciones teológicas que se iban aclarando. Ya hemos dicho que la situación de los cristianos, en relación con la sociedad civil, había cambiado y ahora estaban más marcadas por la colaboración que por la persecución. Todo esto favorecía el peligro de asimilar a la Iglesia con la organización política del Estado. Sin embargo, había que insistir en la propia identidad y en las diferencias. La Iglesia no es un Estado, sino la comunidad de los creyentes, la sociedad de los hijos de Dios. Todos los intentos de absorción, de anulación, de dictado parte de los gobernantes deben ser rechazados por los creyentes, pues no pertenecen al mismo orden de cosas. La vinculación de la Iglesia con los poderes nacionales podría arrastrar a esta, pues la civilización romana estaba en su ocaso final, más en occidente que en oriente. La Iglesia es la nueva humanidad que abarca a todas las naciones y va más allá que una determinada raza o etnia. Por ello, tiene un carácter supranacional o universal. La Iglesia es el Pueblo de Dios. Esto no significa que no sea un organismo con carácter propio, con estructuras e instituciones propias que proejan su libertad de fines y funciones. La Iglesia, al mismo tiempo que pide a sus miembros la obediencia a la autoridad temporal, también pide que no se absolutice dicho poder, pues por encima de él está la conciencia y la obediencia a los preceptos morales y a Dios. Los creyentes, como tales, son libres y al mismo tiempo son ciudadanos libres que no tienen que renunciar a esa libertad, aunque tengan que someterse a las leyes. Del mismo modo, la dimensión universal de la Iglesia no significa que los cristianos no tengan derecho a una nacionalidad propia y que sean unos apátridas y desprotegidos, hijos de la diáspora, ciudadanos de nadie, sin asiento en este mundo. Muy al contrario, la Iglesia une en sí misma las exigencias de lo nacional y de lo universal. Es otra vez, la trinidad social del hombre que es, a la vez, individuo y ciudadano en una misma persona. Toda esta doctrina y preocupación ha pasado a formar parte de la tradición y de la teología ortodoxa, que sobrevive en nuestros días en las llamadas Iglesias orientales.

No se puede negar que en esta época, y de la mano de estos autores, se está construyendo la teoría eclesiológica desarrollando la doble dimensión que tiene la Iglesia: la sacramental o moral e interna y la social, organizativa y externa. La Iglesia, como sacramento, es inmortal y libre de las tempestades y oscilaciones políticas; pero como fenómeno histórico, temporal y creciente tiene que relacionarse con los poderes de este mundo. La autoridad procede de Dios, pero no los Estados o los regímenes concretos. La Iglesia no se identifica con ninguno de ellos. La pertenencia de los creyentes a un reino determinado, les ofrece la ocasión para realizar los planes de Dios en la historia y en la humanidad. Esos planes se hicieron visibles en Cristo Jesús, verdadero poder de Dios en la tierra a quien también los poderosos y gobernantes de los Estados están sometidos en el ejercicio de su mandato, cuya finalidad es implantar el bien y la justicia en la tierra, por muy secular y aconfesional que sea dicho Estado. Más aún, la neutralidad respetuosa del Estado en relación con la Iglesia no debe ser obstáculo, sino una colaboración para que cumpla con su misión evangelizadora. Igualmente, la universalidad y neutralidad de la Iglesia frente al Estado no se traduce en una despreocupación o indiferencia moral ni impide a los cristianos luchar por el desarrollo de las naciones y amar a su pueblo.

13.5. Antropología de la educación cristiana

Unos hombres, unos dirigentes de la Iglesia procedentes de los ambientes más cultos de la sociedad romana no podían dejar de tener un discurso y una recomendación para el sentido de la educación en el cristianismo, que fuera más allá de la catequesis o de la preparación bautismal. Estos hombres, estos pensadores, estos obispos, llegaban al cristianismo procedentes de una exquisita sensibilidad cultural, con un bagaje y educación familiar. Por eso, desde las alturas de su vida, San Basilio se dirige a los jóvenes de su diócesis para decirles que deben cultivar el gusto y la envidia por la educación. La Iglesia formada por los padres, los jóvenes y los sacerdotes, constituyen una comunidad educativa. Se reconoce el valor de la educación en la palabra de Virgilio: es bueno que uno sepa por sí mismo lo que tiene que hacer, y es mejor que lo aprenda de los otros, pero el que no hace ni una cosa ni otra, entonces se convierte en un inútil. La estructura educativa del hombre consiste en que se esfuerza por alcanzar los valores que hagan la vida mejor, pues todo lo que sea valor es digno de conseguir no tanto por sí mismo, sino en relación con la mejora del hombre. Todos los valores del espíritu (conseguidos en la educación) están por encima de los del cuerpo. La educación es el desarrollo de los sentidos del alma. Por ello, es útil conocer también a los autores profanos griegos, a los poetas, a los historiadores, a los juristas y a todos los que sobresalieron por su saber y señalaron las virtudes humanas. Hay muchos testimonios y ejemplos morales en los filósofos griegos. Una de las cuestiones donde hay que incidir en la educación es enseñar el verdadero valor de las cosas. Tenemos que medir el alcance de las cosas no según el gusto que nos produzca su consumo o la satisfacción de su posesión, sino por el daño que cause su falta o necesidad. Recogiendo las ideas morales de su tiempo, tenemos que ser libres tanto de la falta como de la posesión de los bienes terrenos, de las riquezas. Aquí nos encontramos de nuevo con el ecumenismo educativo: no existe la distinción entre saber profano o saber cristiano. Simplemente, todo saber es sagrado, porque procede de una luz superior y una inteligencia eterna. Existe una familiaridad y vecindad entre el saber cristiano y el saber pagano, pues ambos son la casa de la verdad y el ropaje de la virtud. La virtud, como la verdad, es única para todos, venga de los paganos o de los cristianos. Al fin y al cabo, el cristianismo había venido no para implantar una formación política o social, sino para causar un cambio en el corazón de los hombres y poder construir una nueva sociedad. Por eso, la Iglesia nunca se identifica con ningún movimiento político de alcance muy limitado en el tiempo, en el espacio, en los hombres y en el mensaje. Esto conlleva que, al principio, los cristianos no se plantearon crear su propia sociedad, otra estructura organizativa, escuelas propias, sino estar presente en las estructuras del Imperio para cambiar su sentido y razón de ser. La novedad y la innovación del cristianismo era muy sencilla: que Dios está cerca de los hombres, que los ama y que, para Él, cada individuo es importante. Tan digno de atención es el hombre que fue creado a imagen y semejanza de Dios. Como el pecado vino a debilitar y oscurecer esa presencia iconográfica de Dios en el hombre, la educación está puesta para restaurar esa imagen y que brille de nuevo el esplendor del rostro original, la fuerza primera, la naturaleza íntegra del hombre. No es necesario crear de nuevo al hombre, sino rediseñar y formatear la estructura moral interior, la capacidad y la fuerza perdida.

14

Antropología de la ortodoxia oriental

Continuamos en el ámbito de influencia de la literatura oriental cristiana. Al lado de San Basilio, cuya antropología ya hemos desarrollado, nos encontramos con el pensamiento lineal de su hermano, San Gregorio de Nisa (335–395) y de su amigo, San Gregorio Nacianceno (330–390), al frente de sus respectivas diócesis en Capadocia. La diversificación de las condiciones geográficas y culturales del amplio Imperio romano se hacen notar también en el cristianismo, donde podríamos hablar de un pensamiento oriental y otro occidental. Es la repetida vinculación de la antropología cristiana a la cultura reinante. Estamos ante un perfil de pensador homologable y recurrente en aquellos años: ciudadanos romanos cultos y formados, miembros de la alta sociedad que, en su inquietud intelectual por encontrar la verdad, se convierten al cristianismo y optan por la vida monástica de renuncia y de pobreza como forma más radical de seguir y obedecer al Jesús del evangelio. Desde esa vida y prestigio moral, como intelectuales y como creyentes más comprometidos, son elegidos para presidir y dinamizar diferentes comunidades cristianas a las que dotan de pensamiento y de referencias morales tanto internas como externas, de cara a la sociedad que los rodea. Puestos a comparar, Gregorio de Nisa parece más filósofo que su hermano Basilio y se ocupó de dar una mayor legitimidad cultural a los conceptos utilizados en la teología. Lo mismo que se venía haciendo durante siglos desde el principio de los cristianos. Algunos gobernantes pensaban que un cristianismo fuerte contribuía a un Estado fuerte. La situación había cambiado en la Iglesia, y de vivir al lado del Estado se pasaba a enfrentarse a este. Comenzaba a tambalearse la solidez del Imperio y aumentaban la oposición, las deserciones y las traiciones. El ejército ya no era una fortaleza política en torno al Emperador. El peso que tenía occidente en el Imperio pasó a oriente, con su capital Constantinopla. El intercambio de competencias y reciprocidades entre Iglesia y Estado llevó a una mayor consideración de la figura del César por parte de los cristianos y (en compensación) a una mayor independencia jurídica para la Iglesia que aprovechó esta paz social para construir y consolidar sus instituciones. La dialéctica unidad-diversidad continuaba en medio de un Imperio dividido, pero la Iglesia luchaba por su ecumenismo y catolicidad. Tampoco faltaban las disputas internas y los movimientos secesionistas. Otra dialéctica acechaba a la Iglesia, a saber, la oposición entre amor y autoridad, la humildad del servicio frente a la fuerza de la organización. El poder era una tentación y comenzó una reinterpretación de la teoría cristiana, no desde las enseñanzas de Jesús, sino desde los dictados de la cultura política. La Iglesia se dividió y se presentó con dos cabezas: Roma en occidente y Constantinopla en oriente. Como contrapeso a la secularización, relajación o pérdida de sentido evangélico en la Iglesia primitiva, nace el monacato, los desterrados, los vagabundos, los peregrinos, los refugiados y los anacoretas primero, pero luego se asocian y se constituyen en corporaciones. Desiertos, costas, montañas, cuevas, bosques, soledad, ayuno, meditación, pobreza, penitencia, oración, castidad, desprendimiento, fraternidad. Se puede decir que el monacato es la fuerza del cristianismo en el sentido de que, cuando él está fuerte, también lo está la Iglesia y viceversa. Todo esto también es una antropología del cristianismo primitivo interpretado no desde los conceptos, sino desde las actitudes y compromisos. Toda una reforma del hombre. El monacato histórico de la Iglesia Católica es otra forma de entendimiento y de realización del hombre. Es otra expresión del sentido antropológico de la fe. La vida monástica no va contra el hombre ni pretende ser su anulación. Cada hombre "juzga" la vida según su experiencia y no al contrario. Lo que no se puede experimentar parece que no existe. Por ello, el monacato es una demostración, vía experiencia, de lo que el hombre puede o no hacer por el evangelio. Además de otras dimensiones como son la cristológica, la eclesial o la escatológica, la vida monástica tiene una referencia antropológica, pues nos remite al estado originario y natural del hombre anterior a la caída, en especial la libertad y el desprendimiento de todas las cosas. Nada hay imprescindible: ni las riquezas ni la sexualidad, ni la libertad. Todo puede ser superado y vencido para demostrar la existencia de otra fuerza del espíritu. Nada hay por encima de la gracia de Dios en forma de valor antropológico. Al mismo tiempo que memoria antropológica del pasado, el monacato es también anticipación o memorial de la última etapa de la historia de la salvación o del Reino de Dios. A eso hay que añadir —sobre todo a partir de San Agustín— la dimensión comunitaria de la vida religiosa donde se pone de relieve la fraternidad y el amor que no se basa en vínculos de carne y sangre, sino en la "consanguinidad del evangelio" y del discipulado en el Nuevo Testamento: estos son mis padres y mis hermanos, los que siguen la palabra de Dios y la cumplen.

14.1. La antropología como regreso de la teología en San Gregorio de Nisa

Seguimos en el mismo régimen de investigación mantenido hasta ahora. A falta de un verdadero tratado sistemático sobre el hombre en el cristianismo primitivo, tenemos que acudir a los indicios que existan sobre él en otros ámbitos de la teología. Nos referimos a los vestigios antropológicos existentes en el misterio trinitario especialmente. Son siglos y tiempos fuertes de la reflexión teológica propiciados por los Concilios de la época que acaparan la actividad en materia de dogmas y definiciones. La fijación de los argumentos y de los contenidos de la fe abre el camino para una mejor comprensión y definición del hombre, que ya venía produciéndose desde los comienzos de la confrontación cultural entre fe y razón. Sin embargo, van creciendo los planteamientos estrictamente antropológicos en el sentido de que crece la autoconciencia del hombre frente a Dios. Va cristalizando una cultura antropológica más o menos independiente. Se trata de un regreso del pensamiento teológico sobre Dios hacia el hombre. La idea de Dios no muere ni termina en Él, sino que se refleja para iluminar la estancia del hombre en la tierra. Si el hombre era, para los griegos, la medida de todas las cosas, para el cristianismo Dios es la medida del hombre por muy inabarcable que sea el misterio divino. El ser es Dios y el hombre comparece ante ese ser. La teología contribuye a una estabilización de la antropología en occidente para que todo ello cristalice en la Europa de hoy. La imagen y semejanza bíblica adquiere ahora un sentido más racional, a medida que sabemos quién es Dios. Es decir, la estructura trinitaria de Dios se oculta y se alberga en el hombre dada su condición de inteligencia, de memoria y de voluntad. La teología de la creación va dejando paso a una antropología creada por Dios. La libertad es el mejor reflejo trinitario de Dios en el hombre. A partir de ahí comienza una relectura antropológica de la teología nicena. La antropología cristiana no usa las palabras que no existan, sino que las toma del patrimonio filosófico de la época. La teología tampoco inventa su vocabulario. Se reconoce a San Gregorio de Nisa como el gran sintetizador de la filosofía griega en el cristianismo, antes de San Agustín. Participó en la reconversión del neoplatonismo para que pudiese encajar en el cristianismo. Reconocía los valores de la reflexión griega y dominaba el lenguaje tanto de la Biblia como de los platónicos. Es un pensador receptor y distribuidor, al mismo tiempo, de la cultura antigua en beneficio de la síntesis cristiana. Pero no podemos situarlo como autor o profesor de las cuestiones fundamentales religiosas (o fronterizas como se dice hoy), sino que entró más adentro y llegó hasta los pasillos del dogma con los temas trinitarios o sacramentales y hasta las intimidades de la espiritualidad más profunda y exigente. A veces, San Gregorio de Nisa pasa como un autor en la sombra, pero su figura y su doctrina ha cobrado importancia. Bien asentado en el platonismo, la antropología de San Gregorio viene precedida de una metafísica de lo espiritual y de lo material. Lo material es limitado en el tiempo y en el espacio, siendo más concreto e individual mientras que lo espiritual es más universal.

El núcleo fundamental de la antropología cristiana sigue intacto y viene continuado por San Gregorio. Dios ha creado al hombre bueno, libre y fuerte. Por el pecado, la naturaleza humana se vuelve débil y desestructurada. Se reconoce el orden de la creación, no tanto en sentido cronológico, sino cualitativo y jerárquico. Hay una creación material (cuerpo que tiene vida) y otra espiritual (espíritu que tiene cuerpo). Vida material y vida espiritual forman el conjunto de la actuación creadora de Dios. La creación del hombre es la conclusión y coronación de esa obra ingente de Dios, pero en simbolismo antropológico. El hombre como archivo y resumen del universo, pero también como primicia o semilla de lo venidero. Del mismo modo que la vida orgánica tiene sus capacidades y finalidades (alimentarse, reproducirse, conservarse), también el alma humana dispone de capacidades adaptadas a su finalidad. Entre esas tendencias o afecciones naturales está la tendencia básica hacia las virtudes que constituyen el núcleo de una moral natural. De ahí que la tarea del hombre consista en volver a la recuperación del vigor inicial, a la jerarquía y al orden antropológico donde el alma racional tiene que dominar y dirigir los instintos y las pasiones. Si el hombre no es capaz de convivir y superar sus debilidades, entonces se convierte en esclavos de ellas. No hay alternativa, no hay término medio, no hay terreno neutral en la estructura y en la vida antropomoral del hombre: se es libre o se es esclavo. Así, pues, todo el proyecto teológico se convierte en proyecto antropológico, es decir, el hombre mira y aspira a Dios como meta de su existencia también en un sentido metafísico. Dios es la plenitud del ser humano. Dios forma parte del proyecto hombre una vez que el ser humano formó parte del proyecto Dios. La recepción de Dios en el hombre constituye su felicidad. Esa presencia antropológica de la naturaleza de Dios en la naturaleza del hombre consiste en el amor, esencia de la relación con Dios. A su vez, esa presencia y relación del amor de Dios se convierte en sensación y gusto de la plenitud y de la felicidad como psicología religiosa derivada.

14.2. Antropología de la afinidad y la atracción del alma

El planteamiento estrictamente antropológico comienza a ser algo diferente desde el momento en que aparece ya la categoría de la persona para definir al hombre. Es decir, en el alto cristianismo que analizamos, ya no se trata de ver tanto las relaciones cuerpo-alma, sino la relación de ambos extremos con la persona como tercer elemento trascendente. Alma y cuerpo pasan a ser un supuesto aceptado, una condición indiscutible y lo que ahora preocupa o interesa es su integración en la unidad. El todo y no sus partes. No preocupa ya tanto su principio, (creación) o su fin (inmortalidad), sino su profunda relación y dinamismo a la hora de definir su relación con Dios y desencadenar conductas religiosas y morales. La fría antropología de corte platónico o teológico se convierte ya en campo de lucha y refriega ascética. Gregorio lo sabe por experiencia, pues se pasó años de juventud en el recinto interior y en la soledad exterior del monacato, buscando aclarar el sentido de su vida y vocación como bautizado. La metafísica (el ser) se convierte en antropología (cuerpo y alma) y esta se expresa en psicología religiosa (pasiones) o dinámica moral. En el alma humana conviven Dios y la libertad contaminada. Dios ejerce su atracción sobre el alma como imagen, coincidencia esencial, meta, felicidad y destino que es del hombre, pero también están allí, unidos al cuerpo, las tendencias, los afectos, las sensaciones o (como eran llamadas en plena vigencia de la espiritualidad monástica) las tentaciones. La transformación de categorías ontológicas (procedentes de Grecia) en dimensiones teológicas del hombre (Biblia y revelación) y, a su vez, en procesos y análisis sicológicos (San Pablo o San Agustín) se debe al cristianismo y, en especial a estos hombres que viajaron al interior y a las profundidades oscuras del ser humano, guiados por la luz de la fe y de la razón. Ahí nació la antropología religiosa que aquí desarrollamos y la experiencia monástica tuvo mucho que ver en ello. Existen en el hombre unas fuerzas fundamentales (afectos o pasiones) que lo arrastran en una dirección o en otra. Todo depende del uso que se haga de ellas. Así se supera el dualismo en el origen del ser humano como ser moral. No hay un principio del bien y otro del mal, sino que el mal, como ausencia de bien, está originado en ese mal uso antropológico de la libre voluntad que supone la activación de la energía humana. Materialidad y espiritualidad. Igual que el hierro candente puede ser transformado en un arma para matar o en una obra de arte para admirar, así la fuerza de los sentimientos puede ser formalizada por la razón en vicios o en virtud. Estamos ante una antropología de la transformación de la vida religiosa y moral. El miedo o temor de Dios puede ser convertido en obediencia, la ira en paciencia, la timidez en prudencia, la avaricia en deseos de Dios. Si, por el contrario, la razón parece un caballo desbocado o una dirección sin freno, entonces la fuerza del hombre nos lleva al precipicio. Las pasiones son movimientos del alma que pueden terminar en vientos tormentosos o en brisa suave y apacible. La razón es el motor o tractor de esos movimientos que nos pueden convertir en fieras o en ángeles. Si en vez de dirigir la razón a los instintos, son estos los que dirigen a la razón, entonces cambia el sentido del hombre. Ya tenemos la metafísica convertida en antropología y esta en moral. Cada ser tiene su ámbito ontológico. Lo material como materia y lo espiritual como espíritu. Ahora bien, ese ámbito de ser determina un ámbito campo de acción, pues la acción, la conducta, es el mismo ser en acto. Más aun, un ser en tanto es en cuanto permanece en el radio de su ser sin salirse de él. Ese ser limitado se identifica con el bien, pues el mal es la salida del ser de su propio territorio. Por eso, el mal no-existe o, mejor dicho, ex–iste, porque es una ex–istencia o salida del ser. En la metafísica de San Gregorio existe también (como buen platónico) una jerarquía de los seres y el alma pertenece a las esencias creadas inteligibles.

"Diálogos del alma" se llama esta serie de pensamientos sobre el hombre de San Gregorio, teniendo como destinataria e interlocutora a su hermana Macrina a quien considera como su maestra. El diálogo (real o narrativo) como género literario fue muy utilizado en la antigüedad griega y cristiana. San Agustín dialoga con su hijo Adeodato o con Alipio en la famosa obra de contenido antropológico Los diálogos de Casiciaco. Todo en San Gregorio respira un platonismo cristiano. El cuerpo es un peso para el alma que tiene que neutralizar o compensar para no sucumbir ante él. Se necesita el orden o el equilibrio antropológico. Tampoco faltan alusiones e influencias estoicas, pues el ideal del alma humana sigue siendo la serenidad, la imperturbabilidad ante las cosas materiales. Frente a ellas está la atracción del alma ejercida por Dios, dada su naturaleza común. La imagen más completa es la de la tempestad que el alma sufre cuando descargan sobre ella los vientos y las tormentas que destruyen y arrasan todo lo que encuentran. Por el contrario, el hombre debe dirigir todas sus fuerzas hacia Dios donde va a encontrar la plenitud de su ser, su felicidad y su descanso. Los terremotos y las tentaciones no van a faltar. Estamos en una espiritualidad de guerra. En San Gregorio no podemos separar la metafísica platónica de la antropología cristiana, es decir, la dignidad del hombre consiste en ser cuerpo y alma por naturaleza. En esa misma naturaleza están inscritas unas virtudes o fuerzas, o tendencias, que llegan a todas partes, incluido el mal, pues también él está invadido radicalmente de bien. Estas fuerzas tienen que liberar al alma de su opresión por el cuerpo, ejercida mediante las pasiones para dar rienda suelta a su atracción o afinidad por Dios.

14.3. Antropología dinámica de proximidad y contacto

La dirección del alma humana hacia Dios no se agota en el conocimiento (como podría parecer en una réplica cristiana del platonismo histórico), sino que consiste en el amor. "Mi amor es mi peso —dirá más tarde San Agustín—; por él soy movido donde quiera que vaya". Esto ya sucede en San Gregorio de Nisa: el amor es la fuerza dinámica del hombre. El amor es la coincidencia de la naturaleza de Dios y del hombre. Ahora bien, para que haya amor y no solo conocimiento entre Dios y el hombre, tiene que haber también belleza por ambas partes. El hombre tiene que limpiar el alma, adecentarla para poder amar a Dios desde ella y por ella. El amor como la belleza, no tiene límites, o mejor, el único límite del amor de Dios es la belleza sin límites. La naturaleza de Dios y del hombre, por ser semejantes, son vecinas y familiares. Las fronteras de ambos están cerca y el hombre es la frontera del amor de Dios, pues pertenece a Dios. Cuanto más se libere el alma del peso y de la presión del cuerpo, más libre está para volar y llegar hacia Dios. La familiaridad con el mundo es incompatible con la vecindad de Dios. Esta "geografía del alma" constituye el fundamento de la vida monástica, pues soledad del mundo significa libertad. La espiritualidad del monje significa la adecuación de su alma a las dimensiones escatológicas de Dios. Así como no podemos contribuir demasiado al crecimiento del cuerpo, sí podemos dimensionar, ensanchar y perfeccionar al alma mediante la lucha y la renuncia para crear en nosotros una capacidad de Dios en el hombre. El esfuerzo del alma no es solo un medio para llegar a la meta, sino que es un fin en sí mismo, porque ensancha y fortalece las posibilidades del hombre para llegar a Dios. El punto de partida de toda la antropología de San Gregorio de Nisa es la relación del alma con todos sus elementos más próximos. Es la antropología de la vecindad. El hombre es un conjunto de elementos que se relacionan entre sí por su afinidad y cada uno de ellos busca la unión con su colindante y el más parecido o adecuado a su naturaleza y estructura en una especie de "valencia" metafísica, producida por la esencia y vocación o tendencia de cada ser. Todos estos elementos tienen su homogeneidad que se demuestra en la dinámica de religiosidad natural. Esto continúa el problema que seguimos arrastrando como es que la relación de esos elementos entre sí constituye el embrión de la noción de persona que triunfará en la antropología cristiana definitiva. La persona es esa realidad que une y coordina a todos los elementos antropológicos. Esto constituye una necesidad del alma religiosa que se define mediante esta tendencia original hacia Dios. Entramos así en el corazón de toda antropología ¿dónde está el alma? ¿Es un elemento más del hombre o está presente en todos los elementos sin identificarse con ninguno de ellos? ¿Estará en igualdad con ellos o supone una descompensación o diferencia jerárquica? Por ello, hay que hablar de cualidades del alma. La coordinación de esa existencia y acción cualitativa no es nada fácil. No hay más que dos opciones: o el alma es un elemento más del hombre o es el conjunto o la suma de sus elementos. Como elemento diferente, no podría unirse a ningún otro que no fuese semejante a ella. Entramos en otra forma de antropología dialéctica: el cuerpo y el alma son distintos, pero tienen algo en común. Importa, igualmente, la dialéctica entre Dios y el hombre. Aquí parece que es la categoría de "espíritu" la que ejerce de mediadora. Todo depende de la noción de espíritu. Se admite, sin embargo, que la vía de la negación o de la contradicción (ser y no ser) es otra forma de conocer y distinguir lo material de lo espiritual. Dios y el alma son semejantes por el espíritu común con el que fue creada. Ambos tienen la misma dimensión ontológica (no material) en la que Dios es la realidad original y ejemplar. Igual que el sol parece reflejarse por entero en un trozo de cristal (por pequeño que sea), pero que no recoge ni agota la totalidad del sol, así se refleja Dios en el alma humana. Dios y el alma acampan muy cerca uno del otro.

Estamos tratando el problema esencial de toda antropología, que es la unión en sus tres dimensiones: la unión del cuerpo y alma, y la unión del alma con Dios. Es el tema de la vecindad y proximidad que decíamos arriba. Tan profunda es esta unión a tres bandas en el hombre que se puede decir que se da antes y después de la muerte del cuerpo. Una vinculación entre este cuerpo y esta alma se dan, incluso, después de la muerte. La vocación y la reciprocidad en la interdependencia del cuerpo y del alma no se rompen con la muerte de aquél, sino que la atracción mutua sigue adelante siendo la clave de interpretación para entender la inmortalidad no solo del alma, sino también de la carne. En este proceso de explicación de la inmortalidad del hombre (cuerpo y alma) se interpone el tema de la purificación. De ahí el sentido y valor del monacato y de la renuncia cristiana. El alma tiene que estar limpia y libre de afectos, tendencias, tentaciones por parte del cuerpo. Pero la continuidad de ambas formas de antropología (la anterior a la muerte y la posterior o la antropología de la inmortalidad) está muy presente en la doctrina de San Gregorio. Es decir, cada cuerpo se une al alma a la que individualiza, pero no participa ni agota su totalidad. Por eso, el cuerpo solo se une a una dimensión particular de la naturaleza espiritual del alma que, sin dividirse, continúa viviendo por entero. Teología y antropología van de la mano en San Gregorio. Entre Dios y el hombre hay una comunidad y comunicación de ser y, aunque Dios permanece como el inaccesible y el misterio, precisamente el "misterio" del hombre consiste en poder llegar hasta Dios por su conocimiento y razón. La antropología cristiana se convierte en presencia y pensamiento de Dios en el hombre. Esta reunión entre Dios y el hombre ha sido entendida por los estudiosos de San Gregorio (U. von Balthasar) como "espaciamiento" o diastema, pues todas nuestras categorías, al hablar de Dios, están determinadas o delimitadas por el espacio. Se puede hablar, sin embargo, de una receptividad del hombre en relación con Dios. El contacto ontológico permite un intercambio racional y religioso entre Dios y el hombre. El escenario cosmológico de mediación pasa a ser cristológico, que es el hombre nuevo y ahora es el lenguaje antropológico como categoría permanente para dirigirnos a Dios. Esta es la gran pedagogía antropológica que descubre en cada hombre su fuerza y capacidad para conocer a Dios. El desconocimiento de Él es el primer paso para su reconocimiento. Todo conocimiento en esta pedagogía religiosa comienza por un no conocimiento, o sea, por un misterio o inaccesibilidad de lo divino.

14.4. El hombre como estructura y cualidad

¿Qué es el alma?, se sigue preguntando San Gregorio de Nisa. Como partícipe de la naturaleza de Dios, el alma es igualmente algo indescriptible e inabarcable con palabras humanas. El misterio de Dios es el misterio de ella y, por eso, se ha establecido una línea de continuidad y semejanza entre el hombre y Dios. La definición está inspirada y guionizada en el platonismo. El alma es una esencia inteligible y viva, equipada con los sentidos a los que da fuerza y capacidad de entender. Llama entender a la acción o al contacto de los sentidos con la realidad exterior, a lo que la filosofía moderna designa como experiencia, percepciones y sensaciones. Pero todas estas operaciones tienen valor, porque vienen acompañadas de una fuerza del alma que trasciende los sentidos. Los sentidos, desconectados del alma inteligible, no pueden conocer. Si no pueden conocer los sentidos, tampoco puede sentir el alma. Pero los sentidos sirven de instrumentos al alma para ese conocimiento de la materialidad de las cosas. El alma humana es estructura y cualidad actuando con y por los sentidos. El conocimiento es el resultado de ambas dimensiones del alma como estructura y tracción. Más allá de la estructura (Gestalt), el hombre tiene un principio motor que es el espíritu como fuerza fundamental. El alma es, fundamentalmente, energía y actividad del hombre que se expresa en la ascética y espiritualidad de los monjes. Todos somos monjes, es decir, uno como la etimología de la palabra lo dice. La antropología de San Gregorio consiste en hacer que todos los elementos que componen al hombre (cuerpo, alma, afinidad) tiendan a ser uno solo, que será la constitución de la persona humana. Es la fuerza que unifica al alma y al cuerpo en una sola dirección. La fuerza interior del alma se subdivide en numerosas afecciones que se sirven del cuerpo, como ha apuntado toda la antropología desde Descartes. Las pasiones son del alma, pero no se originan en ella, sino en el vecino cuerpo e intentan saltar la valla del control de la conciencia. ¿Para qué existen o sirven las pasiones?, se pregunta San Gregorio. Ya sean algo distinto al alma o parte de ella, lo cierto es que se interfieren entre ella y la libertad. De acuerdo con esta antropología dinámica, el alma humana se encuentra rasgada y dividida entre la parte que contiene el espíritu de Dios y la parte que contiene el espíritu del hombre o el cuerpo. He ahí la lucha del cristiano y del monje que son lo mismo. En ella, el hombre es el escenario único donde se dan los elementos contrarios, porque el alma humana ve cómo de sí mismo salen las fuerzas que luchan contra Dios. Los dos caballos del alma: el concupiscible y el irascible luchando o tirando en dirección opuesta, uno contra otro, anulando uno la tendencia del otro. Este es el hombre dividido y las fuerzas en conflicto. Un proceso dialéctico entre estructura y actividad en el hombre cristiano, dos lados, dos dimensiones de la misma fuerza. El arte dialéctico lo llama nuestro autor en el Diálogo sobre el alma la resurrección. Una misma tensión y dos direcciones. Así se define al hombre en el corazón de la doctrina ortodoxa griega representada por la escuela de Capadocia, inspiradora y promotora intelectual del monacato en la Iglesia.

La capacidad o esencia racional del alma no se da solo en los creyentes, sino que se ha concedido a todo hombre que viene a este mundo, también a los griegos o paganos. El alma de los cristianos es el mismo que el de los demás hombres. Tiene las mismas afecciones. No es ninguna naturaleza o psiquismo especial. Pertenecemos a la misma comunidad etnográfica y cultural. Más aún, la cólera y la avidez son también propiedades o instintos de la naturaleza irracional, no son exclusivos de la naturaleza humana. Son energías y fuerzas naturales que tenemos en común con otros seres de la creación. Aquí se produce una inflexión entre la antropología cristiana antigua y el derecho natural de la modernidad. Las tendencias, los instintos, las capacidades, las inclinaciones naturales del ser humano no legitiman, por sí mismas, lo que más tarde llamaremos, en Europa, Derechos Humanos en la modernidad occidental. Convertir en derecho, por ley, lo que es tendencia no equivale a construir la convivencia humana. Hacer de la agresividad de la naturaleza del hombre una exigencia por ley y hacer legal la violencia que pueden producir los instintos del hombre no es civilización. Tiene que intervenir la razón como supervisora de esas mismas propiedades naturales, porque muchas veces la razón va contra esos instintos y tiene que luchar contra ellos a fin de liberar a la persona, al alma de ellos. Obedecer y someterse a las fuerzas fundamentales del alma no es construir la verdadera antropología y no es defender o desarrollar la personalidad humana. Así, pues, la tensión del cristiano está servida.

No sería bueno que dichas fuerzas (codicia, ira, voracidad, eros o sexualidad, zahnatos o violencia) definiesen al hombre en la antropología moderna y formasen parte de su esencia. La solución la encuentra San Gregorio en una distinción antropológica: los instintos, las pasiones, las tendencias, no se identifican con la naturaleza del hombre, no son su misma esencia. Aunque pertenezcan al núcleo del hombre, a su estructura, no forman parte de su cualidad, no son la esencia de la naturaleza, pues podemos prescindir de ellas, vencerlas, superarlas y no se daña ni se destruye la naturaleza humana. Muy al contrario, se perfecciona en su misma esencia cuando estamos libres de ellos. Hay que distinguir el orden natural del orden moral aunque aquel forma parte importante de este. Las tendencias naturales en el hombre no son esenciales, sustanciales, diría un aristotélico, sino afecciones accidentales, pasajeras, que tienen una explicación biológica y un recorrido temporal, pues se originan en procesos bioquímicos de la sangre, del corazón y del cerebro. Por lo demás, los impulsos se basan en lo que nos falta, no en lo que tenemos o nos sobra. La antropología negativa de la psicología terapéutica actual. Desde el punto de vista antropológico, los instintos son carencias y necesidades antes que plenitud y satisfacciones. Indican la falta de contenido o de respuesta a un deseo y no tienen que ver nada con la esencia del alma humana, aunque las padezca y sufra en su interior más íntimo. Esta es la naturaleza humana según San Gregorio de Nisa.

14.5. Antropología de la resistencia social cristiana

Estos autores que estudiamos eran ciudadanos romanos, cultos y formados, que se convirtieron al cristianismo y creyeron en la radicalidad de las exigencias evangélicas practicando una vida ascética en el monacato y en el retiro. Pero también fueron obispos y dirigentes de sus comunidades. Como pastores tenían que defender la unidad, la identidad y la libertad de la Iglesia universal que vivía en la Iglesia local, en comunión con Pedro, el Obispo y Primado de Roma. Ahora toca pasar de la antropología interior a la antropología exterior en la historia del cristianismo. El hombre creyente y ciudadano, hijo de Dios y miembro de la sociedad, fe y resistencia, religión y política. La comunidad de creyentes en Jesús no es un gueto. No segrega o discrimina a nadie ni nada. La religión es encarnación, es un "moseísmo" como conducción del pueblo de Dios hacia el bienestar de la justicia y de la igualdad. Entramos en una reflexión muy importante en el pensamiento cristiano antiguo: si el hombre es imagen y semejanza de Dios y el mundo es su reflejo, la sociedad civil y política es igualmente un proyecto derivado y una continuación de las relaciones internas de Dios. A esto lo llamamos institución cristiana de la sociedad. Teniendo en cuenta las horas que estos Padres y responsables de la Iglesia empleaban en la reorientación cristiana de la vida de los creyentes, tenemos que dar tanta importancia a esta faceta de su actividad cívica como a toda la espiritualidad ejercida en sus vidas como monjes. Siempre se podría aplicar la conciencia de San Agustín y decir que el creyente es un cristiano para los paganos, pero ciudadano con ellos. Monjes, pero luchadores sociales. Obispos, pero también dirigentes de una gran parte del pueblo y de la sociedad romana y ciudadanos con ellos y como ellos, responsables de sus valores y de su civilización. Cristianización, pero también secularización como las dos caras de un mismo proceso. Virtudes cristianas, pero también ciudadanas. Entramos así en la dimensión política de la fe y de la antropología cristiana. Es la hipóstasis entre el evangelio y la sociedad. Salvar el alma del mundo. En esta cadena de presentación y transmisión del mensaje social nacido del evangelio tiene mucha importancia la intervención del clero, centro de la organización de la Iglesia en el Imperio. Nos hemos centrado demasiado en los obispos como cabezas visibles. Volvemos al polémico tema de la autoridad y del servicio en la Iglesia. Pastoral y poder. Evangelización y socialización. Había que delimitar ambas cosas. Sacramentos y estructura social, los dos canales de mediación de la salvación. La fuerza de la gracia y la fuerza de la autoridad son los motores de la Iglesia. Indudablemente, los cristianos habían adquirido importancia y relieve en la marcha de la historia y de la organización política occidental y había que contar con ellos. La Iglesia se convertía en un factor de cambio social teniendo en cuenta, además, que con el paso del tiempo, accedían a ella gentes de clase media, sin tanto elitismo. La cristianización de la sociedad y la aceptación de la nueva religión como fenómeno de masas, había llegado no solo a las grandes ciudades, sino también al interior rural. Con ello crecía la influencia de los obispos en el terreno religioso (liturgia, predicación, templos), doctrinal (catequesis y escritos pastorales), cultural (centros de formación y bibliotecas), social (obras y recursos para los pobres y necesitados), económico (gestión de patrimonio y fundaciones), jurídico (jurisdicción foral propia) y político (relación con los gobernantes), sin olvidar que ellos procedían del clero y que estos, a su vez, procedían de la sociedad. Lo mismo sucedía con la influencia de los clérigos en sus respectivas comunidades rurales, cuyo prestigio social era evidente y reconocido. El tratamiento de las cuestiones relacionadas con la sociedad y con las autoridades eran más asuntos del obispo y de los concilios. Los llamados "tres capadocios" (Basilio, Gregorio de Nisa y Gregorio Nacianceno) fueron los artífices de este periodo hasta la llegada de Agustín (354–430)

El poder es una tentación muy grande en toda la historia de la salvación o en la institución cristiana. Resistencia significa aquí no sucumbir a las tentaciones del poder fácil de la Iglesia apoyado en el favor imperial o en privilegios sociales. Es cierto que, terminadas las persecuciones con Diocleciano, la Iglesia Católica aprovechó esos tiempos de estabilidad para organizarse y fortalecerse, pero sin salirse de su misión y desarrollo. Se intensificó el diálogo y la colaboración mediante la celebración de muchos Concilios. Por lo demás, ya asomaban por el horizonte las huestes bárbaras que amenazaban llevarse por delante cristianismo y cultura griega, arte, religión y filosofía, orden jurídico y moral trascendente. ¿Qué hacer?

¿Sostener al que cae? ¿Apoyar para conservar las ruinas o lo que queda del naufragio? ¿Aliarse con el que viene a escribir el futuro? Sin embargo, no es la observación política y cálculo de intereses el principio de la metodología social de San Gregorio. Es la misma antropología que nace de los planteamientos monásticos (experiencia personal del autor) lo que va a inspirar la vida de la Iglesia como institución cristiana. En primer lugar, el poder nunca es buscar la gloria humana. La gloria es solo para Dios, los hombres no buscamos la gloria del poder cuando mandamos, sino que servimos a Dios y a la asamblea de los hermanos (Mr. 9:34). Para ello hay que renunciar a muchas cosas y vivir en la pobreza y el desprendimiento. Está refiriéndose a la comunidad monástica, pero vale también para la vida de la Iglesia, pues el monasterio es como una Iglesia en pequeño. Esta teoría del poder e ideal de vida respecto al poder no es exclusivo de los cristianos, sino que rige en el seno de los filósofos griegos. La pobreza de espíritu o humildad y la pobreza real (repartir y compartir lo que se tiene en común) son indispensables para gozar de un poder o autoridad moral en la comunidad, en la reunión o asamblea de creyentes. Ser superior no se consigue con orgullo y riquezas y el poder no es grandeza, sino disponibilidad sabiendo que la verdadera superioridad y gobierno del mundo están en amar a los hombres, a los ciudadanos, a los creyentes. La pobreza es, por tanto, una condición del ministerio y de los oficios en la Iglesia. Solo así adquiere una dimensión sacramental, pues reproduce en la Iglesia la pobreza de Jesús siendo la demostración visible del amor de Dios a los hombres, en especial, a los pobres.

14.6. Antropología de los sistemas

Se puede presentar una concepción lineal de la historia de la salvación o podemos optar también por una explicación sistemática o sistémica de la misma. El primer caso es la metodología más usada para indicar la historia cristiana como unidades sucesivas de salvación, es decir, el hombre creado (Adán), el hombre encarnado (Jesús), el hombre salvado (la Iglesia). Pero es posible presentar la antropología de la salvación como un sistema, como un conjunto de factores simultáneos, haciendo abstracción del tiempo, entre los que se encuentra el poder de Dios en la creación, el poder de Jesús en la resurrección y ahora el poder y la autoridad en la Iglesia. La Iglesia no puede ser entendida como una réplica o copia de la sociedad civil, sino que forma parte del sistema salvífico siendo el ministerio o el poder uno de ellos. Mandar en la comunidad de creyentes no es lo mismo que dirigir una sociedad, una nación, un imperio, una empresa o una institución. No olvidemos, por otra parte, que en el tiempo de San Gregorio de Nisa, un mundo se tambaleaba y otro nacía; era un tiempo de transición y de estructuras cambiantes. La Iglesia daba a luz a un mundo nuevo y en el momento de parir se lo arrebataban sus enemigos, según la conocida metáfora del Apocalipsis. La autoridad forma parte de la oikonomía y su referencia se encuentra en Cristo y no en el emperador, en el poder civil o en sus formas. Así como en Cristo Jesús se realizó la encarnación o integración del cuerpo en la divinidad, ahora en la Iglesia es necesario integrar el poder en la comunidad como instrumento de salvación. El poder de la Iglesia hace contemporáneo el poder de Dios. No podemos separar ambas cosas: el poder por un lado y la obediencia por otro, sino que todos juntos (los que mandan y los que obedecen) forman parte del sistema de salvación en la Iglesia. Podemos aplicar a la estructura de la Iglesia el síndrome de vértigo que San Gregorio atribuye al hombre por encontrarse en la cumbre de la creación. Cuando uno está en lo más alto de las cosas y mira hacia el valle convertido en abismo, siente una sensación de perdida del sentido de la realidad y del suelo. Los poderosos pueden sentirse también descolocados y solos. No podemos permitir la ruptura entre el pueblo llano y las alturas del poder en la Iglesia aunque esa pudo ser la sensación tenida por Moisés cuando se acercaba a Dios en la montaña y abajo le abandonaba el pueblo. El ejercicio de toda autoridad debe seguir el modelo de la creación, es decir, el hombre fue creado por Dios al final como la cúpula que compacta y unifica la arquitectura o la estructura del resto de las cosas. Ese es el sentido de la superioridad en la tierra, unir y reunir y no dividir o dispersar. El acto de la creación es poder, mandato por parte de Dios y obediencia por parte del hombre. Así comenzó el orden en el primer mundo y se construyó la casa, la convivencia, con el hombre al frente. El hombre debe dominar la creación a imagen y semejanza de Dios. En el centro de los sistemas, tanto de la creación como de la salvación, está siempre el hombre, con poder delegado y amor participado a la vez, pues la entrada del hombre en el mundo coincide con la entrada del ser. El servicio en la Iglesia debe ser siempre gratuito y no debe ir acompañado de gloria o dignidad, sentencia San Gregorio en el Instituto cristiano. La autoridad en la Iglesia tiene que ser el "sacramento de la preocupación", es decir, el superior, el obispo deber reunir, sintetizar y representar en su vida los problemas y dificultades de todos los creyentes, poniéndose en la base de la pirámide social e institucional y no en su cúspide. Los superiores en la Iglesia son representantes de Dios, pero también de la comunidad humana y cristiana.

Si hablamos de la antropología de los sistemas estamos hablando de las esferas del hombre natural, religioso y cristiano: la esfera de la creación, de la redención o encarnación y la esfera de la salvación en la Iglesia. Por eso indicamos que dentro de la Iglesia existen subsistemas de salvación como son los sacramentos, el poder y la autoridad, la obediencia, la vida monástica. Todas estas implicaciones están presentes en la antropología de San Gregorio de Nisa para formar esa dimensión dialéctica de la misma en el sentido de que por una parte hablan del hombre trascendente a imagen y semejanza de Dios como objeto y término del análisis teológico pero, por otra parte, está también la preocupación por el hombre psicológico, por la paideia, por la educación y desarrollo de sus capacidades y perfección. El hombre que estudia la antropología cristiana no es una máquina de la naturaleza, sino la construcción de diferentes niveles ontológicos todos ellos pertenecientes al ser del hombre. Estamos en los comienzos de la unidad antropológica. El hombre crece y se desarrolla como estructura biológica, pero también como persona. Dicho desarrollo va, en la línea de la unidad, desde ese nivel natural hasta la dimensión como creyente. Esa es la gran catequesis. El despliegue o crecimiento de las capacidades del hombre se produce mediante el instrumento que es la palabra, vía diálogo e interlocución. Solo existe una única palabra humana que sirve para transmitir conocimiento racional y fe. La palabra de la fe sigue el mismo camino que otras palabras, o sea, el oído del hombre individual. La educación, que es única, tiene las mismas metas ya sea la educación del hombre o la del creyente. La educación va más allá de las opiniones o de los sistemas y tiene que dirigirse a la formación de principios consistentes y verdades fundamentales. La fenomenología de la religión nos dice que la palabra de Dios es la misma que la palabra humana y tiene el mismo recorrido pues, saliendo de la boca, entra por el oído y llega al corazón con la diferencia de que la palabra de Dios es poder, hace lo que dice, nunca regresa de vacío, pues produce lo que significa. Es un proceso material y no formal, pues la palabra de Dios no es un puro sonido vacío o percusión del aire, sino que crea su propio contenido. Es el poder de su aliento. También aquí podemos pasar del sistema de la palabra creadora del mundo al sistema de la palabra encarnada, pues el Verbo se hizo carne para continuar en el sistema de la palabra de la Iglesia que es la catequesis y la educación. Con la creación del mundo se crea también la verdad que tiene su origen en la palabra. Y si en el principio existía la palabra, existía también la educación por ella. La palabra es creadora de lo que existe, descubridora de lo que no existe, mantenedora de lo que ha de venir y anunciadora del futuro. Estas son las esferas o sistemas de la palabra. La formación o educación cristiana es la segunda creación del hombre. Todo se ha hecho por la palabra. Lo piensa y lo dice claramente San Gregorio: nuestras palabras y voces, nuestros oídos son las palabras y sonidos de Dios. Entonces tienen que tener el mismo poder creador. Este es el misterio antropológico de la verdad. La verdad (educación) está en la cumbre de los seres (ontología) coronando así el mundo real. El poder ontológico de la palabra de Dios es clave, pues la palabra dicha o pronunciada no es, como hemos apuntado, un signo en el aire ni siquiera un instrumento de la ciencia, sino la esencia subsistente del poder que quiere el bien y lo hace al mismo tiempo, pues quererlo es hacerlo. La palabra es poder querer el bien y crearlo o conseguirlo. Toda la existencia del mundo, que es bueno, depende de la palabra, pues por ella entró el ser en el mundo. A ese elemento fundante de todas las cosas se le puede llamar poder, se le puede llamar verdad, se le puede llamar palabra o Dios. Muchos nombres, pero una sola realidad.

Con el poder de convocatoria y de producción de esta palabra de Dios fue llamado y creado el hombre, no porque Dios necesitase de ello para llenar un vacío o una insatisfacción, sino como el efecto de un amor rebosante. El hombre es un ser vocado y convocado, y su existencia es una respuesta a esa llamada. Como sucede con la luz, esta no disminuye por muchos objetos que ilumine. Con la entrada del hombre en el mundo, en el reino de la existencia, entró también a participar de los bienes de Dios, se sentó en su mesa y así se convirtió el hombre en un familiar de Dios. Igual que el ojo se caracteriza por ser capaz de recibir, absorber y reflejar la luz, así el hombre es pura capacidad religiosa frente a Dios que llamamos proximidad y vecindad de Dios con unas relaciones de intercambio. Dicha participación en los bienes de Dios tiene lugar mediante la vida, la razón y la verdad. Todo esto encierra la expresión de que el hombre fue creado a imagen y semejanza de Dios. Con ello se expresa y se encierran todas las identidades y propiedades del hombre, incluida su capacidad y dotación para presidir, dirigir y gobernar al mundo.

15

Una antropología implantada en San Gregorio

Seguimos en el desprendimiento teológico como método para la antropología cristiana como visión del hombre derivada de ella. Entramos, finalmente, en la otra figura del pensamiento oriental y capadocio como es SAN Gregorio Nacianceno (329–390). De carácter más especulativo que organizador, lo que no significa que no fuese un temperamento enérgico y convencido, capaz de tomar decisiones y resoluciones. Llegado al episcopado por los motivos de amistad con San Basilio y de necesidad que conocemos, tuvo que dirigir la importante diócesis de Constantinopla que desarrollaba un cristianismo de última generación en la Iglesia de aquel tiempo. Ante las luchas y tensiones en la diócesis prefirió el retiro pacífico al estilo de los sabios antiguos bajo el modelo monacal cristiano. No tuvo tanta actividad intelectual como otros, sino que sus preocupaciones eran, más bien, pastorales. Igual que en autores anteriores, la antropología, como es entendida hoy, no es el objeto de sus reflexiones, sino que siendo fundamentalmente teólogos, la reflexión sobre el hombre hay que entresacarla del discurso sobre el Dios activo, sobre Cristo como modelo o encarnación de Dios y del hombre, y sobre la Iglesia como memoria antropológica y reedición del hombre nuevo. Sobre todo, la cristología encierra en estos autores una verdadera antropología subsidiaria o implícita. Cristo es el hombre de referencia para todo hombre, para toda la historia. Todo ello es derivación de la tesis teológica que defiende la plena dimensión humana del Jesús histórico, exigida por el argumento soteriológico pues, lo que no ha sido asumido no ha sido salvado ni redimido. Por tanto, el hombre antes de ser un proyecto de salvación es un proyecto de unión y de encarnación en Cristo Jesús. Es una antropología adosada al pensamiento cristológico de la época. La línea de reflexión logos-sarx se amplía en la dirección del logos-anthropos. La antropología cristiana es una proyección de la teología. En toda antropología hay que distinguir dos dimensiones: el hombre estudiado y el hombre que estudia. Ambos son el mismo. Quiere decir esto que la antropología cristiana es, al mismo tiempo, material y formal. Aunque no exista un hombre cristiano distinto al hombre en sí, al hombre mismo, sí existe una dimensión cristiana de la antropología que emerge de la teología. El hombre que se investiga y el hombre con que se investiga coinciden. Es la antropología reflexiva que apuntábamos al principio. Nadie mejor que estos pensadores cristianos, que procedían de una formación pagana como filósofos y oradores, para realizar la síntesis entre teología y antropología volcando todo el contenido de la fe en fórmulas culturales adecuadas a la inteligencia de los fieles. Hablamos así de una antropología implantada en el seno de la explicación trinitaria que se beneficia de la interpretación del misterio cuando se dice en San Gregorio Nacianceno que "padre es nombre de relación" luchando por demostrar que "tres luces son una sola luz". Trasladado al hombre, se amolda al concepto de persona que es la relación y al mismo tiempo la unidad entre cuerpo y alma.

15.1. Aplicaciones antropológicas

Resignados a no encontrar en San Gregorio un tratado sobre el hombre, tenemos que entresacar algunas perlas o referencias en sus Discursos. Cristo y la Iglesia son una línea de demarcación temporal del hombre. Hay un antes y un después en la versión antropológica del cristianismo según el cual, antes de Cristo existía un modelo de hombre que se renueva después de Él y por Él, y cuya "humanización" sigue en la Iglesia a través de los sacramentos, pero que todo comenzó en la encarnación como "asumción" del hombre temporal. Los sacramentos son una especie de nueva temporalidad, nueva historicidad para el hombre. Ayer fui crucificado con Cristo y hoy he renacido con Él, dice San Gregorio. La renovación de la historia es también la renovación del hombre en Cristo Jesús. Esta es toda la finalidad de la muerte de Cristo y del cambio de los tiempos. Ese es el fundamento de la dignidad del hombre, la vuelta a la imagen y el proyecto inicial. La antropología del intercambio Cristo-hombre, que constituye la esencia de la encarnación, hay que trasladarla a la definición del mismo hombre. Un recambio trasversal, dialéctico y asimétrico o desproporcionado, pues se hizo hombre para que nosotros fuésemos dioses, se hizo pobre para que nosotros fuésemos ricos, se hizo mortal para hacernos inmortales, se hizo siervo para hacernos libres y señores.

Otro punto de apoyo de la reflexión antropológica en San Gregorio gira en torno a la estancia del hombre en el mundo. El mundo visible es un espejo o reflejo de Dios, pero de manera muy tenue, pues lo que a nosotros nos parece una luz parece una sombra débil y oscura cuando se compara a la luz original de Dios. Lo mismo se puede decir de la capacidad racional del hombre. Es una luz muy débil. Otra dialéctica que acompaña a la vida del hombre: la esperanza en forma de deseo y suspiro por la felicidad completa que no encontramos aquí en la tierra. El monje subyace en el pastor y obispo. Ambas dimensiones de Gregorio Nacianceno se mezclan cuando dice que si es difícil aprender a obedecer, más difícil es aprender a mandar, pues la autoridad se basa en las leyes de Dios y tienen que conducir a Él. En el contexto sociopolítico en el que se desarrolla la vida y la actuación de San Gregorio no podía faltar la confrontación con el poder temporal, con el emperador. Admite que el poder de Constantino ha crecido amparado en el poder de la Iglesia. Sin embargo, el poder le ha ensoberbecido y ha adoptado modos de gobierno que no están de acuerdo con el sentido cristiano y que le han conducido a enfrentamientos con la Iglesia. Todo poder en la tierra es ciego y necesita la luz del evangelio para buscar el bien de la sociedad. Y, sobre todo, el poder es cambiante: hoy está en lo alto y mañana cae. Hoy está en su máximo esplendor y mañana se marchita como una flor. La lucha contra la Iglesia, perseguirla o amordazarla, es una batalla perdida desde el principio. Ella no ha robado el poder a nadie, no ha vencido a nadie, pues en ella el poder no es el fruto de ninguna batalla. Pero también hay que saber que el poder, la autoridad y la capacidad de emitir leyes no es monopolio del Estado. Muchas veces, la acción ordenadora y legislativa de la Iglesia sirve de contrapeso a la del poder político contrario a ella. La sociedad y el poder político no pueden ser un espectáculo donde se toma a los hombres por objeto de juego, como sucedía en el circo donde el pueblo se divertía viendo morir a los cristianos devorados por las fieras. Siniestra representación de la vida y del trato que daba la sociedad a los seguidores de Cristo. Tampoco la mujer debe ser un espectáculo. Si hay algo de espectáculo en la Iglesia es su carácter de coro, de orquesta y de armonía, de comunidad y de solidaridad al unísono.

Interesante resulta en la antropología de San Gregorio Nacianceno (*de la Oratio* 18) la dialéctica existencial aplicada al hombre y que se concentra en diferentes dualismos: vida-muerte, mortal-inmortal, corrupción-inmortalidad, dolor-placer. La vida y la muerte en el hombre no son dos procesos separados por la distancia en el tiempo. Se puede pasar de una a otra en un instante. Aunque opuestas, están muy próxima una a la otra. La corrupción, la mortalidad se viven en el día a día y se camina por ellas. Si la vida es temporal, la muerte como condición de la misma también lo es, o sea, que nos acompaña a través del tiempo. Por lo demás, tampoco hay que esperar al momento físico de la muerte para alcanzar los bienes del cielo, pues somos ya inmortales dentro de la mortalidad. La vida está acompañada de la muerte, pero también de inmortalidad. Más tarde, San Agustín hablará de un ángulo vital y de un ángulo mortal que acompañan al hombre, formando parte de la experiencia diaria. Lo divino y lo humano se tocaban en Cristo. Lo mismo sucede con el dualismo placer-dolor. En cada acto o experiencia están presentes los dos. Estamos, de nuevo, frente al concepto de persona como intercambio y operador antropológico. No hay mezcla, confusión o absorción, pues se mantiene la identidad de ambos. No tenemos que temer nada de esta antropología de la predicación frente a otra más académica o intimista. La Iglesia, los cristianos, vivían en una sociedad moralmente devastada y contribuían con sus principios y valores a reconstruirla. Uno de esos valores fundamentales era la defensa de la dignidad del hombre frente a tanto robo humano, tráfico de personas, combatiendo la esclavitud desde la teoría de la libertad, desde el ejemplo y desde las instituciones. La Iglesia proclamaba la igualdad de todos los seres humanos y combatía las instituciones que favorecían la esclavitud, pero no era responsable de sus leyes.

Tampoco faltan alusiones a la antropología de la interioridad en todos estos autores, pastores, obispos, que mantenían oculto un deseo de soledad a pesar de apreciar y elogiar mucho la amistad, según las palabras de San Gregorio Nacianceno en su Discurso X. La comunidad del amor es un lazo, una cadena de amistad que une a todos los que viven en común. El quería ser libre y estar solo consigo mismo y con el espíritu, pero se es más fuerte en comunidad y amistad. La vida es como una tormenta y es necesario construir diques comunes de defensa y contención que protejan de los envites. Otros buscan la actividad, los honores y los éxitos. Por el contrario, nuestro autor quiere ocuparse de sí mismo. Se elogia la edad y la amistad. La edad (de su padre) es como una acumulación de prudencia, como un puerto y la amistad (con San Basilio) es como un enriquecimiento espiritual. Pero la pregunta antropológica sigue latente: ¿por qué voy a fiarme de un amigo que es hombre como yo y depositar en él mi confianza, pues todos estamos hechos del mismo barro frágil? ¿Qué sentido tiene compartir casa, techo, mesa, sentimientos e ideas con otros hombres? Tiene que haber algo más que pura amistad que es la fraternidad en el evangelio cuyo fundamento está en el amor creador de Dios y en la entrega de Cristo a los hombres. Y sin embargo, en la antropología de San Gregorio hay un verdadero elogio de la amistad y de la vida en común. Nada se puede comparar a un buen amigo. No hay nada más valioso. Un amigo fiel es como una fortaleza, un muro, una muralla que protege. Es como un tesoro escondido que vale más que el oro o la plata. Es como un jardín protegido o una fuente sellada, donde no se permite la entrada a cualquiera. Son pensamientos tenidos por el santo a su vuelta del destierro. Fruto de esta antropología del monacato y de la fraternidad son también sus pensamientos sobre la pobreza. Pobres somos todos, dice San Gregorio en su Discurso XIV, aludiendo a la condición humana y preparando la teoría cristiana sobre la limosna, la ayuda a los pobres o la hospitalidad. A continuación viene la enumeración de las cosas bellas que tiene el cristianismo, las virtudes, entre las que destacan las de la vida monástica, sobre todo la pobreza y la castidad. Pero en el cristianismo hay distintos caminos, distintas profesiones, todas ellas legítimas y santificadoras pues proceden del Espíritu.

La antropología social de San Gregorio Nacianceno dice que tenemos que abrir el corazón a todos los hombres. El cristiano tiene sentimientos universales y no hace diferencia entre las necesidades humanas, cualquiera que sea la causa o el origen de ellas. Es un cristianismo de la adaptación y de la participación o encarnación social, o sea, hay que alegrarse con los que se alegran y sufrir con los que sufren. Todos los necesitados son "mitmenschen" hombres conmigo, ya sean viudas y niños abandonados, ciudadanos deportados, exiliados, perseguidos, desterrados, torturados, expropiados, amenazados, despojados de sus bienes, los pobres, enfermos, hambrientos, víctimas de catástrofes. Formamos un cuerpo y, de alguna manera, el cuerpo de los demás es mi cuerpo. Por ello, deberemos cuidar el cuerpo de los enfermos como si fuese el nuestro. La alegría por la salud propia es la medida del dolor por la enfermedad ajena. Todos formamos un todo. Todos somos sufridores, y evitar el sufrimiento está en nuestras manos como todos estamos en las de Dios. Todos somos compañeros de esclavitud. Se desarrolla aquí una ontología de la trascendencia antropológica, que sirve para explicar la profunda vinculación que existe entre todos los hombres como base de los derechos humanos. La antropología dialéctica de San Gregorio sostiene que el cuerpo es un enemigo amable o un amigo odiable. Es el hombre desgarrado y dividido en sus sentimientos, como sucedía en San Pablo. Uno se siente, al mismo tiempo, atraído y rechazado por el cuerpo, pues hay que luchar por él, contra él y con él. Y él lucha contra mí. Amo y temo al cuerpo a la vez. Está unido a mí, pero al mismo tiempo distante. Me une y me combate. Es el hombre contradictorio. Tengo al enemigo en casa. Se levanta y se acuesta conmigo. Se sienta a mi mesa y come conmigo. Me besa y me abraza al tiempo que me apuñala. Antes de comenzar la lucha contra el cuerpo, ya me reconcilio con él y después de firmar la paz con él, ya estoy de nuevo combatiéndolo. Este es el gran misterio del hombre. Estamos siempre y simultáneamente en lucha y en paz con el cuerpo, con nosotros mismos. La estructura dialéctica de nuestra existencia antropológica nos permite ser fuertes y débiles, ideales y terrenos, subir a lo alto de los valores, de la generosidad, y bajar a lo más profundo de las pasiones, del odio y de las miserias, elevar o dignificar la imagen de Dios o, por el contrario, mancharla y mancillarla. Somos al mismo tiempo imagen de Dios y del polvo o del barro, celestes y terrestres, inmortales y mortales, ángeles y bestias.

Existe una antropología del reconocimiento y del anonimato social. El concepto de hombre se resiente cuando nuestro autor va recorriendo las situaciones sociales de su tiempo. Algunas ya están enumeradas más arriba. Existe una pobreza más radical. Se hace alusión, en particular, a los hombres y mujeres que no existen legalmente, porque no están registrados, porque no tienen personalidad civil, porque son anónimos, sin nombre y sin papeles. Son unos muertos estando vivos. Están enterrados en el desconocimiento. Son restos sociales de personas reales. Ofrecen datos sobre su origen, nombre, identidad, procedencia, nacimiento, filiación, pero no vienen reconocidos por nadie. No tienen nada, porque se lo han robado todo con el desconocimiento de su personalidad. Son pobres totales y hombres sin figura. Profundo análisis de la sociedad romana que, al mismo tiempo que producía nobles y ricos, propiciaba un deshecho social y una exclusión que alimentaba las filas de esclavos y mercancía humana o fuerza del trabajo. No faltan coincidencias con la sociedad de nuestro tiempo. La división y las diferencias en la sociedad romana eran muy importantes y la Iglesia aplicaba el bálsamo de los principios y de los valores, denunciando las situaciones y condenando los hechos y a sus responsables. No existía la justicia ni la cohesión social, sino el poder y la fuerza como origen de las decisiones. Existía mucha población errante, mendigos vagando por las calles o pidiendo a las puertas de las iglesias o asambleas, sin casa, sin techo, sin familia, sin agua, sin vestido, sin cultura ni formación. Otros se ruborizaban de su situación y preferían no mostrarla y ocultarla, viviendo apartados, alejados y escondidos en las montañas y cuevas. Ante esta situación de desesperación social, el obispo Gregorio clama por los fundamentos de la igualdad: los necesitados, los enfermos y hambrientos, son hombres como nosotros, tienen al mismo Padre y Creador, comparten la misma naturaleza, tienen la misma carne y sangre que nosotros, la misma piel como vestido. Son, como nosotros, imagen y semejanza de Dios que tienen que defender y mantener con dignidad. Tienen la misma esperanza que tenemos nosotros y Cristo ha muerto y resucitado por ellos. Se están poniendo los fundamentos antropológicos de la civilización occidental y podemos hablar de unas conquistas insospechables y nunca vistas, aportadas por el cristianismo con su antropología radical.

15.2. Antropología de la intervención social

¿Qué podemos hacer los cristianos, la Iglesia, los que llevamos este gran nombre, ante el panorama de la miseria humana y colectiva? La estructura del misterio de la encarnación consiste en haber asumido Jesús las miserias humanas. La Iglesia debe heredar esta misión y continuar en el mundo esta convergencia antropológica de salvación y resolver, por sí misma, la desigualdad entre sus miembros en relación con las necesidades de los hombres. Dicho de forma sencilla, los discípulos deben activar la capacidad de socorrer al necesitado que comenzó en el Maestro. El interiorizó sacramentalmente todas nuestras miserias, la pobreza, la debilidad, las tentaciones, la muerte. Ahora la Iglesia tiene que hacerlo visible y patente desde el punto de vista de imagen y organización de Cristo en la tierra. No podemos cerrar los ojos a las diferentes formas de sufrimiento y dolor que se extienden por el mundo. Eso repugnaría doblemente a nuestra condición de hombres y de creyentes. Porque también hay una compasión natural que se produce entre los seres humanos por el hecho de serlo. Pero la compasión tiene que ser la esencia del cristianismo, o sea, situarse en la pobreza del otro. Se trata, por otra parte, de cuidar los sentimientos para que la pobreza de unos y la riqueza de otros no se conviertan en motivo de odio o de venganza. Más allá de las situaciones sociales y de las ayudas materiales, los cristianos tienen que procurar que las diferencias entre los hombres no se conviertan en lucha de clases, como han alentado otros sistemas. La psicología social o las relaciones no tienen que transcurrir en forma de revolución o enfrentamiento, sino de ayuda y comunicación. ¿Para quién se acumulan las riquezas en este mundo? ¿Cuál es el destino final de todo lo que se tiene, se produce o se adquiere? Por otra parte, la vida de los ricos no tiene que ser desafío y provocación, viviendo en la sobreabundancia, bebiendo y banqueteando hasta la saciedad, saboreando el refinamiento, el lujo y el despilfarro, rodeados de criados y esclavos, incluidas hermosas doncellas a su entera disposición. El odio de clases también es una enfermedad. No podemos sentirnos satisfechos mientras haya gente con hambre. No podemos sentirnos ricos mientras existan pobres, sanos mientras haya enfermos, porque la naturaleza humana es una y, desde Cristo, toda posesión es en común. Las situaciones temporales son contingentes, cambian, aparecen y desparecen en un instante. No hay seguridad ni garantía absoluta en la vida humana. No podemos dominar ni determinar el futuro que es como el viento cuya dirección cambia constantemente sin avisar. La inseguridad más total rodea a la vida del hombre en la tierra. Pero, además, no podemos distinguir entre el ser y la apariencia, verdad e imagen para ser fiel al primero y atender al segundo. Así llega San Gregorio a proponer el valor teológico y social de la limosna. Mediante la limosna queremos salvar nuestra alma, dice en su Discurso XIV:22. Con nuestros bienes podemos hacer un buen comercio, un gran negocio, un rico intercambio: demos los bienes temporales para ganar los eternos, demos los bienes del mundo a Dios para que Él nos de otro mundo como bienes. Prívate algo de la boca o del estómago para dárselo al espíritu. No sirvas o pagues tanto a los tiranos y dale algo más a Dios que manda sobre los tiranos. Devuélvele a Él todo lo que previamente te ha regalado. Nada de lo que tienes te pertenece. Somos, simplemente, administradores de lo que se nos ha confiado. Este es el tono habitual del mensaje social de la Iglesia en aquella época. Los mismos obispos que dicen o predican esto, habían sido nobles y ricos en sus orígenes o familia. Pero comprendieron el valor de la comunidad de fe, de sentimientos y de bienes, vendieron sus posesiones para dárselas a los pobres. Dios es el primer promotor de la igualdad entre los hombres, pues derrama sus bienes naturales, el sol, la lluvia, los ríos, las cosechas, las estrellas entre todos los hombres sin diferencia ni distinción. Las desigualdades entre los hombres no están establecidas por Dios desde el principio. Esto lo comprendieron los autores de la Ilustración que luchaban por explicar la dialéctica igualdad-desigualdad entre los hombres. La razón, el conjunto sensorial, admirar la belleza, conocer el mundo, todo viene de Dios. Ahora Él nos pide que demos algo de ello a los pobres en su nombre. ¿Te vas a negar? Las guerras y las tiranías son la causa de la desigualdad en la posesión y en las riquezas convencionales. Estamos en el núcleo del orden social explicado por el cristianismo desde sus orígenes, y transferido a la sociedad romana profundamente egoísta, desigual y dividida.

Pero hay algo más en esta interpretación antropológica del mundo y de la sociedad realizada por San Gregorio Nacianceno. Cuando la envidia, la competencia y el poder de los fuertes dirigen el mundo frente a los débiles, se termina con la nobleza y dignidad de la creación mediante la avaricia de las riquezas. La evolución de la humanidad camina desde la unidad a la diversidad, desde la fraternidad al enfrentamiento. Un solo Dios, un solo creador, un solo mundo, una historia única, una sola humanidad. Todos compartimos la misma naturaleza. Y, sin embargo, hay muchas dominaciones y tiranías. La libertad está en el origen de la naturaleza y de la esencia del hombre. Hay que protegerla ayudando a todos los necesitados. La mejor forma de agradecer lo que tenemos es ayudar a los que no tienen nada. Sobre todo hay que comunicar y compartir las riquezas interiores. Con nuestras posesiones tenemos que ser un pequeño dios para los que no poseen nada, para los pobres totales. Nunca se asemeja tanto el hombre a Dios como cuando hace el bien a los demás. Este es un gran misterio, un gran sacramento. La sucesión de la humanidad es una historia de la donación, de la salvación, del enriquecimiento del hombre hecho por Dios a lo largo de los siglos, y marcado por tres etapas: creación, redención y salvación en la Iglesia. Ayudemos a los demás mientras seamos ricos para que no experimentemos la necesidad de pedir. La misericordia, la limosna y la compasión vienen exigidas por la razón y por las leyes humanas naturales. Es mejor dar que recibir y se siente más alegría y felicidad en ayudar que en necesitar ayuda.

16

La herencia antropológica de San Ambrosio

Estamos en pleno siglo IV y continuamos en una etapa del cristianismo donde la Iglesia lidera el desarrollo y la transformación cultural de occidente. Para ello, elige y prepara a sus dirigentes procedentes de los círculos más cultos y exigentes de la sociedad romana. Disfrutando de libertad, ganado el prestigio social y moral de su tiempo y contando con una suficiente infraestructura organizativa, la actividad intelectual de la Iglesia, coincidente con su labor pastoral, se dirige a profundizar en las raíces de sus orígenes y misión, al mismo tiempo que emprende una renovación de la sociedad romana según los principios del evangelio. La noche de la Iglesia había pasado. SAN Ambrosio (339–397) es hijo de un funcionario militar romano que sigue a su padre a los diferentes lugares de destino. Con una gran formación recibida en Roma, como corresponde a su rango y procedencia, él mismo se incorpora a la administración hasta ser nombrado prefecto de Emilia y Liguria, con sede en Milán. Un hombre de la política que pasa a gobernar la Iglesia al ser aclamado y elegido como obispo de Milán. Esto trajo consecuencias positivas para el cristianismo. ¿Alianza entre el poder civil y religioso? ¿Ocasión en la Iglesia para ampliar libertad, derechos y otros beneficios a favor del pueblo? Es posible. Sin embargo, el obispo Ambrosio dejó claro que la independencia de la Iglesia en relación con el poder civil era indiscutible y no permitía influencias políticas. En este sentido tenemos varios enfrentamientos con el emperador Teodosio. El emperador debe estar dentro de la Iglesia y no sobre la Iglesia. Lo cierto es que asistimos a la consolidación de una visión del hombre, del mundo y de la sociedad inspirada en los principios cristianos. La formación e información de un obispo no se interrumpen con su nombramiento. Muy al contrario, tanto Ambrosio ahora como Agustín después, siguen escrutando los textos de la Biblia, explicando los misterios del cristianismo y ocupándose de las líneas de convivencia eclesial y social en su entorno. La unidad de la Iglesia, junto a su universalidad, era otra fórmula dialéctica que había que defender y reforzar. En cuanto a nuestro tema, se avanza en la definición, en el valor y la dignidad del hombre que es irrenunciable y que deben defender todos los gobiernos y Estados estando más allá de cualquier forma de poder. En esta línea se amplía el contexto de nuestra antropología cristiana que va ganando terreno en la teología, pero también en el derecho, en la sociología y en la política. Asistimos a la emergencia y desarrollo del hombre como sujeto. La antropología como visión del hombre se hace más fuerte.

16.1. Concentración antropológica

Descartado un tratado sistemático sobre el hombre, las ideas antropológicas de San Ambrosio tenemos que sacarlas o entresacarlas de algunas de sus intervenciones doctrinales o pastorales ante los fieles. La teología del gobierno de la Iglesia y, sobre todo, la justificación de su unidad y diversidad, emplean muchos esfuerzos y ocupan mucho tiempo. Sin embargo, una obra donde más concentración de ideas antropológicas encontramos es en sus homilías sobre el Hexamerón que parece una agenda antropológica. San Ambrosio es un gran defensor de los tres sentidos de la Biblia: el literal (texto) el alegórico (intención) y el espiritual (fuerza). Conjugando esos niveles de lectura e interpretación desarrolla San Ambrosio su teología y espiritualidad. Es la antropología del primer día, de la primera hora, del comienzo de todo. En el principio de la historia y de las preocupaciones está siempre el hombre. Se juega con la palabra "principio", pues en el principio no hay más que un principio. Se quiere robar al cristianismo la teoría del principio único como base del monoteísmo. La confrontación con Platón y Aristóteles está en marcha. Dios no es el origen de la materia, sino su idea e imagen. Se lucha por la dialéctica eterno-temporal, materia-forma, de tal manera que se supera o se rompe el dualismo para hablar de un tercer elemento que es la existencia real. En definitiva, no se puede identificar la eternidad de Dios con la eternidad de la materia ni, por consiguiente, el principio de la materia con el principio divino. Así queda despejado el asunto de la antropología del primer día. El pluralismo, tanto de los mundos como de la materia, no es la solución. Hay que luchar por el primero en el orden ontológico y en el temporal. Dios y el mundo en disputa. Dios no está antes del principio de todo, sino que es el principio de todo. La creación intemporal y el acto intemporal de la creación temporal. La creación, el mundo comienzan y terminan en Él. Este es el proyecto redondo, esférico y circular del mundo y de las cosas. Nadie le vio crear, sino que él vio lo creado por Él. Solo Dios fue testigo de la creación. ¿En qué punto del tiempo tuvo lugar la creación del tiempo y del mundo? Habló y creó, mandó y se hizo. No necesitó manos, tiempo, instrumentos, ayuda. Pura voluntad y amor. La antropología circular de la creación nos lleva a ver el mundo como un todo donde no hay partes, aunque sí orden o jerarquía. Y sin embargo, todo tiene un principio, un origen y primavera. El comienzo del mundo se puede entender de manera ontológica, numérica y seminal, de manera ordenada o temporal y de manera antropológica o fundamental. Estos tres aspectos constituyen la fenomenología del "principio" al que habría que añadir el poder invisible del artista creador y la bondad intrínseca de la obra producida. Existen otros principios temporales y espirituales: el principio de la pascua judía y el principio de Jesús como alfa y omega del tiempo y de la historia. En el principio se puede entender también como antes del antes, antes del comienzo, de manera pre-temporal (kefailaion). Hay un camino antes del camino. Antropología del principio y el principio de la antropología cristiana, podríamos decir, porque Dios es esencialmente Principio y Cristo es otro Principio, otro comienzo, otro tramo del mundo y del hombre.

Al lado de esta fenomenología de la creación encontramos también la teoría del reflejo. El mundo es una reproducción de la bondad de Dios, un eco de su voz y poder. La obra habla y alaba al artista. A continuación se resalta la idea de que el mundo no es independiente de Dios, sino que solo tiene sentido en relación con Él como la sombra sigue al cuerpo. Igual que Dios como original, así es el cuadro o la reproducción visible en el mundo, pues hay otra imagen invisible que es el Verbo. Esta idea parece que se quebró con la llegada del renacimiento y la modernidad que reivindicó la autonomía de la naturaleza y de las cosas de la que se encargaba la ciencia, no la religión. Hay una pertenencia natural del mundo, una orientación o vocación religiosa de la creación hacia Dios antes que una elección subjetiva y voluntaria. Por ello, la religión es una estructura, una vinculación intrínseca y natural antes que un acto de libertad por parte del hombre. Esta esencialidad religiosa del mundo arranca de la antropología de la creación y conduce a la intermediación religiosa del mundo por la cual, siendo un espejo de Dios, su conocimiento y verdad nos conducen hacia Él. Al lado de esto hay que desarrollar la antropología de lo invisible. Es decir, hay un mundo visible, pero existe otro mundo invisible, anterior al tiempo que puede ser identificado con la "forma", con la idea previa, con la imagen o el Verbo conteniendo y participando en la obra de la creación. ¿Dónde estaba? Y si estaba, ¿qué es ese dónde o lugar? En el aire no podía estar, pues el aire ya es algo material. Estaba en Dios pues Él es la síntesis de lo visible y de lo invisible conjuntamente. Todo lo visible fue "antes" invisible, aunque para Dios nada hay invisible. La mirada y los ojos de Dios son los que convierten al mundo en visible. De ella recibe toda su sustancia y belleza.

16.2. Antropología estructural

El mundo es una realidad estructurada, pero hubo un momento en el que estaba "desestructurado". La creación entera, estructurada y organizada, supone un orden, un principio, un fin, unos límites, unas relaciones, unas funciones asignadas, una belleza. Con ello parece aludirse a una situación amorfa o a un conglomerado indiferenciado de la materia original sobre la que actúa el Dios "formal". No existía la vida, siendo ella la mayor estructuración del mundo. No existía atractividad, sentimientos, belleza en él. Una consecuencia de esta condición previa, bruta, material (hardware) cuando el mundo no está todavía formateado o dominado (software) serían las fuerzas y agresiones que se desatan en la naturaleza, a raíz de los fenómenos catastróficos o convulsiones que se dan en ella. Oscuridad, inundaciones, terremotos y otros procesos tienen una lectura que explican este mal estructural del mundo de donde viene el miedo y la angustia del alma humana. El mundo actúa como una especie de fuerza o voluntad contra el hombre, pues existe un mal físico además del mal moral originado en el pecado. Siguiendo la tradición neoplatónica, el mal no tiene sustancia, no existe como ser, es un defecto, es una falta de esencia. Sin embargo, la naturaleza estructurada es bella. El formateo del mundo es el Espíritu de Dios. Así es como toda la trinidad participa en la obra de la creación, pues toda ella fue hecha por Dios en Cristo mediante el Espíritu. Colgado de la nada, el mundo comenzó a existir de manera estructurada por Dios igual que una casa viene dividida y ordenada por el constructor, distribuyendo espacios y funciones. La primera estructuración de la creación es su contingencia, su finitud y temporalidad. El mundo no es eterno. En este punto, la antropología y la cosmología cristiana se tocan y se rozan. Existe el mal en el mundo cuya máxima expresión es la muerte, pero el mal no tiene sustancia por sí mismo, por tanto, no ha podido ser creado por Dios. Aquí comienza ya la nueva antropología de la interioridad referida al mal antes de que llegue la desarrollada por San Agustín, referida al conocimiento. Para San Ambrosio (maestro leído y admirado por Agustín, a quien bautizó en Milán en la noche de Pascua del año 388), el mal reside en el interior del hombre y no viene de fuera, sino de dentro. Es un impulso interno, es un comportamiento del espíritu y una actitud del corazón. Incluso el tema de la iluminación aparece ya en San Ambrosio, pues parte de que la luz física es el mayor bien creado que todo lo ilumina, los ojos y las cosas. Las tinieblas no son mundo, no son creadas, aunque fue creada la noche. Y Dios es la luz que alumbra a todo hombre que viene a este mundo. La luz es el valor y la estructura fundamental de la creación y la que hace no solo visible, sino también habitable, el mundo. Este es, simultáneamente, uni-verso y di-verso. La antropología estructural que estamos analizando se refiere, también, a que el mundo es un organismo unitario, a pesar de la gran cantidad de elementos que lo componen, coordinados y relacionados, cuyo centro es el hombre. Superando la pluralidad y diversidad, el mundo es una unidad estructurada, unida por la ley del amor y de la pertenencia, de tal manera que las cosas, a pesar de su distinta naturaleza, están unidas por un vínculo de procedencia y constituyen una familia. La voluntad y el poder de Dios lo han ordenado todo, lo han unido todo en una única realidad. No podemos escapar de esta alusión antropológica: igual que los elementos materiales, la luz, el cielo, el agua, los mares, los ríos, las plantas obedecen y siguen el orden de Dios, a pesar de no tener una naturaleza racional; ellos son un ejemplo para el hombre que, dotado de razón, debe obedecer a Dios. Sobre todo, se resalta la obediencia del agua y de los mares. La naturaleza obedece y el hombre desobedece a Dios. El mar es una figura de la Iglesia. Y las plantas nacen y crecen por su obediencia a los ciclos de la vida. Ellas son, a su vez, una imagen de la vida racional del hombre sobre la tierra, pues somos nacidos de Dios y ramas de su tronco. Esta estructura unitaria del universo es tan grande, tan esencial y tan necesaria, que cualquier perturbación en uno cualquiera de sus elementos afecta a los demás y descompone o desequilibra el todo. El final de esta cosmovisión es el hombre. Él corona y consuma la creación, siendo su mayor elemento de estructuración, finalidad y belleza mediante la razón. El hombre es el sexto día, el final en esta antropología del comienzo, del primer día.

16.3. Trasmisor de la herencia antropológica

Con todo esto no podemos olvidar la labor de San Ambrosio como continuador y trasmisor de la antropología cristiana más tradicional. No podemos decir que sea un gran innovador en el terreno de las ideas, como sucede en otros autores. Tampoco tuvo tiempo u ocasión, pues se dedicó a los asuntos pastorales y de gobierno. Ya hemos apuntado a la convergencia en él de la lectura bíblica, por una parte, y de la filosofía platónica por otra. Ambas son la inspiración de su pensamiento antropológico. Podemos ir examinando las cuestiones más recurrentes en el panorama de aquel tiempo. El origen del hombre viene explicado por la fórmula creacionista plena con todas las distinciones que hemos apuntado. Lo hace de forma alegórica y literaria describiendo a un Dios cercano, familiar, amable, pero poderoso, artista y moldeador. El mundo y el hombre son su gran obra. En el conglomerado de elementos que es el hombre, defiende la primacía y superioridad del alma cuya fuente directa está en Dios mediante la conocida categoría del espíritu infundido o vida. El alma es la vida, dice en su obra De bono mortis, 9:41. La antropología de San Ambrosio nace de este seguimiento literal de las narraciones bíblicas donde resalta el tema de la imagen o reflejo de Dios en el hombre. Quizá en tiempo de nuestro autor había cesado ya la presión doctrinal derivada de las repercusiones panteístas y la dialéctica entre semejanza y distinción

La herencia antropológica de San Ambrosio

estaba parcialmente resuelta. Exaltando la proximidad ontológica del hombre con Dios no existía el peligro de su identificación. Todos conocían ya la línea roja a respetar para no caer en el error criticado. Igualmente, se reconoce pacíficamente que el hombre consta de cuerpo y alma aunque, como buen platónico, se da más peso al alma, pero no se duda de la unidad y de la unión. También tuvo San Ambrosio la tentación de recurrir a la tricotomía, o sea, el hombre tridimensional, cuerpo, alma y espíritu, pero optó por el dualismo que facilita el tema de la unidad. Dicha unión no es tan profunda como en autores posteriores y queda un poco debilitada o extrínseca por miedo a involucrarse o contagiarse en las tareas del cuerpo. Así creían que se era más cristiano, dejando al cuerpo a las puertas del alma como su casa o envoltorio. Se puede ser un biólogo o anatomista a la hora de describir al cuerpo como conjunto bello, erguido, organizado de materia, nervios, sangre, carne, huesos, equipado con los sentidos, pero no se duda de la superioridad del alma ni de su naturaleza, ni de su función, ni de su inmortalidad. Paradójicamente, la inmortalidad del alma se defiende en la obra que habla y defiende la muerte. La muerte es un bien, pues forma parte de la vida aunque sea su terminación. No daña al alma. Ciertamente es una situación contraria a la vida, pero eso no significa que sea algo malo. Empujado por la necesidad de trascender el sentido literal de la Biblia, San Ambrosio habla de una triple muerte: la física como destino del cuerpo, el pecado como muerte y la muerte mística, o sea la gracia de Dios que supone la muerte del pecado que es enterrado por el bautismo. El concepto existencial de la muerte está muy bien desarrollado por San Ambrosio, pues la muerte física no es un "acto" o momento, sino que es un proceso alargado que se extiende en el tiempo a todo el recorrido o duración de la vida. Lo demuestra la prisa que tenían algunos cristianos, santos varones, para que la muerte acelerase su llegada para dejar de sufrirla. Gran misterio y valor el de aquellos cristianos que "optaban" por la muerte y la elegían o preferían frente a la vida y la convertían en objeto de deseo. La muerte tenía, para ellos, su atractivo y belleza. La vida es una muerte velada y es necesario que caiga el velo y muestre su rostro en plenitud. Ese día es un nacimiento y la muerte una condición para el acceso a una nueva vida. Puerto de la fe llama nuestro autor a la muerte. Con ello, comienza a desarrollarse la teoría que ha tenido una gran aceptación moderna, la muerte como liberación. La muerte es una gran liberación, pues descarga al hombre de todos los sufrimientos, dice abiertamente en De bono mortis, 2:5 y 3:8 aunque, técnicamente hablando, la muerte es la disolución del cuerpo y del alma. La liberación absoluta o desprendimiento ontológico del mundo, que es la muerte, comienza con la liberación y el distanciamiento de él que es la vida del cristiano, en especial, la del monacato como "fuga mundi" como huida vital y espiritual frente a la huida física. Al lado de esta fenomenología de la muerte no podía faltar tampoco la dialéctica propiamente cristiana o el cruce existencial: la muerte y resurrección de Cristo es la vida del cristiano y la muerte del creyente es la vida y la participación en su resurrección, pues la muerte de Jesús se hace visible en nuestra propia muerte. A esta dialéctica pertenece también la idea de que nuestra vida está en el cielo, pues existe una trasposición del cristiano. Vivimos aquí, pero no somos de aquí; el mundo no agota nuestro proyecto existencial. La vida en la tierra es compatible con una vocación trascendente de eternidad. Por eso se puede hablar de una inmortalidad formal o moral más allá de la antropológica en el sentido de que, para San Ambrosio, las virtudes, las buenas obras, los valores y la conciencia permanecen más allá de la muerte física y acompañan a la persona. El patrimonio moral acumulado por el hombre no termina con la desaparición o aniquilación del cuerpo material.

Lo que también atrae la atención y el pensamiento de San Ambrosio es la situación del alma, después de la muerte del cuerpo. Desatada de sus lazos con el cuerpo, liberada de la comunidad con él, de los abrazos de la carne o de las murallas que la rodean, ya puede vivir su propia vocación de permanencia llamada inmortalidad que es otra forma de vida dialécticamente opuesta a la actual, donde no habrá ni llantos, ni lagrimas, ni dolores, ni necesidades, ni miserias, ni muerte. Sus capacidades están totalmente liberadas. La nueva existencia en la inmortalidad no viene definida como negación de la vida del cuerpo, sino como algo nuevo y creador caracterizado por el descanso. No hay destrucción ni aniquilamiento de la naturaleza del hombre, sino solo el tránsito de una forma de vida mortal a otra inmortal e imperecedera. Muere la debilidad de la materia, pero renacen las fuerzas y las virtudes del hombre o del alma. La muerte individual es, por otra parte, una etapa de la vida del mundo que camina hacia su resurrección final habiendo una resurrección intermedia antes que la universal. Todo ello viene deducido del gran principio de la antropología cristiana, la semejanza del hombre con Dios. El cuerpo es tu enemigo, y la muerte una gran victoria. Sin embargo, tienen que llevarse bien para constituir la unidad del hombre. Existe una antropología del pesimismo y de la desconfianza en el sentido de que no podemos confiar el alma al cuerpo, como dice en De bono mortis, 7:27 añadiendo que tampoco podemos mezclarlos ni confundirlos. Las obras y las tendencias del cuerpo son contrarias a las del alma, como ha corroborado la psicología moderna con la teoría de los instintos y de los impulsos. Por ello, se establece una lucha y confusión en el interior del mismo y único hombre dividido, escindido y desgarrado. El alma participa en las sensaciones del cuerpo y este aporta infraestructura a los sentimientos del alma. Esta es la fórmula antropológica del tiempo, pues no se dispone de un tercer elemento trascendente que llamamos persona. Precisamente, la necesidad de defender la resurrección de la carne de todo el hombre (también el cuerpo espera la resurrección dice San Ambrosio en *De bono mortis* 8:33), empujó a la antropología cristiana a introducir la noción de unidad entre cuerpo y alma para salvar la resurrección total, pues el platonismo se inclinaba por una sobrevivencia parcial del alma sola. La dialéctica es clara: a veces la muerte se ve como parte existencial del hombre y condición para su transformación o renovación, pero otras veces se considera como un proceso exterior al hombre, que no toca ni roza su estructura (la muerte permanece fuera de nosotros, pasa de largo, dice en De bono mortis, 8:31), ni interrumpe su camino, ni supone ningún parón o paréntesis de la vida. Es la vida la que nos pertenece y es propia del creyente. La muerte es un gran beneficio, porque remueve obstáculos, quita y arrebata todo lo que hace daño al hombre, despejando el camino de la felicidad completa y acelerando la plenitud del hombre.

16.4. El hombre entre poderes

Hijo de un alto funcionario de la Pretoría de la Galia, nacido prácticamente en un acuartelamiento en Trier (Germania) y trasladado a Roma cuando muere su padre, Ambrosio conoce bien las estructuras del poder y él mismo lo ejerce dentro de la administración del Estado, como Prefecto del Piamonte, en Italia. Allí sucede su conversión al cristianismo, que lleva consigo un cambio en la visión teórica del mundo, pero también una renovación en la forma de entender y ejercer el poder en la sociedad. Este mensaje social de la Iglesia a nivel político, protagonizado por sus obispos y responsables, no se ha resaltado tanto como se ha hecho en otras cuestiones más estrictamente doctrinales, por ejemplo. Porque además de la teoría sobre el poder está el ejemplo de sencillez, pobreza y amor dado por los gobernantes de la Iglesia en el ámbito de su autoridad y responsabilidad. Murió el emperador Teodosio y Ambrosio tomó la palabra en su funeral. La muerte de un rey cristiano no es ninguna renuncia o despojo, sino la entrega de su corona temporal para recibir una corona eterna. Devuelve el poder temporal recibido que administró y recibe la gloria eterna que ya no necesitará ejercer. La otra entrega del poder o títulos es la herencia que deja a sus sucesores, que incluye el ejemplo de la fe y de la forma de gobernar respetando los principios cristianos. El testamento de un príncipe cristiano como Teodosio puede considerarse ley. El murió, pero deja su herencia histórica, la paz y la continuidad de su política inspirada en su fe como creyente. La fe del gobernante debe ser considerada como la victoria de su pueblo. El príncipe cristiano lucha por su fe y su fidelidad. ¿Dónde está su Dios? En Roma cada emperador tenía el suyo, pero en el cristianismo monoteísta el Dios del emperador es el mismo que el de los súbditos. Esta comunión religiosa trae consigo una determinada concepción del poder. Un monarca cristiano no entiende el poder como venganza ni la compasión como distancia o contraria al poderío. A un mandatario cristiano ni el poder lo eleva ni la soberbia lo ciega, sino que todo lo convierte en piedad y servicio. La piedad de Teodosio era tal que buscaba y recomendaba más a sus súbditos el temor a Dios que el temor a él mismo. El poder político no tiene que sembrar terror, sino respeto a los mandamientos del Señor que obligan a los que mandan y a los que obedecen. Los componentes antropológicos del poder o del gobierno son la justicia y la misericordia. Hay que amar y ayudar a los débiles por encima de los poderosos. Ambos extremos son compatibles. Dios es, al mismo tiempo, poderoso y misericordioso. El amor y la compasión de Dios nos hicieron entrar en el reino de los seres. El poder no resta piedad y la piedad no pierde poder. El emperador reúne en su persona las competencias de juzgar y perdonar. Teniendo en cuenta que —como dice el evangelio— Jesús no vino a condenar, sino a salvar, los gobernantes cristianos tienen que guiarse por ese principio en el ejercicio de ambas funciones. La justicia es compasión y la piedad o misericordia es la medida de la justicia. Ante la duda, es preferible equivocarse absolviendo a un reo que condenar a un inocente. Este sentimiento nacido de las profundidades del evangelio ha pasado a inspirar el derecho romano y occidental posterior, formando parte del derecho de las naciones. En un gobernante el poder y el amor tienen que ir al unísono. ¿Podrá un político decir, al final de su vida, he amado tanto como he mandado? Esto se lo preguntaba San Ambrosio cuando hacía el panegírico del emperador. Con demasiada frecuencia identificamos el poder con el éxito y el triunfo en la propia vida Y sin embargo, la humildad es la mejor compañera del poder, pues también los gobernantes necesitan pedir perdón. Ante Dios no valen coronas, honores, cetros o alhajas. La muerte de un príncipe cristiano significa la vuelta y el retorno al hogar después de haber librado tantas batallas contra los enemigos del bien. Allí será acompañado y recibido por otra clase de ejércitos compuestos por ángeles y arcángeles. Es como el barco que vuelve a su puerto de origen. Es una invitación del Señor al descanso del guerrero y a entrar en el Reino eterno del Señor, en la Jerusalén celestial El poder civil en la comunidad tiene que terminar en una batalla y un triunfo sobre el mal en el mundo, potenciando y favoreciendo el diseño y la presencia social de la Iglesia El emperador tiene que estar dentro de la Iglesia y no por encima de ella, como dice en lagarta Constra Aux. 35. Es un momento esencial de la historia de la salvación Estas circunstancias hay que entenderlas en sentido literal: Teodosio asumió el poder cuando los bárbaros atacaban ya el Imperio romano por Italia y ponían en peligro toda la labor y la conquista de la civilización cristiana. Liberó muchas regiones de la acción de los tiranos.

La experiencia del poder en San Ambrosio está acorde con su teoría, pero también a la inversa. La Iglesia ya gozaba de una libertad e independencia suficientes como para elegir por ella misma a sus obispos, sin interferencia del poder civil. Así fue la elección de Ambrosio. Dirigiendo la importante diócesis de Milán defendió la legitimidad de la autoridad eclesiástica y la independencia de los poderes públicos. Pero la Iglesia estaba rodeada, a pesar de las murallas morales que la separaban de la sociedad pagana. La imagen real de la Basílica de Milán, cercada por soldados del emperador, era muy expresiva. Autoridades gubernativas vigilaban y asaltaban las catacumbas, las celebraciones. Detenían y expulsaban a obispos que tenían que emprender el camino del exilio. Pero Ambrosio no tenía miedo de proclamar la existencia de otro poder distinto al del Estado y dirigido al mismo pueblo. El trazó una línea entre ambas potestades, el Cesar y la Iglesia, con competencias propias y exclusivas. A pesar de todo, el poder temporal no alarma a la fe aunque los poderes públicos rugan como leones en torno a la Iglesia buscando a quien devorar, o amordazar su poder y prestigio moral. La Iglesia de Ambrosio no puede renunciar ni a su poder que le ha sido confiado, ni a sus riquezas que los creyentes han puesto en sus manos para administrarlas en favor de los pobres. Los bienes propios forman parte de su misión, libertad e independencia. La Iglesia paga sus tributos. La independencia no es obstáculo para la obediencia a las leyes civiles ni para el respeto al emperador. Los políticos tienen ansia del poder de la Iglesia y no pueden soportar la presencia y la acción de ella en la sociedad.

16.5. Antropología espiritual
Algunos estudiosos del pensamiento patrístico de esta época (García Grimaldo, 2005) consideran que el proyecto de hombre desplegado por San Ambrosio no es tanto específicamente filosófico (cuerpo-alma-unión-inmortalidad), sino que obedece a las exigencias espirituales del cristianismo. Ahí están, para confirmarlo, sus ideas sobre la virginidad, sobre los oficios, sobre la huida del mundo, sobre las viudas. Parece una antropología preocupada no tanto por la estructura ontológica del hombre, imagen, reflejo y brillo de Dios, sino por su actuación y compromiso moral, precisamente para activar esa vocación y planteamiento religioso. Pero, al lado de la conectividad y simpatía del hombre con Dios, por ser su imagen y continuidad, está también su conexión e integración en el mundo. Por tanto, se plantea igualmente una antropología dialéctica de la huida y desconexión con el mundo. Es peligroso que el gusto y la alegría por el mundo se instale en el corazón del hombre pues, a través de ello, queda prisionero el espíritu. Ahora viene otro principio de esta antropología dramática del hombre escindido: nosotros no mandamos sobre nuestro corazón. La mitad del hombre está en rebeldía frente a la otra mitad. La presencia en el mundo es muy difícil para un cristiano, pues el espíritu no puede hacer lo que desea ni evitar lo que no desea hacer. Muchos deseos del hombre son infructuosos y estériles. El hombre es una pasión inútil, dirá la filosofía existencial y moderna. Los pensamientos del hombre se inclinan, por naturaleza, hacia el mundo y arrastran consigo al espíritu que va en otra dirección. Se produce un conflicto entre contarios dentro del mismo hombre. Ese es el hombre espiritual. Por mucho que queramos mirar hacia Dios, el hombre mira hacia la tierra. Así no se puede ser ni libre ni feliz. Solo la gracia de Dios nos hará libres anticipando la teoría agustiniana y dando pie a la interpretación hecha por Lutero. El hombre está arrojado a los acontecimientos del mundo y este entra por las ventanas de los sentidos en el hombre, siendo la puerta la muerte. Hay que reconstruir al hombre según su naturaleza religiosa de imagen de Dios Eso se realiza mediante el ejercicio de las virtudes morales para ser semejantes a Dios y no al mundo. Entre dichas virtudes están, principalmente, la justicia y la verdad que

no pueden ser consideradas como dos superestructuras religiosas de la conciencia específicamente cristiana, sino que afectan al hombre natural...

Aquí entra en acción otra de las ideas centrales de esta antropología fugitiva que es el cristianismo. San Ambrosio habla de una huida física del mundo y de una huida espiritual. La muerte es la separación física, obligada, mientras que el monacato es la separación espiritual y el abandono voluntario del mundo y de sus alegrías. Los placeres de este mundo son como el humo que perturba la visión de los ojos de aquellos que los saborean. Esta es la huida gloriosa y triunfante que demuestra la victoria sobre el mundo. Se produce, además, una huida ontológica: se aleja el hombre de la nada, del no-ser, para refugiarse en el ser, y poder ser en plenitud. Este traslado antropológico del cristiano, que es una verdadera deslocalización de sus deseos y sentimientos, se produce de manera espiritual y escatológica, pues es vivir aquí físicamente, pero allí espiritualmente. Nuestro suelo definitivo, nuestra vivienda permanente, no están en la tierra, sino en el cielo; por eso es necesario volar y sobrevolar este mundo siendo libres o ligeros del peso de la carne y sus tentaciones. Volar del no-ser al ser en plenitud. Esta es la transformación antropológica que se consigue huyendo de este mundo. El mundo se entiende aquí en San Ambrosio como categoría moral, como espacio donde habita el mal, el pecado. Porque la vida en este mundo es esencialmente cambio y mutación, mientras que la otra vida es permanencia y estabilidad. Esto significa morir a este mundo. Con esto se produce otra característica de esta antropología dialéctica y espiritual: tú puedes estar en este mundo y sin embargo, volar a Dios, pues tu alma y tus deseos están en Él. El hombre está colgado de Dios y cosido a la tierra. Esta es la antropología de la tensión espiritual según San Ambrosio.

DIMENSIONES DE LA ANTROPOLOGÍA AGUSTINIANA

Contenido:

1. Introducción
2. Conciencia y conversión antropológica
3. El hombre como misterio
4. Antropologías sectoriales
    4.1. Antropología filosófica
    4.2. Antropología metafísica
    4.3. Antropología personalista
    4.4. Antropología teológica
    4.5. Antropología política
5. Las edades del hombre
6. Antropología filosófica
    6.1. Interioridad y trascendencia
    6.2. La iluminación antropológica
    6.3. Memorial antropológico y reversible
    6.4. Antropología trinitaria y precursora
7. Antropología metafísica
    7.1. La hipóstasis antropológica
    7.2. El comienzo del cuerpo y del hombre
    7.3. Antropología reductora del cuerpo
    7.4. El cuerpo como simbolismo antropológico
    7.5. El corazón como representación del hombre
    7.6. El trazado de la antropología del alma
    7.7. Antropología cultural en San Agustín
8. Antropología personalista
    8.1. Fenomenología de la unidad personal
    8.2. Por los caminos del espíritu
    8.3. El diagrama antropológico
    8.4. La libertad liberada y disponible
    8.5. El hombre interior
    8.6. El amor como dimensión del hombre
    8.7. Las profundidades del alma
9. Antropología teológica
    9.1. Convocatoria antropológica de la teología
    9.2. Antropoteología de la "imago Dei"

- 9.3. Antropología cósmica de las prestaciones
- 9.4. Presencia de Dios en el mundo
- 9.5. Antropología del género
- 9.6. Antropología de la restauración
- 9.7. La neutralidad en antropología
- 9.8. Conflicto dialéctico de las dos dimensiones
- 9.9. Antropología de la liberación
10. ANTROPOLOGÍA POLÍTICA
    - 10.1. Antropología de la legitimidad política
    - 10.2. Origen antropológico de la sociedad
    - 10.3. El amor como primera constitución de la sociedad
    - 10.4. Antropología del Estado y nueva ciudadanía
    - 10.5. Antropología religiosa de la paz

1

Introducción

La antropología de San Agustín (354–430) es esencialmente religiosa, pues sitúa al hombre como interlocutor de Dios. Utilizando un paralelismo, se podría plantear aquí la cuestión histórica y debatida (a partir de las tesis de E. Gilson) de si existe en San Agustín una filosofía propiamente cristiana frente a la filosofía pagana y helenística o si, por el contrario, toda su filosofía es cristiana. ¿Es nuestro autor un neoplatónico o un cristiano, o ambas cosas a la vez? En nuestro caso, creemos que toda antropología suya es antropología cristiana. Cuando históricamente se ha hecho uso de la expresión pronunciada en los primeros años de su conversión "quiero conocer a Dios y al alma" de Soliloquios I: 2; 7, se ha insistido en los dos extremos del conocimiento: a Dios y al alma, pero no se ha reparado en el mismo proceso ni en su origen que está en el "quiero" conocer. El hombre quiere conocer a Dios; es un puro deseo de trascendencia a través de la inmanencia o interioridad que supone conocerse a sí mismo. El ateísmo queda así excluido de la ontología humana, y la religión es un planteamiento radicalmente metafísico y va más allá de las convenciones personales o sociales de los fundadores. Si existen religiones positivas, históricas o culturales, es porque nacen de un sentimiento natural y universal, porque son una necesidad, aunque coincidamos con las tesis de L. Feuerbach sobre la complementariedad del fenómeno religioso de la conciencia y la superación que realiza en el hombre. Esta misma reflexión está presente en el "noverim, me noverim Te" (Conózcame a mí y conózcate a Ti) de *Soliloquios II:1.1*. El conocimiento de Dios no es independiente del conocimiento del hombre, sino su continuación y plenitud. No hay ruptura, sino prolongación. Razón y fe, antropología y teología están en la misma línea y no hay saltos ni abismos que no se puedan salvar. No existe bipolaridad del conocimiento y sus objetos. Existe una intencionalidad teológica de todo el discurso antropológico y viceversa. En ese sentido creemos que el estudio de la antropología cristiana en San Agustín puede suponer un gran puente o centro distribuidor de ideas. La reciprocidad metafísica y epistemológica es evidente: conocer al hombre es conocer a Dios y, viceversa, desarrollar el misterio de Dios es adentrarse en el hombre. Más adelante hablaremos del hombre como memorial trinitario o la trinidad antropológica en la tierra. Este es el sacramento antropológico: el hombre es la revelación de Dios en un sentido histórico salvífico y en un sentido personal. La antropología es el reverso de la teología. Tiene un sentido final, de clausura y suficiencia ("no quiero conocer más" responde a la pregunta de la Razón) y con ello termina, y se cierra un proyecto de la filosofía. La antropología es el principio y la terminal de la teología. Pero, al mismo tiempo, es un comienzo de la visión del mundo. El hombre es, como dirán más tarde los renacentistas coqueteando con la ciencia, un mundo en pequeño, un microcosmos.

2

Conciencia y conversión antropológica

Como es natural, no existe una antropología sistemática en San Agustín; es decir, no existe una teoría ordenada, un tratado, un manual sobre el hombre. Sus ideas parecen dispersas o diseminadas en sus obras, reflexiones o comentarios. Pero existe una percepción o presencia unitaria de lo que el hombre representa en los planes de Dios, en los tramos de la salvación y en el devenir o sentido de la historia. Existe, sin embargo, una subjetividad, una reflexión y desarrollo de la conciencia sobre el hombre. La pregunta por el hombre ya existía en el pensamiento griego, pero la respuesta era muy limitada. No conducía a una aclaración de los temas de la libertad, de la creación o finitud, de la persona y su dignidad, de la inmortalidad, del amor. Al hombre se llegaba desde el cosmos. Por el contrario, ahora hay que acceder al cosmos desde el hombre, que es la puerta para todo. Es un giro radical. Con la cuarta pregunta de la filosofía "¿quién soy yo?", Kant y la filosofía moderna comienzan ya en San Agustín. El hombre se convierte en el centro de la filosofía. La biografía como antropología. El yo experimental se hace interrogante y cuestión filosófica. Por ello, podemos hablar de una conversión antropológica en San Agustín, además de la clásica conversión conocida por todos que tuvo lugar en el huerto de Casiciaco. *Las Confesiones* son una demostración de ello. Tienen al hombre como tema de contemplación y análisis, pero no de forma teorética, abstracta, sino experimental y existencial. De ahí la pregunta "¿quién soy yo?". Es la filosofía del sujeto derivada de su conciencia y autopercepción, removida por los llamamientos de la fe que da como resultado el corazón inquieto (inquietum est cor). La religión forma parte de la respuesta antropológica en que se debate la filosofía de todos los tiempos. Esta conversión antropológica significa abandonar el dualismo maniqueo por una parte y el monofisismo de los neoplatónicos por otra. La formulación teórica de la antropología agustiniana obedece al doble impulso: por una parte la vigencia cultural de las ideas contemporáneas, pero por otro lado, la experiencia o lucha vital del mismo San Agustín que convierte las ideas en biografía o conciencia personal. Es la apropiación cristiana de la reflexión griega. La evolución y avance de este itinerario intelectual de San Agustín pasa por el abandono de la retórica como demagogia de los Académicos y la apertura a la verdad, para terminar abrazando la verdad del hombre traída y revelada en Cristo Jesús. Agustín pasó de niño a hombre en cuestiones filosóficas y la plena madurez de pensamiento tiene lugar en la antropología cristiana. Cansado de tantos caminos, decepcionado de tantas respuestas, se entregó a la búsqueda de la verdad eterna y esa la encontró sin salir del hombre; más aún, entrando en el hombre y desde él ascendiendo a Dios como veremos en otro momento de nuestra síntesis. Era difícil superar el dualismo maniqueo, moral y metafísico, reflejado en el dualismo antropológico (cuerpo y alma), pero lo superó con el principio de la subjetividad humana aportado por el cristianismo. Este es el núcleo esencial de la antropología agustiniana: defender e integrar los dos elementos, o sea, el cuerpo y el alma para la formación de la unidad trascendente que llamamos persona. Por muy lejano, abstracto, que parezca el tema del hombre, en San Agustín adopta la forma de un planteamiento existencial y agónico, de lucha y dramatismo, de tensión dinámica de las dos dimensiones como ha escrito un gran estudioso y conocedor del tema, R. Flórez (1922–2004). Dicha tensión viene provocada por la presencia de Dios y la presencia del pecado en el mismo y único hombre. Esto no ocurría en la filosofía griega, donde la cuestión o la pregunta por el hombre era una más de las interrogantes sobre el mundo. No existía una preocupación o reflexión diferencial entre dichos ámbitos. El problema del hombre es una emergencia histórica e identitaria del cristianismo en su confrontación con la cultura reinante. Tiene sentido hablar de un hallazgo filosófico que no es ninguna arqueología morbosa, sino creatividad y afloramiento de nuevos temas enmarcados siempre en la preocupación de la salvación del hombre aportada por la religión cristiana, que es algo más que filosofía.

3

El hombre como misterio

En el imperativo antropológico de San Agustín, Dios y el hombre forman un interrogante único, un conocimiento integrado o visión combinada y alternante (no dos conocimientos diferentes o enfrentados), y que producen un diálogo común, una paridad epistemológica aunque con asimetrismo ontológico. Nos parece del todo normal que la preocupación de San Agustín por el hombre se convierta en un problema existencial y eleve el estudio del hombre a la categoría de misterio. En el platonismo había un cierto complejo de inferioridad hacia el ser del hombre, pues, al estar compuesto de materia y forma, ocupaba un puesto muy bajo en la escala ontológica o la dignidad de los seres, ya que se alejaba del punto de referencia de Dios o el Uno. A San Agustín le corresponde la ingente tarea de reforzar la antropología metafísica situando al hombre en el verdadero lugar que le corresponde en la cadena de los seres. El encuentro de Agustín con el tema del hombre tiene lugar en forma de choque, de conflicto, de admiración: "¡Qué grande y profundo es el mismo hombre!", llegó a exclamar según sus propias palabras en *Confesiones IV:14.22*. La misma sorpresa e interrogación que el autor de los salmos se hizo siglos atrás: "¿Qué es el hombre para que te acuerdes de él?" del Salmo 8:5. Esta dimensión de grandeza y abismo le produce a nuestro autor una sensación de vértigo y de incapacidad. Porque dirigiendo la experiencia y la mirada no al hombre abstracto, sino al yo concreto y existencial se sigue sorprendiendo Agustín al exclamar "Estoy hecho una cuestión, un enigma para mismo" de *Confesiones IV: 4.9*. Pero, acudiendo a la imagen del continente y del contenido que ya había usado en el acceso al misterio de la Trinidad, reconoce San Agustín que el misterio del hombre no cabe en el hombre. ¿Cómo se puede abarcar el conocimiento del hombre (grandem et profundum) desde el mismo hombre? La razón, la memoria, la conciencia son estrechas, angostas e insuficientes para alcanzar y agotar el misterio humano. ¿Quién es el hombre para poder hablar de sí mismo? Porque a la hora de conocerme no puedo dividirme. Si soy limitado, también mi capacidad de conocimiento lo es y me impedirá conocer mi grandeza y profundidad. ¿O es que soy incapaz para conocerme y grande para reconocerme? Luego el ánimo, el espíritu humano, también es estrecho e insuficiente para conocerse y muchas dimensiones de nuestro ser se nos escapan por muy cerca que estén de nosotros, y siempre presentes o conservadas en la memoria ontológica y facultativa. De ahí la necesidad de una antropología suplicante o teológica que se vislumbra en el "Qué soy yo sin Ti" de *Confesiones IV:1.1*. La huida y la soledad es una tentación de la razón humana. A esa necesidad complementaria de Dios para explicar al hombre se llega mediante la existencia vocacional. El hombre solo, el hombre desasistido y desnudo, en soledad ontológica, necesita de la invocación. Vocación e invocación son los dos extremos de la existencia temporal. La creación como vocación nos puso en el mundo y la invocación como clamor antropológico nos mantiene en él y nos permite conocernos. El "conózcame y conózcate a Ti" es un deseo, pero también una súplica. El hombre arroja en Dios toda su impericia y pide que le enseñe a conocerse: "Tú conoces mi incapacidad y mi enfermedad; enséñame y capacítame": *Confesiones X: 43.70*. El hombre solo no es nada ni nadie. Si el hombre quiere ser solo hombre, no es ni hombre. Ahora comprendemos la gran reflexión antigua (San Agustín) y moderna (G. Marcel, P. Ricoeur) sobre el hombre como misterio. Un misterio escondido e inacabado, porque al final de la existencia nos encontramos con un misterio mayor que al principio. Queriendo ser hombres nos asalta la sensación o la sospecha de haber fracasado o perdido el tiempo. Deseando conocer al hombre que somos sin haberlo conseguido. El poder del hombre frente a sí mismo es muy débil. Por eso se impone la existencia como invocación: "Conózcate a Ti, Conocedor mío, conózcate a Ti como soy conocido" Confesiones X:1.1. El hombre tiene que conocerse a sí mismo como le conoce Dios. En Él, ser y conocer es lo mismo. Por ello, la antropología o conocimiento del hombre se convierte en ontología. El hombre se hace en tanto en cuanto se conoce. Ser, conocer, creer. Esa es la verdadera dialéctica agustiniana. Creer para entender no solo a Dios, sino a sí mismo y entender para seguir creyendo en el hombre y en Dios. Creer en el hombre, ese es el aporte antropológico del cristianismo. Esa es la labor de la razón humana. Por lo demás, el carácter sagrado y misterioso del hombre se explica perfectamente a partir de su imagen y semejanza con Dios. En su creación, Dios traslada al hombre una gran parte, un gran reflejo de su misterio trinitario. Hay dos procesos paralelos o convergentes: trascendencia del hombre hacia Dios y descendencia de Dios hacia el hombre. Este es el misterio antropológico que Agustín extiende a todo el conjunto del hombre en *De libero arbitrio I*: 12. 24. Y no solo desde la filosofía, sino también desde la ciencia se mantiene esta sorpresa o admiración del ser humano cuando un médico como A. Carrel (1893–1944) expone sus meditaciones sobre El hombre, ese desconocido. Por otra parte ¿no era una gran osadía y un desafío al neoplatonismo pretender y desear conocer a Dios y al alma cuando ellos (platónicos y maniqueos) tenían muy clara su diferencia y separación? ¿Era una "verdadera" ignorancia sobre Dios (la teología negativa de Nicolás de Cusa) o era aparentar dudas, inventarse sombras y misterios o disimular respuestas históricas? No todo estaba dicho en los filósofos sobre Dios y el hombre, ambos unidos, metidos en la misma pregunta, en la misma preocupación, puesto que en Grecia, el tema religioso y el tema mundano, estaban separados por un abismo. No se ha valorado la gran tarea realizada por los cristianos para unir ambas preocupaciones. Procesos de falsa sacralización por parte helenística (elevar a los emperadores al rango divino) y procesos de auténtica secularización, concediendo dignidad y sentido religioso al hombre y a su existencia.

4

Antropologías sectoriales

Lo que es una visión dispersa y extendida en nuestro autor hay que ordenarlo y sistematizarlo. Por ello, vamos a hablar de antropologías en S. Agustín o lo que es lo mismo, vamos a regionalizar el vasto pensamiento antropológico y disperso. Son síntesis de pasajes y proposiciones. La ciencia moderna, también la antropología, es coordinación sobre todo en sus métodos. Vamos a recoger y comparar los elementos más esenciales y estructurales de toda la síntesis agustiniana sobre el hombre. Para ello, hemos elegido cuatro ámbitos de exploración y aplicación que les llamamos así: Antropología filosófica, Antropología metafísica, Antropología personalista, Antropología teológica o moral y Antropología social o política.

4.1. Antropología filosófica

Remitimos o analizamos en este apartado todas las cuestiones relacionadas con la capacidad que el hombre tiene para conocer las realidades trascendentes, como son las ideas o verdades eternas mediante el proceso llamado iluminación, pero también interiorización. En el tema del conocer, sin salir del hombre podemos llegar a Dios mediante la trascendencia de la estructura humana. Para ello, descubrimos en el hombre una memoria ontológica previa donde se contiene la "memoria sui" y la "memoria Dei". El hombre como memoria trinitaria.

4.2. Antropología metafísica

Así designamos toda la investigación relacionada con la formación o composición del hombre como cuerpo y alma, materia y espíritu. La tensión dinámica de ambas realidades ofrece un gran campo experimental para la antropología. Por lo demás, existen otras condiciones metafísicas que rodean al ser humano como son la creación, la temporalidad, la historicidad, la finitud, la inmortalidad. Estas consideraciones merecen también una atención desde la antropología, porque el hombre no tiene tiempo o historia, sino que es tiempo e historia.

4.3. Antropología personalista

Se denomina así al espacio más íntimo y al proceso más profundo de la elaboración o construcción antropológica exclusiva del cristianismo: el hombre es una persona. Fenomenología de la unión del cuerpo y alma. Esto es una innovación en la antropología cristiana, defender la interioridad espiritual, la dignidad personal e individual, el respeto del sujeto y de la conciencia, el amor, la libertad como esenciales en la formación de la vida humana.

4.4. Antropología teológica

Desde el punto de vista epistemológico, pero también desde el teológico, el conocimiento de Dios forma parte del ser humano. El Dios absoluto es condición indispensable para entender al hombre absolutamente condicionado. Muchas ideas procedentes del evangelio, de la fe, de la teología son indispensables para explicar lo más inexplicable del hombre. El problema del pecado, el drama del mal, la gracia liberadora, el sentido de la muerte, el hombre nuevo y el nuevo mundo, la esperanza humana y cristiana.

4.5. Antropología política

La vida del hombre en el mundo y su intervención para construir la ciudad terrena, la convivencia, el orden, la paz y la armonía social. El sentido de la autoridad y de la obediencia ciudadana. Los deberes de los gobernantes para con los súbditos y de estos para con los gobernantes. Antropología y límites del poder político, la comunidad humana, su universalidad y fraternidad. Las relaciones entre ambos poderes (Iglesia y Estado) en el mundo. Sentido de las leyes y obediencia de los que mandan.

5

Las edades del hombre

La antropología de San Agustín es la historificación de la Biblia y su apropiación o traslado al lenguaje filosófico del tiempo. Llevados de un excesivo celo por la sistematización como método, tampoco podemos perder de vista otras dos perspectivas en la antropología de San Agustín. A una de ellas ya hemos hecho referencia: el discurso agustiniano sobre el hombre es una biografía dramática y espiritual de la propia existencia, es decir, infancia, adolescencia, juventud y madurez que se corresponden con otras tantas etapas de la vida del creyente marcadas por los hitos de los sacramentos donde somos "quasi pueri infantes" en el bautismo, "milites Christi" en la confirmación, comensales en la cena del Señor comiendo del pan de la palabra y de la eucaristía hasta la acción del "medicus mundi" que es Cristo proporcionando fuerza, salud y salvación a los creyentes. Pero existe otra biografía de la salvación en un sentido histórico que es lo que llamamos aquí las edades del hombre. Según la perspectiva de la redención, el hombre existe en las siguientes etapas sucesivas y salvadoras: el primer tramo de esta antropología histórica va desde la creación de Adán hasta la caída del pecado. El segundo desde esa situación hasta la venida de Cristo, al final de los tiempos, con el gran acontecimiento intermedio de la encarnación, muerte y resurrección de Jesús que dota de sentido a la historia y a la humanidad. La tercera fase comienza cuando termine este mundo y se inaugure una historia nueva, un cielo nuevo y una tierra nueva donde ya no habrá ni muerte, ni sufrimientos, ni llantos ni lágrimas. La antropología cristiana se centra, principalmente, en el análisis de esta situación de intermedio, de interregno, de espera y de esperanza, del "hasta que llegue", de advenimiento. Es una antropología puente y mediación, una antropología del camino de la historia que es Cristo como Señor de los tiempos. Sobre esta etapa contemporánea recae toda la visión del hombre ,pues en su condición corporal y temporal comienza un recorrido de mortalidad o de enfermedad que no sabríamos decir si es una "muerte vital o una vida mortal": vita mortalis o mors vitalis". El arco o el ángulo existencial se encuentran formados por la vida y la muerte simultáneamente. Se vive y se muere cada día y, un día pasado es un día más vivido, pero también un día muerto ya que es un día menos a vivir. Comenzar a vivir es comenzar a enfermar dice comentando el Salmo 102. (*Enarrationes in psalmos 102:6*). Si analizamos el impacto histórico de estas edades antropológicas podemos decir que la primera etapa del hombre ha quedado relegada a una hipótesis de trabajo, porque ese hombre inicial ya no existe. La situación actual es el hombre real, el marcado por el pecado. Con ello, se da categoría y legitimidad histórica al mismo pecado, pues por el hombre "entró el pecado en el mundo", en la historia, llegó a los tiempos y condicionó la existencia y sucesión de los mismos. Un pecado, un mal histórico e inmanente que necesita una salvación externa, pues el enfermo no puede curarse a sí mismo. El mal forma parte de la ontología temporal y salvífica del hombre. La situación del hombre natural y el hombre radicalmente malo ha sido desarrollada por algunas confesiones cristianas (Lutero) y hasta por sistemas filosóficos y políticos (Hobbes) haciendo del hombre malo el centro de interpretación de la sociedad y de la moral individual y colectiva. El pecado como mal antropológico lo ha condicionado todo en el tiempo. Incluso podemos decir que es la causa de la encarnación de Cristo y de su venida al mundo. Gran giro de la historia causada por la existencia del pecado como tragedia del hombre y de la historia.

6

Antropología filosófica

"Quiero conocer a Dios y al alma", decía el joven Agustín que habla con la Razón al principio de los Soliloquios. Ya hemos visto una antropología del deseo religioso formulada en ese momento, y contenida en este párrafo esclarecedor. "Sácame del error, a mí que te busco. Como buscador tuyo nada deseo más que encontrarte pronto. Y si hay en mí algún apetito extraño y superfluo, límpiame y libérame de él y hazme idóneo para verte. El resto de cuidados y preocupaciones relativas al cuerpo, te las confío a Ti, pues no sé las que necesito. Ruego a tu clemencia que me conviertas a Ti y no permitas que me repugne todo lo relacionado contigo o que tiende hacia Ti, y que me ayudes a que, mientras viva y lleve este cuerpo, sea puro, magnánimo, justo y prudente y un perfecto amador y receptor de la sabiduría, y digno habitante de tu Reino": *Soliloquios, I:6*. Si ya hicimos referencia al "quiero conocer", vamos ahora a centrarnos en el proceso del conocimiento mismo o, lo que es igual, los mecanismos del hombre para acceder al conocimiento de Dios. La razón humana tiene una capacidad innata para el diálogo con Dios. La antropología cristiana no es, en este momento, un puro voluntarismo, sino una disposición metafísica "a priori" para alcanzar el conocimiento de Dios. El hombre es esencialmente razón, inteligencia, animal racional dirán otros en una fórmula más comprensiva, integradora y reconciliadora entre estructura biológica y superestructura racional. Las dos dimensiones permanentes del hombre en la historia. Todo esto no podremos conseguirlo sin la adecuada combinación entre inmanencia y trascendencia. Por ello, podemos describir esta situación antropológica como un itinerario de la mente, del hombre interior hacia Dios. La razón humana o la fenomenología del conocimiento se convierte en camino, distensión y espacio intelectual: buscar para encontrar y encontrar para seguir buscando. Es la dialéctica de la inquietud religiosa. Es la experiencia profunda e inacabada de la presencia de Dios en el hombre como una noria del entendimiento que se retroalimenta con la misma Verdad. La verdad engendra más verdad y así el conocimiento crece hasta alcanzar los niveles trascendentales de certeza y seguridad que llamamos verdades eternas.

6.1. Interioridad y trascendencia

Buscamos los procesos antropológicos que conducen desde el hombre hasta Dios. Son dos de los mayores supuestos trascendentales del hecho religioso que llamamos iluminación interior y trascendencia. Dios es razonable, asequible. No entramos en la curiosa polémica del dualismo religioso cuando se ha hablado del Dios de los filósofos frente al Dios de los creyentes. Razón y fe son dos caminos del hombre para llegar al mismo Dios. Es la convergencia de la antropología con la teología a la que nos hemos referido. El soporte ontológico y virtual ya está instalado: el hombre ha sido creado a imagen y semejanza de Dios, y ahora se trata de hacer operativa esta estructura. Para ello, recurriendo a la metáfora comparativa de la visión corporal, la razón humana, la mente, como ojo del alma que es, viene ayudada o iluminada por la luz de la Verdad que es el mismo Dios. Tenemos que reafirmarnos en otra dimensión de la convergencia entre ontología y formas del conocimiento. El punto de partida sigue siendo el tema de las ideas, su naturaleza, sus propiedades y su lugar. Las ideas tienen una doble dimensión y son, a la vez, formas de la realidad ontológica de las cosas, que constituyen o hacen posible su cognoscibilidad o transparencia de las mismas. Las ideas son la esencia de las cosas y al mismo tiempo su permeabilidad para el entendimiento por parte del hombre. Todo ello está contenido en la palabra "razón". Así es como hay que entender las ideas, como razón de las cosas estables e inmutables. Las ideas están "formadas" al mismo tiempo que son formas de las cosas. Ellas dependen de una inteligencia o arquetipo anterior y responden a una posición. Pero, a la vez, todo lo que existe, existe por ellas y según ellas. Las ideas son causas seminales (rationes seminales) o semillas reflejas y retardadas de las cosas. Consecuentemente, las ideas son siempre ejemplares o paradigmas según los cuales se originan los seres reales o posibles. Esta función paradigmática de las ideas es fundamental para descubrir y comprender la posibilidad y capacidad de una antropología religiosa en el hombre. El espíritu y la intencionalidad religiosa rodean el tema de las ideas cuya naturaleza es trascendente al objeto creado del que son ideas, de esencia espiritual, racional, inmutable y eterna. Dichas condiciones son transferidas a la verdad, al bien y a la belleza, de tal manera que el alma se encuentra con las ideas por la continuidad ontológica con ellas y su capacidad para conocerlas. Según esta posición de las ideas, entendemos perfectamente su condición de ideas o verdades eternas. Traduciendo todo esto a la cultura antropológica moderna, pasando por la interpretación más intelectualista de la Edad Media, nos encontramos con que estos elementos trascendentes de la arquitectura del hombre se llaman valores, pues se desglosan en el Bien, la Verdad y la Belleza. Según ello, la razón humana es capaz de descubrir e identificar por sí misma la existencia y presencia de estos valores superiores que conceden al hombre una dimensión diferencial en relación con las cosas, y que le aproximan a la línea ontológica de Dios donde encuentra su origen y paradigma. Todo ello constituye el fundamento del humanismo histórico y perenne, pues apoya, fundamenta y defiende la superioridad, dignidad y singularidad de la persona de donde parte todo el sistema moral, jurídico, político defendido por el cristianismo de todos los tiempos. Si esas ideas, verdades, valores, principios, vienen incorporados a la cultura y pensamiento social europeo tenemos el formato de civilización occidental que se ha ido formando a lo largo de los siglos. La teoría agustiniana sobre las ideas o verdades eternas, que aquí hemos iniciado, da pie para el desarrollo de tres dimensiones de la antropología filosófica, a saber, el carácter racional y espiritual de nuestro conocimiento, el aspecto absoluto y trascendente del mismo y, finalmente, el planteamiento previo o "a priori" respecto a otras percepciones procedentes de la experiencia sensible o negativa. Las ideas o verdades eternas son lo primero, lo incondicionado de todo conocimiento que tenga lugar en el hombre. Con estos tres asentamientos se puede afrontar con éxito el desarrollo del hombre naturalmente religioso y fundamentalmente moral. No ha faltado oposición intelectual a este modelo de hombre, de sociedad, de religión, de relaciones humanas que se han concretado en los diversos materialismos. El más conocido en nuestros días es el llamado materialismo dialéctico como interpretación materialista de la historia donde las ideas, la conciencia, el sujeto, la titularidad de la acción moral, no tienen su fuente y origen en los valores permanentes, universales y eternos, sino en las formas de producción y condiciones de las clases trabajadoras y sociales. Todo se produce en contacto con la materia —dice el marxismo ortodoxo—; menos las ideas y la conciencia, decimos nosotros. Las doctrinas y las teorías de Nietzsche no han querido destruir los valores tradicionales de occidente (reconociendo la equiparación entre cristianismo y occidente), sino su inversión o transmutación alterando simplemente el orden de colocación. El hombre y los mecanismos trascendentales de su razón son el centro de la cultura moderna. El idealismo kantiano es una prueba de ello. No podemos aceptar la inmoralidad como base de la sociedad moderna, aunque haya mucha ofuscación y los portavoces del materialismo histórico se empeñen en ello. La fenomenología del absoluto es incompatible con el materialismo absoluto de la fenomenología del conocimiento dialéctico. El misterio del hombre, lo insondable de su alma comienza por el origen y desarrollo del conocimiento. ¿Por qué conocemos lo que conocemos? ¿Cómo conocemos? El misterio antropológico reside no solo en el objeto (Dios y el hombre conocidos), sino en el mismo proceso de conocer y amar del hombre. Frente a la primacía de la ciencia experimental que no admite más nociones o sensaciones que las llegadas a través de los sentidos y de la cadena biológica, hay que reafirmar la condición previa y causal de la noble racionalidad. Todo está impreso y dado en el hombre, las verdades. El cerebro no lo es todo. Hay una dimensión del alma que llamamos racional, encargada de registrar la esfera de conocimiento que llamamos trascendente o superior. No todo obedece al esquema excitación y respuesta. O, mejor dicho, el mundo de lo religioso que se nominaliza en torno a Dios también es provocador de otras dimensiones de la personalidad del hombre. Es lo que conocemos por inquietud religiosa. Hay unas certezas absolutas, unas verdades eternas en el hombre, unos principios connaturales en la conciencia que trascienden toda adquisición y aprendizaje material, educativo. Ahí es donde el hombre (cuerpo y alma) se constituye en persona y sujeto. El conocimiento o la verdad de Dios (hacia nosotros) nos hizo existir y ahora el reconocimiento de Él nos hace subsistir. Según ello, el hombre por el hecho de existir, está llamado y capacitado para la verdad. No se puede vivir en la ignorancia o en el error. La relación entre hombre y verdad es algo esencial y necesario que constituye al hombre en su ser. El relativismo es contrario a la vocación del hombre para conocer o descubrir la verdad, y nunca forma parte del destino del entendimiento. Establezcamos una secuencia antropológica: las ideas no son solo ideas, sino que son también verdaderas, porque son eternas y permanecen inmutables, pues son participaciones. Por tanto, las verdades no hay que situarlas ni atribuirlas a su naturaleza o condición de ideas, sino a su situación o posición de estabilidad, de eternidad, de vigencia, de invariabilidad. La verdad o veracidad de las ideas no hay que buscarla en el plano lógico, de coherencia y adecuación a la realidad, sino en su condición de valor del ser que se convierte en regla suprema del conocer por parte del hombre.

Sin embargo, no podemos separar la trascendencia de las ideas y valores de su interioridad o inmanencia en el hombre. Son dos procesos continuados. Al lado de la naturaleza de las ideas y su relación con los seres, está también su situación y función en el proceso del conocimiento y de la programación del hombre. Por una parte, la trascendencia como origen y posición, pero por otra también consta su inmanencia en el alma humana y racional. A estos niveles de la filosofía occidental, la palabra "razón" tiene dos sentidos: causa ontológica y explicación o conocimiento de las cosas. La inmanencia es, pues, también doble: Las razones y las verdades están en las cosas y en el alma que por eso se llama racional. Vamos en busca de la residencia de las verdades y valores en el alma que son las que la capacitan para desarrollar su labor. Es un punto de pleno interés antropológico, el tema del hombre interior. Su contacto e identificación por parte de la razón se llama intuición que es la corriente de pensamiento que se establece entre ambas dimensiones, a saber, las verdades eternas y el alma. Entre ellas hay una afinidad, se establece una conectividad, se produce una atracción, una compatibilidad y complementariedad. El alma está hecha para las ideas y las ideas para el alma, igual que la luz está destinada al ojo y viceversa. La razón es la cabeza y los ojos interiores e inteligibles del alma. Esto significa que las primeras verdades y principios contienen una identidad, una idoneidad, una adecuación, pues son sanos y sinceros y semejantes a aquellas cosas que deben ser entendidas y por quien tienen que ser entendidas como es la razón. No todo puede ser entendido por ella, pues tiene que darse esta homogeneidad entre objeto y sujeto al ser de la misma naturaleza. Estas ideas que parecen sacadas o desempolvadas de restos arqueológicos de la filosofía tienen una gran importancia en la construcción del mundo y del hombre moderno, pues nos devuelven a las raíces y orígenes de los sistemas del conocimiento y son la base del entendimiento y del diálogo común entre valores, razas, culturas humanas y las diferentes cosmovisiones. Es lo que llamamos el hombre natural que actualmente viene devorado por el hombre y los sistemas convencionales, impuestos y artificiales. Cuánta destrucción y sacrificio del natural y universal antropológico hay en lo que llamamos el conjunto de la civilización, aunque también hay que reconocer en ella una gran labor de salvación de los valores humanos y universales. Transformar la eternidad de las ideas en interioridad racional del hombre se hace a través de la llamada teoría de la iluminación. Dios es la Verdad que ilumina a todo hombre que viene a este mundo. Este es el segundo movimiento en la antropología del conocimiento, o sea, la transición de la racionalidad superior a una interioridad racional. Dios no crea las cosas desconcertadamente, sino según un orden que llamamos razón, derecho, rectitud natural en el mundo. Cada ser tiene su "razón de ser" que lo sitúa en la inteligencia divina primero, y en la interioridad del hombre después. Dios y el hombre como espacios racionales convergentes o superpuestos. Porque, en definitiva, la creación, las cosas, el hombre, no son más que la salida al exterior de la razón divina. Hay pues un espacio superior, interior y exterior de las ideas como hay un Dios superior e interior a mi mismo. Aquí sí que el hombre se convierte en la medida de todas las cosas de los griegos, pues es la referencia última de la creación. De acuerdo con esta metodología espacial, se puede comprender muy bien el tema de la iluminación, pues el alma supera a todas las cosas por su proximidad y cercanía a Dios. Y más próxima es cuanto más pura, limpia y natural sea. Y más pura y transparente es en cuanto sea traspasada e iluminada por la luz de la verdad que constituye la inteligibilidad y la ilustración. La dialéctica interioridad y trascendencia está contenida y desarrollada por los estudiosos, a partir de las palabras de Agustín que asegura que para conocer hace falta este proceso "Nolli foras ire, in te ipsum redi, in interiore hominis habitat veritas, et si tuam naturam mutabilem inveneris, trascende te ipsum": No vayas fuera; entra en ti mismo, pues en el interior del hombre habita la verdad. Y si encuentras que tu naturaleza es mudable, trasciéndete a ti mismo". O el "Admonitus redire in memetipsum intravi in intima mea, duce Te, et potui quonima factus es adjutor meus": Advertido de volver, entré en mí mismo, en mi intimidad, conducido por Ti y pude hacerlo ayudado de Ti: *Confesiones VII:10.16*. Estamos ante el comienzo del idealismo trascendental kantiano, pues el retorno del hombre sobre sí mismo no solo es para conocerse a sí mismo, sino para conocerlo todo (Dios incluido) desde sí mismo, desde las ideas, desde la reflexión, desde la introspección o iluminación interior. Es una antropología formal del conocimiento. El hombre es la primera verdad y el origen de la verdad de todas las cosas en su sentido intencional. Somos un mundo eterno, interno, impreso, innato con anterioridad a la expresión o manifestación consciente de ideas, nociones, leyes y conocimientos.

6.2. La iluminación antropológica

El tema del hombre como imagen de Dios que San Agustín recibe (tradición) y elabora (nuevo impulso) está profundamente vinculado al tema de la iluminación que ya hemos mencionado, pero no desarrollado. Hay autores que, en su lugar, emplean el termino inhabitación (aunque algunos como A. Turrado lo reservan para el tema de la presencia del Espíritu Santo en el alma de los justos); sin embargo, se puede hablar de una inhabitación natural, epistemológica de la verdad de Dios en el hombre. El argumento resulta muy sencillo: la verdad habita en el hombre, porque el hombre tiene un soporte metafísico que es el alma, para que habite en ella. Como la verdad es eterna, también el alma tiene que ser inmortal o eterna para ser la compañera permanente de la verdad. Alma, verdad y hombre caminan juntos y no solo en una visión de psicología descriptiva, sino también de antropología filosófica. La iluminación en su derivación refleja y reproducción en la razón, es el poder cognitivo del hombre. El conocimiento de las ideas, razones, formas arquetipos, reglas, leyes morales y principios generales está por encima del conocimiento empírico. Es lo que en filosofía se denomina verdades o principios naturales, innatos, donde se basa el entendimiento y el derecho racional humano. Todo este equipamiento del hombre es lo que llamamos verdades eternas, denominación ambigua, según algunos autores, sin olvidar que ello indica también la inmutabilidad y validez permanente de las mismas. Pero dicho conocimiento original se incorpora plenamente al proyecto de hombre real. Estas verdades no son particulares, sino universales y no necesitan de su verificación experimental. Muy al contrario, ellas son las que verifican las proposiciones particulares y convalidan otros conocimientos llegados de los sentidos. Indican la necesidad que el hombre tiene de unas evidencias, certezas, principios y seguridades absolutas. Entre ellas se encuentra la idea de Dios como implantada en el hombre que se constituye así en memoria religiosa conformando una epistemología antropológica a priori, un idealismo trascendental natural, una visión comprensiva y explicativa del ser y de todo lo existente. La filosofía moderna da vueltas y vueltas en torno a la teoría del conocimiento que es, a la vez, una teoría del hombre mismo y comienza a descubrir y asimilar el planteamiento agustiniano; es decir, para conocer se necesitan tres elementos: el sujeto, el objeto y el marco de luminosidad o luz envolvente que ilumine el paisaje y la mirada a la vez. Ella es quien garantiza la unidad o identidad entre lo visto y quien lo ve. El conocimiento del hombre es verdadero, no por ser visto, sino por la verdad de quien lo ilumina como presencia previa de un absoluto. Este es el círculo antropológico necesario. Hay un fondo en el alma humana, que llamamos memoria, compuesto de aspiraciones innatas, tendencias al absoluto, inagotable, como es el espíritu desde donde se busca para entender, se entiende para seguir buscando; no se buscaría si no se hubiese encontrado, no se desearía si no se hubiese ya probado o conocido que forman la dialéctica del hombre inquieto de *Confesiones I:1.1*, o en *De Trinitate XV:2.23*. Esto significa que la actividad del entendimiento humano no parte del vacío, de la duda o de la incertidumbre más total, sino que arranca de un punto de apoyo como fuente y sostenibilidad de la verdad que crece y crece a medida que la razón aumenta, en-tiende y extiende su interioridad horizontal y su verticalidad trascendente. De este modo, la visión antropológica completa de la filosofía del conocimiento se constituye en una cadena que va desde los sentidos que conectan con el mundo exterior hasta el alma que conecta con Dios, de acuerdo con *De Genesis ad litteram VIII:24.45; VIII:25.47; Confesiones X:15.35*. Otros han querido ver en la metáfora de la iluminación la síntesis de la antropología agustianiana, pues ella sería, a la vez, la interioridad o inmanencia psicológica y la trascendencia religiosa y vocacional del hombre, sirviendo la mente como categoría mediadora. Toda la visión moderna del hombre es impensable sin este giro de interioridad, subjetividad, pero también apertura y trascendencia impulsado por San Agustín en su tiempo con el que rehabilita la filosofía antigua para ser también nueva. La reconstrucción de esa teoría agustiniana en antropología no tiene el valor solo de una descripción histórica, sin valor actual. Muy al contrario, forma parte de los caminos del conocimiento que se exploran actualmente y, en especial, forma un todo con el resto de su pensamiento.

6.3. Memorial antropológico y reversible

Entramos así en otro tema sugerido por la misma raíz de la antropología cristiana. El hombre, imagen y semejanza de Dios, es según San Agustín un memorial que tiene la misma estructura del misterio trinitario. Todo ello nos permite hablar del hombre como memoria antropológica no solo en sentido psicológico, sino también religioso como disposición, apertura y reproducción del hombre frente a Dios. Como hacemos siempre, hay que encontrar el vocabulario agustiniano que sustente el estudio o la teoría a desarrollar. En este caso, tenemos las dos expresiones de "memoria sui" y "memoria Dei" cuyo seguimiento nos conduce a dicha síntesis. En ellas se contiene una gran visión antropológica de lo religioso y una gran explicación religiosa de lo antropológico. Mi maestro, gran estudioso y conocedor del pensamiento agustiniano, el profesor Lope Cilleruelo (1908–1985) es uno de los que mejor ha desarrollado esta teoría y sus implicaciones. Está, igualmente, la interpretación diferente que hacen de la "memoria Dei" los especialistas en pensamiento agustiniano, es decir, los españoles Lope Cilleruelo y José Morán por una parte, y el francés G. Madec por otra. Dios es la memoria, existencia contenida o retención del hombre, es decir, los seres responden a la Idea que Dios tiene de ellos. La creación es una aparición retardada y continua de dichos contenidos virtuales que pasan a ser reales. Consecuentemente, el hombre es memorial como respuesta de Dios. Este es el orden antropológico. El hombre tiene otro idioma, otras señales, otra técnica y el pensamiento es previo y superior a la realidad con una organización diferente que buscamos en los orígenes del ser convocado o llamado por Dios. Es cierto que los hombres responden a los mismos movimientos y reacciones que las demás cosas de la naturaleza, pero su peculiaridad como sistema espiritual y libertad central obedece a otras reglas previas o anteriores a su contacto con el mundo sensible. El hombre es una memoria implícita antes que un desarrollo psicológico. Es un depósito de ontología religiosa. El hombre, hablando en términos economicistas, no produce la verdad, sino que la descubre o desarrolla en su interior. Existe una educación (educere = extraer, tirar, desarrollar) antropológica que consiste en desplegar todos los conocimientos implícitos que el hombre alberga en su ontología virtual e interioridad constitutiva.

a. Memoria sui. Podemos entender esta idea trasladando palabras y sentido. La memoria es presencia continua e ininterrumpida, aunque sea oculta e inconsciente. Hay una presencia de Dios en el hombre y hay una presencia del hombre en sí mismo que llamamos conciencia, espíritu, mente. En la reflexión agustiniana ambas presencias se mezclan y se intercambian. Tú estabas presente en mí y yo no estaba presente en Ti, juega a veces con retórica San Agustín como lo hace en *Confesiones X:5.7*. Dios está presente en la mente humana, ella está presente en Dios y la mente está presente a sí misma: ¿qué hay más presente a la mente que ella misma? Según confiesa en *De Trinitate VIII:6.9*. Ambas presencias son una misma presencia, es decir, hay dos campos en la memoria ontológica: Dios y el hombre. Memoria es, también, imagen. Va a suceder lo mismo con la metafísica del tiempo que, para Agustín, es imagen y memoria de la eternidad, como veremos en su momento. Yo soy imagen de Dios invisible e imagen de mí mismo, reflejo de Dios y reflejo de mí mismo. Desdoblamiento o unificación. Con esta antropología de la memoria estamos en unos niveles de "hábitos naturales inconscientes" a la hora de activar el sistema de conocimiento en el hombre. Es decir, la memoria tiene una función metafísica anterior a la operatividad de la misma. El dualismo antropológico que aquí estudiamos (memoria sui, memoria Dei) no es ni accidental ni casual, sino que recorre todo el pensamiento agustiniano y es como una línea trasversal que se prolonga en el "amor sui" y "amor Dei" en la "civitas Dei" y en la "civitas terrena". El hombre es una memoria original, un amor radical y una ciudad o sociedad constituyente. La memoria, el amor y la ciudad constituyentes forman o engendran el conocimiento explícito, el amor derramado y la sociedad constitutiva. De esta manera queremos reconducir las categorías parciales sobre el conocer, el amar y el convivir social, a una sola categoría antropológica de la que todo se origina. Son siempre los dos niveles, las dos dimensiones del hombre agustiniano que estamos buscando, el nivel de la antropología metafísica, el inconsciente religioso y el nivel de la conciencia o de la potencia explícita del creyente. Lo mismo que decimos de la religión se puede decir sobre el paso de una moral radical e innata en el hombre, a una moral ejecutiva, de una moral natural e impresa, a una conciencia y responsabilidad activa y comunicativa, del "tener que ser" al "qué tener que ser", de una moral precursora a un deber perseguidor. Ya quedó reflejado en la antropología del Génesis que San Agustín continúa en sus comentarios. El hombre creado es imagen de Dios por cuanto es capaz de conocer y distinguir entre el bien y el mal. ¿Por qué creemos? A ello se puede responder con nociones filosóficas y teológicas pero, sobre todo, con una experiencia antropológica viviendo el drama y la tensión humana distendida y dividida en la búsqueda de la verdad y de la felicidad. Agustín no es solo un metafísico del hombre, sino un protagonista de la fe del hombre y en el hombre. Su pensamiento cristiano podría denominarse como una antropología hermenéutica o teológica. No se ha hecho demasiado hincapié en la reversibilidad de ciertas nociones agustinianas que tienen lugar aquí: la "memoria sui" puede ser muy bien la razón, mientras que la "memoria Dei", puede ser la fe y su fundamento. Así trasladamos a un lenguaje más moderno y asequible lo que pudiera ser una terminología más arcaica. Reversibilidad, es decir, creer para entender y entender para seguir creyendo. La filosofía sirve a la religión o a la teología (philosophía ancilla theologíae, como se dirá más adelante) y, a su vez, la fe ayuda a la razón para desarrollar y ampliar su capacidad racional. El entendimiento humano es un formable en una ontología plástica y educable que realiza la verdad en él. La verdad, podríamos decir, no es consecuencia del esfuerzo del entendimiento humano, sino su causa y determinación. La verdad cognoscible engendra conocimiento y no al contrario.

b. Memoria Dei Es el otro despliegue de la antropología cristiana en San Agustín. Nos encontramos de nuevo en una dimensión inductiva del conocimiento del hombre y de Dios. Seguimos en la misma línea de consideración o valoración: la memoria Dei es una disposición innata, habitual del espíritu, soporte antropológico del conocimiento. El Ser y la Verdad confluyen en él. La "memoria Dei" amplía y trasciende el horizonte de la razón. De la memoria antropológica podemos pasar a la memoria cristiana. El evangelio, Cristo y el cristianismo, la Iglesia, son memoria de la humanidad, porque en ellas se contiene, se refleja, se conserva y se revela la historia de hechos, acontecimientos y sufrimientos de los hombres y de las culturas, pero también los proyectos de liberación y de renovación. El hombre cristiano representa la memoria de la historia del espíritu humano a lo largo de los tiempos, constituyendo una plataforma de docilidad y capacidad del diálogo con Dios. La "memoria Dei" significa la actividad del espíritu para con Dios. Además de una percepción religiosa previa, la "memoria Dei" es un instinto moral del hombre, pues también alberga la consolidación de valores invisibles que guían la experiencia y el desarrollo de la actividad consciente, dialógica e interrelacional. Lo mismo que decimos de la verdad como objeto de dicha memoria, hay que aplicarlo al bien. Fue en la Edad Media cuando Santo Tomás se atrevió a denominar como Ley eterna a estas anticipaciones antropológicas de las leyes positivas y codificadas en los hombres. Todo ello expresa, de un lado y de otro, la subyugación del hombre frente a Dios o la conexión religiosa y moral. No estamos haciendo una fenomenología del conocimiento, como explicación de los mecanismos sicológicos del mismo, sino una aproximación a las bases antropológicas del espíritu del hombre tomado en su unidad. La "memoria sui" y la "memoria Dei" pertenecen a estos primeros escalafones del hombre. Dios es siempre una posibilidad del hombre. El Dios posible y asequible. Si la memoria, de la que aquí hablamos, no es algo explícito; tampoco Dios es todavía un concepto explícito en sus comienzos, pero es una realidad y vocación que ya preside toda la estructura del conocimiento y de los sentimientos que sean humanos. "Memoria sui", "memoria Dei", ley natural, ley eterna, verdades eternas, bien natural, bien común. Son los mismos hitos de participación y jerarquía que se establecen entre el hombre y Dios que ha desarrollado el cristianismo. La "memoria Dei" es la síntesis de todos los valores en una civilización cristiana. El hombre, como memorial antropológico que aquí desglosamos y desarrollamos, hace que todo conocimiento tenga sentido. Dicha estructura es la raíz y la madre de todas las ideas y valores que alimentan la inteligencia humana y que, igual que el imperativo moral de Kant, construyen un imperativo religioso en San Agustín. La "memoria Dei" es una estructura o composición anterior a la formación de los conocimientos o conceptos explícitos donde ellos se asientan. La "memoria Dei" actúa como un conocimiento invisible, como una antropología religiosa implícita que la conciencia despierta y proyecta en el mundo interior y exterior. Es lo que llamamos impresión o iluminación y que lleva adscrita la dialéctica tantas veces aludida: impresión-expresión; vocación-invocación; versión-reconversión; iluminación-ilustración; interior-exterior. En otra época filosófica más cercana a nosotros, a todo este equipamiento antropológico se le denomina principios, convicciones, valores. Todos los hombres de todos los tiempos, razas, culturas y lugares disponen de estos elementos que constituyen el sentido de la razón, mediante el que perciben a Dios como Verdad, Bien y Felicidad natural. El hombre dispone, desde su origen, de unos principios inequívocos e irrefutables que le permiten afrontar la búsqueda y el sentido de la verdad con éxito y seguridad. El hombre no está desasistido ni dejado a la intemperie por parte de Dios.

6.4. Antropología trinitaria y precursora

La esencia tridimensional o trinitaria del hombre consiste en esa capacidad de engendrar la verdad que es siempre filial y derivada. No hay imagen de Dios si no se le contempla como suprema Verdad. La unidad subjetiva del yo antropológico y la diversidad o descentralización del mismo queda explicado en San Agustín por la analogía de la trinidad. El hombre es una trinidad espiritual que releja y reproduce la trinidad teológica de la que es precursora. El esquema de reflexión es muy sencillo. El hombre es imagen de Dios que es uno y trino. Todas las cosas son razones seminales, huellas y vestigios de su creador mediante el proceso de derivación, externalización, aparición virtual y retardada, pues ellas eran esencias retenidas en la inteligencia divina. En el hombre, el elemento residencial de esta imagen es el alma humana. El alma tiene una capacidad intelectual o "mens" (mente) que genera un conocimiento o "conceptum" (concebido) o "notitia" (nacido) y de la unión de ambas relaciones surge el amor como la tercera persona de esta trinidad. Nos movemos dentro de la obra *De Trinitae* y, en especial, del libro XII donde el hombre es considerado "vestigium trinitatis", imagen y vestigio de la Trinidad. El primer movimiento de la mente nos remite de nuevo a la memoria como presencia continua mía, a mí mismo como sujeto principio y titular de mis actos. El tiempo no interviene en este nivel, pues dicha memoria no desaparece con él. Por eso hemos dado un carácter ontológico a esa dimensión del hombre. Y cuando entro en este interior de mí mismo, es cuando descubro la huella, la presencia de Dios, la "memoria Dei" que facilita la trascendencia. Pensarse y abrirse a sí mismo es imposible a un sujeto sometido al tiempo, pues le faltaría estaticidad, permanencia, continuidad, unidad. Por eso, el conocimiento de Dios es una forma de eternizar al hombre a través de la verdad. El horizonte temporal o espacial no forma parte del conocimiento humano a estos niveles antropológicos Conocer no es salir "fuera", o regresar al "antes", sino profundizar e ir dentro de nosotros mismos donde encontraremos la fusión personal del hombre como memorial trinitario. Conocer a Dios es conocer al hombre y esta es la comunión en la que participa el hombre y descansa en ella. Lo más importante en la relación entre Dios y el hombre, a partir de la participación en la misma estructura ontológica en original y en imagen, es la generación recíproca. Tres personas en un solo Dios, tres facultades en una sola persona. El conocimiento no es, pues, una adquisición venida de fuera sino una noticia, idea o noción engendrada (conceptum) desde dentro, desde el interior del hombre mediante la relación trinitaria y antropológica. Estamos en lo que se ha llamado la dialéctica de la ontología y de la lógica trinitaria en San Agustín o el discurso metafísico y teológico como indica el profesor M. F. Sciacca (1972) teniendo en cuenta que la antropología religiosa es la superación de la metafísica. La teoría antropológica del cristianismo representa una nueva edad en el hombre. Todo en San Agustín es teología y el resto es antropología generativa, pues la imagen y presencia tridimensional de Dios en el hombre tiene un carácter de fecundidad materna y causal. Alargamos la metáfora: el hombre salido de la inteligencia y de las manos de Dios no sale desnudo ni desprotegido, sino fortalecido con un sello, imagen, memoria y capacidad para conocer a Dios y al alma. Que, por otra parte, no son dos vías paralelas, sino continuas. Son dos fases del mismo proceso o dos vertientes del mismo proyecto.

Si el hombre es imagen de la Trinidad divina cuya esencia consiste en tres personas distintas y una sola naturaleza, la trinidad humana consiste en tres operaciones o facultades, pero una sola persona que es el sujeto común. En esta reflexión comienza todo el humanismo cristiano como modelo de civilización y oferta cultural al mundo. De esta relación interna entre el hombre y Dios surge el valor de la persona, su vocación de dignidad, su exigencia de respeto, su primacía y superioridad sobre el resto de la creación. Esta es la pirámide de los valores. Igualmente se entiende la condición de misterio que rodea el estudio y la consideración del hombre en sus dos dimensiones de cuerpo material y alma espiritual que va a formar una sola persona. La trinidad antropológica tiene tres nombres: 1. La mente o el ánimo o el espíritu. 2. La autoconciencia o percepción que el espíritu tiene de sí mismo y 3. Voluntad o amor de sí mismo como sujeto y yo personal. Este es el reflejo antropológico del personalismo trinitario. Esta es la naturaleza del alma humana, convertida en persona, orientada hacia Dios que es Uno y Trino. Esta es la antropología de la relación. La mente que conoce y lo conocido son distintos, pero no pueden vivir separados; lo mismo sucede en la relación de amor, pues el amor y lo amado, aunque distintos, forman una unidad. Todo ello se iguala en el espíritu y constituye al sujeto que es la persona. Todos estos procesos, como decimos, son una verdadera generación o nacimiento. La mente es imagen del Padre; el espíritu engendra por esencia el conocimiento, la noticia, el concepto interior y engendrando esa noticia se engendra a sí mismo. Esa es la función mediadora del Verbo. Lo mismo sucede con el amor de sí mismo. Esta actividad basada en las relaciones internas del hombre se puede entender igualmente como una trinidad psicológica. Lo mismo se puede decir de la aproximación antropológica a la actividad intradivina, por lo que hemos hablado de una antropología y teología reversibles. La antropología trinitaria de San Agustín no es una presentación esencialista, sustancial (aunque tenga en cuenta los pronunciamientos de los Concilios de su tiempo), sino una teoría de la relación que va camino de la antropología de la persona, aunque todavía tenga reservas a usar dicho término prefiriendo el término hipóstasis más griego y conocido que el latino persona. Situar la persona a nivel de relación es un gran paso de la teología y de la antropología trinitaria en San Agustín, que por una parte le evita objeciones teológicas incluso lingüísticas y, por otra, abre la comprensión del hombre como persona, pues es creado a imagen y semejanza de Dios. Esta aproximación antropológica a la realidad trinitaria de Dios realizada por San Agustín ha sido heredada por la Edad Media, pero no se ha profundizado hasta nuestros días. En definitiva, la actividad espiritual humana se realiza en analogía y comparación con la vida trinitaria. Su resumen podremos verlo y leerlo en *Confesiones XIII, 11,12* cuando dice: "Pues yo soy, conozco y quiero; soy sabiendo y queriendo; sé que soy y quiero, y quiero ser y conocer". Dichas realizaciones son, a la vez, una unidad de sujeto y persona, pero también diferencia de funciones y operaciones. La "memoria", la "inteligencia" y la "voluntad" o si se prefiere, "mens", "notitia" "amor" son el parto fecundo del hombre nuevo del cristianismo que forman la trinidad psicológica según *De Trinitate IX:12.18*. Estas tres cosas forman un solo sujeto.

7

Antropología metafísica

Designamos como antropología metafísica la forma con que Agustín afronta la explicación del ser del hombre, ser entre los seres, síntesis de materia y espíritu, concluyendo en un cuerpo y un alma. Al lado de ese núcleo se organiza también la reflexión sobre su temporalidad, su historicidad, su muerte e inmortalidad, su contingencia y vulnerabilidad. Al afrontar la explicación del ser humano en el marco de una ontología general, nos encontraremos igualmente con el plus añadido de reflexión y planteamientos cristianos procedentes de la fe. Es, por tanto, una antropología metafísica condicionada y superada por la teología fundamental misma. San Agustín evita el peligro que supone que un creyente juegue a ser filósofo sin tener en cuenta la fe, pues terminaría equivocado. Lo más decisivo en esta visión del hombre sigue siendo la relación o unión del cuerpo y el alma, es decir, superar el dualismo filosófico e implantar el personalismo cristiano como estructura del ser humano. Impulsado por el esquema de materia y forma, todo el esfuerzo tiene que estar presidido por una igualdad de presencia y de funciones tanto del cuerpo como del alma, en la formación del hombre. La transición de categorías y de lenguaje es muy sencillo: el cuerpo es la materia y el alma es la forma. La unidad del hombre, fundada en la unidad del Dios uno y trino. El hombre es una criatura y como tal participa de la condición universal de las demás criaturas terrestres, es decir, multiplicidad, finitud y mutabilidad. La superación y trascendencia de ese nivel ya es conocido, pues el hombre tiene una elevación y superioridad frente a los demás seres. Identidad, pero también distinción; relación, pero también aislamiento; comunidad con el mundo y participación, pero también trascendencia y referencia religiosa hacia Dios. Por eso, podríamos estar hablando de una antropología del hombre como imagen y semejanza del mundo, pero también imagen y semejanza de Dios. La dialéctica trinitaria es doble. Semejanza y desemejanza. La continuidad lineal del mundo creado no se interrumpe, sino que se eleva como una esclusa en el torrente de la vida. El hombre participa de la cadena creadora en la serie o secuencia de razones seminales, pues no es ninguna excepción en el proceso creador aunque algunos defiendan la intervención especial o diferencial de Dios, a la hora de crear al hombre, haciendo un acto de reflexión, determinación o decisión específica con el "hagamos al hombre a nuestra imagen y semejanza " que el autor del Génesis pone en boca de Dios, en lo que se quiere ver una significación y trascendencia propia de la creación del hombre y su diferencia con el conjunto de las cosas. Ya hemos dicho que la antropología agustiniana no cae del cielo, sino que arranca del suelo de la metafísica, o sea del ser común aunque sea su superación y trascendencia. Una reflexión sobre el hombre supone una reflexión previa sobre el ser, pues el hombre es una especie entre los seres, un grado de ser. A partir de ahí debemos remontar y reforzar su identidad, su esencia diferencial y superioridad. Aislamiento y concreción son dos ámbitos de esta antropología de lo concreto, de lo específico y de lo identitario del hombre, pues él es un ser marcado, señalado, distinguido, memorizado, impreso, aunque sea de forma analógica.

7.1. La hipóstasis antropológica

El hombre es un ser analógico y no unívoco, compuesto de cuerpo y alma. Ambas dimensiones son esenciales en el. Nos encontramos, de nuevo, con la dialéctica cristiana, unión y distancia entre ambas dimensiones. Un abismo separa al cuerpo del espíritu, pero también una mismidad e intimidad les une. Tradicionalmente, esta relación ha sido expresada bajo la fórmula del pensamiento griego, el alma como forma del cuerpo (en el esquema materia y forma) que tiene su procedencia en la filosofía aristotélica. Pero la Biblia nos introduce en un orden o mundo distinto de imágenes, de semejanzas, de memorial, de tríadas, de monumento reflejo o que tiene que afectar tanto al cuerpo como al alma, pues todo el hombre es vestigio, herencia y huella del Creador. Avanzando y profundizando en esa dialéctica cristiana, en la bidimensionalidad del hombre, nos encontramos con que el cuerpo humano es, a la vez, creado e increado, pues se acoge al principio general de toda la creación existente en Dios como razón, idea, preformación, ya que cada criatura imita la anticipación "verbal" al ser la externalización del Verbo interior, que es siempre el intermediario antropológico. El acto creador consiste en "reformar" o formatear mediante el proceso de imprimir una forma eterna, sin salir de Dios, a una materia. La materia es privación de toda forma pero, a la vez, es formateable, o sea, susceptible de recibir cualquier forma, capaz de ser concretada y determinada. En el hombre, este proceso metafísico nos conduce a la comprensión de la persona, pues esa delimitación o adscripción del cuerpo por el alma constituye la esencia de la individualidad personal e intransferible. De la indeterminación de la materia pasamos al aislamiento de la persona concreta. A este proceso le podemos llamar "concepción", pues de él surge la realidad humana en la aproximación y unificación del mundo del espíritu y del cuerpo. El ámbito de la constitución de la materia, con su mutabilidad y multiplicidad, viene corregido por la unificación realizada por el alma. En el binomio cuerpo-alma, tanto la materia como la forma se convierten en co-principios de la persona. Lo importante no es que la metafísica tenga una portada antropológica, sino que la antropología tenga una base metafísica. Hay un lenguaje simbólico referido a una mañana y una tarde en la creación y en la comprensión del hombre. La idea, el orden matinal o el comienzo es el cuerpo y la idea, eficacia o plenitud vespertina es el alma. Temporalidad del acto creador medido desde nosotros, desde su explicación, pero no desde Dios o su realización y que nos remite al desenvolvimiento o despliegue histórico de la creación cuya explicación está en las "razones causales" o razones seminales, o virtuales aludidas. El cuerpo como materia es la forma incoada o matutina del hombre, mientras que el alma es la forma definitiva, acabada, diurna o vespertina. El cuerpo es el comienzo y la aurora del hombre y de su existencia en la tierra que culminará en la resurrección. Como se ve, toda la iniciación antropológica de San Agustín descansa sobre la narración y comentario del Génesis. Ello plantea una doble dimensión, o sea, el comienzo ontológico del hombre y el comienzo histórico o temporal del mismo. Ambos aspectos aparecen allí y se les llama creación. Todo hombre (excepción hecha de Adán) como ser corporal, está sometido a la doble condición de la creación causal y del desenvolvimiento orgánico temporal.

Podemos preguntarnos, igualmente, ¿la distinción del cuerpo y del alma en el cristianismo de San Agustín procede de la filosofía griega o de la narración bíblica elaborada? Porque, como queda dicho, a la separación cuerpo-alma le sigue la unión cuerpo-alma. Otra doble condición del misterio del hombre. Todo ello desembocará en otra hipóstasis que nos acerca a la imagen o simbolismo trinitario, que hemos desarrollado más arriba. Un cuerpo unido al alma para constituir una fusión personal o una tercera hipóstasis. En el tema del cuerpo y el alma existe una antropología envolvente y una razón diferencial. La división del hombre tiene que ser tratada conjuntamente con su unificación. Hay que reconocer el valor propio del cristianismo para elaborar la difícil teoría de la persona o del ser personal partiendo de la desnuda alusión: el hombre es un animal racional mortal. Esta definición se queda muy obsoleta, muy antigua, muy inservible en una antropología cristiana, que va más allá de la metafísica y busca situar al hombre en el mundo de los seres y en los seres del mundo. Sin embargo, San Agustín no la desprecia y la incorpora a su interrogante antropológico: "¿De qué estamos hechos?", se pregunta en una de sus cartas (*Carta III:4*) y se responde a sí mismo, con la idea de su tiempo, "estamos compuestos de cuerpo y alma". Y continúa reflexionando: "¿Cuál es el mejor de estos dos elementos? Sin duda el alma. Entonces ¿qué se alaba en el cuerpo? Según mi entender, no otra cosa que su belleza. ¿Y en qué consiste la belleza del cuerpo? En la armonía de sus partes unida a una cierta claridad de los colores. La belleza del hombre es más grande en el alma; por tanto, se debe amar más el alma que el cuerpo". El recurso a las comparaciones forma parte de la pedagogía antropológica de San Agustín, inspirada en el platonismo, pues comentando el Génesis repite el pensamiento anterior: estamos compuestos de cuerpo y alma; el cuerpo es visible, mientras que el alma es invisible. El cuerpo es como la casa, el alma como el inquilino; el cuerpo es como el vehículo, el alma como su conductor. El cuerpo como vehículo necesita ser conducido, y el alma es el encargado de conducir al cuerpo", *De Genesis II:4*. Ya el uso y la unión de la palabra "hombre" a los términos "cuerpo" y "alma" indican la búsqueda de un tercer trascendente para entender al ser humano en la escala de seres. Se pasa así de un orden cosmológico (cuerpo, materia, visible, cambiante) a un orden antropológico como es el alma (espíritu, inmaterial, invisible, inmortal), para desembocar en un orden moral, dinámico, de vida, según el cuerpo o vida según el espíritu. La antropología agustianiana es una fuerza dinámica que motoriza e impulsa toda la actividad psicológica y religiosa del hombre. No es metafísica estática, contemplativa o ideológica, sino visión dialéctica y transformadora de la conciencia individual (Confesiones o antropología personalista) y ciudadana (La Ciudad de Dios o antropología política). No perdamos de vista que el impulso simbólico trinitario es más fuerte que la presión neoplatónica y el dualismo de la fórmula definitoria cuerpo-alma queda superada por la unidad hipostática de la fórmula imagen de Dios. Agustín se sigue preguntando qué es el hombre y la respuesta está en la superación de la filosofía griega: el hombre está compuesto de dos elementos que se llaman cuerpo y alma, pero en una interacción o reciprocidad sustancial, de tal manera que el cuerpo solo no es hombre así como el alma sola tampoco hace al hombre, sino que el cuerpo es hombre, porque está en el alma y viceversa; o sea, ninguno de los dos (por separado) podría llamarse hombre si no está presente el otro. El hombre reside en la unidad y conjunción de las dos partes, en la co-presencia simultánea: *De moribus ecclesiae, I:6*. Hay que insistir en la reciprocidad que implica la corporeidad del alma y la espiritualización del cuerpo. Es la tercera vía del personalismo cristiano que llega hasta nuestros días. Indudablemente, el cuerpo y el alma no tienen la misma naturaleza ni la misma función, aunque ambos sean sustancias constitutivas propias. Esta diferencia plantea un problema también a la hora de explicar su origen y formación donde entra en conflicto la explicación platónica de la "encarnación" o descenso del alma en el cuerpo, y la afirmación bíblica sobre la condición creada del cuerpo aunque sea a nivel incoativo, inicial, representativo o virtual. Esto tiene sus consecuencias en el tema del mal, en el tema de los apetitos y, sobre todo, en el tema de la muerte e inmortalidad. Ahora entendemos que la antropología sea una constelación epistemológica en San Agustín que todo lo determina y condiciona.

Pero la gran cuestión antropológica sigue siendo cómo es posible expresar con rigor la unidad del hombre, como persona, sin restar un ápice el valor y autonomía sustancial a cada una de las partes, o sea, al cuerpo y alma. Es muy difícil conservar el equilibrio y no "subordinar" o subyugar o esclavizar el cuerpo al alma por mucho esfuerzo sacramental que se produzca haciendo de la carne la esposa del espíritu como un matrimonio antropológico, donde dignidad y obediencia van de la mano. ¿Será bueno admitir que el alma dignifica al cuerpo cuya función y perfección consiste en obedecer al alma? ¿Es que el cuerpo no tiene valor en sí mismo y por sí mismo? Igualdad de elementos e igualdad de oportunidades. Las relaciones internas cuerpo-alma, en el seno de la persona, siguen siendo un misterio, y la transferencia recíproca de competencias y responsabilidades que constituyen el tejido de la conciencia y de la vida moral, son el gran problema del cristianismo primitivo. En cambio, el personalismo actual, el existencialismo y el humanismo cristiano se han volcado para atribuir al cuerpo en sí y por sí el valor que tiene, independientemente del puesto o la relación que tenga con el alma. El cuerpo como razón instrumental ha pasado a ser estructura nupcial o conyugal del alma. Este es el simbolismo añadido al sentido del matrimonio cristiano, que no solo simboliza o expresa la unión de Cristo y de la Iglesia, sino la unión profunda del cuerpo y el alma: dos en una carne. No existe unión más estrecha que la unión de Dios con la humanidad expresada en Cristo Jesús. Esta es la unión que se manifiesta en la vinculación sustancial del cuerpo y del alma formando la persona. Porque en el humanismo de San Agustín, a la hora de entender o explicar al hombre, pesa no solo el simbolismo trinitario, sino también el cristológico. "Del mismo modo que todo el hombre, alma y cuerpo son una misma persona, así en Cristo, el Verbo y el hombre son una misma persona" dice San Agustín en la *Carta 169:8*. Lo mismo se desprende de la lectura de *De Trinitate XIII:22* donde Dios, el alma y la carne forman una trinidad personal. O de la *Carta 137:11* donde se habla de la "mixtura" del alma y del cuerpo equivalente a la mixtura del hombre y Dios en Cristo. La fórmula ofrecida por San Agustín en *De Trinitate III,:8.13* contiene más elementos de solución de los que parece, pues para salvar el hecho de la creación (frente a la evaluación) no es necesario la proximidad o inmediatez entre la intervención divina, y la aparición del mundo o de las cosas. Todo eso es efecto de una "epistemología temporal", es decir, de aplicar a Dios categorías temporales o los ritmos y ciclos sucesivos propios del tiempo. Ya hemos aludido a que existe una creación "remota", virtual, seminal, diferida basada en la presencia operativa de Dios en la historia que no es lineal, numérica, repetitiva o secuencial, sino global, compacta, intemporal y permanente. Propia de la acción del Verbo como externalización de la vida interior de Dios. Por muy tarde que aparezcan las cosas en el tiempo, en la creación, son igualmente efecto y resultado del único acto creador, pues existen unas ideas o razones primordiales de las cosas que existen "antes" de manifestarse en el tiempo. Como ha puesto de relieve el existencialismo moderno, la unión del cuerpo y del alma desempeña una función no solo ontológica y constitutiva del hombre, sino también comunicativa e interactiva en cuanto que supone y facilita el dinamismo recíproco con el mundo, incluida la transformación y conversión definitiva.

7.2. El comienzo del cuerpo y del hombre

Hemos defendido aquí una metafísica del cuerpo humano y seguiremos haciéndolo de la mano de San Agustín. Porque otra vía de acceso al sentido y significado del cuerpo en el cristianismo es analizar sus orígenes que situamos en la creación. San Agustín se refugia en él para desprenderse del complejo materialista maniqueo o del acoso especulativo y espiritualista neoplatónico. Traducido a un lenguaje menos técnico o bíblico, decimos que el hombre (cuerpo incluido) ha sido diseñado por Dios, concebido por Él en su Verbo interior, y manifestado en el tiempo donde comparece al principio de la historia. En el calor de la refriega o conflicto científico entre creacionismo y evolucionismo, la solución cristiana ha recurrido a la separación abstracta e ideal (que no se da en la realidad) de los elementos antropológicos para salvar la narración del Génesis, diciendo que es suficiente con la intervención de Dios en la creación del alma y que el cuerpo puede tener otra vía de procedencia llamada evolucionismo. La existencia o comienzo del cuerpo puede ser un verso suelto que no está sometido a la creencia de la Biblia. Sin embargo, habría que inventar otro procedimiento que no fuese la diferencia temporal en la creación, pues, aunque haya distinción de las nociones teóricas, históricamente no ha existido el hombre separado o dividido. El hombre real es la persona o el hombre fusionado, hipostatizado. El acto creador de Dios es único, indivisible, invariable cualquiera que sea su resultado o el momento en que aparece. Tampoco podemos pensar que San Agustín se enfrente al tema de la creación desde una preocupación exclusivamente antropológica, sino que su reflexión está urgida por el conocido tema de la eternidad del mundo defendida por los griegos, formando parte de su panteísmo. Por el contrario, el fuerte monoteísmo cristiano exige, igualmente, diferenciar la eternidad de Dios de la temporalidad de la creación, dando a cada uno lo suyo. La conclusión de San Agustín es que Dios crea el mundo de la nada absoluta (no de sí mismo), por amor y libremente no por necesidad. La nada no termina con el ser, sino que continúa y es compatible con él, siendo una dimensión muy importante de todo lo creado pues, así como las cinturas fueron llamadas al ser, también son llamadas de la nada y para la nada. ¿Por qué existe el ser y no existe la nada?, se pregunta Sartre (1905–1980) en un ejercicio absurdo de cinismo, pues si "existiese" la nada ya no sería "la nada", lo cual no invalida la pregunta. Los seres creados son una mezcla de ser y de nada, de vida y de muerte, de contingencia y vocación, de consistencia y fragilidad. En la vida humana el binomio está claro: para S. Agustín, la existencia humana es una mezcla de vida y de muerte pues cada día que se vive es un día que se muere y cada día vivido es un día muerto y perdido pues nos acerca al final del partido. La nada preside la vida humana y la existencia tiene un germen de caducidad y vencimiento o de mortalidad. El ser para la muerte de algunos filósofos contemporáneos. Y San Agustín es el primer existencialista moderno. Los seres vivos sienten diariamente la muerte que es compañera inseparable de la vida, y llevan en sí mismos la huella de la nada. Pero, proyecto viene de proyección y el mundo, el hombre, es la proyección exterior de Dios, la salida y el paseo de Dios por la tierra creada. La vida tiene que triunfar sobre la muerte que será, al final, vencida en la resurrección como fundamento de la esperanza del hombre cristiano. No olvidemos, por otra parte, que insistir en el comienzo del mundo es, igualmente, admitir su fin, su conclusión, su finitud. El mundo solo es eterno en Dios y no en sí mismo. Es la creación inscrita, originaria y germinal que aparece sucesivamente sometida a las reglas de la ciencia, incluidos los procesos evolucionistas, como podemos deducir de la lectura de *Confesiones XII:8.8*. Pero existe una estructuración y diversificación en el mundo creado. Todo lo que existe se puede organizar en dos grandes apartados: o es materia o es espíritu. El mundo no es una materia amorfa, sino clasificada y dignificada. Hoy resulta muy fácil admitir la existencia del espíritu formando parte del lote de la creación, pero en aquel tiempo y cultura no era sencillo entender la existencia de algo que no fuese materia, cuerpo, mudable, visible, tangible, opaco, cuantificable, extensible. Nadie ha defendido el valor de la materia como el cristianismo, acusado de espiritualismo por los falsos materialistas de todos los tiempos. Esto es más verdad en los momentos actuales del siglo XXI en que la filosofía de la naturaleza ve en la materia una fuente de energía (incluida la atómica) una fuerza capaz de contribuir al bienestar de la humanidad siendo la base de producción de tantos procesos, bienes y servicios. Para los cristianos, la materia nunca es mala. Puede serlo el uso que se haga de ella, el empleo al servicio de la vida, del progreso o de la muerte y de la destrucción. El cuerpo del hombre es materia y enlaza con la materia del mundo. Esto no es nada malo y, por el contrario, desempeña una gran función al lado del alma que es espiritual. Las dos dimensiones del mundo (materia y espíritu) están presentes y representadas, activas, en el hombre por los dos elementos aludidos. Así se comprende la finalidad antropológica de toda sustancia material nada despreciable para comprender al hombre como demuestran la biología o la psicología más reciente. La arquitectura material del hombre es tan importante como su estructura psíquica, espiritual o mental. Esto es muy sencillo de entender a la hora de explicar el conocimiento sensible que pasa por los dos tramos citados, los sentidos corporales y las facultades mentales. La preferencia de San Agustín por lo espiritual no significa desprecio, olvido o ignorancia de lo material representado por el cuerpo. Asumir la presencia de la materia en el hombre es un mensaje muy importante en el personamiento agustiniano dirigido a la filosofía venidera y supone liberarse del platonismo para recomponer el sentido de la antropología cristiana. No perdamos de vista la referencia de toda esta graduación que está en la ontología, en la jerarquía de los seres. Aquí no hay solo ontología, sino también clasificación moral de los seres entendidos como valores de perfección. Es más perfecta la criatura espiritual que la material obedeciendo a un principio neoplatónico de proximidad con la fuente de perfección que es espiritual, o sea, Dios. Este mismo argumento está presente en la cuarta vía de Santo Tomás, a la hora de argumentar o probar la existencia de Dios. El tomismo es un agustinismo cultural adaptado a su época.

Vamos a concluir esta aproximación al tema de la creación que revierte sobre el hombre. Estamos ante una antropología reproductiva del mundo. Se parte de una lectura y recreación alegórica del Génesis o del Salmo 118. El Dios alfarero que, sin guantes en las manos, trabaja el polvo y moldea el barro para formar el cuerpo del hombre. Traspasando la imagen de la parábola, todos entendemos en ella la procedencia divina del hombre de manera singular y especial en relación con el resto de las cosas. Al enfrentarse San Agustín con la dimensión temporal del acto creador, no trata tanto de señalar el "momento" en que irrumpe dicha creación, no pretende fijar el tiempo exacto de la creación, sino la creación como comienzo del tiempo. No hay un tiempo (momento) único de la creación, sino que todo tiempo es tiempo de creación. Frente al mundo eterno de los griegos, el cristianismo defiende que el mundo comienza siempre. Visión lineal de la historia frente a visión circular. Los círculos ya se han roto y explosionado, dirá en un momento de La Ciudad de Dios. Está siempre haciéndose por esa intervención retardada y eficaz de Dios, por medio del hombre que contribuye a prolongar la creación en el tiempo. El hombre es un cooperador en la construcción del mundo. El párrafo más rico en este sentido es el comentario al libro *De Genesis ad litteram VI:5.8* donde se admiten dos tipos de creación: la simultánea y la diferida en el tiempo. Por tanto, hay tiempo de creación y creación en el tiempo, además de la creación del tiempo pues es creado. Todo esto se aplica también al hombre. La fe en la creación no obliga a admitir que Dios intervenga en la aparición de cada uno de ellos. Distinguir entre la creación del alma y la formación del cuerpo para no entrar en conflicto con el evolucionismo científico puede ser contraproducente. Mejor sería admitir varios estadios en el proceso global de la creación, reconociendo la función de la creación seminal, causal, potencial, invisible y que constituye la base del futuro del mundo, su evolución y progreso, la razón de ser de la ciencia, de la tecnología, de la investigación o de los descubrimientos. El hombre no crea los procesos naturales, sino que los aflora y descubre. Todo está depositado en las leyes, implícito en las tendencias y en la lógica de los acontecimientos. También el mundo habla de Dios y se puede ascender a Él como huella divina que es. Esta estructura religiosa "a priori" del mundo (memoria mundi), aunque equivalga a una cierta determinación de la materia, no impide la libertad de acción ni se identifica con la necesidad determinista propiciada por el destino del mundo o de la historia. La libertad humana, además de ser ella misma derivada y creada, es una capacidad autónoma del hombre para contribuir o colaborar en la construcción o destrucción de la naturaleza. La nada, el nihilismo o el absurdo absoluto no es el destino final de la historia, sino la creación segunda y encargada al hombre.

7.3. Antropología reductora del cuerpo

Pero las cuestiones sobre el origen del cuerpo no agotan la antropología corporal o reproductora del mundo. También merece una consideración por sí mismo. La dialéctica inicial de la creación continúa en la consideración de San Agustín. El cuerpo del hombre es, a la vez, tierra, polvo (pero "polvo enamorado" dirá el poeta) y ha de volver a ella que se convierte en vientre materno y destino común de la humanidad. Pero también está llamado el cuerpo a la grandeza y dignidad al lado del alma de la que recibe la forma y la consistencia. Igualmente descansa sobre el cuerpo la armonía y la belleza del hombre y es propuesto como símbolo de orden e integración natural formando un todo combinado con el alma. Es el reflejo del orden y concordia que rige la marcha del universo. A todo este proceso de composición y vida se le llama salud. La visión global del hombre, incluida la dimensión personal que entendemos por antropología, no desdeña este reduccionismo corporal en la definición e interpretación del hombre. Se puede hacer una antropología no solo del cuerpo, sino desde el cuerpo como acceso a la totalidad humana. Es verdad que deberá ser completada con los correspondientes conceptos sobre el alma, espíritu, interioridad, trascendencia, razón y conocimiento. Tampoco la dignidad del cuerpo está reñida con la función de las pasiones. Las necesidades del cuerpo son pasajeras mientras que su estima y valoración son permanentes. Con ello se inaugura una razón moral consistente en la liberación del cuerpo. A esta moral condicionada se le ha acusado y atribuido muchas carencias y limitaciones a lo largo de la historia. Una especie de contaminación de maniqueísmo o recelo de la carne, por una parte, y espiritualismo neoplatónico entusiasta por otra. El cuerpo es considerado y llamado carne que no es un nombre figurado, sino real. Representando y reproduciendo a todo el hombre, la carne es la parte más débil del mismo hombre o de la persona. Esto no es una apreciación biológica sino filosófica y moral, que no contradice la fuerza muscular que supone el cuerpo humano aunque también tiene sus debilidades comparado con la fuerza de los animales. La palabra carne como definidora y reductora de la totalidad humana se utiliza, igualmente, en el tema de la encarnación de Jesús donde Dios se hizo carne y habitó entre nosotros. Más problemas presentan a la antropología cristiana la fe en la resurrección de la carne que, aquí sí, no encierra a todo el hombre, sino a su componente material o corporal. Al final del mundo, serán también los cuerpos de los hombres los que vuelvan a la vida en una continuidad e identidad esencial. El hombre es una unidad y totalidad. También hay razones contrarias. Si el cuerpo sobrevive a la muerte y si, donde hay cuerpo hay pecado, entonces no ha sido vencido totalmente el pecado por la muerte. Por otra parte, si el alma ha sido creada, enviada, dirigida y determinada específicamente por un cuerpo, entonces la sobrevivencia del alma exige la presencia de "su" cuerpo. Para que toda esta antropología en torno al cuerpo no parezca una obsesión metafísica o surrealista, tenemos que alargarla hacia lo que llamamos valores humanos. Lo humano en el hombre (que es también el alma) resalta más en la defensa de los valores corporales. Se acusa al cristianismo de olvidar los valores del cuerpo a la hora del recuento moral. Y, sin embargo, no es así. Esto es una forma muy simple de despreciar el esfuerzo hecho por San Agustín para reequilibrar la cultura de su tiempo y la educación del mundo antiguo, introduciendo elementos cristianos en una línea de pensamiento neoplatónico o espiritualista pero, a la vez, un sentido materialista de la vida romana propiciada por la doctrina de los epicúreos. Es cierto, como ha señalado el gran conocedor del tema H. I. Marrou (1904–1977) que San Agustín tenía prisa por recorrer la escala de los seres para llegar a la cumbre del Uno y se paraba menos en los escalafones de abajo, en los niveles materiales. El ideal del ascetismo cristiano y monástico es tan legítimo en nuestro autor como los excesos materialistas de otras escuelas. Antropología cristiana de la incomodidad y de la impaciencia en la defensa del cuerpo. La acomodación del discurso antropológico a la civilización de cada tiempo es también un principio hermenéutico para el éxito de su comprensión. En esa labor cabe un tanto de oposición y otro tanto de acercamiento. Por otra parte, no podemos olvidar que el foco del dogma de la resurrección de los muertos ilumina toda consideración sobre las condiciones corporales del ser humano. Esta es una antropología completa y no parcial del hombre. En ningún otro tema como en la teoría del cuerpo nos encontramos con una antropología diferencial cristiana frente a la pagana o a la judía. Y, con toda seguridad, se defiende mejor el sentido del cuerpo humano insistiendo en estos niveles de análisis metafísico para situarlo al lado del alma, uniendo ambas dimensiones en un mismo destino que llamamos persona, que centrándose sólo en sus capacidades de acción, alcance y disfrute. Entonces, como ahora, nos encontramos con el mismo espíritu apologético de la antropología que consiste en defender al cuerpo de las descalificaciones filosóficas de la cultura actual, combatiendo las tendencias a la vulgaridad de la materia. En San Agustín, la exigencia moral está precedida de la especulación filosófica adecuada. No hay contradicción entre esta antropología del pesimismo y el entusiasmo por la resurrección de la carne aunque, por el camino, se luche por destruir las pasiones de la misma. Se trata de redimensionar la antropología cristiana justificando el paso de un cuerpo (material, mortal) a otro (espiritual, inmortal) de un orden a otro. Como repite la liturgia cristiana nacida de estas convicciones antiguas, la vida del cuerpo no termina, sino que se transforma. La resurrección de la carne se asemeja a la fundición de una estatua preocupándose de que la nueva se asemeje a la anterior derretida. Esa antropología de la transformación ocupa muchas reflexiones de nuestro autor hasta tal punto que dedica una obra a ella (*De inmortalitate animae*) como era bastante habitual en los pensadores y teólogos de la época. La carne no pertenece al que la devora (la muerte), sino al que fue su titular durante tantos años, a su animador, portador y propietario que presenta un derecho o vocación a ella. En muchas ocasiones, la antropología agustiniana se ha servido de categorías existentes pero, en otras, ha puesto en circulación categorías nuevas procedente de la fe cristiana. En vez de la resurrección se podría hablar de regresión en sentido gnóstico o resurrección en sentido cristiano, pues el Jesús encarnado es el primer resucitado, en la serie histórica de la resurrección. No es más que el primero de una cadena que continúa en los creyentes. Más aún, en Él ya han resucitado todos los bautizados, según la antropología de San Pablo. El Cristo resucitado es un ejemplo de la resurrección de la carne para los miembros de su cuerpo como repite el mismo San Agustín en *De Trinitate IV:3.,6; Sermón 240:2.2,* o *Ennarrationes in psalmos 101:2.14; in Psalmo 56:1.2; in Psalmo 55.3; in Psalmo 70: 2.10; Carta 205:8.* Del mismo modo que en el alumbramiento corporal lo primero que sale del vientre materno es la cabeza y cuando la vemos decimos que detrás llegan los otros miembros, así sucede con el cuerpo de Cristo que es la Iglesia cuya cabeza es Él. Aquí tienen lugar tres procesos: la teología o dogma, la moral cristiana y la antropología filosófica que se producen en una especie de cascada didáctica. Parece una fe contradictoria, una moral en conflicto y una antropología absurda ¿A qué viene la insistencia en predicar a tiempo y a destiempo sobre la resurrección de la carne y a la vez echar contra las pasiones del cuerpo, contra sus deleites y placeres, contra sus excesos? ¿Es que existe una intención compensatoria de unas exigencias por otras? Al fin y al cabo, el cuerpo siempre regresa y llama dos veces. ¿Sería esta la razón o el motivo por lo que se llamaba a los cristianos unos "bárbaros"? No podemos quitarnos de encima el cuerpo. Porque la esperanza y la redención también tienen como objeto el cuerpo resucitado según la idea de Ro. 8:23 traída en *De Trinitate II:17.* Pero he aquí otra situación dialéctica para el cristiano, pues la resurrección es, al mismo tiempo, un hecho del pasado en Jesús que la reviste de garantía y una esperanza de futuro envuelta en la incertidumbre y en la fe, entre pascua y mesianismo, entre el ya sucedido y el todavía vendrá. En definitiva, esta condición dramática, desgarrada y temporal del hombre cristiano se extiende a todas sus actitudes y actividades. Por ello es necesario buscar la credibilidad del signo sacramental en la Iglesia como solvencia anticipada o aval documental de la realidad futura y venidera. En otro momento desarrollaremos esta antropología de la resurrección de indudable proximidad con el tema filosófico de la inmortalidad del alma. Aplicamos aquí la metodología ya reconocida. En el tema de la resurrección de la carne no tenemos que pararnos solo en el resultado, sino en el proceso. Lejos de los materialismos groseros contenidos en la trampa tendida a la teología por los saduceos o ateos modernos, al final de los tiempos nuestro cuerpo sufrirá una gran transformación pasando de cuerpo físico y psíquico a cuerpo espiritual, de terrestre a celeste, de material y corruptible a incorruptible, pero conservando la misma individualidad personal. Mismidad e identidad recíproca de ambas formas corporales, de ambas orillas de la vida. Alteración del cuerpo, pero no pérdida de identidad sustancial. Para referirse a este proceso de cambio final y transformación, Agustín habla de mutatio, conmutatio, inmutatio en el *Sermón 362:16.18*. En una perspectiva más moral que antropológica podemos designar a este proceso como una liberación referida al pecado, a la carne, al mal, a la muerte, a la esclavitud de la ley expresada en la carne. En toda esta antropología cristiana del final, de lo último, escatológica (a la que el teólogo español Ruiz de la Peña ha designado como "la otra dimensión") resuena el eco del neoplatonismo y sabe un poco a retorno, a reencuentro, a restablecimiento y restauración. En realidad, no se trata del final, sino del principio. Volver a empezar, (das neu Beginn), el nuevo comienzo podríamos designar a este tramo de la antropología prospectiva y cristiana. Tiempo nuevo, cuerpo nuevo, cielo nuevo, un nuevo mundo transformado y rehabilitado. La permanencia del cuerpo y del alma, en definitiva, del hombre más allá de la muerte no es tanto la conclusión de una vida temporal, sino la instauración de otra existencia superior, plena de estabilidad donde nuestro cuerpo inmutable obedecerá a otro orden y tendrá otro centro. Se trata de retomar la misma corporeidad anterior al pecado. Lo llamamos vida eterna, porque la situación y los valores nuevos son definitivos y permanentes. Ya no tienen tiempo, ya no caducan, sino que el mismo tiempo ha sido asumido y transformado en eternidad. Esto es la existencia permanente y definitiva. Nada más característico del pensamiento antropológico de San Agustín que este temor y sufrimiento por la corruptibilidad o alteración de la condición corporal del hombre y el amor o preferencia por la estabilidad e invariabilidad de la existencia humana. El tiempo es asumido en la eternidad y el cuerpo material en la incorruptibilidad. Es importante mantener, para esta forma de vida, la dimensión de superioridad y trascendencia, pues la resurrección no equivale a una continuación del presente, sino a una ruptura y una transformación de él. Instalado en la permanencia y sustraído a la temporalidad y caducidad, el hombre llega a la plenitud de sus valores y al ejercicio pleno de sus capacidades que le fueron dadas o concedidas en la tierra para el cumplimiento de su misión en el mundo. Todos los filósofos modernos, ateos o creyentes (Nietzsche) que abogan por una escisión cultural con el cristianismo, una abdicación de sus afirmaciones y convicciones, deberían suponer que todo lo que ellos atribuyen a los valores del superhombre (el posthumanismo o postmodernismo), ya están contenidos en esa antropología del después, visionaria, prospectiva y profética. Antes que criticar al cristianismo negativo o la moral de prohibición, esos autores deberían valorar la propuesta cristiana del hombre renovado, de los valores nuevos que los cristianos no hacen sino anticipar y anunciar. Porque el hombre cristiano, como memorial, es ciertamente "conmemoración" del pasado salvador, pero en cuanto anuncio es celebración y adelanto del futuro en símbolos sacramentales siendo ella misma, la Iglesia, el primer sacramento de la nueva existencia antropológica.

7.4. El cuerpo como simbolismo antropológico

La antropología cristiana de San Agustín, por muy arcana y misteriosa que parezca, no deja de ser una adaptación de pedagogía religiosa, una difusión del mensaje cristiano al alcance de las mentes sencillas como eran aquellos campesinos bereberes a los que se dirigía como obispo de su diócesis, o como autor de aquel material didáctico para la enseñanza de la fe a los iniciados que se titula *De catechizandis rudibus*, un manual para catequistas. El cuerpo es utilizado como símbolo para expresar otros contenidos o perfiles del hombre interior y que sirven de interpretación para la fe. A esto podemos llamarlo antropología simbólica. Seguimos reconociendo, como al principio de nuestro estudio, que Dios está al otro extremo, al otro lado del hilo en la comunicación del hombre. La antropología cristiana comienza por este diálogo de los *Soliloquios I:1.1* con el nominalismo religioso y la "tuificación" de Dios por el hombre que constituye la esencia del pensamiento, como vocación de interioridad e invocación de trascendencia. "Oh Dios, creador del universo… Oh Dios a quien ama todo el que puede amar, consciente o inconscientemente. A Ti te invoco como Dios-Verdad en quién, de quién y por quién es verdad todo lo que es verdadero, el Dios sabiduría, el Dios como verdadera y suprema vida, el Dios felicidad". El antropocentrismo teológico (antropomorfismo dirán otros), donde se cargan sobre Dios todos los atributos y contenidos de la existencia humana (corporal y espiritual), roza peligrosamente con la idolatría pagana que representaba a los dioses con cuerpos y figuras humanas. Aquí es todo lo contrario. El cuerpo humano sigue siendo humano, pero sirve como reflejo simbólico de lo que puede ser la representación de Dios. El cuerpo del hombre tiene que tener mucho valor y significado para ser capaz de mediar, desde el punto de vista del conocimiento, para poder entrar en primer lugar en el alma y luego ascender a Dios en dicho conocimiento. Es lo que hemos llamado función simbólica. ¿Para qué luchar tanto contra el cuerpo si vamos a reencontrarlo después de la muerte y tenerlo como compañero para siempre al lado del alma? El valor y la dignidad del cuerpo parecen demandar su cuidado y su cultivo. Algo se ha tenido que interponer entre estas dos actitudes de reconocimiento por una parte, y de rechazo por otra, del cuerpo para terminar en exaltación definitiva de la inmortalidad y permanencia. Esa realidad interpuesta no es otra que el pecado. No es la carne corruptible quien hace pecar al alma, sino al contrario: el alma pecadora hace corruptible al cuerpo, dice Agustín en *De Civitate Dei XIV:3.2*. El cuerpo humano, salido de la mano de Dios, es bueno al lado de todas las cosas buenas, según *Confesiones XIII:38* o *De Genesis ad litteram III, 24* y *La Ciudad de Dios XI:23.1*. No tiene por qué escandalizarnos la expresión los sentidos del alma. Esto se puede entender de dos maneras: que los sentidos nacidos y originados en el cuerpo terminan desembocando, depositando y trasmitiendo su información al alma, o que, a su vez, el alma tiene sus propios refuerzos y capacidades como fuente de conocimientos. No existirían unos sin los otros, pues ambos tienen que ser descifrados y procesados por la persona como unificadora de toda actividad en el hombre. Los sentidos son del cuerpo y del alma y convergen o se unifican en la conciencia interior. Por tanto, el cuerpo es un símbolo, es un lenguaje para entender la estructura del alma. Los sentidos interiores también son objeto de análisis y de estudio en esta antropología de la totalidad y de la unidad del hombre. Siguiendo a San Agustín, Tomás de Aquino atribuye a los sentidos internos la capacidad de trabajar fuera o más allá de la presencialidad impuesta por el tiempo y la simultaneidad de las percepciones sensibles. Los sentidos del alma elaboran contenidos pasados o futuros. Pero también los sentidos del hombre han sido señalados como las puertas del alma por donde se asoma al exterior o entra el mundo en ella. Los sentidos son más que imágenes en el alma y, por tanto, tienen una gran importancia en la antropología religiosa de San Agustín. Por eso se ha podido hablar de una intencionalidad de las sensaciones. Es decir, todo lo que sucede en el cuerpo no termina en él, sino que tiene una intención trascendente en el alma a la que apunta como destino y configuración existencial. Todo proceso corporal tiene una interpretación personal. Por el cuerpo hacia el alma podría ser este ensayo de fenomenología religiosa, pues todo acontecimiento sensorial tiene su proyección en la conciencia única y personal. La intencionalidad trascendental de los sentidos de la que habla la filosofía moderna de Kant o de Husserl, por ejemplo, es un acto espiritual. Vamos a ser más explícitos en la reordenación de los elementos corporales que se trasladan a la comprensión del alma. Estamos más allá de alegorías o imágenes literarias, y asistimos a una verdadera fenomenología trascendental del cuerpo cuyas capacidades, sensaciones y procesos encuentran una plena correspondencia ontológica en el alma mediante el proceso de personalización. Está, en primer lugar, la invocación a la luz, a la iluminación. Existe una luz que ilumina a todo hombre que viene a este mundo, según la idea de San Juan en su evangelio, un autor que ya conoce las ideas de Plotino en su tiempo. Esa luz natural es la razón que también recibe la luz de la Verdad. Dicha luz, como la luz física, ilumina los objetos a conocer y las facultades que los conocen. Es un envolvente que rodea todo lo existente. Ella hace inteligible (intelligibilia) y razonable todo lo que existe que, por el hecho de existir, es ya susceptible de ser conocido. La verdad tiene como objeto y término el ser de las cosas. Eso es posible gracias a la luz que afecta tanto a las cosas como a la razón. La noción de razón tiene también un sentido objetivo, trascendente y sustancial y no solo subjetivo o de elaboración espiritual. Las cosas están dotadas de razón, inteligibilidad o verdad por el hecho de ser. El misterio consiste en querer ver a Dios que es la Luz con nuestra luz participada o refleja. Si queremos verle es porque le conocemos y le deseamos. Todos estos son procesos internos de la antropología religiosa en San Agustín. El hombre es un puro deseo de Dios.

De la mano de este tema (paridad de funciones cuerpo-alma) llegamos a los ojos del alma. Como dice el poeta referido a la visión humana, los ojos no lo son porque ven, sino porque les miran. La mirada del alma es un gran capítulo antropológico. Esto sucede entre Dios y el hombre. No es que nosotros miremos a Dios; es que Él nos ha mirado a nosotros primero. La intervención del cuerpo en la elaboración de la antropología simbólica agustiniana debería seguir el proceso contrario, es decir, una trascendencia a la inversa. Partiendo de Dios que es fuente y origen de la totalidad de la experiencia humana, su estructura y actividad se refleja en el hombre, primero en el alma y luego en el cuerpo, sirviendo aquella de mediadora. Todo lo demás tiene un sentido de respuesta. La reflexión cristiana sobre el cuerpo y el alma tiene un sentido de antropología de la reversibilidad ontológica, como hemos dicho anteriormente en otro apartado de este estudio. Con los ojos del alma podemos ver la verdad iluminada e iluminadora, reflejo de la primer verdad o verdad eterna. La contemplación de Dios. A su vez, el hombre cumple una función de mediación. Si no amamos al hombre que vemos ¿cómo vamos a amar a Dios a quien no vemos? Con los ojos del alma podemos ver nuestro interior, pues existe, como sabemos, un hombre interior. Quizá sea esta la fórmula más afortunada de la antropología agustiniana y volveremos sobre ella. La otra visión de Dios, por parte del hombre, donde ya no necesite espejos paliativos o mediadores, según San Pablo será en la nueva antropología de la resurrección donde le veremos cara a cara tal cual es. Dicha visión no es solo de carácter racional o ideal, sino un proceso total antropológico que se identifica con la felicidad, la satisfacción, el descanso y estabilidad del hombre acabado. Siguiendo esta dotación o capacidad religiosa del hombre en el sistema simbólico del cuerpo, nos encontramos, igualmente, con los oídos del alma. Escuchar a Dios, oír su voz y su palabra, constituye todo un ejercicio de desarrollo de la antropología cristiana. La religión y la fe, en definitiva, son una cuestión de antropología lingüística, es decir, Dios habla y el hombre escucha. O, si se prefiere, es una vocación e invocación, Dios llama (existencia) y el hombre responde (creencia). Adentrándonos más en el pensamiento dialógico, dice San Agustín, cuando el hombre lee la palabra escrita de Dios Él le habla al hombre y cuando el hombre reza, el hombre le habla a Dios. Es un cruce de palabras. En algunos autores de la literatura y de la filosofía moderna se ha mencionado también el silencio de Dios. Igualmente se ha desarrollado una antropología dialógica en el filósofo alemán de origen judío J. Pieper (1904–1997). Dios habla al hombre y este tiene que entenderle por la razón y creerle por la fe. Así es en la sucesión de la pedagogía cristiana de S. Pablo, ¿cómo se le va a creer si no se le entiende? ¿Y cómo se le va a entender si no se le escucha? ¿Y cómo va a oír si no se le predica? La fe entra por la audición de la palabra. No es que la fe se produzca como resultado de un mecanismo automático, oír y creer, sino que, entre la palabra y el corazón, deberá intervenir la gracia de Dios Ahora comprendemos el comienzo radical de nuestro ensayo sobre antropología agustiniana: Dios es el interlocutor del hombre. "Deum videre" (ver a Dios), la visión de Dios, no es solo un proceso de fe, sino un ejercicio de racionalidad natural que va desde la contemplación de Dios en las criaturas, en la naturaleza, hasta el éxtasis supremo como tuvo lugar en Ostia Tiberina (tocar a Dios) al lado de su madre Santa Mónica, esperando el barco que les trasladase a África. A la visión de Dios le sigue la ascensión a Dios como un movimiento del hombre hacia Dios que implica un cambio de vida y costumbres. Por ello, al análisis antropológico cristiano le sigue una determinada moral y una metodología espiritual acorde con ella que desembocará en el ideal monástico de San Agustín, pero cuyas líneas fundamentales de renuncia, sacrificio, imitación, entrega y amor se ofrecen a toda la comunidad de los creyentes. Finalmente, está la función representativa del cuerpo no solo a nivel antropológico, sino a nivel sacramental y teológico: La Iglesia es el cuerpo de Cristo, los bautizados se incorporan, como miembros, a ese cuerpo del que Cristo es su cabeza. El cuerpo humano se convierte en habitación o templo del Espíritu Santo y toda la corporeidad del hombre adquiere así un sentido sacramental. Las implicaciones teológicas de la antropología son innumerables. Estamos propiciando la existencia de una transelementación teológica de la antropología en el sentido de que la realidad material del cuerpo humano es elevada a una capacidad de simbolismo y significación que llega hasta Cristo, la Iglesia, los sacramentos y la novedad de la vida eterna. Qué gran valor y dignidad tiene que tener el cuerpo para ser elegido como prototipo de esta relación.

7.5. El corazón como representación del hombre

Siguiendo esa antropología simbólica del cuerpo como portada e imagen del alma, encontramos también la figura del corazón. La filosofía del corazón (philosophia cordis) ocupa mucho lugar en la síntesis agustiniana y abre la puerta al tema del amor como clave y descriptor de la antropología cristiana. El corazón como "órgano" y como "símbolo" es fundamental en esta agenda de la antropología, pues el corazón define al hombre. Siendo una parte, tiene una vocación de totalidad. En una antropología representativa, se lleva el mayor cupo de significados y funciones. En él descansan y convergen muchas dimensiones del hombre agustiniano: la dimensión de la interioridad, de la vida, del amor, de la unidad, del centro del hombre, de la inquietud, de la satisfacción, de la comunidad, de la síntesis o totalidad, de lo esencial, de la afectividad. La palabra "corazón" y hasta su función representativa vienen dadas por la Escritura, sobre todo en los Salmos y en los Profetas. Para ellos, la religiosidad, la apertura del hombre a Dios parte del corazón. Un corazón puro, nuevo y renovado significa un hombre nuevo. En el mundo griego, viene contrapuesto a la racionalidad cognitiva de la inteligencia. La mente conoce y el corazón siente aunque, a veces, los pensamientos también nacen en la esfera del corazón. Razón y sentimiento están delimitados en la antropología antigua. Al corazón se le atribuye otras fuerzas, otras raíces y movilizaciones de la vida humana como es la búsqueda, la inquietud, imprimiendo una nueva dinámica en la existencia humana. La filosofía moderna se ha hecho eco de esta división y, cansada de una filosofía de la conciencia racional, se ha entregado a la filosofía de lo irracional con influencia de Freud, Nietzsche, Kierkegaard, Unamuno o, incluso, el estructuralismo moderno. En él se concentran el cuerpo y el alma y se abre el camino para la noción de persona como un todo. En la antropología agustiniana el corazón es el gran soporte de la actividad religiosa y se convierte, como decimos, en una esfera de desarrollo humano. La categoría del "corazón" sirve como un centro de unión entre el alma y el cuerpo, y de esa unificación puede salir el concepto de espíritu y de persona. Ella opta a mediar en el conocido dualismo en la composición del hombre. Aunque el corazón sea sustancial y biológicamente carne, sin embargo parece más permeable a la acción espiritual del alma y es capaz de albergar muchas de sus funciones y representaciones. La corriente intelectual sitúa la sede o la esencia del hombre en la mente racional (In Johan. Evan. XIX:15), pero también existe un campo propicio para entender la residencia de todo el hombre en el corazón. Agustín conoce esta teoría de la localización del alma en el cuerpo, cerebro o corazón, como si fuesen el origen del alma. Igual que él es indivisible también la persona es indivisible. Por lo demás, si en otro tiempo, la razón y el principio de la vida humana parecía estar en el cerebro, ahora cobra importancia el corazón como signo de permanencia y vitalidad. A la existencia de la razón, pero también al sentido simbólico del corazón hay que adscribir o atribuir la dimensión de misterio y profundidad, que tiene el ser humano. El corazón del hombre es insondable aunque, igualmente, sus intenciones y pensamientos sean inescrutables. El corazón es lo más escondido. Sin embargo, el misterio del hombre a nivel antropológico hay que situarlo en la unión entre el cuerpo y el alma. La naturaleza de esas relaciones inexplicables es lo que pretendemos asumir en la noción de espíritu y persona. No solo en el corazón, sino que en cualquier parte del hombre se da ese encuentro secreto de compenetración y colaboración, pero siempre en un sentido interior aunque tampoco falten los desencuentros, las tensiones, enfrentamientos y divisiones en el único hombre existente que constituyen la lucha ascética, la renuncia y el sacrificio. El corazón representa, igualmente, a todo el hombre, porque él está compuesto de carne y sangre, los dos elementos biológicos más significativos presentes en toda la geografía física del hombre. Representa, igualmente, el impulso religioso del hombre y la fuerza con que se debe amar a Dios: *De Trinitate, X:7.9*. Igual que los movimientos del corazón no cesan ni de día ni de noche y son automáticos o reflejos, también la personalidad humana late con inquietud frente Dios y está continuamente activa. El corazón es la esencia espiritual del hombre, de tal manera que podemos hablar de un corazón espiritual como análogo al material. Por otra parte, aunque al corazón se le atribuya la función de pensar, parece que sea, más bien, la sede y el origen de la libertad, de la voluntad o de la creatividad en las decisiones y sentimientos humanos. Participa en la génesis de los actos libres. El corazón es el recinto más interior del mundo formado por el cuerpo y el alma. Sin embargo, la función más original del corazón parece ser el amor de tal manera, que muchos sentimientos son hijos del corazón, frutos y brotes del amor contenido en él. En otro orden distinto, en la vida monástica y comunitaria, se pretende construir un corazón común, una sociedad animada por los mismos sentimientos: "cor unum et anima una in Deum", un solo corazón y una sola alma hacia Dios, pide Agustín a sus monjes que viven con él, en la antigua casa paterna de Tagaste convertida en monasterio de hombres. El corazón social y la solidaridad entre los hombres nacen en el corazón individual. La ciudad, la sociedad, la comunidad política la forman las personas, sus virtudes y sus vicios. Los sujetos son anteriores a las estructuras. No podemos enfrentarnos a la mente, a la inteligencia, a la razón con el corazón, pues todos participan en la unidad sustancial que es el hombre.

7.6. El trazado de la antropológica del alma

No hay nada que más ame el alma que el cuerpo, y no hay nada que más ame el cuerpo que el alma. La unidad cuerpo-alma (sentido metafísico) se convierte en unión e interacción recíproca (sentido antropológico) precedida de una adaptación y atracción natural e innata. El uno está llamado para el otro. Sucede el mismo proceso de inmanencia y transcendencia que en el conocimiento. Desde el amor intrahumano se puede ascender al de Dios mediando la verdad y la belleza. Si son hermosos los cuerpos más lo será Dios, suprema belleza y autor de la misma. Entremos en el alma. La expectación es máxima. Se comienza por el lenguaje técnico, como un atrio de los gentiles, que no compromete a mucho todavía, el hombre está compuesto de cuerpo y alma en expresión de *La Ciudad de Dios XIII, 24,2*. Ya hemos aludido a la guerra que se establece entre la terminología en parte griega y en parte bíblica: carne, cuerpo, espíritu, alma, mente y el cruce de planos ontológicos y morales. En cada uno de esos niveles tenemos tres clases de ámbito: el monismo o unitario, el dualismo o bipolar y el tridimensional. Si definimos, a nivel ontológico, al hombre por un único vocablo, tenemos que el hombre es carne. Si lo definimos con dos vocablos o dimensiones, el hombre está compuesto de cuerpo y alma. Y si utilizamos tres vocablos para definir el ser del hombre, entonces decimos que tiene espíritu, cuerpo y alma. A nivel moral sucede lo mismo: si nos referimos a la ley del pecado como definición del hombre entonces decimos que el hombre es carne. Si definimos la vida moral del hombre según la ley de Dios, entonces el hombre es mente y espíritu por una parte y cuerpo y alma por otra. Esta última designación del hombre indica el escenario de la antropología moral como batalla, como agonía y lucha interior de manera conflictiva, es decir, el alma combate contra el cuerpo y el cuerpo contra el alma. Hombre dividido pero la variedad de terminología no nos hace perder la unidad del ser humano, porque el hombre es todo a la vez. La antropología cristiana es integradora no excluyente. Nos hallamos aquí ante una perspectiva equivalente a la sostenida en el tema del cuerpo. El alma, para San Agustín, no es un tema particular o parcial, sino que representa la totalidad del problema del hombre de tal manera que el "quiero conocer a Dios y al alma" significa querer abarcar a Dios y al hombre unidos en un único problema. Por lo demás, el guión antropológico sobre el alma sigue el mismo curso que el del cuerpo. Ya hemos dicho que el alma se adapta a las dimensiones sensoriales del cuerpo que, en realidad, encierra al alma. El sistema de interioridad, al que hemos aludido más arriba, nos hace pensar que los llamados apetitos, pasiones, instintos, pulsiones, no son afecciones provocadoras de fuera hacia dentro, impactos producidos por agentes físicos sobre el psiquismo humano, sino que son solicitudes internas del cuerpo hacia el alma y viceversa. El cuerpo apetece al ama y el alma al cuerpo. Sin embargo, el funcionamiento o relación existencial entre el cuerpo y el alma no le preocupa tanto a San Agustín como las cuestiones que hemos llamado la agenda antropológica sobre el alma: su origen, su creación, su naturaleza, su posición rectora, su condición de soporte espiritual para la libertad y la gracia, su futuro o destino llamado inmortalidad donde hay que salvaguardar la identidad, la mismidad e individualidad entre la unión actual y la futura entre el cuerpo y el alma, de tal manera que pudiera ser más útil y expedito hablar de la inmortalidad del hombre y no de la resurrección de la carne. Pero esta era un imperativo de la época filosófica en que vivían. Es el hombre entero el que se reconstruye continuando cada uno, después de la muerte, sus caracteres propios. El recorrido de la antropología del alma sigue al del cuerpo. Con ello, San Agustín se convierte en el precursor del personalismo moderno donde la esencia de la persona se sitúa en la relación recíproca e intersubjetiva realizada en el misterio trinitario. Al mismo tiempo, en la resurrección de la carne, en la reconstrucción de la persona, tiene lugar la transformación del universo y la conversión del tiempo en eternidad o, robándole la expresión a Nietzsche, la transmutación de los valores, pues el hombre es la recapitulación de todas las cosas. Como se ve, el trazado de la antropología en San Agustín no es una teoría parcial o residual, sino una síntesis comprensiva y global de su pensamiento y doctrina. En el camino de la antropología cristiana se interpone siempre la teología. De ahí la relación que establecimos al principio entre antropología y teología fundamental. El origen del alma sería una cuestión fácil de resolver si no estuviese en medio el tema del pecado original. Con frecuencia, en San Agustín los dogmas son como un muro, un obstáculo que obliga a hacer un giro o un rodeo a la razón y plantearse otras alternativas. Aquí es necesario diferenciar el alma de Adán y el de los demás hombres que nacen con el pecado heredado. Eso está contemplado en *De Genesis ad litteram X:6.9* y en *la Carta 143:6.7*. También al tema del origen del alma hay que aplicar la teoría de la creación continua o incompleta. Gracias a Dios que dejó la mitad del mundo sin hacer para que cooperasen los hombres, podemos hablar ahora de novedades permanentes. Por ello, entendemos la dialéctica que se produce en la teoría de la creación que es, al mismo tiempo, completa y completada, terminada y continuada. Lo que ya estaba creado se sigue creando en virtud de la retención ontológica inicial. Existe, pues, una creación básica y una creación aplicada. En la *Carta 166:5.12* se alude a que lo que ya estaba creado se sigue creando, o sea, aumentando. Dios sigue trabajando pues, parece ser que ya terminó aquel descanso temporal, provisional, para reponer fuerzas. Tres alternativas, tres ideas o ventanas de conexión: o Dios creó directamente el alma del primer hombre y el pecado cambió la trayectoria por su intromisión en los planes primeros (ya es difícil sorprender a Dios) pero el problema viene en el origen de las almas posteriores a la de Adán. O si Dios crea dichas almas (sería lo ideal) ¿cómo se explica que nazcan con el pecado contraído? A Dios no se le puede hacer autor de dicho pecado. Si, finalmente, para evitar ese conflicto, acudimos al traduccianismo siendo los padres quienes trasmiten el alma a sus hijos ¿cómo salvamos la espiritualidad del alma? También explicar el alma de Jesucristo plantea sus problemas. Agustín se siente pillado por todas partes. La teología urge a la antropología llamando a sus puertas.

Seguimos gestionando la idea del hombre. Sobre el sentimiento antropológico cristiano ha caído una capa de escarcha y se ha congelado durante siglos. Hoy queremos descubrirla y traspasar la corteza protectora. Entonces descubrimos la teología que escondía. La vieja antropología no ha muerto y hoy, como ayer, se sigue afirmando, por algunos, la condición material del alma humana localizada o identificada en la materia del cerebro o del sistema nervioso. En la filosofía y en la ciencia moderna suelen ir unidas la negación de Dios y la negación del alma. Un científico que se precie de ser ateo, tiene que rechazar la existencia de ambos extremos (Dios y el alma), para que el círculo materialista esté completo. A San Agustín le sucedía lo contrario: con el conocimiento de Dios unido al del alma cerraba él sus necesidades y aspiraciones racionales y vitales. De ahí que una buena antropología sirva también de base a una buena teoría religiosa y ayude a la fe. Ambos principios suelen aparecer como procesos implicados. Todos los que niegan el alma lo hacen por entenderla y situarla formando parte del cuerpo, pues no admiten nada distinto o superior a él. En el fondo es una falta de valor o miedo de la razón a la trascendencia de las ideas. En el pensamiento occidental, el alma no es Dios, pero su idea está muy cerca de -Él. Por ello, es necesario recordar desde aquí la validez de las razones y argumentos que Agustín utiliza para defender la espiritualidad del alma, o sea, del hombre como base de su dignidad y supremacía. Si ya el cuerpo (materia) por su proximidad o unión con el alma adquiría dicha dignidad e inviolabilidad, mucho más la dimensión espiritual del hombre aportada al todo por el alma. No existe otro fundamento histórico para el humanismo que constituye la civilización occidental. Desde entonces, podemos hablar de una nueva era en la antropología. Preguntarse de qué está hecha el alma ya puede ser una trampa. Sin embargo, la cuestión es importante pues, de lo contrario, de no interesarnos por la naturaleza y procedencia ontológica del alma, equivaldría a olvidarla, negarla o relegarla a la nada. La existencia espiritual también es existencia real y no podemos identificar lo real solo con lo material. Si el alma existe, es lógico preguntarnos por su origen, aunque sea muy difícil explicarlo. Lo primero que intenta Agustín es evitar toda analogía con la procedencia del cuerpo, pues no son magnitudes equiparables ni tampoco ontologías paralelas. No tienen las mismas dimensiones ni altura, ni longitud, aunque ambas sean sustancias reales. Con la pregunta sobre el alma y sus orígenes se inaugura un nuevo orden epistemológico que llamaremos trascendente. Aun negando la condición sensible y material del alma, hay que salvaguardar su capacidad receptora y su trabajo de participación y elaboración del conocimiento experimental de los sentidos a través del cuerpo. Aquí tiene lugar la célebre división del alma en dos niveles desde Platón y Aristóteles, a saber, el alma racional o superior y el alma animal o inferior. No son dos sustancias incompatibles. También aquí nos va a servir la mediación de la persona o del espíritu. El hombre interior (homo interior) como terminología propia de San Agustín nos va salvar de muchas dialécticas y contradicciones. Convenimos en que la cuestión de la existencia y de la naturaleza del alma está condicionando tanto su origen, su formación de la personalidad cristiana como su destinación final. En este tema tenemos que hacer mucho uso del principio de participación, pues el alma, al ser espiritual, participa de la misma naturaleza divina, de su iluminación, de su consistencia o verdad eterna. En virtud de esta participación podemos explicar las alusiones al origen, naturaleza y destino del alma, pues va todo unido a su existencia. Es decir, tanto el origen del alma como su inmortalidad pertenecen a su esencia y obedecen al mismo proceso de participación. El alma ha sido creada inmortal por naturaleza. La argumentación forma tres círculos concéntricos: el alma es el sujeto donde reside la verdad; la verdad es el soporte del alma y, finalmente, verdad y alma participan de la misma sustancia.

7.7. Antropología cultural en San Agustín

Estamos en las tareas antropológicas del presente. La antropología no ha roto con el espíritu de su ser, de su origen, podríamos decir. Hemos reconocido al principio de nuestro estudio que toda antropología cristiana era una antropología histórica, cultural y comparada. Esto quiere decir que se nutre del texto y contexto de las categorías y teorías vigentes en su tiempo. La modernidad del siglo XX parece haber encontrado en el término "cultural" un juego de intercambio en muchas disciplinas, en especial en la antropología. El uso eufórico del término no ha decaído Nos referimos a la terminología utilizada para describir al hombre histórico alcanzado por la salvación. Algunas son heredadas o prestadas por la filosofía y otras aportadas por la Biblia Ya conocemos unas pocas. Carne, cuerpo material, cuerpo espiritual, mente, sustancia, naturaleza, alma, animal racional, espíritu, persona, razón, intelecto, sentidos. Otros serán incorporados desde la Edad Media. La antropología no está quieta. Se trata, en definitiva, de pasar de la conciencia de hombre a la ciencia del mismo hombre. Esto hizo San Agustín: conciencia de sí, de sus luchas, de sus inseguridades, de sus aspiraciones, inquietudes y anhelos pasó a la propuesta, racionalización y objetivación del mismo espíritu del hombre. La verdad pasa a ser sujeto. En el tema del alma se dan una serie de términos filosóficos susceptibles de reflejar la teoría antropológica de San Agustín. No se trata de una exhumación lingüística, sino de un seguimiento del sentido lógico e ininterrumpido de los términos. Todo ello nos sirve para encuadrar de manera más completa la estructura del alma agustiniana. El alma es espíritu como dice en *De Civitate Dei, VIII:5,* y, consecuentemente, es incorpórea, es inmortal. Dichos términos tienen una vocación de transferencia o intercambio al todo o al uno que es el hombre o la persona Podemos partir de términos equivalentes y comparables (¿se entiende ahora el profundo significado del concepto de antropología comparada?) que enlazan el tema del alma con vocablos llegados a nuestro tiempo.

En el tema del alma se dan una serie de términos filosóficos susceptibles de reflejar la teoría cultural y antropológica de San Agustín. Todo ello nos sirve para encuadrar de manera más completa su fenomenología antropológica o estructura del alma. Podemos partir de términos equivalentes y comparables que enlazan el tema del alma con vocablos llegados a nuestro tiempo. El alma es espíritu, es incorpórea, es inmortal. Todo esto tiene una vocación de transferencia al todo o al uno, que es el hombre o la persona. Siempre hemos dicho que la persona como categoría definidora del hombre tiene una capacidad de unificación ontológica y moral, de reducción a la unidad de todos los elementos parciales y de totalización. La presión neoplatónica es muy grande y la opción por la esencia espiritual del alma es muy clara Quizá así se podía abrir una vía o una respuesta para entender su origen, pues sabiendo en qué consiste podremos saber sus antecedentes o procedencia. Nada mejor que en el tema del ama se comprende la creación virtual y retardada de la que hemos hablado (razones causales), como un proceso recargable o creación continuada. En la definición del alma había que caminar entre materialismo (origen del alma en la materia) y panteísmo (identificación con Dios), evitando así ambos escollos. Es necesario mucha síntesis y mucho equilibrio. Como es necesario, igualmente, un gran ejercicio de igualdad y reparto al hablar del cuerpo y del alma dentro de sus diferencias. No se puede tocar el tema del alma sin que repercuta en la formación del concepto del cuerpo y viceversa aunque, de acuerdo con la filosofía del tiempo aludida, no se puede evitar una valoración cualitativa y jerárquica, tanto en el orden ontológico como en el moral. Es decir, según los cánones platónicos el alma es mejor que el cuerpo y está mejor posicionada en la configuración del hombre de tal manera que también la vida y el espacio moral derivado del alma figura como bueno mientras que al cuerpo se le adjudica todo el desorden, maldad y confusión impulsiva, instintiva y pasional que arrastra al alma hasta el abismo. La antropología del cuerpo podría aparecer como un subsistema de aquella del alma y desarrollarse en una subordinación permanente a ella. Esta sensación o inconsciente cultural ha impregnado toda la antropología occidental hasta que la fuerte conciencia del cuerpo, que existe en la cultura actual, viene a corregir esta tendencia inicial como veremos en su día. No podemos pensar que el cuerpo sea un principio pasivo y receptor, mientras que el alma sea el motor y el origen de la actividad personal. También el cuerpo es poder antropológico y amplía los poderes o las potencias del alma. Decimos con demasiada frecuencia que el cuerpo es como una cárcel para el alma, o sea, una limitación, muro y barrotes, pero muy al contrario podremos preguntarnos ¿qué sería del alma sin la fuerza instintiva del cuerpo que la impulsa, la amplía o la atrae? Porque, más allá de la fría consideración de la esencia racional del hombre, es una atracción mutua la que se establece entre el cuerpo y el alma para formar la unidad de impulso y de acción. Igualmente, si no fuese por la acción imperativa, superior, moderadora y directora del alma sobre el cuerpo, tampoco este podría ejercer sus funciones al lado de ella. Estaríamos así en las raíces del orden moral y antropológico. El cuerpo es el responsable de la fuerza, mientras que el alma lo es de la serenidad y control. Es la antropología de la apetencia. El cuerpo apetece al alma y viceversa. Puro estoicismo asumido por San Agustín. La posición del agustinismo antropológico tampoco es equivalente al estoicismo, pues la visión cristiana del hombre aspira a defender la plena igualdad entre cuerpo y alma en la constitución de la persona, de tal modo que se pueda hablar de una mutua dependencia entre ambas dimensiones del único hombre. Puesto en distinta función, el cuerpo obedece al alma, pero también manda y esta sigue los deseos del cuerpo. A ese mandato lo llamamos pasiones, instintos, impulsos, tendencias. Nos encontramos de nuevo, ante una encrucijada dialéctica. Defendemos que existe en San Agustín una proyección ascendente o aplicación espiritual de la estructura del cuerpo a la actividad del alma por la cual se configura al hombre religioso. O quizá sea el proceso contrario: el alma transmite (trans-forma) o hace del cuerpo una terminal de sus propias aspiraciones para exteriorizar la ontología religiosa natural. Si abandonamos el plano físico para adentrarnos en el simbólico, el cuerpo proyecta su forma en el alma que es, fundamentalmente, su encaje y adaptación complementaria. Pasando de la consideración material a la psicológica podemos decir que el cuerpo sensible sirve para describir al alma. El alma es el reflejo pormenorizado del cuerpo, pues posee ojos internos, oído interior, luz y sonido del alma, saborea la verdad y la sabiduría (sapientia viene de sapere que significa saborear), siendo la verdad el alimento del alma. Crece el cuerpo, crece el alma. Los placeres del espíritu en el banquete de la Verdad, imitando a Platón en su diálogo. Esa Verdad produce la felicidad, según otro de los diálogos de San Agustín titulado *De Beata vita*. Toda la interioridad antropológica tiene aquí su sentido, pues no hay más que un hombre que vive en el cuerpo y en el alma, teniendo una misma arquitectura sensorial o unidad experimental.

8

Antropología personalista

"El alma integra al cuerpo en una unidad y le mantiene en ella" proclama San Agustín en *De quantitate animae, XXXIII:70*. Cuando se habla de la función o influencia del alma respecto al cuerpo solo se alude a la idea de que el alma es la forma del cuerpo en el sentido de que le da vida. Es un proceso ontológico inicial y permanente muy importante. Pero ahora hay que extender y desarrollar esa presencia del alma en el cuerpo, por decirlo de alguna manera. Ese misterio, esa función es la unidad. El proceso metafísico y resultante ya lo conocemos. Cuando hablamos de las relaciones o unión entre cuerpo y el alma, hay que preguntarse por la unidad trascendente derivada de esa unión que llamamos sujeto o persona. La nueva humanidad, la nueva categoría de unidad que denominamos persona no va a surgir por la aniquilación o la destrucción del cuerpo y el alma, sino que va a subsistir con ella. Este va a ser el punto de vista a desarrollar en lo que llamamos antropología personalista, algo olvidada en la vorágine de las corrientes o sistemas estructuralistas, pero reivindicada y puesta de actualidad por los estudios de Fernández González (1981) sobre Maurice Nedoncelle y su estatuto metafísico de la persona. Abandonaremos, pues, la dialéctica de la dualización del hombre para ahondar en su unidad que pasa, necesariamente, por el concepto de persona.

8.1. Fenomenología de la unidad personal

Hasta el momento, las consideraciones antropológicas recaían sobre el cuerpo o, de manera alternativa, sobre el alma; pero ahora debemos situarnos en la unidad sustancial que forman ambas y que históricamente se ha llamado persona. Debemos abandonar ya el discurso dualista y, sobre todo, la antropología penitencial (el cuerpo como cárcel del alma) o de castigo del platonismo, y abogar por una convergencia ontológica de ambos elementos propiciada por el relato bíblico y la reflexión agustiniana. Es lo que llamamos fenomenología de la unidad teniendo en cuenta que no estamos ante un paralelismo metafísico, sino ante una gran compenetración. Es lo que San Agustín en *De Civitate Dei XII:27* llama "nostra institutio" o sea nuestra constitución. El hombre es, constitutiva y esencialmente una única realidad. Complementariedad o reciprocidad ontológica alma-cuerpo es la mejor definición de la identidad personal humana. Dicha reciprocidad es dinámica e integradora. La acción del cuerpo se integra en el espíritu y la del espíritu en el cuerpo. Es lo que en antropología psicológica se llama tendencias, inclinaciones, impulsos, atracciones, debilidades, tentaciones, pasiones. No es que el cuerpo sea débil o debilite al alma por ser cuerpo, sino por ser mortal o corruptible. Sin embargo, la unidad es una tensión permanente, un enfrentamiento de intencionalidades. El hombre no es un sujeto en paz, sino dividido y en guerra. La antropología personalista es una antropología de la asimetría humana que tiene que recuperar el equilibrio y la estabilidad, mediante la acción de la libertad y la gracia en la unidad de la persona. Todo parte del principio del Génesis donde —se dice— que Dios infunde un alma al cuerpo para darle vida. El alma, como forma el cuerpo, se ha convertido ya en una formulación filosófica del hombre. La mejor expresión de esta fenomenología de la unidad personal estará en la definición del hombre como espíritu encarnado o cuerpo animado. El alma no "es" primero y después adopta la "forma" del cuerpo, sino que su ser es in-formar al cuerpo; esto no significa que el cuerpo sea algo accidental que pasaba junto al alma. Por ello, desde la acción "informadora" y vital del alma sobre el cuerpo, este comienza a ser humano. El alma ocupa el cuerpo dándole forma, definiendo y siendo su espacio y configuración interior. De esta manera, el alma realiza, igualmente, la totalidad y la unidad del hombre, porque está toda ella en todas las partes del cuerpo dotándolo de una cohesión y coordinación sustancial. Formalización, vitalidad, totalización. He ahí las tres funciones personalizantes del alma humana en relación con el cuerpo. Esas funciones no son físicas, es decir, mediante contacto material, pues el alma no necesita tal espacio, sino mediante un espacio espiritual que llamaremos intencionalidad de acuerdo con *De Genesis ad litteram VIII:21.42.* El alma se extiende por todo el cuerpo, no por ocupación local, sino por animación vital según la *Carta 166:2.4.* Esa profunda vinculación sustancial entre cuerpo y alma, que llamamos intencionalidad, se convierte asimismo, en movimiento vital. Al mismo tiempo, es una compenetración y una existencia en paz entre el cuerpo y el alma aunque, a veces y como decimos, sea una resistencia. Iniciado tímidamente en San Agustín, la filosofía posterior de la Edad Media concede al cuerpo un valor de individualización del hombre. Esta cuestión fue usada como mediación en la discusión sobre la existencia de un alma universal o individual, representada por la filosofía árabe. Con ello, llegamos a una transferencia personalista donde el alma siente por el cuerpo y el cuerpo siente por el alma. Es la reciprocidad antropológica aludida. Como en todo dualismo y compenetración interactiva de elementos en el hombre, podríamos llegar a una fórmula de solución intelectual explicando que existen, en el conjunto de la persona, tres procesos: hay una ontología y competencias o necesidades propias y exclusivas del cuerpo (el alimento), como hay exigencias y necesidades propias del alma (la iluminación o la verdad). Sin embargo, existen otros tramos o espacios del desarrollo de la personalización que pueden ser comunes a ambos, al cuerpo y al alma, formando el núcleo ontológico de la persona, de la subjetividad, de la conciencia, de la percepción, de la responsabilidad moral. La opción definitiva podría ser que nada hay exclusivo de la naturaleza o de la competencia de uno solo de los elementos participantes, sino que en todo intervienen ambos en proporción desigual. El intercambio intencional es la esencia de la persona. Puestos a buscar un soporte material en el cuerpo para este nudo distribuidor, los científicos desde Descartes lo sitúan en el cerebro como origen de la red neuronal.

Pero demos un paso más en esta configuración de la persona en el proceso metafísico de la unidad. Hasta aquí hemos seguido el proceso de la igualdad cuerpo y alma. Sin embargo, fiel a su obediencia platónica, Agustín admite cierta jerarquía entre ambos elementos y no solo por razones morales. El alma estructura, informa, vitaliza, espiritualiza al cuerpo, pero también lo dirige, lo ordena, lo coordina, lo equilibra, lo modera y lo gobierna. A esa gestión antropológica del alma y su función rectora lo llamamos espíritu, según se desprende del *Sermón 168:2,* o del texto *De Civitate Dei II:6.* No se le puede pedir a San Agustín unas categorías experimentales como al resto de las ciencias, pero sí se reafirma en esa acción coordinadora y unificadora de la arquitectura sensorial, admitiendo un gran impulso motor a la voluntad. Conoce muy bien los mecanismo admitidos en la época: *De Genesis ad litteram VII:13.20.* La capacidad distribuidora del alma se concentra en el cerebro. La corriente energética y el canal de comunicación que representa el cuerpo para el alma actúa en las dos direcciones: la aferente (aportando sensaciones procedentes del mundo exterior) y la deferente (emitiendo respuestas, imperativos y mandatos de la conciencia). Todo esto tiene como fondo el problema del conocer y del obrar moral. Si existe una ontología teologal (Dubarle, 1981) también tiene que existir una ontología antropológica que, partiendo de la sustancia, de la esencia o naturaleza y de la existencia tiene que llegar a la definición de la persona individual en el hombre. Volvemos a entrar en los dominios de la antropología trinitaria. Las tres diferencias en Dios se llaman personas, pero tienen la misma naturaleza o sustancia. No hay nada superior o inferior entre ellas y todo en ellas es comunicación.

8.2. Por los caminos del espíritu

Nos encontramos desarrollando una antropología agustiniana como aquel discurso que aflora de las profundas corrientes de agua o de reflexiones subterráneas. Existe en San Agustín un pensamiento más complejo y filosófico, podríamos decir, pero aquí recogemos las proposiciones más cercanas a la condición y experiencia diaria del hombre que busca respuesta y sentido a su vida y lucha. No podemos perdernos en los caminos de terrenos platónicos o aristotélicos, sino en las conclusiones cristianas de la visión del hombre vigente en aquel tiempo y procedentes de las convicciones generales. Una primera conclusión del (aparentemente filosófico) concepto de la inmaterialidad del alma es su capacidad de conocimiento e inmediatez unido al de la interioridad. Es decir, al no ser opaca, material, extensa y oscura, el alma, el hombre, puede conocerse directamente así mismo sin mediación. Todo ello abre la noción de reflexión, es decir, el alma se conoce a sí misma, vuelve sobre sus propios conocimientos sin necesidad de dar el rodeo de los sentidos, sin salir de sí misma, sin recursos ajenas. Es una memoria de sí misma. Resuena constantemente el "entra en tu interior". Es lo que podríamos llamar intuición (intus videre o visión interior). Esto es una gran diferencia e identidad personal. Además de esta característica funcional y operativa, en su inmaterialidad se funda su dignidad que transmite, como decíamos, a todo el hombre (*De Gen.ad litt. VII:19.27*). No es despreciar el valor de la materia, del cuerpo, sino elevarlo a la más alta consideración. La inmaterialidad o transparencia del alma es la base de la interioridad y, al mismo tiempo, de su espiritualidad. El alma inmaterial se llama espíritu que significa conciencia de sí mismo, de sus actos, de su responsabilidad. Es la base espiritual de la civilización occidental. Otros han venido más tarde y han querido invertir toda la teoría antropológica, aplicando un materialismo histórico o dialéctico, luchando contra veinte siglos de reflexión humanista amparados en la categoría del espíritu. A su vez, como queda dicho, la condición de espíritu del hombre se traslada, en categorías modernas, a la dimensión de sujeto moral y trascendente. La síntesis más coherente fue realizada por los filósofos alemanes Fichte (1762–1814), Schelling (1775–1884) y Hegel (1770–1831) siguiendo la gran influencia del pensamiento de Kant (1724–1804). Dos conquistas muy importantes que sustentan la vida religiosa y moral del hombre. Ya tenemos todos los elementos que concurren en la idea moderna de hombre, como son, inmaterial, espíritu, conciencia, sujeto, trascendencia, personalidad o titularidad moral y legitimidad del mundo religioso. Con otras palabras, el alma como espíritu es la sede de las ideas y de los valores más trascendentes del hombre, sustentados en la interioridad, en la mismidad, en la iluminación, en la participación de verdades eternas, en la "memoria sui" y "memoria Dei". Los valores superiores son la base de toda cultura, civilización, diálogo político, entendimiento, colaboración, economía, educación, desarrollo de los derechos humanos. Esos valores no existirían si no fuesen identificados, percibidos y reconocidos o codificados por el espíritu que es la capacidad de conectividad moral que tiene el hombre de todos los tiempos. Al espíritu en el hombre hay que reconocerle una sustancialidad constitutiva y referencial, no un añadido temporal sin profundidad. El hombre es espíritu y no solo materia. Una de las posiciones más antiguas y duraderas de la antropología cristiana es la definición del hombre como espíritu frente a la tradición materialista que también comenzó en Grecia. Además, la dimensión espiritual del hombre es el apoyo formal de la trascendencia o apertura del hombre a lenguajes y realidades que van más allá de la experiencia sensorial. El espíritu es como una nueva mirada, unos nuevos ojos, una nueva visión que tiene el hombre en una actividad paralela a la corporal.

Igual que el espíritu se contrapone a la materia, también la trascendencia se ofrece como alternativa al concepto de inmanencia. Con la representación de la existencia de realidades más allá de los límites de la experiencia se descubre un orden independiente e ilimitado donde se asienta la existencia de Dios. Junto a la contraposición ontológica de la inmanencia y de la trascendencia se produce igualmente una contraposición epistemológica que permite al espíritu humano acceder a la noción de valores como el Bien, la Belleza, la Verdad, la Justicia, a lo que llamamos principios. Todo ello está fundamentado en el primer Ser, Valor o Verdad que es Dios. La filosofía del espíritu se ha convertido en una antropología cultural. Toda la filosofía moderna hace arrancar el concepto de espíritu desde esta época de la antigüedad apoyada en la Biblia por el vocablo "spiritus". El espíritu en el hombre es aquel elemento que le permite establecer una relación con Dios. El alma y el espíritu es el centro de las experiencias religiosas y muchas veces incluye también la totalidad de la persona. Algunos establecen una pequeña diferencia entre alma y espíritu. El alma sería una representación lineal, horizontal, del hombre y su relación con el mundo, mientras que el espíritu alude a su posición de verticalidad en dirección a Dios. Se podría construir una antropología religiosa a partir de la categoría de espíritu en la antigüedad cristiana. El espíritu de Dios hace al hombre persona, pues Él forma parte del espíritu humano, aunque no tenga su identidad y mismidad. El espíritu humano es creado. No es que él haga al hombre igual a Dios, sino que sirve de base, de plataforma, de conexión, de antena de radio y puente con Él. Es como su delegación o representación y forma parte del mismo árbol como una hoja más de él. El espíritu del hombre es descendiente de Dios, como quiere San Pablo. El espíritu del hombre no se confunde con el entendimiento, la mente o la razón. El entender es una función del espíritu. En este recorrido por la antropología de los filósofos antiguos podemos apuntarnos a la dualidad o a la tricotomía. Si aceptamos dos elementos en el hombre, hablamos de cuerpo y alma. Si hablamos de tres elementos, sería cuerpo, alma y espíritu. Otros compatibilizan ambas fórmulas y hablan de dos elementos (dicotomía), pero tres funciones (tricotomía). Serían como dos niveles o categorías de funciones: al alma le corresponderían pensar, querer y sentir (mente, voluntad, afectos), mientras que al espíritu le correspondería intuición, conciencia y religión. Todo ello envuelto en la categoría de persona.

8.3. El diagrama antropológico

El diseño del hombre sugerido por el platonismo y adoptado por San Agustín lleva consigo una dialéctica de pluralidad y de unidad que culminará en la noción más trascendente que antropológica de la persona. Toda la creación, el universo, la naturaleza, la ciencia, los números, las artes, la sociedad, la paz (pax tranquilitas ordinis), el amor (ordo amoris) es un orden salido de la inteligencia divina. De hecho, una de los principales diálogos filosóficos de San Agustín en Casiciaco se titula *De Ordine*. La ciencia posterior, en el Renacimiento de Galileo o de Copérnico supo trasladar esa noción metafísica a un sistema de observación real en el comportamiento de las cosas. La débil filosofía cedió su puesto a la fuerte cosmología. Así pues, es necesario establecer un orden en el hombre por mucho que hayamos hablado de igualdad. Equivalencia ontológica entre el alma y el cuerpo, pero diferencia de posiciones y funciones antropológicas. Distintas, pero ordenadas. El ser humano no se puede sustraer al orden general. En eso va a consistir el llamado orden moral. Es el diagrama o la pirámide antropológica de las necesidades que modernamente pasa a ser reutilizada por la psicología de la personalidad en aquellos autores humanistas como por ejemplo Abraham Maslow (1943), donde las necesidades religiosas figuran como metanecesidades en la escala y orden de valores y aspiraciones humanas. El mundo de lo trascendente también puede integrarse en el seno de la personalidad. No es ninguna contradicción que la realización de los valores (que es la autorrealización del hombre) nazca en la sucesión de necesidades humanas y su satisfacción. Ya hemos aludido en otro lugar a la antropología de la debilidad y vulnerabilidad del ser humano en la tradición cristiana. Toda la estructura del ser humano está atravesada por este eje de la inquietud religiosa. Las necesidades del hombre se convierten en deseos y el deseo de Dios forma parte de esta antropología. Dicho deseo desencadena la búsqueda religiosa, pues el hombre está hecho para Dios y seguirá inquieto hasta que descanse en Él, según el pensamiento de las Confesiones y la experiencia del mismo Agustín. En la explicación religiosa, la escala antropológica se invierte. Lo trascendente no está al final, sino al principio. La iniciativa de Dios es anterior a cualquier iniciativa humana, pues es el principio de todo y el centro del hombre. Esta inversión es una constante en la metodología de San Agustín. Es la reciprocidad entre antropología y teología: no buscaríamos a Dios, si no nos hubiese primero buscado Él. No somos nosotros los que estamos en Dios, sino que es Él quien está en nosotros. Si no nos conociese Él no nos conoceríamos nosotros a nosotros mismos. El hombre está lejos de Dios, pero Dios está cerca del hombre y así sucesivamente. El hombre no es religiosos, porque se dirija a Dios, sino porque Dios se dirige al hombre. No suspiraríamos por Él si no suspirase Él por nosotros. Paralelismo entre el ángulo antropológico y el ángulo teológico de la existencia humana, pero ambas dimensiones de la experiencia religiosa son necesarias para formar el cuadro del hombre. Lo mismo se puede hacer o decir con otras direcciones, con la dimensión inmanente y trascendente del hombre. La dimensión trascendente es el espíritu y la vertiente inmanente es el cuerpo. Podríamos seguir analizando esta antropología de la complementariedad: el alma no es nada sin el cuerpo y el cuerpo no es nada sin el alma, aunque no sean idénticas sustancias.

Podemos adelantar una fenomenología del espíritu de Hegel a los tiempos de San Agustín. Lo paradójico de este proceso es que, mientras se lucha y se aspira a la unidad como definición del alma, como definición del hombre, también se analiza y se interesa San Agustín por el hombre dividido, por el alma desestructurada. Esto nace de su experiencia religiosa, existencial y espiritual. El cuerpo lucha contra el alma y el alma contra el cuerpo, pero dentro mismo del alma no todo es acorde y unísono. La rebelión está asegurada y pertenece a la esencia misma del ser humano. El hombre es un ser desgarrado. "Nada esté en ti contra ti y serás un hombre íntegro". Ya sucedía en el platonismo y vino a recalcarlo el maniqueísmo que defendía dos fuentes, dos almas, dos principios, dos vías de interpretación de la existencia moral. ¿Tendría esto su fundamento en la estructura ontológica del alma? De hecho, sobre este tema trata una de sus obras titulada *De duabus animabus*.

Alma en partes o partida, partes del alma, pero no dos almas será la solución racional a la que llega el filósofo Agustín de acuerdo con su fe. Pero también justificar todo esto supone muchos esfuerzos y superar contradicciones, pues el alma no es una realidad material que pueda ser troceada, dividida en partes. Por consiguiente, como en otras ocasiones, hay que hacer compatible la unidad con la diversidad. En eso consiste la antropología filosófica que aquí desarrollamos. Una primera aproximación a esta fenomenología descriptiva del alma humana da como resultado la aparición de dos partes, de dos dimensiones, de dos niveles. Este reconocimiento de dos zonas en el alma es casi obligado por la presencia del cuerpo al lado de ella y se mide por "espacios" de proximidad descriptiva del alma humana da como resultado la aparición de dos partes, de dos dimensiones, de dos niveles. Este reconocimiento de dos zonas en el alma es casi obligado por la presencia del cuerpo al lado de ella y se mide por "espacios" de proximidad, por estancias. Es decir, aquellas operaciones que se encuentran más cercanas a las funciones del cuerpo por su semejanza, origen y repercusión, son enviadas o derivadas a una dimensión más "animal" del alma ligada a estas semejanzas o necesidades. El estatuto, las competencias y las funciones de esta dimensión del alma se concentran en todo lo relacionado con el cuerpo a través de los sentidos. Es una fachada del alma más orientada hacia las percepciones sensoriales, más receptiva y dotada de mayor conectividad con las cosas, con la experiencia. Ella sería la encargada de identificar, registrar, homologar y descodificar lo llegado del mundo exterior. De momento nos encontramos con una primera forma de dualismo aplicable al alma, a saber, hay un alma inferior y un alma superior, hay un alma exterior y otra alma interior, hay un alma vegetativa y otra alma racional, un alma animal y otra intelectual. De esta lateralidad (que no extensión) o proximidad del alma con el cuerpo (o dimensión animal del hombre) le viene la fuerza, la pasión, el impulso, la instintividad o determinación de sus deseos y aspiraciones. No es nada malo o negativo como dirá la psicología moderna desde Descartes, pero hay que encauzarla, corregirla, incorporarla a la vida moral. Alma animal de la que habla San Agustín en *Enarrationes in ps. 99:5* no es ninguna extravagancia o incoherencia, pues podemos identificarla con el instinto de defensa y conservación inherente a todo ser vivo por lo cual se evita el mal, se huye del peligro y se busca el placer como norma o regla general del proceso de la vida. Es decir, hay en el hombre una parte instintiva o actividad importante del alma que por conexión, por contigüidad, por proximidad o adecuación está encargada del seguimiento de todos los procesos que tienen al cuerpo como sede o soporte más directo e inmediato, pero que no quedan, ni mucho menos, fuera del hombre sino que pertenecen a su personalidad. Estas son afirmaciones de la filosofía o de la antropología a la altura del siglo IV, pero que han sido recogidas por la ciencia moderna y dotadas de racionalidad, legitimidad y probabilidad. Los estudiosos de hoy tienden a situar esta conducta espiritual de la materia animal en las neuronas como base de la transferencia informativa o del intercambio de impulsos y mensajes. En ellas hay un "elan vital" o fuerza adscrita al vivir que diría Bergson. Esto tiene su encuadramiento en el tema del alma para San Agustín. Si el cristianismo ha demostrado alguna reserva, alguna reticencia es en este punto o en este centro distribuidor de fuerzas y sensaciones, de aferencias y prestaciones. Las concesiones a la animalidad e irracionalidad no favorecen a la dignidad de la vida humana. Por lo demás, la filosofía de lo irracional, junto con la filosofía de la sospecha, tiene mucho ámbito y cabida en el pensamiento moderno. La parte inferior no puede arrastrar o dominar a la parte superior. Y no se trata de un clasicismo antropológico o un maniqueísmo donde lo manchado sea lo de abajo y lo puritano lo de arriba. De abajo vienen las pasiones, los hábitos, los vicios carnales. La educación moral y la virtud tienen aquí su gran tarea. Lo que parecen admitir aquí los autores neoplatónicos y cristianos es que las afecciones del cuerpo "molestan" al alma, según *De Genesis ad litteram III:16.25*. Siempre el esquema moral se ha construido sobre el esquema antropológico, pues el alma racional debe dirigir sus esfuerzos a coordinar este sistema de movimientos o tendencias. La construcción del hombre se debe a este ordenamiento de fuerzas o facultades. El sentido de un alma departamental en el hombre va dirigido a la variedad de solicitaciones y respuestas que se reciben en ella de tal modo, que existe una antropología temática y especializada. El contacto del alma con el mundo se realiza a través de canales especializados como son los sentidos de forma selectiva. El contacto con la energía física del mundo requiere de un alma estructurada en su fase más elaborada (neocortex) o en su fase más primitiva. Es una antropología evolutiva dentro de la definición del espíritu. A parte de esta relación, San Agustín habla también de una configuración sensorial del alma o sentidos internos en cuanto a que el alma también tiene ojos. Esta metacorporeidad del alma supone toda una novedad en la antropología de San Agustín que ya venía sugerida por la Biblia. Las alegorías son trascendencias. El alma tiene sus ojos y la inteligencia su mirada, pues hemos hablado del hombre interior. Igual que la luz natural ilumina los ojos y los objetos exteriores, también la iluminación o la luz de la verdad ilumina la mente humana para el conocimiento intelectual. Si hermosos y necesarios son los ojos del cuerpo mucho más valiosos son los ojos del alma para no ser ciegos y caminar en el error. Ya no causa ninguna extrañeza hablar de sentidos internos (metacorporeidad) donde se produce otra forma de dialéctica, pues cuanto más cerca esté el alma de los sentidos externos corporales más tiene que intensificar su aproximación a los internos, en una situación de contrapeso, porque al lado de los placeres exteriores del cuerpo existen también los placeres interiores de la contemplación (concupiscentia beatitudinis) el gusto por el alimento o el pan de la palabra de Dios o el deleite de la ley interior de *Confes. VII:21.27*. Todo un despliegue de sensibilidad interna o espiritual que trasciende la arquitectura del placer animal de acuerdo con el texto de la conversión de *Confes. VIII:12.29*. "No en comilonas ni borracheras, no en lechos o liviandades, no en contiendas o emulaciones, sino revestidos de Nuestro Señor Jesucristo". Este revestimiento interior es la metacorporeidad trascendente de la que aquí hablamos como si el alma no solo tuviese, sino que fuese un cuerpo espiritual con placeres propios de su condición racional. Si hablamos, con toda razón, de un hombre interior tenemos que admitir la existencia de un cuerpo interior formando parte de él. Por ello se puede decir que existe una psicología metafísica en San Agustín que se concentra en la "beata vita", en la belleza interior, en la atracción de la sabiduría (del latín "sapientia" o "sapere" que significa saborear, gustar), en el placer intelectual asistiendo al banquete de la verdad. Existe una antropología interior que hace necesaria la duplicación del cuerpo.

Siguiendo el impulso de la filosofía platónica (otro ejemplo de antropología cultural), hay que admitir y desarrollar la dimensión más superior del alma humana situada en la llamada inteligencia racional y pensante. Mens, intellectus, ratio: *Sermón, 237:4* y en *De Ordine II, 15:42-43*. Es una tarea de orfebrería antropológica distinguir tantas variedades y aspectos en la única alma humana. Esta pluralidad antropológica y dinámica no es algo estático o metafísico, sino activo y psicológico en orden a entender el conocimiento humano. Todo el problema del hombre se concentra en la antropología del conocimiento humano. Porque a la jerarquía de estructuras corresponde la graduación de percepciones o conocimientos. En definitiva, el hombre- conocimiento se convierte en el hombre-comunicación. Se comunica con el mundo por los sentidos que constituyen diversos canales. Son los sentidos del hombre y no solo del cuerpo o del alma. Son los que hacen posible que el exterior penetre en el interior y este salga al exterior del mundo material. Hasta siete diversificaciones de la actividad del alma en el hombre señala San Agustín El primero eslabón es el alma biológica como alimentación del cuerpo, siendo su equilibrio y coordinador. La segunda función del alma es ser fuente de afectos, sentimientos y pasiones que, igual que el anterior, no son malas, sino que hay que ordenarlas. Traspasado el umbral de la animalidad, el tercer nivel de comunicación del hombre con el mundo se refiere a la memoria como capacidad de retención y reserva morfológica de las cosas o sensaciones. En la cuarta fase, el alma comienza ya a interiorizar su ser mediante la abstracción o alejamiento de las percepciones sensibles para percibirse a sí misma. Habiendo entrado en sí misma, el quinto nivel de comunicación del alma consiste en la tensión por purificarse y ascender o trascenderse. El sexto grado de conocimiento es ya una exigencia de la misma purificación para terminar el séptimo y último estado que es la contemplación o visión directa de las verdades eternas y permanentes. Siguiendo la indicación anterior o relación entre metafísica y psicología en San Agustín, el tema de la memoria es una síntesis de ambas. Hay una memoria interior ("memoria sui") hay una memoria transitiva (sensaciones almacenadas de las cosas) y hay una "memoria Dei" o el reflejo natural de Dios en nosotros que constituye la esencia del hecho religioso. En la "memoria sui" habrá que apoyarse para desarrollar, más adelante, el concepto de persona. La "memoria sui" constituye la esencia del espíritu como autopercepción y reforma, siendo la base de la identidad personal y el comienzo del conocimiento de sí mismo propiamente dicho a través de la intuición e, incluso, de la reflexión o rodeo interno de circunvalación del yo. A todas estas estructuras del hombre ("memoria sui" y la "memoria Dei") hay que darles una condición ontológica previa a los desarrollos del conocimiento. Por tanto se puede hablar de una situación prelógica, preconsciente o preconceptual como una apertura religiosa del hombre hacia Dios. El descubrimiento o mirada hacia todos estos conocimientos previos depositados en la metafísica del hombre produce el desarrollo consciente y reflejo de la actividad intelectual y de toda la inquietud religiosa en forma de la dialéctica presencia y búsqueda. "Tu estabas dentro y yo fuera, y allí te buscaba yo. Estabas conmigo, pero yo no estaba contigo. Me llamaste y me gritaste rompiendo mi sordera, brillabas y resplandecías suprimiendo mi ceguera. Exhalaste tu perfume y respiré suspirando por ti. Probé su sabor y ahora siento hambre y sed de ti. Me tocaste y ardía en tu paz" *Confes. X:27-38*. Hay que avanzar más y más en la comprensión de todas estas facultades o fuerzas naturales del hombre con un carácter a priori. Ellas constituyen la capacidad para conocer los primeros principios, las verdades eternas, inmutables y universales, formar la conciencia y los juicios morales desde la razón. Toda la carga de racionalidad que define al hombre de la antigüedad (como animal racional) hay que situarla en esta facultad de la inteligencia o de la razón.

8.4. La libertad liberada y disponible

No se puede entender el cristianismo sin el tema de la libertad y no se puede entender el tema de la libertad en la antropología cristiana sin San Agustín. En él se mezclan y entrecruzan aspectos filosóficos con aspectos teológicos revestidos de experiencias dramáticas personales. La libertad es uno de los elementos esenciales de la antropología, pues afecta a muchos otros puntos de preocupación agustiniana como pueden ser la creación, el tema del mal, el pecado, la salvación, la voluntad, el acto libre o libre albedrío. Todos estos son temas satélites que giran en torno al gran centro de interés para la antropología. El problema de la libertad es el más afectado por la fusión metafísica y antropológica que estamos desarrollando aquí, y que es la base del personalismo cristiano. La libertad representa el punto más álgido del hombre como misterio, pues ella misma constituye una realidad desconocida, imprevisible y sorpresiva. No se puede olvidar que la libertad se vive o se expresa en forma de opción y elección. Eso es el orden moral. La persona es la conjunción de ambas direcciones de la libertad, tanto la antropológica (sujeto) como la moral (conciencia). El tema de la libertad se enfrenta, hoy como ayer, con la determinación o con la creatividad. La determinación en los griegos se llamaba destino y retorno eterno, mientras que en la ciencia actual se llama azar y necesidad. La ciencia es previsión, la libertad es voluntad creadora de la historia. Entramos así en la estructura más contradictoria y dialéctica de la libertad cristiana que se transmite al yo, al sujeto, es decir, el hombre es un ser radicalmente dividido. Por una parte está la voluntad de la carne y por otra, la voluntad del espíritu. A lo primero lo llamamos la fuerza de la ley o del pecado que reina en el cuerpo, y a lo segundo lo llamamos la ley del espíritu que libera al hombre. No salimos del dualismo: mientras que la ley de la carne quiere el mal, la del espíritu desea el bien. El equilibrio es muy difícil para el creyente, porque la ley del espíritu, a pesar de estar enraizada en la libertad, tiene el contrapeso o inclinación de la carne y por tanto no es del todo libre. Yo quiero, pero no puedo querer mi propio querer, exclama angustiado el joven Agustín. La libertad del hombre es esclava y tiene que ser liberada. Pero todo esto sucede en un mismo escenario, o sea, en mi mismo yo: yo estoy en la carne y yo estoy en el espíritu. Dicho de otra forma: la parte carnal de mi lucha contra la parte espiritual de mí mismo. "Nada esté en ti contra ti y tendrás un yo íntegro" según el *Sermón 128:9*. Este es el hombre drama de la antigüedad y de hoy. El humanismo existencialista ha reconocido esta idea con la formulación del absurdo que supone reconocer que estamos condenados a ser libres. Lo que no es absurdo es la proclamación agustiniana de que "la voluntad es libre en tanto en cuanto es liberada" de *Retractationes I:15.4*. Todo esto nos conduce a una antropología de lo inacabado. El hombre no es un ser, sino un siendo, no está hecho, sino haciéndose, construyéndose desde la libertad. Pero esta realización del hombre no es una apertura sin horizontes o limitaciones, sino que debe seguir unos parámetros, unas razones, un modelo o proyecto del que es respuesta. Es una libertad guiada, movida por una intencionalidad salvadora. Estamos en la antropología del límite, como otros (Eugenio Trias 2013) han escrito sobre la filosofía del límite. La libertad del límite como límite de la libertad. Lo contrario es la alienación, la despersonalización la enajenación y el ateísmo de la utopía o del suicidio. Convengamos en que el hombre dividido está en lucha, no del cuerpo contra el alma (que también), sino de dos quereres, de dos amores enraizados en el hombre. Pero de esa lucha creadora sale el hombre y la libertad es su génesis. El hombre se hace en la libertad y la libertad hace al hombre. Todo ello no solo en un sentido metafísico, sino también psicológico, vivencia personal, existencial, ascética, espiritual y cristiano. La libertad hay que conquistarla hay que rescatarla o liberarla. Lo más fácil en aquel tiempo era negar la libertad, como lo hacían los griegos o los maniqueos. Para ambos era inútil esa preocupación antropológica. Los griegos creían solo en el eterno retorno, en el nada nuevo, en el destino, en el ya decidido o ya vivido, mientras que los maniqueos no querían responsabilidad en la construcción del mundo y del espíritu, obviaban el tema del mal remitiéndolo a otra fuente, a otros orígenes. La liberad se convierte así en una libertad fugitiva. Muchas veces hemos aludido a la cosmología espiritual que la antropología agustiniana convierte en categorías para definir al hombre. Aquí es el espacio o la presencia la que nos sirve para entender al hombre libre. El hombre es un espacio de libertad y quiere que ese espacio sea tan grande que se pierde en él. ¿Qué hace el hombre cuando se aleja de Dios? Se aleja y no regresa, o sea, se pierde. El hombre sin Dios es un ser perdido, un fugitivo. San Agustín sale al encuentro de este hombre acorralado y le pregunta ¿pero dónde vas a huir de Dios? Donde quiera que vayas, allí está Él. No hay ningún lugar sin Dios, libre del sentimiento religioso ni de la inquietud. No hay un lugar ateo o reservado para ateos. No tienes escapatoria. Estás rodeado, estás cercado por Dios, no puedes huir, es mejor que te entregues y en vez de huir de Dios, huye a Él. ¿Qué hacías cuando te perdías? Y cuanto más te perdías más te alejabas y no regresabas: *Sermón 48:2.2*. Todo esto sucede cuando el hombre no quiere servir a Dios, cuando quiere ser libre por sí mismo. Como el hijo pródigo mayor del evangelio exige a su padre la herencia que es la libertad, y se marcha lejos de la casa para vivir su propia libertad y soledad, malgastando su vida en corrupción, en desesperación. No quiere seguir más entre cuatro paredes, cuidado por Dios y pide las llaves de su existencia propia e independiente. La libertad se convierte así en el mayor drama antropológico de la historia. ¿Se ocupará la cultura moderna, los pensadores contemporáneos de estas cuestiones sobre la libertad tal como le preocupaban al primer pensador occidental, o sea, a San Agustín? ¿Actualidad de Agustín o recurso permanente al pasado de la modernidad? El humanismo cristiano es un continuo renacimiento. Porque el problema, el misterio, el drama de la existencia humana sigue sin resolverse. Hay muchas formas de esclavitud personal, moral, social, política, laboral, económica.

El tema de la libertad refleja perfectamente la estructura dialéctica del conocimiento sobre el hombre. Sucede como en el misterio trinitario. La docta ignorancia. Conocer a Dios es no conocerle. Del hombre se desconoce más que se conoce, como se da a entender en *De anima et ejus origine. IV:3*. Por eso hemos hablado del hombre como misterio. Por otra parte, la soberbia autosuficiente e inflada que no es ciencia, sino hinchazón. El hombre no es solo teología, revelación o fe, sino también biología y fisiología. Se ha acusado a San Agustín de abandonar estos aspectos. Sin embargo, no es así, pues existe una transposición antropológica y espiritual de estas categorías biológicas del hombre y un aprovechamiento simbólico de ambos niveles de la vida humana. La salud, la enfermedad, el dolor, el sufrimiento, las heridas, el hambre y la sed, la sangre, la curación, los medicamentos, la fortaleza, la debilidad, los alimentos, son procesos aplicables a la vida material y espiritual. Siguiendo en nuestra antropología simbólica, el hombre, la libertad, están heridas, están quebradas o dañadas por el pecado. Se comprende fácilmente si usamos esta alegoría. Decir que la libertad es libre en tanto en cuanto es liberada equivaldría a decir, que el hombre (la libertad) en tanto está sano en cuanto está sanado o recuperado. Por ello, la acción de Cristo se entiende como una recuperación de la libertad, como una redención del cautiverio (pagando un precio de rescate) y una excarcelación o liberación de la conciencia. La conocida "teología de la liberación" se queda corta en su alcance y mensaje si no llega en sus planteamientos hasta las profundidades más radicales del ser humano, la liberación moral, la salvación total, de la cuales, otras liberaciones regionales son solamente un símbolo, una sombra o una aproximación. Dios, de quien, en quien y por quien es libre todo el que actúa libremente, es la suprema libertad que las criaturas libres reciben y participan. Volvemos a la constatación de la teología como coronación de la antropología y tocamos, de nuevo, lo que hemos llamado, más arriba, la antropología trascendental o simbólica, es decir, todo lo que se da o experimenta el hombre en el cuerpo produce la correspondiente sensación o proceso en el alma. Esta era la estructura salvadora y reveladora de los milagros de Jesús en el evangelio en su actuación con los enfermos: para que veáis que puedo curar o liberar el alma, curo los cuerpos que viene a ser lo mismo. Esta es la antropología sacramental cristiana que se extiende a lo largo del simbolismo corporal desarrollado anteriormente. La visión terapéutica de la antropología cristiana nos introduce en la teoría del Cristo "medicus mundi" tan desarrollada por San Agustín, sin olvidar al Cristo "paciente". ¿Quién le curaba a Él? Paradójicamente, los sufrimientos de Jesús son medicamentos (la palabra tiene la misma raíz que médico) o curación para nosotros. Todas estas cuestiones permanecen en el contexto de una antropología agustiniana, pues la gran pregunta se refiere a la vida y a la muerte del hombre. Santo tiene la misma raíz que sano (sanctus-sanus) y significa un hombre limpio, libre y descontaminado, puro y adecentado, fuerte y dispuesto. Todo esto es la acción de la libertad en el hombre. En esta antropología no hay ninguna diferencia entre la salud corporal y la espiritual. El cuerpo sigue la misma suerte que el alma, pues su unión y unidad son indestructibles e inseparables en la fusión que llamamos persona o libertad. Sin embargo, a pesar de las muchas indagaciones y respuestas, el tema de la libertad sigue abierto: ¿en qué consiste una voluntad libre? ¿cómo es una voluntad libre y hacia dónde se dirige? ¿quién decide que la voluntad es libre? ¿qué valores o motivos la hacen ser libre? El hombre no lo puede hacer todo. La libertad en sí misma, como la existencia, tiene un límite. Es necesario preguntar en nuestros días dónde está el límite de la conciencia por más que las ciencias neurológicas y la tecnología hayan ampliado el radio de nuestra consciencia, sabiendo que toda posibilidad o capacidad es, al mismo tiempo, una imposibilidad y una incapacidad del hombre.

Hay que situar los órganos, ordenar la voluntad tractora, depurar los instintos, someter las pasiones para poder llegar a la definición de la auténtica libertad. El hombre es un conglomerado muy difícil de entender.

Este es el momento de afrontar el tema de la doble libertad en San Agustín. Su lectura y desarrollo le sirvió a Lutero para elaborar su antropología del pesimismo y de la resignación latente ante la imposibilidad de realizar algo nuevo y creativo en el tema de la salvación cristiana del hombre y del mundo. No hay libertad teologal. Todo está ya hecho y decidido. Solo hace falta aguantar que pasen los tiempos intermedios y llegue el final del partido, el final de la historia para que todo sea definitivo, pero no cambiado o transformado. Nos referimos a la conocida cuestión de las relaciones entre libertad y libre albedrío puesta en circulación por San Agustín y recogida por toda la tradición occidental, incluida la contrarréplica de Lutero en su trabajo titulado De servo arbitrio. Las edades del hombre son, igualmente, edades de la libertad y la historia del mundo es la historia de la libertad. En el principio, Dios creó al hombre libre, como imagen y reflejo de su misma libertad. La voluntad que se concedió al hombre era libre, apunta San Agustín en *De Civitate Dei XIV:11*. En ella confluyen el bien y lo recto o justo. La creación del hombre no fue un proceso de necesidad, sino de amor y libertad donde intención divina y resultado humano eran iguales. El hombre, si quería, podía permanecer en el bien. Si quería podía. En ese primer tramo de la existencia humana el querer coincidía con el poder de la libertad. Pero se interpuso el pecado, la rebelión, la desobediencia y se rompió o quebró la continuidad, la mismidad horizontal, la coherencia y la fidelidad de ambas capacidades. El primer proyecto de hombre se vino abajo. Ahí no necesitaba ayuda, no necesitaba la gracia. El hombre era posibilidad y no necesidad. En eso consistía la libertad disponible. Pero sabemos que no quiso elegir el bien, es decir, cayó en lo fácil y débil. La gran tentación condujo a la gran decepción. Y así comienza una nueva situación existencial y religiosa en la historia de la voluntad humana. Se necesita una nueva intervención de Dios en la temporalidad del hombre, una nueva creación o recreación para rescatar lo que en el hombre quedó de posibilidad disminuida, debilitada y dañada. El pecado fue el gran fracaso, el gran naufragio del hombre frente a Dios que arrastró consigo al mundo. Y llega la gran alienación del hombre: no pudo crearse a sí mismo, en cambio sí pudo caerse, perder y deshacerse la libertad. Pero quien no pudo hacerse tampoco puede rehacerse y necesita de alguien que lo levante. Se necesita una transformación ontológica de toda la persona, una refundición total de energías y de alcance. Esa es la gracia de Dios, la fuerza de la libertad recuperada. Libre albedrío es la capacidad del hombre para elegir entre el bien y el mal, mientras que la libertad cristiana es la activación de esa capacidad para elegir el bien y realizarlo. Tras el pecado, el hombre posee libre albedrío como posibilidad abierta de elegir el bien (o el mal), pero no tiene la libertad como capacidad de hacer solo el bien. La dialéctica antropológica en torno a la libertad gira entre "elección" y "ejecución". Una es poder elegir y la otra poder realizar. Lo hemos llamado la doble libertad de la que una es introducción a la otra. La libertad limitada, la carencia de libertad no viene de la estructura natural del hombre, sino de una limitación o castigo de la naturaleza misma. Al hombre le faltan fuerzas para hacer lo que quiere. Ahora se entiende la sentencia correctora (que suena a escrúpulo) del anciano obispo cuando dice en las *Retractaciones I:15-4* que el hombre es libre en cuanto que es liberado o ayudado, pues por sí mismo no podría serlo. Esta cuestión de la libertad le sublevaba al pensador y obispo según *Confesiones VII:8.15*. Pero no solo a él, sino también a toda la historia del pensamiento occidental hasta nuestros días.

8.5. El hombre interior

Seguimos avanzando en la reconstrucción de la antropología personalista según San Agustín. Hemos atendido a las condiciones del hombre como espíritu, a la graduación de la persona, a su unidad, a su constitución desde la libertad. Ahora nos corresponde dar otro paso más, "adentrándonos" en ella siguiendo el mandato inicial: no vayas fuera, entra en tu interior según *De vera religione II:72*. No es fácil aplicar categorías espaciales en el concepto de hombre. Es verdad que existe un hombre interior (el alma) frente al hombre exterior (el cuerpo), pero nuestro espacio antropológico es más en un sentido intencional y funcional que metafísico. Sin embargo, desde el concepto de iluminación o el de verdades eternas, la noción de interioridad es esencial en la antropología religiosa de San Agustín. Porque en estas estancias o dimensiones de espacio espiritual, el hombre está siempre acompañado de Dios. Por eso existe un Dios interior y un Dios superior. Dios es "interior intimo meo et superior summo meo" que dice en *Confesiones III:11*. Dios es más interior a mí que yo mismo, y más superior a mí mismo. Hay que hacer lugar en el hombre para Dios. Pero no vayamos a razones platónicas para explicar estas dimensiones del hombre agustiniano, pues seguimos dentro del régimen de antropología trinitaria. Es el misterio de la Trinidad el que establece un interior y un exterior de Dios que se trasladan al hombre como su vestigio. En resumen, estamos intentando conocer al hombre conociendo a Dios. "Homo interior" y "homo exterior" resumen la semejanza entre el hombre y Dios sin una línea de separación fronteriza. Sin embargo, estas dos categorías representan una antropología diferencial. Es decir, el hombre exterior nos asemeja al señorío de los sentidos en el reino animal, mientras que el hombre interior y moral nos aproxima a Dios. En la consustancialidad de las diferentes funciones de la única persona que es el hombre como espíritu, encuentra San Agustín la relación de la imagen trinitaria donde tres personas distintas comparten la misma consustancialidad o connaturalidad. La capacidad que el ser del hombre tiene para reflejar a Dios se realiza en la estructura trinitaria de su interior como "mens", "notitia", "amor", o como "memoria", "intelligentia", "ratio". Esta es la teología trinitaria y antropológica. Tampoco falta esta aplicación espacial a la razón cuando se habla de una razón inferior y una razón superior en el hombre. Ya hemos advertido de la lucha que tiene lugar en San Agustín para superar los dualismos e ir en busca de la unidad que supone el espíritu en el hombre. Igual que los maestros de espiritualidad en la Edad Media (Maestro Eckhard 1260–1328) realizaron una "transevaluación" del pensamiento agustiniano, hoy día necesitamos hacer ese mismo proceso, pero hacia la evaluación antropológica. En la búsqueda de las raíces más profundas de la civilización occidental, la teoría de San Agustín sobre el hombre interior como sujeto representa las bases para la noción de persona en la que se asienta dicho humanismo cristiano. Con la alusión al hombre interior hay que unir también las funciones del hombre corporal trasladadas al alma como hacíamos en otro momento. Existe un oído interior, unos ojos internos, una recepción y audición interna de la palabra de Dios, un paladar que constituye la fe y que viene residenciada en el corazón. Interior es Dios y secreto del alma. Antropología y teología unidas. Razón y fe juntas. Todo este despliegue de interioridades está realizado con vistas a resaltar una metafísica del conocimiento como ha hecho en su obra Johannes Hessen (1931), pero todo ello arranca de una previa metafísica antropológica desplegada en torno al hombre interior. Cuando hablamos del hombre interior estamos traspasando los horizontes propios de una psicología y estamos entrando en una ontología religiosa de la reciprocidad en la presencia expresada en aquellas palabras de "Tú estabas en mí pero yo no estaba en Ti" escritas en *Confesiones I: 2*. Así comienza la interiorización de la humanidad, de la cultura occidental y del hombre moderno. Cuando se pierde o se debilita la construcción de esta solidez y densidad del espíritu y de la conciencia humana, se tambalean los ejes de una civilización respetuosa con el hombre y su vocación trascendente y social a la vez. Dios no desaloja al alma ni a las profundidades de la memoria o del pensamiento, sino que las llena, las dimensiona y las dignifica. ¿Dónde estaría el hombre si no estuviese Dios en él? Por tanto, el hombre interior es una categoría religiosa, pues es, a la vez, presencia y actualidad de Dios en el hombre. De aquí parte, igualmente, la dialéctica antropológica aludida en otros momentos y que se conoce como la llamada "inquietud religiosa" (inquietum est cor) en San Agustín: a Dios le buscamos, porque lo tenemos y lo tenemos, porque lo buscamos. Su presencia es ausencia y ansia de poseerle, al tiempo que su posesión es el desencadenante de nuestro deseo de Él. Así se cierra el círculo de la ontología religiosa en San Agustín que aparece repetidamente en *Las Confesiones*. Porque el drama humano se establece entre buscar y encontrar a Dios. El Dios presente y el Dios lejano a la vez es la revolución más grande producida en nuestra cultura. El recorrido o el camino hacia Dios no ha hecho más que comenzar. Sus etapas son muy conocidas: trasciende o sobrepasa el cuerpo y llega al alma, trasciende el alma y llega a Dios, dice comentando a San Juan: *Tractatus in Johannes evangelium, XX:11.* Todo el hombre exterior se vuelca en el interior para servir de plataforma de acceso a Dios. Todas las funciones sensoriales del hombre vienen usadas simbólicamente para designar la experiencia interna con Dios. Porque cuando se ama a Dios se tienen todas esas sensaciones: se oye una palabra o una melodía, se saborea con el paladar del alma la verdad y la sabiduría, se contempla la belleza y la armonía. Pues Dios es todo eso y mucho más, de forma trascendente (o sublime diría un freudiano), para el hombre interior. En ese interior resuena, luce o resplandece y se contempla el rostro de Dios. Para poder realizar todas esas operaciones del espíritu se necesita el escenario adecuado del hombre interior agustiniano. Lo mejor y más grande está en el interior del hombre según *Confesiones X:6.9*. En virtud de esa trascendencia, no podemos creer, sin embargo, que el hombre va a ser el espacio de Dios y va a poder encerrarlo en sí mismo o abarcarlo. Dios sigue siendo un inmenso misterio inabarcable, del cual el misterio del hombre es un puro y tenue reflejo. El conocimiento del hombre sin el conocimiento de Dios es pura entelequia y utopía irreal. En cambio, el conocimiento del hombre con el conocimiento de Dios es una realidad existencial. Ahora se comprende que Dios esté más cerca de mí que yo mismo, al tiempo que yo estoy más lejos de mí mismo que de Dios. Mi conciencia es un abismo interior. Pero mientras yo encuentro a Dios en mí, Él está también sobre mí, como reconoce en *Confesiones X:26.37* uniendo inseparablemente interioridad y trascendencia del hecho religioso y antropológico.

El hombre constituye un mundo interior, de tal manera que la antropología agustiniana se convierte en una metafísica de la experiencia de la interioridad. Las dimensiones se invierten: Dios está dentro y el hombre fuera, Dios está con el hombre y el hombre no está con Dios de *Confesiones X:27.38*. El campo y los terrenos donde está Dios dentro del hombre ya los conocemos. Los castillos del alma, que decía Santa Teresa, o los sotos y praderas del poeta y místico Juan de la Cruz. Pero aquí se invierten las ubicaciones: el lugar del alma es Dios. Todo esto desencadena una nueva teoría del espacio interior en San Agustín. Es significativo que las categorías de espacio y tiempo estén desarrolladas en el libro de *Las Confesiones* que es una antropología biográfica y existencial. Ello significa que el espacio y el tiempo forman pare de la estructura del hombre. Así que el hombre es el lugar de Dios que llamamos "memoria Dei" que se identifica con la "memoria sui" o el espíritu humano. Este es el ánimo y este soy yo, por tanto, el yo humano se encuentra con el yo divino en una misma sede, en un mismo espacio y en una misma realidad. El "meminisse me memini" de *Confesiones X:13.20* está apuntando a la coincidencia ontológica entre la interioridad y el hombre, pues la memoria se engendra y se alimenta a sí mismo y tiene que recordar que se recuerda. Cuando la memoria retiene algo en sí misma comienza por retenerse a sí misma. Metamemoria podemos llamar a esa reserva constitutiva de la memoria sobre sí misma. Con el tiempo ocurre otro tanto, pues el tiempo es continuidad de sí mismo y solo siendo él mismo y permaneciendo en el tiempo se constituye a sí mismo el tiempo. La memoria, el tiempo interior, el espíritu humano es el Dios sin nombre, incluida la intuición o la meditación de religiones orientales no cristianas. Esta antropología religiosa psicosomatizada no está muy lejos de la inteligencia popular cuando se suele decir ¿qué lugar ocupa Dios en tu vida? El espacio y el tiempo del espíritu son símbolos de valoración y profundidad moral y antropológica. Existe el sentimiento religioso o las sensaciones que se producen en el hombre interior y que, cuanto más interiores son, más dejan de ser locales para ser espirituales. No hablamos de un lugar o de un tiempo material, pues la materia nunca puede ser la mediadora en las relaciones entre Dios y el hombre. Esa función la realiza la memoria interior que tiene mucha fuerza, mucho alcance o profundidad abismal. La vida y las percepciones del cuerpo son de una monotonía repetidora, pero las experiencias del espíritu tienen una movilidad insospechada. La memoria tiene su campo de influencia o su cobertura y, en ese radio de actuación, está también Dios. La recomendación agustiniana de entrar en mí mismo, en mí interior equivale a entrar en la memoria según *Confesiones X:11.65*. Además, la memoria no se alimenta solo de preexistencias, de sensaciones previas, sino que ella misma genera sus propios contenidos creativos que pueden ser perfectamente inexistentes y espontáneos, pero igualmente reales. La memoria analógica y convencional ayudada por el cuerpo descubre o evoca aquello que ya existía, pero también existe otra memoria interior que introduce sus propios objetos y, sobre todo, es la vía de penetración hacia Dios en un sentido reversible. En ella se producen las dos cuestiones simultáneas, o sea, la pregunta de Dios y del hombre a la vez. Yo soy una cuestión para mí mismo (*Confesiones X:33. 51*), pero me convierto en un interrogante, porque Dios es igualmente un interrogante. Su proximidad me hace cuestionarme a mí mismo. Porque el hombre es la reverberación de Dios, la capacidad de reflejarle.

Las dimensiones del hombre son las dimensiones del espíritu que constituye su interior. Esas dimensiones son el amor. Cuanto más se ama, más se dilata, crece y engrandece el alma. Al mismo tiempo, lo mismo que sucedía con la libertad, puesto que el alma por sí misma no tiene muchas profundidades o fuerzas naturales, viene la gracia en su ayuda a capacitarla para amar. En el mundo interior, la fuerza de cada alma se mide por su amor. Igual que percibimos el mundo exterior por los sentidos y las sensaciones, tenemos que percibir el mundo interior por la intuición. Hay, por consiguiente, una actividad en el campo interior del espíritu. Todo esto no es una utopía o una metáfora, sino que denota un realismo espiritual antropológico que podemos llamar la geometría del espíritu en San Agustín. No perdamos de vista que la construcción o existencia del hombre como imagen de Dios se produce en estos predios interiores, en estos páramos del espíritu, en estos horizontes de la racionalidad y en su actividad sustancial. La "sapientia" es el Padre, la "notitia" es el Hijo y el "amor" es el Espíritu Santo.

8.6. El amor como dimensión del hombre

Seguimos en el régimen pedagógico y cultural de trasladar a la antropología las categorías más asequibles para aquellos campesinos y diocesanos de San Agustín. El amor es el peso del hombre, es el motor que le impulsa y mueve, es la fuerza que le arrastra, es la tendencia más fuerte, es el principio dinámico de sus actuaciones. "Amor meus pondus meum, eo feror quocumque feror". El amor es mi peso, por él soy llevado donde quiera que voy" de *Confesiones XIII:9.10.* y de *La Ciudad de Dios I:11.28.* Hasta ahora habíamos visto un hombre de dos dimensiones en conflicto, el alma y el cuerpo, el espíritu y la carne, la presencia de Dios y la presencia del pecado, el bien y el mal, el interior y el exterior. Ahora hay que buscar y encontrar un principio de unidad dinámica en el amor que corresponda a la unidad de la persona. En este tema del amor nos espera la misma travesía antropológica, es decir, antes de llegar al plano experimental, psicológico, afectivo, religioso o espiritual del mismo tenemos que retrotraernos al amor como estructura ontológica de los seres formando parte así de las dimensiona del universo y, por tanto, del hombre. Así como todas las cosas tienen número, orden, modo, especie, peso y medida, así también el hombre está medido, dimensionado, formateado por el amor. Es el "ordo amoris" que va más allá de la jerarquía de intenciones o motivos de la conciencia subjetiva. El orden y el amor, por separado o ambos unidos, recorren toda la creación y van desde las intimidades humanas hasta definir a la sociedad y el régimen político, pues la paz en la ciudad terrena es la "tranquilitas ordinis". Pero pongamos también orden en el mismo método par estudiar el tema del amor. Puede que encontremos dos metodologías contrarias, es decir, originalmente la experiencia del amor en el joven Agustín, que movilizaba su vida, su inquietud y sus sentimientos, sea la causa de su reflexión sobre el amor, incluida la visión trascendente y teológica del mismo. Al estudiarlo, en cambio, nosotros hacemos el recorrido inverso. Partiendo de la metafísica del amor, pasando por el tramo antropológico, llegaremos a comprenderlo como sentimiento y actividad del espíritu. Tenemos que reconocer aquí también otra característica de la antropología invasiva en San Agustín, el amor lo invade todo. Existe, por lo demás, un prólogo y anticipación de todo esto: el origen de los seres está en el amor de Dios al mundo, pues la creación es la manifestación, en forma de criatura, del inmenso amor retenido en Dios desde todos los tiempos. A esta conclusión se llega también desde una experiencia o contestación traumática a nivel intelectual como era la respuesta maniquea sobre el doble principio de todo lo creado y repartido entre el bien y el mal. ¿Cómo se puede destruir esta dialéctica? Así irrumpe el tema del amor en la explicación del origen de las cosas. A todo esto hay que unir la dimensión personal. El amor como procedimiento creador procede siempre de una persona. Lo veíamos en el misterio trinitario que es un consorcio de amor y generación. La creación sustituye a la emanación y el amor introduce una variante o alternativa que soluciona los muchos interrogantes. El amor es una dimensión de Dios que llena y rebosa su ser que "piensa" (Verbum) en las criaturas como participación y derramamiento de ese amor. Dios no crea por necesidad, por falta o por carencia de algo, sino por "exceso" de bondad. En la primera creación tiene lugar la tríada personal más importante: el sujeto que ama, (Padre) la persona amada (Hijo) y el amor mismo con que se ama (Espíritu). El mundo es fruto del movimiento expansivo del amor de Dios. Dios es amor, como dirá San Juan y el amor es indivisible aunque sea transferible y, como el mercurio o el fuego, aunque se divida, permanece todo en cada una de sus partes. Al amor se le aplica la unidad de la realidad desde el absoluto a lo condicional. Como en otras ocasiones, la esencia o la teoría del amor rompen con el peligro de panteísmo. Y, salvando los intereses cristianos frente a los platónicos, el amor va a ser el responsable de la unidad del hombre. Porque la unidad preside el proyecto de las cosas. La unidad y el orden es la tendencia de todas las cosas y en tanto son en cuanto lo alcanzan. El orden es un valor trascendental del mundo de las cosas que es, al mismo tiempo, punto de partida y centro de convergencia de las mismas. En línea con esto, consciente o inconscientemente, Ortega y Gasset está influido por San Agustín cuando dice que el universo lleva o expresa su esencia en el nombre: universo significa que todas las cosas (el multiverso o la diversidad) tienden a ser una sola cosa (universo, del latín "versus unum" o tendencia a la unidad). El mundo es un gran proyecto o intento de unificación, de diálogo, de armonía, de colaboración entre todas las criaturas. Estas ideas que parecen enterradas y olvidadas, sirven de base para la concepción del sistema jurídico y social en nuestro tiempo. La naturaleza vive y se desarrolla en un orden o equilibrio que llamamos preciso, transparente o ecológico. Cualquier intento de alterar ese proceso autónomo, por parte del hombre, conlleva una violación de las reglas y un atropello que se rebela contra él mismo que lo provoca. A su vez, el hombre como sujeto y conciencia, debe someter sus actos a ese orden preestablecido. Ahí nace el orden jurídico o derecho natural, pues el término derecho viene de "directum", o sea, recto, ordenado, respetuoso y jerarquizado. El orden es el bien más preciado del universo. Una vez más la metafísica sirviendo de soporte a la antropología y a la moral cristiana.

Como en otros ámbitos del pensamiento, San Agustín tuvo que reconciliar la exploración griega sobre el "eros" e incorporarla a la "charitas" cristiana en un ejercicio más de transformación cultural, pasando por la mediación de la antropología. Lo mismo tuvo que realizar con la interpretación judeocristiana del tema pasando del Logos al Ágape. Buscando el suelo y el lugar de esa integración, tenemos que situar el tema del amor entre las primeras preocupaciones del recientemente convertido al cristianismo, en plena juventud. La experiencia humana seguida de la reflexión en *Las Confesiones* pues él divide su vida en dos etapas presididas por el amor: "tarde Te amé" de *Confesiones IX: 27.39*. Si más arriba hemos apuntado el conocimiento de Dios y del alma como el principio de la antropología agustiniana, en ese comienzo hay que colocar también el amor a Dios. El imperativo teológico que se despliega en analogía con el amor humano es muy significativo. ¿Qué se ama cuando se ama a Dios? se pregunta Agustín. El amor es la principal actividad del hombre creado pues Dios se adapta a ser amado por el hombre interior. Y termina reconociendo que "amar y ser amado" es lo que da sentido a la vida humana. Pero la verdadera antropología del amor hay que buscarla en la obra que San Agustín dedicó a comprender el misterio trinitario como misterio antropológico. Lo importante del amor no es el tramo o el recorrido que realiza en el hombre, sino su origen en Dios como fuente del mismo. Si el amor constituye a Dios, también constituye al hombre. Finalmente, la visión socializadora del amor está en la amistad representada por la comunidad monástica y la visión política del amor que constituye la reflexión de *La Ciudad de Dios*. Por tanto, y resumiendo el panorama o la filosofía del amor en San Agustín, tenemos los siguientes avances y participaciones: el amor como proceso antropológico está en *Las Confesiones*. Como explicación teológica, en la conocida obra *De Trinitate*. El amor como amistad y comunión fraterna, en sus escritos monásticos y reglas comunitarias. El amor como principio constituyente de la convivencia política está desarrollado en *La Ciudad de Dios*. No olvidemos que la sociedad nace en el corazón y en el amor de cada persona, pues "dos amores hicieron dos ciudades" según .las palabras del mismo Agustín en *La Ciudad de Dios, XIV.28*. Al estudio del amor se aplica la doble perspectiva que defienden los estudiosos de la antropología de San Agustín, es decir, la perspectiva abstracta o ideal y la histórica o concreta. El método antropológico se aplica a cualquier punto del pensamiento agustiniano, puesto que por muy altas y lejanas que parezcan sus elucubraciones siempre tienen su repercusión existencial en el hombre y en el cristiano. No se trata, pues, de definir al amor en sentido idealista o filosófico, sino en sentido real, biográfico o histórico, incluyendo el valor cristológico. Y cuando Agustín echa mano del amor concreto se encuentra con el suyo propio, con la propia experiencia vivida, pues es la que más cerca tiene. Le gustaba amar y ser amado. Nadie había reparado en este sentido de reciprocidad e intersubjetividad dinámica que constituye la esencia del amor, aunque ello esté implícito en la referencia trinitaria. Incluso desde el punto de vista psicológico y experimental, la fenomenología del amor no está completa hasta que el amor emitido no es un amor devuelto o recibido. Amar y ser amado, amar para ser amado. Por ello, algunos apuestan por señalar la esencia del amor, desde San Agustín, no en el desprendimiento, en la generosidad de la donación o del bien expansivo, sino en el egoísmo que supone amar para ser amados, dar para recibir como si todo fuese un círculo egoísta. ¿Qué amamos cuando amamos? ¿El bien del tú o el bien propio? Cuando amo no estoy amando a nadie distinto de mí, sino que me esto amando a mí a través del otro, utilizando al otro como mediador e instrumento. La psicología moderna se ha hecho eco de esta posibilidad, pero el cristianismo histórico es el único que ha roto ese círculo del egoísmo defendiendo la validez de la entrega sin retorno, de la "kenosis" cristológica en la Iglesia, de la caridad incondicional y del amor como don y gracia gratuita que, si se recibe gratuitamente, hay que devolverlo también de manera graciosa o gratuita. No podemos traficar con el amor que se nos confía. En ello resplandece toda la generosidad del orden sobrenatural de la salvación en Dios. En ese sentido, el verdadero amor puede considerarse un milagro en nuestra época.

Volviendo al plano antropológico, el amor es el primer descriptor del hombre, el fenómeno y la definición más global y comprensiva del ser humano y de sus relaciones. Es una realidad totalizadora con sus raíces en la más profunda condición del hombre como ser creado. Resalta además nuestro autor, la condición pasiva del amor donde reside su ontología y dignidad. Dios no nos ama, porque seamos, porque existamos, porque seamos dignos o merecedores de su amor. Antes, al contrario, existimos y recibimos la dignidad correspondiente por el amor que Él nos tiene. En el principio era el amor, podríamos decir. El amor estaba en Dios y todo tiene su origen en Él. El amor es el desencadenante de toda la actividad antropológica en relación con Dios que llamamos inquietud religiosa. Desde otra perspectiva, igualmente metafísica, no somos nosotros los que habitamos en Dios, sino que es Dios quien habita en nosotros. Y así, una serie de antropología de la reversibilidad que afecta y condiciona el conocimiento, la verdad, la iluminación, la interioridad, la libertad, la felicidad, el bien, la belleza, la inmortalidad o la presencia del hombre en la existencia. El amor de Dios nos hace o capacita para todo eso a la vez. En él está el fundamento de la trascendencia del hombre. La mejor formulación de esta antropología invasora del amor o de la regeneración cristiana del hombre ha sido formulada por San Pablo y ampliamente comentada por San Agustín en las palabras de la Carta a los Romanos, 5:3-8: "El amor de Dios ha sido derramado en nuestros corazones por el Espíritu Santo que se nos ha dado". Según esto, el amor de Dios no es un acto, sino un procesos creador o renovador que comienza en Dios y llega al hombre convertido en un eslabón de la cadena para que dicho amor no se interrumpa, continúe y avance, se extienda y se distribuya por todo el mundo para crear una cultura del amor, una antropología de la universalidad, una civilización de la comunicación y de la cooperación entre los hombres. Así se entiende el evolucionismo de la conciencia espiritual (pero igualmente científico) de Teilhard de Chardin (1881–1955) en su Fenómeno humano (1955), aceptando la complejidad del hecho y reconociendo el evolucionismo de la conciencia, de la vida y de la materia al mismo tiempo. El mundo y el hombre han dejado de ser algo estático para convertirse en una realidad espiritual y temporal cuyo factor de evolución es el amor que nos haría exclamar quiero morir el día de la resurrección del amor. En San Agustín no se contempla otra referencia para entender el amor que el cristianismo. Como todo concepto, la noción y teoría del amor admite una dualidad. Y llegamos de nuevo a otras constantes antropológicas en este tema: el "amor sui" y el "amor Dei". Memoria e identidad en el amor.

a. Amor sui. Avanzamos en la antropología dinámica de San Agustín. El amor es la fuerza del hombre y el principio de toda actividad en él. La antropología cristiana de San Agustín se decide entre estas categorías derivadas del análisis del hombre a la luz del misterio trinitario, a saber, sustancia (metafísica), relación (teología), persona (antropología) y comunión (espiritualidad). Ser (esse) conocer (nosse) querer (velle) de *Confesiones XIII.11-12* es la estructura completa del hombre. El denominador común a todas ellas es el amor como universal antropológico. En un sentido más bíblico o teológico, la comunión y el amor se adscriben al Espíritu Santo que es el responsable de la interacción trinitaria señalado como "vinculum amoris" o "nexus amoris" como ha puesto de relieve Josef Ratzinger (1972) en sus diversos estudios sobre la doctrina trinitaria en San Agustín. Otros autores del mismo ámbito alemán como M. Schamaus (1966) han desarrollado el tema de la psicología trinitaria en San Agustín. Santo Tomás hablará posteriormente de una "circulación" del amor de Dios en el hombre. Es el tramo humano del amor divino. El amor como realidad antropológica no se sustrae a esta influencia del análisis comparativo con el misterio trinitario. El tema de la naturaleza del amor ha desencadenado muchas discusiones sobre todo en la espiritualidad de la Edad Media donde algunos, en referencia al punto aludido más arriba, creen que no existe el amor puro, que todo movimiento o tendencia del alma y del cuerpo unidos en la persona, va en dirección interna, propia, interesada y deriva en un egoísmo generalizado. Incluidos los niños, diría Freud para definir la esencia de los instintos, de la libido, de las pulsiones. El amor nunca sería ex – tático (salir de si mismo), sino concentrado en un "para sí", sin carácter expansivo u oblativo. Sin embargo, el personalismo cristiano y moderno ha insistido en la fenomenología del amor como intersubjetividad y reciprocidad donde el yo y el tú emigran y salen uno en busca del otro, consiguiendo los mismos resultados y cuidados que mirando cada uno por sí mismo. A la vista de estas divergencias de interpretación del "amor sui" cabría aplicar la clave del pecado como explicación recurrente. Es decir, el amor en sí como constitución ontológica y natural del hombre, en principio, no es egoísta, sino que ha sido el pecado quien ha desnaturalizado la esencia del amor en la historia de la salvación o en las relaciones del hombre con Dios y con los demás. Agustín describe gráficamente esta situación cuando dice que el pecado rodea al amor y al hombre como una muralla, como una fortaleza que le impide desarrollarse: "circumferens testimonium peccati sui" (asediado por la presencia del pecado) de *Confesiones I.1*. El hombre, la libertad, el amor están como circundados, maniatados por la realidad histórica del mal y del pecado. Sería una consecuencia más del desorden introducido en la existencia humana, trastocando las relaciones del hombre con todos los demás extremos de la creación. El pecado ha dañado el sentido de esas relaciones, incluida la naturaleza rebelde. El hombre habría sido creado en la misma estructura ontológica que Dios, con sus mismas tendencias y movimientos de la voluntad que el pecado encerró en sí misma, invirtió y se clausuró para percibir la comunidad de los demás seres, fortaleciendo el sentido de individualidad, al tiempo que, paradójicamente, el pecado sumió al hombre en una existencia más débil, más vulnerable y, por tanto, más necesitada del sentimiento y de la acción de los demás. En cualquier dirección que miremos o en cualquier orden que contemplemos, el amor es vinculación, circulación, comunión, dependencia, ayuda, comunicación. En esto desemboca cualquier fenomenología del amor cristiano o de los bautizados en Cristo, configurados por el bautismo con su existencia. En el caso concreto de San Agustín, la vida y la comunidad monástica es la institución que mejor reproduce o encarna esta experiencia del nuevo amor traído por Cristo al mundo. Seguimiento de Cristo en los consejos evangélicos. Todo proyecto espiritual, toda disciplina cristiana, toda la vida moral de renuncia tiene como finalidad contribuir a la realización de un auténtico y verdadero amor en y del hombre hacia Dios.

Con el tema del amor, estamos en el mismo esquema de antropología cultural en San Agustín. Si, decía él en relación con la filosofía griega, con la verdad, con el pensamiento de aquel tiempo, que toda opinión, toda escuela o corriente que no sea contraria a la verdad, puede considerarse filosofía cristiana como dice en *De vera religione, V.8*, lo mismo sucede con el supuesto del amor. Por eso, comenzábamos nuestro estudio diciendo que toda representación del hombre en San Agustín era antropología cristiana. En esta recepción cristiana del racionalismo pagano podemos incluir el tema del amor, del eros. Todo lo que sea verdadero amor, sacrificio, entrega o renuncia en la existencia humana debe ser considerado como un amor cristiano. Este ecumenismo racional nace de la existencia concreta y unitaria de las realidades temporales y humanas. La diferenciación del amor entre "bueno" o "malo" entre "eros" y "ágape", verdadero o falso que revela la afectación maniquea de todo el pensamiento agustianiano, no representan ningún problema de incoherencia racional. Si el amor humano es verdadero, tiene que ser amor de Dios. Ahora bien, lo que es egoísmo no es ni siquiera amor, es la negación o privación del auténtico amor. Para deshacer la incomodidad de cualquier dualismo contradictorio en San Agustín, siempre nos queda el recurso a la metafísica de lo no existente o a la negación platónica de la realidad. El querer humano, he ahí el problema. Porque quiere el cuerpo, quiere la carne y quiere el hombre o la persona que está en ambas a la vez. "Amor sui" ¿de quién es realmente el amor? ¿quién manda en él? ¿hay un sujeto único y unificado o el amor está disperso, dividido, enfrentado como lo está el hombre mismo? ¿Es el amor un factor de unidad y globalización de la conciencia o es una lucha y una tensión? Nada escapa al control del amor como fuerza y voluntad. Nadie ha dicho que el amor sea una tarea fácil. Muy al contrario, San Agustín lo presenta como una lucha diaria, de esfuerzo permanente, a pesar de que el hombre es un ser debilitado. Es cuestión de propiedad y posesión, de tener o de ser, diría E. Fromm en su *Haben oder Sein* (1940) tener o ser, como los fundamentos espirituales de una nueva sociedad.

La existencia del hombre se dirige hacia el tener y, por tanto, el amor es esclavo de esta dirección y opción existencial. La dualidad también afecta al amor en el hombre puesto que, para San Agustín existen dos voluntades como existen dos amores. "Poseía mi querer el enemigo y de él había hecho una cadena con la que me tenía aprisionado. Porque el apetito nace de la voluntad perversa y del apetito obedecido nace la costumbre y de la costumbre no contrariada procede la necesidad. Con estos anillos entrelazados (eran como una cadena) me tenían sometido como a un esclavo. Porque la nueva voluntad que había empezado a surgir en mí de servirte gratuitamente y gozar de Ti, oh Dios mío, único gozo cierto, todavía no era capaz de vencer a la primera que con los años se había hecho más fuerte. De este modo, las dos voluntades mías, la carnal y la espiritual, combatían entre sí y con la lucha destrozaban mi alma" *Confesiones VIII:5.10-12*. El amor que tiene un gran componente antropológico, psicológico, biográfico y experimental es, al mismo tiempo, una realidad dada, pero también una conseguida en medio de la batalla que consiste, fundamentalmente, en la liberación de las cadenas de la antigua voluntad para cuya tarea necesitamos la fuerza del espíritu. La batalla es interior y, aunque algunos han intentado ver en San Agustín la figura que convierte en incompatible el "eros" y el "ágape" oponiendo uno al otro, hay autores que consideran a nuestro autor como el reconciliador de ambos. El cristianismo sería la conversión del "eros" como amor egoísta o sensual, en "ágape" como "charitas" o amor desprendido y generoso que recibiría motivaciones más teológicas o espirituales, tendría su realización histórica en Cristo Jesús y reflejaría o proyectaría mejor la imagen de Dios en nosotros. Al lado de estas delimitaciones está también el imperativo social o comunitario del amor como es la amistad, la comunicación de bienes, la limosna, la ayuda a los necesitados que, naciendo del sentimiento y de la convicción personal se trasladan a mandamiento y obligación de la Iglesia y dentro de la Iglesia. La "guerra" de los conceptos en este campo se reparte entre los diferentes términos latinos de su tiempo: amor, dilectio, "voluptas", eros, cupiditas, concupiscentia, libido, charitas, fraternitas, ágape, philía, uti, frui, y otros totales que seguirán apareciendo con lo que se demuestra la dependencia cultural de todo el pensamiento cristiano.

b. Amor Dei. Los estudiosos y críticos textuales de la Biblia afirman que la expresión "amor de Dios", sobre todo en el griego del Nuevo Testamento, es un genitivo de posesión, de procedencia y origen. Se refiere al amor que Dios nos tiene, que procede de Él. No es tanto un amor psicológico humano que, naciendo en el corazón del bautizado, se dirija a Dios como su destinatario. Sin embargo, según lo apuntado más arriba, no parece contradictorio que el mismo amor que procede de Dios vuelva a Él una vez que ha pasado y ha sido derramado e interiorizado en el hombre mediante la creación, el bautismo y la acción del Espíritu Santo. Por lo demás, como dice San Juan, a Dios nadie le ha visto, nadie puede amarle si no amamos a nuestros hermanos que vemos. En la revisión antropológica del cristianismo que hace San Agustín, la fórmula "amor Dei" no es más que la prolongación dinámica de la metafísica religiosa del "fecisti nos ad Te" (nos hiciste para Ti), puesto que la dirección de los sentimiento del hombre están condicionados por su orientación ontológica inicial. Simplemente, el "amor Dei" es la traducción del apetito religioso que el hombre tiene desde la creación también por amor. El amor del hombre a Dios no es más que la devolución, el eco y el reflejo antropológico del amor primero y radical que es el amor procedente de Dios cuya objetivación más real es la existencia del mundo y del hombre. Por lo demás, hay que amar el amor "diligenda est dilectio", es decir, hay que amar el amor con que se ama lo que conviene amar: *Ennarrationes in psalmos 118*. La movilización de la actividad moral que desencadena el amor de Dios en el hombre viene a explicar el sentido de las palabras de *Confesiones II, 1,1*, "amore amori tuo facio istud" (por amor de tu amor hago esto). El amor de Dios es la intencional global del universo de las emociones. Amemos lo que amemos tenemos que amar al amor con que lo amamos. En el amor intención radica la esencia de la conciencia moral. Cuando se ama el amor de Dios, ya se puede hacer lo que sea que siempre será radicalmente bueno lo que se haga: ama el amor (de Dios) y lo que ames desde él será siempre bueno. Así habría que interpretar la tan traída y llevada frase "ama et quod vis fac". No en el sentido de que el amor da permiso al hombre para hacer lo que quiera, como una barra libre y permisiva, sin límites, sino que lo primero que hay que amar y dejarse llevar por el amor de Dios que dirige y endereza el valor de las cosas. Dios es el comienzo de nuestra existencia, la razón de nuestro conocer, la luz de nuestro ver, la ley de nuestro amor. De Él reciben las cosas su medida para existir, su número para contarse y su peso para el orden que ocupen, según *De Civitate Dei VIII:10.2*. Así es como hay que entender el famoso "ordo amoris". El orden del amor no es el orden con el que el hombre ama a Dios, sino la posición, valor y relación asignadas por Dios a cada ser en el mundo. Solo respetando, en el plano de los afectos y adhesiones, esa jerarquía metafísica de los bienes y de los valores se puede acceder o practicar el orden psicológico o antropológico del espíritu. Al primero que hay que amar es a Dios que está en el principio o en la cumbre de la pirámide existencial de los seres. En la antropología religiosa, Dios "excita" el amor del hombre, según *Confesiones I:1*. El componente principal de esa provocación del amor de Dios son las promesas hechas por Él a lo largo de la historia que se concentran en Cristo Jesús. Por ello, el hombre se convierte en un conversador, en un indagador y buscador de Dios (preguntar y buscar). Busquemos a Dios como si lo hubiésemos encontrado y encontrémosle como si le hubiésemos buscado (*De Trinitate IX,1*). De esta forma se mezclan y continúan interioridad, infinitud y trascendencia del problema de Dios. No es la duda como en Descartes sino una cierta sospecha que funda la inquietud y vestigio oculto, el rastro, la pista o el indicio que Dios ha dejado en la razón humana. La pregunta produce un vértigo en el hombre ¿"Qué amo cuando amo Dios"? de

Confesiones X:6.8. Ninguna diferencia entre antropología (amor) y teología (Dios) en nuestro autor considerado por algunos estudiosos como el Platón cristiano. La antropología pasa su inmanencia o análisis racional a la teología y esta su trascendencia o capacidad de creer a la teología. El intercambio fundamental de posiciones entre antropología y teología se realiza, igualmente, a nivel del amor. San Agustín concede una capacidad creadora al amor segundo o de retorno. Cada uno "es" o se hace lo que "ama". El objeto amado pasa, mediante el amor, a formar parte de la estructura más íntima del sujeto que ama. Si amas la tierra, te haces tierra. Si amas las cosas, te haces como ellas. Si amas a Dios, te harás como Dios. Ama lo que no eres todavía —invita San Agustín—, o sea, lo que está encima de ti para que te eleves, te superes y trasciendas. Este es el verdadero superhombre. El orden ontológico fija el orden moral del amor. El esfuerzo del amor tiene que ajustarse al esfuerzo del ser para conseguir la felicidad. Amar más a lo que es más. El sumo bien exige el sumo amor. Como buen platónico y conocedor de la moral estoica, la escala de los seres fija la ordenación del amor. Es importante vincular el amor con el ser, no con el tener. El hombre no "es" más porque más tenga en la línea de los deseos posesivos sino porque menos necesite en la línea de la felicidad interior y antropológica.

El amor de Dios y a Dios —según San Agustín— tiene muchas implicaciones en el ámbito religioso, en el campo moral, en el dinamismo espiritual de la contemplación individual o intimista, si se quiere, pero también representa una razón comunitaria para entender la vida de la Iglesia, de la fraternidad y de la amistad o comunidad monástica que se basa en el "cor unum et anima una in Deum" (un solo corazón y una sola alma hacia Dios) del comienzo de la Regla. A ello le seguirá la posesión de bienes en común. Hay que gestionar el amor como el bien principal y el origen de todos los bienes en la humanidad. El amor sigue siendo un tema central y dominante en el pensamiento agustiniano ya sea filosófico, religioso, moral o social. Pero donde más aparece la innovación en la teoría agustiniana sobre el "amor sui" y el "amor Dei" es en la génesis de la comunidad política o en la formación de la ciudad de Dios y de la ciudad terrena. Hay que amar al amor. Antes de que el amor "salga" a buscar objetos fuera de sí a los que amar o se proyecte, tiene que comenzar y volver sobre sí mismo. El amor es único y no se puede trocear o dividir aunque cambie de dirección. Existe un fondo común en todas ellas. El amor es el fundamento del agustinismo político que desarrollaremos más adelante como parte de esta síntesis antropológica. Todo arranca del conocido texto: "Dos amores han dado origen a dos ciudades: el amor de sí mismo (amor sui) hasta el desprecio de Dios, la ciudad terrena; y el amor de Dios (amor Dei) hasta el desprecio de sí, la ciudad celestial", *De Civitate Dei, XIV:28*. Hoy resulta muy difícil entender la fuerza determinante que tiene el amor en la configuración de la comunidad política, pues, carentes de otras bases y valores de sinceridad, los ciudadanos se agrupan y organizan en torno a los mismos intereses. Las formas del egoísmo en la vida social son inmensas. Por lo demás, la influencia política del amor en la coherencia social ha sido sustituida a lo largo de la historia por otros elementos más estratégicos y radicales como pueden ser el poder, el dominio, las leyes, el vasallaje, el sometimiento, la esclavitud, el castigo, la amenaza, el terror. La sociedad convencional de hoy no espera que todo sea sentimiento, solidaridad, en las relaciones humanas, sino análisis y convergencia de intereses comunes. Sin embargo, también la relación amor-odio y no solo la ideología se ha colado en los manifiestos modernos hablando de lucha y odio de clases. Ni siquiera las ideas como realidad socializadora aportan la construcción de una comunidad política. En definitiva y, dejando aquí este tema para retomarlo más adelante en la síntesis de antropología política, diremos que para San Agustín existen dos grandes divisiones o direcciones del amor que determinan dos concepciones del hombre y de la sociedad, a saber, el individualismo, el egoísmo que se encierra y alimenta a sí mismo prescindiendo de Dios y la generosidad que vence y desprecia al egoísmo para edificar la solidaridad y la fraternidad universal entre los hombres.

8.7. Las profundidades del alma

La antropología cristiana llega con San Agustín a un momento dialéctico muy importante que se reduce a unos deseos frente a necesidades, tensión frente a carencias, esfuerzos frente a satisfacción. En definitiva, una tormenta interior. Ese es el hombre, una fusión y confusión de fuerzas contradictorias. Apetito, pasión, voluntad, avidez. La tecno-antropología frente a la suave acción pacificadora y permanente de la gracia y de la libertad cristiana. Una descripción de la fenomenología del amor nos llevaría muy lejos en el análisis de las profundidades del alma en las que San Agustín es un experto, analizando sus propias interioridades. "Grandem et profundum est ipse homo" (grande y profundo es el mismo hombre) de *Confesiones IV:14.22*. Toda formulación teórica de la antropología nace de la propia experiencia. La condición del hombre como misterio va unida a las llamadas profundidades del alma que ni la filosofía antigua, ni la ciencia moderna, han llegado a esclarecer. Ni siquiera las preocupaciones psicoanalistas de Jung (discípulo disidente de Freíd) han podido abarcar el problema del alma. Reconocen en el alma tanto unas profundidades insondables como alturas inalcanzables. Y, sin embargo, el alma es un concepto que ha acompañado a todo el pensamiento occidental y no solo al religioso. Ese carácter de misterio existencial del hombre reside en el amor. ¿Cómo podremos aspirar a la trascendencia del amor si nos introducimos en sus profundidades más instintivas? De nuevo las categorías y analogías espaciales y antropológicas ¿cómo puede el alma estar hundida en esas profundidades si está colocada en la parte más digna del hombre y destinada a dirigir los movimientos del cuerpo? ¿No será que la pregunta por las profundidades del alma se identifica con la cuestión de las profundas relaciones que existen entre el cuerpo y el alma? Interioridad no equivale a profundidad psicológica, sino metafísica. La mayor profundidad se produce a solas con Dios en *Confesiones IX, 4,7*. Hablando de la caída del hombre por el pecado original, podríamos entender igualmente las profundidades del alma como la situación de desamparo en que se encuentra el ser humano, después de esa circunstancia, necesitando ser rescatado y salvado de ella. Pues por el pecado descendimos al abismo tenebroso según *Confesiones X:16.25*. El universo de los sentimientos o de las emociones, el dinamismo del alma humana ya había sido explorado antes de San Agustín por las diversas escuelas morales de la época. Todo oscilaba entre el puritanismo estoico, la frivolidad maniquea o el materialismo refinado. En nuestro método de la antropología cultural cristiana, resulta muy difícil distinguir planos y aplicaciones. Lo que el autor ha unido en su mente y en su lenguaje no podemos separarlo nosotros al estudiarlo. Tenemos que avanzar entre términos y conceptos polivalentes. Cualquier terminología agustiniana que toquemos tiene sus repercusiones en la filosofía, en la teología, en la moral, en la espiritualidad tanto individual como social. A eso hay que añadir el contexto o reflejo polémico del momento. Siempre habrá un maniqueísmo, un pelagianismo optimista, un platonismo, un estoicismo o moral natural, un pesimismo o negación existencial de algunas exigencias de la verdad cristiana que actúa como provocación al diálogo y a la confrontación. Es el destino de toda proposición científica. Es el frente de oposición que también contribuye a la clarificación o a la recta interpretación del tema. Por eso mismo, pensamos que la antropología es una ciencia o perspectiva subyacente en toda la obra de nuestro autor. Así, por ejemplo, cuando hablamos de las profundidades del alma podemos referirnos a las pasiones, a los deseos, a los afectos, a los sentimientos y emociones, pero también a la complejidad o a la variación sicológica, a la lucha por la libertad cristiana, a la renuncia y sacrifico de las tendencias. Todo un programa antropológico además de moral, religioso y político según la escalas cromática-afectivas de las emociones en *De Civitate Dei, IX:4.6* y también en *XIV: 5*. Las emociones y meta-emociones que se producen en el fondo del alma agustiniana

Las variaciones del alma, las alteraciones o turbaciones del espíritu, las agitaciones o inquietudes del corazón en San Agustín son señaladas por los estudiosos de acuerdo con el texto de *De Civitate Dei XIV:7.2* y se reducen a las siguientes categorías: Concupiscencia o libido, temor, alegría y amor. La que más carga polémica y defensiva presenta es la citada en primer lugar, o sea, la concupiscencia. Al ser una teoría desarrollada por San Agustín dentro del contexto del matrimonio (véase la obra *De nuptiis et concupiscentia*) algunos autores la entienden referida a la sexualidad indicada en la expresión "concupiscentia carnis". Concepto difícil y ambivalente con muchas ramificaciones que llegan desde la teología del pecado original y de la gracia hasta la moral matrimonial o la psicología moderna con la libido freudiana. Hay otro verso suelto, otro designio específico en el vocabulario antropológico agustiniano que ha dado mucho que hablar y escribir como es el término "cupíditas", que nadie se atreve a traducir por miedo a no acertar. Unos prefieren "voluptuosidad" otros se apuntan a la "sensualidad" moderna. Para otros "cupíditas" es, sencillamente, el egoísmo genérico o lo contrario a "charitas". Aunque también se reconoce una "concupiscentia laudabilis" según *Ennarrationes in psamos 118:3-5* o donde se identifica con el amor como sucede en *Ennarrationes in psalmos, IX:15*. En definitiva, envuelven en esta palabra todo el equipamiento sensorial y la actividad conjunta de todos ellos unificada o coordinada en el cuerpo del hombre. Por razones históricas, la cuestión sobre la concupiscencia se vinculó inicialmente a las disputas dogmáticas. Ambivalencia del pensamiento agustiniano dirán otros. Ahí está, por ejemplo, la lectura y la interpretación hecha por Lutero. Poco a poco se ha ido rescatando e incorporando a la antropología personalista de hoy con una visión más completa y desencarnada, más positiva que peyorativa. Por la inercia maniquea, al principio Agustín juzga a la concupiscencia o el deseo sexual, carnal, como algo malo que no procede de Dios, sino del diablo o del pecado. Una tentación permanente en la vida según la obra *De continentia, 10:24*. Lo mismo sucede con la libido, que parece insuperable y el hombre se siente impotente frente a ella. Todavía no tenemos desarrollada una antropología personalista, que enmarque el tema de los deseos (incluidos los del cuerpo) en una realidad trascendente a la carne. Solo le preocupaba la perspectiva bíblica del pecado y la polémica con los pelagianos que era la moral permisiva del tiempo. Todo el mal que puede hacer el hombre siguiendo los dictados de la "concupiscentia" no son obra del hombre mismo, sino del pecado que hay en él. El concepto de "concupiscentia", sin negar sus aplicaciones teológicas y morales, tiene una amplia base antropológica, pues nos sirve para apoyar en él los deseos y aspiraciones del hombre bidimensional. Concupiscencia se llama al conjunto de los deseos del hombre. Que el hombre es un puro deseo, demuestra, además de la presencia de los deseos o necesidades mismas, la existencia de un hombre mendigo, necesitado y pobre. De ahí la necesidad de invocación y de súplica en la historia de la gracia y de la salvación. Desde lo hondo a Ti grito, Señor, dice el Salmo. La psicoantropología religiosa ocupa estas profundidades del alma humana. Es que toda existencia sin Dios es una verdadera soledad, necesidad y hundimiento del ser humano.

9

Antropología teológica

Es la parte más frecuentada y desarrollada por los estudiosos y especialistas en el pensamiento agustiniano. Aparece como una derivación o prolongación de las exigencias del dogma cristiano y del desarrollo de sus implicaciones en la imagen del hombre. Desde siempre, la palabra de Dios, la revelación, la fe y su formulación o explicación cultural implicaban una determinada concepción del hombre en sí. Ya quedó apuntado al principio de nuestro estudio, que las relaciones entre el hombre y la fe cristiana o revelada quedaban confiadas a las competencias metodológicas de una teología fundamental que se ocuparía de estas repercusiones. Se apuraba al máximo la neutralidad de la teología en algunas cuestiones referidas al hombre y se buscaba el diálogo con ese fondo cultural del que hemos hablado. El conocido problema de las relaciones entre razón y fe se convertía en diálogo entre fe y cultura. Podíamos aplicar y entender aquí la fórmula asimétrica mantenida durante muchos siglos: la fuerte teología y la débil antropología. Sin embargo, la antropología teológica va adquiriendo fuerza en los mismos planes de estudios de las facultades teológicas dedicadas a la explicación racional de la fe. Aun manteniendo la denominación de teología dogmática para las áreas más fuertes de dichos estudios, cada día se incorpora más la perspectiva antropológica en temas como la creación, el pecado, el misterio trinitario, la encarnación de Jesús, la gracia, los sacramentos, la inmortalidad o la resurrección como situaciones del hombre sujeto y no solo objeto de la salvación. Cada una de esas cuestiones teológicas tiene su repercusión antropológica como pueden ser el mundo, el hombre, la libertad, las opciones morales, el amor y la esperanza y otras situaciones de la existencia humana. Otro tanto hay que decir de la moral cristiana. Las grandes cuestiones sobre el amor, el matrimonio, la sexualidad, la bioética, la dignidad del hombre, el respeto a la vida y a la naturaleza, la paz y el desarrollo de los pueblos, el sentido de la riqueza, el diálogo intercultural, etc. están animadas de una inspiración antropológica indiscutible.

9.1. Convocatoria antropológica de la teología

El avance de las ciencias experimentales, el desarrollo de la tecnología y sus enormes posibilidades, han dejado el estudio sobre el hombre en una situación de minoría y debilidad. La figura y el pensamiento sobre el hombre se han empequeñecido, es decir, el mundo del hombre ha quedado muy reducido en su ámbito de investigación. Podemos apropiarnos las lamentaciones de Kant referidas a la filosofía: todas las ciencias cambian, avanzan y solo ella permanece estancada, contemplando y narrando su propio pasado convirtiendo su historia en contenido. El conocimiento del hombre también progresa. Sin embargo, esas mismas investigaciones han planteado muchos interrogantes al sentido de la existencia humana en la tierra. Por ello, el estudio del hombre convoca a las demás ciencias para ejercer la colaboración interdisciplinar necesaria. La razón, la ciencia es con-ciencia y el logos es dia-logos, o sea, comunicación. La teología, con su estatuto de ciencia, acude en auxilio de la antropología contemporánea. Se observa en la teología una preocupación creciente por responder, desde la fe, a los grandes interrogantes planteados por la existencia del hombre en la tierra. A estas cuestiones comunes con la antropología, se les designa como terreno fronterizo hablando incluso de un universal antropológico. Con ello se pretende desarrollar una teología más comprometida con el hombre, incluida la ciencia. Un mismo y único impulso hacia la verdad que anida en el corazón humano, conduce tanto a la verdad de Dios como a la del hombre, o sea, a la antropología como a la teología. Dios y el hombre no son dos verdades, sino una sola; luego tiene que aparecer la unidad de la ciencia y del conocimiento de ambos. Así lo entendió San Agustín quien unió ambas direcciones de la razón. La antropología se convierte así en la vía maestra para la enseñanza y difusión de teología. Sin la teología, la antropología sería un envoltorio, un recipiente vacío, sin contenido, mientras que la teología, por su parte, sin la antropología sería un contenido abstracto y sin concretar. Es necesario unir la antropología con la teología y viceversa. Antropología y teología están intrínsecamente unidas en objeto y en método. Como quedó dicho al principio de nuestro estudio, la antropología religiosa y cristiana se toca con la teología fundamental, una nueva disciplina incorporada recientemente a los planes de estudios de las Facultades Teológicas en la Iglesia. En otros momentos pudo hablarse de teología natural. La convergencia de ambas disciplinas puede ser muy útil para el diálogo de la cultura y de la fe, de la ciencia y de la religión. Estamos en línea con las tesis más antiguas y medievales: la teología ilumina el discurso antropológico y, a su vez, la antropología guía los caminos de la teología. Creer para poder entender y entender para seguir creyendo. La antropología no relativiza la verdad teológica, sino que le da consistencia, firmeza y capacidad de convocatorio y penetración en el ámbito cultural llegando hasta las ciencias sociales, jurídicas y humanas. Las ciencias son comunicación y comunión. Con la antropología se evita el peligro de que la religión o la teología caigan en un sentimentalismo subjetivo. En la teología resplandece la antropología y en esta se hace visible y con rostro humano la teología. Pero tampoco se puede pensar que la antropología ejerza la función de liberalización de la teología donde quepa todo pensamiento y opinión subjetiva en torno a Dios y al hombre. Muy al contrario, la teología libera y rescata el discurso sobre el hombre de sus circunstancias históricas y culturales o de sus opiniones y confrontaciones subjetivas concediéndole valor universal y absoluto capaz de ser asumido por el esfuerzo intercultural de nuestro tiempo. No abogamos por una disolución de la teología en antropología ni siquiera por su fusión, sino por una suma y unión de competencias donde, aplicando un esquema común a otras relaciones, habrá competencias propias y exclusivas y competencias comunes. En las primeras se ofrecen conclusiones y en las segundas se ejercen colaboraciones. La eventual pobreza o complejo de inferioridad de la antropología religiosa en la exaltación del modernismo ha sido acusada por algunos autores que han reaccionado intensificando las relaciones entre cristianismo y filosofía en nuestro tiempo.

9.2. Antropoteología de la "imago Dei"

Ya hemos aludido a la fórmula metafísica usada en otros tiempos para introducir a la teología en la cultura del tiempo. Creemos que esta función de acercamiento o maniobra de aproximación es realizada hoy por la antropología que se retrotrae hasta el principio del hombre, en el momento de la creación. Hemos pasado de la ontoteología a la antropoteología. De ahí la denominación y el espacio de antropología bíblica que hemos apuntado en otro momento y que se desarrolla en torno a la expresión "imago Dei" es decir, el hombre creado a imagen y semejanza de Dios. San Agustín es el gran intérprete y traductor cultural que realiza la transformación del simbolismo bíblico en una categoría filosófica y antropológica. Lo hace al ritmo de sus comentarios sobre el Génesis y en su gran obra *De Trinitate*. Ya lo habían intentado otros antes que él como fueron Orígenes, Tertuliano y San Ambrosio, por ejemplo. Ahora vamos a desarrollar una amplia reflexión sobre la "imago Dei" como última expresión de la antropología teológica. De la "imago Dei" a la persona, podríamos titular o comprender este largo proceso que tiene lugar en los orígenes del cristianismo. Dicha teología de la "imago Dei" tan usada y comentada en los Santos Padres, cayó un poco en el olvido hasta que ha sido recuperada y rescatada para la antropología religiosa en nuestros días. Nos encontramos, precisamente, en una cultura de la imagen que sirve para informar, trasmitir, comunicar y difundir los hechos y conocimientos actuales frente a la vigencia de otras categorías como eran la "idea" en Platón (racionalismo) el "logos" o Verbo en San Juan o el amor en el Nuevo Testamento. La teología de la "imago Dei" puede suponer el mayor principio de un evolucionismo espiritual en la concepción dinámica del hombre y del mundo como hace Maurice Blondel (1861–1949) con el principio de la acción. La "imago Dei" acepta ser comparada con las "rationes seminales" o semillas de creación, germen del desarrollo de las cosas pues todo, en el hombre y en el mundo, deriva de ellas hasta llegar a la persona. Para evitar el peligro de una teología separada es necesario rehabilitar la antropología de la "imago Dei" como fórmula expansiva de dicha comprensión. Esto significa que el hombre como persona ha sido constituido a imagen y semejanza de Dios y eso determina sus relacione con Él y con los demás hombres formando una comunión, una comunidad y un servicio. El misterio del hombre no se puede comprender desligándole del misterio de Dios. Para la Biblia, la imagen de Dios es una definición neta del hombre más allá de los términos subtotales o parciales empleados como pueden ser "basar" o elemento material, "soma" o configuración corporal, "ruach" o principio espiritual y "nefes" o principio vital. La síntesis trascendente o personal de estos cuatro elementos nos permite afirmar que todo el hombre (unidad y totalidad) es imagen de Dios y no solo el cuerpo o el alma por separado. Así se evita tanto el monismo parcial como el dualismo separador.

Para impedir una identificación exclusiva de la persona con la individualidad, la narración bíblica hace referencia a la igualdad y a la comunidad en que ha sido pensado y puesto el hombre en la tierra. La persona o "personalidad" del hombre tiene tres relaciones esenciales: Dios, los otros hombres (en especial la mujer) y el mundo. Todas ellas están contenidas en el carácter relacional de la "imago Dei" como base de su libertad y de su responsabilidad. Por lo demás, avanzando en el tiempo y en la historia de la salvación, la "imago Dei" humana se convertirá en "imago Christi" pues Él no es solo imagen del Dios invisible, sino su Hijo unigénito pero, a la vez, síntesis del universo, recapitulando en sí todas las cosas, o sea, poniéndose a la cabeza de todas según la expresión de San Pablo (2 Corintios, 4:4 y Colosenses 1:15) cuando alude a la encarnación y señorío de Cristo. La antropología de los sacramentos va a consistir en la asimilación o interiorización de la semejanza con Cristo por parte del hombre de tal manera que se realice una verdadera conversión o ajuste de la "imago Dei" en su nueva etapa y reconstrucción. La identidad o semejanza del hombre con Dios no se da de una vez para siempre aunque sea una "charis", una gracia, una donación gratuita), sino que tiene su realización en la biografía o historia sacramental de cada uno de los bautizados. Todo esto está presente en el pensamiento agustiniano y de otros Padres de la tradición. La imagen y semejanza que se nos da como razón antropológica tiene que ser un proceso dinámico de imitación e identificación de nuestras vidas, pensamientos, hábitos y costumbres dando origen al orden moral de la acción. En San Agustín, la teoría de la imagen lleva consigo connotaciones personalistas, psicológicas y existenciales. Queremos resaltar, sobre todo, la transformación cultural de categorías bíblicas en lenguaje filosófico y antropológico de su tiempo superando los siguientes dualismos: cuerpo y alma, hombre y mujer, individuo y comunidad, pecado y salvación, ley y libertad, muerte e inmortalidad.

9.3. Antropología cósmica de las prestaciones

El hombre en su totalidad y unidad es "imago Dei" iniciando así el proceso de relaciones múltiples de comunidad con Dios, con la humanidad y con el mundo. El mundo forma parte de la "imago Dei", pues el hombre es también "memoria mundi", o sea, un resumen, una presencia de las cosas en Dios o de Dios en las cosas, como dirá San Agustín. Todo lo que sale de su mano es bueno y lleva su impronta grabada en su esencia. En el hombre se dan la mano Dios y el mundo, pues es presencia ontológica y religiosa de ambos. Cuando el joven filósofo, inquieto y buscador de Dios, comienza su itinerario de la mente, preguntando a las cosas qué son ellas, si son el absoluto, si son el sentido de la existencia humana, ellas le responden que no, que ellas han sido creadas por Otro, que pregunte más allá y que busque más arriba, que supere y trascienda la naturaleza. Nosotras —le dicen las cosas— somos cambiantes, mutables, perecederas. Pero hay uno que es esencialmente. Las cosas están siendo, pero Dios es. El mundo también es imagen y reflejo de Dios y las cosas son su vestigio. Si ellas son (ontología) es, porque hay otro que es Ser por esencia y causa de todas las cosas que existen. Si ellas reflejan el bien, la verdad, la belleza (valores) es porque existe un ser que es fuente y origen del Bien, Verdad y Belleza en sí mismo. Todo el mundo es participación y memoria. No puede haber antropología sin ontología, pero tampoco sin responsabilidad o acción moral. El hombre como persona está llamado a presentar y representar al universo ante Dios y viceversa, sirviendo y ordenando el mundo, la comunidad humana y política en nombre de Dios. Este es el sentido de toda intervención y actividad científica, jurídica y política del hombre en la sociedad, en la ciudad de Dios, en la ciudad terrena. El cuerpo humano que forma parte de la "imago Dei" es el gran nexo del hombre con la materia física del universo. Las facultades intelectuales y afectivas están detrás de ese proyecto conjunto de creación. Residenciar la "imago Dei" en el cuerpo del hombre nos lleva a comprender y fundamentar las razones de la dignidad humana que son la base de todo humanismo cristiano. El elemento material del hombre forma parte esencial de su identidad y participa de la imagen de Dios. Esta idea y convicción sale reforzada de la antropología cristológica pues, en Cristo Jesús, el cuerpo humano fue elevado a la mayor dignidad, a su unión con Dios en la persona de Jesús. Este modelo hipostático continúa en la estructura sacramental de la Iglesia. Los sacramentos son acciones y signos materiales que solo se pueden recibir dentro de una arquitectura física, material y corporal del ser humano que es el creyente. Por lo demás, el mundo forma parte de la "imago Dei" y no puede haber una antropología propiamente dicha del cuerpo sin una antropología del mundo, pues el cuerpo humano se desarrolla en el marco de un mundo físico que le es esencial y necesario. Estamos de nuevo ante la necesidad de superar una antropología dualista o dialéctica y desarrollar al máximo la profunda unidad que existe entre el hombre y el mundo pues la persona y su actuación están condicionadas por él. Si el elemento material del hombre forma parte de la "imago Dei", lo mismo sucede con el mundo. Utilizando la mediación de la filosofía antigua, del mismo modo que el alma es la forma sustancial del cuerpo, así también el hombre persona es la in-formación y trans-formación del mundo y sus realizaciones. La persona infunde al mundo físico su sentido antropológico. Esto se entiende mejor desde la física moderna cuando habla de una indeterminación de la materia que, aunque contenga altos niveles de organización, es el hombre con su inteligencia quien tiene que "informar" y ordenar su uso y comportamiento.

La "imago Dei" en el hombre significa comunidad con Dios, pero el hombre comparte el mundo físico con otros cuerpos de los que se diferencia por la inteligencia, por el amor y por la libertad que le llena de responsabilidad sobre la creación. A eso llamamos servicio y prestación del hombre. El servicio está referido a la participación que Dios hace al hombre de su dominio y señorío sobre el mundo que llamamos servicio. Dominar al mundo es amarle. La responsabilidad del hombre sobre la creación, que denominamos soberanía, consiste en llenarla de justicia, de orden y de valores la tierra. La realeza, el reinado y señorío del hombre sobre el universo consiste en no ser esclavo de él, sino dirigirle y conducirle por los planes de la solidaridad y la comunidad ente todos los hombres. Hay una creación visible y otra creación invisible. El hombre, mediante la ciencia, la técnica y el arte, debe hacer visible y aflorar los valores escondidos de las cosas en la segunda creación. Por todo ello, el señorío que mejor debe ejercer el hombre es gestionar su mundo interior de la mente donde existen ideas innatas, primeros principios, leyes naturales, eternas e internas, la libertad, la voluntad, el orden en el amor, la responsabilidad moral de su acción, reacción y relación con Dios y con la comunidad de valores y de fe. Todo eso pertenece también al patrimonio antropológico que supone la "imago Dei" en el hombre. La dialéctica moral de la "imago Dei" en el mundo está muy bien representada por la idea o distinción entre presencia y privación. El hombre, mediante el cuerpo y el correspondiente ejercicio o despliegue de los sentidos, forma una unidad de creación, de pertenencia y de sentimiento con el mundo. Ahora bien, a pesar de ello, la distancia cualitativa entre el hombre y las cosas se mantiene viva. El hombre es sujeto y espíritu mientras que ellas son objeto y materia. Por ello, al cristiano solo le está permitido "usar" (uti) de las cosas, pero no "disfrutar" (frui) de ellas. Están puestas para ofrecer una ayuda o prestación al hombre.

9.4. Presencia de Dios en el mundo

En términos agustinianos, la visión del mundo es igualmente religiosa pues la creación es presencia de Dios en el mundo y, por supuesto, en el hombre. Es una presencia ontológica pues constituye la esencia de la creación: "yo no existiría, Dios mío, no existiría si Tú no estuvieses en mí" dice en *Confesiones I:2.2*. La imposibilidad radical del ateísmo y el imperativo categórico de la religión y de la moral está muy claro en San Agustín. A Dios no está permito conocerle, pero también es imposible ignorarle. He ahí la gran paradoja del entendimiento humano. Presencia no es evidencia. Se puede estar y, sin embargo, estar oculto. Esa es la religión, buscar al que está presente pero latente. Para San Agustín, existen tres presencias de Dios en el hombre: la ontológica por la que somos, la iluminadora por la que conocemos y la beatífica por la que somos felices. Todo esto sucede de forma natural, no selectiva o segregadora Dios está ahí en todos y para todos los seres. Como la lluvia, como el aire y el sol, sin discriminar a nadie. La salvación se ofrece a todos los hombres. Un Dios ecuménico. Existir es con-sistir. Si Dios retirase la mano o la presencia de su ser, nos caeríamos de dicha existencia y sería la nada. Metafísica de la angustia podría llamarse a la ausencia de Dios. No hay más que una diferencia: el ser de las cosas es un ser fugitivo, una carrera hacia la nada o la muerte. El ser para la muerte de la filosofía existencialista moderna de Heidegger, puesto que el ser es tiempo (Sein und Zeit) y el tiempo pertenece a la esencia del ser creado. Las cosas son creadas en el tiempo y el tiempo es creado con las cosas, pues es una cosa más. El ser cierra el mundo y fuera de él no hay nada como dice en *Soliloquios, I:1.4*. Existe pues una religiosidad natural del mundo y del hombre, un sentido de Dios que no puede ser interrumpida y que en otro momento lo hemos llamado "memoria Dei". Religión significa religación o unión con Dios y se refiere al sentido connatural de lo divino que existe en la razón y en los pensadores de todos los tiempos. Por ello, hablamos en otro momento de la presencia de Dios en el entendimiento que llamamos iluminación. Es todo el mismo efecto o resultado de la "imago Dei" en el hombre. La vinculación epistemológica del hombre a Dios es paralela a la ontológica, es decir, si nadie puede existir por sí mismo, tampoco podemos conocer por nosotros mismos si no somos ayudados e iluminados por aquel que es la Verdad y la Sabiduría misma. La presencia de Dios lo invade todo y cuando esa presencia activa las facultades humanas tenemos la capacitación para el conocimiento y el amor. Las verdades eternas están ahí radicadas en el hombre y la iluminación viene a despertarlas y reconocerlas. En ese sentido el conocimiento dentro de la antropología cristiana de San Agustín es un "reconocimiento" trascendente que no equivale a la "reminiscencia" platónica, pues aquella necesita de la luz interior. Las implicaciones de la presencia de la "imago Dei" en el hombre se alargan hasta explicar la presencia de Dios como deseo y felicidad para el hombre. Igual que el alma vivifica al cuerpo, así Dios vivifica al alma siendo su felicidad y equilibrio como reconoce en *Confesiones VII:1.2*. Pero a esa felicidad se llega mediante el amor y la inquietud religiosa. "Te buscaré para que viva mi alma" de *Confesiones X:20-29*. Es un esfuerzo, una búsqueda afanosa desatada en el alma por su presencia primera y ontológica. Las cosas no dan la felicidad sino que la quitan. El deseo de ellas se convierte en miseria, o sea, en necesidad y en la necesidad no está la felicidad. Solo Dios es la felicidad y el descanso del hombre. Solo Dios llena y satisface al hombre sediento del Dios vivo, como dice el salmo. El bienestar y la felicidad es el fin de todo sentimiento. Dios es el gozo pleno y verdadero. Gozar de Dios es la plena bienaventuranza, según *Confesiones X:31-32*. Ese es el Dios interior que colma las ansias de alegría y de felicidad. Recogiendo la idea de Aristóteles, se parte del deseo presente en todos los hombres: todos queremos ser felices. Cada uno elige su camino, pero todos quieren llegar a la misma meta. La felicidad es el último fin del hombre y esto desencadena el orden moral, es decir, el orden de los medios y de los fines. Cuando encontramos la felicidad, la reconocemos. Esto significa que tenemos una "memoria" de la bienaventuranza que, igual que en el tema del conocimiento y la iluminación, indica una presencia de Dios en el hombre y ser feliz consiste en gozar de Ti, para Ti y por Ti. No son las cosas hechas las que proporcionan la felicidad, sino el que las hizo. Pero como sucedía en el conocimiento, la felicidad no está fuera, sino dentro de nosotros según *Sermón 117:5*: "Vuélvete, pues, al corazón. ¿Por qué te escapas de ti mismo y te pierdes lejos de ti mismo ¿Por qué caminas por esas vías de soledad? ¿Por qué andes vagabundo? Vuélvete a ti. ¿Qué a donde voy? Al Señor. El está dispuesto. Vuelve primero a tu corazón, tú que andas vagabundo, perdido y exiliado ¿No te conoces a ti mismo y quieres descubrir a tu Creador? Vuelve, vuelve al corazón y mira a ver qué sientes allí cerca de Dios, allí donde está la misma imagen de Dios". Como se ve, Agustín pasa del orden ontológico al orden antropológico y moral. Hay una presencia natural de Dios en el mundo por ser. Hay otra presencia antropológica de Dios en el hombre por ser imagen de Dios que se reconoce quien se conoce a sí mismo según *Soliloquios I:1.4*. Esa "imago Dei" actúa como reserva y memoria de Dios para facilitar el ser, el conocer, el amar y el ser feliz como fuente de felicidad. Esta determinación le persigue y le condiciona la vida intelectual y moral. Después vendrá la presencia salvadora de la gracia. Todas estas dimensiones superpuestas constituyen la antropología teológica agustiniana. Las formas de estar Dios en las cosas (por ser) podría llamarse omnipresencia y la forma de estar en el hombre (imagen de Dios) podría llamarse presencia. A la otra forma sobrenatural de estar, A. Turrado (1952) lo llama inhabitación. Dios no creó y abandonó sino que sigue ahí dentro del hombre. Eso se llama sostener en el ser. Por ello, la entrada del hombre en su interior equivale a retornar a Dios.

9.5. Antropología del género

Dentro de la superación de los dualismos que hemos apuntado, la antropología bíblica habla de la creación del hombre y la mujer. Ser creado a imagen semejanza de Dios significa que los hombres están llamados a la comunidad y comunicación cuya primera expresión es el amor de un hombre y una mujer. La diferencia entre hombre y mujer pertenece a la esencia de la constitución humana igual que esa diferencia pertenece a la "imago Dei". Dos versiones de la misma. Recordemos el misterio trinitario. La esencia o peculiaridad humana no se realiza solo como varón o como mujer, sino también en la diferencia de géneros y su relación. Dicha variedad o distinción no es sobrevenida, añadida o prescindible, sino sustancial y constitutiva de la personalidad humana. Ser varón o hembra define y determina la identidad de la persona de una manera esencial y sustancial no cuantitativa o accidental y es una forma básica de estar en el mundo intercambiando características iguales y diferentes. La diversidad de género afecta a aspectos esenciales de la unión entre el cuerpo y el alma. para construir la única persona conformando la esencia de ella. Varón y hembra son dos dimensiones de la misma identidad humana. Nada mejor que la antropología teológica de la "imago Dei" para defender con argumentos la identidad esencial, la igualdad y diversidad natural de ambos sexos, aunque la adscripción de "roles" y funciones sociales haya sufrido variaciones culturales a lo largo de la historia. La función de género tiene su aspecto variable, pero también tiene un fundamento incondicionado. La antropología teológica en su tramo cristológico defiende que la diversidad de género no se extingue con la muerte. La resurrección no disuelve la diferencia de género. La variación sexual afecta elementos corporales, pero va más allá y trasciende a la persona en su misterio. Eso refuerza la convicción de que la existencia de géneros es un elemento esencial de la identidad humana. Cristo Jesús nació, murió y resucitó como varón. Nació de una mujer y resucitado se sentará a la derecha del Padre como tal. En el Nuevo Testamento se rechaza el valor o consideración de ciertas diferencias, pues ante Dios no vale ser judío o griego, hombre o mujer, sabio o ignorante, porque todos los hombres son iguales ante Dios, y Cristo Jesús vino a implantar esa igualdad universal. Pero, al mismo tiempo, se reconoce que las distintas características entre los hombres (por razones de sexo, raza, lengua) no impiden el acceso a la salvación traída por Él. Todos por igual son llamados a la misma. La igualdad de género y de oportunidades de la que tanto se habla en la sociedad de hoy no condiciona para nada la cuestión de la dignidad. La mujer como criatura hecha a imagen y semejanza de Dios goza de la misma dignidad, responsabilidad y respeto que el hombre. El mismo origen ha dotado al varón y a la mujer del mismo carácter personal y de la misma dignidad humana. La diversidad no destruye la igualdad, sino que la alarga y la refuerza.

El tratamiento doctrinal del tema de la mujer en San Agustín ha sido estudiado ampliamente y, como sucede con otras cuestiones, se le ha querido vincular a circunstancias personales de su vida, en especial, su propia relación o trato con las mujeres que arranca de la proximidad, unión, estima y afecto recíproco de su querida madre Mónica. Más allá de esto, su pensamiento tiene que leerse e interpretarse en el horizonte cultural de la época. Todas sus ideas sufren este vaivén del tiempo, de la historia y de la mentalidad reinante, que diríamos hoy. Recordemos la lucha para introducir los postulados del matrimonio cristiano en una sociedad romana donde lo institucional era el concubinato controlado por los hombres como amos y las mujeres como esclavas. El no casarse o no poder casarse se decidía por la procedencia, el nacimiento, clase social o la fortuna de uno de los cónyuges afectados. El cristianismo sabe que el matrimonio estable, integrado por la fidelidad y la renuncia, redunda más en defensa y dignidad de la mujer que otra práctica cualquiera basada en la pasión y el sexo. El matrimonio cristiano es el orden en el amor. Esta actitud o condicionamiento fue también un factor y una circunstancia común en otros filósofos griegos que permanecía célibes. Sin embargo, por el hecho de no encontrar Agustín la felicidad en el amor a una mujer, no se puede acusar de negativa la visión feminista en él. Trascender una práctica no significa despreciar la teoría. Biografía y experiencia son superadas por la doctrina cristiana. Sin dejar el escenario de la creación, la presencia de la mujer en el mundo provocó un vuelco emocional en Adán, que le puso el nombre. Sin embargo, el análisis de ese tiempo inicial no le interesa a Agustín como prehistoria del feminismo cristiano o de las relaciones hombre-mujer, sino como símbolo de futuras realizaciones. En la metáfora de Eva saliendo de la costilla de Adán está prefigurado el nacimiento de la Iglesia del costado de Cristo, en la llaga producida en la cruz de la que brotó sangre y agua, dos elementos constitutivos de la estructura sacramental. Agustín no es enemigo de la sexualidad en sí misma, aunque no aparezca tan claro como en la psicología moderna su pertenencia a la estructura de la personalidad humana, o sea a la condición del hombre y de la mujer. Por ello mismo, está sometida a las exigencias del cristianismo o del evangelio de Jesús. Sus pensamientos sobre la sexualidad no son contrarios ni enemigos de la mujer. Hay que distinguir entre la sexualidad y el matrimonio por una parte y la mujer como persona por otra. Sin embargo, la preocupación de San Agustín por dignificar a la mujer lo lleva a distinguir en ella dos dimensiones: lo que tiene de persona en común con el varón, y lo que tiene de específicamente femenino. Consecuentemente son dos pasos, pues un hombre tiene que amar en su mujer a una persona como él mismo lo es y, además, amarla como mujer. Esto es una alusión importante, pues a veces, tendemos a separar y amar en la mujer solo lo que tiene de mujer, separando de ella su condición o esencia común. Ser y función no pueden separarse en ella, pero tampoco diluirse o anularse. Un feminismo de la separación o de la distinción (dirigido a resaltar la diferencia) nos puede llevar a ese error de valorar, apreciar y amar en la mujer solo lo que tiene de mujer, privándola de su dignidad personal idéntica al hombre. El planteamiento del hombre sujeto y la mujer objeto del amor circulante no se sostiene. Ambos extremos (varón y mujer) son sujeto, origen, fuente y destino del mismo amor. Este proceso solo tiene lugar en el matrimonio, en la unión estable y bendecida por el sacramento, capaz de realizar y simbolizar el amor que Cristo profesa a su Iglesia. Aun sin llegar a esos ámbitos de sacralidad, el cristianismo primitivo pedía para la mujer un amor humano y respetuoso con su dignidad y no solo poseerla como trofeo de sexualidad. Todo lo demás es "objetivizar" a la mujer y privarla de su participación como sujeto personal del amor en las mismas condiciones de dignidad, inteligencia, capacidad y derechos que el varón. Todo esto rompía los esquemas de la sociedad romana donde el varón "mandaba" en el amor y sus elecciones, de tal manera que la relación hombre-mujer en el amor y en la sexualidad no era igualitaria, sino "jerárquica" y asimétrica, incluida la fidelidad a la que, según las costumbres de la época, estaba obligada la mujer esposa, pero no el marido. El compromiso no era lineal y recíproco para los dos. Esa ventaja o privilegio del varón se rompe con la doctrina cristiana. Así se inaugura una nueva cultura y una nueva visión de la mujer en el mundo y en la sociedad occidental. Seguimos en el mismo esquema, la corporeidad de la mujer pertenece a su esencia de persona sin poder separarla de ella. En la sexualidad va toda la personalidad, y el matrimonio, a su vez, inaugura una nueva dimensión en las relaciones varón y mujer. Esta podía ser la razón por la cual muchas mujeres de la sociedad romana optaban por el cristianismo y la Iglesia Católica al ver mejor defendida en ella su valoración y estima como mujer, rescatándola de una esclavitud de género que nadie se atrevía a modificar. La religión cristiana protegía a la mujer en su doble condición de persona y de mujer. No es lo mismo hablar de igualdad y diferencia de la mujer (tomando como referencia al varón) que de aludir a su doble condición personal. Para San Agustín, el matrimonio no solo es bueno porque Dios lo quiere, lo ha previsto, lo prepara en su naturaleza, sino también porque es el estado más conveniente en una antropología de la igualdad ontológica y de la diferencia funcional mujer-hombre. Los cuatro estados o edades de la mujer dentro de la historia de la salvación, a saber, soltera, casada, viuda y virginidad consagrada son como cuatro estrellas que lucen con distinta intensidad, pero con igual dignidad y claridad. No existe para el cristianismo diferente cualificación para estas funciones o situaciones de la mujer en la Iglesia. El "registro" del matrimonio, como compromiso equivalente e igual en ambas partes (varón y mujer), en el Imperio romano comenzó en el cristianismo. En el plano civil, la unión mujer-hombre solo tenía consecuencias legales en orden al reparto de la propiedad y posesión de riquezas. Parecía una asociación mercantil. Cómo estaría de degradado el matrimonio entre los romanos que San Agustín luchó por elevar a la categoría de objetivo y finalidad del mismo la fidelidad de ambos cónyuges. Toda una revolución en el sistema de las relaciones mujer-hombre, que hoy no se valora y se desprecia culturalmente en la reconstrucción histórica del feminismo. Para los ideólogos del feminismo moderno, la lucha por la igualdad de género (que es igualdad en la lucha), todo nace de esa extensión cultural de mando y de dominio del varón sobre la mujer del que ella intenta liberarse. En este sentido, la antropología de género es una introducción y aplicación de la estructura dialéctica de clase en el matrimonio donde no cuenta ni la naturaleza, ni la disposición, sino sólo la función social.

9.6. Antropología de la restauración

Continuamos sirviendo en categorías antropológicas los contenidos más importantes de la teología agustiniana. Hemos abordado el tema de la creación del hombre como imagen de Dios. En una secuencia temporal y salvífica, nos corresponde ahora analizar otra gran realidad en la formación del hombre como es el pecado. Antropología histórica y seguimiento de la salvación. Por el pecado de un hombre —dice San Pablo en la Carta a los Romanos 5:12-14— entró el pecado en el mundo. Así se personifica el hecho del pecado reflejado en forma de entrada solemne y determinante de un gran acontecimiento. Como entraban los emperadores en la ciudad. Por otro hombre llegó la salvación en la humildad y en la muerte. Por el pecado entró la muerte y ahora por la muerte se vence al pecado. Las dos caras de la salvación. La antropología está en los dos extremos de la teología. Adán y Cristo. Soberbia y humildad escriben la historia de la humanidad y de la sociedad como dirá San Agustín en *La Ciudad de Dios*. La teoría del pecado original como cuestión teológica se centra en torno a su origen, naturaleza, herencia, transmisión, culpabilidad personal y colectiva, el perdón y sus formas. Agustín encontró en el tema del pecado una salida airosa a su enfrentamiento con los maniqueos sobre el dualismo en el origen del bien y del mal. El mal es una privación de ser, una carencia ontológica, no existe como materialidad en sí. Por tanto, tampoco se necesita una causa eficiente metafísica. Todo el mal en el mundo nace del pecado que "nace" en el hombre y con el hombre, en la libertad, en la rebeldía. Esto, a su vez, lo enfrentaba con los pelagianos. De polémica en polémica. No hay paz para los que quieren racionalizar su fe o creer su racionalización. No cabe duda de que el tema del pecado en general tiene grandes repercusiones antropológicas que no pretendemos anteponer a las teológicas, sino ofrecerlas como razonamiento de apoyo y confirmación. No hay sustitución, sino acompañamiento y racionalidad de la fe. Hablamos de perspectivas, de métodos. No es lo mismo el acceso teológico y bíblico al tema del pecado que el acceso o comentario antropológico del mismo. Mismo objeto pero diferente recorrido. Sabemos que las cuestiones teológicas en San Agustín no permanecen aisladas, sino que repercuten en la formación de la cultura y de la civilización occidental de todos los tiempos, incluido el nuestro. Pero el pecado, tanto el original como su herencia o propagación sucesiva, tiene que ser "algo" con inserción histórica, con influencia existencial y con incidencia antropológica. Jesús no pudo venir a superar o cambiar algo que no existiese. El ser-en-sí y no solo el ser-en-mí del pecado robó muchas horas de reflexión al intelectual, al creyente y al obispo Agustín.

Por el hombre entró el pecado en el mundo y con el pecado vino el mal y la muerte. Una misma línea y preocupación recorren la antropología y la teología. Algunos autores discuten a un pensador como Agustín el derecho a entrar en el tema del pecado con criterios filosóficos, siendo un ámbito estrictamente teológico y de revelación. Estamos en el mismo corazón de la legitimidad de toda antropología cristiana. ¿Qué razón nos asiste para elaborar un discurso antropológico desde la filosofía sobre cuestiones de competencia teológica? Hay dos razones para ello: la razón "a priori" de la Escritura como narración del sentido de la historia del hombre y una razón más "a posteriori", es decir, para explicar las carencias del hombre, sus luchas, sus contingencias, su fragilidad, sus odios, su tensión, su misterio y oscuridad. Hasta los filósofos existencialistas modernos han hecho del tema del mal (físico y moral) una interrogación o una respuesta a las limitaciones de la existencia humana. La realidad viene a confirmar la sospecha de la teoría. El pecado no es una hipótesis. La antropología sería una especie de teología profana pero bienvenida. El recurso al pecado para explicar la existencia diaria del mal en el mundo, sobre todo la muerte, es ya una razón homologada en todas las religiones y las culturas. La aproximación antropológica a la representación del pecado no parece discutible. Se produce en los comienzos de la historia del hombre, y hay que mirar al Génesis. Su explicación fenomenológica oscila entre una caída, una rebeldía, una desobediencia, una transgresión, una falta, un castigo, una ruptura del orden y de las relaciones, alejamiento y soledad, una pérdida de confianza y de interlocución con Dios, desorden y pérdida de la armonía primera establecida, una enfermedad y debilidad. Pero, sobre todo, es la pérdida de la condición inmortal del hombre por naturaleza y el comienzo de la mortalidad y caducidad de la existencia humana con todas sus consecuencias de dolor, equivocación, violencia, odio, lucha, destrucción, angustia, enemistad. Todo un vuelco en la biografía del espíritu humano que tuvo que cambiar de rumbo. Comienzo de la acción y de la influencia de la muerte. Igual que el día coexiste con la noche, pues comienza a hacerse de noche cuando comienza a hacerse de día, así también todo acto de vivir es un acto de morir y terminamos de morir cuando terminamos de vivir. Vida mortal y muerte vital. La continuidad en el tiempo es efecto de la simultaneidad real. La demarcación del pecado y sus efectos es lo que más problema plantea. Primero la distinción entre pecado de origen y pecado derivado. Adán era una persona y era, también, una representación de la solidaridad ontológica de los hombres. Todos los hombres estaban en Adán como realidad antropológica comprensiva. La explicación está en la "rationem seminis" o causa seminal que hemos aplicado en otro momento y contenido de la creación, según expresión de San Agustín en su *Opus imperfectum IV, 104*, una obra inacabada contra Juliano el hereje y apóstata. En él estaba incluida (ínsita) la humanidad entera. Dicho pecado no puede ser atribuido al resto de los hombres, pues no existíamos. Hay pues un hombre colectivo y una realidad universal. Esto se aplicará más tarde a la humanidad de Jesús en esa solidaridad sacramental que es la Iglesia como comunión. La fuerza primero y la debilidad después de Adán eran de todos. La cuestión se plantea con la transmisión donde hay que elegir entre creacionismo o generacionismo o traduccianismo. Cada una de esas alternativas tenía sus inconvenientes desde el punto de vista teológico. Los pecados personales son expresión y una derivación del original. Aquí es donde se produce el tránsito de un plano teológico a un plano antropológico, pues el pecado afecta a la voluntad, a la libertad personal dañada y ha contaminado o alterado todo el sistema psicológico y del conocimiento, de los deseos, inquietudes, apetencias, afectos, sentimientos, pasiones. En definitiva, ha afectado al orden antropológico donde el cuerpo debería obedecer al alma, y este dirigir o dominar al cuerpo. Paralelamente se produce una ruptura de la existencia humana en su temporalidad y evaluación cualitativa. A continuación y, obligado por la polémica, realiza una antropología comparada, o sea, lo que el hombre hubiese sido sin el pecado y lo que este vino a interrumpir, invertir y cambiar. El entonces y el ahora del hombre, para hacer una previsión de futuro preparando la acción de la gracia y de la liberación. Desgraciadamente, aquello es pura antropología de ficción. Existe un evolucionismo en la historia de la salvación. El hombre primero (Urmensch), el amanecer humano en el paraíso, sirve como referencia didáctica, pues el hoy el presente es todo lo contrario a lo que fue y no pudo seguir siendo. Dicho de manera sencilla y coloquial, hay un antes y un después del pecado original en la historia del hombre, en las relaciones con Dios, consigo mismo, con los demás y con el mundo, que vienen alteradas por ese hecho. Sobre todo, cambió la dirección y el peso o la gravedad del amor que de "amor Dei" se convierte en "amor sui" o egoísmo absoluto. Aquel estado o espacio anterior al pecado que podemos llamar "natural" puede servir de referencia para medir nuestras dimensiones antropológicas actuales en el plano jurídico y en el plano moral. Sobre esa situación hay que descargar ciertas nociones e intuiciones que pertenecen al campo del "a priori" y del innatismo filosófico, pero también percepciones en el campo del derecho y de la justicia. Todos reconocemos que sobreviven, en la naturaleza humana, estructuras del pensamiento y de la voluntad, propias de esa primera etapa del hombre sobre la tierra, aunque hayan sido dañadas o debilitadas, pero no anuladas. El pecado no es una escisión total, no es una desaparición del hombre natural. Para unos ya no son las mismas condiciones iniciales, para otros viven y perviven en el hombre reformado. Existen teorías y movimientos filosóficos, religiosos y hasta sociales, que trabajan con el supuesto de la bondad inicial e íntegra del hombre. Para otros (Lutero) aun admitiendo, como hace el cristianismo, que el pecado es una realidad histórica con incidencia antropológica, no aceptan la restauración y la vuelta, no hay posibilidad ni existencia reversible. El destino del hombre está ya decidido desde aquel momento y no hay alternativa ni mediación, ni recuperación, ni modificación de su "status" religioso. Optimismo antropológico o pesimismo religioso, inocencia radical y esperanza o maldad total y resignación. En todo proyecto social, económico o político subyace una determinada concepción del hombre. En el centro de los sistemas está el cristianismo que admite la caída, pero también la recuperación mediante la intervención salvadora de la gracia, de Cristo Jesús y la Iglesia. Se trata de creer en el hombre que puede vencer al mal y no es el mal que puede vencer al hombre. La última en ser vencida será la muerte, como dice San Pablo. No hay posibilidad de suplantación mediante la existencia moral. Por ello, la configuración de la existencia cristiana no interfiere en la modificación esencial de la primera determinación producida por el pecado original y, eso sí, trasladada a todos los hijos de Adán, a todas las generaciones posteriores. Somos hombres y somos cristianos. Humanismo y corrección, pero no supresión. El pecado como universal antropológico es fácilmente admitido por teorías y doctrinas que no tienen que ser necesariamente de inspiración o procedencia religiosas. Podríamos dedicarnos a cantar las bondades del hombre, pero no podemos prescindir ni ignorar la existencia negativa. Por lo demás, repetimos la función dialéctica de todas las religiones que es dar una respuesta desde la teoría a la realidad existente. Y el mal existe como experiencia diaria en la vida de los hombres y de los pueblos. El cristianismo viene a ofrecer una explicación a la luz de una fe racional.

9.7. La neutralidad en antropología

No podemos privar a la teología de una antropología, pero tampoco podemos privatizarla. La cuestión antropológica en teología sigue intacta y llega hasta nuestros días. ¿Cuál es la relación entre naturaleza humana y, en este caso, el pecado? ¿Cómo se inserta la superestructura del pecado en la estructura natural del hombre? En definitiva, son las conocidas y clásicas relaciones entre naturaleza y gracia. Arrancando desde el principio, nos preguntamos si el hombre es naturalmente bueno o si, por el contrario, está viciado o dañado desde el momento del pecado original. A esto se puede añadir una tercera vía, una tercera posición que llamamos neutralidad antropológica, es decir, el hombre, la naturaleza, la creación no tiene cualificación moral, no es buena ni mala y todo depende del uso que se haga de ello. El orden moral no sería natural, sino superpuesto, advenedizo, añadido, dependiendo de la conciencia. La tabla rasa que diría Aristóteles, la cera inmaculada y sin escribir. Toda la responsabilidad moral se trasladaría a la formación, a la educación, a la influencia de la sociedad como propugnan algunos autores de la sociología convencional. Para ellos, el orden moral no sería un orden natural extensivo o derivado, sino que la independencia y autonomía del hombre estarían en el origen de esta antropología. Otros dirán que el orden moral lo determinan las situaciones, las circunstancias. Una tercera corriente trasladará el mal al poder de las estructuras impersonales y opresivas. En el fondo esta cuestión es muy actual y está ligada a la conocida discusión sobre la neutralidad o no de los valores tan ligada a la filosofía de Max Scheler (1954) en su conocida obra *El formalismo en la ética y la ética material de los valores*. ¿La antropología y la moral son dos esferas independientes o una está inscrita en la otra? Esto significa que la antropología cristiana no es una ideología, una teoría, sino un análisis de la realidad del hombre en su constitución más natural. No hay por qué tener miedo a un reduccionismo antropológico de la teología que es lo que intentamos hacer con el pensamiento agustiniano. La antropología en este punto no es un discurso convencional. A San Agustín le resultaba muy difícil, desde la fe y desde la revelación, defender esta neutralidad o indeterminación moral del hombre. Tenía en frente a los optimistas integrales, como eran los pelagianos, para los que el hombre era naturalmente bueno haciendo inútil todo esfuerzo o proyecto de redención, echando por tierra toda la labor del cristianismo. No hay necesidad de una axiología cristiana ni de una ascética, ni de una renuncia, sacrificio o privación, ni de disciplina, ni de leyes normativas, ni de acciones sacramentales redentoras y restauradoras, pues no hay nada roto que recuperar, nada herido que sanar, nada esclavo que liberar ni transgresión que perdonar. La presencia e intervención de Cristo sirve solo de simbolismo e imitación para sus seguidores, pero no de corrección o modificación significativa de la naturaleza y de la conducta humana. Tampoco se altera el sentido de la historia. Todo esto tiene un nombre, la concupiscencia que indica la esencia del pecado original y originado. En ella tiene su comienzo la antropología teológica y en ella, igualmente, encontrará su final. Vamos a realizar el seguimiento de esa categoría en San Agustín, que puede asumir la representación y contenido de dicha antropoteología. Nos encontramos con la realidad, ya despejada, de la unidad entre el cuerpo y el alma constitutiva del hombre, o sea, de la persona como sujeto. Bajo el término concupiscencia (perdiendo la neutralidad aludida) se apoya todo el concepto de pecado heredado, trasmitido, continuado. Se trata de una revuelta con su carga de simbolismo, pues igual que el primer Adán se rebeló libremente contra Dios, contra sus directrices y mandatos, así el cuerpo, en la aparición y sucesión seminal continuada, se revuelve contra el alma. De aquel desorden vino este desorden, podríamos decir. Aquella primera actitud engendró o determinó las siguientes como efecto obligado. El primer orden quedó destruido. El cuerpo dispuesto y obediente en primera instancia se alzó y rebeló contra el espíritu. En definitiva, la concupiscencia es el impulso egoísta del espíritu, la codicia de posesión de la persona. Es el enfrentamiento y la división o destrucción de la unidad establecida entre ellos (cuerpo y alma) para formar al hombre. Es la negación del hombre. El pecado es la contradicción de la ontología fundamental antropológica. De ahí que hayamos conducido o reducido toda esta terminología al término de presencia, como hace el mismo Agustín. En el hombre hay dos presencias: la de Dios (por ser, por la iluminación, por el amor) y la del pecado (por el mal, por la concupiscencia, por la muerte). Nuestro autor se rebela contra los que le acosan y acusan (Juliano de Eclana) de reducir a concupiscencia al puro deseo carnal, al ámbito de los sentidos, a la sensualidad, a la libido o a la sexualidad pues el deseo o la concupiscencia también afecta al alma. Ella es como el gran pecado universal o pecado natural, aludiendo a su carácter o presencia radical en el hombre.

 El pecado original es un mal que circula por toda la red antropológica; es una enfermedad que se extiende por todo el género humano; es un virus presente en todos y cada uno de los hombres en cuanto que son terminales del sistema de la creación y que afecta a su unidad corpoespiritual debido a su conexión esencial con el centro y fuente de la humanidad. Se trasmite por esa generación interna representada en las sucesivas etapas de la historia de la salvación en virtud de su condición participada. Cada hombre es como un miembro de un cuerpo único regado por el flujo de creación, pues la misma creación es un flujo de reproducción histórica. Cada hombre es una razón participada que se incorpora al único patrimonio espiritual formado por el conjunto de los descendientes de Adán primero y de Cristo Jesús después, constituido en Señor de vivos y muertos. Seguimos buscando ese punto de encuentro y conexión entre antropología y teología en el tema del pecado original. Masa del pecado, masa dañada, llega a denominar Agustín a esa realidad colectiva del pecado según la expresión en su escrito *Diversas cuestiones a Simpliciano, 83, 68.3*. Lo hallamos en ese momento en el que el pecado (teología) se convierte o reconvierte en mal (antropología), tomando como sede o espacio operativo los deseos, las apetencias, las inquietudes, las necesidades o tendencias del hombre, utilizando el flujo de sus facultades. Dicha conexión antropológica, donde se produce la infección, es llamada por San Agustín, concupiscencia como tensión básica y esencial del espíritu. Esa infraestructura sirve de suelo abonado para las raíces de todo mal que se encuentra en ella. Dicha contaminación es designada por Agustín como el mal o el pecado en mutua y recíproca significación, según sea lenguaje teológico o antropológico. La concupiscencia es categoría que sirve para la sucesiva trasplantación, polinización o transmisión del pecado original en el tiempo. Esta es la transferencia cultural que andábamos buscando sabiendo que hay que distinguir entre la concupiscencia o el deseo mismo y su contaminación o penalización en serie por el pecado vinculante entre Adán y su descendencia. Otras comparaciones o alegorías sirven también para entender la antropología del pecado como es aquella de la esclavitud o de la servidumbre. La carne y la razón son esclavas por la presencia del pecado y necesitan una libertad llegada de fuera de sí misma, que venga a corregir esta situación. Lo mismo que sucedió en Adán está sucediendo en cada uno de nosotros.

9.8. Conflicto dialéctico de las dos dimensiones

Señalado y delimitado el campo donde pueden converger la antropología del mal y la teología del pecado y de la gracia en San Agustín, ahora debemos entender y explicar el proceso que se genera con ello. El hombre no es naturalmente inocente y el pecado o la culpa (aunque sea heredada) está en él. El pecado es una realidad que envenena al hombre ininterrumpidamente. A veces, se designa directamente a la concupiscencia como pecado. Esto quiere decir que sus actuaciones están envueltas en él y afectadas en su origen y desarrollo. Nuestro autor prefiere otra metáfora: el hombre está rodeado de pecado según *Confesiones I:1.1*. Todo ello crea un conflicto, una oposición dialéctica en el mismo hombre. El hombre está polarizado y su dualismo esencial está dividido no solo antropológicamente (cuerpo y alma), sino también teológicamente (pecado y gracia). No podemos hacer un paralelismo y decir que el pecado es la carne y la gracia el alma. La carne tiene sus deseos que podemos llamar instintos o pasiones, pero también la voluntad tiene sus debilidades o tendencias originadas en sus necesidades que subyugan la libertad. Todo eso no puede identificarse con el pecado, pero sí con un desorden o alteración del hombre interior que se refleja en la debilidad y permeabilidad de nuestros pensamientos y actos que se pueden convertir en vicios. Vicios viene de viciados. El hombre está viciado desde el principio en sus múltiples relaciones. Por consiguiente, la salvación, la redención, la gracia tiene que ser, igualmente, un proceso antropológico de liberación y recuperación de la condición perdida del hombre. Dos memorias, dos amores, dos ciudades, dos presencias. Este es el hombre: una tendencia, una tensión pues, partiendo de dos dimensiones, tiene que realizarse en una sola dirección que es el "in Deum" hacia Dios. Esto supone todo un proyecto de antropología cristiana. El tema del pecado original no es un ámbito estrictamente teológico y, como hemos apuntado, entra en la filosofía moderna a través de pensadores protestantes como Kierkegaard. Pero también se acepta como parte de la fenomenología, pues el pecado es un "factum", un hecho o un fenómeno de la conciencia como registro de la realidad. Forma parte de la desesperación, del absurdo, de la contingencia, del sinsentido, de la preocupación y sobre todo de la conciencia de la muerte. Aunque parezca contradictorio, el tema del pecado presupone el tema de la libertad con el que entramos de lleno en terreno antropológico. La existencia del pecado anuncia, al mismo tiempo, la existencia de la libertad. Ambos problemas ya despuntaban en la filosofía griega, fase romana, donde las preocupaciones morales llamaban la atención y ocupaban la tarea de la razón filosófica. He ahí los términos de la lucha en el hombre que hemos planteado en este apartado de nuestra antropología. Si a algo daña o hiere, o disminuye el pecado es la libertad. Por consiguiente, hay que llevar el tema de la libertad hasta los primeros momentos del pecado original que, en el fondo, es un conflicto entre libertad y pecado. Esa misma estructura se repite y se continúa en el resto de los hombres, pues dicha libertad es el fundamento de la responsabilidad. ¿Cómo se entiende y se explica la responsabilidad en Adán? En sus escarceos con el tema del bien y del mal durante la etapa maniquea, Agustín estuvo a punto de aceptar el mal y el pecado como un "poder" extraño, superior, cósmico, determinado (el destino griego), hasta que vio la solución buscando en el interior del hombre. Si existe el pecado es porque existe la libertad. El mal objetivo (el pecado) produce la maldad subjetiva (culpa). Un problema teológico se convierte en uno antropológico. Ese el misterio del hombre, a saber, convertir un acontecimiento real en un proceso subjetivo o existencial. El dualismo no existe fuera del hombre, sino en el mismo hombre. Esto es un paso muy importante en la historia de la cultura occidental como es saber de dónde proceden los innumerables males que existen en el mundo. Andaba el joven Agustín dando vueltas a esta cuestión en su interior ¿cuál es el origen del mal? De ello dependía mucho el sentido de su vida, de su inquietud intelectual, de su felicidad. Estaba abierto a posibles respuestas. Los maniqueos le susurraban al oído que ellos tenían la respuesta acertada a su interrogante, a sus inquietudes. Se puede decir que el camino del hombre hacia Dios comienza por la pregunta sobre la existencia del mal. Muchos de nuestros pensadores encuentran cerrado el camino hacia la fe, hacia el cristianismo, porque no entienden que él haga compatible la existencia de Dios con la existencia del mal. La gran pregunta para los candidatos a creer suena así: ¿si existe Dios por qué existe o se permite el mal y si existe el mal por qué se permite existir Dios? Afirmación del mal equivale a la negación de Dios y viceversa. Así se puede entender que la antropología agustiniana comienza en el tema del pecado y no en el de la gracia. El pecado es la pregunta, la gracia es la respuesta. La primera conversión intelectual en San Agustín tiene lugar cuando comprende que el hombre peca, o sea, tiene conciencia de estar rodeado de "su" pecado como algo personal.

Avancemos en esta antropología fundacional del pecado como origen del mal en el mundo y en la antropología reproductiva de su continuidad en el tiempo.

Son tres cuestiones diferentes. Primero la existencia del pecado original como hecho, si se quiere, estrictamente teológico. Luego la proyección antropológica en el tiempo y en los hombres de dicha condición. Y, en tercer lugar, el reflejo o autopercepción de esa misma condición existencial en lo que sería un orden moral natural, un imperativo universal fijado por Kant en la conocida máxima "haz el bien y evita el mal". Se ha dicho acertadamente que la mayor tragedia de nuestro tiempo consiste en que los hombres de hoy han perdido el sentido del pecado. El mayor pecado es no sentir el pecado, no sentirse culpable o responsable. Cuando una conciencia o sensibilidad natural hacia lo que es bueno o malo, hacia el ser y el deber ser, hacia lo que está prohibido o está permitido, lo que es lícito o ilícito, justo o injusto, no acompaña a la acción de los hombres, a las relaciones humanas, a la comunidad internacional o al diálogo entre culturas, entonces nos encontramos con una civilización caótica, destructiva del orden moral, permisiva, abusiva, y con esa desaparición vienen otras desapariciones de la dignidad, del respeto y de la convivencia. Si se muere el pecado ¿qué nos queda? El pecado es el último reducto de la civilización humanista. Todo esto lo experimentó Agustín en un combate interior consigo mismo de alto dramatismo espiritual. "Todavía me parecía a mi que no éramos nosotros los que pecábamos, sino que era no sé qué naturaleza extraña la que pecaba en nosotros, por lo que se deleitaba mi soberbia en considerarme exento de culpa y no tener que confesar mi pecado cuando había obrado mal, para que tú sanases mi alma, porque contra ti era contra quien yo pecaba. Pero me agradaba excusarme y acusar a no sé qué ser extraño que estaba conmigo, pero que no era yo aunque, a la verdad, era yo todo aquello y mi impiedad me había dividido contra mi mismo. Y lo más incurable de mi pecado era que no me tenía por pecador" dice en *Confesiones V:10-18*. Por las mismas fechas resonaba en Agustín la solución cristiana al problema del mal, es decir, "que el libre albedrío de la voluntad es la causa del mal que hacemos y tu recto juicio del que padecemos, pero no podía verlo con claridad" según *Confesiones VII:3-5*. Este es el verdadero planteamiento antropológico del problema del mal radicado en el hombre. Para ello hay que tener en cuenta la estructura de la libertad, tanto en Adán como en el resto de los hombres, que consiste en "poder no pecar y en poder pecar". Esa es la responsabilidad de cara a la sanción que tuvo lugar después del pecado. Ese estado se consideraba como una indeterminación de la voluntad, de neutralidad antropológica, aludida más arriba. Aquí radica el principio de la teoría cristiana. No se plantea si Dios creó al hombre bueno o malo (maniqueísmo), sino que lo creó libre y, como tal, esa libertad era buena, pero con posibilidad de no serlo, lo cual no es algo malo aunque sea una posibilidad de serlo. Pero dicha posibilidad del mal y su correspondiente opción no es atribuible al Creador, sino al dueño y responsable de la libertad, su uso en una u otra dirección, o sea, su elección. El hombre es un ser capaz de elegir. Este es el misterio de grandeza y miseria a la vez. Esa constituye la alternativa en que fue colocado el primer hombre sobre la tierra frente a Dios, según *De Civitate Dei, XIV:13.2*. Dicha situación primera es llamada y conocida como tentación. La voluntad humana es una constante posibilidad de elección. La posibilidad afectaba a ambas direcciones tanto al pecar como al no pecar. "Hay que distinguir bien y con cautela entre ambas cosas, es decir, poder no pecar y el no poder pecar… El primer hombre pudo no pecar, pudo no abandonar el sumo Bien ¿Cómo vamos a afirmar que no pudo pecar estando dotado del libre albedrío?, se pregunta Agustín en otra de sus obras como es *De vera religione, 12, 25*. La libre voluntad es una condición necesaria para que haya responsabilidad moral. Aquella situación o conciencia inicial del primer hombre es la que heredamos y reproducimos todos sus descendientes. La voluntad humana como misterio insondable de libertad o de decisión. La vida en libertad es todo eso, posibilidad, decisión, riesgo, responsabilidad, identidad, acierto, fracaso, atracción, renuncia, tentación, creatividad, aspiración, perfección, amor, odio, recompensa, satisfacción, culpabilidad, arrepentimiento natural.

Más allá de la abundancia y concentración de metáforas o de sentido espiritual de la narración bíblica, Agustín se atreve a desentrañar el contenido antropológico del pecado original explicándolo no tanto por el ansia de conocer (por parte de Adán), sino por la soberbia de dominar. Es un problema de poder que se expresa en la desobediencia. Todo pecado es un ejercicio de prepotencia por parte del hombre. Agustín realiza una interpretación antropológica de los datos bíblicos que le sirven para una interiorización de las actitudes que formen parte del proyecto espiritual del hombre. El pecado original y derivados no es cuestión de ignorancia o de sabiduría, sino de soberbia y de afán de dominar o vanidad. Apetito de experimentar el propio poder Ese es el pecado como suceso matriz y fundacional, cuya naturaleza se reproduce en los demás pecados temáticos. La humildad sería el mejor antídoto contra esta existencia Y en eso va a consistir la antropología cristiana, comenzando por la teoría del "Christus humilis" que inaugura una nueva etapa de la salvación. En el intercambio de categorías teológicas y antropológicas, el cuadro comparativo que más se repite es señalar al pecado original como "caída". Una caída ontológica, un descenso en el ser y un debilitamiento de las relaciones. Siempre nos queda la "imago Dei". A través de ello, San Agustín instala la teología en la antropología e, igualmente, introduce la moral en la metafísica a través de la noción de "orden". El primer hombre perdió el equilibrio ontológico y se desprendió del árbol, del tronco que le unía a Dios. Despejada o, al menos, aclarada, la permeabilidad antropológica del pecado original, ahora le preocupa a Agustín su continuidad, su transmisión o extensión a toda la humanidad. Continúa el misterio. Hay que recurrir otra vez al modelo de unidad histórica y esencial entre todos los hombres como el primero de ellos. Adán nos llevaba a todos en su vientre seminal. No le preocupa, de momento, a Agustín el principio de individualidad frente al concepto de "masa damnata" masa damnificada. Cada uno somos una persona y los pecados subsiguientes son personales. Por nosotros mismos solo somos mentira y pecado, exclama San Agustín en un delirio de pesimismo. Del pecado de estado, original y colectivo, se pasa al estado de pecado, de ignorancia y de dificultad personal. La antropología de la nostalgia, del suspiro y de la esperanza surge comparando la situación actual del hombre con la que había tenido antes del pecado que era la verdadera vocación y naturaleza del hombre perdido. Pero no especulemos demasiado, pues la mayor perfección del hombre estaba en la libertad con que fue creado según reconoce en *De diversis questionibus 83, q.2*. El hombre era una libertad esencial que no equivale a una voluntad avocada a la necesidad de ser libre. La nueva situación de caída y de destierro se denomina condición de pecado. El pecado marca una etapa de la vida de la humanidad. Pero no hay ruptura absoluta con lo religioso, con Dios. Dios vuelve. No se han roto los puentes, pues la imagen de Dios en el hombre sigue ahí viva como una reminiscencia. El pecado no destruye la esencialidad humana primitiva, pues es algo "histórico" y como tal temporal. La novedad introducida en esta etapa, además de la mortalidad, es la condición agónica del hombre. El hombre ha entrado en un escenario de lucha. Las dos dimensiones se enfrentan entre sí. Desde ese momento, el hombre se constituye en un estadio, en un "arena", en un "ring" o espacio para la lucha y el esfuerzo que no es la pugna del cuerpo contra el alma, sino de mí mismo contra mí mismo, pues yo estoy presente y vivo en ambos. Que nada haya en ti contra ti y serás una unidad íntegra, nos recomienda en el *Sermón 128, 9*.

9.9. Antropología de la liberación

Así queremos denominar el último tramo de nuestra antropología teológica que emana del pensamiento agustiniano. La gracia y el cristianismo como liberación del hombre. Decimos antropología de la liberación y no teología de la liberación como se ha dicho en otras latitudes de la investigación y de la Iglesia. Quien salva es la gracia (teología), pero el salvado y liberado es el hombre (antropología). Además, dicha liberación tiene lugar en el mismo hombre, pues se trata de liberar al hombre de sí mismo. Es un proceso interior impulsado o desatado por la gracia dentro del espíritu y, concretamente, de la voluntad. No perdamos de vista el escenario, el querer dividido, impotente y prisionero. El hombre quiere y no puede pero, además, quiere querer y no puede querer o, si puede querer, no quiere. La libertad fugitiva. La antropología es la dimensión más constante para entender y explicar las relaciones entre Dios y el hombre. Cuando hablamos de la liberación del hombre por la gracia, estamos siendo testigos de la experiencia biográfica del mismo Agustín. El se sintió liberado, desapareció la angustia y el temor como peso que oprimía al alma. Por tanto, existe la libertad psicológica correspondiente a la libertad de la gracia. El hecho de la libertad cristiana está precedido de situaciones anímicas de inquietud, insatisfacción, temores ¿Dónde podemos introducir una antropología en la férrea teoría sobre la gracia sacada de

San Pablo? Si todo es gracia, salvación gratuita o predestinación, ¿dónde queda la intervención real antropológica de la voluntad libre y de la decisión del hombre? Todo el esfuerzo humano sería una farsa, una apariencia inútil, un engaño. Nos encontramos en otro momento de la dialéctica agustiniana con repercusiones en la teología. ¿Estamos salvados o nos salvamos? Es una antropología teológica combinada. Qué es lo decisivo en el proceso cristiano de la salvación, ¿la acción de Dios o la intervención o inclinación de la libertad humana? Pero antes de responder hay que decir que también la intervención o cooperación del hombre es un dato o una vocación, una concesión y posibilidad dada por Dios. También la buena voluntad del hombre es un don de Dios. ¿Dónde queda pues la autoría y la responsabilidad del hombre a través de su libertad? ¿Hay algo "exclusivamente" humano en la salvación y en la libertad? Ante esta disyuntiva, tan frecuente en la historia de la teología cristiana, se alude al conocido tema de la concurrencia. La voluntad humana coopera, se une o se mezcla con la de Dios de tal manera que la fe es, a la vez, un acto del hombre o de la libertad y un don de Dios. Así son las profundidades del misterio cruzado de la libertad teológica y de la antropología salvadora. Eso mismo sucedió en el primer pecado. Si Adán era perfecto ¿como pudo pecar? Y si pudo pecar (y pecó) entonces no era perfecto. La respuesta, según San Agustín, ya quedó apuntada: la perfección de la que hablamos era la misma libertad, la misma posibilidad. Ser creado en un estado de libertad perfecta equivale a ser libre como cualidad, independientemente del uso que se haga de ella. Algunos llaman a esto la lógica de la contradicción El hombre ha sido llamado por Dios a la libertad Lo llamó, pero no le obligó ni determinó. Para otros esto es, sencillamente, imposible, pues denotaría una imperfección o una maldad en Dios y un fracaso de sus planes iniciales y harían inútiles los esfuerzos humanos y equivaldría a una predestinación del hombre en su porvenir y vacación. Igualmente haría inútil la división entre bautizados y no bautizados, creyentes o no creyentes, así como todo el esfuerzo por predicar y hacer discípulos a todos los hombres. Por el contrario, el querer y el creer sería una obra totalmente del hombre en una antropología de la concurrencia entre libertad y gracia, y no una antropología del aislamiento y de la exclusión. En ese sentido estaríamos convirtiendo la antropología en una soteriología o teoría de la salvación. También podríamos hablar de una metafísica religiosa sobre la gracia de Dios y la libertad humana.

Si prescindimos de esta antropología concomitante de la gracia, se cae todo el orden moral y religioso, pues no tendría sentido luchar, sacrificarse, renunciar, obedecer, cumplir y seguir el evangelio para participar en la redención como liberación de la persona. El reducto de la antropología es, pues, esencial para la teología de la salvación. Tiene que haber un espacio en la liberad humana para los valores, para el bien, para la responsabilidad en la elección. Sucede lo mismo con el tema del tiempo. Tiempo de salvación (tempus salutis) decimos con la Biblia, que equivale a salvación en el tiempo y con el tiempo. ¿O está ya todo hecho, cumplido, y decidido desde el principio y no importa el tiempo antropológico, el tiempo vivido? Si admitimos que el hombre y la libertad son decisivos en la salvación, tenemos que decir lo mismo del tiempo. No está todo hablado y decidido por parte de Dios. Se puede cambiar, se puede uno arrepentir y rehacer. Hay que contar con el tiempo y sus posibilidades como algo abierto, pues representa una novedad en la salvación. La teología protestante irredenta ha querido hacer de la fe y de la salvación una realidad o un proceso "intemporal" o indiferente al paso del tiempo. Ya está todo concluido en el tema de la salvación. Lo único que tiene que concluir es el tiempo. Para ellos, esperar no significa esperar algo de Dios, sino aguantar hasta que caiga el telón de esta representación de la obra teatral que es la Iglesia y su temporalidad provisional. La metafísica redentora y la determinación o resultado ya son inamovibles. No hay novedades, no valen esfuerzos de renovación, no hay méritos ni arrepentimientos, ni conversiones, ni sacramentos creadores o vivificadores. No hay ninguna tecnología de la salvación capaz de transmitir el sentido y el valor de la muerte de Cristo en el tiempo. Todo es tiempo muerto. Sin embargo, la voluntad humana es necesaria para la salvación. Al hombre se le dio, en la creación, una voluntad libre y buena, y no hay acto bueno sin ella según las palabras de *De Civitate Dei XIV:11*. El hombre puede aceptar o rechazar la salvación ofrecida. El mal no es un "efecto", sino un "defecto" de la voluntad según la antropología negativa que sigue a la metafísica de la privación como se puede leer allí mismo en *De Civitate Dei XII:7*. La libertad es una condición para poder hacer el bien. Lo nuestro es querer, pero necesitamos ayuda, pues nos faltan fuerzas ya que también somos atraídos por el mal. Tenemos dos puntos de atracción que tiran de nosotros. Como queda dicho, queremos el bien y queremos hacerlo, pero nos faltan fuerzas para ejecutarlo, porque estamos debilitados por el pecado del que tenemos que ser liberados, desatados. "El que te hizo sin ti no puede rehacerte sin ti", clamaba San Agustín desde su cátedra de obispo en el *Sermón 169:11-13*. A ello contribuye el cristianismo como una regeneración del hombre, como una trasformación ontológica de toda la persona. De esta forma, el tema de la gracia entra a formar parte de la antropología agustiniana que no es una teología descafeinada o desprovista de fuerza reveladora, sino un contexto muy adecuado para su racionalización. La visión del hombre adquiere así una función didáctica, explicativa, mistagógica y catequética como preámbulo de la explicación teológica. La misma exploración fenomenológica de la voluntad humana nos conduce a la salvación del hombre que está más allá de sí misma. El redescubrimiento del concepto de libertad es una necesidad en la amplia cultura moderna sobre el hombre. El resultado más evidente de esta meditación antropológica sobre la libertad es que esta no es absoluta e ilimitada o inagotable. Tiene un límite, tiene unas condiciones aplicables y vigentes en todo momento. Los límites son los de la razón y las condiciones son las de la ética y de la conciencia en forma de imperativos.

10

Antropología política

Seguimos descubriendo parcelas donde se desarrolla y aplica la visión del hombre agustiniano. Nos queda la vida común, la comunidad, la sociedad, la autoridad, el gobierno, la obediencia, la ley pero también el orden, el amor, la paz y la fraternidad. Todo esto sale del hombre interior, de tal manera que la comunidad política es solo una extensión en el tiempo y en el espacio de los sentimientos y del amor personal. Se ha denominado también el agustinismo político cuya vigencia llega hasta bien entrada la Edad Media. San Agustín es el primer pensador cristiano que somete a una revisión crítica o ideológica al estado de las cosas o a las cosas del Estado. Nadie se había atrevido o levantado la voz para decir o contradecir una denuncia de la situación política. No había una tradición de formación de la conciencia cristiana en materia de estructuras de poder, de imperialismo, de orden social. Parecía un hecho pacíficamente aceptado que la organización del Imperio cumplía los parámetros de la ciudad cristiana. No había grandes cuestionamientos o rechazos. Pero existían injusticias, desigualdades, diferencias étnicas, privilegios, esclavitudes, clases sociales, Al obispo parece que le preocupaba solo el orden, la salud, el bienestar moral de su grey. Agustín no es un dialéctico que comience por contemplar la realidad social de su tiempo, sino que siguiendo el método platónico decide reflexionar sobre la ciudad ideal, las exigencias de los preceptos cristianos y encuentra una gran distancia entre ambos extremos. La antropología comparada lo lleva a confrontar la teoría y las exigencias cristianas en materia social con la marcha o realización diaria de los asuntos públicos. Tanto los súbditos como los emperadores no actuaban de acuerdo con el evangelio. Unos y otro eran creyentes, luego él era responsable de la política que practiquen ambos elementos de la sociedad como son la ley o autoridad y la obediencia o el orden. Esta era una razón de intromisión legítima del cristianismo en la teoría del Estado. Los que mandan y los que obedecen, los que gobiernan y los gobernados tienen que construir el proyecto ideal de la ciudad de Dios. Así comienza una elaboración crítica del devenir de la sociedad. Es necesario, pues, una antropología de lo social. Costó tiempo entender que los asuntos de este mundo también eran competencia de los cristianos, pues algunos opinaban que "el Estado es cosa del pueblo" según la expresión de *De Civitate Dei XIX:21*. Ahora bien, cuando esas cosas del Estado chocan con las exigencias de valores, creencias y trazado de la fe, entonces ya existe un motivo y obligación de intervenir. Porque el verdadero derecho se identifica con la justicia y allí donde no hay justicia no hay derecho pues la auténtica justicia es la cristiana. Todo esto presupone que el Estado es una realidad pagana.

10.1. Antropología de la legitimidad política

No podemos todavía liberarnos del dualismo agustiniano que, si en otras ocasiones se llamaba bien-mal, cuerpo-alma, amor sui-amor Dei, pecado-gracia, en este momento está constituido por la expresión civitas Dei-civitas terrena. La dimensión inhibidora del cristianismo va cediendo poco a poco a la actitud obligatoria de colaborar en la construcción de la justicia en el mundo. No se puede apartar a los creyentes de la edificación del Estado por lo que se tiende al Estado cristiano. La fe y la espiritualidad tienen que afectar a la vida entera de los creyentes, o sea, a la vida privada y a la vida pública. Es la eterna tendencia a absorber o subsumir el orden natural del Estado en el orden sobrenatural del evangelio. La ruptura de este principio y el reconocimiento de la autonomía de lo terreno llegarán con los humanistas del siglo XV. La aplicación de esta tendencia en materia política, la relación entre fe y sociedad, es la tarea del Agustín como pensador y escritor social. También existen autores que distinguen entre la teoría agustiniana sobre la sociedad y el posteriormente llamado agustinismo político como intento de cristianizar la política que nace en la Edad Media siendo, para algunos, la historia de una invención. En aquel momento no está clara o nítida la diferencia entre pueblo y Estado adelantada por Cicerón. Para San Agustín "un pueblo es una multitud de seres racionales unidos por las cosas que aman en común" según *De Civitate Dei XIX:* 24. Los romanos son un pueblo y "las cosas que aman en común" son el Estado. El amor en común es lo que une a un pueblo para formar lo que llamamos Estado. La necesidad de contextualizar las ideas sigue adelante. Ya veremos cómo el problema de la teoría política cristiana no consiste en definiciones, en conceptos, sino en establecer los límites y las condiciones en las relaciones Iglesia y Estado. Desde el principio y desde siempre, la Iglesia no quiere gobernar el mundo, sino que el mundo sea gobernado según las exigencias del evangelio. No se pretende que la sociedad sea cristiana o que se someta a la disciplina de la Iglesia, sino que el cristianismo sea principio de la justicia y del bienestar social. La Iglesia no pide poder, sino poder pedir que se incorporen los valores a las leyes que dirigen a los pueblos. Las relaciones entre la Iglesia y el Estado no consisten tanto en someter a los príncipes de este mundo a los poderes de la Iglesia (la Iglesia no tiene poder), sino que los príncipes de este mundo se sometan al único poder que tiene Dios sobre toda autoridad y potestad. Los cristianos no piden mandar a los gobernantes, sino que piden a los gobernantes que manden de acuerdo con el derecho natural que es, igualmente, un poder por encima de ellos. Aunque el poder sea único, es necesario distinguir, por ello mismo, dos niveles de poder, que son el espiritual y el temporal, el natural y el convencional, sobrevenido o derivado. No se pueden confundir ni mezclar, aunque tampoco separar o enfrentar. Está uno en relación con el otro. No hay paridad de poder intercambiable. El llamado peso o poder de los cristianos en la sociedad no es lo mismo que el de los gobernantes ni obedece a las mismas razones. Sin embargo, la impresión general es que la historia de la humanidad y de las civilizaciones es el intercambio de cromos de ambos poderes. Por vicisitudes históricas y conveniencia social, las autoridades romanas buscaban la ayuda y el apoyo del cristianismo a medida que este crecía en influencia e implantación social y cultural. Este bilateralidad concedía y reconocía a la Iglesia de entonces un rango o nivel de interlocución a la altura de las potestades o instituciones civiles. Del otro lado sucedía lo mismo. El mensaje cristiano se apoyó en las estructuras temporales del Imperio para impulsar y potenciar su expansión y predicación. En una mezcla de teología y antropología se pudo creer alguna vez que Roma encarnaba el poder, el orden querido y establecido por Dios para toda la creación, para la sociedad, para el universo. Pero el Imperio romano también era vulnerable, caduco, perecedero. Los signos apuntaban a un ocaso y caída de la civilización imperial sostenida por la fuerza de la economía, de las conquistas militares, de la autoridad, del poder colonial expansionista. Cuando esto se produce, la Iglesia comienza a mostrar y hacer visible su distanciamiento y separación de las estructuras del Imperio. Primero con un dualismo donde hay dos ciudades, dos sociedades que no arriesgan ni hipotecan su destino en común. Cada una tiene su camino, su función a desarrollar y su meta a alcanzar. Esta conciencia de separación se agudiza cuando tiene lugar la caída de Roma, en el año 410. Roma no era la "ciudad eterna" que todos creían. El cristianismo no podía identificarse con Roma y desaparecer con ella, a pesar de ser, a la vez, la capital política del Imperio y el centro de la vida de la Iglesia. Los huidos de ella, fugitivos, exiliados, perseguidos y asilados llegan a la rica provincia de África y se presentan y se quejan ante Agustín a quien piden orientación y consejo. Esta es la circunstancia concreta y social que da origen al proyecto de *La Ciudad de Dios* como un tratado o ensayo de antropología social. El motivo parece circunstancial, pero da ocasión para la primera y mayor teoría o filosofía de la historia. Hegel revivió esta tradición con su conocida obra *Lecciones sobre la filosofía de la historia*. Una antropología cultural perfecta.

Por lo demás, había que defender al cristianismo de falsas acusaciones, pues se le consideraba responsable de los desastres del Imperio. En el paganismo nunca se entendieron bien las relaciones entre política y religión, pensando que eran los dioses quienes protegían, dirigían o gobernaban a los pueblos. Ahí comienza la distinción y separación entre "los vuestros" (dioses) y "el nuestro" (Dios). Este dualismo generó otro, el "vosotros" y el "nosotros". Dos culturas, dos visiones del mundo frente a frente. El "ordo romanus" parecía intocable y ese orden incluía el pacto de no cuestionarlo o combatirlo. A la Iglesia siempre le ha costado mucho sufrimiento su silencio o su palabra, callar o hablar de política. Pero el cristianismo, hoy como ayer, es un movimiento inconformista, revisionista, crítico que se siente legitimado para ejercer la orientación y la intervención social por su origen, por su extensión, por su independencia y autoridad moral. Otros van a seguir su ejemplo. La Iglesia no quiere ni desea las instituciones del Estado, pues tiene las suyas propias. Agustín se encuentra con el consciente o inconsciente colectivo de la población de que Roma era la encarnación temporal, objetiva y política del orden del universo salido de Dios, trasformado en leyes y expresado en códigos de conducta. La grandeza era la dimensión más apropiada para designar las realizaciones y logros de aquella sociedad. A ello se unían las categorías de dominio y eternidad. De ahí que los dioses fuesen romanos de nacimiento, inscripción y adscripción. Cada uno tenía encomendada una misión terrena. Siempre la relación entre política y religión. El cristianismo es un movimiento "ateo", porque viene a destruir este cordón umbilical entre divinidad y gobernabilidad. Roma, la invencible, representaba el estado definitivo de la historia y del hombre para algunos observadores de las ideas. Y, sin embargo, los graves acontecimientos que sucedían en las diferentes regiones lo desmentían. La unidad política era como la meteorología. El clima no era uniforme e idéntico en todas partes y aparecían las nubes, las tormentas, las guerras, las catástrofes, las derrotas, violencia, miseria, hambre, esclavitud. Todo ello generó, ahora sí, un clima de desmoralización entre las gentes. ¿Así han cuidado los dioses de Roma?, se pegunta con ironía San Agustín. Pues lo han hecho muy mal. ¿Dónde está el esplendor de la historia? No en la guerra, en las conquistas, en el sometimiento de los pueblos, en el odio, en la venganza y en el rencor, sino en el amor, en el orden, en la paz. En cambio, la civilización se ha comido al hombre. Tampoco el cristianismo, como monoteísmo, es garantía de éxito y prosperidad. La marcha del mundo, de la historia y de la sociedad está confiada al hombre dotado de libertad. Estamos en línea con aquel tiempo. También en el siglo XX en Europa muchas exaltaciones nacionalistas se han considerado necesarias para establecer el orden mundial internacional. Esto sucede en los totalitarismos de las identidades. La exigencia nacional se reproduce en las democracias, pues los partidos que optan a representarla se creen dotados de ese mandato y parecen imprescindibles. El agustinismo político sigue siendo actual para mantener viva la sensación de provisionalidad y caducidad de muchos elementos de la política, pues tendemos a divinizar y absolutizar los sistemas (políticos, económicos, jurídicos) separados de los valores cristianos. Como queda apuntado, tampoco el cristianismo soporta la carga de la prueba en materia política, pues las desgracias de la historia, causadas por el hombre, siguen adelante, a pesar de la presencia de los cristianos en los asuntos públicos. Entonces se impone una respuesta desde la fe y desde la teoría de la sociedad. En este punto hay que reconocer en San Agustín un valiente defensor de la correcta separación entre religión y política, la auténtica secularización de aquel tiempo y del nuestro. Hay que dar la vuelta a los argumentos. Si se rechaza que los dioses romanos sean los responsables de la marcha de la historia, hay que admitir igualmente que el Dios de los cristianos, aun siendo creador, conocedor y providente, tenga una intervención total y exclusiva en la suerte de los pueblos. Israel se aproximaba mucho a esa familiaridad histórica de Yahvé haciendo de Él un exterminador de enemigos, un vencedor y guerrero al lado de su pueblo. En la Nueva Alianza es distinto, porque los viejos símbolos ya no existen; Dios ha renovado todas las cosas en Cristo Jesús. Debemos distinguir dos planos en los ciudadanos: el de súbditos y el de creyentes. Los cristianos no somos súbditos de los dioses, sino creyentes del único Dios, pues los dioses no tienen súbditos, no gobiernan a los hombres. Tampoco los paganos deben ser creyentes de los emperadores. Ni el Estado hace creyentes de los súbditos ni la Iglesia hace súbditos de los creyentes.

10.2. Origen antropológico de la sociedad

El drama social (la lucha de clases dirían algunos) debe entenderse en función del drama humano que supone la lucha interior del cuerpo contra el alma y viceversa. Esa oposición viene extrapolada a la comunidad de sentimientos e intereses que es la sociedad. Poco a poco vamos conduciendo la teoría política hacia una antropología originaria y fundadora. En Platón y en Aristóteles la ciudad es anterior a los ciudadanos pero en San Agustín esa primacía se invierte a favor de las personas. La casa no la constituyen las paredes, sino las personas que habitan en ella. La Iglesia no la componen las piedras, sino los creyentes que son como piedras vivas que forman el Templo de Dios. De la misma manera, la sociedad no está formada por estructuras o sistemas, por el poder o la autoridad, sino por hombres y mujeres. La antropología precede a la sociología política. Pero hay que profundizar más en ello. El punto de partida para esta conexión entre antropología y sociología es el célebre texto que encontramos en *La Ciudad de Dios XIV:28*: "Dos amores han dado origen a dos ciudades: el amor a sí mismo hasta el desprecio de Dios originó la ciudad terrena, mientras que el amor a Dios hasta el desprecio de sí mismo configuró la ciudad celestial". Los estudiosos coinciden en señalar que la expresión "ciudad" aquí no tiene un sentido material sino ideal y simbólico. Nos sirve para resaltar la antropología del amor como causa de la sociología de la convivencia. Toda la acción o intervención del hombre sobre el mundo, su configuración comunitaria y su proyecto socializador nacen del corazón humano, está sustentado e inspirado en el amor. Solo el amor edifica y une, pues es el mayor principio de cohesión social. El odio y la lucha conforman otra clase de sociedad también muy extendida y visible en nuestros días. En definitiva, estamos ante la influencia histórica y social de las dos modalidades de sentimientos que arrancan del corazón. Nunca se había puesto de relieve la eficiencia de la psicología humana en la teoría y en la práctica social. La comunidad nace de la intimidad y la sociedad es una fenomenología de la persona. Debemos introducir aquí una variable del análisis de la sociedad hecho por San Agustín en la referida obra que nos sirve de guion y que podría llamarse la dialéctica de las dos ciudades. Las dos sociedades admiten un cierto paralelismo o coexistencia, pero están integradas en una única realidad material aunque se distingan formalmente en virtud de su origen, función y finalidad. Estos conceptos aparentemente abstractos y alejados, representan una clave esencial de interpretación para el entendimiento y explicación de la realidad tal como se plantea en nuestros días, por ejemplo, en las relaciones entre Iglesia y Estado. Todos los ciudadanos no son cristianos, en cambio, todos lo cristianos son ciudadanos, es decir, aceptan su autoridad, obedecen sus leyes y pagan sus impuestos. Esta asimetría social inspira fórmulas de solución en algunos conflictos. Una buena teoría ayuda a resolver una mala práctica. La imagen y la convicción del dualismo jurídico, de las dos sociedades, de los dos poderes (el temporal y el espiritual) han recorrido toda la filosofía política cristiana de la Edad Media. No hay más que dos clases de sociedad que son denominadas en la Escritura como dos ciudades dice Agustín en *De Civitate Dei XIV:1*. Sin embargo, en el derecho eclesiástico internacional se prefiere la fórmula convergente: tanto el Estado como la Iglesia coinciden en el servicio al hombre concreto como concurrencia de ambos poderes. Ahora bien, las personas son, a la vez, ciudadanos y creyentes, aman a su nación y a su Iglesia. Luego requieren dos niveles de servicios en una misma persona, el espiritual y el material. Ambos deberán ponerse de acuerdo en sus competencias. La perspectiva ha cambiado y ahora no importa tanto poner de relieve la distinción de las dos sociedades, sino la posibilidad de su coexistencia mediante la mezcla (commixtio) de ambas realidades. La ocasión es ofrecida por la parábola del trigo y de la cizaña que crecen juntos en la parcela hasta la separación definitiva en la siega, en la era, en la cosecha. Creyentes y no creyentes conviven y comparten este mundo, estas estructuras, esta sociedad, este Estado. Es verdad que existe en la Iglesia un componente escatológico, pues mientras la sociedad política tiene una existencia terrena, caduca, una duración provisional, la ciudad de Dios está llamada a sobrevivir eternamente, comenzando y ofreciendo otra ciudadanía. De ahí la dialéctica social, donde unos miembros que forman parte de ella (los creyentes) están llamados a transcenderla, sobrepasarla. De las dos ciudadanías, una es visible y la otra está oculta, es interior y espiritual, lo cual crea también sus dificultades a las autoridades de este mundo. Los primeros mártires aspiraban a convertirse en ciudadanos de otro mundo no obedeciendo a las amenazas y persecuciones del presente. Aquí se produce una inflexión muy importante en el pensamiento agustiniano y que algunos han convertido en acusación. Quieren atribuir a San Agustín un cierto desprecio por la sociedad política como algo no natural y por el Estado como algo convencional y fruto del contrato social. Sin embargo, Agustín acepta a Roma, acepta y defiende al Estado como derivación del "amor al lugar donde se ha nacido" distinguiendo la caducidad pasajera de las formas de gobierno. Dichas formas políticas tienen que respetar la religión y la piedad, además de la justicia. Por ello, Agustín deslegitima a toda política del Estado que no cumpla estos requisitos. Como obispo, él estaba más preocupado de su pueblo y de que la administración civil respetase estas condiciones que de justificar la naturaleza de la acción política del Estado, pero de ahí no se desprenden su negación y autoridad. El Estado no es el absoluto, sino que su existencia y acción están sometidas a las exigencias de la razón y de la moral cristianas.

Frente a los que perciben un abandono o ausencia de preocupación por la filosofía del Estado en San Agustín o una insistencia solo en los problemas de la ciudad espiritual hay que entender la situación del Imperio en aquel tiempo. Por un lado, conocemos muchos aspectos de la historia de Roma a través de las referencias de San Agustín que, sin él, se hubiesen perdido. Por otro, el obispo de Hipona habla a los romanos (creyentes o no) para elevar su espíritu decaído y su desaliento ante los desastres que se avecinaban, inculcando el amor a la patria terrena. Para ello tira de una interpretación moral de la historia y de la civilización descargando de culpa y de responsabilidad a los ciudadanos, aunque no a los gobernantes. Con ello se contribuye a la segunda "desmitologización" de la cultura helenística en el sentido de que el Estado no es un dios menor al que haya que adorar. El sistema no está por encima de las personas, diríamos hoy día. El conjunto de recursos y valores con que cuenta el Estado está constituido por las personas que viven en él, que aman a los demás, que buscan y trabajan por el bien común, que ponen sus bienes y capacidades al servicio de todos. Lo primero que hay que poner en común es el amor. Solamente estas actitudes salvan al Estado. Ahora comprendemos el significado constitucional de las palabras de San Agustín "dos amores fundaron dos ciudades".

10.3. El amor como primera constitución de la sociedad

El amor crea la sociedad y, a su vez, la sociedad crea el amor. El amor es —decía Scheler— la madre del espíritu, (die Liebe ist die Mutter der Geiste) en este caso, del espíritu comunitario. La voluntad, el querer, la libertad, es el factor constitutivo del hombre como individuo y también de la comunidad. Esto tiene lugar no solo a los niveles más profundos de la metafísica social, sino también a niveles psicológicos. A la sociedad hay que verla como un reflejo de los estados de ánimo, buenos o malos, justos o injustos, egoístas o solidarios, individualistas o generosos, de los que la componen. Esta configuración personal de la sociedad debería ser tenida más en cuenta por la llamada antropología cultural donde se profundiza en las visiones, preferencias, manifestaciones, hábitos, ritos, creencias, códigos, costumbres, valores de los grupos humanos más primitivos. Estamos en una sociedad en la que mandan los sentimientos, las sensaciones, los impulsos, las tendencias. Por ello, es necesaria una educación de la voluntad y de la afectividad de los ciudadanos en un plus de socialización de la vida personal. Esa es la civilización como doble proceso de interiorización de las costumbres y de exteriorización de los sentimientos. En toda sociología subyace una antropología donde el orden exterior refleja o reproduce el orden interior del amor. La efectividad histórica y social del amor es el centro de esta antropología. De la ontología del amor pasamos a la ética. El querer ordenado hace bueno al amor y el amor desordenado hace el amor malo. ¿Cuándo es el amor recto? Cuando se dirige a Dios y a los demás. Todo ello viene residenciado, como vimos en su momento al tratar del tema, en el corazón. Sociología del corazón humano podríamos titular estas reflexiones. Como sucede en otros dualismos, tenemos que ser muy equilibrados y no cometer la injusticia a la que aludimos cuando, al principio de este estudio, hablamos del conocimiento de Dios y del alma. Aquí se trata de dos ciudades pero también de dos amores. Un hombre, una voluntad, un corazón, una libertad y dos amores. ¿Por qué se rompe la unidad antropológica en ese punto? ¿Por qué dos amores en un único y mismo hombre? La respuesta está en la dialéctica de las dos presencias, de la lucha y de la confrontación entre ambas. Es una dualidad antropológica consecuencia de la polarización teológica, Dios y el pecado. Con ello, la pugna interior del individuo se traslada a la sociedad y a la historia. Ahora va a resultar, ¡oh ironía!, que la moderna lucha de clases marxista como motor de la historia tiene su origen en la antropología dual agustiniana. ¿Habrá que concluir que en el hombre hay dos voluntades, dos amores, dos atracciones, dos inclinaciones, dos pesos, dos tendencias, dos llamamientos, dos impulsos? En definitiva el amor como tensión dinámica de las dos dimensiones del hombre agustiniano como han concluido algunos estudiosos y expertos de su antropología. Situados en esta lógica antropológica, constatamos que muchos temas del pensamiento de San Agustín son derivación del tema central del hombre. Es la antropología formal que hemos mencionado en otras ocasiones, es decir, todas las cuestiones o preocupaciones intelectuales de Agustín están envueltas en una clave antropológica básica de la que son prolongación o aplicación. Lo mismo se puede decir del dualismo social de las dos ciudades en una. La diferencia hay que buscarla en un principio trascendente pues, visible y experimentalmente, son una misma sociedad, una misma política, un mismo ordenamiento y paz, un mismo territorio, una misma nacionalidad, un mismo Estado. Desde el punto de vista antropológico, todos los hombres somos un solo hombre y, desde el punto de vista social, todos los grupos, todos los pueblos, todas las culturas, todos los sistemas y gobiernos, todos los movimientos históricos, formamos dos grupos, estamos enmarcados en dos modelos de sociedad, en dos proyectos, o respondemos a dos clases de estímulos de conducta y de sentimientos según San Agustín, o el egoísmo o la caridad entendida como amor a los demás. No hay más misterios en la historia de la humanidad. Reduccionismo antropológico de la sociología y de la política. Convertidas estas ideas en principio de interpretación o mirada social, comprendemos que toda organización política, toda forma de ejercer el poder, toda la dinámica de alianzas y mayorías habidas en la historia, todas las conversaciones, conciertos o tratados en el gobierno de las naciones obedecen al mismo sentido de ambición, codicia, deseos de enriquecimiento y de bienestar personal sin ningún atisbo de inmolarse por los demás. Más allá de cualquier estrategia está la condición presente y permanente del hombre, del amor, en todas las culturas y enclaves existentes. De todo este cúmulo de comportamientos oscuros y negativos solo nos salva el respeto de las leyes y de los gobiernos a las exigencias de la justicia y la realización concreta de la ciudad espiritual dentro de la sociedad terrena. A esto dedicó Agustín sus pensamientos en la gran obra conocida como *La Ciudad de Dios*. Ahora se comprende por qué, durante toda la Edad Media, el ideal político coincidía con el ideal cristiano de sociedad y los gobernantes aspiraban a convertir sus reinos en un reflejo del "Reino de Dios", de la ciudad de Dios. El libro de San Agustín era el libro de cabecera de Carlomagno en el siglo IX europeo. La última razón de todo esto, de las relaciones entre ambas sociedades, potestades, colaboraciones entre Iglesia y Estado no obedece al afán de sometimiento y de dominio que tenga la Iglesia, sino al deseo de defensa y salvación de la misma sociedad temporal. El bien común, el bien general y la civilización universal necesitan de estos valores presentes en el modelo de sociedad cristiana. En ese sentido, la ciudad de Dios diseñada y propuesta por San Agustín sigue siendo un ideal de aspiración y de realización de la política de los pueblos. No hay contraposición de las dos ciudades, sino que una sirve de imagen y referencia para la otra. La forma de comunidad propia de la humanidad sería la contenida y descrita en la ciudad de Dios como ciudadanía espiritual de los cristianos. Y eso sin querer invadir conciencias, territorios, competencias y autonomías legítimas y ajenas. Pero también es legítimo el deseo y la necesidad del obispo Agustín de orientar los asuntos temporales mediante la posición y aplicación de las reglas morales.

Ya hemos hecho alusión a la posición adoptada por las dos clases de sociedad en el curso de la historia, que es un paralelismo, pero también una sucesión proporcional. Cuando la ciudad terrena es visible, despliega su esplendor y poderío aquí en el mundo, la ciudadanía espiritual está oculta, aunque presente en la transformación de las estructuras temporales. Y cuando la sociedad terrena desaparezca para dejar paso al triunfo y plenitud de la ciudad celeste, al nuevo mundo, a la tierra nueva, entonces la Jerusalén celestial aparecerá en todo su esplendor, rodeada de poder y grandeza que no de soberbia y dominación. La unión, el crecer y caminar juntos de estas dos comunidades, es un sacramento. Las condiciones y relaciones de aquí tienen que anunciar y anticipar las situaciones definitivas del Reino. Eso también entra en la función de prototipo y de ejemplaridad que una ejerce sobre la otra. El poder, el gobierno, las leyes, el orden, la obediencia, la autoridad, la ayuda y preocupación por los débiles, la justicia e igualdad, la paz, la humildad y la esperanza, todo tiene que desarrollarse de acuerdo con la imagen y semejanza de la futura ciudad o civilización eterna. San Agustín podía haber elegido, como base de su teoría social, la metáfora de la escuela, ya que tenemos al Maestro Cristo Jesús. Por ello, el espíritu y el dictado de las Bienaventuranzas sirven como constitución escrita de Jesús, el fundador de esta ciudad, para dirigir la vida y el sentimiento común de aquella pequeña grey, los discípulos, que cual semilla plantada en la tierra ha crecido en el tiempo hasta convertirse en un árbol, en una gran comunidad que salta hasta la vida eterna. Tiempo y eternidad, historicidad e inmortalidad, serán otros dos puntos importantes de esta antropología social que desarrollamos. En la nueva constitución del reino y de la ciudad nueva mandar es servir; el más grande que sea el más pequeño y vuestro servidor; los pobres y los enfermos tienen mayor rango, estima, jerarquía y preferencia; el amor de unos a otros sustituye al poder; los mansos, los humildes, los misericordiosos, los pacíficos ocuparán los primeros puestos. La estructura social basada en el poder se cambia por la comunión en el amor. Esta es la gran revolución de los cristianos que fue tan cruelmente perseguida y combatida por la cultura romana.

10.4. Antropología del Estado y nueva ciudadanía

Dos ciudades pero una sola comunidad. En San Agustín estamos pasando constantemente de los dualismos a la unidad. Sucedía en plena antropología del cuerpo-alma y la persona. Tiene lugar ahora entre ciudad de Dios-ciudad temporal y ciudadanía trascendente o cristiana. No hay dos pertenencias o adscripciones del creyente, sino una sola "nacionalidad" o personalidad espiritual, porque hemos nacido y renacido. Yuxtaposición antropológica. La vieja personalidad o ciudadanía derivada del pecado ya no existe y nuestra nueva identidad o pasaporte (caducado y roto el antiguo) ha sido renovado en otra etapa, en otra dimensión, en otra raza, en otra ciudad. Se ha reconstruido la sociedad. Militamos en otro reino y tenemos un Señor distinto, "miles Christi" somos soldados de Cristo. Hemos sido revestidos por el bautismo adquiriendo una nueva patria, una nueva coraza y uniforme, un mejor escudo y condición social. Ante este hecho de alcance universal, las nacionalidades particulares, establecidas y convencionales, los orígenes étnicos, geográficos o lingüísticos, no tienen mayor importancia ni suponen diferencias esenciales o insuperables entre los hombres. Este principio o convicción de la sociología cristiana ha contribuido más que nadie al diálogo intercultural entre las naciones y a la formación de una única civilización para todos los hombres. Quizá por todo esto se ha podido acusar a San Agustín de una débil defensa del Estado. Hay que modular esto. Roma era el mundo. Cuando Roma estaba en su máximo apogeo y el "ordo romanus" parecía encarnar el orden universal, ese Estado no necesitaba defensa. La idea y consideración de la función del Estado, por parte de Agustín, llegó con la decadencia. Roma, la amada del mundo, tembló. ¿Dónde estaban entonces la nobleza, los cargos, las autoridades, las dignidades, los gobernantes? ¿Dónde estaba el Estado que no garantizaba la seguridad de las personas y de las posesiones? Nadie daba ya la vida por Roma. Solo la nueva generación de políticos católicos podía aportar algo a aquella difícil situación. A ellos va dirigida la teoría agustiniana sobre el Estado. Hay que implicarse en las tareas del Estado. Solo el cristianismo se presenta como una roca contra los avatares del mundo y de la sociedad. A Agustín le dolía todo lo relacionado con Roma. Era ciudadano romano, aunque nacido en África, como hijo de un funcionario municipal. Solo la caridad y el sacrificio de los cristianos, de los que no se aman a sí mismos, puede salvar la civilización. Y sobre todo era necesario comenzar a mirar al futuro, pues el pasado había fracasado. Las construcciones humanas, aunque sean espirituales o culturales, no aguantan la acción demoledora del tiempo, del mal, del odio. La historia del mundo es la sucesión de estos dos amores. Es muy fácil hacer historia y recuento del pasado, lo difícil es alumbrar horizontes nuevos, incorporando la Providencia a la vista de cómo caían las ciudades, las torres y las piedras. La fragilidad de los Estados está a la vista de todos. Esto es lo que realiza San Agustín en La Ciudad de Dios. Comparativamente, el Estado hace las veces de Babilonia y mantiene cautivos y prisioneros a los cristianos, pues la Iglesia es la ciudad peregrina en la tierra. Hasta entonces, los romanos contaban la historia solo por los éxitos, por los triunfos y hechos gloriosos. Pero Agustín demuestra que hay otra alternativa a la historia civil o pagana. No son los grandes personajes los que hacen a la historia, sino que es el amor quien hace grande a la historia. Hay que desear y trabajar por algo distinto al Estado, a la historia, que está escondido. No son los instintos y la buena vida lo que va a pasar a la historia. Es el amor el que deja huellas y escribe la historia. Hay otra ciudad invisible y no perecedera que celebran los cristianos peregrinos y exiliados. Hay otra ciudadanía compatible con la ciudadanía terrenal. Ambas ciudadanías y nacionalidades viven juntas en el espacio, pero separadas en el espíritu, en la esperanza y en la motivación. La antropología de la ciudad cristiana tiene que ser analizada a la luz de todo el misterio que hay en ella. Jesús traspasa a sus discípulos toda la acción en la sociedad. "Id al mundo entero y predicad el evangelio haciendo discípulos (o ciudadanos) míos a todos los hombres". En Jesús existe una "humanitas" y una "divinitas". Igualmente, en la sociedad existe, para S. Agustín, una "romanitas" y una "christianitas". Todo ello conforma a la Iglesia como sociedad temporal y religiosa a la vez: ciudadanos y creyentes al mismo tiempo; organización visible y sacramento invisible de salvación. Sucede lo mismo que en Jesús, donde había una divinidad oculta que hablaba y actuaba a través de la humanidad visible de tal manera que una era expresión y manifestación de la otra. Mientras Cristo vivía, la Iglesia latía; ahora, en cambio, que la Iglesia vive Cristo sobrevive y actúa en ella. Este mecanismo teológico regulador de las relaciones Cristo-Iglesia sirve también para entender la posición de las dos ciudades. En la sociedad civil late la ciudadanía cristiana y, en la Iglesia vive latente la sociedad civil. Expresado de otra manera: el proyecto de Iglesia es el proyecto e imagen de convivencia para la ciudad terrena. La Iglesia tiene que reflejar e incorporar a su organización externa, institucional y comunitaria, aquellos valores y virtudes de la ciudadanía o convivencia cristiana, para ser ejemplo de la encarnación de la ciudad de Dios venidera y, a la vez, anuncio de su presencia entre nosotros. No hay que esperar, pues, a la escatología o final de los tiempos para realizar la comunión o compenetración de ambas ciudadanías. Siguiendo esta aplicación a la sociedad política, existe una civitas o ciudadanía visible, organización acelerada (romanitas) que demuestra o refleja la ciudadanía escondida (christianitas) o ciudad de Dios. En una antropología del paralelismo y del binomio sociorreligioso, hemos insistido mucho en la igualdad de ambas sociedades, de ambas ciudades, pero dicha igualdad competencial no es absoluta, sino que ambas están sometidas al régimen o sistema de signos, o sea, una es símbolo de la otra. Ese es su límite y verificación. La organización social del mundo y de la convivencia tiene que representar las exigencias de una animación comunitaria de los valores y normas de justicia, igualdad, fraternidad, dignidad, respeto, solidaridad como características de la novedad cristiana. Debe existir una concordancia de mensaje entre símbolo y significado, de tal modo que una determinada organización, una iniciativa o una institución injusta, discriminatoria o lesiva de derechos y prioridades no pueden apuntar o reflejar realidades o actitudes trascendentes que sustentan el "ideal" antropológico y social de la Ciudad de Dios. Traducido a la vida diaria, en el complejo sistema de relaciones Iglesia-Estado, aquella representa el ideal absoluto e indicativo o imperativo del discurso y del decurso histórico de los hombres en el mundo. A dicho sistema de relaciones lo llamamos comunión entre ambas manifestaciones de la romanidad y de la cristiandad. La ciudadanía terrena representa siempre un papel instrumental de revelación de contenidos esenciales en una sociedad que aspira a ser cristiana. Sucede lo mismo con la estructura binaria de Cristo. Una materialidad corporal sirve adecuadamente para expresar la acción de la divinidad. En la sociedad, la acción de la Iglesia se expresa como salvación de los valores humanos y cristianos, a través de la presencia y acción de los creyentes. La comunión es salvación y si, como sucede en la modernidad, el Estado niega a la Iglesia, esta también negará al Estado. Si el Estado se avergüenza de la Iglesia, de su presencia y colaboración, esta también se avergonzará del Estado. No olvidemos la lógica de la comunión y de la comunicación en un sistema de legitimidad combinada. Cuando la sociedad vive y gobierna, la Iglesia está oculta influyendo en ella. Pero cuando la Ciudad de Dios esté en su plenitud, al final de los tiempos, entonces la sociedad terrena estará escondida siendo transformada en ella. Durante el periodo de existencia histórica y visible de la ciudad terrena, trabajamos para que se construya a imagen y semejanza de la ciudad celeste, de la Jerusalén eterna, para que sea un anticipo y maqueta de ella. Los cristianos trabajan no solo en este mundo, sino para este mundo, para transformarlo y adecuarlo a las dimensiones del amor de Dios. La Iglesia no trabaja para el Estado, sino con el estado para el hombre. La objetivización o dimensión histórico-salvífica del "otro" mundo tiene su mejor visualización en la vida monástica de renuncia, de la pobreza, del desprendimiento, de la castidad y de la obediencia. La antropología de la ciudadanía cristiana y de la constitución de la Iglesia oscila entre catacumba y basílica, entre monasterio y palacio. El pacto del puente Milvio supone un giro y un hito para medir el curso de dicha ciudadanía. El cristianismo pasó de estar oculto y perseguido a ser reconocido y heroico. La vida cristiana, la presencia de la Iglesia en el mundo y en la sociedad cambia de sentido y de valor, tanto en lo privado como en lo público. Cambió la oscuridad de la catacumba por la claridad del campanario, pasó del silencio a la predicación, del altar a la catedral, de la mesa al púlpito, de la silla al trono. En esta circunstancia del asalto al poder por parte de la Iglesia que supone para algunos el Edicto de Milán del año 313, el monacato se hace más necesario, pues actúa como contrapeso y denuncia ante la avidez de algunos dirigentes de la Iglesia "triunfante". Los emperadores dejan de ser "dios", pero se sienten representantes de Dios. Esta actitud inaugura otra explicación sociológica, porque el representante de Dios era el Pontífice. El cristiano sencillo comienza a preguntarse el por qué de todo esto. Era completamente nuevo y el orden nuevo creaba un desorden o desorientación nueva. Desde que se vivía en una fe de Estado ya no se entendía la fe como estado que se ha disuelto en ciudadanía interior. Ya no había necesidad del valor y del martirio de la cruz, pues abrazábamos la espada y la corona. Cambian las relaciones entre el mundo y la Iglesia. Hay obispos avariciosos, mandatarios, comodones y laxistas que se rodean de su corte y cortesanos. Se produce un aseglaramiento, una secularización o mundanización de la Iglesia. Un "basileo" de la Iglesia que es corregido y advertido por el monacato frente al cómodo palatinado.

10.5. Antropología religiosa de la paz

Ante el uso frecuente de la metáfora de la ciudad por San Agustín en materia de interpretación social, los autores y estudiosos se han lanzado a entenderla y explicarla en su justo alcance. En ese intento se ha hecho una verdadera ontología simbólica de la sociedad. Sin embargo, la metáfora exige algo más que adaptar su significado. Debe ser analizada como soporte de una teoría antropológica y moral de la convivencia social. Entre esos procesos de análisis se encuentra el tema de la paz. Vale aquí la postura de San Agustín frente a lo que hemos llamado genéricamente, simbólicamente, Roma. La paz política y religiosa está en la misma línea de expresión e implicación recíproca desarrollada anteriormente. La paz es un bien y valor superior que se realiza en la tranquilidad social o comunitaria. La sociología tradicional se ha centrado en la fórmula tan atractiva de "pax tranquilitas ordinis". Queremos, sin embargo, darle un giro más antropológico. La paz política del Imperio y religiosa de la conciencia suponen una concepción previa del universo y del hombre "en paz", en equilibrio. Cuando se está en paz consigo mismo se está en paz con los demás. Sabemos que el hombre es lucha, tormenta e inquietud, oposición entre cuerpo y alma. El espíritu lucha contra la carne, la carne contra el espíritu, el pecado contra la gracia, las pasiones y deseos contra la unidad e integridad del alma. ¿Es que hay algo estático o nivelado en el hombre o todo él es puro desfase, reajuste, rearme, desequilibrio y descompensación? Estamos en la paz como un sistema de equilibrios antropológicos y sociales tan difícil de conseguir que en Roma se creía que la paz era un regalo y protección de los dioses del Imperio. Como si los dioses fueran instigadores de la guerra. Eso había que traducirlo en poder, dominio de Dios o providencia cristiana. En el Antiguo Testamento había muchas alusiones e invocaciones al Dios de la guerra y de la paz que luchaba al lado de su pueblo cuyos enemigos temporales lo eran también de Dios. Esta tendencia a sacralizar la paz es rota por el cristianismo que responsabiliza de ello al hombre y a la ciudad. El mal existe solo cuando lo hace o sale del hombre. Estamos en el núcleo racional y literario de La Ciudad de Dios, es decir, la paz o la guerra, el bien o el mal, el egoísmo o la generosidad, la libertad y la providencia. Todo un sistema de dialéctica y contradicción por lo que nada es fácil o dado, sino que todo hay que conquistarlo activamente. La tranquilidad, el progreso, el bienestar, el desarrollo, la paz por una parte y la guerra, las ruina, la destrucción y decadencia por otra, son utilizadas como armas contra los cristianos. Hay que salir al paso de ello, según *De Civitate Dei I:36*. Mezclados en los cuerpos y separados en las voluntades, hay que insistir en que los violentos conviven en el mundo con los pacíficos. Esta dialéctica es continuación de la original. El "amor Dei" encierra la paz mientras que el "amor sui" el egoísmo y el desprecio de Dios conducen a la guerra. Hablemos ya claro y pasemos de un orden a otro sin salir del orden global. La paz es un bien y la violencia un mal. El tema de la paz no es un añadido, anexo, externo o sociológico, sino que brota de la misma esencia de la ciudad de Dios. Además, aunque la paz sea un "a priori" antropológico de la sociedad, un ideal previo a la convivencia, también hay que valorar su condición experimental, es decir, San Agustín y otros historiadores del espíritu han descrito los hechos, los acontecimientos vividos por ellos en el tiempo, con una referencia personal, de tal manera que han sabido pasar a una dimensión universal y a una representación espiritual lo que era, en principio, acontecimiento externo. Transformaron, mediante la reflexión, lo que era originariamente un hecho estructural, "bruto" y anónimo en algo pulido, espiritual y antropológico, fiel reflejo de su espíritu interno. Convirtieron un suceso histórico en fenómeno vivido y humano. San Agustín, como cualquier otro autor o intérprete de la antigüedad, es deudor de la cultura, de la lengua, de los valores, de las creencias, de las interpretaciones existentes y circulantes. Pero son capaces de integrar en un conjunto, en una unidad, lo perteneciente al pasado, a la sociedad, al presente, al recuerdo, a la práctica social. La paz romana era un hecho pero fue llevada por San Agustín a un derecho o exigencia universal. Los cristianos tienen que ser capaces de trasladar hechos imperfectos y caducos de la convivencia social o diaria, al reino de la idea, de la conducta atractiva y universal. El autor de La Ciudad de Dios describe e interpreta a la luz de la fe aquello en lo que ha participado. Lo que se propone como teoría elaborada es aquello mismo que se ha vivido desde el compromiso cristiano.

En el tema de la paz, hay que seguir siendo fieles al origen antropológico de los procesos y sistemas sociales. El amor privado, egoísta, es arrogante y se mueve por el deseo o afán de dominar y tener, convirtiendo el bien común en interés propio.

LA ANTROPOLOGÍA CRISTIANA EN LA EDAD MEDIA

Contenido:

1. Introducción
2. Herencia y transferencia
   2.1. Itinerario de las ideas cristianas
3. Boecio o el relevo en la antropología cristiana
   3.1. Antropología de lo concreto
   3.2. Antropología de la concurrencia
   3.3. Antropología imparable
4. El impacto de la antropología en San Anselmo
   4.1. Antropología trascendental y objetiva
   4.2. El hombre en el horizonte teológico de San Anselmo
   4.3. Antropología de la adecuación y de la rectitud
   4.4. La intencionalidad antropológica
5. Síntesis de la antropología en Santo Tomás de Aquino
   5.1. Recepción sociocultural de la antropología en la Edad Media
6. Originalidad e integración de la antropología
   6.1. Acceso filosófico a la antropología tomista
   6.2. Organización metafísica de la antropología
   6.3. El núcleo fundamental de la antropología tomista
   6.4. Fenomenología de la diversificación
   6.5. Camino hacia el personalismo
7. Aproximación a la antropología teológica
   7.1. De la antropología fronteriza a la complementaria
   7.2. La vía antropológica de acceso a Dios
   7.3. Antropología de la gracia connatural
8. Antropología del orden moral
   8.1. La infraestructura del sujeto y del espíritu
   8.2. Antropología y moral funcionalista
   8.3. El hombre como voluntad de las pasiones
   8.4. El hombre moderado y moderador
   8.5. Antropología aplicada a cuestiones sociales
   8.6. Contexto cultural antropológico
9. Antropología sociopolítica en Santo Tomás
   9.1. Antropología constitucional cristiana
   9.2. Pedagogía antropológica y social
   9.3. Antropología de la reconciliación política y social

10. Itinerario antropológico de San Buenaventura
    10.1. Antropología de la representación
    10.2. Itinerario de la interioridad o "via Dei"
    10.3. Antropología mundana y temporal
    10.4. La trascendencia o ascensión interior
    10.5. Antropología "especulativa" y escatológica
    10.6. El hombre como microcosmos
    10.7. Estructura y proximidad religiosa del alma humana
    10.8. La verdad del mundo o la antropología diagonal
    10.9. Antropología económica y política
11. Nueva síntesis de la antropología en San Alberto Magno
    11.1. Antropología de la síntesis
    11.2. Antropología de la redundancia
    11.3. La antropología de la recepción moral
    11.4. El hombre civil y la ética política
    11.5. Antropología de la alternativa ética
    11.6. De la antropología al derecho
12. La antropología negativa de Nicolás de Cusa
    12.1. Una antropología concentrada y limitada
    12.2. El universo complejo y la antropología reducida
    12.3. La teología negativa y la antropología positiva
    12.4. Antropología de la provocación
    12.5. Antropología de la concordancia universal

1

Introducción

Resulta muy difícil o incluso imposible separar, por razones metodológicas, lo que el pensamiento, la razón y la historia han unido en el tiempo. La narración del pensamiento no puede estar por encima de la sucesión histórica del mismo pensamiento. Las ideas tienen su tiempo, pero ellas están por encima del tiempo y al abrigo de la caducidad. Es verdad que aceptamos una periodización sistemática de la historia, pero dicha diferenciación no comporta ruptura de la continuidad esencial producida por la razón de todos los tiempos. La dialéctica de la historia no consiste en suprimir lo anterior para ser sustituido o suplantado, sino que, como organismo vivo que es, avanza, se enriquece y se supera a sí misma en el tiempo. Y viene la pregunta inevitable ¿dónde o cuándo termina una época y comienza otra? La división convencional y analógica se hace con unos criterios racionales a los que se asignan unas cifras cronológicas. Pero la medición de la historia tiene que hacerse con criterios de evaluación cualitativa de las ideas y del pensamiento occidental. En las ideas no puede haber cortes verticales, interrupciones bruscas y su vigencia no se mide por años. El cambio suave y tranquilo tiene lugar en el terreno de las concepciones y representaciones del mundo, del hombre y de las ciencias. En la Edad Media no solo se prolonga la reflexión cristiana sobre el hombre, sino que lo realiza en otras condiciones culturales, en otros puntos y conquistas, a un nivel más alto y avanzado, en una ampliación de conciencia y de horizontes más sensibles o permeable desde el punto de vista de las ideas y de las ciencias. Como decíamos al principio de nuestro estudio, la antropología en general y la cristiana en particular, sigue preguntándose cuál es la relación entre sociedad y conciencia, entre sistema e ideas, entre estructuras y valores, entre hechos e interpretación. Los diferentes pueblos y culturas tienen una conciencia confusa que da origen a la confusa historia de los pueblos y de la cultura. Si hemos hablado de una historia de la antropología cristiana es porque equivale a una historia antropológica del cristianismo. El hombre es y hace, a la vez, su propia historia. No hay historia (en el doble sentido de suceso y narración) sin el hombre. El hombre es la memoria de la historia como escenario, como recepción y como evocación. El hombre hace a la historia (hechos) y la historia hace al hombre (cultura). Por eso, toda antropología es cultural, incluida la cristiana, en su origen y en su desarrollo. Todo esto sucede en la antropología cristiana de la Edad Media. El despliegue de la cultura y, por tanto, de la antropología cristiana en esa época, se debe a la multiplicidad de Escuelas catedralicias y monacales extendidas por todo el Imperio en la alta Germania, en la Islas Británicas que es donde el mensaje cristiano se convirtió en misionero y peregrino cultural. Lo mismo sucedió, mas tarde, en Francia. Podemos hablar de un verdadero renacimiento y expansión de la literatura cristiana y de las ideas latinas contenidas en las obras de los Padres de la Iglesia de occidente. La teología y la antropología de esos primero años es de manual recopilatorio referidos a los Padres de la Iglesia. Más catequesis que reflexión, más resumen que elaboración. Tiene poco de creatividad hasta que, más adelante, se mezcla con las culturas locales en un mestizaje muy positivo.

2

Herencia y transferencia

Todo procedimiento cultural se realiza por herencia, transmisión y compromiso global de cara al futuro. La identidad de ese proceso puede tener una fecha concreta, pero es más fácil señalar su desarrollo en las ideas antes que en el tiempo. Aparición, plenitud y decadencia pueden ser las tres edades de cualquier civilización. En San Agustín, la imagen del hombre corre pareja con la imagen del mundo. Durante varios siglos, el mundo fue Roma y romano. El cristianismo vino a trastocar esos planes de permanencia e invariabilidad que parecía acompañar la figura o el modelo doctrinal y político del Imperio. Con toda la fuerza y energía salvadora atribuida a los principios cristianos, estos no pudieron salvar al referido imperio de su ocaso, muerte y desaparición. Así pues, a una cultura del éxito le sigue una antropología de la caducidad y de la desaparición. Esta circunstancia histórica ha impregnado el pensamiento antropológico de Agustín mientras asiste a esa agonía del mundo romano que, providencialmente, coincide con su propia agonía personal. En el año 410 cae Roma en manos de los bárbaros y el año 430 cierra sus ojos y deja de latir el corazón de la gran figura del pensador cristiano. Pero su inteligencia y sus obras sobreviven y marcan el pensamiento de una época posterior a su presencia y biografía física. Europa es la sucesora o heredera de Roma. Si la antigüedad fue romana, la Edad Media es europea, lo cual no impide que esa dimensión de la cultura sea receptora de aquella.

2.1. Itinerario de las ideas cristianas

Cuando hablamos de herencia histórica y transferencia del pensamiento no nos referimos solo a una recepción intelectual de ideas o de cultura abstracta, sino a un proceso físico de salvación y traslado de materiales conteniendo dichas ideas y a testimonios recogidos y transmitidos de una época a otra. Esto se hace por vía monástica, a pesar de ser Agustín un obispo muy conocido en la Iglesia de su tiempo. Sobre todo era un pensador, un maestro, un escritor, una autoridad de su tiempo que trasciende las fronteras temporales y espaciales de su vida y presencia. El escenario geoantropológico en el mundo cristiano es muy fácil de reconstruir. Como dice Posidio, al morir dejó Agustín multitud de monasterios de hombres y mujeres fundados por él en toda el África cristiana antigua. Cuando Agustín agoniza en Hipona, en el año 430, ya resuenan los estruendos de las tropas de Alarico asaltando y saqueando la ciudad. Los gritos y los desgarros se oyen por todas partes llegando hasta el lecho del moribundo. Cuando Agustín cierra definitivamente los ojos a este mundo, muere también una civilización y comienza otra nueva. Es un momento muy importante de la historia de las ideas occidentales. El seguimiento geofísico de ese itinerario de las ideas tiene lugar así: las obras, los escritos, los comentarios, los sermones, las cartas, los tratados salidos de la mano y de la actividad de Agustín eran copiados por estenógrafos o amanuenses. Convenientemente ordenados y encuadernados al estilo de la época formaron lo que podríamos llamar la "biblioteca agustiniana" a conservar y guardar en los monasterios donde vivía el obispo Agustín con sus monjes y hermanos. Los conventos vivieron etapas de esplendor, pero en aquellos momentos tan difíciles se convirtieron en objetivo preferente de las tropas bárbaras que arrasaban y robaban lo que tuviera algún valor en ellos. Aun así, los monasterios se convirtieron en un refugio y fortaleza para los libros, para la cultura y para la ciencia, gracias a sus lectores, correctores y copistas. ¿Qué hubiese sido de la cultura griega, de los poetas y filósofos, de sus obras, si no se hubiesen conservado y reproducido en los apartados cenobios cristianos? Esta labor de puente, de mediación y salvación de las culturas hay que adjudicarla a la Iglesia católica, es decir, universal, de cada momento. Gracias a eso, la movilidad de las ideas y de las obras fue posible y sirvió para defender, difundir y distribuir un patrimonio cultural, donde se asienta la civilización y el humanismo de occidente a pesar de los avatares de la historia. A esto hay que añadir que la fama de Agustín era muy grande en toda la Iglesia africana. Sus ideas y actitudes eran conocidas en todos las latitudes del Imperio, especialmente en las tierras del sur. Las relaciones de la Iglesia de África con la de Roma fueron excelentes, como demuestra la existencia y asistencia a los diferentes Concilios que se convocaban en la época. A la mesa de Agustín llegaban innumerables consultas procedentes de todos los rincones del mundo católico. Él no tenía tiempo para responder a todos. La administración de la diócesis (sobre todo recibir reclamaciones, escuchar a los afectados, atender consultas e impartir justicia) exigía mucho tiempo, fuerzas y dedicación. Los monasterios sirvieron como red de infraestructuras para la distribución de las ideas y de las obras de San Agustín. Además, algunos monjes de sus comunidades habían sido llamados y nombrados para dirigir diócesis. Las comunidades de inspiración agustiniana, basada en la Regla, se multiplicaban. Primero en África con Adrumeto y Cartago a la cabeza y más tarde, pasada la tormenta de la ocupación de los bárbaros, en el sur de Francia. Marsella, Lerín, Aquitania, La Provenza, Poitiers se encontraban entre ellas. La retaguardia parecía más segura para la vida y la tranquilidad monásticas. Los bárbaros de Genserico habían saltado desde España al norte de África a la conquista de las ricas provincias del Norte. Conocemos el viaje del obispo español Orosio, gran admirador del ya famoso Agustín, para conocer la disciplina y las costumbres de la Iglesia africana. El mismo Agustín se queja (y disculpa) la postura cobarde mantenida por algunos obispos españoles que huyen de su diócesis, abandonando a los fieles, cuando son ocupadas por las tropas bárbaras, arrasando y asaltando la ciudad episcopal. Es verdad que lo hacen para refugiarse temporalmente y, pasado el peligro, volver a cuidar de su grey. No era una huida cobarde, sino un alejamiento temporal y prudente. De ahí la polémica en torno a este tema. Europa es la Edad Media. La geografía de la transmisión de la cultura cristiana en la Europa recuperada se amplía con los nombres de Paulino de Nola, Eusebio de Vercelli, Fulgencio de Ruspe, Martín de Tours, Hilario de Poitiers, Isidoro de Sevilla, Benito de Nursia, todos ellos al frente de sus respectivas comunidades o diócesis. Ellos son otros tantos representantes y defensores de las convicciones y teorías agustinianas en occidente. La fórmula del monacato clerical (muchas comunidades cristianas preferían obispos monjes) propició la extensión de las ideas y de la literatura cristiana antigua en toda Europa. Consolidada la estructura política y administrativa en el Sacro Imperio Romano Germánico de Carlomagno, comenzó la implantación de las redes educativas en las Escuelas catedralicias y monacales, germen de las futuras universidades. Las ideas no se comunican ni se transmiten por el aire, no se multiplican por polinización intelectual, sino que hay que llevarlas escritas en los libros o pergaminos de la época. Eso sucedió con las obras de San Agustín en esos momentos de devastación y ruina cultural. Los monjes de Adrumeto cargaron sobre sus espaldas los códices salvados de la quema africana y fueron llevados a zonas más seguras al sur de Italia. Así las doctrinas de San Agustín fueron conocidas y difundidas por las comunidades y las diócesis, reconociendo en él a su fundador e inspirador. Clericalizar el monacato o monastizar el clero es la fórmula mixta que lleva o trae al mundo medieval la importancia, la influencia, la significación de San Agustín para la antropología de la Edad Media que ahora acometemos. En Italia y en la Galia se multiplica la existencia de tales monasterios fundados por discípulos de San Agustín, una vez pasada la ola más agresiva de los bárbaros, en territorios ya reconquistados, pacificados y alejados de la avidez militar. Martin en Marmoutier, Juan Casiano en Marsella, Cesareo, primero en Lerín y luego en Arlés. El mismo Anselmo de Canterbury que antes de llegar a Irlanda como misionero vivió en su Aosta (Italia) natal y más tarde en el monasterio de Normandía. La obra de San Martín como obispo y apóstol de Tours parece menos conocida que la de su antecesor San Hilario de Poitiers. No estamos en el monacato golondrina, sino que las personas y las instituciones permanecen y crecen allí donde han puesto su raíz y su hogar. El mundo entero se convierte en una inmensa aula o biblioteca de

San Agustín, como más tarde sucederá con Aristóteles. A la primera formación de la cultura occidental mediante la conservación, protección y difusión de la obra y del pensamiento del obispo de Hipona en los monasterios correspondientes, al amparo de las incursiones bárbaras, hay que añadir ahora la labor de emigración realizada por los monjes misioneros que llevaban a su diócesis, a sus fieles, su doctrina aprendida.

La reflexión antropológica de la Edad Media viene caracterizada tanto por su historicidad sucesiva como por su unidad formada por la tradición contenida en las obras y textos de los autores estudiados. El término antropología cristiana responde a un conjunto de ideas, textos, obras, reflexiones sobre el hombre desde la fe y la razón. Calificamos un pensamiento como antropológico, porque asume explicar el sentido del hombre promoviendo la respuesta a otras cuestiones como son la libertad, la responsabilidad moral, la participación social y otros problemas fundamentales con los que se enfrenta el ser humano en la tierra. Esta vocación o intención de la antropología acota un campo determinado de temas específicos. El señalamiento, el camino y la transformación de dichos temas a la altura histórica de la Edad Media suponen un nuevo paso y avance en la visión cristiana del hombre. Igualmente, la antropología se caracteriza por promover una reflexión crítica y un planteamiento radical del hombre como unidad y totalidad. Esto significa que, al mismo tiempo que se realiza una posición esencial y moral del hombre, se atiende también a las propuestas derivadas del tiempo. La antropología medieval es una antropología de la articulación cultural cristiana.

3

Boecio o el relevo en la antropología cristiana

El impulso intelectual de la Edad Media, en el seno del cristianismo, arranca de la misma preocupación ontológica que impregnaba otras épocas. ¿Qué es el hombre? La gran pregunta sigue vigente. La esencia del hombre parece una cuestión inacabada. La respuesta supone ya una serie de aspectos integrados procedentes de la historia del pensamiento. El paso a una nueva cultura no se produce en cascada, en caída vertical, sino en forma de puente, de cambios progresivos, nada acelerados sino tranquilos y reposados. La implantación de nuevas dimensiones del pensamiento recoge diferentes elementos ya existentes, ordenados de manera diferente. Ya se tiene resuelta la espiritualidad del hombre, su libertad e independencia interior como sustancia. En ella se asienta la dignidad del hombre y se apuntan ya algunos derechos humanos. El hombre resulta un ser muy relacionado, con el mundo, con Dios, con los demás Lo mismo sucede con la dimensión interior. La interioridad define su especificidad. La antropología o definición del hombre sigue a la teología trinitaria. Tres personas y una naturaleza, una sustancia. Este es el milagro cultural de todos los tiempos a la hora de comprender el ser del hombre en el cristianismo. La antropología no ha muerto por muchas preocupaciones sobre la fe y las herejías que haya en el seno de la Iglesia en ese tiempo. Por el contrario, el tema del hombre es el que más consenso suscita entre filosofía y teología. Va a ser un ámbito reconciliador y ecuménico en toda la Edad Media. La metafísica de la composición binaria del hombre como cuerpo y alma se da por superada y amortizada. Volverá más tarde con Santo Tomás. Ahora hay que explorar otras vías. Ya se apuntaba a un elemento de unidad organizador de la totalidad parecida a una nueva naturaleza, una tercera dimensión. Hay que ir a la búsqueda de ese nuevo elemento explicativo. Se le denomina con el término "persona", que traduce al correspondiente en griego "prosopon". Denota, igualmente, la influencia de la cristología, pues en Jesús no hay "dos yo", sino un solo yo totalmente Dios y totalmente hombre. Esto da una nueva importancia tanto al cuerpo como al alma. La reconstrucción cultural del Imperio pasa por las Escuelas instauradas en los aledaños de Palacio. Allí se encuentra Boecio (480–524) como pensador, docente y pedagogo en la Corte de Teodorico. Él sirve de puente y mediador en esta fórmula antropológica que termina en la conocida definición, muy concentrada, de persona como "una sustancia individual en una naturaleza racional". Son muchos aspectos en un único concepto. Boecio representa una confluencia de agustinismo y platonismo con atención al aristotelismo. Ese planteamiento va a condicionar toda la visión del hombre en la Edad Media. El molde de la antropología estaba hecho. Ahora hay que llenarle de contenido. Comienza en Boecio.

3.1. Antropología de lo concreto

Los pensamientos crean las palabras. Todo el discurso posterior sobre el hombre mira a esta definición que es un filón, una fuente y un fundamento muy sólido para el humanismo occidental. La persona es una sustancia, o sea una realidad ontológica consistente no pasajera o accidental, autosuficiente y completa, con todo lo necesario en la línea del ser, una esencia o naturaleza en toda regla. A esta base metafísica de la persona, que es su ser coincidente con ella, hay que añadir su concreción, estar acotada, formando un ser individual, un individuo (que significa indiviso) del que deriva una identidad propia, una subjetividad concreta, no abstracta y difuminada sin denominación. A eso hay que añadir la dimensión racional, o sea, espiritual. Ya tenemos, así, reunidos todos los elementos entregados a la posteridad para su ampliación y reflexión. La dimensión personal del hombre es la consecuencia más relevante de la colaboración entre la filosofía, la teología y la psicología de todos los tiempos. Resumiendo, el hombre –para Boecio– es un ser racional, espiritual, individual, concreto, sustancial, merecedor de la más alta dignidad y consideración dentro de la escala de los seres de acuerdo con la contabilidad platónica que llamamos sujeto. Esos son los aspectos a resaltar y que forman la ontología diferencial del hombre en el mundo. Evidentemente eso no se puede entender si no es mediante la categoría de participación, de esencia y existencia, procedente de Aristóteles. El hombre como persona y sujeto que ha hecho suyo el cristianismo de todos los tiempos. El concepto de persona como sujeto alcanza su mayor profundidad en el desarrollo de la antropología cristiana. Lo mismo hay que decir del concepto de individuo, concreto y singular. Cada hombre, cada persona, adquiere a los ojos de Dios, su valor y verdadera trascendencia. El nuevo peso y dimensión de la individualidad adquiere relevancia en la filosofía posterior. En la compleja y completa definición de persona ofrecida por Boecio hay que unir pero también distinguir lo que es sustancia, lo que es individuo y lo que es racionalidad. La condición de sustancia da origen al concepto de sujeto (tienen la misma raíz) y la condición de individuo da origen al concepto de identidad, mismidad, yo, singularidad, delimitación y especificidad, mientras que la racionalidad es el origen de la espiritualidad, trascendencia, inmortalidad, superioridad y dignidad, incluida y asumida la materialidad del cuerpo. Sujeto espiritual podría ser el concepto síntesis. Una fórmula muy equilibrada pero también llena de peligros, pues es una definición muy dialéctica. Es decir, si insistimos en la dimensión de sustancia aplicable a la persona podemos caer en la negación de la creación, en no resaltar la diferencia de entre Creador y criatura, algo parecido a una sustancia eterna, necesaria, sin tener en cuenta su condición de temporalidad o contingencia. Dios, además de ser, es el ser mismo. Sustancia autosuficiente pero necesitada de participación sin llegar a ser un accidente. El hombre no es por sí mismo, sino por participación. Algo semejante sucede con la individualidad que es concreción y valor de lo privado, de lo propio, de lo mío, de lo exclusivo. Pero no podemos romper la universalidad, la comunidad, la formación de una realidad común. Igualdad y solidaridad pertenecen también a la esencia del hombre, pues hay un ser y una misma estructura y vocación ontológica en todos los seres. La racionalidad, presupuesto para la espiritualidad, coloca al hombre en un nivel de existencia superior y diferenciada. Por ella, es capaz de desarrollar una autoconciencia, intuición y memoria junto a una responsabilidad moral, pero sin despreciar ni romper el valor de su corporeidad o estructura sensorial. Continuidad e identidad del hombre. Existencia, consistencia, permanencia, conciencia, continuidad y valor de la unidad o singularidad humana es el contenido de la definición de Boecio que tan alejada nos parece de nuestras preocupaciones actuales y, sin embargo, es el fundamento de toda filosofía del sujeto trascendental, del conocimiento y de la acción moral como ha puesto de relieve el idealismo alemán de Fichte, de Kant o de Hegel. Igualmente, el personalismo y el existencialismo cristiano de nuestros días han bebido de esta fuente como veremos en su momento. La toma en consideración de la personalidad individual y aislada por parte del derecho o de la economía en nuestros días se debe a esta insistencia en la individualidad, en la espiritualidad y en la subjetividad del hombre, sin olvidar el universal antropológico o la comunión de cada uno con todos los demás hombres. ¿Dónde queda el aspecto religioso o cristiano de la persona en esta filosofía? El yo humano lo es porque se encuentra en camino hacia Dios donde se completa o alcanza su identidad y plenitud. La revelación cristiana abre al sujeto este horizonte del Absoluto del que el hombre se siente reflejo, similitud e imagen. Dios es el entorno del hombre y el horizonte de sus relaciones más profundas. En la visión musical del mundo en Boecio, el hombre es, incluido el cuerpo, la "resonancia" de Dios en la tierra, pues existe un sonido y un oído religioso en la personalidad humana que contribuya a que la vida sea una melodía entre Dios y el hombre.

3.2. Antropología de la concurrencia

Gran paradoja nada sorprendente en aquellos tiempos. El mismo emperador que llamó a la corte y encumbró a nuestro autor, lo condena y lo encierra en prisión a resultas de intrigas palaciegas orquestadas por sus enemigos. En esa situación de soledad y meditación, cual otro Sócrates o Cicerón, escribe Boecio su obra maestra, *La consolación de la Filosofía*, con grandes pensamientos antropológicos. Habla la filosofía continuando la tradición griega de los diálogos con la razón. La dama de corte majestuoso que se le aparece y sale a su encuentro es la filosofía, pero el discurso y la preocupación versan sobre el fin del hombre. Por tanto, la filosofía de Boecio tiene un rostro antropológico. Su influencia y su autoridad fueron muy importantes en la Edad Media. La filosofía en él es una teología racional y la teología una antropología del creyente o de la revelación, lo que indica la profunda relación que existe entre razón y fe, influencia de Platón y de San Agustín. Las cuestiones teológicas se cruzan con las antropológicas y la pregunta sobre el hombre repercute o remite inmediatamente al tema de Dios. La una pregunta (antropología) y la otra responde (teología). Este es un conocimiento interactivo y de colaboración. Las cuestiones se reproducen. El tema del hombre, de la libertad, del mal, de la providencia, de la historia, del tiempo, del azar. Parece que está anunciando la antropología del Renacimiento. Se nota, igualmente, su influencia de los estoicos cuando deriva sus reflexiones hacia cuestiones más morales, operativas y funcionales. Había que dar una respuesta al ciudadano del nuevo Imperio que se preguntaba por el sentido de la vida, de la autoridad, de la sumisión y obediencia. Entre ellas está el mismo tema de la libertad cuyo planteamiento tiene lugar dentro del triángulo formado por el libre albedrío, la providencia y la fortuna o el azar. ¿A qué llamamos azar? ¿A lo que sucede improvisadamente para el hombre? Porque para Dios no hay tal improvisación, sino providencia y previsión. Por ello, Boecio se inclina por decir que el azar no existe, sino que todo obedece a una sucesión ordenada o un encadenamiento natural de las cosas que obedecen a sus leyes. Pero entonces ¿dónde queda la libertad? Todo acontecimiento tiene sus causas, aunque no las conozcamos, pues nada procede de la nada y la nada solo produce la nada. Cada cosa tiene su lugar y su tiempo. San Agustín añadía su peso, número y medida para formar así el gran orden del universo y la armonía de la creación. La historia es, pues, la concurrencia de estos tres factores, a saber, libertad, providencia y azar. Todo se debe al concurso o acción conjunta de causas eslabonadas, según *De consolatione philosophie, V:16-19*. Orden inflexible del universo, pero también "comentes" (dos mentes) que actúan por separado y simultáneamente. Todo procede de la misma fuente, aunque luego se separen los ríos para volver a encontrarse y reunir lo que cada uno arrastra. Todo acontece siguiendo una ley suprema. Ahora hay que encajar el tema de la libertad tan celosamente defendido por la antropología cristiana anterior. Entre los movimientos del espíritu está la libertad como algo inherente e inseparable de la racionalidad y de la espiritualidad del hombre. No es lo mismo razón que libertad, pues aquella consiste en la capacidad de conocer y esta en la capacidad de elegir el bien o el mal. La relación entre ambas es muy estrecha, pues la razón le dice a la voluntad lo que debe elegir o lo que debe ser rechazado. Otro momento de la antropología de la concurrencia entre razón y libertad. La moral estoica, aprendida durante su estancia en Atenas se abre camino en la antropología de la acción moral de Boecio. La voluntad sin la razón es ciega, la razón sin la voluntad está incompleta. A mayor racionalidad mayor libertad que disminuye y se pierde a medida que el hombre entra en el terreno de las pasiones, se acerca a la influencia del cuerpo y se aleja de la influencia o dirección de las ideas a las que Boecio, como buen neoplatónico, concede una fuerza especial en la ordenación del hombre. La contemplación es el principio de la acción. Las almas humanas serán tanto más libres cuanto más se mantengan en la contemplación, dice en *De consolatione philosophie, V:2.8*. Las pasiones y los vicios están señalando la esclavitud del hombre.

Resuelta la confrontación entre la libertad y el azar a través de la presencia e intervención de la razón en el hombre, Boecio realiza en ese mismo lugar un canto a la providencia y a la planificación que Dios hace del mundo, del tiempo y de la historia. Ello parece otra forma de incompatibilidad y contradicción con el tema de la voluntad humana. Así entramos en el otro extremo del problema de la libertad como es el tema de la necesidad. Providencia, libertad, necesidad, son los términos de lo que podríamos llamar la antropología perenne dentro de la cultura cristiana. El conocimiento previo de Dios sobre lo que ha de suceder en el futuro no elimina ni suprime la condición autónoma de libertad propia de los acontecimientos. Si todo lo previsto por Dios tiene que suceder, y todo lo sucedido ha sido previamente conocido por Él, no queda lugar a la libertad humana a no ser que abramos una brecha o diferencia entre prever y suceder, en el sentido de que algo previsto de antemano no suceda a pesar de ser previsto. ¿Es posible que algo previsto por Dios no suceda a pesar de ello? ¿Entonces por qué está previsto? ¿Cuál es la causa de esa ruptura o continuidad entre prever de Dios y acontecer humano? Cualquier respuesta pone en peligro la existencia de la providencia o la existencia de la libertad que, una vez más, parecen incompatibles. La cuestión de la libertad roza con la estructura o división del tiempo en pasado, presente y futuro. La presciencia de los acontecimientos no impone ninguna necesidad de los mismos, por lo cual deja un espacio abierto a la libertad del hombre que sigue, como dice Boecio, intacta y absoluta. La presciencia no lleva consigo la necesidad. Pero al mismo tiempo, si la necesidad de los acontecimientos no existe, también deja de ser necesaria o imprescindible la presciencia de los mismos. Así hay lugar a la creatividad, a la realización artística, a la invención. La ciencia de la Edad Media esperaba su justificación racional. Hay ciencia, porque hay libertad de intervención en la marcha de la naturaleza. Pero, a su vez, la ciencia no es anuncio necesario de los acontecimientos, sino que está sometida a la contingencia del ser o del no ser.

3.3. Antropología imparable

Seguimos en un circuito antropológico formado por el tema de la libertad. La nueva experiencia de ciudadanía en Europa, el cambio (a veces traumático) producido en la marcha de los acontecimientos y de la historia, la caída de los imperios, permite volcarse en el tema de la libertad no como una cuestión rodeada de preocupaciones teológicas como el pecado, la gracia, la salvación, la redención, sino como un proceso de intervención en el tiempo por parte del hombre. Por ello, la naturaleza de la libertad viene analizada como posibilidad de modificar la historia, como responsabilidad ante ella. El tiempo no es una categoría física en nuestro autor, sino una visión filosófica o análisis de la historia. Como en San Agustín, el tiempo es orden y movimiento, sucesión de acontecimientos. El tiempo no es "cronos" o unidad temporal cuantitativa vista desde abajo, sino globalidad del mundo, cosmovisión (prospectus) de la historia vista desde los pensamientos de Dios o evaluación cualitativa. Hay que luchar contra el concepto de destino y fatalismo griego. Entonces, el tiempo se convierte en el tema central de la libertad humana. La filosofía más moderna (Kierkegaard. Nietzsche, Heidegger) se ha encargado de traducir el tema del tiempo. De categorías cosmológicas han derivado actitudes antropológicas como preocupación, angustia, miedo, esperanza, fe, valor. Así se ha hecho más explícita la relación entre el hombre y el tiempo. Pero esto es aplicable a cualquier otro contenido de la explicación cristiana del hombre a la altura de su tiempo. Como buen platónico y como buen conocedor de San Agustín, toda antropología de Boecio es una experiencia propia nacida y mezclada con la fe, es una bioantropología o biografía del espíritu creyente elevada a teoría universal. Por ello, todo discurso cristiano, cualquiera que sea su objeto, es en realidad una antropología formal, un marco invisible de una experiencia palpable Vamos a desarrollar aquí, brevemente, algunos puntos fundamentales de la avalancha antropológica en Boecio.

a. *Las riquezas*. Nuestro autor fue un hombre afortunado. Procedente de la nobleza del Imperio, fue encumbrado a los altos puestos del Estado o de la Corte y elegido para participar en las labores de gobierno como cónsul y delegado de la autoridad del Emperador. Casó con una hija de la familia adoptiva y los hijos nacidos de ella se incorporaron también a la carrera diplomática. Con ello llegaron las riquezas y las adulaciones, los privilegios y los honores. Pero fruto de las intrigas, de las envidias y de las tensiones, fue objeto de falsas acusaciones y cayó en desgracia y apartado, juzgado y condenado a la prisión, al desprecio, al olvido, a la soledad. Ese es el momento espiritual más bajo en el que se produce su visión sobre el mundo de las riquezas y las riquezas del mundo. Se le acerca la filosofía en forma de mujer. Habla el silencio integrado en la soledad que se cubre con el polvo del abandono. Este cambio de situación en las condiciones materiales de su vida, da origen a sus reflexiones sobre la fortuna en el doble sentido de azar y de posesiones, o sea, de fortuito y afortunado. Todos queremos ser felices, pero nos equivocamos en la forma de buscar y alcanzar dicha felicidad. La marea de la felicidad alcanza la ambición. Por ella, todo lo que se posee o consigue es falso y aparente. Las riquezas no llegan ni cubren, ni protegen al ser del hombre, sino que le revisten de polvo y disimulan su interioridad llenándole de oscuridad. La verdadera riqueza está en la contemplación de la verdad y de la sabiduría. El análisis sigue las pautas del pensamiento antropológico y cristiano de la época. La felicidad que todos deseamos no se alcanza ni se contiene en las riquezas que, al poseerlas, engendran más necesidades, más deseos, inquietudes o avaricias que satisfacciones. Persiste la desconfianza y la valoración del mundo que carece de consistencia, cuyos bienes y riquezas son pura decoración, no son sustanciales a él, sino pasajeros, prescindibles, caducos y accidentales. La belleza del mundo solo podemos contemplarla. Es imposible que el valor material de las cosas mortales y perecederas llene el deseo o el vacío del alma llamada a la inmortalidad. Es una incoherencia metafísica, pues lo inferior no puede igualar o satisfacer a lo superior. El hombre es la torre más alta de los seres. En la consideración de los bienes de este mundo surge otra pregunta ¿de dónde proceden nuestras riquezas? ¿Las hemos adquirido quitándoselas a los demás? La legitimidad y legalidad de lo poseído también es un interrogante que afecta al creyente. Es la teoría de las distancias, es decir, la riqueza o la ganancia, la plusvalía, se produce solo cuando te desprendes de ellas, cuando intercambias cosas diferentes, cuando se mercadea especulando sobre el valor de las cosas. Cuando el bien se convierte en mercancía para conseguir ganancias. El valor está en las cosas y poseerlas es hacerlo mío. El concepto de propiedad significa apropiarme del valor que tienen por sí mismas yuxtaponiendo el valor que tengan "para mí". Me lo llevo conmigo y, aparentemente, es un robo. Hay otros bienes internos que esos sí son propiedad del hombre en sí mismo, como son la inteligencia que dota al hombre de una capacidad de dirigir el mundo, de investigar y conocer o desentrañar los misterios de la naturaleza mediante la ciencia. La mayor riqueza de la humanidad es el amor y la amistad entre los hombres. Cuando uno pierde las cosas o las riquezas lo abandonan, entonces descubre quiénes eran los verdaderos amigos, los que no lo abandonan a pesar de la pobreza. La verdadera riqueza, la que tiene un valor intrínseco es la virtud y la moralidad.

b. *Pobreza y debilidad.* Antropología de la debilidad humana. El hombre es esencialmente pobre. Algunos comentaristas echan de menos que el consuelo que Boecio busca para su caída en desgracia no fuese más religioso, más cristiano o místico, basado en Dios, en la figura o ejemplo de Jesús, sino en una resignación laica y secularizadora como es la filosofía de la resignación y del consuelo, dando a entender su vena de estoicismo y, quizá, su humildad de seguir siendo un filósofo cristiano antes que un cristiano filósofo. Le falta a Boecio, al principio, la conciencia de un Dios personal, pues todo lo concentra en la fortuna. Todos nacemos débiles y desprotegidos, pobres. Las riquezas que tengamos se nos han dado en préstamo y tendremos que devolverlas. No podemos pegarnos a ellas ni identificarnos con ellas para que no suframos al tener que abandonarlas. Ser es distinto a tener. Recuerda, sin embargo, que él nació en una familia noble y que, huérfano de padre, lo adoptó una familia pudiente, y con ella llegó a las cumbres del poder político. Lo más doloroso de la pobreza es su contingencia, su caducidad, su historicidad y memoria: el haber sido antes rico y ahora pobre duele más que si hubiese sido pobre desde el principio. Eso lo hace la memoria. Se es más miserable cuando se ha dejado de ser rico, recordando los años afortunados del pasado. Es un análisis psicológico de la pobreza al que no estamos acostumbrados. Por mucho que se tenga, el hombre rico es un pobre por insaciable. La relación entre riqueza y libertad también es importante. Se quieren los honores y las riquezas para ser más libres y lo que hacen es someter y esclavizar. Lo mismo sucede con la fuerza del cuerpo que es el soporte de la belleza humana. La belleza física es una ilusión creada por las demás personas, para averiguar la consistencia del cuerpo. La oficina, la burocracia, la administración no conceden poder político, pues no se puede gobernar o dominar a toda la humanidad. La fama no alcanza ni se extiende a todo el mundo. Igualmente, los títulos, los apellidos y la nobleza no conceden virtud y valor a la familia, sino la honradez o la fidelidad en honrar la memoria de sus antepasados. La fuerza física o corporal tampoco equivale a salud, pues la fuerza y la salud se desvanecen con el tiempo y la edad. Todo se marchita, todo fenece, todo desaparece. Lo mismo sucede con el placer corporal que produce, paradójicamente, muchos dolores, muchos esfuerzos, muchas insatisfacciones. ¡Cuánto hay que sufrir para disfrutar, podríamos parafrasear el conocido pensamiento de la sociología laboral: cuánto hay que trabajar para llegar a no trabajar! Sin embargo, como buen estoico, Boecio aplica el principio de la suficiencia. Hay que valorar, apreciar y disfrutar lo que se tiene aunque no sea absoluto, perfecto, completo y permanente. Más aún, no se puede pensar en un hombre sin deseos, congelado pero teniendo en cuenta que la posesión de riquezas no calma el deseo, sino que le excita y alarga.

c. *La política o el gobierno del mundo.* Los cristianos en la corte. Solamente ellos como creyentes, ciudadanos y gobernantes pueden decirnos o enseñarnos las exigencias entre fe y política, cristianismo y democracia, evangelio y constitución. Beocio confiesa a su interlocutora invisible que entró en política llevado por la idea de Platón sobre los "filósofos reyes". Mientras los que filosofan no gobiernen o los que gobiernan no filosofen, no tendrán remedio los males de este mundo. Podríamos establecer un paralelismo y decir que mientras los cristianos no gobiernen o los que gobiernan no sean cristianos no habrá una ciudad justa e igualitaria. Para que haya una tal sociedad no es necesario que gobiernen los cristianos, sino que los gobernantes lo hagan siguiendo los principios cristianos. Boecio accedió a la vida pública con la sana intención de implantar la justicia, la igualdad, hizo campaña por las leyes justas y por la justa fiscalidad para terminar con las raíces de la corrupción. Pero la honradez y honestidad en la política le granjearon muchos enemigos que consiguieron su condena y prisión. A pesar de ser un gobernante justo, transparente e insobornable, ha sido condenado a prisión y quizá a la muerte. Por ello, se pregunta sobre el destino que espera a las personas honradas y se le plantea un problema de conciencia: ¿quién dirige el mundo, el azar, el destino o la providencia divina? En un modelo de sociedad identificada con la fe, de Sacro Imperio Romano Germánico, el mundo es gobernado por la Providencia de Dios que lo sabe y lo conoce todo con antelación al momento de suceder. Aquí interviene, de nuevo, la noción de tiempo, de eternidad o de historia. Para Dios no existe el tiempo como sucesión o movimiento compuesto de pasado, presente y futuro, sino que para Él todo es presente o instante sin término. Por ello, tiempo único es la eternidad simultánea como "posesión total, simultánea y perfecta de una vida ilimitada" como dice en *De consolatione philosophiae V:6*. Esta definición del tiempo, como aquella de la persona, ha pasado a formar parte del patrimonio antropológico del cristianismo. El instante humano y temporal es el reflejo de la eternidad. La Providencia (de prever no de proveer) sigue siendo un misterio para el hombre. Todos los acontecimientos del mundo, de la tierra, de la historia se "están produciendo" en Dios, aunque se pasen por el tiempo en sus tres modalidades. Al ser seres temporales no podemos comprender la dimensión estática y comprensiva del tiempo que es la eternidad. Por ello hay que distinguir en la antropología de Boecio entre eternidad (aeternum) y la permanencia inacabable del tiempo (perpetuum) que acompaña al mundo. En el tiempo y circunstancias del Imperio de Carlomagno hay que evitar un peligro de interpretación. Era fácil decir que la Providencia de Dios dirigía los asuntos públicos o que la política del emperador obedecía a los planes de Dios sobre su pueblo, sobre la historia. El peligro consistía en el proceso contrario, es decir, atribuir a Dios y su voluntad, la política que se aplicaba en el reino. No serían los hombres los que gobiernan según Dios sino que Dios gobernaría según los hombres. No sería la política ideal quien inspiraba la política real, sino que la práctica o realidad política dictaría los principios ideales de la misma. Eso puede suceder cuando se identifican religión y política en los Estados.

d. *El mal y la moral antropológica*. Rozando las preocupaciones antropológicas está, en Boecio, el tema del mal. Fiel a sus convicciones platónicas, el mal no existe, no tiene entidad positiva, sino que es una negación o privación del bien. Como tal negación no puede ser objeto de un acto, de una acción, de una aspiración o de un deseo dinámico. No hay nada que se haga por amor al mal, ni siquiera los malos. No puede tener contenido material que diría la fenomenología moderna. Si el mal no es, no puede ser-en-el-mundo, no puede ser-ahí (el Dasein de Heidegger) no puede ser hecho, copiado o repetido, reflejado o repercutido, sino que todo el modo y peso de la acción moral radica en el hombre, en el espíritu humano, en la conciencia como creadora del mal. El mal solo existe en la conciencia, en el sujeto, en la voluntad, debido, como ya sabemos, a la influencia del pecado original en el hombre. Boecio recoge la objeción más común en aquel tiempo: por qué existiendo Dios ¿por qué existe también el mal? Uno es la negación del otro. Parecen incompatibles. Pues nos quedamos con la negación del mal en la forma indicada. Más aún, el dilema alcanza también a la vida de los malvados. El mal no puede generar felicidad. Esta negación del mal se aplica a su poder pues, si no existe, no debería tener ningún poder sobre los hombres y sobre el mundo. De acuerdo con esta división la sociedad es una realidad dual formada por los buenos y los malos. La influencia del pensamiento agustiniano de *La Ciudad de Dios* es clara, pero no superada como la superó él y añade que los buenos no deberían soportar o padecer los castigos de los malos sabiendo que es Dios quien dirige al mundo. Dios podría haber hecho otros mundos, pero este es el mejor de los posibles. Toda la metafísica del tiempo, del mundo, del azar, de la providencia está girando sobre la conciencia moral. Si todo está decidido, además de no haber lugar a la libertad humana, tampoco tiene sentido la esperanza ni la oración. En esa hipótesis, toda la vida o antropología religiosa se reduciría a la resignación, al destino y al silencio llevando a la inactividad espiritual, a la impotencia y a la desesperación. No habría responsabilidad ni orden moral, sino sólo orden ontológico o cosmológico, destino y determinación en lo físico y en lo moral

4

El impacto de la antropología en San Anselmo

Siguiendo la corriente freática del pensamiento agustiniano que penetra y llega hasta la Edad Media, nos encontramos con la síntesis de San Anselmo (1033–1109) conocido como el obispo misionero de Canterbury en Inglaterra, pero procedente de los predios monásticos surgidos en la retaguardia de la Europa devastada por los bárbaros. En él afloran muchas ideas de San Agustín sin olvidar la influencia mediadora, a esas alturas, de la obra de Boecio como variante de la misma corriente filosófica. No es ningún desprecio decir que San Anselmo es un misionero, un catequista que aplica a la predicación los más hondos fundamentos del cristianismo, realizando así otra antropología cultural cristiana, pues tiene que adaptarse a las condiciones dialécticas de sus receptores en la alta Inglaterra. Se le suele atribuir una labor de recopilación, de antropología superficial o de sencillo manual, haciendo hincapié en la condición de una teología de uso y de herramienta en vez de una teología de la profundidad. Y sin embargo, sobra hondura y altura al mismo tiempo en su reflexión cristiana sobre Dios y sobre el hombre. La salida al exterior cultural de la teología cristiana en San Anselmo produce esta nueva sensación de diálogo y colaboración. En el fondo, todo proyecto cristiano es una antropología teológica, pues se trata de acceder a Dios desde el hombre. No ya solamente conocer a Dios y al hombre que pedía San Agustín, sino estar convencidos de que el hombre es el trampolín y la plataforma para llegar a Dios. El hombre es el Dios revelado en forma antropológica. En San Anselmo todos los impulsos de la religiosidad natural alcanzan sus objetivos. Nadie como él ha sabido profundizar en los innatismos naturales o estructurales del hombre como disposiciones de conocimiento y de voluntad hacia Dios.

4.1. Antropología trascendental y objetiva

Todavía no estaba puesto el vocablo en la senda de la filosofía y ya San Anselmo transitaba por él. El idealismo trascendental de Kant, como signo y garante del conocimiento objetivo, brilla ya en sus argumentos. No es que Dios sea o esté al final de un proceso mental; no es que haya un "Deus ex machina"; no es que la existencia de Dios sea el resultado de un mecanismo de la mente, sino que todo el hombre, dirigido por el entendimiento, se pone a buscar a Dios en sí mismo, en su interior personal, en su cielo antropológico, en la constelación de sus facultades. Dios es el principio y el centro de la metafísica humana: esencia, idea, voluntad, analogía, acción, todo está implicado en el "a priori" religioso de San Anselmo. Además de huir de un reduccionismo simplificador del problema del hombre frente a Dios (ese es el verdadero planteamiento de la antropología cristiana en San Anselmo) hay que evitar, igualmente, caer en un nominalismo abstracto sin capacidades de identificación. Dios no es solo un nombre, ni siquiera una idea en el firmamento vacío de la mente, sino que es una persona que arrastra y llama, crea, moldea y cambia el sentido de la existencia del hombre. Quizá lo que estemos señalando ahora sea la validez del método antropológico de la teología de San Anselmo que, partiendo de la idea de Dios, se concluye en el Dios de la idea. El orden del pensar establece el orden del ser; diríase esta la revolución de San Anselmo. Dios, su existencia y concepto no caen del cielo, sino que arrancan del hombre. Esta es la dialéctica de todo conocimiento, pasar de la representación a la realidad. En el proceso experimental de los sentidos esto es un mecanismo frágil, pero en el conocimiento trascendental ofrece una mayor garantía de acierto y verdad. Por ello, el cristianismo de San Anselmo se puede llamar antropología del éxito. Dios pertenece a la naturaleza del espíritu humano y, como tal, debe ser desarrollada en el hombre. Con este método convertimos a Dios en una "necesidad" del espíritu humano, lo cual parece empequeñecer al mismo ser de Dios y anular toda la antropología cristiana como gracia y libertad. La teología es el perímetro de la antropología. Tenemos que romper esta dialéctica. Si acercamos el hombre a Dios es el hombre quien se engrandece, se ilumina y se esclarece, no es Dios el que se oscurece. La verdad de Dios comprende su existencia real, pues de lo contrario no sería verdad. Este "movimiento" de las ideas en el conocimiento ha existido siempre, incluso en Platón, pero nadie lo ha aplicado tan intensamente como San Anselmo al tema de la idea y del conocimiento de Dios que parte del hombre. No es más que una dimensión de la trascendentalidad de la razón humana, donde la existencia de Dios va implícita en la idea de absoluto, de perfección, de omnipotencia, de bondad. La idea ontológica de Dios (el ontologismo de Rosmini y otros autores) produce en la razón humana un dinamismo y una inquietud al estilo agustiniano, que se oculta y se expresa en el programa "credo ut intelligam, intelligo ut credam" (creo para entender y entiendo para creer) de San Anselmo. Se trata, simplemente, de descubrir las conexiones interiores y antropológicas del problema de la fe, del problema de Dios La base de la existencia de Dios está en el hombre. Espíritu y religión van de la mano. Es todo un sistema de relaciones y conocimientos que hay que organizar y ordenar. Pero hay que atender, como apuntamos, a la ruptura trascendental, es decir, Dios no va a estar al final de la cinta, de la sucesión lógica de los conocimientos, sino que la razón necesita un "salto cualitativo" elevado, una capacidad superior para situarse en el entorno del Dios Verdad y Sujeto, a lo que llamamos trascendencia religiosa. Dios no es solo el pensado, el racionalizado, sino el creador personal. Dios no es un predicado en una proposición significativa del conocimiento del hombre que dirían los estructuralistas modernos. Dios no es solo un concepto deducido. La antropología de Dios se mezcla con la teología del hombre en Cristo Jesús. Por ello, "¿por qué se ha hecho Dios un hombre?" que preguntará también San Anselmo de Canterbury en uno de sus opúsculos.

Como es sabido, la antropología teológica de San Anselmo ha desencadenado en la historia del pensamiento occidental la conciencia natural y universal de Dios en el hombre, lo que se conoce como el argumento ontológico al que se ha recurrido desde Santo Tomás hasta Descartes o Kant. En el año 1781 aludía Kant, en su obra *Crítica de la razón práctica,* a las tres modalidades de la prueba de la existencia de Dios que él clasifica como argumento psicoteológico, argumento cosmológico y argumento ontológico. Dios no aparece en el panorama de la razón innata como un marco conceptual y vacío ni como una expresión verbal sin respaldo, sino como una realidad significativa que llena de contenido lo que expresa. Ni conceptualismo ni nominalismo, sino realismo en el tema de la antropología cristiana de San Anselmo. Al fin y al cabo, él buscaba una transmisión popular y didáctica de la existencia de Dios y no pensó, para nada, en razones arcanas y reservadas solo a los sabios y entendidos, como había apuntado San Pablo refiriéndose a la revelación de Cristo. En todo este tema persiste la sospecha de San Agustín sobre la imposibilidad del entendimiento humano de abarcar el concepto de Dios, pues su esencia y existencia desbordan el "corsete" de la razón. El procesamiento de la idea de Dios no es fácil por parte del hombre. Una cosa es ponerle rostro a Dios y otra muy distinta es ponerle existencia. Por lo demás, hay que preguntarse si el conocimiento natural de Dios, propugnado por San Anselmo, es suficiente o necesita del complemento sobrenatural de la fe. A esto hay que añadir otro aspecto fundamental de la antropología de San Anselmo. La idea de Dios no es solo una verdad, sino también el origen y raíz de todas las verdades, convirtiéndose así en el arco fundamental del edificio religioso del hombre. No es una verdad más, sino la Verdad. La existencia de Dios no es solo la clave lógica, sino la condición ontológica para la existencia de otras verdades y realidades. Cuando conocemos a Dios no nos limitamos a conocerle a Él solo. sino como origen, fuente e iluminación de todo el sistema cognitivo del hombre. En eso estamos en línea con San Agustín. Con ello se pretende allanar (no destruir) el camino entre el concepto natural de Dios, que se encuentra en los paganos, y el sobrenatural que se encuentra en los creyentes, en los cristianos. Es, pues, el primer intento de secularización ortodoxa del pensamiento cristiano y de la antropología teológica que llega hasta nuestro tiempo. No negamos lo sobrenatural, sino que se prepara y se transforma la racionalidad natural religiosa. En ese sentido, San Anselmo es autor de otra antropología cultural cristiana como antecedente de la teología fundamental.

4.2. El hombre en el horizonte teológico de San Anselmo

El lugar ocupado por la antropología cristiana de San Anselmo hay que buscarlo en sus obras o escritos "culturales", es decir, en aquellas que se enfrentan con la presentación del mensaje cristiano a los gentiles o paganos de su tiempo como un nuevo Pablo de la reconquista. Una vez más, la antropología es la historia de sí misma. Y, sobre todo, es la historia de la dignidad, del honor y de la nobleza del hombre. Hablar de dignidad y nobleza en una Europa arrasada por los bárbaros parecía una osadía. Pero la dignidad intrínseca y esencial de Dios no se puede perder por el hecho de la creación. Muy al contrario, se la pasa y traspasa a la criatura derivada de dicha dignidad. Y esa dignidad del hombre depende de que exista o no exista Dios, cuyo conocimiento, a su vez, la confirma y eleva. Los gaunilones de turno acusan a San Anselmo de que, en su prisa por llegar a Dios, a su existencia y a su conocimiento, confunde concepto ideal con existencia real, pasando de uno a otra sin diferencia ni distinción. Sin embargo, colocar a Dios en el horizonte del hombre significa admitir un doble proceso, una doble hipótesis o una sola, pero en dos direcciones: si Dios existe tiene capacidad para provocar su idea en el hombre y, si existe la idea de Dios en el hombre, también esa idea tiene capacidad para provocar la realidad de la que es idea, a lo que hemos llamado intencionalidad trascendental del conocimiento. De no ser así, la razón humana entraría en una contradicción, en una frustración, en un fracaso. Dios no puede ser el fracaso de la razón. Para nuestro autor, como para Platón, la idea de Dios para ser tal no tiene que añadírsele la existencia, sino que su misma existencia ideal ya es existencia real. Así se puede comprender lo que el idealismo alemán de Hegel dio a entender, siglos más tarde, cuando decía que todo lo ideal es real, relación que invirtió la izquierda hegeliana de Marx proponiendo que todo lo real sea ideal. En el tema de Dios, a San Anselmo no le hubiese disgustado ninguna de las dos formulaciones del problema aunque parezcan contrarias.

La teoría o el argumento de la accesibilidad de Dios para el hombre, ha recibido, como se sabe, mucha atención a lo largo de la historia repartida en alabanzas y detracciones. Para algunos, la reflexión de San Anselmo no representa ninguna puerta de entrada a la creencia en Dios, sino que sirve, simplemente, para los que ya están dentro por la fe. Por tanto es un recurso y no un instrumento, es una consecuencia y no una condición, es una confirmación y no un presupuesto. Para otros sería una determinación injusta de la razón que parece estar hecha y orientada para desembocar necesariamente en Dios haciendo imposible otras formas de pensar, eliminando la posibilidad del ateísmo lógico, de la libertad. El tema de Dios en San Anselmo ha abierto, para algunos, una gran grieta entre la filosofía y la teología mientras que, para otros, ha creado un puente o un grupo de reflexión común que podemos llamar teología fundamental o antropología cristiana. Esa era la meta de su autor, superar las diferencias entre fe y razón. Paradójicamente, desde la Ilustración europea la pregunta sobre Dios ha perdido fuerza, no por desinterés o debilidad, sino por exceso de suposición. Dios ha pasado a ser una premisa y no una pregunta. Dios es un registro normal, un dato diario de la razón y no una preocupación especial o excepcional. Pero, por otra parte, la fuerza del argumento de San Anselmo sobre la existencia-evidencia de Dios se convierte en seguridad y certeza para el hombre cuando saca a Dios de la contingencia y le asigna una coincidencia de su esencia con su existencia. Dios, si es Dios, no puede no existir.

4.3. Antropología de la adecuación y de la rectitud

También hay antropología más allá de la argumentación ontológica y racional sobre Dios. Se puede decir que para San Anselmo el hombre es verdad, libertad y moralidad en una síntesis de antropología cristiana para principiantes. La inmersión ontológica de toda la antropología de San Anselmo nos conduce igualmente a una fundamentación metafísica de la verdad. No solo existe la verdad del juicio, sino también la verdad del ser, o sea, la verdad objetiva y la verdad de Dios. El hombre es, en sí mismo, un buscador y aspirante a la verdad y necesitado de ella. El hombre es definido en este campo como la rectitud de estas tres categorías que están en línea, en orden, como son verdad, libertad, justicia. El problema de la libertad —en San Anselmo— plantea sus dificultades cuando se pretende buscar un concepto de ella aplicable a Dios y al hombre. La conocida definición de la libertad o libre albedrío, desarrollada en círculos agustinianos como "capacidad de elegir entre el bien y el mal" no sirve, porque el Dios libre no puede elegir el mal. La libertad en Dios tiene que ser algo diferente a la del hombre. Hay que buscar una analogía y no una identidad entre ambas. La antropología de la libertad como alternativa y opción no sirve en este caso. La pluralidad de opciones no es definitoria del acto libre. El concepto de libertad tiene que cumplir o salvar tanto las exigencias de la teología como las de la experiencia antropológica. San Anselmo soluciona este problema recurriendo a la historia de la salvación. En el momento del pecado original no solo hubo un acto de libertad, un castigo, un pecado, una caída, sino que también existió una pérdida de libertades. Desde entonces, los actos de la voluntad humana no son ya tan libres como antes. Por otra parte, no podemos hablar de una anulación total de la libertad por el pecado. Esta nueva situación del hombre se denomina, tentación, sugestión, debilidad, tensión religiosa. El hombre perdió la libertad absoluta, intemporal, objetiva, decisiva, poderosa o eterna pero mantiene la libertad relativa o limitada. La libertad humana ya no se desarrolla o despliega como una autodeterminación, sino que la voluntad, al ser creada, tiene fijada una meta o finalidad a la que debe dirigirse y ajustarse. El hombre no es un "ser dejado", sino dirigido y rectificado. Eso crea una existencia "debida" o sea un ser y un deber-ser. Hay otros agentes que intervienen en el acto libre. Para San Anselmo una voluntad es libre cuando quiere lo que "debe" querer. Solo en ese momento la voluntad es "recta" y "correcta" o sea, libre y moral. La voluntad ya está dirigida ontológicamente hacia el bien. Ahora es cuestión de que la voluntad se elija a sí misma, o sea, al bien. Igual que la verdad es definida como la adecuación entre la realidad de las cosas y el entendimiento (*De veritate*, 11), la libertad es la adecuación de la voluntad al orden o al bien de las cosas. Esa es la rectitud de la libertad que constituye el orden moral. Por eso estamos hablando de la antropología de la rectitud "debida" o adecuada. En tanto en cuanto la voluntad elige lo que debe, en ese sentido es recta, es justa y moral. El orden moral nace de las entrañas de la antropología y de la ontología del hombre. Dicho orden, forma, meta o determinación de la voluntad se le ha dado desde el principio de su existencia, le precede a ella y se encuentra en la unidad radical entre querer y deber. No puede haber querer sin deber en el hombre La libertad solo tiene que hacer que el bien triunfe a través de ella y dejar intacto el bien, el deber. Por ello, la experiencia de la libertad incluye su fragilidad y su destrucción. La libertad consiste, según San Anselmo, en defender y proteger el mantenimiento de la rectitud o alineación de la voluntad con el bien. La libertad como capacidad de elegir entre el bien y el mal significa que no "debemos" (aunque podamos) elegir el mal. El mal nunca es un deber y no forma parte de él ni de la conciencia humana. El sentido del no estar obligado a elegir el mal es la esencia de la libertad vinculada o inclinada a elegir el bien y defender la rectitud y horizontalidad entre bien y voluntad. Esto es lo que más tarde Kant señalará como el deber o mandato incondicional y absoluto de la conciencia. La rectitud, los valores, el deber se impone incondicionalmente a la libertad humana. La filosofía moderna ha transformado esta ontología moral de la conciencia en experiencia psicológica indiferente haciendo consistir la libertad en la pura y desnuda alternativa sin límites. El hombre, la conciencia no es un ser moralmente neutro o sin definición. Tenemos que defender la fuerza y la integridad de la voluntad del bien frente a otras alternativas o pulsiones en el hombre. Pero también existe otro factor de influencia en la voluntad libre que llamamos Dios. También el bien, los valores y Dios "presionan" a la voluntad, ejercen su peso en ella y son capaces de influir o de inclinarla hasta entender la afirmación de San Agustín "mi amor es mi peso y por él soy llevado donde quiera que voy". La dimensión o estructurar natural de la conciencia libre es el bien mientras que el mal sería una contradicción esencial, una oposición o contraposición, una superestructura negadora y una dialéctica sinsentido. El mal nunca es una opción libre o posible, sino una falta de opción o elección podríamos decir acudiendo de nuevo a la antropología moral negativa al estilo de la correspondiente metafísica negativa del mal surgida de los platónicos y de gran utilidad para el pensamiento cristiano.

4.4. La intencionalidad antropológica

Dentro de la preocupación por el discurso didáctico de la teología, por parte del obispo Anselmo, vamos a resumir aquí todos los puntos de su pensamiento que tengan una intención o destino antropológico, es decir, explicar la existencia del hombre. En primer lugar, la creación del hombre se hace por un amor transitivo por parte de Dios, es decir, se hizo por amor al hombre. El hombre es la razón y causa final de su existencia. No hay motivos exteriores. El amor de Dios "sale" al encuentro del hombre. Lo mismo hay que decir de la naturaleza del hombre creado como imagen y reflejo de Dios, a quien tiene que imitar y parecerse en su obrar. Para conocer a Dios, el hombre tiene que conocerse a sí mismo como imagen de Él. Dicha semejanza se produce a través del entendimiento racional, aunque en San Anselmo se produce un desplazamiento del tema de la "imago Dei" de lo racional a lo moral. El hombre es imagen de Dios en la capacidad de distinguir el bien del mal, lo justo de lo injusto. Esta inteligencia moral es propia de la antropología de nuestro autor. Si la verdad es la razón del conocer, el bien es la razón del amar. La semejanza del hombre con Dios se realiza por el amor. Volvemos a la trinidad ontológica, antropológica y espiritual. A esa trinidad hay que añadir la inteligencia, la memoria y el amor. *El Monologium* de San Anselmo equivale al *De Trinitate* de San Agustín. Con el deseo de felicidad del hombre sucede lo mismo. Solo Dios es el Bien o suma de todos los bienes, como decía Boecio y la suprema felicidad. En cuanto a la historia de la salvación, se plantea una pregunta novedosa para aquel tiempo. Dios creó al hombre en una determinada situación de felicidad, de inmortalidad, de libertad, pero el pecado vino a torcer o trastocar este primer plan por lo cual, parece que Dios tuvo que improvisar un plan B viéndose "obligado" a continuar o salvar lo que había comenzado en el hombre Esa es la razón de la encarnación o por qué Dios se hizo hombre. No podía dejar al hombre caído, abandonado en la estacada y por ello ideó la venida de Jesús al mundo. A ese plan se llama redención, pero sacando el vocablo de su origen o sabor carcelario o penitenciario, es decir, nadie pagó a Dios por rescatar al hombre, sino que lo hizo por y con el mismo amor de la creación. El problema de la encarnación de Cristo plantea sus interrogantes antropológicos y hasta psicológicos, una vez solventados los teológicos. De una naturaleza divina y una humana no surge un "tercer" ser o naturaleza, mutilando algo de las dos anteriores siendo en parte Dios y en parte hombre, sino que, de la unión de ambas dimensione divina y humana surge un "solo" ser que es totalmente (no parcialmente) Dios y totalmente hombre. De ahí nace la pregunta más moderna sobre la unidad del "yo psicológico" de Cristo, derivado del único "yo" ontológico natural. No hay absorción, no hay transformación, no hay anulación o mutilación por parte de una naturaleza hacia la otra. Jesús es "verdadero" Dios y "verdadero" hombre como dice el lenguaje eclesiástico de los Concilios. No hay falsedad ni apariencia, ni virtualidad o representación. Con Jesús comienza una nueva generación de hombres, de historia, de tiempo, del mundo. El pecado, la muerte y la inmortalidad de Jesús siguen siendo una pregunta que realiza Boso a su interlocutor.

5

Síntesis de la antropología en Santo Tomás de Aquino

Llegamos así al momento más importante de la síntesis racional de la antropología cristiana realizada en plena Edad Media por Santo Tomás (1224–1274). Habían sucedido muchas cosas en el trazado o recorrido de las enseñanzas cristianas. Los antiguos modelos culturales, políticos, económicos y sociales habían terminado. Solo el cristianismo resistía a los envites del mundo y sobrevivía a los cambios y a las crisis del tiempo. La Iglesia Católica acudió a salvar la civilización occidental como había hecho siempre. Alguien tenía que investigar y enseñar. Ella estaba preparada. Gozaba de una libertad y protección oficial que no la usaba para influir políticamente, sino para defender ideales y valores La Iglesia aprovechó esta paz para construirse hacia dentro, en especial, para organizar la vida del clero y del monacato. Se rodeó de sus propias instituciones a veces en paralelismo con las civiles a las que ayudó a encontrar su sentido y fortaleció en su función de servir a los ciudadanos, incluido el sentido del poder y de las riquezas. No hay separación, olvido o abandono de los laicos, sino una Iglesia centrada en las exigencias de la espiritualidad o de la perfección evangélica. De ahí la proliferación de órdenes monásticas (ordenes mendicantes) y de escuelas místicas, en especial la Escuela de los monjes Victorinos. No todos los creyentes comulgaban con la idea de una Iglesia homologada con lo civil y alineada a sus preocupaciones. De ahí los movimientos de rebelión, de renovación, de crítica y protesta que daban lugar a un cristianismo más estricto y que llevó a una crisis en la forma de entender a la Iglesia. La ciencia y la cultura estaban en manos del clero. La educación del pueblo fue siempre una preocupación compartida con las autoridades del Imperio. Las discusiones sobre fe, dogma y ortodoxia dejaron paso a la práctica de las virtudes que también comportaban o comprometían una determinada doctrina teológica. Aun así, no podemos pensar en una Iglesia adaptada a los límites geográficos o preocupaciones políticas del Imperio, sino que el impulso universal y evangelizador seguía vivo. Sin embargo, Estado e Iglesia caminaban juntos en beneficio del pueblo aunque, a veces, diera la impresión de que la Iglesia era un Estado dentro del Estado. En medio de todo esto, el cristianismo luchó para que el hombre se sintiese reconocido y dignificado en su individualidad y no se sintiese solo parte o instrumento de una colectividad llamada cristiandad, súbdito de un reino, ciudadano de un imperio, vasallo de un Estado o sociedad. La preocupación antropológica seguía adelante en medio de una fiebre por la posición de la Iglesia en el mundo

5.1. Recepción sociocultural de la antropología en la Edad Media

Seguimos en un régimen de influencias y demarcación de la corriente de ideas en occidente. La continuidad del patrimonio antropológico está asegurada por el cristianismo que salvó, conservó e interpretó la cultura grecolatina que ya se extendía por toda Europa, aprovechando las redes ofrecidas por la unidad del Imperio. En este momento pensamos en la acción educadora de las diferentes universidades. Roto el monopolio inicial de las escuelas palatinas (Aquisgrán con Alcuino destinadas a la formación de los hijos de la nobleza) se democratiza la enseñanza de las ciencias y de las artes, concediendo a patronatos, cabildos, monasterios, consorcios y cofradías, licencia para la creación de centros de enseñanza. En una segunda etapa, son ya los gremios profesionales y asociación de maestros y alumnos los que fundan sus propios centros educativos para ser más independientes de los municipios y de la Iglesia. El mapa de Europa se llena de Universidades en las ciudades o burgos más importantes: Paris, Chartres, Bolonia, Oxford, Cambridge,

Fulda, Colonia. Pero han sucedido otros acontecimientos. Santo Tomás de Aquino comenzó siendo platónico y agustiniano, y terminó asumiendo el aristotelismo. ¿Cómo se produce esto? Los flujos de ideas se diversifican y, como consecuencia de la movilidad geográfica, comercial y social de la población, nos encontramos con la presencia del neoplatonismo derivado de traducciones de obras escritas traídas de Constantinopla. La ruta del aristotelismo es algo semejante. Desde finales del siglo IX los intelectuales árabes poseen traducciones de las obras de Aristóteles, hechas por cristianos llegados a Siria y conocedores tanto del griego como del sirio y del árabe. Los árabes, procedentes de Bagdad y presentes en la zona que conocen el sirio, realizan sus propias traducciones del sirio al árabe. Todavía se interpreta a Aristóteles desde la perspectiva platónica. Estas traducciones de Aristóteles llegan a las facultades universitarias donde el método consiste en leer y comentar dichas obras. Ahí, en la Universidad de Paris donde todas las órdenes religiosas han puesto sus Estudios Generales, interviene como profesor el joven dominico Tomás de Aquino discípulo de Alberto Magno. Se puede decir que él (como creyente) realiza la síntesis entre cristianismo y filosofía aristotélica igual que había hecho Agustín, siglos atrás, entre platonismo y fe cristiana. El pensamiento agustiniano permanece vivo y activo en otra corriente cultivada por los franciscanos Alejandro de Hales y San Buenaventura. Estas son las dos principales ofertas de la antropología cristiana en esta época. Visto desde aquí hacia atrás, el problema principal de una historia de la antropología cristiana consiste en un largo recorrido que comienza por desligarse del dualismo filosófico, y a veces teológico, hasta llegar a conquistar y centrar el tema de la unidad del cuerpo y el alma. La lucha y la tensión no han sido fáciles. Ha habido muchas dudas por el medio, autores ambiguos. La línea cristológica y la línea escatológica ayudaron mucho a fijar la constante antropológica de la unidad. En el diálogo intercultural de algunos autores (Orígenes, Clemente, Tertuliano, Lactancio) creyeron oportuno sacrificar o ceder en la antropología para conseguir una comprensión cristiana de lo griego. Hicieron algunas concesiones al dualismo que hoy están superadas por el tiempo y por la razón. K. Rahner (1963) piensa que el golpe de gracia al dualismo, que se arrastraba en este tema, lo da Santo Tomás al incorporar el método y la doctrina aristotélica, completando así una corrección y superación de la antropología dualista.

6

Originalidad e integración de la antropología

El pensamiento de Santo Tomás está en el punto más alto de la antropología medieval. Todo lo anterior a él es como su preparación y lo siguiente a él es como una derivación. Pero él posee una fuerza de originalidad y una capacidad de integración de lo griego y de lo cristiano. El universo del hombre con sus experiencias, perspectivas e interrogantes, ocupa un lugar central en las preocupaciones de Santo Tomás. Algunos autores han querido relegar el estudio del hombre en Santo Tomás a un segundo plano indicando que su antropología está aislada, desconectada y dispersa. Aquí pretendemos, por el contrario, recoger y sistematizar, en una unidad, su visión del hombre en el contexto de sus obras. El conocimiento del mundo y del hombre sigue siendo muy importante en ese tiempo. Tan exitosa puede ser la razón cuando investiga sus posibilidades como cuando reconoce sus limitaciones en el tema del hombre. Lo importante es reconocer el camino recorrido y los métodos utilizados. El pensamiento "sumarial" (Summa Theologica y Summa contra gentes) o manual de síntesis no impide a Santo Tomás su labor de creatividad y originalidad. Por otra parte, la fuerte discusión sobre los universales dificultaba el acceso a la noción antropológica de individuo aplicada al hombre. La dialéctica antropológica de Santo Tomás tiene que caminar entre ambos peligros como son una metafísica abstracta, esencialista, o lejana y una defensa de lo concreto y singular como exige la progresiva conciencia de la supremacía del individuo y su respeto o dignificación social frente a diversos totalitarismos. La tarea del cristianismo y de las ciencias consideradas como tales, consistía en la rehabilitación y fortalecimiento del concepto de hombre y de persona en un mundo que se construía en base a números, dimensiones cada vez más globales y unificadoras. Igualmente, el peligro de que la fuerza de la teología o de lo sobrenatural oscureciese la autonomía de lo temporal o del orden natural, hacía necesario un esfuerzo de la razón para dar consistencia a los valores humanos comenzando por el mismo hombre, base de todos ellos. Así pues, no cabe ningún conflicto entre la fuerte teología y la débil antropología en la Edad Media. Dios no anula al hombre, sino que lo fortalece y lo realza. Para movernos ordenadamente en este pluralismo de perspectiva vamos a aplicar aquí el mismo esquema seguido en el estudio del hombre en San Agustín. Comenzamos por la vía metafísica o estructural para pasar a una ambientación filosófica de la antropología representada por la teoría del conocimiento y de la acción moral, continuando con el desarrollo de la dimensión personal o unidad del hombre para terminar en aplicaciones morales, sociales, jurídicas y políticas de la misma. En todo el recorrido del tema veremos el contrapeso que ejerce San Agustín en el estudio de las teorías aristotélicas. Bastaría decir que Tomás es un pensador de su tiempo para entender la carga de antropología cultural que puede haber en él. Desde el principio hemos situado nuestro estudio sobre la historia de la antropología cristiana como un ensayo de antropología cultural y teología fundamental. Las constantes cristianas y las variables culturales en el estudio del hombre siguen juntas ininterrumpidamente.

6.1. Acceso filosófico a la antropología tomista

Dos dimensiones de nuestro autor como teólogo y como filósofo hacen de él y de su obra un lugar o punto de encuentro de estas dos direcciones que, por otra parte, eran muy frecuentes en la época, continuando la postura iniciada por San Agustín y continuada por Boecio. La fe busca el esclarecimiento racional y el entendimiento busca, a su vez, la seguridad de la fe. Pues bien, estas dos dimensiones personales se transfieren a su obra de la que podríamos decir que es una antropología teológica o una teología antropológica como hemos apuntado en otras ocasiones. La pregunta por el hombre sigue siendo recurrente en la Edad Media, y no porque se crea que no haya habido respuestas, sino porque la nueva situación del mundo y de la razón plantean un nuevo escenario y una nueva dimensión del problema. Hay que rediseñar el concepto de hombre de siempre. Si hablamos de filosofía perenne hay que hablar también de antropología permanente. Por lo demás, se admite que en esta época comienza el despegue de la razón, camino de la independencia, respecto a la fe o a la teología que culminará en el periodo siguiente del Renacimiento. Pero ahora, la inteligencia tiene que pagar su peaje, su indeterminación y limitaciones siendo ayudada por la fe cristiana. Estudiando a Santo Tomás no podemos dejar deslumbrarnos por las dimensiones del tema de Dios en él (Summa Theologica) ni por la intensidad y magnitud de sus reflexiones sobre el mismo. Se podía pensar que no le quedaba a nuestro autor ni tiempo, ni lugar, ni método para tratar del hombre. La sistematización de la teología que todos le atribuimos en sus obras, comprende también la preocupación por el tema del hombre. Con un orden o jerarquía. Primero Dios y luego el hombre. Más aún, la antropología de Santo Tomás es un aspecto de su teología moral como una segunda parte o la otra cara del tema de Dios. Como el hombre ha sido creado a imagen y semejanza de Dios —viene a decir nuestro autor—, después de haber reflexionado sobre el original (teología), ahora debemos ocuparnos de la copia (antropología). Así queda cerrado el círculo y las pretensiones del pensamiento tomista. Con una diferencia, para conocer a Dios necesitamos la ayuda de fuera, la revelación. En cambio, el esclarecimiento del hombre es un autoconocimiento. De manera reversible, la teoría moral es también conocimiento del hombre. Los hombres no tienen que pensar tanto lo que tienen que hacer, sino lo que tienen que ser como decía el Maestro Eckhard. Hoy comprendemos todos fácilmente que un modelo de comportamiento moral encierra un modelo de hombre o, lo que es lo mismo, la antropología y la moral están unidas. Como contraposición a esta teoría de la horizontalidad, tenemos la reserva de la teología del tiempo cuando advierte que si grande es la semejanza entre Dios y el hombre, más grande es su diferencia. El equilibrio va a ser difícil de mantener. Por mucho que se apure la metafísica o antropología de la unidad, permanece la ontología de la distancia o distinción. Dios es el creador y el hombre una criatura. Se impone, pues, no la unicidad, sino la analogía entre Dios y el hombre. Una monición más a tener en cuenta, el suelo del hombre sobre el que Tomás reflexiona y elabora su discurso no es el hombre abstracto griego, platónico o aristotélico, sino histórico, es decir, el hombre cristiano. Eso significa que el hombre de hoy, que estudiamos y conocemos, está ya condicionado histórica y existencialmente por Cristo, por el amor de Dios, por la esperanza de plenitud eterna, por la unidad con los demás hombres. En definitiva, el hombre se complementa y se realiza por las virtudes morales y los procesos de la conciencia cristiana. Como consecuencia de esta preocupación intelectual, no se puede diferir más la pregunta ¿qué es el hombre según Santo Tomás? La respuesta técnica, oficial, importada, sin elaborar, sería la conocida definición de "animal racional" que ya supone una gran síntesis dentro de su arquitectura muy sencilla. Algunos autores ven en ella una reconciliación, una "vía media" entre aristotelismo y cristianismo. Otros resaltan el hecho de que, para Tomás, lo importante o relevante de su pensamiento sería la metafísica y la pregunta, o la preocupación por el hombre queda al margen o al borde de la misma. La gran metafísica y la pequeña antropología, podríamos decir. Esto no es ninguna descalificación. Al contrario, el discurso sobre el hombre formaría parte del discurso sobre Dios creador y su posición en el conjunto del ser o de los seres. Salvando esa primacía en el orden del ser, a continuación vendría el hombre como ser creado, participado, al lado del Ser supremo. Así comenzaría la antropología en Santo Tomás. Para otros, la introducción de una dialéctica u oposición en la antropología tomista (cristianismo frente a aristotelismo) sería falsa y habría que hablar, más bien, de una metodología "analítica" como concentración de elementos o confluencia de dos mundos. Nada estaría enfrentado ni el mundo, ni el ser, ni Dios, con el hombre. No habría negación, sino reconocimiento. La existencia ontológica no tiene extremos, sino que todo actúa como realidad comprensiva, síntesis y organización metafísica. La analítica es la categoría de la relación como semejanza y desemejanza, pero dentro de un orden y jerarquía. El orden de la creación está fijado por Dios. Esta ordenación o infraestructura ontológica fue usada por Santo Tomás para construir las pruebas de la existencia de Dios, las cinco vías, que se basan en la posición, en la proximidad o lejanía de las cosas creadas (esse) respecto al ser mismo (ipsum esse), que les confiere un valor o dignidad, actuando, igualmente, el mecanismo de la participación dentro de la analogía del ser, de acuerdo con la metafísica aristotélica. Unir para separar, separar para unir parece ser el método de la antropología dialéctica. La noción de ser no es unívoca, sino analógica o diversificada y en esa diferenciación encuentra su verdadero lugar la antropología como discurso sobre el ser del hombre. Este planteamiento se reproduce en los autores del existencialismo alemán de nuestros días, cuyos exponentes más reivindicativos son Heidegger y Jaspers, uniendo la reflexión sobre el hombre a aquella sobre el ser

6.2. Organización metafísica de la antropología

La relación y orden estructural que se establece entre los seres, incluido el hombre, no constituye una posición o existencia aislada (los seres no son islas), sino dinámica, movible y perfectiva, ascendente, creando una solidaridad jerárquica entre los seres, pues lo comparten todo. El orden es compromiso de actividad moral. Cuanto más cerca se esté del Bien supremo más digno deberá ser el comportamiento y el ejercicio de los valores, más perfección hay que añadir a la vida. La primera organización de los seres consiste en la determinada por la materia pura o por el puro espíritu. Aquí llegaría la síntesis ontológica en el sentido de que el hombre es la confluencia de los dos órdenes, el de la materia y el del espíritu. El hombre es, al mismo tiempo, horizonte y frontera. Esta es la misión de la antropología tomista, unir los dos mundos en el hombre, en la persona. Mediante la persona, el hombre es ciudadano de dos mundos, como se ha dicho repetidamente, que une en sí lo que estaba lejos y separado. Nada en el hombre separa, sino que todo une. El cuerpo une al alma con el mundo material, y el alma une al cuerpo con el mundo espiritual. Todo en la persona es intermediación y función. De aquí arrancan otras dos categorías. Si se ve al ser humano como el eslabón más pequeño o más bajo de la escala del espíritu, entonces nace su consideración como cualidad o como individuo. Si, por el contrario, el hombre está situado en lo más alto de los seres materiales, del mundo de la naturaleza, entonces surge la noción de cantidad o como masa. Tenemos así el orden de la cualidad y el orden de la cantidad, las ciencias morales o las ciencias físicas aplicadas al hombre. La persona es el centro, mitad materia o cantidad y mitad espíritu o cualidad. Descargando esta composición metafísica del hombre, encontramos la noción de cuerpo y la noción de alma. ¿Cómo se relacionan las dos? El punto de partida parece ser la definición dada en *Summa Theológica Iª, q.75, a.4*: "Es evidente que el hombre no es solo alma, sino algo compuesto de cuerpo y alma". Siguiendo la huella marcada por Aristóteles, pero con la mirada dirigida al relato bíblico de la creación, existen en el hombre —para Santo Tomás— dos principios: el del cuerpo y el del espíritu que se unen para formar una única naturaleza. Ambos se relacionan complementariamente como la materia y la forma. El paralelismo se alarga. Así como la forma es la vida de la materia, el alma es el único principio formal o esencial del cuerpo. Todos los seres tienen materia y forma, pero el alma es la forma más noble de todas y por ello transmite su dignidad y valor al cuerpo. Más aún, al ocupar el alma, el nivel superior de la creación, podemos decir que todas las cosas materiales están resumidas en ella. Nos encontramos aquí de nuevo con la antropología dinámica de la inclinación, de la proximidad, de la tendencia, de la vocación o atracción recíproca de ambos elementos en la constitución del hombre. El uno está orientado, llamado hacia el otro. El espíritu y la materia, el cuerpo y el alma no están como dos espacios o fuerzas paralelas, inalteradas, impasibles, estáticas, sino que el cuerpo mira, aspira o suspira por el alma y esta se inclina o se aproxima hacia el cuerpo. Es el dinamismo antropológico unido o derivado del ontológico que estaba presente en San Agustín, a partir de la experiencia de San Pablo. El hombre es un círculo en movimiento, una sucesión de causas y efectos, donde el alma pasa sus emociones al cuerpo y este traslada al alma sus necesidades e impulsos. El hombre es pasión pura. Podemos transformarlo y entenderlo en otras categorías diciendo que "esta" alma pertenece a "este" cuerpo y viceversa también tiene sentido. Esta situación ontológica y central, esta pertenencia de reciprocidad y orientación de ambas sustancias entre sí, de ambos componentes o extremos, es la persona. La filosofía tomista va más allá en esta parcela de la antropología cuando busca, por esta vía, la noción de individuo. No podemos olvidar que la finalidad última de toda antropología cristiana es dotar a cada ser humano de su singularidad, de su identidad, de su individualidad, de su dignidad, de su diferenciación, de su posición, valoración y consideración suprema. La metafísica es una unción y consagración del individuo. El alma solo es una, única o individual cuando informa a un cuerpo ordenado hacia ella, destinado para ella, dentro de la naturaleza del hombre. Igualmente, la materia se convierte en potencia y el alma en acto porque, de alguna manera, la materia indeterminada, el cuerpo en su disposición y capacidad es la fuente o causa de la forma individual. No estamos haciendo una labor de catacumba o museo analizando el momento más paleolítico del ser humano, sino que la psicología de todos los tiempos y, en especial, la moderna desde Descartes, se esfuerzan por explicar cómo es el intercambio o la relación cuerpo y alma en este espacio o categoría común, que "ocupan" o se reparten llamado persona, conciencia, espíritu, sujeto, mente. La psicología moderna comenzó en la metafísica más antigua.

6.3. El núcleo fundamental de la antropología tomista

Se ha querido responsabilizar a Santo Tomás de todo el peso que el dualismo platónico ha tenido en la configuración del pensamiento cristiano por su tendencia "intelectualista". La naturaleza y la gracia, el cuerpo y el alma, el entendimiento y la voluntad. Dualismos por doquier. Sin embargo, en este estudio de antropología cristiana vamos a luchar por entender que la unidad es la categoría de referencia en la comprensión del hombre como persona. Dicha unidad se asomaba en la antropología antigua, pero aquí aflora y reaparece con toda su fuerza hasta convertirse en el núcleo central de la visión del hombre. La visión neoplatónica y agustiniana del hombre pasa a formar parte del centro de la antropología cristiana. Había que encontrar una alternativa a la débil unión accidental ofrecida por el platonismo. Ya quedó apuntado que la presión ejercida sobre el tema de la unión entre el cuerpo y el alma en el hombre, venía también del lado escatológico, es decir, de la inmortalidad del alma y de la resurrección de la carne. La mística medieval, en cuyo entorno se mueve Santo Tomás, impulsaba la mayor separación posible entre el cuerpo y el alma para justificar su espiritualidad. El alma es el hombre, pensaban los autores desde la definición de Boecio. El primer giro se había producido en Pedro Abelardo (1079–1142) y ahora lo continúa Santo Tomás que conoce muy bien las posiciones antiguas, como se desprende de la *Summa contra gentiles, II, 57*, 1326–1341. Superada la fiebre de los universales, Tomás piensa en el hombre concreto. Ese es el problema, unir cuerpo y alma formando el individuo. Nuestro autor lo confía todo a la fórmula aristotélica "anima est unica forma corporis" (el alma es la forma única del cuerpo) de *Summa Theologica, I, q. 76, a.1 y 3*. Con ello queda superada la fórmula de composición cuantitativa, por elementos bien ensamblados, del hombre como "suma" cuerpo más alma, y se accede a un orden nuevo de personalismo trascendente, cualitativo y alternativo que desarrolla el cristianismo de la mano de Tomás de Aquino. Se toca de nuevo el fondo de la metafísica, pues, usando el esquema de acto y potencia, la materia del cuerpo es una materia prima, amorfa, indeterminada, innominada aunque sustancial que aporta el substrato o soporte metafísico adecuado, receptivo, potencial, para que el alma sea su forma y configuración individual, dando como resultado, un nuevo formato de ser que llamamos hombre. Si no fuese así, se preguntan los autores ¿de dónde vendría la palabra hombre? Esta "in-formación" por parte del alma llevaría consigo una transformación radical, sustancial, del cuerpo y su ámbito. Lo único real es el hombre resultante que es, a la vez y por el mismo principio, todo cuerpo y todo alma, un indivisible (individuo) ontológico y responsable singular de toda actividad derivada del único sujeto de acción desde la gruesa biología hasta la acción más moral o espiritual de las actividades radicadas en la personalidad o en la conciencia. La fórmula aludida no es una disolución de teología en filosofía, sino la utilización de una categoría filosófica y racional para expresar una convicción emergente de la revelación y de la fe. Lo más lejos que ha llegado el magisterio de la Iglesia en esta materia ha sido el Concilio de Vienne en el año 1313 donde se reconoce (tampoco se define como dogma) que el alma es "per se" forma del cuerpo, huyendo o condenando la existencia de dos almas en el hombre. Los beneficios de esta formulación para otros ámbitos de la teología cristiana se apuntan en *Summa Theológica I, q. 89, a.1c*. Se trata de usar la filosofía para entender la realidad del hombre como totalidad dirigido a comprender la creación por parte de Dios. Con ello se entra en otro terreno muy pantanoso como es la creación de cada uno de los seres ya individualizados por la forma del alma. Porque Dios crea a todo el complejo, al completo cuerpo y alma conjuntamente. Desde el punto de vista antropológico ya hemos visto que la creación en el tiempo no causa ningún problema, pues Dios trabaja y crea "siempre" y la creación como actividad permanente en Dios se entiende en un ciclo combinado de presencia y virtualidad diferida o desplegada para nosotros, en el tiempo, pero constante y contemporánea para Él. La creación se convierte en una conservación o sostenibilidad del sistema creador perenne. Aquí hay que activar una descripción fenomenológica, es decir, Dios no crea la especie en general, sino cada individuo. Cada persona en particular es el destino y resultado del acto creador de Dios y de las "intenciones" de la naturaleza. Así se debe entender en Santo Tomás la creación como individualización y perfección permanente del hombre. Hay que concluir que la valoración y dignificación de cada hombre no viene de una profunda reflexión o fórmula filosófica, sino de la estricta voluntad e intención de Dios sobre cada uno de los hombres.

Como no podía ser de otra manera, con esta antropología se satisfacen algunas exigencias de la teología como que Dios ha creado al hombre en la unidad del cuerpo y el alma. El hombre existe como mantenimiento de esta unidad. El pecado y la muerte separan, pero no destruyen al hombre unidad, a la persona trascendente. La resurrección de los muertos, la inmortalidad no es una nueva creación, sino la perfección de la ya existente. Es bueno explicar también la inmediatez de esta unión, es decir, entre el cuerpo y el alma no se interpone ninguna otra esencia, por lo que se unen directamente, inmediatamente. El alma es la estructura esencial del cuerpo. Eso significa también unión o forma sustancial. El cuerpo tiene que tener una disposición o capacidad o potencia dirigida a recibir la forma del alma que hemos llamado inclinación o determinación que salta hasta la vida eterna en la inmortalidad. La dualidad de los principios es asumida y transformada en la identidad concreta de la persona. La unidad de ser se prolonga en la unidad de acción que desencadena la moral y el derecho llamado natural. La operación principal en esta unión y con-formidad cuerpo-alma es el conocer. El conocimiento humano es la perfecta compenetración de esta integración consustancial y complementaria como apunta el autor en el *De anima a.1*. "El alma se une al cuerpo para conocer, pues esa es su primera función y la más importante". En el proceso y procesamiento de las sensaciones y de las ideas tiene lugar la mayor intervención de la unidad y diversidad de la persona a todos los niveles, desde el básico o biológico hasta el intelectual o racional supremo. Con el cuerpo y por el cuerpo se amplía el abanico de posibilidades para la ciencia y el entendimiento, reconoce nuestro autor. En la teoría del conocimiento es donde más se realiza y refleja la profunda unidad sustancial entre el cuerpo y el alma en el hombre donde ambos son copartícipes, coautores y coprincipios de una misma y sola operación. La dependencia y reciprocidad de ambos, dentro de la persona, es tan grande que se puede decir que el alma es principio del cuerpo y el cuerpo principio del alma a nivel ontológico y a nivel de funciones. En la definición del alma no puede faltar el cuerpo como elemento esencial. Mismidad es alteridad y alteridad es identidad. El yo y el tú antropológico como dialéctica interior y de reciprocidad de la persona.

6.4. Fenomenología de la diversificación

a. *El alma*. Con el esclarecimiento y legitimación metafísica de la unidad cuerpo-alma para formar al hombre no queda agotado el tema antropológico en

Santo Tomás. Si hay una antropología de la unión tiene que haber también una fenomenología de la separación. Merece la pena estudiar al alma separada y al cuerpo por sí solo. Ello es también una antropología real y no solo abstracta o hipotética. Ambos elementos, contribuyentes esenciales de la unidad personal, tienen su valoración independiente, previa y posterior a la integración personal. La unidad interior del hombre no resta para nada sentido al análisis de la exterioridad. La metafísica de la totalidad no anula el deber de la comprensión fenomenológica de la diversidad. La temporalidad es una dimensión esencial del hombre. Hay una teoría de la intencionalidad de Dios (intentio creatoris, instructor naturae) en Santo Tomás que puede ayudar a interpretar muchas divergencias antropológicas referidas al tiempo. El hombre es un ser temporal. Si la presencia del alma en el cuerpo venía entendida como forma y vida del mismo, sucede igual con la muerte, pero en sentido contrario. Ella es la separación del cuerpo y del alma que supone la desaparición del hombre como tal. Aquí se inicia la famosa cuestión sobre el "alma separada". Ella no es el hombre, sino solo una parte esencial del hombre. Santo Tomás admite que el cuerpo y el alma unidos realizan mejor la imagen de Dios que el alma o el cuerpo solos. Volvemos a la teoría de la asimetría antropológica. El alma, por sí misma, es superior al cuerpo al que está unido. Su ser y existencia no dependen de su unión con él. Incluso el alma puede conocer directamente las ideas y la verdad, independientemente de la ayuda o aportación del cuerpo en las sensaciones. Es otro signo de su superioridad y soberanía radical. Existe también una "libertad ontológica" del alma respecto al cuerpo. La corrupción y la contaminación del cuerpo no le van a afectar por mucha unión sustancial que haya con él. Otra expresión de antropología dialéctica o de la contradicción que se manifiesta en ambas reivindicaciones, como son, la unión con el cuerpo, pero también su distinción. La subsistencia del alma es independiente de su adscripción a un cuerpo. Esto crea problemas al principio de individuación que es necesario para entender a la persona. ¿Dónde radica la causa de la individuación en el hombre? Si el alma es una realidad subsistente e independiente y solo se "determina" cuando informa al cuerpo, ¿es la materia corporal el principio de singularización o concreción de la persona incluida el alma? ¿Dónde está la sustancia individual racional de la que habla Boecio? Y cuando hablamos de la inmortalidad del alma ¿a que nos referimos? ¿Al alma separada del cuerpo o al alma in-corporada, formalizadora y estructuradora de la materia? Sin embargo, se habla de la inmortalidad de todo el hombre, o sea, de la persona. La metafísica sigue siendo la garantía de la individuación que defiende la antropología cristiana en ese tiempo. De lo contrario, nuestros autores se hubiesen entregado en brazos del dualismo platónico y se hubiesen quitado muchos problemas de encima. Pero la fe era un interrogante que trascendía a la filosofía platónica, aunque se sirva de ella. El cuerpo es la actualización del alma. La solución parece estar en que, después de la muerte, el alma debe realizar una nueva in-formación del cuerpo que no es pura continuación de la anterior, sino su perfección.

b. *El cuerpo.* Santo Tomás profundiza en la tradición cristiana de defender la autonomía y dignidad del cuerpo derivada no solo de su unión con el alma, sino también de su esencia y procedencia. Los focos de la antropología iluminan el tema del cuerpo volcando sobre él todo el valor de la fe y de la reflexión. He aquí las razones por las que el cuerpo humano se convierte en un elemento fundamental del humanismo cristiano y occidental. Primero, el cuerpo es creado por Dios como el resultado más perfecto y sublime de la creación. La metafísica dice que los seres o son Dios o son de Dios, derivados de Él. Segundo, el cuerpo contribuye a la formación de la imagen de Dios siendo su reflejo, expansión y representación. Tercero, el cuerpo preside, desde su nobleza y superioridad, el conjunto de las cosas materiales en el mundo. Cuarto, el cuerpo es morada y soporte del alma humana, cumpliendo su función de conectividad con el mundo. Quinto, igualmente sirve de intermediación para que esta se comunique con el mundo material. Sexto, interviene en el proceso del conocimiento aportando los cauces de los sentidos en la doble dirección aferente y deferente. Séptimo, el cuerpo ofrece, en especial, la potencia o capacidad de unirse con el alma para formar al hombre y a la persona. Octavo, contribuye al principio de individualización del hombre. Noveno, conduce al alma en el tempo hasta su separación por la muerte, dejándola libre para realizarse como esencia subsistente. A pesar de que el núcleo esencial de la filosofía o de la antropología de Santo Tomás sea el tema del alma, no es extraño que sea también un firme defensor del cuerpo humano, como proclama Matthias Vonarburg (1012) en un reciente estudio. La teoría del cuerpo es considerada por Santo Tomás como un legado que él tiene que continuar. Deberá ser vista y entendida a la luz del resto del "cosmos" que significa orden y armonización. En ella tiene sus raíces la idea de belleza, como sucedía en San Agustín. La creación del mundo es el resultado de la voluntad y del amor de un Dios trascendente que no se identifica con su obra, sino que la supera colocando a Dios como "el otro" sagrado y reverente. Pero lo trascendente de Dios se hace principio inmanente y dinámico de la vida y del mundo. El lenguaje religioso y antropológico cambia completamente y de convertir a Dios en sujeto (trascendente) lo pasamos a predicado (inmanente). De la afirmación "Dios es bueno" pasamos a decir "el Bien es Dios". He ahí el giro cristiano frente a la dialéctica de lo griego.

6.5. Camino hacia el personalismo

Todo esto nos conduce a una formulación explícita del personalismo cristiano más racionalizado en Santo Tomás donde, después de haber hecho la travesía del cuerpo y el alma, ya tiene más sentido preguntarse por el hombre como persona. Eso supone entender, igualmente, a Dios como persona que ama y crea, que crea amando y que ama creando. Las cosas, la historia, los acontecimientos no son el resultado de un ciego destino o del eterno retorno, sino la experiencia e intercambio personal de Dios y el hombre a lo largo de la historia. La libre interlocución de Dios y el hombre es el núcleo de la idea cristiana de la realidad. Este diálogo comenzado en la creación, continuado en la encarnación del Verbo, dirigido en el tiempo por la Iglesia hasta su culminación de los tiempos en la resurrección, constituye la explicación personalista del mundo y de la historia pero, sobre todo, la constitución del hombre como tal persona. Si Dios no es concebido como persona, tampoco puede serlo el hombre que es su imagen. Los efectos de este personalismo ontológico (modernamente M. Nedoncelle hablará de un estatuto metafísico de la persona) hay que buscarlo en la identidad del hombre, que no es solo una parte de la especie humana, del todo, sino un ser dotado de individualidad única, personalidad singular, rasgos o datos intransferibles, perfil irrepetible y características no intercambiables o confundibles. Con ello se abre, igualmente, el camino hacia la conciencia moral, el espíritu y la responsabilidad personal, de tal manera que el cristianismo no es norma, ley, sino subjetividad. Para ello hay que descender de las esencias universales a la conciencia individual. De lo contrario no hay antropología de la participación, sino solo metafísica de lo común, del todo, de las formas. Lo primero en la metafísica cristiana es la unidad, según la tesis de Tresmontant (1961). Con esto evitamos la imagen de un Santo Tomás filósofo severo o intelectual estricto, autor de mecanismos de la razón para llegar a un Dios racional que nos espera al final de las cinco vías probatorias de su existencia, aunque lleva implícito un salto de la inmanencia del mundo a la trascendencia de Dios. Hay que unir las dos cosas, la razón que cree y la fe que razona. El personalismo desarrollado por Santo Tomás no se reduce a un mano a mano entre Dios y el hombre, sino que implica, igualmente, la presencia del mundo. Es una trinidad personalista donde así como Dios transfiere su dimensión personal al mundo y al hombre, mediante la creación así también ambos términos afrontan conjuntamente, un proceso de hominización, personalización. Permaneciendo muy clara y nítida la "línea roja" de la diferencia entre Dios, el hombre y el mundo, el personalismo cristiano no consiste en igualarlo o confundirlo todo, sino que cada uno desde su posición ontológica establece relaciones personales y de diálogo con los demás. Cada uno de esos tres ángulos tiene identidad y autonomía propia y, al mismo tiempo, está sometido a los demás. No son ontologías provisionales o residuales, sino proyectos individuales o personales. Santo Tomás no termina con el reinado de la filosofía platónica o agustiniana. El mundo y el hombre reciben su existencia, consistencia y dignidad moral por la creación de Dios. Además de recibir su ser de Dios, reciben también de Él su impulso y función, su vocación y desarrollo, su efectividad e intervención con lo que se constituye lo que llamamos orden moral según *Summa Theologica, I, q.1.a. 8 ad 2*. El hombre recibe de Dios la razón y la inteligencia con la que dirige y administra el mundo sin que sea necesario una nueva intervención divina.

Por lo demás, Dios no crea al hombre en general, en universal, en abstracto, sino a cada uno en particular, según su composición (materia forma) como se dice en *Summa contra Gentes II, 43*. La persona designa lo más perfecto de toda la naturaleza, según las palabras de *Summa Theológica I, q. 29 a.3*. Este es el giro radical del cristianismo hacia la dignidad de la persona que era impensable en la filosofía griega. La condición finalista y no solo instrumental de la creación del mundo y del hombre es propia de Santo Tomás. El Dios personal crea al mundo y al hombre como interlocutores suyos. De ahí su capacidad representativa y continuadora que se expresa en la concesión racional, en la estructura subjetiva del hombre y en ley natural como orden comunicado y participado. La ley eterna y la ley natural no son más que el plan que Dios tiene establecido, aplicable a la perfección y desarrollo del mundo. La posición especial del hombre en el mundo le permite no permanecer pasivo, sino participar activamente en la ordenación y desarrollo del mismo mediante la ley de Dios, siendo él mismo colaborador de la providencia. Esta función mediadora del hombre en relación con el mundo era negada por la filosofía árabe del tiempo para los que Dios actúa directamente en la historia y en la sociedad sin necesidad del hombre, de su libertad o de su voluntad y decisiones. Dios dirige el mundo sin consultar al hombre que sería una pura marioneta, un invitado, pero no un cooperador libre.

7

Aproximación a la antropología teológica

Natural y sobrenatural. Antropología y teología. Naturaleza y gracia. Estos binomios representan una incursión recíproca de ambas metodologías y sus respectivos contenidos. ¿Cómo se puede estrechar la unión de ambos órdenes, del natural y sobrenatural, presentes en la única plataforma antropológica que es el hombre? Porque nos aferramos al principio del mismo Santo cuando dice que lo sobrenatural, la gracia no destruye, sino que supone, transforma, complementa y perfecciona la naturaleza, en este caso, a la persona. Así se han leído e interpretado las palabras de *Summa Theologica, I, q. 8 a.2*. Estamos asistiendo, igualmente, al nacimiento de la modernidad, al humanismo actualizado de la Ilustración, al reconocimiento de toda la tradición sin contradicción. La teoría antropológica de Santo Tomás que encierra esa idea puede ser asumida por cualquiera de nuestros pensadores modernos, incluidos los que más reservas, enfrentamientos y críticas mantienen contra el cristianismo de todos los tiempos. En la Edad Media arranca el camino para realizar y entender la compatibilidad entre antropología y teología racional que algunos transforman en teología natural. Hablamos de lo mismo. El hombre horizontal es capaz de abrirse a la trascendencia y dicha apertura de la razón a la fe significa una mejora cualitativa, una perfección de la misma razón.

7.1. De la antropología fronteriza a la complementaria

Todo ello se produce con la vuelta al principio, es decir, a la creación. Con el ser, los seres creados reciben un programa, un proyecto de actividad y desarrollo acorde con su naturaleza según *Summa Theologica, I, q. 65, a.2*. Es una ontología dinámica, desplegada, en acto. La naturaleza es pura posibilidad. La actividad y desarrollo de un ser tiene que estar acorde con la constitución esencial. Realidad y configuración. En el hombre es la subjetividad la estructura que define su ser en el mundo. La acción sigue al ser, de acuerdo con el principio de *Summa contra Gentes III, 69*. El ser determina el deber ser. El hombre es causa de sí mismo y de su mismidad sustancial. ¿Hay mayor realismo humanista que el cristianismo cuando otros creen haber inventado la dialéctica antropológica hablando de la autoconstrucción del hombre por el trabajo material? Todo lo contrario, pues lo que el hombre descubre y produce desde la metafísica del sujeto es a sí mismo y el orden moral. Lo específico del ser humano es la determinación racional de su actividad con capacidad para decidir su vida con lo que participa en la tarea creadora de Dios. El alejamiento y, a veces, el enfrentamiento entre la racionalidad moderna y las reivindicaciones del cristianismo no tienen ningún fundamento. La autonomía es la base de la antropología y de la moral cristiana, sabiendo que ella misma nos conduce a la heteronomía bien entendida. El hombre, al ser imagen de Dios, es causa de su propia actividad racional y moral. Esta línea de investigación coincide con el clamor de la antropología actual a la que se pide ahondar y profundizar en las estructuras de la existencia humana para descubrir sus dimensiones trascendentes donde se apoya y acoge el mensaje cristiano, como complemento del hombre natural. En este impulso del hombre natural ¿dónde está la frontera —se preguntan algunos— entre uno y otro orden, entre antropología y teología? Quizá haya que hablar, más de que frontera o separación (que sólo será metodológica) de continuidad del hombre en la trascendencia. No hay interrupción, sino alargamiento complementario del hombre en sus dimensiones. En el pensamiento primitivo hemos oído hablar a los Padres de la Iglesia de reforma, de renovación del hombre. Distinta formulación, pero el mismo problema que arrastra todo el cristianismo a lo largo de su historia cultural desde sus orígenes al enfrentarse con la filosofía o con la verdad griega. Desde "el Dios desconocido" de San Pablo en el Areópago, o el "hombre naturalmente cristiano" de Tertuliano o el "solo faltaba el nombre de Cristo" de San Agustín hasta la teoría del "cristianismo anónimo" o el "existencial sobrenatural" de nuestros días, puesto a disposición del diálogo con el ateísmo moderno por K. Rahner (1954), explicando la relación entre naturaleza y gracia. A ello contribuyó la presencia de una filosofía más humanista o un pensamiento existencialista por una parte y la secularización de los viejos valores religiosos por otra.

Frente a esta aparente contradicción entre natural y sobrenatural en el hombre, debemos acudir a la teoría del "exitus-reditus" de Santo Tomas. Es decir, el orden natural sale de sí mismo para elevarse o convertirse en orden sobrenatural pero, una vez constituido, vuelve sobre sí mismo para reinterpretarse, para rediseñarse, para reformarse y concluir la situación final (otros dicen escatológica del hombre) sobre el mundo. Traducido a nuestro ensayo, la antropología sale de sí misma, de su ámbito metodológico para convertirse en teología que devuelve, al hombre primero, su rostro definitivo adoptando el lenguaje teológico y cristiano. Lo sobrenatural no es un añadido ontológico sino el retorno antropológico de la fe, de la gracia, sobre el hombre ya perfeccionado. No hay dos metafísicas superpuestas. La teología es una meta-antropología reversible, constitutiva del hombre salvado, definitivo y final. La relación entre razón y fe, natural y sobrenatural, antropología y teología no es lineal, excluyente sino circular y recíproca. El esquema de "exitus-reditus" que se produce y desarrolla en un contexto netamente trinitario o teológico, debemos también aplicarlo a la problemática antropológica en Santo Tomás. Hay una "circulación" entre lo natural y lo sobrenatural, entre lo humano y lo divino, entre la razón y la gracia, reconociendo una doble dirección en el único proceso existente. Como en la Trinidad teológica, se da en el hombre una "procesión" (de proceder) o procedencia en cadena de su estructura como nexo entre el hombre y Dios. La primera "circulación" o círculo antropológico y teológico tuvo lugar en Cristo cuando, según San Juan 16:28 "Salió del Padre y vino al mundo y ahora, deja el mundo y vuelve al Padre". Lo mismo sucede con el movimiento y la dinámica entre natural y sobrenatural en el hombre que es el círculo antropológico religioso. Dios tiene una gran tendencia a comunicarse, a enlazarse, a conectarse y a extrapolarse de tal manera que los mundos, los órdenes (natural o sobrenatural), surgen de esta intra-relación o extra-relación de Dios. Todo esto puede trasladarse a categorías temporales y la teoría del "exitus-reditus" puede explicar la historia de la salvación cristiana como un eterno retorno. Igualmente, el círculo exitus-reditus" explica al hombre, a Dios y al mundo.

7.2. La vía antropológica de acceso a Dios

Mucho se ha escrito sobre las cinco vías de Santo Tomás como modelos de llegar la inteligencia humana al encuentro de la existencia de Dios. Sin embargo, la diversidad en la formulación no tiene que distraernos en la reducción antropológica de las mismas, pues, en el fondo, son una sola vía que es el hombre. Las cinco vías de Santo Tomás no son tanto un comportamiento de la razón pura ni un procedimiento de fina metafísica, sino un tramo del deseo antropológico dirigido a descubrir a Dios en el fondo del hombre y sus aspiraciones, como pueden ser la perfección, la contingencia, el orden o la causalidad. Es Dios quien desencadena el proceso de búsqueda y aproximación. Lo sobrenatural comienza en lo natural del hombre, o sea, en la razón aunque luego vuelva salvada, en forma de fe, a la misma inteligencia. Dios que es el "otro" comienza en mi; Dios que es el allí comienza en el aquí antropológico; Dios que es el entonces comienza en el ahora del hombre. Este es el marco de interpretación de la antropología tomista en torno al hombre como "deseo de Dios". Nada se busca si no se desea y nada se desea si no se conoce. El conocimiento de Dios no es un proceso estrictamente racional, sino un proceso íntegramente antropológico y personal que activa todas las energías del hombre implicadas en dicha búsqueda como veíamos en el alma de San Agustín. La teología no es ninguna ciencia destructiva de la antropología, sino que esta es la primera parte de aquella. Deseo natural de ver a Dios como capacidad religiosa del ser humano, sería la fórmula utilizada por Santo Tomás para desarrollar su antropología de lo natural-sobrenatural. Esta es la estructura ontológica del hombre. El deseo natural del hombre en relación con Dios hay que interpretarlo en un contexto personalista, incluso filosófico, como es apertura, encuentro, diálogo, compromiso, amor, relación, palabra, visión, iniciativa, respuesta, manifestación, revelación. Toda una fenomenología procedente de la filosofía usada analógicamente en teología para hablar de Dios. Esta teología renovadora, o la nueva teología del siglo XX, prefiere hablar de autorrevelación en vez de revelación en sentido histórico o técnico. Por tanto, Dios no se oculta, sino que se autorrevela, se abre y se hace visible o perceptible para la inteligencia humana. Este es un nivel muy importante. La apertura de Dios al hombre, la palabra de Dios, el "exitus" o salida de Dios provoca la audición, la inteligencia y la respuesta humana o "reditus". La religión es un diálogo de reciprocidad intersubjetiva. Si la palabra de Dios no es oída y luego entendida por el hombre, no es ni siquiera palabra. Esto no desemboca en ninguna fórmula matemática, sino que a pesar de estos planteamientos analógicos, Dios no es ninguna evidencia y sigue siendo un misterio oculto en su totalidad. Pero permanece el deseo. El espíritu humano está orientado al conocimiento de Dios. La libertad humana no es ninguna barrera, sino una posibilidad de respuesta pues lo natural en el hombre (ello mismo dado por Dios) es un punto de conexión entre ambos órdenes, el de la libertad y el de la gracia. El sentido de la revelación no viene de fuera, sino que la trascendencia de Dios "resuena" (reditus) en la inmanencia del hombre mismo. Lo cual significa que el hombre está abierto a dicha trascendencia y le constituye en persona. Así se enlaza esta antropología con la teoría de la "imago Dei" de otros tiempos mantenida en la Edad Media. El conocimiento de Dios, el resultado de las cinco vías, es un reconocimiento, pero no en el sentido de la reminiscencia neoplatónica, sino en el proceso antropológico de la interioridad cristiana. Dios se convierte en algo interior al hombre, pero que salta y supera al hombre con la trascendencia. Es la trascendencia de Dios (exitus) lo que da profundidad a la inmanencia del hombre (reditus). Dicha inmanencia o interioridad hay que transformarla en experiencia religiosa del hombre moderno. La religión, o lo sobrenatural no es más que la devolución de lo natural al hombre, con un nuevo yo y nueva libertad, una vez transformado por la gracia que salva y restituye. Estamos ante un enésimo caso o ejemplo de antropología trascendental cristiana donde la razón natural y las verdades descubiertas que le acompañan en el hombre se proyectan (exitus) por alcance y dirección más allá de sí mismas (trascendencia) para retornar (reditus) a él en forma de certeza y seguridad (inmanencia), reforzadas por la fe y la revelación. A pesar de la creación y capacidad ontológica del hombre para acceder, conocer o ver racionalmente a Dios, la necesidad o impotencia radical del mismo hombre para tan alto salto o esfuerzo, necesita la ayuda y la intervención de Dios en una mezcla o condensación de natural y sobrenatural, al modo y estilo de la dimensión del Verbo que fue una unión, una encarnación, una integración de lo humano y lo divino en una única realidad sustancial. En la antropología de Santo Tomás, el descubrimiento o el encuentro con Dios, por parte del hombre, no se limita a su lado racional, al Dios-Idea o Logos griego. Ello supone una totalidad personal y perfecta que, a su vez, no transforma solo la razón humana, sino a todo el hombre entendido y extendido en facultades, libertad, voluntad, amor. No es solo el Dios Verdad encontrado, sino el Dios Bien y Felicidad que pasa a ser el bien y la felicidad definitiva y completa del hombre insatisfecho, necesitado pero capacitado para ella.

7.3. Antropología de la gracia connatural

Dentro de los temas clásicos de la síntesis teológica realizada por Santo Tomás están los grandes desarrollos relativos al pecado y a la gracia, por ejemplo. Veamos cómo se puede realizar una aproximación o acercamiento desde la antropología a estos temas. Si hay una categoría que concite todo el peso o síntesis del cristianismo, del orden sobrenatural, de la salvación, de la teología, esa es la gracia. Podemos adoptar una perspectiva temporal y empujar el tema hacia una escatología final como se hace en la III parte de la *Summa Theologica*. Sin embargo, la antropología cristiana, sin rehuir dicha prospección o proyección final de las cuestiones, pretende hacer un análisis del hombre presente aunque también el futuro forme parte de ella. Comencemos diciendo que la gracia no es solo un "estado" algo sustancial o metafísico del hombre, sino una fuerza o realidad operativa que significa la dinamización o movilización de todas las estructuras y facultades del hombre. Desde el punto de vista histórico, nos encontramos en el "tiempo de gracia" o "tempus salutis" (frente a otros estadios de la humanidad) lo que significa que toda la humanidad está alcanzada por esa decisión de Dios o situación, incluidos los no creyentes. Aunque parezca un concepto muy restringido (gracia, salvación, sacramentos) es una de las categorías de mayor espectro antropológico que abarca toda la existencia del mundo y del hombre. Por tanto, no hay motivos para "relegar" o restringir su alcance a lo estricta o explícitamente cristiano. La gracia es el tiempo antropológico actual cristiano. Se trata de comprender la gracia como una experiencia humana. La antropología de la gracia, a estas alturas del pensamiento cristiano, no puede prescindir de los antecedentes relativos a la "imago Dei" en la tradición agustiniana. El hombre, todo hombre, cada hombre está configurado según Dios. Esa es la esencia del hombre y, a la vez, de la gracia. Esa es la gracia natural, la concesión, la creación como primera forma de la gracia, el primer revestimiento, la primera comunión entre el hombre y Dios. A continuación llega la pregunta y la polémica: ¿será necesario otro nivel de intervención por parte de Dios para reparar o rehabilitar los destrozos causados por el pecado en el hombre? A esto también se llamaría gracia, nuevo proyecto corrector, nuevo relanzamiento o recuperación de las relaciones entre Dios y el hombre. O si la gracia añade algo nuevo al alma humana. La creación del hombre fue una obra, una respuesta objetiva al amor de Dios. La tesis de Tomás es que la gracia es un amor especial (dilectio specialis) en virtud del cual la criatura racional es elevada de su condición natural hacia otra relación más profunda con Dios, según *Summa Theologica I-II, q.110 a.1*. Este amor más profundo y esta unión más intensa del hombre con Dios producen otros efectos. A la primera forma y efecto de la gracia la llaman "gracia creada" y la segunda dimensión de la misma gracia es llamada "gracia increada", o creación sobrenatural o una nueva configuración del hombre en relación con Dios. Ya tenemos ahí el vínculo entre ambos órdenes que confluyen en el mismo y único hombre, el orden natural y el sobrenatural. No se puede obviar, despreciar o ignorar el elemento antropológico que subyace en todos estos procesos de explicación teológica. Todo esto no debe sonar a lenguaje lejano, abstracto o imaginario. El discurso antropológico sobre la gracia alude a la transformación radical del hombre en una nueva metafísica de la salvación y de la existencia cristiana, donde tienen que cambiar la experiencia, descubrir nuevas ideas, mejorar actitudes, transformar la libertad, remover los sentimientos, enderezar las conductas, sustituir hábitos y costumbres, concebir nuevos valores, rectificar las ocupaciones, ajustar las normas, la organización social y todo lo que signifique un despliegue y realización del hombre nuevo recreado y reciclado. El pecado vino a destruir la armonía, a desestructurar al hombre ordenado, a introducir el desorden y el desconcierto, a desestabilizar el equilibrio y la jerarquía, a romper la proporcionalidad. La segunda gracia es la recuperación del antiguo hombre natural. Sin ella, el hombre estaría incompleto e inacabado. El cristianismo es el humanismo puro y total de la gracia. Qué natural es lo sobrenatural, podríamos exclamar. La importancia de una antropología de la gracia en Santo Tomás reside en que la existencia humana es conducida, desde su esfuerzo natural y las capacidades naturales, hasta el poder ser llenada, perfeccionada y satisfecha por el amor de Dios. La creación del hombre como imagen de Dios permanece y viene potenciada a pesar de la debilidad trasmitida en el pecado. Esa es la programación de la antropología de la gracia según Santo Tomas. La interpretación del hombre como imagen de Dios y el dinamismo derivado de ella lo convierten en un medio y fin de la acción de Dios en el espíritu humano. La creación (orden natural) se continúa en la historia (gracia) como salvación. Creación e historia son el comienzo de una nueva condición de la existencia humana. El hombre, el tiempo y la historia visibles son el lugar y escenario para una intervención o salvación de Dios invisible que es la gracia. Al lado de la conocida cuestión sobre la necesidad de la gracia está también su esencia y efectividad antropológica. ¿Qué añade la gracia al único hombre existente? La gracia es un nuevo movimiento (motus) del alma que trasciende los límites impuestos por su naturaleza al hombre y le fortalece para realizar actos o finalidades imposibles de alcanzar con solo la fuerza connatural limitada de la creación. La gracia es una cualidad especial, extraordinaria que concede al hombre una creatividad y originalidad también especial. El Santo quiere dejar claro que esa cualidad no es consustancial al hombre, sino concesión o donación gratuita (gratia) y añadida por parte de Dios. A continuación, el dinamismo antropológico generado por la gracia se hace recaer en las virtudes, la fe como potenciación de la razón a la que dota de más alcance, la esperanza como fortalecimiento y superación de las condiciones temporales y contingentes de la existencia, la caridad como transformación de la voluntad y del amor humano.

8

Antropología del orden moral

Convencidos de que no podemos realizar un estudio o análisis exhaustivo de todas las implicaciones antropológicas del sistema desarrollado por nuestro autor, queremos adentrarnos ahora en sus ideas morales para ver la presencia de elementos de antropología cristiana en ellos. Intentamos una reorganización del orden moral visto desde la antropología tomista. Pedimos aquí la misma sucesión y continuidad mantenida hasta ahora: ontología de la subjetividad, antropología de la conciencia y moralidad de la responsabilidad. La moral se asienta en la antropología de la subjetividad y de la conciencia

Hay que distinguir claramente lo que es iniciativa de Dios de lo que es creación y responsabilidad del hombre y de su libertad en la actividad humana. El hombre se mueve entre la positividad del mundo y la conciencia personal trascendente. Hay que llegar a una compatibilidad, pues Dios es el autor de ambas realidades. El orden ontológico, Dios, hombre, mundo, tiene que contribuir a la construcción e interpretación del orden moral como juicio, como sentimiento y como norma. La moral no es un catálogo de leyes o de normas, sino una esencia definidora y constitutiva del hombre. Es la meta-norma o la norma madre de donde nacen las demás leyes como mandato original que llamamos derecho positivo.

8.1. La infraestructura del sujeto y del espíritu

Antropología diferencial de la conciencia y nacimiento de la tragedia moral en el hombre. Nos persigue la misma dialéctica: qué es la moral ¿imperativo de la conciencia o la objetividad de la norma? ¿Dónde aparece la conciencia en la antropología tomista? No somos infieles al cristianismo o disidentes de la tradición si decimos que hay que destruir esa dialéctica. No podemos enfrentarnos a Dios, a la libertad del sujeto y al mundo. Por el contrario, la síntesis es la mejor respuesta. La conciencia moral nace como resultado de estos tres "principios" morales conjuntamente, el creador del hombre y del mundo; el hombre sometido a Dios, pero sometiendo a su vez al mundo y, finalmente, el mundo ordenado por Dios y formando parte del hombre. Dios, el hombre y el mundo, como principios de la moralidad humana. Autonomía y heteronomía, suficiencia y necesidad, independencia y obediencia, identidad y diferencia y su mutua relación o subordinación. Estos son los cauces racionales por los que discurre el trazado de la moral cristiana nacida de los elementos culturales de la Edad Media. La particularidad de cada una de estas tres fuentes de eticidad y bondad es indispensable para entender el problema de la moral en nuestros días. La conciencia del hombre está formada por la conciencia de Dios y la del mundo. El mundo ha sido creado por Dios y tiene una "positividad" ontológica y moral, es decir, es un bien ordenado, pensado, intencionalizado, medido, organizado, limitado, armonizado, instituido por Dios, a lo que solemos llamar orden, ley, derecho natural. Así es la creación y la historia. A continuación viene el hombre como espíritu y persona e interlocutor del mundo y de Dios. Las tres realidades (Dios, hombre, mundo) están ordenadas y referenciadas entre sí para constituir el orden moral. Ninguna de esas tres dimensiones puede considerarse un apéndice o residuo del que se pueda prescindir. El mundo o la materia no son un vertedero, una papelera. Tampoco debe considerarse como una amenaza o un peligro para la conciencia. Esto era neoplatonismo. Para los cristianos, el mundo tiene su propia grandeza y dignidad. Despreciar o ignorar la valoración del mundo equivale a negar la perfección de Dios. Eso nos lleva a admitir unas fuerzas, unas tendencias en la naturaleza, que se desarrollan según su propia programación, que también han sido creadas y puestas por Dios en las cosas. La concepción dinámicomoral del mundo implica que cada ser, además de ser, tiene que actuar como tal. Dios no añade nada a las cosas, sino que estas reciben la plenitud y perfección que satura y rebasa en Dios, quien se derrama en ellas y las hace partícipes de ello. Es importante comprender que el mundo no es un medio (una realidad en tránsito provisional) para Dios, sino un fin en sí mismo. Esta condición debe ser aceptada por el hombre. Algo de finalidad tienen las cosas. La creación no va a ser todo instrumental, pasajero, tenencia, disfrute y utilidad. Y al final la muerte, la nada. Al contrario, esto significa que Dios ama el mundo por sí mismo, por sus contenidos y desarrollos, según *De veritate, q.5, a.1*. La razón está muy clara en el cristianismo. El mundo "realmente" existente estuvo "idealmente" primero en Dios, fue parte de Él (intencionalidad) y ahora Dios forma parte del mundo como meta (finalidad) y plenitud. Así, llegamos a la comprensión del gran concepto tomista de la "lex aeterna", de la ley eterna, del trazado moral de la creación. Esto pertenece a la esencia de las cosas, por la naturaleza de cada ser, y no viene añadido posteriormente a ellas por fuera, por normas positivas. Ontología de la conciencia del mundo que debe obedecer a esas leyes "in"-scritas antes que "es"-critas. Cada ser tiene sentido en sí mismo.

Traslademos esto al hombre. Por su estructura bidimensional (cuerpo y alma) participa del espíritu y de la materia, o sea, del mundo y de Dios. El hombre tiene un lugar en el mundo. Como ser creado y racional, también goza de una estructura participativa y permanente. La razón del hombre ha sido querida por Dios y dotada de autonomía e iniciativa. Nos estamos acercando a la noción de espíritu y de sujeto. La dignidad del hombre consiste en que nunca puede ser convertido o utilizado como medio. Hay que aplicar al orden moral el mismo principio de individuación que en el resto de la metafísica cristiana. Es el hombre concreto, individual, el que merece atención, el sujeto de responsabilidad, el espíritu creado, el depositario de la dignidad que emana de la imagen de Dios. Toda la creación, en especial el hombre, tienen como finalidad la vuelta a Dios, a su principio. Así se cierra el círculo moral en el que está instalada la creación entera. El humanismo cristiano no se pierde en la abstracción universal griega, sino en la realización y perfección de cada uno de los seres. Dios ha querido al hombre por sí y por su especie y lleva el sentido o meta en sí mismo, independientemente de la naturaleza, a lo que llamamos espíritu o sujeto. Cada hombre es sujeto y se completa y perfecciona por sí mismo. Es lo que entendemos por persona. La relación o dependencia de mí mismo conmigo mismo es la conciencia. Como criatura racional, el hombre se mide y se dirige por sí mismo. Tiene que tener providencia o responsabilidad de sí mismo y de los demás, según *Suma Theologica, I/II q. 61, a. 2*. Así hemos llegado al estatuto del hombre como sujeto. Es la participación del hombre en la ley general de Dios, en el orden y marcha de la naturaleza. Con ello, el hombre entra en la dialéctica de la afirmación de bienes y valores o en la negación de tendencias contrarias. En ese escenario, la razón es quien dirige y preside la conducta humana que la "conduce", la lleva al último fin que es la felicidad. Esto es lo único irrenunciable. Todo lo demás es posibilidad, libertad y conciencia o vida moral. En la filosofía de la Ilustración, en Kant, se le ha dado carácter de razón práctica donde se alberga el imperativo categórico como fuerza impulsora de la conciencia. De esta forma asistimos al nacimiento de la conciencia moderna en el corazón de la Edad Media, de la mano de Santo Tomás. Si la conciencia no encontrase obstáculos nunca se haría fuerte ni ejercería su capacidad de elección. La razón práctica se alimenta de la práctica de la razón.

8.2. Antropología y moral funcionalista

De la antropología estructural a la funcionalista. La vida moral se desarrolla en el interior del hombre y es una verdadera psicología de las fuerzas o de las pasiones inmanentes. También en eso Santo Tomás es un maestro de la modernidad. De ahí la necesidad de una educación aplicada. La antropología cristiana se convierte en una pedagogía. Seguimos en un ámbito y escenario antropológico. Cuerpo y alma. Pasión es acogida, recibimiento, impacto, padecimiento. Esos reclamos, que son las pasiones, no vienen de fuera, sino de dentro del hombre. La vida afectiva es la primera división del hombre en movimiento espiritual. El hombre frente al hombre, pues yo estoy todo en el cuerpo y todo en el alma. Yo mismo contra mí mismo. Una contradicción, una dialéctica. El yo dialéctico. Ya lo veíamos en San Agustín. Los primeros autores cristianos convirtieron la antropología metafísica en espiritualidad. Descartes la convierte en psicología funcional. No interesaba tanto la unión, sino la comunicación y desarrollo de ambas dimensiones. Ahí comienza la ciencia moderna del alma. Santo Tomás ofrece muchos elementos para ello. Los sentimientos tienen mucha importancia en la vida del hombre. Tampoco puede extrañar que el "intelectualista" Santo Tomás desarrolle el tema de las pasiones y ejerza de psicólogo. Lo mismo que hablamos de una "summa theologica" podríamos hablar de una "summa anthropológica". El Dios del entendimiento es también el Dios de los afectos en Santo Tomás. Su estudio, naturaleza, clasificación y enumeración ocupan muchos capítulos de la gran obra (Summa Theologica) pero están concentrados en el *De Veritate, q. 26.* La tensión o ex-tensión del hombre aparece en el fondo de las pasiones. Ellas son una provocación, una llamada del mundo exterior que encuentra aliados en el interior del hombre. La tensión cristiana del hombre se produce en esta doble consideración, pues pasión es recepción, es provocación, pero también privación, negación o rechazo. No todo lo que llama a la puerta de la conciencia humana puede entrar en ella, se podría decir con Freud. El hombre está ocupado y hay unas exigencias. Hay que elegir. La vida moral es elección. Nada mejor que las pasiones demuestran la conexión del hombre con el mundo, de la que hemos hablado tantas veces en esta antropología cristiana. Pasión de la naturaleza o pasión del espíritu. Ellas indican una alianza ontológica entre el hombre y el mundo que tiene como escenario mediador y unificador al cuerpo. Las pasiones no vienen de fuera, no son algo objetivo, son un diálogo intrapersonal del cuerpo con el alma, o sea de la unidad, de mí mismo conmigo mismo. Por eso, no hay más que una pasión con diferentes terminales o puntos de encuentro y coincidencia. Son procesos inmanentes al hombre.

La teoría de las pasiones en San Agustín se construía en torno a la conocida dualidad "uti" y "frui". Es decir, el mundo está puesto por Dios para usar y no para disfrutar, sin descartar que en el mismo uso ya haya un gusto. El disfrutar se consideraba maniqueo. El pensamiento de Santo Tomás va más allá en el sentido de que, para él, las pasiones como solicitudes o reclamo son neutrales o naturales. Son un movimiento del alma y no son ni perfección, ni imperfección. Este tramo antropológico, previo al moral, de las pasiones está muy cuidado en Santo Tomás y es el que ha desarrollado la moral más natural y secularizada de la Ilustración. La eticidad, licitud o calificación moral de los apetitos depende de la razón, del "juicio" que emita sobre ellos en forma de aprobación, permisividad o reprobación. La fenomenología de las pasiones consiste en una apetencia, (potencia apetitiva) en un deseo de posesión o disfrute por parte del cuerpo a través del órgano correspondiente que lleva una mutación o cambio en el funcionamiento del mismo. Las pasiones son un universal antropológico del que pueden partir tanto las virtudes como los vicios. Ahí entramos ya en un terreno moral. Las virtudes son hábitos buenos y los vicios son hábitos malos. Ambos exigen, como se sabe, una repetición de la función en el tiempo con lo que se consigue una mayor profundidad o arraigamiento biológico y psíquico de los procesos y resultados. Tanto los vicios como las virtudes tienen la misma raíz antropológica y solo se diferencian en su derivación moral. El realismo psicológico de Santo Tomás supera su visión espiritual de las pasiones y exige, para que puedan llamarse tales, la intervención del cuerpo en su formación y desarrollo. Una alteración del espíritu que no conduzca a una alteración corporal no sería considerada como pasión. He ahí otra reafirmación de la importancia que tiene, en la antropología cristiana, la unión cuerpo- alma a través del concepto de persona. Las pasiones son de la persona, de la conciencia como sujeto titular y responsable de ellas aunque necesitan un soporte corporal. En ese sentido les afecta la moralidad a todas y no se podría hablar de pasiones del cuerpo por una parte y pasiones del alma por otra. Esta convergencia ontológica de las pasiones deberá ser tenida en cuenta al efectuar su tratamiento.

8.3. El hombre como voluntad de las pasiones

Volvemos a caer en el círculo antropológico. El hombre es, a la vez, sujeto y objeto de sus propias pasiones. La lógica antropológica de Santo Tomás nos lleva de la mano a esta conclusión. No hay pasiones sin sujeto y no hay sujeto humano sin el movimiento de las pasiones. Ellas contribuyen a la formación del mismo. Sujeto agente y paciente. Se necesita, pues, una intervención activa del hombre en sus afectaciones, en sus sentimientos. Si aplicamos la fenomenología trascendental del conocimiento, nos percatamos de que ellas son un proceso y una parte importante del mismo. Si hay pasión subjetiva es porque existe un objeto real presente y desencadenante de la misma. Hubo que esperar a Schopenhauer (1788–1860) para entender el "conocimiento de la voluntad" como voluntad del conocimiento. El hombre descubre el mundo por la voluntad de las pasiones que son su predicado. Esto se puede decir también de la teoría de los valores en M. Scheler. Si hay percepción de ellos es porque existen realmente. El innatismo de los deseos y su valor trascendental en el ámbito religioso, ya quedó apuntado en San. Agustín. El hombre es una voluntad natural y connatural de Dios y Él forma parte de los deseos humanos. Siguiendo el planteamiento global, personal y subjetivo de la voluntad, de los sentimientos y de las pasiones, el responsable de ellas no es el órgano o la facultad operante sino el espíritu y la conciencia individual. Las pasiones permanecen y acompañan al sujeto mientras exista, formando parte de su trayectoria y se incorporan a su personalidad. Participan de toda su temporalidad, contingencia y eventualidad, incluida la libertad y la posibilidad del cambio y de la modificación. Por ello, la historia de las pasiones es la historia de la persona y su educación llegando a una identificación con ellas. Ellas constituyen la dimensión apetitiva de la existencia del hombre. No obstante, hay que justificar y pasar de la unidad de la persona a la pluralidad y diversidad de las pasiones. Para ello se debe recurrir a la arquitectura sensorial del hombre. Los sentidos diversifican y despliegan el torrente afectivo. Ello revela otra dimensión de la antropología cristiana nacida en el tomismo. Se puede hablar de pasiones o apetencias subjetivas en cuanto que se elaboran y desarrollan en el interior de la persona pero también se puede hablar de pasiones o sensaciones objetivas en cuanto se derivan o proceden de un elemento exterior compatible y adaptado a los sistemas de percepción instalados por la naturaleza en el hombre. Todo ello, revela un hombre necesitado, una antropología de la indigencia aludida en otras ocasiones. Las pasiones generan necesidades primero y satisfacciones después. De ello se encargan los sentidos como emisarios del alma. Existe un peligro real de despersonalización en las pasiones puesto que ellas se dirigen a los objetos externos y experimentales. Las pasiones objetivas inclinan al hombre hacia las cosas para su obtención, para su posesión y disfrute. En otro sentido, las pasiones dirigen al hombre hacia un objeto muy concreto, muy determinado y le privan de la amplia visión y universalización de la existencia humana propia de la persona, limitando y reduciendo sus perspectivas. Así, por ejemplo, el odio ciega mientras que el amor ensancha horizontes de comunicación.

Sin embargo, la diversificación moral también afecta a los movimientos afectivos del espíritu, según las teorías de Santo Tomás. Desde el punto de vista objetivo, hay pasiones de naturaleza buena y pasiones malas por naturaleza. Arrastramos el dualismo moral de otros tiempos, dando origen al pesimismo o al optimismo natural. Nos podemos preguntar cómo es posible que el mal sea objeto del deseo y aspiración de una pasión humana. Este discurso no cabía en San Agustín, pues la metafísica negativa platónica, al no dar consistencia positiva al mal, tampoco podría ser objeto de deseo. Aquí, en cambio, el mal tiene una existencia real y puede provocar la atracción de la voluntad humana. El mal puede ser querido, buscado, elegido. Y no solo el mal físico, el daño material causado, sino también el mal moral como puede ser el odio, la enemistad, la venganza. Es válido el principio de la antropología antigua: el mal está en el hombre, en la voluntad contaminada por el pecado. También existe la posibilidad en Santo Tomás de enfrentar a las pasiones con las virtudes, puesto que a la pasión se le atribuye una carga negativa de inmoralidad natural, mientras que la virtud pertenece de lleno a comportamientos correctores y adquiridos. En ese sentido, las pasiones son innatas y las virtudes son fruto del aprendizaje. Todos estos principios o supuestos crean un modelo antropológico y una imagen del hombre con la que se cuenta o actúa en la ética, en la sociología, en la educación, en la psicología, en la economía y hasta en la religiosidad. Es importante saber qué concepción del hombre tenemos a la hora de elaborar teorías jurídicas, morales, pedagógicas. Para unos, el hombre es radicalmente malo, para otros es originalmente bueno, para otros es, al principio, un terreno neutro donde se puede plantar distintos valores o tendencias pues todo es acción socializadora, aprendizaje y desarrollo evolutivo. No parecen, pues, ideas lejanas y arcaicas, muertas o inactivas, las que nos acercan a la comprensión del hombre en plena Edad Media. Tienen su vigencia actual y arrastran una influencia histórica decisiva para la construcción de una determinada civilización como es la cristiana. ¿Qué es el hombre? ¿Cómo entendemos su posición en el mundo, su composición, pero también su dinamismo interno? ¿En qué medida se puede influir en la construcción definitiva del hombre? ¿Está determinado por la fuerza de las pasiones o se puede "crear" al hombre nuevo y libre de ellas? Por otra parte, vivimos en una sociedad del bienestar que explota al máximo la industria o la economía de las pasiones, haciendo de su satisfacción y el correspondiente placer, una fuente de actividad y de ingresos. Muchas veces, el ocio consiste en sacar a pasear el torrente pasional que llevamos dentro. Y luego está la esclavitud de las pasiones. No las propias, sino las ajenas, es decir, aquellos esclavos dedicados a satisfacer los deseos y las pasiones de los demás como amos. Es la más negra esclavitud espiritual donde se supedita la conciencia, la libertad y hasta la dignidad propia por servir los dictados del instinto manifestado en forma de necesidades de las pasiones.

8.4. El hombre moderado y moderador

El hombre cristiano vive en un escenario de lucha donde se debate y se decide el triunfo del bien o el triunfo del mal y el sentido de la historia. La existencia del hombre es la historia de las relaciones entre pasión y virtud. Es una antropología dialéctica y moral. La ética de la acción y del compromiso no la crea el cristianismo, pues ya existen escuelas morales anteriores a él en la Grecia clásica. Pero la transformación de la moral filosófica en moral cristiana tiene lugar mediante la profunda convicción de que el hombre ha sido cambiado en Cristo Jesús y esa renovación histórica y antropológica continúa mediante la acción de y en la conciencia. Trasladamos el tiempo teológico al tiempo antropológico. El cristiano cree en Dios, pero también en el hombre. El cristianismo es gracia sobrenatural, salvación, mensaje evangélico, pero también un proyecto de educación y desarrollo del hombre. Se cree en el hombre salvable y recuperable. La personalidad no es un destino y determinación natural, sino una creación diaria, un cúmulo de decisiones permanentes. Ahí se inserta la formación moral de la persona. La educación cristiana tiene una gran vocación e intención de alteridad y se basa en el carácter abierto de los sentimientos del alma, pero teniendo presente que ellos forman parte esencial del hombre y no resulta fácil su tratamiento. Hay que tener, igualmente, en cuenta que las pasiones tienen una dirección o un objeto muy particular y preciso, no siendo fácil, tampoco, detenerlas en la carrera emprendida por la pasión para conseguir su objetivo o meta final, pues se trata de un proceso de ontología complementaria del hombre. La imagen más expresiva serían los instintos con su fuerza y determinación. En definitiva, es necesario moderar al hombre o sujeto de las pasiones. Se enfrentan dos poderes, el de la conciencia y el de las pasiones. Moderar significa dominar, gobernar. La finalidad de la educación no es eliminar o negar las pasiones, sino reconocerlas y moderarlas. Una pedagogía moral positiva. En la psicología de las pasiones se distingue la tendencia o dirección y la fuerza o el impulso. La moderación reside en conservar el dominio de la razón sobre la fuerza de la pasión. La razón puede convertir la pasión en virtud. La pasión en su soporte orgánico (cuerpo) es como la materia que debe ser informada (alma) o inspirada en la razón. Las pasiones son cualidades del alma, energía del hombre y no deben ser despreciadas. Se insiste en su condición de estado pasajero o cualidades variables. Toda la descarga crítica y amargada contra la moral cristiana como negación y prohibición hecha por la razón ilustrada no tienen valor ni sentido. La antropología cristiana, surgida del pensamiento de Santo Tomás, nunca ha negado o prohibido las pasiones, pues tienen su razón de ser, sino solo reclamado su ordenamiento y moderación. La ética antropológica e inmanente se desarrolla en el interior del hombre dividido en sus apetitos, manteniendo el principio de la unidad cuerpo y alma. No habrá pasiones del cuerpo y pasiones del alma, sino una única pasión de la única persona cuya diversificación viene de la naturaleza del objeto sobre el que recae sin perder su procedencia antropológica y unitaria.

El pensamiento antropológico de Santo Tomás roza constantemente la pedagogía moral y la psicología. Al describir las pasiones se hace hincapié en la alteración o modificación funcional del proceso biológico que ella implica, en concreto, el funcionamiento de los sentidos. El órgano responsable de la recepción o sensación "sufre" o se encuentra en un cruce dialéctico, pues por una parte recibe el estímulo o descarga física de la pasión que se envía al alma como mensaje y, por otra, el impulso cualitativo del alma en forma de respuesta racional y moral. Previamente, se ha realizado ya una evaluación cualitativa del desarrollo de la pasión desencadenada donde interviene la razón y no solo el sentido. Dicha intervención mide el grado de perfección que indica o aporta la percepción de la pasión en orden a la persona, a sus carencias necesidades. Así la pasión puede ser considerada positiva y beneficiosa para el hombre. La pasión contribuye a la percepción de falta o de privación de algo en el hombre para proceder a su identificación y a su reposición. En cuanto al dualismo de las pasiones, ya quedó apuntado más arriba. Pueden nacer en el cuerpo o en el alma, pero todas llevan al mismo núcleo de la persona sin salirse de ella. Las pasiones tienen un valor epistemológico, pues nos ayudan a conocer al hombre y, en concreto, al cuerpo indicando, a la vez, su complejidad, su profundidad y hasta su misterio. Lo que más tarde el psicoanálisis designó como el inconsciente, ya aparece en esta filosofía como las profundidades del alma humana desarrolladas por el cristianismo medieval. Es lo que K. Baumann (1996) llama el lado desconocido de la libertad. Para la antropología y la ética cristianas, el inconsciente también está sometido y forma parte de la libertad y de su educación. No existe un mapa o un inventario de las pasiones humanas que no están tasadas ni contabilizadas. Para la antropología, para la pedagogía o la sociología es interesante resaltar la igualdad de los hombres entre sí y su definición o condición universal. Conociendo a uno o conociéndonos a nosotros mismos podemos conocer a los demás. La vía de la interioridad o de los sentimientos profundos es más eficaz que el método positivo o experimental para conocer a las personas o a los grupos, pues existe una comunión o comunidad de estructuras, de necesidades, de aspiraciones y pasiones. La naturaleza humana es única, común y universal, aunque haya que aceptar la individualidad, la identidad y diferenciación de cada uno afectando también al cuerpo y sus inclinaciones, que son distintas en cada hombre, a lo que llamamos disposición o aptitud.

8.5. Antropología aplicada a cuestiones sociales

Los cambios producidos en la configuración social y en la distribución de la población, en la Edad Media europea, hacen que el tema de la pobreza y la riqueza salga de su "vía individual" planteada en el evangelio como seguimiento de Cristo y adquiera un carácter social. Iglesia rica como organización o Iglesia pobre como testimonio y seguidora de Jesús. Con el nuevo descubrimiento del evangelio se descubre, igualmente, la nueva misión del cristianismo, el sentido de la riqueza, y de la pobreza en el mundo, y en una Iglesia cada vez más interpretada desde el poder o la organización y no como comunidad. Los movimientos de la pobreza monástica influyen en la explicación antropológica de la posesión y de la riqueza. Tomás era un miembro de familia rica y con título de nobleza. La elaboración de su pensamiento sobre estas cuestiones, no será ajeno a dicha situación y experiencia. Algunos ven en él al primer intelectual de la socialdemocracia moderna y otros al animador del capitalismo de Manchester. ¿Será ese el significado del título de "doctor comunis" con que se le conoce? Parece cierto que ya hay una filosofía de la riqueza en él. La propiedad de bienes y la posesión de riquezas no pueden escapar al "orden del mundo" como base de su antropología y ética cristianas. Todo en los seres está ordenado a una finalidad. La naturaleza, el hombre, sus posesiones, sus necesidades, sus derechos, sus compromisos no pueden sustraerse a estos planes. Por lo demás, también Santo Tomás tiene presente el peso y el valor de la tradición cristiana en la que había sido educado. Tarde o temprano todo parte o converge en Santo Tomás en el llamado orden o derecho natural. Ahora se trataría de encajar el tema de las riquezas en dicho orden. En este tema optan (San Agustín y Santo Tomás) por otra vía como es el "jus gentium" o derecho de gentes, donde todos los pueblos reconocen el acceso a la propiedad privada como algo natural y universalmente admitido. Decir derecho natural significa una realidad venida de Dios, que tiene su origen en la voluntad divina expresada en la creación. Los detalles, el desarrollo, los límites y los pormenores de dicho derecho deberán ser precisados por la razón y justicia de los hombres, pero los fundamentos están ahí en el derecho divino. El derecho natural es inalterable, mientras que el de los hombres, el derecho positivo, es cambiante. Las leyes escritas deben reflejar las leyes depositadas por Dios en la naturaleza. En paralelismo con San Agustín (teoría del "uti" y del "frui"), distingue nuestro autor entre la naturaleza o composición de las cosas (que es competencia divina y el hombre no lo puede cambiar) y el empleo o uso de las mismas. Hay, en la antropología moral de Santo Tomás, otra distinción que puede ayudar a despejar dudas modernas sobre el derecho de propiedad privada entendido por el cristianismo. Nos referimos a la diferencia entre propiedad y dominio. Dios es el primer propietario del mundo creado por Él y puesto a sus pies. El hombre, sin embargo, tiene una propiedad delegada o "dominio" (del latín "dominus", o sea, señor) entendido como gestión que debe estar regulada por las leyes positivas. Mantenemos aquí un principio recordado desde el comienzo de nuestro estudio, a saber, por mucho que aproximemos la antropología cristiana como reflexión a cuestiones de orden temporal o social, no por ello Santo Tomás se convierte en un sociólogo al uso. Por el contrario, sus posiciones racionales ayudan "desde fuera" a entender las condiciones éticas de la vida comunitaria y de la acción del hombre en el mundo.

Las cuestiones o las preguntan que surgen a raíz de la doctrina tomista sobre la propiedad pueden ser señaladas así: ¿Cómo se apoya el derecho de propiedad en la ley natural? ¿Cuál es el puesto que ocupa dicho derecho en la escala de valores? ¿En qué contexto sociocultural se reafirma esta doctrina? Las respuestas van de dentro a fuera, o sea, del hombre hacia las cosas y no desde la cosmología a la antropología. Es decir, la creación del hombre y su posición en el mundo llevan implícita esa función, este dominio, esta gestión como titular por encargo y delegación. El hombre tiene que usar de las cosas, administrar el mundo con moderación, con medida y límite. Ello es debido a que Dios dotó al hombre de razón y voluntad para dirigir el mundo. Esta visión antropológica está ya apuntando al Renacimiento donde se repetirá que el hombre es dueño de su destino y del mundo por medio de la invención, de la investigación y de la ciencia. Esta explicación no es secularizante, laica o atea, sino que se asienta en la concesión de Dios al hombre de ese condominio haciéndole partícipe, socio y colaborador en la marcha de la creación. Gracias a Dios por haber dejado el mundo a medio hacer para que le terminasen los demás. El hombre tiene la disposición y el uso del mundo a su alcance y albedrío. En la reafirmación de estos principios, Santo Tomás no tiene enfrente a los "comunistas" de hoy, sino a los reformadores y monjes de entonces que abogaban por una posesión en común de bienes en la Iglesia. A continuación se plantea otra gran cuestión moral relacionada con la propiedad ¿qué hacer con los pobres? ¿No tienen derecho a la propiedad? La conclusión es que hay que acudir en ayuda de las necesidades de los pobres por un deber de justicia y no solo de caridad. La incidencia moral de estas ideas es muy clara. Los pobres también tienen derecho a la posesión. La propiedad privada no puede equivaler a un robo o a una exclusión. San Basilio había puesto un ejemplo muy sencillo: el rico que va al teatro y en vez de ocupar solo el asiento que le corresponde, acapara todas las butacas del teatro e impide que los demás accedan al suyo. No es posible, no es justo, no es lícito que unos vivan en la abundancia y otros carezcan de lo necesario. Esta es la gran sociología moral del cristianismo de todos los tiempos. Es lo que se ha llamado teoría de la propiedad privada relativa, restringida, el sentido social de la propiedad, una posesión asistencial, una comunicación de bienes. A la vez se resalta la ética económica consistente en que los poseedores de bienes están obligados a hacer fructíferas y productivas sus propiedades para que aumenten las disponibilidades de ayudar a los pobres, mediante el reparto de rentas o beneficios. Esta es la doble determinación interna de los bienes de este mundo pues, por una parte, sirven a la seguridad y sustento de sus propietarios y, por otra, a paliar o socorrer las necesidades de los pobres. Tampoco un sistema asistencial es el ideal para recomponer las igualdades. Este principio de justicia distributiva afecta a todos por igual y no solo a los nobles, ricos, príncipes o terratenientes. De esta doctrina (en sí misma teórica) surgen los modernos sistemas impositivos y de reparto de cargas fiscales en las sociedades actuales, comenzando por el trabajo y el empleo como primer origen de la propiedad privada. La confiscación, generadora de inseguridad o la propiedad excluyente no constituyen ningún horizonte asentado en la historia de las ideas cristianas y sociales.

8.6. Contexto cultural antropológico

Toda la antropología de Santo Tomás se puede agrupar así: Filosofía de la persona, actividad moral del hombre, el hombre y la sociedad, la naturaleza y el derecho. Vamos en busca de otro contexto cultural en la formación de la antropología cristiana en la alta Edad Media que puede resumirse así: judaísmo, filosofía árabe, helenismo y cristianismo. Estas coordenadas pesan sobre la antropología de Santo Tomás. Nos vamos a referir a su influencia en el estudio del gran problema como es la relación cuerpo y alma que constituyen al individuo y a la persona y determinan a la voluntad y a la libertad. El tema de la sexualidad en Santo Tomás hay que situarlo en tres coordenadas: creación, antropología y escatología. A eso hay que añadir las condiciones socioculturales del tiempo. Por tanto, la teología antropológica de la sexualidad, del matrimonio, de la familia, de la mujer hay que entenderla en diálogo e intercambio con las ciencias naturales, con la filosofía, con la imagen de una sociedad patriarcal y jerárquica. La espléndida afirmación de la Biblia sobre la dignidad del hombre como imagen de Dios, sobre la igualdad del hombre y de la mujer, sobre el matrimonio y la procreación, sobre la antropología de la encarnación, chocan en la Edad Media con una forma determinada de estructura social y con una cultura concreta. Sin abandonar esta línea de intención antropológica, podemos decir que la orientación moderna sobre el matrimonio y la sexualidad responden más a la estructura de la persona que a la institución. Los llamados fines del matrimonio se entienden mejor desde la persona que desde la naturaleza del mismo. Sin embargo, en aquel momento interesaba más reforzar el orden de la institución matrimonial. La teoría de la sexualidad se enmarca dentro de ella. Su posición o función instrumental, derivada y subordinada al primer fin del matrimonio, que es la procreación, viene superada, hoy día, por la valoración personal de la misma, reflejando el amor de la pareja, y resaltando la dignidad de la persona. La concepción personalista del amor y del matrimonio deja claro que la sexualidad pertenece al amor y a la unidad vital, al desarrollo y a la perfección de los esposos. También se resalta su mutua relación y dependencia recíproca. Esta interpretación no destruye ni termina con la jerarquía o el orden de las prioridades en el matrimonio cualquiera que sea su ámbito de aplicación. La comunión de los esposos no afecta solo al alma, sino también al cuerpo y la entrega tiene que ser permanente. El amor y el cuerpo no pueden quedar al margen de las finalidades que definen y legitiman el matrimonio. La dignidad del cuerpo participa igualmente en la dignidad del amor en los esposos. Al circunscribir los límites de la sexualidad al ámbito del matrimonio no existe una reflexión ni directiva moral sobre dicha sexualidad fuera de esos límites. Lo importante sería que el discurso antropológico sobre ella tuviese también valor en todo el tiempo de la vida humana. Es preciso encontrar y defender una dignidad propia de la sexualidad humana y no solo de la sexualidad subordinada. La sexualidad no necesita apellido para ser digna y aceptada. Ella recibe su propia dignidad del cuerpo unido al alma, o sea, de la persona. La sexualidad no es un complemento o suplemento en el matrimonio a nivel de fines, sino que es elevada a su propia esencia y constitución. La antropología cristiana moderna se esfuerza por unir lo más posible ambos fines de la única sexualidad existente, tanto la procreación como la complementariedad de los esposos. El problema de la sexualidad en nuestro autor radica en unir inseparablemente la presencia de ambos aspectos del matrimonio. Unión e inseparabilidad de procreación y sexualidad. Ambos fines del matrimonio (el procreador y el personal) son naturales e institucionales. Ambos nacen de la esencia del matrimonio y pertenecen a su constitución como institución. La tradición cristiana a la altura de nuestro autor ofrece pocos puntos de engranaje para la comprensión personal de la unión matrimonial. La ayuda mutua que significa la sexualidad en él no era atendida. Por lo demás, la sexualidad como compenetración y amor entre los esposos no se reduce a unas circunstancias, sino que se extiende a toda la complejidad y diversidad de la vida en familia y en el hogar. Tampoco se agota en una relación bilateral, sino en una constelación de relaciones multilaterales compuestas de innumerables aspectos diarios. Trascendiendo los niveles corporales, la sexualidad humana remite a la antropología de la necesidad. El varón, para completarse y perfeccionarse como hombre, necesita de la mujer como ayuda y plenitud también en lo psicológico y afectivo. La sexualidad alude al ser inacabado de cada uno de los cónyuges. En la mutua unión del hombre y de la mujer adquiere la imagen de Dios su máximo resplandor. Esta unión o relación no es subordinación de obediencia, sino complemento de igualdad. Unos autores han querido identificar e igualar el fin procreador y el fin personalista del matrimonio, mientras que otros prefieren diferenciarles, aunque se presenten íntimamente relacionados y dependientes uno del otro. Ambos fines pertenecen a la institución y han sido queridos por Dios y por la naturaleza humana. Tanto la asistencia personal como la ayuda a la procreación forman o afectan a todo el matrimonio, a toda la unión y no solo a una parte o tiempo de la misma e, igualmente, ambos contribuyen al desarrollo y plenitud de la personalidad de los cónyuges. Es digno de señalar cómo Santo Tomás y toda la tradición formada con él, aluden al matrimonio no solo como unión corporal, sino también espiritual.

Por lo demás, después de San Agustín, es Santo Tomás el autor que más se implica en la defensa de la condición o carácter natural del matrimonio cuando se alude a la institución por Dios del mismo. Desde entonces se ha desarrollado y profundizado en el carácter convencional y cambiante de la institución matrimonial apuntando a las variables culturales. Sin embargo, no se puede negar que el matrimonio o unión estable entre un hombre y una mujer tenga sus raíces en la estructura de la naturaleza humana, dejando poco margen de maniobra a modelos y deformaciones históricas del mismo. Esta estructura natural del matrimonio hay que buscarla y justificarla en la tendencia natural de los hombres y mujeres al mismo. Es una estructura dinámica acompañada de las condiciones y capacidades correspondientes que llamamos aptitudes y disposiciones biológicas concurrentes en ambas personalidades, hombre y mujer, igualados en el mismo nivel de participación, aunque con diferente función. La otra finalidad del matrimonio se extiende a la forma de convivir y llevar la familia, en la fidelidad y convivencia, en el respeto, sacrificio y entrega. Todo esto también pertenece y forma el matrimonio. El matrimonio constituye un modelo único de comunicación entre dos personas (varón y hembra) en nuestro tiempo que abarca todas las dimensiones y profundidades de la existencia humana. La palabra clave para entender el matrimonio en la cultura cristiana es amor y la siguiente ayuda. La sexualidad no aparece como ningún "remedio", sino como una fuerza o impulso de donación con capacidad para organizar toda la vida en común.

9

Antropología sociopolítica en Santo Tomás

Dentro del empuje y la fuerza moral del cristianismo de la época no podía faltar una palabra, una reflexión cristiana sobre la sociedad, sobre el poder, las riquezas y la vida pública en Santo Tomás. Las universidades formaban, principalmente, a la nobleza y a la alta clase dirigente del Imperio. El príncipe cristiano era un prestigio y orgullo social. Príncipe viene de principal, de principios, del primero. El primer súbdito de la fe y obediente de la Iglesia era el rey mismo dando ejemplo a sus conciudadanos. Podemos hablar de un tomismo político igual que mencionamos y analizamos el agustinismo político de la antigüedad. En realidad, las ideas de Santo Tomás en este tema son una reproducción y continuación del dualismo agustiniano, pero más consolidado y experimentado. El panorama está mucho más clarificado y despejado. La Iglesia y el Estado son los protagonistas de la vida pública y del ordenamiento de la sociedad. Como se recogerá en el ámbito del derecho, ambas son dos sociedades perfectas queriendo decir, con ello, que las dos tienen su origen diferenciado, su función determinada y bien definida, sus recursos apropiados y su finalidad igualmente establecida. No se rehúye el dualismo, pero se evita la confrontación, lo que no sucede en la vida política actual. Cuando los gobernantes o responsables de un Estado quieren inventarse enemigos para justificar sus fracasos o errores y cuando quieren agitar a sus seguidores o adeptos, culpan a la teoría cristiana de la política o del bien común y a sus defensores entre los que se encuentra la religión representada por la Iglesia. Cada tiempo y cada época tienen su fermentación cultural. La Iglesia, los cristianos no están contra nadie en el mundo. Están con todo el mundo más que nadie como el que más. Pero tampoco quieren que todo el mundo esté contra ellos. Luchan como hombres con la sociedad para loa hombres.

9.1. Antropología constitucional cristiana

En una terminología algo más académica y convencional del cristianismo, se ha producido un área especial de conocimiento, dentro de las llamadas ciencias fundamentales que acompañan y rodean a la teología, denominada doctrina social, o sociología religiosa, como réplica y captación de las correspondientes ideas en el ámbito civil. Antropología cultural, antropología social. Sociología cristiana. Volvamos a la posición original antropológica en Santo Tomás. Él no hace, de salida, ni una filosofía ni una teología desde el principio. Tomás se sitúa en la razón humana desde la que se contempla a Dios, al hombre y al mundo. Pero, al lado de la razón está la fe. Luego todo su pensamiento supone una síntesis de la razón y la fe. Es un racionalismo teológico o una teología racional que hace compatibles la visión cristiana con la teoría aristotélica de la filosofía. La verdad es única, aunque los caminos sean distintos. Mientras que San Agustín elaboró su doctrina social o teoría del Estado, en base al dualismo de las dos ciudades, Santo Tomás parece encontrar una mayor frontera o separación entre los dos órdenes (el natural y sobrenatural) de entender la organización comunitaria de la vida de los hombres, en este caso, de los creyentes. No hay contradicción. San Agustín ponía como meta de la ciudad temporal, del Estado y de la política, la ciudad de Dios. Santo Tomás piensa que el estatuto de la ciudad terrena consiste en reflejar la ciudad definitiva, eterna y sobrenatural. Este es el constitucionalismo antropológico cristiano reinante en la Edad Media. Sociedad natural, sociedad y meta sobrenatural. Naturaleza y gracia aplicada a la convivencia y a la comunidad humana. Lo iremos viendo paulatinamente. Aquí el concepto de constitución o constitucional tiene un alcance más profundo que en las democracias modernas occidentales. Alude, en primer lugar, al origen (constitución) o a la razón de ser de la sociedad en cuanto a comunidad o asociación natural de los hombres. No se trata, simplemente, de repetir el dogma aristotélico de que los hombres son políticos y sociables por naturaleza, sino de afrontar un análisis reversible de esa convicción y preguntarse ¿cómo es la naturaleza de esa asociación? Esta es la antropología constitucional en nuestro autor, pues si hablamos de la sociedad o de la sociabilidad humana tenemos que hablar antes del hombre constituido como tal.

En esta línea de comparación, San Agustín apuraba su dualismo sociológico remontándose hasta el principio, duplicando las ciudades y su origen diferente. Una tenía su causa en el egoísmo, en la soberbia, en la altanería individual despreciando a los otros, a la comunidad. La otra se originaba en actitudes opuestas como son la entrega y amor a los demás. Era un análisis fenomenológico y moral de la sociedad real. Una prolongación del bien y el mal. Santo Tomás tiene ya presente otras justificaciones, otras perspectivas jurídicas por lo que podemos hablar sin complejos de ese constitucionalismo cristiano, es decir, las condiciones en que nace y se desarrolla una sociedad de creyentes en el mundo. El objetivo puede ser el mismo en ambos pensadores pero el escenario, la decoración, los personajes y los actores son ya distintos. La historia de la sociología cristiana es la historia de una tensión como es la unidad (o unión) y diversidad (o separación) entre religión y sociedad. Los intentos de superar el dualismo han sido frecuentes, pero no han tenido mucho éxito. Veamos. El Imperio Romano usaba la religión, la creencia de todos los ciudadanos en los mismos dioses, como factor de unificación y sostenibilidad del Estado "pagano". En la época siguiente (Constantino, Teodosio, Carlomagno) creyeron en el mismo esquema. Si ponían todo el nuevo imperio bajo la protección del cristianismo, conseguirían la unidad y la expansión. El cristianismo, según ellos, tenía que adoptar la misma posición que los dioses romanos. La fórmula era, pues, el sometimiento y la función unidireccional del Estado sobre la Iglesia. Pero eso no lo querían los cristianos, porque su Dios no era el dios de los romanos y las exigencias de su fe (monoteísmo, fraternidad evangélica y universal, comunidad eclesial, escatología) eran diferentes y no se acomodaban o agotaban en los límites y fronteras de un poder terreno o una organización temporal. Los asuntos temporales o intereses políticos no coinciden con la misión y los fines de la Iglesia y de los cristianos. En la época que estudiamos, a la altura del siglo XII, la unidad o concordia entre lo civil y lo religioso tampoco se ve como positiva por algunos creyentes y dirigentes, pues ya hay movimientos críticos en el interior de la Iglesia. El ideal no es continuar la situación anterior donde se intercambiaron beneficios mutuos, pues la Iglesia se hizo independiente, los obispos podían ser herederos, la organización de la Iglesia era asumida por el Estado, se prohíben los espectáculos de gladiadores, se humaniza la vida de occidente, se suprime la esclavitud, las diócesis son unidades administrativas del Imperio. Los obispos son rodeados de privilegios, poder jurisdiccional en lo civil, la basílica y el palacio, tronos, títulos, honores, servidores y acompañantes. Se construyen iglesias y cementerios por todo el Imperio. De esta mezcla y confusión sociorreligiosa, que a veces termina en beneficio y derecho, se siguen también algunos perjuicios no precisamente para el Estado, sino para los cristianos. La división civil del Imperio entre Oriente y Occidente pasa a influir y dividir a la Iglesia. Continúan las persecuciones esporádicas, la intolerancia y prohibiciones. Intercambio de papeles y títulos, pues mientras algunos ricos son admitidos en la Iglesia por sus títulos y riquezas, el alto clero pasa a ser una clase social dentro del Estado. Intromisión de los políticos en el desarrollo de los Concilios. La Iglesia ayudó al Imperio durante la invasión bárbara, pero, más tarde, comprendió que había que evangelizarlos a ellos también y no condenarlos. Los enemigos de Roma lo eran también del cristianismo.

Se impone, pues, una clarificación de límites, de definición o separación de los dos ámbitos de atribución y de actuación. No es fácil romper con la inercia, pero es necesario aclarar y delimitar conceptos. A esto va a contribuir la reflexión antropológica de Santo Tomás. Se comienza por asentar los principios. Lo primero que se entiende es la separación conceptual y teológica. La Iglesia no es el Estado ni el Estado es la Iglesia. Tienen distintos fundadores, distintos orígenes, distintas constituciones. El paso siguiente puede ser tímido, pero ya avanza algo: la Iglesia, que no es el Estado, puede inspirarse, copiar o imitar algo de él, pues los creyentes son también ciudadanos obligados a las leyes del Imperio. Se llega así a la convicción legítima de que algo tienen en común y algo les separa. Alguna equiparación pueden tener pues concurren al mismo fin como es el bienestar de los hombres, el bien común de los ciudadanos. Algo los une. Se llega a la conclusión de que son dos sociedades, dos potestades, dos poderes. Igualmente, es necesario situar la relación de subordinación, de sometimiento o, por el contrario, de independencia y libertad de una en relación con la otra. También los emperadores se sentían con derecho a mandar en la Iglesia. La tensión entre ambas posiciones se extiende, pues el Papa se siente con derecho a deponer emperadores. La Iglesia se presentaba como poseedora de dos poderes, de dos espadas, la espiritual y la temporal. La lucha y la discusión estaban garantizadas. Sin embargo, gobernar no es ir en contra de la Iglesia y esta tampoco tiene vocación o misión de oposición. Pero tampoco puede dejar de predicar y exigir el cumplimiento de las normas naturales y morales que afecten a la sociedad. También tiene un mensaje para la organización de la convivencia y organización social. Ya hemos hecho referencia a ello. La Iglesia no está llamada ni quiere dirigir o gobernar el mundo, pero tiene derecho a decir cómo hay que gestionar los asuntos relativos a este mundo. Ella misma, compuesta de hombres, de ciudadanos y de creyentes (un rebaño, un pueblo, una grey bajo un único pastor) tiene que organizar su propia vida y su convivencia como grupo heterogéneo y compuesto de diversas características culturales, familiares, sociales, económicas. Por tanto, la organización es algo esencial a la Iglesia y por eso se puede entender como otra sociedad dentro de la sociedad. El cristianismo potenció mucho el sentido de parentesco espiritual que, así mismo, reforzaba al valor del vínculo familiar basado en la carne y en la sangre. La Iglesia era una familia y la pertenencia a ella equivalía a la primera estructura del nacimiento temporal.

9.2. Pedagogía antropológica y social

La solución parece estar en la educación. Hay que saber y aprender a leer la sociedad, sus principios, sus condicione, sus normas. Es necesaria una educación de los príncipes gobernantes para que dirijan los asuntos y los intereses, el bienestar y la prosperidad de sus conciudadanos de acuerdo con las leyes. Los gobernantes tienen que aprender a gobernar comenzando por educarse y gobernarse a sí mismos. Formación de formadores, educación de educadores, gobierno de gobernantes para gobernar. Hay una verdadera y una falsa política, como hay una verdadera o falsa libertad. Solo así podemos salvar la política para distinguirla de la corrupción, del robo, de la ofuscación, de falsas promesas y engaños dirigidos a los pueblos. Los gobernantes, o se someten a la ética de la política o son unos verdaderos ladrones, depredadores y asaltantes del pueblo, como decía San Agustín en el libro V de *La Ciudad de Dios*. La política sin moral se convierte en un campo para satisfacer las ambiciones de los gobernantes. Santo Tomás, como se ha dicho, es el gran maestro de la política cristiana. Siguiendo un poco la estela de Aristóteles, admite nuestro autor que hay tres formas de entender y ejercer el gobierno: si gobierna o domina uno solo y, además, es injusto y caprichoso lo llamamos tiranía. Si el poder está ejercido y diversificado entre ricos e inteligentes habiendo cierto pluralismo, pero obedeciendo a la misma estrategia o codicia, entonces lo llamamos oligarquía que solo se diferencia de la tiranía en los números; allí mandaba uno, aquí varios. Finalmente, también el pueblo puede dominar a los que mandan y entonces lo podemos llamar tiranía del pueblo. Dictadura del proletariado, lo han designado otros. La fórmula de salida de estas situaciones contradictorias está en la búsqueda del bien común, la utilidad y la paz social que es el fin de todo poder político en la sociedad, siendo la unidad de la comunidad el mayor bien aunque se arranque desde el pluralismo. Lo mejor son los gobiernos colegiados teniendo en cuenta que el sufragio universal también se compra. La razón preside mientras que la fuerza gobierna. La anatomía de la política consta de estos elementos, según Santo Tomás: 1) El bien común, 2) La razón que preside, 3) La fuerza o voluntad general que gobierna, 4) El principio rector de la sociabilidad o unidad.

Se reproduce el principio aristotélico de que el hombre necesita por naturaleza tanto la sociabilidad como la autoridad política. El hombre tiende a vivir en comunidad y esa comunidad necesita la dirección y la jerarquía no solo por necesidades vitales, sino también por conocimiento racional y por el lenguaje. La palabra es el mayor instrumento de comunicación y sociabilidad. La búsqueda del bien común es la esencia de la sociedad y de la política. La realización del bien común exige el orden. Un orden que comienza en Dios, pasa a la razón humana y termina en la organización social. El orden, a su vez, exige un poder directivo, una autoridad, unas leyes, unas reglas. Todos estos elementos de la sociedad están puestos por naturaleza. No son convencionales, pactados o convenidos como dirán teóricos ilustrados más tarde en el siglo XVIII. Y todo ello al servicio de la libertad. La sociedad es una sociedad de hombres libres y la autoridad está al servicio de la libertad. La síntesis de la doctrina política de Santo Tomás tiene estos tres tramos: el teológico, el tramo antropológico y el término social. Expresiones como "gobierno de Dios" se refieren al plan que Dios tiene sobre el mundo que dirige y gobierna. Igualmente, existe un gobierno en el hombre que consiste en que la razón o el alma presidan y dominen al cuerpo al que informan. Finalmente, el político tiene que gobernar la sociedad como Dios gobierna al mundo y como la razón dirige al cuerpo. El orden antropológico precede al orden social. La razón es al hombre lo que Dios al mundo. La sociedad debe ser dirigida por la razón. El arte de la política imita a la naturaleza de la misma. Aquí llega la gran convicción de la teoría política y del Estado en la Iglesia. Todo poder de las criaturas, toda capacidad de mandato y superioridad entre los hombres, toda autoridad viene de Dios en cuanto a su naturaleza y en cuanto a su fin. La acción política de los gobiernos de la tierra tiene que imitar la acción y providencia que Dios tiene sobre todas las cosas como su continuación que es. Más aún, existe un poder oblicuo que, arrancando de Dios y pasando por el hombre en el mundo vuelve otra vez a Él. Los gobernantes tienen que responder ante Dios de sus actos de gobierno. Por el contrario, en nuestros días se ha extendido la conciencia de que, en democracia, los representantes elegidos por el pueblo, gozan de libertad e inmunidad en el ejercicio de sus funciones. Se creen poderosos, omnipotentes y medios dioses. El absolutismo de los reyes primero, y el de los gobernantes después, ha sido, a lo largo de la historia, la conjunción perfecta de tiranía (llamada autoridad) y sometimiento (llamado obediencia). Con el poder sucede lo mismo que con los recursos públicos. ¿De dónde provienen los bienes, el dinero, que administran los gobernantes si no es del pueblo? Ellos son simples gestores de las aportaciones de las personas y de las organizaciones. Los políticos no tienen "conciencia vicaria" de ser representantes de los ciudadanos. Aquí la doctrina de nuestro autor se refiere de nuevo a San Agustín en *La Ciudad de Dios* cuando enumera las características de toda política o gobierno de los pueblos, a saber, amor a la patria, celo por la justicia y solicitud por la felicidad de los conciudadanos. Sin amor al pueblo que se traduzca en servirle desde el poder no hay sentimiento político verdadero Todo lo demás será egoísmo e intereses propios. Por el contrario, la autoridad es una prolongación del amor al pueblo.

Estamos desarrollando una de las teorías políticas más controvertidas en la mentalidad ilustrada de nuestros días, pero que fue el núcleo cultural de la ciencia social en aquel tiempo. Dios crea, dirige, gobierna y preside el mundo y lo hace a través de los hombres que se convierten, así, en vicepresidentes prorrogables y sucesivos. El poder en el mundo se hereda de forma jerárquica vertical y descendente. Esta condición "sagrada" del poder que ha sido suprimida o expulsada en la modernidad mediante la legitimidad democrática o intervención del pueblo en la elección de sus dirigentes, ha aportado muchos más beneficios a las naciones y a la civilización occidental que otras teorías más fundamentalistas y radicales. Hay que reconocer que el fundamentalismo religioso en el concepto del poder y en el ejercicio de la política existe actualmente, pero no en países y estados de influencia cristiana de la órbita occidental. A la condición "divina" del poder en el mundo hay que añadir las tendencias teocráticas de interpretación e intermediación. Con la alusión a dos sociedades llega también la referencia a dos poderes, el temporal y el espiritual. La potestad espiritual está en el Papa y en la Iglesia, mientras que la potestad temporal es ejercida por los reyes y emperadores. El conflicto llega con la teoría de la sumisión, de la derivación y de la intromisión de ambas potestades. Es decir, el poder de Dios recae sobre el papado y este lo deriva hacia los mandatarios temporales o civiles mediante el rito de la unción o consagración de los emperadores. La adhesión de Santo Tomás a esta doctrina no parece clara o incondicional. Todo esto se vino abajo con los acontecimientos de la Reforma protestante.

9.3. Antropología de la reconciliación política y social

La separación entre esferas y competencias (religión y política, Iglesia y Estado) está muy elaborada, muy desarrollada en la teoría social de occidente. La fórmula reconciliadora consiste en separación de atribuciones, pero colaboración de actuaciones en vez de enfrentamiento y guerras internas o conflicto de intereses. Aquí aparece la antropología de la reconciliación social. Ambas sociedades (societas), ambas potestades (potestas), ambas esferas de poder tienen al mismo hombre como destinatarios de sus medios, manteniendo una cierta complementariedad en los fines. Dejando bien claro que no existe identidad esencial entre Iglesia y Estado, dentro de la diferencia radical, puede existir una coincidencia operativa y de actuación debido a la convergencia de fines en el hombre. De acuerdo con ello, la madurez de este dualismo y el enfrentamiento histórico a que nos ha conducido, las relaciones entre Iglesia y Estado que arrancan del agustinismo político de las dos ciudades, en Santo Tomás encuentran una vía media de solución que llega hasta nuestros días. El planteamiento es el siguiente: la Iglesia y el Estado tienen naturaleza propia y distinta, pero aplicaciones comunes. La naturaleza y fines distintos de una y otro llevan consigo atribuciones distintas. Pero la coincidencia en medios y organización implica algo en común. En definitiva, entramos en la dialéctica incompleta de coincidencia y divergencia. Ni identidad total ni distinción absoluta. Abriéndonos al concepto moderno, decimos que hay dos sociedades soberanas, en parte, total y en parte compartida. Independencia, autosuficiencia y soberanía, respeto mutuo y colaboración recíproca. La Iglesia y el Estado, tienen competencias propias y exclusivas una del otro. Pero también tienen asuntos comunes, pues coinciden y comparten el servicio común al hombre, al creyente, al ciudadano. Es decir, las personas son a la vez, creyentes y ciudadanos o miembros de ambas sociedades, y deben ser atendidos en ambas vertientes de sus necesidades y su vida tanto por la Iglesia como por el Estado, por lo cual se impone la colaboración. Hay identidad, naturaleza, finalidad distinta, pero hay competencias mixtas. Durante muchos años, en la antigüedad, a los cristianos se les prohibía ser miembros de un Estado. No tenían "ciudadanía" temporal o política. Creían que el cielo era su patria, destino final y reino definitivo. No tenían sentido de nacionalidad. Pero a este esquema que parece discurrir con lógica, hay que añadir algunos principios del derecho natural. La Iglesia no es fuente de legislación positiva o civil, sino capacidad de interpretación de los valores y derechos naturales presentes en la razón humana. La Iglesia da seguridad y confianza en el derecho natural como la fe da autenticidad y fortaleza a las verdades de razón. No se trata de que el poder civil esté sometido al poder de la Iglesia (no son dos poderes paralelos o equivalentes, como queda dicho), sino que la Iglesia tiene el "poder" moral de interpretar la rectitud y justicia de las leyes naturales emanadas del parlamento. Las relaciones entre Iglesia y Estado no vienen de horizontes teológicos, sino antropológicos y, en concreto, del derecho natural. El Estado tiene sus ideologías, tiene sus intereses que obedecen a diferentes causas, que cambian y se alteran de acuerdo con los tiempos y las circunstancias. Son intereses legítimos. La Iglesia no tiene esos intereses compartidos ni esa ideología y no tiene ese poder para conseguirlos o imponerlos. El poder en una sociedad consiste en disponer de medios adecuados para alcanzar los fines propuestos. Los fines de la Iglesia siempre son superiores a los de los Estados, por extensión y por elevación y, en caso de conflicto, deben prevalecer los valores sobre las leyes, la conciencia sobre la ideología, la verdad sobre la opinión, la fe sobre la razón. Lo cual no significa ni mezcla ni intromisión. No puede haber un Estado confesional, pero tampoco una Iglesia estatal donde el Estado imponga su moral y su forma de entender la libertad, donde la verdad no hace libres, sino que la única verdad sea la libertad. Separación de la Iglesia frente al Estado liberal, democrático y moderno, pero sin confusiones. Separación con sentido y positiva como se dice actualmente, compatible con la libertad religiosa en cualquier sociedad.

Existe, finalmente, otra reconciliación en esta antropología política de Santo Tomás. Admitiendo las tres formas de gobierno de Aristóteles (monarquía, oligarquía y democracia) en la teoría de nuestro autor caben las tres demostraciones. La política, el poder y el gobierno deben ser una síntesis de las tres. Un rector de la sociabilidad, una cooperación de los mejores como funcionarios o ministros y una participación del pueblo como origen y destinatario de funciones y servicios.

10

Itinerario antropológico de San Buenaventura

El planteamiento antropológico del proyecto de San Buenaventura (1221–1274) está claramente expresado en sus obras cuya referencia es el título de la conocida como "itinerarium mentis in Deum", o sea, el recorrido, el camino, el proceso de la mente hacia Dios. El hombre como peregrino hacia Dios. Se podría pensar en un sistema de alto contenido místico, pues se habla de iluminación y de paz. Sin embargo, es la antropología de siempre, la sabiduría cristiana desde San Agustín, que se reviste de lenguajes o experiencias culturales de la época. Ese camino comienza en las criaturas y llega hasta Dios en las alas del amor, bajo el nombre de paz. La paz antropológica, el bien y la felicidad de la "beata vita", pues el bien es el nuevo nombre del hombre. Signo inequívoco de la interioridad y trascendencia que siempre acompaña al estudio del hombre cristiano. Situado nuestro autor en el cruce de tantas corrientes y escuelas, es el mayor representante de las filas agustinianas. Es el hombre del agustinismo. Tuvo que luchar, junto con Santo Tomás, para conseguir una presencia del pensamiento teológico en las universidades de su tiempo. Una secularización a la inversa, pues no se reconocía el derecho de la Iglesia a enseñar en las cátedras civiles de aquellas universidades promovidas por patronatos particulares. Por lo demás, vamos a sacar a San

Buenaventura de esa imagen de pensador conservador y tradicional, casi místico, y aproximarlo a las preocupaciones antropológicas del tiempo. ¿Qué es el hombre? puede ser una pregunta dirigida a su sistema. Pero al mismo tiempo, la gran preocupación de aquel tiempo era el problema de Dios. Llegamos al mismo punto de partida que Agustín, interesa conocer a Dios y al hombre. Para conocer a Dios hay que recorrer el camino del hombre. Gran paradoja, pero fácil de comprender. San Buenaventura se mueve entre el método de Agustín y de Anselmo. Mucha ontología como argumento, mucho apriorismo religioso como dato en el hombre para llegar al tan deseado conocimiento. Ninguna representación o explicación de la doctrina de San Buenaventura tiene tanta vocación de comprensión y totalidad como la antropología en la que desembocan tantos afluentes secundarios. Para él, en toda antropología hay una mística y en toda espiritualidad subyace una antropología. Platón, Aristóteles, San Agustín, los Victorinos, el Maestro Eckhard. En todos esos caladeros hay influencia para nuestro autor.

10.1. Antropología de la representación

Todo el pensamiento de San Buenaventura contiene una intencionalidad antropológica. Es un proceso muy antiguo que hoy denominan los científicos como integración de los saberes. Dios y el hombre, teología y antropología, buscan su implicación y complicidad. La función de la teología es conducir el encuentro con el ser de Dios, de tal manera que el problema del hombre adquiera en Él su mejor respuesta. Si en otros tiempos se daba la primacía del conocimiento, del Logos sobre el Ethos, actualmente tiene prioridad la persona, la voluntad, la acción, la felicidad, la comunidad. Esta es la dinámica interna de la antropología cristiana en la Edad Media. Dios comparte con el hombre su misterio. El concepto de hombre no se da, sino que se recibe, pues es el beneficiario de todo el concepto de Dios. En San Buenaventura se pasa del orden ontológico al epistemológico. Dios es el principio en todo como creador y como conocedor o conocido. Después, la antropología cristiana brota de la cristología misma. Como no podía ser de otra manera y bajo el influjo de San Agustín, la antropología medieval vuelve a sus orígenes, a la categoría matriz como es la fórmula del hombre creado a imagen y semejanza de Dios. La "imago-Dei". Antropología de la igualdad y semejanza que en San Buenaventura adquiere el concepto de "representación". El hombre representa a Dios. Todo eso tiene lugar en la obra aludida, *Itinerarium mentis in Deum*, o sea intencionalidad metafísica de la verdad, de la mente, del hombre hacia Dios. Sobre ella pivotan los tres grandes temas como son el conocimiento de Dios, el autoconocimiento del hombre y la teoría de la gracia. Son tres derivaciones de un mismo concepto. La metodología dialéctica sigue siendo la inmanencia y la trascendencia, pues el lugar y la residencia de la "imago-Dei" están en la mente, en el alma y en el espíritu del hombre. El rostro de Dios se refleja en ellos. Por eso, cuando nosotros volvamos sobre nosotros mismos para conocernos, abandonando o traspasando el atrio de entrada que es el cuerpo y los sentidos, nos adentremos en el santuario interior del ama humana, encontraremos ese reflejo de Dios en el hombre con su unidad y trinidad. Esa retención, conservación o permanencia de Dios en el hombre, a través del tiempo, es llamada por San Buenaventura también memoria como una fuerza o potencia religiosa en el hombre. Ella hace "actual" a Dios afectando igualmente a la capacidad de acción y no solo de contemplación. La "imago-Dei" en la memoria decide la verdad y el bien. La "imago-Dei" como memoria de la Verdad se dirige a la mente, al conocimiento, pero la "imago-Dei" como memoria del Bien se dirige a la libertad y a la voluntad moral a la que sirve de tutor y referencia de la conciencia. El hombre es la memoria retentiva de Dios. La memoria derivada de la "imago-Dei" no es solo epistemológica, sino también operativa, productiva (razón de fecundidad para concebir y de productividad para parir) y hasta escatológica, pues llega a enlazar con la vida eterna que es otra forma de concebir y producir. San Pablo aludió siempre a estas dos clases o fases del conocimiento de Dios por parte de los creyentes, distinguiendo la mirada antropológica en "el espejo" y la contemplación directa en "el cara a cara" de la resurrección. El problema reside en cuál es la relación dialéctica, es decir, de continuidad o de ruptura entre ambos modos de conocimiento de Dios por parte del hombre. La memoria representativa de Dios en el hombre es una fuerza moral productiva donde se asienta todo el orden ético de la humanidad. En el análisis del espíritu del hombre como "imago Dei" o memoria encuentra y explica nuestro autor cada una de sus funciones consistentes en dos principalmente, como receptividad de Dios por una parte, y como potencia de actuación o decisión moral. La representación de Dios tiene lugar también por parte del mundo y sus criaturas, desde las que se puede obtener dicho conocimiento. Aplicando el mecanismo de la conversión de Dios entre sujeto y predicado, podemos decir no solamente que Dios es bueno, sino que el Bien es Dios. Por esa misma inversión, debemos comprender que el Bien no es el mundo, sino que el mundo es bueno. Este procedimiento racional habilita a la naturaleza como otro itinerario de la mente hacia Dios. Estamos a las puertas del Renacimiento con su valoración de las cosas y de la ciencia de las cosas. Porque, si el mundo es bello, mucho más lo será Dios creador del mundo. La argumentación es impecable y, a la vez, aplicable en el cristianismo de todos los tiempos y sostiene, por igual, el interiorismo agustiniano que el argumento ontológico de San Anselmo, que el problema de "las cinco vías" de Santo Tomás o el itinerario de la mente en San Buenaventura como el sentimiento místico de San Juan de la Cruz, por ejemplo. También la filosofía moderna conoce la teoría de Schopenhauer sobre el mundo como representación y voluntad. Quiere decir que el hombre no solo conoce al mundo, sino que conoce al que le conoce, o sea, que el mundo conocido es representación del entendimiento que conoce. Lo mismo sucede con la representación de Dios. En ese sentido podemos decir que el mundo es representación de Dios y del hombre o la síntesis de ambas representaciones donde coincide la voluntad de Dios y del hombre. Mucha más "representativa" es la figura del hombre, sujeto y objeto a la vez de la percepción, pues es percibido al mismo tiempo que percibe, o sea, se percibe a sí mismo. En esa percepción se lleva consigo la de Dios. El hombre es representación de Dios y el itinerario de la mente es representación del hombre.

10.2. Itinerario de la interioridad o "via Dei"

No faltan elementos intuitivos en el proceso del conocimiento de Dios por parte del hombre, según San Buenaventura. La epistemología religiosa sigue a la ontología y Dios (primum esse) es también "el primer conocido" (primum cognitum), pero no en el orden temporal de la sucesión, sino en el orden de la formación de los conceptos, es decir, a partir de su conocimiento tienen lugar todos los demás. Sin embargo, eso no priva a dicho conocimiento de su dinamismo deductivo y desarrollo sin perder su dimensión de interioridad "camino" de la trascendencia. Por eso mismo es un itinerario global del espíritu humano sin salir de Dios y sin salir del hombre. Interioridad y trascendencia que se repiten como método de antropología cristiana en la historia. La trascendencia del conocimiento no se produce como prolongación, seguimiento o continuación de la mente humana desde el mundo hacia Dios, sino como profundización del interior del hombre. Dios no está al final del mundo o no es uno más del mundo. Ciertamente, el mundo nos aporta un primer conocimiento, una señal, un aviso, una noticia de la existencia de Dios, pero el mundo es un no-yo, es lo-otro y el hombre no encuentra una paridad o interlocución lineal con las cosas. Esta idea la encontraremos al estudiar la teología negativa de Nicolás de Cusa, contemporáneo y partícipe de la misma cultura. El mundo no habla el lenguaje del hombre y sus categorías no son las del entendimiento humano. Por ello, el Cusano dice que Dios "no es" lo que nosotros decimos de Él, pues empleamos categorías nuestras, limitadas y de alcance temporal a las que les falta ese plus teológico y tienen, por tanto, un déficit epistemológico. Como diría San Agustín, el interior del hombre es la sede, el lugar y la morada del conocimiento de Dios, donde Él se hace actual y presente. Es otra manera de formular el misterio de Dios que es inabarcable para el hombre. La antropología cristiana de San Buenaventura no es interioridad más trascendencia, sino que el mismo fenómeno de la interioridad ya lleva implícito el de la trascendencia, pues esta no es más que la plenitud y perfección de aquella. Una es ser y la otra es posibilidad y desarrollo del ser y del conocimiento. El conocimiento de sí mismo lleva consigo el conocimiento de las posibilidades del hombre para conocer a Dios. Lo que se dice del ser y del conocer se aplica también al decidir y al hacer el bien. La libertad del hombre, como decisión interior, implica la decisión moral. El "aeternum verum" o la verdad eterna se corresponden con el "summum bonum" o felicidad plena. La presencia de Dios y su palabra en el interior del hombre capacitan al espíritu para realizar el itinerario de la mente hacia Dios.

En esta conjunción admirable de interioridad y trascendencia para definir al hombre, entramos en otro orden de categorías en San Buenaventura. Hemos hablado de "imago Dei", de representación, de imagen y semejanza, de interioridad, de capacitación y formateo del espíritu. Ahora tenemos que hablar del hombre como "resplandor". Algo tiene que ver la teoría de la iluminación agustiniana. Para el itinerario de la mente se necesita fuerza, pero también luz y visibilidad interna. La trascendencia o el ascenso al conocimiento y al amor de Dios se basan, como decimos, en nuestra condición antropológica de imagen. Entramos así en otra serie de términos que nos ayudan a entender las realidades antropológicas existentes. El hombre es resonancia y resplandor de Dios, pero también reducción y resolución. La trascendencia es la culminación y transfinalización de dicho proceso, comenzado en la creación como determinación del hombre en relación con Dios. El camino, el itinerario ha llegado a su término y la obra se ha completado allí donde seremos recibidos por el cara a cara de Dios. Este proceso de intencionalidad recorre todos los términos que se empleen para referirnos a esta relación. De acuerdo con ello, la idea "curricular" de la antropología cristiana en San Buenaventura avanza de la manera siguiente: 1) El hombre es creado a imagen y semejanza de Dios y, como tal, no se puede entender sin Él como referencia esencial. La "existencia direccional" del hombre está en Dios, que es el principio y el término de dicha existencia. La medida de la esencia del hombre está en su condición de imagen y semejanza divinas. 2) Esta definición y categoría no es nada estático o cerrado, sino una apertura dinámica que dirige y orienta todo el conocimiento y la decisión del hombre que lo transforma y conduce hasta el final. No solo la imagen, sino también su activación por el amor es lo que hace al hombre próximo a Dios. 3) El dinamismo de la "imago Dei" consiste en el conocer y en el amar, dos movimientos recíprocos tanto de Dios como del hombre. Anticipación de conocimiento y recapitulación del amor. Entendimiento que ama y amor que entiende. 4) Así tiene lugar la trascendencia de la vida del espíritu que no llega de fuera, sino de dentro formando la "trinidad creada" que es el hombre. La "imago Dei" o la "memoria Dei" como categoría antropológica a la que estábamos acostumbrados en San Agustín aquí se convierten en la "via Dei", que es la verdad interior. Ingresar en nosotros mismos es ingresar en la vía de la verdad ("intrare ad mentem nostram") que es el espíritu para ascender al "espiritísimo" como grado superior y eviterno.

10.3. Antropología mundana y temporal

Pero el mundo y el tiempo están ahí y forman parte del itinerario y del camino de la mente hacia Dios. El espíritu del hombre es interior, pero también se relaciona con el exterior. La dialéctica es inevitable. El mundo es contingente, finito y se une a lo infinito y eterno del espíritu o de la mente. El planteamiento es muy agustiniano. El hombre no puede ser feliz en el disfrute del mundo, sino que tiene que trascender (no prescindir) del mundo y llegar hasta el sumo bien. Se reconoce la impotencia del hombre para la trascendencia. Pero las cosas sirven de escala y apoyo para ascender a Dios, pues son vestigios, imagen y huellas de Él. La mayor imagen de Dios está, como se ha dicho, en nuestro interior. Por tanto, hay que entrar dentro de nosotros mismos y, desde allí, trascender o saltar hasta lo eterno. La imagen es muy realista y tomada de la naturaleza: el hombre es como un pobre caminando en el desierto que es el mundo. La primera travesía es la trascendencia del mundo. Todo ello transforma en categorías espirituales lo que son imágenes temporales. La fenomenología antropológica de San Buenaventura presenta un tiempo y espacio espiritual simbolizados por el corazón interior. El primer paso, el primer espacio recorrido se produce en la víspera del hombre, que es el mundo externo donde el hombre peregrino descansa y pernocta. El mundo es la primera escala del hombre en camino ("secundum statum conditionis nostrae ipsa rerum universitas sit scala nostra" Itinerarium, 1, 2). El primer día, las primeras luces equivalen a la entrada en nuestro interior, mientras que el segundo día equivale a la mañana, al amanecer de la interioridad humana. La plenitud de la luminosidad y de la trascendencia se produce en el tercer día (la resurrección) con la "presentia majestatis" o el cara a cara de Dios del que haba San Pablo, donde culmina nuestro ascenso y peregrinación por las montañas y avatares del tiempo, de la historia, del cuerpo y de la vida. El mundo, pues, forma parte del estado y de la esencia del hombre itinerante ("Ser- en-el tiempo" dirá Heidegger y "Homo viator" lo llamará Gabriel Marcel en pleno siglo XX). Materia, inteligencia y eternidad son las tres dimensiones metafísicas del hombre en San Buenaventura. Esta es la trinidad creada y antropológica, o sea, cuerpo, exterioridad, (extra) sensibilidad o animalidad; en segundo lugar el espíritu interior (intra) y, finalmente, superioridad de la mente (supra). Exterior, interior, superior. Corporal, espiritual y divina. En eso consiste la sabiduría cristiana. El hombre entendido como unidad y totalidad. De todo ello hay que disponer para conocer y llegar a Dios. Nuestra segunda escala es Cristo que reunió, igualmente, tres elementos ascensionales como son cuerpo, divinidad e inmortalidad. En cuanto al tiempo, así como Dios extendió simbólicamente la creación del gran mundo (universus mundus) en seis días, así el hombre tiene que trascender el "mundus minor" (el mundo menor) en tres días, en tres fases, como una "trinidad temporal" que se transfiguró (como en el monte Tabor) ante sus discípulos. La historia tiene su sentido antropológico y cristológico, pues es el tiempo en que se rehace el hombre. San Buenaventura contempla al hombre concreto e histórico, existente que fue creado (plantado en el jardín, dirá el Génesis) por la naturaleza. Fue deformado por el pecado, pero reformado por Cristo. Castigado por la justicia y redimido o salvado por la gracia y la misericordia, desarrollándose, por la ciencia y perfeccionándose por la sabiduría de Dios. Podemos jugar con dos clases de conocimiento en San Buenaventura de acuerdo con el escenario en el que se realice. El conocimiento sensible del mundo es un saber "deductivo" o de fuera, externo, mientras que el conocimiento de la mente es un conocer "introductivo" o interior. Deducción (mundo) introducción (mente) y superación (trascendencia) son los tres "pasos" o alas del conocer en los que se realiza el proceso de transformación dialéctica del hombre camino de Dios hasta llegar a la "reverentia majestatis", arrodillarse ante el trono de la verdad eterna. El primer grado de contemplación está en el mundo, en las cosas que son espejo y reflejo de Dios. Pero no solo contemplarlas, sino sentirlas y experimentarlas, pues el hombre es parte de la creación, formando una realidad con ellas. Somos transeúntes de este mundo como lo fue Cristo en la historia y en el cuerpo, ("christiani cum Christo transeuntes") caminando y persiguiendo otra meta, pero revestidos, inmersos y rodeados del mundo. Las cosas mismas nos remiten a Dios. La antropología cristiana de la intencionalidad y de la remisión en San Buenaventura tiene tres fases o puntos de apoyo en el mundo real, que no ficticio. En esta recogida de datos son fundamentales los sentidos externos que anuncian y remiten su mensaje a los sentidos espirituales o internos. El triple mensaje remitido versa sobre la "potencia", la "sabiduría" y la "benevolencia" de Dios ejercida y demostrada al crear el mundo. Los sentidos de la carne investigan el mundo, su naturaleza, sus causas, sus procesos, sus significados. Todo eso lo hace la ciencia experimental. La ciencia pasa sus conclusiones a la razón que las cree y, finalmente, son vistas y contempladas por el entendimiento. Contemplar, creer, entender, esas son las escalas del hombre o el itinerario de la mente hacia Dios. En todo esto aparece implicado el tiempo como factor antropológico. La contemplación recae sobre las cosas presentes, sobre la existencia actual. La fe recae sobre las cosas temporales o cambiantes y, finalmente, el razonamiento sobre las cosas venideras, potenciales y susceptibles de ser anunciadas.

10.4. La trascendencia o ascensión interior

El itinerario es, al mismo tiempo, una transformación interior del hombre, pues comienza en los niveles más inferiores del alma para conducirla a los más altos grados de perfección, del derramamiento y dispersión externa a la intimidad y mismidad, de la temporalidad y volatilidad a la permanencia de la eternidad ("ab imis ad summa, ab exterioribus ad intima, a temporalibus ad aeterna"). La antropología cristiana se convierte en espiritualidad dialéctica o monástica, franciscana en este caso. Seguimos en el marco de la filosofía platónica y estoica, pero que no desagrada ni desencaja en el cristianismo de San Agustín y de su hombre en la Edad Media como es San Buenaventura. El número seis es bíblico y simbólico. Seis son los días de la creación, seis los pasos a dar en el camino de la mente hacia Dios y seis las potencias disponibles por el alma para realizar dicha transformación como una nueva creación o recreación: sentidos, imaginación, razón, entendimiento, inteligencia y mente superior (sensus, imaginatio, ratio, intelectum, inteligentia, y apex mentis). De acuerdo con los tres pasos del trazado y viabilidad antropológica, tenemos también tres aspectos del hombre, es decir, animalidad, espiritualidad y mentalidad. *Anima, spiritus, mens.* Esta es la soledad del hombre. Pero las tres dimensiones están en el todo, como se dice en el mandato del amar "ex tota mente, ex tota anima, ex toto corde" o sea, hay que amar a Dios con todo el alma, con tota la mente, con todo el corazón. Este "todo" no es cuantitativo, sino cualitativo e indica un ascenso y una perfección del hombre como unidad de transformación. En cuanto a las tres edades o etapas del hombre, la primera fue su estado o escala natural. Es la etapa de la capacidad natural de la razón humana para conocer a Dios. Es la "habilidad religiosa" que tiene todo hombre, el sentido de lo sagrado que diría Otto. La modernidad atea no consigue esa emancipación del saber en relación con el fenómeno religioso. Para algunos antropólogos contemporáneos, la noción de sagrado es tan natural e innata que resulta demasiado borrosa y genérica como para fundar sobre ella una teoría de la religiosidad natural. Los grados o capacidades del hombre para llegar a Dios están puestos o plantados en nuestra naturaleza y, comenzando por la recogida de sensaciones o impresiones de los sentidos del mundo exterior que nos "hablan" de Dios. Pasamos a mantenerlos, conservarlos, recordarlos o evocarlos en la memoria. La memoria humana es un verdadero depósito de voces, reclamos, signos y contenidos innatos de lo sagrado procedente de las cosas buenas y bellas. Permanecen callados hasta que la cultura comunitaria o la civilización racional, a través de los siglos, comienza a elaborarlos y ordenarlos de manera explícita, con formulaciones universales de ideas y valores que sustentan la estructura de la convivencia humana, formando el tejido de una determinada civilización. El entendimiento perfecciona y elabora dichas percepciones de Dios y son conducidas hacia una evidencia y claridad, construyendo conceptos y expresiones inteligibles para todos los hombres generalmente en forma de derechos humanos de las personas que pasan de ser hombres a ser ciudadanos. La inteligencia, dotada de una perfección superior ("apex mentis"), convierte la claridad racional en aceptación por la fe de las proposiciones y afirmaciones de la inteligencia. Así llegamos al hecho religioso en el hombre.

El hombre nació religioso, vertical, ordenado y orientado hacia Dios. Pero llegó el pecado original y el mundo; la humanidad se torció, se distorsionó, se encorvó, en palabras de San Buenaventura, arrastrando así a todos los hombres consigo. El camino se interrumpió y el rumbo se perdió. El hombre camina entre dos orillas que son lo corporal y lo espiritual, lo temporal y lo eterno. Las consecuencias antropológicas fueron la ignorancia de la mente y la concupiscencia de la carne, dentro de la visión dual del hombre. Ambas dimensiones fueron rectificadas y corregidas por Cristo encarnado. Para ello, tenemos otras fuerzas, pues frente a la "deformación" del pecado está la "reformación" de la gracia. De esta manera, el hombre puede continuar la ascensión a Dios dotado de esas fuerzas. Con ello se completa la obra del mundo y del hombre como transparencia de Dios.

10.5. Antropología "especulativa" y escatológica

"Speculum" espejo, espectáculo, especulación. El mundo es el espejo de Dios que se refleja en Él. El hombre contempla a Dios en el mundo, o sea, en el espejo, indirecta y mediáticamente. Hay una religiosidad de la mediación mundana. Esto desencadena una actividad "especulativa" de facultades en el hombre que, a veces, viene adscrita a la imaginación (de "imago Dei") religiosa como capacidad original del alma. La visión "espectacular" del ser, del bien y la belleza del mundo responde a la herencia de San Agustín: Para el hombre contemplador las cosas son, en sí mismas, un conjunto o combinación de peso, número y medida. Esto constituye un orden, una armonía ontológica, más allá de las percepciones de los sentidos o de la inteligencia. Gran metafísica de la creación, pues el peso significa la fuerza de atracción o inclinación de las cosas en relación con el hombre, la imantación y conexión que hay entre el hombre y el mundo. El número significa la posición y diferencia entre unas y otras teniendo en cuenta la variación, crecimiento, aumento y alteración de las mismas por parte del hombre. El mundo puede "crecer" de la mano del hombre. La medida indica sus límites y posibilidades entendidas como contingencia, es decir, posibilidad de aparecer y desaparecer. Todo ello con relación al hombre que es quien registra esa distribución. Por ello, el hombre tiene una triple función frente al mundo: investigador, creyente y contemplador. La dimensión intencional y significativa del universo es señalada por San Buenaventura dentro del mismo esquema tridimensional: el peso de las cosas obedece al poder de Dios, el número a su sabiduría y la medida a su bondad. El hombre creyente trata de averiguar o contemplar el origen, el transcurrir o devenir y el final o consumación del mundo. Es la antropología de la historia donde se pueden distinguir, a su vez, tres tiempos determinados por las etapas de la salvación, como son, el tiempo natural, el tiempo de la Escritura o revelación y el tiempo de la gracia o de la redención. El primer tramo del mundo responde al poder creador de Dios, el segundo a la providencia y el tercero a la justicia. Finalmente, el tercer modo de aproximación al mundo, el investigador racional descubre en él los tres grados de la existencia que son ser, vivir y discernir. El orden del ser, el orden de la vida y el orden del entendimiento. En ello se resume la totalidad de la creación. Esta es la trinidad cosmológica al lado de la trinidad antropológica representada por las facultades del hombre. El mundo es un espejo donde el hombre puede ver a Dios reflejado, pero también a sí mismo. Con sutileza de pensador, atribuye San Buenaventura dos funciones "contemplativas" al mundo como son ver a Dios "in se" es decir, en sí mismas, en el ser de las cosas y ver a Dios "per se" o sea, por medio de ellas, a través de ellas. Esto responde a las tres formas de estar Dios presente en las cosas, es decir, por esencia, por potencia y por presencia. El mundo es reflejo de la esencia de Dios, es efecto de su poder y es espacio o lugar para su presencia. La antropología cristiana no puede ser más rica para explicar el sentido de las relaciones entre Dios y el mundo. Acudiendo de nuevo al simbolismo bíblico del número siete, apunta nuestro autor las dimensiones religiosas del mundo como son: el origen o creación, la dimensión o grandeza, el pluralismo o diversidad, la belleza o variedad, la plenitud o perfección, la actividad o creatividad y el orden o la armonía según las "razones seminales", según la teoría aportada por San Agustín. El desarrollo de toda esta antropología contenida en la visión del mundo nos llevaría demasiado lejos y alargaría nuestra síntesis histórica. Sin embargo, es preciso responder brevemente lo que encierra cada concepto, pues todo ello completa el significado religioso del mundo. 1. El origen del mundo revela el poder de Dios para sacar o crear de la nada toda la distinción y bondad de las cosas. 2. La grandeza del universo comprende su abundancia, altura, incluida la extensión y profundidad del orden moral y de la virtud. 3. La multitud, pluralismo o diversidad de las cosas explica tanto la especie genérica como la esencia individual, la materia sustancial y la forma, los seres corporales y espirituales. 4. La belleza acompaña también a todas las cosas tanto terrestres como celestes. 5. La plenitud o perfección indica la vitalidad moral de la creación que se va completando y conduciendo hacia su fin y vocación eterna con la participación del hombre. 6. La operatividad y laboriosidad expansiva del mundo obliga al hombre a desarrollarle en sus actividades tanto de orden natural como artificial como de orden moral que exigen virtud o poder, arte o habilidad y belleza o esplendor. 7. Finalmente, el orden en el mundo conlleva duración, situación e influencia de las cosas, la prioridad o superioridad, nobleza, dignidad y sublimidad de los principios naturales y morales.

Con todo ello, se entiende que el mundo sea el lugar de la potencia, de la presencia y de la esencia de Dios que está encerrado en el mundo ("incircumscriptus existit") y que el mundo sea un gran espectáculo para deleite del hombre y un lenguaje abierto y revelador para la mente humana que, mediante él, puede ascender o caminar hacia Dios. En ese sentido, el hombre es un microcosmos y la Iglesia en sus sacramentos es un conjunto de inmensas bondades ("in corpore Ecclesiae inmensitatem bonitatis"). Este es el sentido y la razón por la que a toda la teoría de San Buenaventura sobre el hombre como imagen de Dios lo llamamos antropología especulativa (de "speculum" espejo). El alma humana tiene su mismo principio trino y uno en virtud del cual es imagen de la Trinidad de manera generativa y dialéctica, pues son procesos internos generados en el espíritu humano. Por ello, toda filosofía —dice San Buenaventura— es natural, racional o moral. La antropología del ser conduce a la potencia del Padre, la antropología de la razón lleva a la sabiduría del Hijo, del Verbo y la antropología del orden y de la acción moral nos remite a la bondad del Espíritu Santo. De la misma manera, las ciencias, el conocimiento la educación humana se divide también en esas tres parcelas. La primera ciencia es la metafísica, seguida de la matemática y de la física. El segundo grupo lo constituyen la gramática, la lógica y la retórica. La tercera derivación de las ciencias son la monástica, la económica y la política. En todas ellas tienen principios infalibles e inamovibles que "desciende" de la ley eterna a nuestra mente y son una transposición del misterio o de la sabiduría trinitaria. Existe una contemplación de Dios "in nos" y otra "per nos", reforzando así el valor de la interioridad antropológica pero todo ello "intra nos".

10.6. El hombre como microcosmos

El Renacimiento debe muchas de sus ideas humanistas e intuiciones a la antropología de San Buenaventura y demás autores de la Edad Media, tanto de la corriente aristotélica tomista como de la agustiniana. El hombre es un mundo en pequeño y tiene como cinco puertas, a lo largo de la muralla (que es el cuerpo) y que llamamos sentidos. Entra el macro mundo en el hombre por los sentidos, pero también podemos decir que sale el hombre por ellos a visitar, a admirar, a investigar, a contemplar, la creación. La antropología de San Buenaventura es una reciprocidad e interacción constante entre el hombre y el mundo. El gran mundo entra en el pequeño mundo "intrat ad animam nostram". Todo lo que existe en el cosmos es elemento productor o está producido; es elemento animado, bien sea unido a la materia o solo un elemento racional que dirige o gobierna a la materia. Así pues, en clave antropológica, el proceso del conocimiento en el hombre es una verdadera entrada del mundo en el hombre, no en su forma material de sustancia, sino en sus imágenes y representaciones ya elaboradas donde los pasos son los siguientes: del ambiente físico pasa al órgano corporal o exterior y de este pasa al correspondiente sentido interior, donde se produce propiamente el conocimiento "exteriore, interiore, potentia"). A esto llamamos aprehensión, es decir, el hombre abarca y encierra al mundo en su entendimiento. Continuando en el análisis de este proceso, el hombre encuentra deleite y satisfacción en el conocimiento del mundo por medio de los sentidos. El conocer tiene tres momentos: el objeto del que mana, el medio por el que transita y el fin al que se dirige o culmina. La aprehensión es el simple contacto con las cualidades físicas de los objetos externos que ya producen una adecuación, una sintonía y sincronización entre el hombre y el mundo y, por tanto, una sensación agradable atribuida no solo al sentido, sino también a la mente. El hombre encuentra placer y equilibrio en el conocimiento que le agrada y le llena. Conocer no es, por tanto, un acto puramente intelectual, frío, abstracto o mental. Es el hombre entero quien conoce y se realiza en ello. Todo este entramado de sensaciones constituye el vestigio, la imagen, el espejo y el espectáculo de Dios en el mundo y por el mundo. Conocer forma parte de la atracción que Dios y el mundo ejercen sobre el ser humano. El mundo es como un señuelo, un cebo para la atención del hombre, para el despertar de sus ansias, necesidad y deseos de conocer a Dios trascendiendo las cosas. Esto hay que entenderlo en el sentido de que todo conocimiento del mundo es un paso previo al conocimiento de Dios por el mundo. En sus contenidos late la esencia, la potencia y la presencia de Dios. En el fondo, el objeto último de todo conocimiento humano (aun el de las cosas materiales) es Dios, pues el conocer es único. La transfinalización del acto del conocimiento convencional no es un tecnicismo de la mente, sino un gran proceso antropológico de traspasar el mundo para llegar a Dios. En toda actividad de la mente (itinerarium mentis) se realiza un proceso muy complejo que se compone de investigación racional, de creencia con fidelidad y contemplación intelectual ("rationabiliter investiganti, fideliter credenti, intellectualiter contemplanti"). En todo hombre hay un investigador (ciencia) un creyente (fe) y un contemplativo (escatología). Cuando el hombre conoce, sucede todo eso en su personalidad. Son las dimensiones de todo conocimiento humano que encierra una gran carga de creencia y de contemplación. Además, para San Buenaventura, la aprehensión no equivale a la sensación o conocimiento particular de una determinada sustancia singular, sino el acceso, entrada o conocimiento global de todo el mundo (universum) que se hace presente en cada una de las cosas ("apprehensionem totus iste sensibilis mundus"). La esencia antropológica del conocimiento no consiste, para nuestro autor, en constatar la identidad o existencia externa de las cosas, o el juicio sobre sus cualidades accidentales (esto es blanco o es negro), sino en la razón o el por qué las cosas deleitan y satisfacen a la mente humana a lo que llama la adecuación proporcionada de la razón. Así entra este mundo sensible en el alma humana utilizando las puertas de los sentido, concluye el autor de "Itinerarium mentis in Deum". Las cosas son imagen del Dios invisible, esplendor de su gloria y figura o representación de su sustancia. Todo eso conoce el hombre cuando conoce el mundo. El reduccionismo antropológico y religioso del conocimiento está patente. Todo conocimiento es del hombre (como sujeto) y de Dios (indirectamente ahora por el mundo y directamente después en la gloria cara a cara) como final y plenitud del mismo. Solo Él es la causa de la proporción, de la adecuación, de la conveniencia de nuestro conocer como deleite, lo que tiene lugar mediante la impresión (el sentido), la intimidad (el alma) y la verdad (trascendencia) o contemplación de la verdad eterna e inabarcable. Por ello, toda verdad conocida es, al mismo tiempo, representación y prefiguración de Dios. El entendimiento aprehende y percibe, la memoria retiene y conserva, y la inteligencia juzga su adecuación a la Verdad eterna como referencia y medida de las demás verdades, pues Dios es el origen, el ejemplar y el fin de todo conocimiento del mundo por parte del hombre.

10.7. Estructura y proximidad religiosa del alma humana

Estamos en el interior del hombre donde confluyen, podemos decir, dos mundos, el exterior (de las sensaciones y de las cosas) y el superior o trascendente (de las verdades). Esto tiene que tener una razón y explicación. San Buenaventura se lanza a describir cómo el alma es próxima a Dios y cómo la memoria está anclada en la eternidad y la inteligencia en la verdad. La estructura interior del hombre y la actividad de las potencias nos conducen a la única Trinidad existente. Todo proceso interior tiene lugar en un régimen o sistema trinitario, psicológico o teologal. Todo sucede a imagen y semejanza de la Trinidad de Dios como referencia de la trinidad del hombre. Podríamos pasar a hablar, igualmente, de un régimen sacramental, puesto que las cosas visibles significan, representan o revelan lo invisible de Dios ("significant autem hujusmodi creaturae hujus mundi sensibilis invisibilia Dei"). Sin embargo, el interior del hombre es imagen de Dios de manera especial, pues en nuestra mente reluce de forma más intensa la Trinidad ("in facie nostrae mentis, in qua scilicet resplendet imago beatisimae Trinitatis"). Memoria, inteligencia y voluntad son la trinidad antropológica que discurre dentro de nosotros. Nada se ama si no se conoce y nada se conoce si no se tiene o retiene en la memoria. El alma tiene, pues, estas tres capacidades. No podemos hablar de divisiones o compartimentos del hombre, sino que todo el hombre está en cada una de sus facultades, lo que entendemos ya como unidad de la persona. La memoria es una facultad comprensiva y totalizadora del hombre, pues retiene el pasado por el recuerdo, el presente por percepción y el futuro por previsión. La temporalidad es una dimensión esencial de la metafísica de la persona. Pero dicha concepción "extensiva" del tiempo físico (cronos) se unifica en la conciencia del hombre y se reunifica en el espíritu haciendo del pasado, del presente y del futuro una única realidad antropológica. Esa función de permanencia, que realiza la memoria subjetiva, la realiza la eternidad como permanencia del tiempo. Volvemos así al ensayo de San Agustín de unir tiempo, memoria y eternidad en una misma visión del hombre, tiempo y de la eternidad en el libro XI al XIII de las *Confesiones*. La eternidad —dice San Buenaventura— es el presente indivisible y extendido en el tiempo. La memoria no se nutre o alimenta solo de imágenes o fantasmas del pasado o del exterior, sino también recibiendo, asumiendo, formas superiores procedentes de la Verdad. Porque en el hombre también hay una memoria de la Verdad. Estamos repitiendo la antropología trinitaria de San Agustín, es decir, el origen, el orden y la actividad de nuestras potencias nos remiten y conducen a la Trinidad. La inteligencia causa la memoria y entre ambas generan el amor que son consustanciales, iguales y coetáneas. No se distinguen sustancial ni accidentalmente, sino solo de forma personal. La memoria, la inteligencia y la voluntad constituyen el espíritu perfecto en Dios y en el hombre según *Itinerarium mentis in Deum IV:5*. De manera más asequible, didáctica o catequética, se puede decir que cuando el hombre entra en su interior y se percibe como tal, es decir, una unidad de espíritu con esas tres facultades de memoria, inteligencia y voluntad, entonces es capaz de comprender su dimensión de espejo y reflejo de la beatísima Trinidad, en la que tienen lugar las mismas operaciones. Igualmente, existen dos niveles de actuación de las tres potencias, como son, el nivel inscrito en la natural y el nivel reformado por la gracia y las virtudes que son como otros tantos sentidos espirituales o teologales. San Buenaventura concluye que muestra mente está llena o repleta de la sabiduría de Dios, que ha encontrado en ella su casa y su habitación, como pensaba ya San Agustín en su tiempo. Así se cierra el círculo de la antropología cristiana en nuestro autor al pasar de la imagen de Dios tanto exterior como interior ("creaturarum speculum tum exterius tum interius"), para concluir los cuatro modos de conocer a Dios a lo largo del camino de la mente: 1) Se conoce a Dios por los vestigios de las criaturas. 2) Se le conoce por la imagen interior del hombre. 3) Se le conoce por el poder de la gracia. 4) Finalmente, se le conoce por la íntima unión entre Dios y el alma que se hace un espíritu con Él. Entre el alma y Dios hay una proximidad, una afinidad, un "con-curso" (con-currente o compañero de carrera), mediando las cosas primero e inmediato después ("conjuctus Deo, Deo proximus"). El es, repitiendo a San Agustín, la causa de nuestro ser, la razón de nuestro entender y el orden o fundamento de nuestro actuar y vivir. Triple es la comparación del hombre con Dios en una asociación trinitaria entre Dios y el hombre. Con ello creemos haber alcanzado dos objetivos muy importantes. Por una parte, mostrar a Dios como estatuto ontológico de la persona cristiana y, por otra, la reducción fenomenológica de la antropología en la teoría trinitaria en San Buenaventura.

10.8. La verdad del mundo o la antropología diagonal

Con San Buenaventura comienza el descendimiento de la antropología de la Alta Edad Media hacia las llanuras del Renacimiento, produciendo una renovación de toda la teología y del pensamiento cristiano próximo al humanismo clásico y moderno. Ya hemos dicho que ese cambio está propiciado por el avance de la noción del hombre como individuo y persona, con su adscripción de imagen de Dios y dignidad humana. Así se prepara el pensamiento cristiano europeo para afrontar las grandes civilizaciones, los movimientos industriales y comerciales, los sistemas económicos, los nacionalismos políticos, los flujos de población y fijación en las grandes ciudades, los hallazgos científicos y, finalmente, el descubrimiento del nuevo mundo. Después de haber elaborado tanto la verdad de Dios, ahora se trata de desarrollar la verdad del mundo. ¿Cuál es la verdad del mundo? En cierta medida podemos preguntarnos también sobre el mundo de verdad. La metafísica se ha vuelto lujuriosa, deleitable y apetecible. Si antes el cristianismo contemplaba el mundo en su origen, en su creación, salido de las manos de Dios ahora se ve y se analiza como resultado. Es la antropología diagonal que cruza los principios con las manifestaciones. Hay que unir la cúpula y el vértice de la creación, que es Dios con el suelo, y la tierra que es el mundo. La antropología diagonal. La verdad tiene que transformarse en ciencia. Hay que pasar de la verdad a la ciencia y de esta a la felicidad. El mundo es el final del camino de Dios y hay que pasar del éxtasis de Él al éxtasis de la vida y de la felicidad. Hay que pasar del hecho de que Dios sea la forma de la fe a que la fe sea la forma del mundo. No hay ninguna fe sin el cuerpo, sin el tiempo, sin la historia y sin el mundo. Eso tuvo lugar en Cristo Jesús. Recordamos aquí las tres divisiones de la filosofía en San Buenaventura, la monástica (el universo), la económica (la riqueza) y la política (el poder). Las teorías cristianas sobre la creación del mundo y su existencia ejemplar eterna en Dios no tienen por qué alejarnos de la comprensión de su valor e inmanencia. Igualmente, la comparación del mundo con Dios no tiene que enfriarnos o alejarnos de nuestro entusiasmo por él. Muchos querrían acusar a esta antropología medieval de recrearse en una excesiva contemplación del mundo cuando lo que se necesita no es contemplarlo sin transformarlo. Sin embargo, en el mundo no hay que buscar tanto la productividad, sino su sabor y deleite. Tanto Dios como el mundo son las dos fronteras de la fe cristiana igual que la divinidad y la humanidad fueron los cauces o límites de la existencia y de la personalidad de Jesús. Por tanto, la palabra mundo puede significar lo material (las cosas, el tiempo) y lo espiritual (la intencionalidad de la salvación) de la historia. Cuando hablamos de una antropología cristiana en San Buenaventura, tanto en la teología o teoría de Dios como en el concepto del hombre, del mundo o de la historia, debemos aceptar que el saber no es solo una técnica del entendimiento, un trabajo de la mente, sino un afecto, un deleite, una fruición, en definitiva, un amor. Según eso, la verdad del mundo tiene que llevarnos al amor al mundo como la teología nos conduce al amor de Dios. El primado de la verdad debe conducirnos al primado del amor en el conocimiento del mundo. Más aún, el que ama al mundo quiere conocer más y mejor lo que ama. Aplicando el principio de trascendencia, de "speculum" o "spectaculum", de imagen, de transparencia de las cosas, de vestigio y huella, quien ama al mundo está amando a Dios que es su origen, potencia, presencia, razón y ciencia. Donde la razón no llega, llega el amor. Por ello, el deseo más que la razón, no la luz sino el fuego, el apremio más que la mente son los que conducen nuestro itinerario por el mundo. No Dionisio, sino Francisco, explican nuestra peregrinación en el mundo. Toda la creación habla de Dios y quien no lo oiga, no lo vea, o no lo entienda es que es ciego, sordo o insensato, concluye nuestro autor.

En cuanto al concepto de historia en San Buenaventura, tenemos el trabajo de investigación realizado por J. RATZINGER (1955), más tarde Benedicto XVI, sobre la idea de revelación y la teología de la historia en San Buenaventura, presentado como memoria para su habilitación universitaria. Al contrario de otros teóricos de la historia, para nuestro autor el tiempo, la historia, es el escenario y el despliegue de la salvación. No hay historia profana por una parte y cristiana por otra. Todo el tiempo es cristiano, pues Cristo es el centro de la historia. Por otro lado, la historia es una y única como Cristo y su salvación es única para todos los tiempos, para todos los hombres. No existen periodos ni rupturas, ni interrupciones, ni fraccionamientos. No hay vacíos o carencias de salvación, no hay escasez de recursos. Es un continuo de salvación y un universal temporal. Cristo es "kairos" (tiempo cualitativo) y no "kronos" o tiempo cuantitativo. El primero es el Señor del tiempo el segundo es esclavo del tiempo. Cristo, la Iglesia, la Historia son el camino de la salvación o, si se prefiere, las conducciones o tuberías por donde discurre la gracia. La discusión de Joaquín de Fiore sobre los comienzos o la venida de un nuevo periodo de la historia, anunciando catástrofes no tiene cabida en esta filosofía cristiana. El "novus ordo" de San León Magno hay que entenderlo en este contexto discursivo de renovación, de empuje y avance, y no en sentido apocalíptico. En todo caso, el cristianismo es un nuevo orden frente al orden romano o pagano. Es una nueva sociedad.

10.9. Antropología económica y política

A la verdad del mundo y a esta antropología unitiva y diagonal corresponde también la visión o interpretación de la propiedad privada por parte de San Buenaventura, admirador, compañero y sucesor de San Francisco de Asís, pobre como él, en la Iglesia de su tiempo. La antropología monástica renovadora había alcanzado y convencido a mucha parte del clero, que ya recelaba de las riquezas de la Iglesia. Comenzaba la reforma, si es que alguna vez no había existido. La economía, el comercio, dejaba de ser local y se internacionalizaba. Las cuestiones, las leyes y las normas de la economía tenían, igualmente, un alcance universal. No había problema para justificar, desde el cristianismo, la propiedad privada de bienes, pero resultaba más difícil legitimar las ganancias, la riqueza, los intereses elevados, la especulación, la explotación laboral. El mercader tenía una gran importancia económica y social. Religión y disciplina del capitalismo tenían que caminar juntos. Aquí nos preguntamos ¿quién dirigía el mundo? ¿Las celdas de los monjes o los palacios de los poderosos? Los monasterios influyeron más que nadie en las cuestiones socioeconómicas del mundo moderno, en la legitimación social de entonces. La teología monástica del trabajo contribuyó más al orden social que las teorías sobre la producción, la oferta y la demanda. Pero hay que cambiar en la Iglesia la noción de "santos trabajadores" por la categoría de "trabajadores santos", pues había cambiado la realidad social. La posesión de bienes tenía que cumplir unas condiciones morales para que la Iglesia pudiese bautizar o bendecir la situación. La propiedad de bienes se vincula más a la persona individual al servicio de su dignidad y del orden social. La participación del cristiano en la marcha de la economía es un deber como creyente. Pero eso no legitima la riqueza. El problema o la cuestión social en ese momento es la laboriosidad. El deber de trabajar y el derecho a una justa remuneración del trabajo. No todos estaban de acuerdo con la mendicidad de los monjes, que también aceptan la obligación de trabajar en los monasterios. La fórmula se impone en los años de San Benito de Nursia con el "ora et labora" de sus monasterios. La profesión comienza a adquirir relieve e importancia como cristianos, pues es un medio de integrarse en la sociedad. Una sociedad demasiado jerárquica y rural deja paso a una sociedad más abierta, plural y armónica, camino de una mayor igualdad. Cada uno tiene su puesto y su función en el conjunto de una sociedad más laical y laboriosa. La población se va concentrando en las ciudades y allí cada uno desempeña una función, un "oficio", pues la diversidad profesional se asemeja a un coro. La sociedad viene entendida como un organismo coordinado donde cada uno cumple con su función que es el trabajo. Esta es una antropología de la profesión. Por lo demás, quien ejerce su profesión cumple la voluntad de Dios y recibirá una recompensa material como signo de la recompensa eterna. El trabajo y el compromiso profesional unido a él conforman ya un nuevo perfil del hombre en ese tiempo. Todo ello constituye una ética social del trabajo. Nadie está obligado a trabajar gratuitamente, sino que tiene derecho a una recompensa. El que trabaja merece un sueldo no solo en el cielo, sino también en la tierra. El concepto de servidumbre o de siervo se cambia por el de oficio y profesión que habla ya de independencia y libertad. A través de estos elementos teológicos, el cristianismo contribuye a una mayor estructuración de la sociedad donde la división dual (nobleza y clero) se abre a un pluralismo y diversidad de clases. Los cristianos contribuyeron a la movilidad social y a la nivelación de estamentos y clases. Al lado de los oficios está la santificación de los mercaderes que engañan y roban en precios y medidas o de los prestamistas aplicando intereses de usura. La Iglesia desarrollaba un mensaje social dirigido a los ricos, pero sin olvidar la existencia de diferencias, de marginación y de pobreza. El llamado orden de la cristiandad comprendía esta mirada a todas las clases sociales y a la nivelación o comunicación de bienes. La solución tampoco estaba en demonizar las riquezas, el comercio, las ganancias, la inversión o la producción. Estas reflexiones salían de los monasterios, de la antropología monástica que dice San Buenaventura y eran predicadas a los fieles. Contemplar y lo contemplado comunicárselo a los demás. Era la unión de dos mundos en la Edad Media. La vida activa se beneficia de la vida contemplativa. Lo que vale para los monjes vale para los laicos, pues todos son hijos de Dios. Los ricos no eran el diablo. No está condenada su alma. La preocupación de los laicos y ricos por los bienes o los asuntos terrenos también entra en los planes de Dios. La reforma protestante se ocupó, más tarde, también de la doctrina social del evangelio. Así comienza la ética del capitalismo donde se separa muy bien lo que es actividad económica y lo que es perfil cristiano. La riqueza o los ricos no son malos, sino los vicios que los acompañan, como pueden ser la avaricia, la soberbia, la codicia insaciable, la injusticia, el abuso o la explotación. Pero hay virtudes que pueden muy bien acompañar a las riquezas, como son la misericordia, la laboriosidad, el esfuerzo, la humildad, la caridad. La Iglesia contribuyó a prestigiar el trabajo productivo y su organización social en la formación de los gremios, cofradías, hermandades.

Pasemos ahora a la antropología política de San Buenaventura. Lo santo, lo sagrado, lo cristiano, la Iglesia parece que había formado un orden, un mundo a parte dentro de la sociedad. ¿Cómo se podía relacionar con el otro orden civil, pagano, estatal? En una regían los sacramentos, en la otra sociedad la ley. Ambas realidades satisfacen las necesidades del mismo hombre. El hombre es social por naturaleza, pero también es religioso por constitución. Estamos en medio de la relación entre fe y política. No podemos entregarnos solo a la crítica y a la distancia ejercida por nuestro autor, sino que debemos encontrar puentes de reconciliación entre el poder (el Estado) y la debilidad (la Iglesia)., La esperanza cristiana no se identifica ni se agota con la política, antes al contrario, es más fuerte que ella y puede cambiarla. La fe cristiana tiene una relevancia política, encierra un programa y no se puede remitir siempre a su reserva escatológica, ausente o final. No estamos politizando la teología, sino elevando la política a su más alto nivel moral. La política como realidad concreta o asunto temporal puede cambiar, terminar, ser falsa o aparente. Sin embargo, la política tiene mucha influencia en la construcción de este mundo donde viven y actúan los creyentes en Cristo. El poder y la acción política no pueden permanecer al margen del "ethos" cristiano. La teoría de la doble ciudadanía de San Agustín seguía viva en San Buenaventura. Además, apareció un profeta, un nuevo Mesías llamado Joaquín de Fiore que prometía un periodo negro de la historia, seguido de una utopía. La Iglesia se encontraba entre la promesa de un paraíso futuro y la realidad de una sociedad capitalista, mercantil y consumidora. La Iglesia está siempre inaugurando el futuro y recuperando el pasado. La antropología cristiana de la época no ejerce ninguna extraña o rara presión sobre la teoría política del tiempo, sino que pide simplemente que sean la razón natural y los valores los que administren la vida y la acción pública El cristianismo no ha sido solo el catalizador de la cultura moderna, sino el descubridor de los grandes éxitos morales de la igualdad y universalidad, de la idea de libertad y solidaridad en la historia. Para el cristianismo medieval, el único poder en el mundo es el de la razón creada y eterna a la vez. Solo la fe en un Dios único libera a la razón y la hace capaz de "racionalizar" la política. No hay otra alternativa. Cuando otros poderes extraños a la razón entran o gobiernan el mundo, entonces tenemos el caos y los desequilibrios. En el reino de la tierra y de los hombres hay que entronizar la razón. Los cristianos no tienen miedo a situar la política en los límites de la razón, pero advierten, desde la fe, que la política no se reduce a la técnica del poder o a las estrategias para conservarlo o disfrutarlo. Tiene una finalidad más trascendente, como es la implantación de la justicia y del bien común en la sociedad. Por ello, la política tiene un origen y naturaleza moral. Entonces, hay que preguntarse qué es la justicia y cómo se puede conseguir y servir desde el derecho. La respuesta está en que dichos valores no se consiguen solo con el poder ni coinciden con sus intereses, sino que intervienen también la conciencia y la razón, que están por encima del poder convencional y constituido. Estos son los nuevos horizontes que la fe ofrece al poder, la Iglesia a la sociedad, los valores y los fines a los instrumentos y estrategias. El poder no dirige el mundo. Alejado el peligro de la inhibición escatológica de la Iglesia (como ciudad de Dios), frente a la política (ciudad terrena), se acepta la legitimidad de la presencia de los cristianos en ella, que no es ninguna intromisión ni recorte de soberanía. Los cristianos responden ante Dios del mundo y ante el mundo dan cuenta de Dios. Esto no significa que disminuya el poder del Estado y aumente el poder de la Iglesia. La Iglesia no está llamada a tomar o asumir el poder civil que no forma parte de su esencia; pero, al mismo tiempo, no puede ser insensible a los gritos o exigencias de justicia y libertad para todos los hombres Ella no está llamada a entronizar o a deponer poderes o poderosos de este mundo pero tampoco está inhabilitada para hablar y proponer soluciones políticas a los problemas de los hombres y no solo de los bautizados.

11

Nueva síntesis de la antropología en San Alberto Magno

El núcleo de la antropología cristiana de los siglos XII y XIII en Europa no quedaría completo sin la presencia y la aportación de San Alberto Magno (1193–1280), que vivió en los mismos escenarios (Paris, Italia, Colonia) que su discípulo Santo Tomás de Aquino siendo testigo de las mismas tendencias y controversias. Ambos lucharon, desde la herencia aristotélica y agustiniana, por explicar la unidad del hombre y su condición de valor supremo representado en la categoría de la persona. Tampoco se puede decir que su antropología sea una copia recíproca. La similitud no significa identidad, sino que hay también diferencias. Sobre todo, hubo que empeñarse en defender la unidad del alma y, por consiguiente, la unidad del hombre, pues aparecían por el horizonte los filósofos árabes hablando de un alma universal. Tenemos que resaltar de nuevo la contribución que el cristianismo hace a la consideración y dignidad del individuo, base de la civilización occidental. Algunos estudiosos sugieren que la antropología de San Alberto cae más del lado de la ciencia que de la filosofía, y representa una recepción de Aristóteles menos adulterada e influenciada por el platonismo o el agustinismo que la de Santo Tomás y la de San Buenaventura. Su obra más significativa en el plano antropológico se titula ya *De homine*, apuntando a la síntesis, a la unidad y no tanto al alma. Participa plenamente en la llamada "recepción de Aristóteles", filtrada en las traducciones de los árabes y de los cristianos. Trabajó y elaboró nuevos materiales, lo que supuso situarlo al frente de un aristotelismo cristiano. La visión del mundo como naturaleza, la interpretación biológica del cuerpo y la mirada más racional y científica de las cosas, sin tanta dependencia o referencia a la revelación o a la Escritura, hacen de su cristianismo una síntesis cultural más profunda entre ciencia y teología. Con él, se delimitan más las competencias de una y otra, adelantándose a la reivindicación de límites y autonomía (de la ciencia y de la razón) que harán los autores del Renacimiento que ya llaman a las puertas. Alberto, sin embargo, no renuncia a la integración de la razón y de la fe, de la ciencia y de la teología, aunque ello suponga enfrentarse con algunas tradiciones. La verdad (que no es cristiana o pagana, sino ambas cosas a la vez) ya no puede prescindir de las ciencias naturales y tiene que asumirlas, pues también ellas tienen su verdad. Se puede hablar de un nuevo estatuto de la racionalidad cristiana en San Alberto Magno. Para él, Aristóteles no significa la autoridad en filosofía, sino la precisión en la ciencia. El principio de autoridad se convierte en principio de racionalidad científica. A la preocupación por la naturaleza del conocimiento le sigue el conocimiento de la naturaleza. Se recurre menos a la analogía y más a la realidad.

11.1. Antropología de la síntesis

Nos quedamos con esto. Que la antropología de San Alberto es una síntesis mayor que las realizadas en otros autores, en otros tiempos. Precisión y profundidad sin que podamos hablar todavía de un sistema. ¿Cuál es la respuesta de San Alberto a la cuestión antropológica o a la pregunta sobre el hombre? ¿Cómo se posiciona él frente a las definiciones del hombre que recibe de la tradición griega y cristiana? La unidad del cuerpo y el alma, es decir, explicar la convergencia y la reductibilidad antropológica de la estructura dual del hombre cristiano tan enraizada en la materia y forma de Aristóteles. Lejos de cualquier enfrentamiento y negación dialéctica, Alberto no va a oponer a Platón y Aristóteles ni a San Agustín, ni sus respectivas escuelas, sino que opta por ponerlos en fila, uno detrás de otro, en continuación y complementariedad. Tampoco hay "dos Albertos" uno aristotélico y otro agustiniano. Ello da como resultado una verdadera psicología de lo cristiano en el hombre. Otros hablan de la teoría antropológica de San Alberto como un diálogo entre los santos y los científicos. Él mismo fue ambas cosas a la vez. Él es la síntesis que buscamos. San Alberto no ve necesario comenzar la definición del hombre por el alma, como venía sucediendo. La prisa por llegar o partir del elemento espiritual del hombre no le afecta ni le impide desarrollar otros elementos. Siguiendo a Aristóteles, el proceso parece todo lo contrario, es decir, comenzar por el cuerpo para explicar al hombre. Partiendo de los sentidos, llegar a las facultades. Esto nos lleva a una antropología deductiva, más científica, pues partiendo de los actos del conocer llegamos al Acto del conocimiento. Ahora bien, el alma no es un acto más del conocimiento, un conocimiento o la suma de todos ellos, sino el sujeto y la unidad sustancial de todos los conocimientos parciales. Así es como se contempla el alma en sí misma y en sus facultades que no son partes del alma, sino el alma en su totalidad. El alma es la forma o principio del cuerpo, luego lo precede en cuanto a sustancia. Igual que la musicalidad se entiende como la capacidad para musicalizar, así también la razón es la capacidad para entender aquello que los sentidos sienten. El autor habla de dos prioridades, según los sentidos, el acto de conocer es el primero, pero según la razón, la facultad es anterior a ellos. Entramos en el santuario de la antropología de San

Alberto, la conjugación entre las partes y el todo: el hombre, el alma no se divide en tres partes (la vegetativa, la sensitiva y la racional), sino que la sustancia, la forma y la esencia del alma es lo racional y de ella derivan las demás funciones que son "comprendidas" en ella, igual que un rectángulo de cuatro ángulos implica y comprende al de tres. Las tres facultades del alma no están una al lado de la otra, sino que la dimensión racional es más sustancial y jerárquica de tal manera que las demás están ordenadas a ella y ella dirige a las demás. El cuerpo está ordenado al alma y esta, a su vez, dirigida al cuerpo. Esa "ordenación jerárquica" es la relación o combinación buscada y pretendida para entender la unidad del hombre. Nuestro autor (que escribió sus obras tomando los mismos títulos de Aristóteles) se debate entre ambas corrientes que definen al hombre, a saber, la aristotélica y la no-aristotélica o cristiana. Es decir, el alma se mueve por sí misma y no por el cuerpo. Moviéndose por sí misma, mueve al cuerpo con el que se relaciona solo accidentalmente, pues la reciprocidad sustancial no es esencial, sino accidental. El cuerpo no se dirige al alma al mismo nivel que ella se dirige al cuerpo. San Alberto se enfrenta con ello a las dos corrientes antropológicas más importantes de su tiempo, mostrando cierta preferencia por la corriente platónica-agustiniana frente a la aristotélica. Es mejor para el alma vivir al margen del cuerpo al que está sometida por efecto del pecado, y del que será liberada después de la muerte. La antropología aristotélica le parece a nuestro autor que vincula demasiado el alma al cuerpo, resultando muy condicionada por él. Ahora viene el ejercicio de síntesis mirando a los árabes también: el alma puede ser considerada en dos dimensiones: una en sí misma otra en su relación con el cuerpo. Es esta segunda condición la que más le atrae a San Alberto. El alma es forma, perfección y complemento del cuerpo, especialmente en el conocimiento y en la felicidad, sirviendo como un conductor o marinero que dirige el barco hacia el buen puerto. Con ello parece salvarse la doble exigencia o preocupación de esta antropología, a saber, que el alma es sustancialmente diferente al cuerpo y que in-forma o dirige al cuerpo. Pero ambos (cuerpo y alma) coinciden en la vida: uno la da y el otro la recibe. Esta pertenencia recíproca (Zusammengehörigkeit) del alma al cuerpo y del cuerpo al alma constituye la esencia del hombre, según San Alberto. Cuerpo y alma han sido creados uno para el otro en medio de un mundo no-monístico compuesto de materia y espíritu. Así llegamos a la síntesis antropológica defendiendo que el alma es subsistencia por una parte y forma del cuerpo por otra. De esta manera se realiza el consenso entre las dos escuelas o tendencias vigentes. San Alberto no ve contradicción alguna entre cristianismo y aristotelismo.

La cultura de la síntesis reina en todos esos autores. La antropología de San Alberto se resume en estas tres cuestiones: la pregunta por el alma, la pregunta por el cuerpo y la pregunta por la unión del cuerpo y el alma. El alma puede vivir sin el cuerpo, pero no el cuerpo sin el alma, pues todo está "animado" en el mundo. El alma es perfección y plenitud del cuerpo. Con ello responde a la presión de

Nueva síntesis de la antropología en San Alberto Magno

Avicena que definía al alma como la primera perfección del cuerpo natural e instrumental, pero que tiene en sí misma el origen de la vida, principio del movimiento, forma esencial y primer acto del cuerpo natural y orgánico, principio de la vida física y orgánica. El carácter subsistente del alma hace que esté toda en todo. Por oposición a esta corriente árabe se impulsa el principio de individualidad en el cristianismo. San Alberto es el gran descubridor del concepto de síntesis cristiana que comprende aunar las exigencias de la teología con las afirmaciones de las ciencias naturales basadas en la única verdad y en la única razón, incluida la experiencia. La ciencia profana también tiene sus derechos con atención a las leyes de la materia. Por ello, podemos hablar en él de un nuevo estilo de intelectual cristiano que continuó, más tarde, su discípulo Santo Tomás de Aquino a quien llevó como alumno de Paris a Colonia con él.

11.2. Antropología de la redundancia

Si hay una cuestión recurrente a lo largo de la historia de la antropología cristiana esa es la unión cuerpo-alma y su correspondiente reflejo en la forma de entender y condicionar la verdad o dogma irrenunciable de la resurrección de la carne. San Alberto no se sustrae a esta disputa y confrontación con todo el helenismo como habían hecho ya autores anteriores. La articulación de fe y razón en este punto modifica el resto de los ámbitos de cualquier antropología cultural. Ello obliga a revisar y profundizar en las bases del pensamiento antropológico de San Alberto. Se podría pensar que es una cuestión de origen y de resolución teológica. Y sin embargo, como decimos, está presente en el panorama de la antropología filosófica a través de la unión sustancial entre el cuerpo y el alma en el hombre. Lo mismo se puede decir de la dimensión escatológica ¿qué tiene que ver el ahora del cuerpo temporal con el final definitivo del hombre? Si es final, no es definitivo y si es definitivo no es final. Gran dialéctica y contradicción. En este sentido se había recurrido siempre a la metodología del retorno. Es decir, teniendo tan a mano la categoría platónica de la preexistencia se completaba con el concepto de reminiscencia o vuelta del alma a su punto de origen. La vida del alma era circular y no se perdía en la noche de los tiempos, sino que superada la etapa de permanencia al lado del cuerpo, "volaba" de nuevo a su hogar. Era una golondrina de la existencia temporal. Se aplicaba la imagen del destierro. Más aún, el ama descendía al cuerpo, pero sin abandonar su existencia en la altura del espíritu. Es la teoría de los vasos comunicantes o ley del retorno aplicada al alma humana. Pues bien, todo esto adquiere una nueva perspectiva en San Alberto Magno. La "resurrectio corporis" es una "redundantia intellectus". Nuestro autor designa como "redundantia" la forma de existencia del hombre en la resurrección. Es la estructura de la existencia resucitada. Algo parecido a la paradoja del "corpus spiritualis" (cuerpo espiritual) de San Pablo. O a la teoría de la participación donde la luz no se termina, porque se refleje en muchos objetos, pues el rayo vuelve a sí mismo. El espíritu es donde se refleja el alma inmortal que conserva toda su naturaleza intacta. El espíritu es el punto de contacto entre Dios y el hombre. La luz del entendimiento ilumina a toda el alma y conduce al cuerpo a su plenitud y bajo esa plenitud el alma se convierte en Dios dice arriesgadamente el autor en el Libro IV de las *Sentencias d.49. a.5*. Por una parte se sigue manteniendo la distinción entre la existencia terrena y la existencia celeste, pero por otra hay que defender la unidad y continuidad de todo el hombre en ambas modalidades. A este encuentro de las dos direcciones de la existencia humana (una que asciende mediante el conocimiento y otra que desciende mediante la iluminación o reflejo) es a lo que se denomina "redundantia" como estructura fenomenológica de la resurrección de los cuerpos. El cuerpo solo pierde su función sensitiva, pero no su naturaleza y capacidad de conocimiento. El alma participa de la resurrección por la iluminación o de manera inmediata, mientras que el cuerpo lo hace "per redundantia" o mediación del entendimiento superior a él. La verdad y el bien se unen y confunden con Dios de forma directa e inmediata, y no por la interposición de imágenes y conceptos. En la existencia resucitada Dios, el alma, el bien y la verdad son presencia simultánea y continua. El alma no sufre modificación ni alteración alguna en su concurrencia existencial con el cuerpo, en su mezcla con él. Al contrario le concede plenitud y perfección. Las precisiones de San Alberto son un encaje de bolillos cuando continúa diciendo que el alma es la forma del cuerpo, pero no su ser, pues es independiente de él. En la muerte se corta esa relación "formal", pero no se destruye la vinculación de ambos. La existencia resucitada invierte los procesos. Si en la vida terrena los sentidos y la experiencia aportaban material al espíritu para su conocimiento, en la situación después de la muerte será el entendimiento quien aporte luz a los sentidos transformando su función. En la vida corporal, el sentido es el arranque o principio del conocimiento, mientras que en la escatología, por el contrario, el conocimiento será el principio y la vida de los sentidos. Al conjunto de estas operaciones cruzadas San Agustín lo llama "sentir". Ese sentimiento al que se refiere será el mismo después de la muerte y se puede llamar sentimiento espiritual. El cuerpo ha concluido su existencia material, temporal y espacial para transformarse en experiencia espiritual, pero el mimo cuerpo en la misma alma. Así defiende San Alberto Magno la profunda unidad del hombre y la correspondiente unión del cuerpo y el alma en una misma persona. Esa existencia escatológica se ve como una armonización del hombre en su estructura dual a la que se designa con la expresión "visio pascens", indicando su afectividad, satisfacción y felicidad del entendimiento humano.

11.3. La antropología de la recepción moral

La antropología metafísica de las sustancias (cuerpo y alma) constitutivas del hombre para reafirmar su identidad, su personalidad y su unidad e individualidad, no es ninguna concepción estática o inmovilizadora del mismo, sino su iniciación a la existencia religiosa y moral como espíritu en el mundo. La conocida como "recepción de Aristóteles", protagonizada por San Alberto, no afecta solo a las cuestiones sobre el conocimiento, sino también al mundo de la ética traduciendo y comentando las obras del filósofo griego, en especial La Ética a Nicómaco. Algunos califican como revolución cultural esta apertura del pensamiento cristiano al complejo de ideas de Aristóteles de la mano de San Alberto y de Santo Tomás. Igual que la razón humana está dotada para entender y explicar la realidad en su profundidad metafísica, también tiene capacidad para descubrir y fijar los valores y los fines de la acción humana. El hambre y sed de la verdad que tiene el hombre se extiende también al deseo del bien, de la justicia y de alcanzar la felicidad. *De bono* y *De natura boni*, *Ethica* y *Super Ethica* son las obras de nuestro autor con preocupaciones y contenidos morales. En este tema caminamos entre innovación y dificultades, incluidas las actitudes de los críticos y detractores. Destronado el principio o el papel de pura autoridad atribuida a Aristóteles, San Alberto reivindica la labor y la fuerza de la razón (y no solo de la autoridad) con la que se puede leer y acceder a la filosofía griega desde el cristianismo, viendo en ella una filosofía precristiana no solo en el tiempo, sino también en la lógica y en los temas. Parece ser que la ética de San Alberto no ha sido tan ampliamente estudiada como su filosofía de la naturaleza. Sin embargo, sus comentarios nos llevan al conocido tema de las virtudes morales en nuestro autor. Su teoría moral puede calificarse como una ética de las virtudes que no se reduce a un simple catálogo o inventario diferencial entre cristianismo y aristotelismo. No olvidemos que, primero en Grecia y más tarde en Roma, también existieron las escuelas morales. Pero antes de llegar a esa dimensión hay que asentar las bases metafísicas de la moral en San Alberto Magno.

Como en otras parcelas de su filosofía, hay que remontarse al principio y a los principios. El bien es creado por Dios, pues es reflejo de Él, de su bondad sustancial cuando crea. Así como el Bien constituye la esencia y la conciencia de Dios, igualmente se convierte en el constituyente moral del mundo. Por tanto es algo más que una construcción psicológica de la mente, de la personalidad o de la voluntad humana reglada o regulada. El sentido objetivo del bien y de la verdad, defendido por el cristianismo en medio de tanto relativismo moderno, da un fundamento de firmeza y seguridad a toda la cultura occidental. Antes de ser criterio y medida de la conciencia, el bien es una estructura básica de la creación, un orden del universo y una situación innata de la razón. El bien ha sido creado y puesto por Dios en el mundo y nosotros le encontramos ya hecho y formateado de tal manera que solo tenemos que asumirlo, aceptarlo, volcarlo en nuestra libertad, afirmarlo, repercutirlo en la acción o intervención en el mundo. Existe un bien natural al que no podemos sustraernos, pues formamos parte de su orden y estamos en su ámbito de influencia. Hay una naturaleza del bien y un bien por naturaleza. Lo cual exige una gran actividad y responsabilidad por parte de la conciencia personal para ser investigado y aplicado en las virtudes. Todos los hombres se mueven por el bien y quieren alcanzarlo. Este es el tema de la ética de Aristóteles. El bien es la meta de todos los hombres que, al igual que sucedía con la ironía de San Agustín en torno a la verdad, todos lo buscan consciente o inconscientemente, lo sepan o no lo sepan, lo reconozcan o no lo quieran reconocer. Hay, por tanto, un llamado inconsciente colectivo moral en todos los hombres que se expresa en la ley natural. La vía moral de la naturaleza humana es otra forma de antropología religiosa, pues al final del deseo y de la búsqueda del bien y de la felicidad está Dios esperando al hombre. El bien creado, natural, común, permanece en el tiempo y siembra la semilla de los códigos o leyes de las naciones. Su existencia y definición no está sometida a las ideologías. Es un concepto trascendental superador de la experiencia y realización concreta. Esta es la moral precristiana, cuya recepción tratamos aquí. Las criaturas llevamos dentro una programación moral que debemos desarrollar o activar mediante las leyes positivas, explícitas, escritas y convencionales. Podemos aplicar aquí el principio de la existencia alternativa: cuando el derecho o la ley natural existe, entonces la ley positiva está escondida. Ahora bien, cuando es la ley positiva la que existe, entonces la ley natural está oculta inspirándola. En el derecho natural, las leyes positivas están incubando y en el derecho positivo, el derecho natural está inspirando y latiendo. Pero ambas van siempre unidas y no existe una sin la otra. Del mismo modo comprendemos que hay unas virtudes naturales u originales en el hombre, por el hecho de serlo, que dan vida y sentido a las virtudes socialmente convencionales o asistidas. Las llamadas virtudes ciudadanas no son sino la expresión o afloramiento de esa profundidad moral que todos llevamos dentro con el nacimiento, con la formación de la persona racional. El bien ontológico y cósmico pasa a ser estructura antropológica y moral. Otros pueden llamar instinto o reflejo natural. Al "homo religiosus" le sigue el "homo moralis". En ese de la cultura medieval, el hombre es naturalmente bueno antes de que llegue la antropología protestante de Lutero, presentando al hombre como un todo radicalmente malo, corrompido, infectado por el pecado y, además, irrecuperable o perdido para siempre. El optimismo natural cristiano queda un poco ensombrecido por la teología de la Reforma, pero los argumentos para la fe y la esperanza en el hombre bueno siguen intactos, mientras exista la gracia como liberación. El cristianismo cree en Dios, pero también en el hombre.

11.4. El hombre civil y la ética política

Estamos acostumbrados a repetir la idea aristotélica sobre la naturaleza política del hombre, es decir, el hombre es un ser social y sociable por naturaleza. En San Alberto esto se expresa mediante la fórmula "animal civil" (equivalente al "zoon politikon" de Aristóteles) referida al hombre. Para él, la mejor constitución civil de la sociedad y del Estado es la predicación o el programa desarrollado en las

Nueva síntesis de la antropología en San Alberto Magno

Bienaventuranzas de San Mateo, pues es el "manifiesto" de Jesús realizado desde la altura de un monte que, en la geografía bíblica, simboliza la autoridad y la proximidad de Dios. No fue el discurso fundacional de partido político alguno, pero sí un ofrecimiento de vida y convivencia a toda la humanidad. En el concepto de "hombre civil" asienta San Alberto su teoría de las virtudes y de la ética política. ¿Qué es la ética política? ("bonum virtutis politicae"). Se trata de, partiendo del bien en general, del bien común, ¿cómo puede ser vivido y realizado por cada uno de los hombres, de los ciudadanos? ¿Cómo puede perderse, mediante la corrupción en la vida pública y cómo puede ser recuperado o reimplantado? Existe, pues, la "virtus politica seu civilis" que no es una virtud cualquiera, sino que forma parte de las llamadas virtudes cardinales o esenciales en la construcción tanto de la persona y su bienestar como de la comunidad. Con la unión entre virtud y política se llega a la más alta dignificación de la condición de ciudadano. La vida o la acción en la "polis", no significa ningún paréntesis de la conciencia personal, sino su fortaleza y plenitud. Pero no separemos las cuestiones. Después de afirmar que existe una virtud civil o política y que pertenece a las virtudes cardinales, hay que defender y mantener el carácter moral de dichos hábitos o comportamientos civiles. Así pues, la ética política no es una ética pagana o indeterminada, sino plenamente moral y, como tal, también asumible y cristiana, lo que no impide que sea universal y cultural o antropológica. Estamos en uno de los momentos más importantes de la antropología comparada, pues en ella se juntan las exigencias morales de la cultura natural con las cristianas. No existe el dualismo conflictivo que muchos autores modernos desean establecer entre una moral católica (nacida de mandatos, conciencia, convicciones o superestructuras de fe o creencia que esconderían –según ellos– intereses ocultos de la Iglesia) y las conductas inspiradas en la normativa natural que acompaña al hombre en su condición de ser racional. Razón y fe convergen en la moralidad igual que lo hacen en la religiosidad fundamental. El nombre y el concepto de "virtus" ya estaban en Aristóteles, en Cicerón, en Séneca y en San Agustín. Está, por tanto, en la tradición occidental. Ese concepto de virtud tan ironizado por Nietzsche al no comprender que, para definirla, se ponga el acento en la repetición de actos estrictamente personales en función de la felicidad individual. En ese sentido, la virtud es un instrumento de egoísmo, termina diciendo el autor de *Más allá del bien y del mal*.

Alberto Magno retoma el tema y se pregunta qué significa la virtud y la ética civil o ciudadana. En su definición sigue la estela de San Agustín. El concepto de virtud es aquí algo laico, secularizado, estoico, sin referencia a Dios. Sus fuentes y raíces no están en la fe, en la gracia de los sacramentos aunque sean un gran impulso para ella. La virtud es un proceso estrictamente natural, racional, interior. Son cualidades, saberes y competencias independientes de Dios Es una ética inmanente, psicológica, intimista. Y sin embargo, dicha definición de virtud puede ser asumida tanto por la filosofía como por la teología. La ética política se produce en un contexto de orden, de centro y de moderación. Sin embargo, la "virtus civilis" o la "virtus política" no son cualidades individuales o aisladas, sino un conjunto de actitudes fundamentales que por eso se denominan virtudes cardinales, es decir, esenciales, comprensivas y distribuidoras de las demás. La denominación de "virtudes cardinales" procede de San Ambrosio para indicar que de las virtudes cardinales (cardines) dependían todas las demás, abriendo las puertas a ellas. El concepto de virtud ha suscitado y atraído, a lo largo de la historia, tantos elementos enriquecedores que podemos hablar de una verdadera síntesis antropológica contenida en la misma. Por ello se ha convertido en una categoría polivalente que sirve para explicar la vida o conducta privada, la vida civil o política, la vida moral, la actuación pública o comunitaria, la acción de los gobernantes o de la autoridad, las características de las leyes y la aplicación de la justicia. Toda la sociedad está en el ámbito de influencia de la virtud civil, o sea, de la ética política. Hay una moral natural general en el mundo, además de la moral particular de cada confesión religiosa. El análisis fenomenológico de la virtud cívica en su historia nos lleva muy lejos. Su principal característica es la bondad a la que aludíamos antes. No todo hábito es bueno. La virtud es el reflejo en el hombre del bien cósmico y estructural de origen en toda la creación. La bondad es la ontología de la virtud que representa el bien objetivo. Viene definida como una cualidad racional, o sea, de la mente. Mucho se ha discutido sobre el sentido del término "vir" (del que procede "virtus") ante la posibilidad de que aluda a una fuerza física, muscular, empuje y arrastre material. Sin embargo, todas las definiciones la sitúan en la dimensión o esfera espiritual del hombre. Se le atribuye, igualmente, a la virtud el sentido de hábito como actitud permanente en el tiempo. Es una característica muy discutida y objeto de acusaciones contra el cristianismo que la defiende como fuente de estabilidad en el hombre. En torno a este concepto se han desarrollado las llamadas ciencias de la educación, técnicas de modificación de la conducta, métodos correctores en psicología educativa. La "habituación" o fijación de actos se emplea como adaptación social de los individuos y es un factor en el desarrollo y equilibrio de la personalidad humana. La noción de virtud comprende, también, el elemento de rectitud o justicia (términos que vienen del latín "rectus" o "directus", o sea, derecho). La virtud conlleva un efecto de equilibrio y equidad que, en términos culturales y políticos, llamamos moderación. La ética política es dialogo, consenso y ponderación. Tanto la vida personal como la comunitaria tienen que transcurrir por cauces de contención, prudencia, regulación y ausencia de extremismos. Finalmente, la virtud tiene su asiento espiritual en la voluntad y en la libertad. Comienza con la deliberación, con la libre elección del bien y se prolonga mediante la repetición de actos individuales, pues ella es una disposición voluntaria y libre que ha pasado a ser hábito y costumbre. Dicha repetición casi mecánica del bien en la virtud, antes de quitar libertad al espíritu, le concede y afianza en la bondad y moralidad de los actos consiguiendo o ganando cotas de irreversibilidad y constituyendo una segunda naturaleza de la persona. Se completa así el círculo de antropología moral formado por el bien creado y objetivo ("bonum creatum") con el bien educativo, adquirido por la costumbre ("bonum consuetudinis" o virtud) y el bien de la gracia ("bonum gratiae"). Este es el hombre virtuoso de todos los tiempos promovido y potenciado en la cultura occidental. La virtud y la dignidad del espíritu humano tienen que ser la misma cosa. La moral civil y la moral cristiana tienen que coincidir en muchas cosas. Dentro del diálogo y comunicación entre fe y razón hay que reconocer que existen muchos hombres naturalmente buenos. Vicios y pasiones se reparten la definición del hombre en la historia. De esta dialéctica endemoniada, el elemento afectivo y fundamental de la virtud que la salva de su ambigüedad es el amor. El orden en el amor convierte la libertad humana en moral cristiana. La libertad, sin más, no es todavía una estructura moral, sino que entre ella y el bien se interpone la virtud como adaptación. Por ello, la virtud no cae del cielo, no es una concesión de los dioses, sino un proceso de elaboración profundamente activo, disciplinario y antropológico donde está implicado todo el hombre, a través de su unidad cuerpo y alma.

11.5. Antropología de la alternativa ética

A petición de muchos compañeros de la universidad y de la propia orden dominicana, San Alberto Magno emprende la tarea de traducir, comentar, interpretar y hacer compatible la obra de Aristóteles con la tradición cristiana. De ese deseo nacen sus escritos que pueden considerarse técnicamente como un comentario a algunas obras de Aristóteles, principalmente a la Etica a Nicómaco. El núcleo principal sigue siendo la fenomenología de las virtudes. Más allá de otros aspectos parciales, entendemos que las definiciones, los comentarios y reflexiones sobre la virtud constituyen una verdadera antropología ética en San Alberto Magno. Comencemos por lo primero, o sea, la definición de virtud. Es una disposición adquirida y permanente del espíritu humano para optar, para decidir o elegir siempre lo equidistante, lo moderado, el punto medio ("in medio consistit virtus") el centro de las cosas, la síntesis y la reconciliación. Ese punto de encuentro donde convergen los extremos se busca y se conforma por la razón. Desde la antigüedad se ha dicho que la antropología cristiana, o sea, la libertad humana se encuentra entre dos opciones contrarias, dos fuerzas, dos tendencias, como son el bien y el mal, la gracia y el pecado, del espíritu y de la carne. La fuerza, la posición de la virtud ética está en el centro aludiendo a la situación del alma, donde no haya ni excesos o abundancia ni vacío o necesidad. Podía ser un estoicismo cristiano en pos de la serenidad y conformidad del espíritu, la imperturbabilidad del alma, la tranquilidad de las pasiones, la paz interior, el balance entre los deseos y las realidades, las ambiciones y las posesiones, la neutralidad de los juicios y preferencias de la razón. La virtud como conducta repetitiva no tiene que abandonar el ámbito de la razón y de la libertad por muy "habituado" que sea dicho comportamiento. Ni significa una esclavitud, una alienación, pues la libertad y elección en origen justifican todo el mecanismo de inserción e interioridad resultante del ejercicio de adquisición e implantación. Hay mayor libertad en la virtud (que no se opone a la creatividad) que en la espontaneidad ocurrente y sin reflexión. No se puede identificar voluntad libre con improvisación. La virtud es la mayor preparación y realización de la libertad humana, aunque también los actos ocasionales tengan su cabida en la voluntad. La virtud es el arte de la libertad, de la decisión y de la responsabilidad.

Está claro que la virtud es una dimensión de la acción del hombre y no solo de la inteligencia. Ella se sitúa entre las pasiones y las potencias del alma, que transciende, y se produce en el terreno de las decisiones, no de los sentimientos. La virtud forma la esencia de la decisión responsable. La relación entre virtud y decisión es directa e inmediata y el resultado es la rectitud de la acción humana. Todo eso podía crear una dificultad a la acción de la gracia en los cristianos, pues se trataría (en la virtud) de una acción o decisión invariable con un determinismo natural imposible de ser influido o modificado por la intervención de la fe. Con ello entramos en otra discusión sobre la libertad y la conciencia moral en el sentido de que el bien y el mal de una acción, concreta y puntual, depende exclusivamente de las decisiones del individuo y no de una calificación general o universal (de la especie dice Aristóteles) de la conducta de género. Estamos ante la ética de situación, la ética subjetiva, o el relativismo moral. La virtud o ponderación racional no sería el elemento evaluativo final de la bondad o maldad de un decisión, sino habría que valorar otras circunstancias externas al sujeto, como pueden ser la familia, la educación, el contexto sociocultural, el medio ambiente informativo. Estamos tocando el fondo de la "antropología monástica" es decir, donde se produce el centro de la moralidad de las acciones y el influjo de la gracia como capacidad de la libertad del hombre. San Agustín llamaba a este proceso "la libertad liberada", mientras que San Alberto Magno lo llama capacitación o potenciación de la libertad humana no solo para elegir el bien natural (bonum naturale), sino para descubrir otros bienes superiores o trascendentes que están por encima de la felicidad terrena o temporal. La gracia supone una mayor grandeza o fuerza de la voluntad para hacer el bien. La ética de la libertad, de la virtud y de la responsabilidad queda intacta frente a la ética de la gracia de los cristianos, pues no la destruye, sino que la potencia; no la elimina, sino que la supone y la desarrolla. La ética o libertad civil no interfiere en la ética cristiana. Queda en la conciencia de cada uno abrirse y recibir esta transformación de la libertad y de la responsabilidad por la gracia. Hubo una primera gracia o potenciación del hombre como libertad en la creación que no se interrumpe por el pecado, sino que adquiere un nuevo impulso en la fe y en el evangelio que por algo se llama "orden sobrenatural", que no prohíbe, sino que capacita y dispone. Cada uno tiene que desarrollar y ejercer esa libertad concedida al principio de la persona. Esta teoría aristotélica del hábito como constitutivo de la virtud antropológica está muy asumida en la psicología moderna y de la educación social, que entienden al hombre como un ser impresionable, dúctil, modelable, capaz de reproducir comportamientos mediante aprendizaje condicionado, introduciendo o alterando variables para determinar conductas. Desde el punto de vista social, la mentalidad capitalista actual consigue introducir hábitos de consumo en la conciencia, en los usos y costumbres y en la biología para asegurarse su demanda y comercialización. Se crean necesidades sociales a base de ofrecimiento y ejercicio en una adicción irrenunciable y esclavizadora de la libertad y de las decisiones. Hay que producir y surtir el mercado de las adicciones y hábitos creados basados en esta teoría de la plasticidad humana. Cuánta psicología moderna hay en esta antropología cristiana medieval y cuánta sabiduría política actual se desprende de la descripción fenomenológica del hombre como moderación.

11.6. De la antropología al derecho

Alargando el tema de la antropología de San Alberto Magno nos encontramos con la visión o justificación de la constitución del Estado a partir de una valoración de la individualidad humana, pero también de la comunidad civil y política. Él es el representante de la corriente "jusnaturalista" que se esfuerzan por radicar el tema del derecho positivo en el derecho natural. La teoría ha sido mantenida y utilizada hasta en la Ilustración moderna donde el convencionalismo y positivismo de las leyes con el pacto social nos remite a la condición innata y universal del fenómeno legislativo de la soberanía o democracia popular. Con frecuencia nos equivocamos cuando buscamos en los autores como Alberto Magno solo conceptos y teorías sobre la autoridad, la sociedad, la libertad, el pluralismo, el Estado, olvidando que ellos mismos (como en nuestro caso) fueron personas con autoridad y responsabilidad de gobierno. Dirigieron grandes grupos y organizaciones de hombres y ciudadanos, teniendo la ocasión de practicar lo que teorizaban. Siendo hombres de Iglesia, obispos al frente de una diócesis o superiores de una orden religiosa, con frecuencia sirvieron de mediadores políticos y de embajadores de los poderes civiles, tendentes a conseguir el diálogo y la reconciliación entre regímenes, emperadores, facciones y partidos enfrentados. Disfrutaron del ejercicio del poder —se puede decir—, pero no entendido de manera mundana o política sino evangélica y cristiana. Por eso podían hablar del poder desde dentro, desde la experiencia de honores y responsabilidades. Con todo, no buscaron justificar el poder desde la práctica corrupta y egoísta, sino desde el "a priori" o razón exigente de la antropología natural y cristiana. Seguimos en la órbita de las relaciones entre ética y política, incluyendo el tema de la formación y de la educación cristiana, en torno al derecho que regule la vida de la comunidad. Las decisiones y actuaciones del hombre están condicionadas por la antropología, la ética y la educación. Tanto la ética como la política se producen en un marco de formación de la conciencia cristiana sobre estas realidades temporales. Nos encontramos en el esplendor del pensamiento medieval a lo largo del siglo XIII, donde Europa camina unida social y políticamente bajo la dirección de la cristiandad que comparte instituciones con la sociedad civil. La filosofía brota de nuevo al margen de la teología, fortaleciendo la razón y la ciencia. En nuestro tema, el derecho positivo o legislativo tiene que volver a la antropología buscando el sentido natural de las leyes en el instinto interior del hombre. Las normas no nacidas son el embrión de las leyes nacidas o escritas en los códigos de los pueblos. El hombre se mueve siempre por el bien y la búsqueda de la felicidad. Eso es lo que "inclina", atrae y dirige la naturaleza humana, que es "recta" por naturaleza. El sentido de lo justo está innato en el corazón del hombre, pues forma parte del orden en el universo. La unión o colaboración en el hombre entre racionalidad y sentido de lo recto dan vida a los sistemas jurídicos internacionales como exteriorización del orden interior de la razón. Solo falta que el diálogo entre los pueblos encuentre la forma más exacta de reproducir el sentimiento jurídico que todos y cada uno llevamos dentro, siguiendo el proceso de la virtud, de la moderación y de la equidad. Este es el fundamento de la distinción entre derecho y ley. El hombre es la razón (nunca mejor dicho) de la naturalidad del derecho. La ley natural es asumida en las leyes positivas por el dictamen de la razón natural. Aun los actos o los instintos más primitivos y naturales tienen que estar presididos por la razón. El derecho de los pueblos no puede ser más fuerte que el derecho natural que es superior y anterior. La racionalidad es la misma y solo hay diferencia en la extensión y aplicación

12

La antropología negativa de Nicolás de Cusa

Parecía que el panorama de la antropología medieval estaba tranquilo y todos los autores caminaban en la misma dirección. Pero he aquí que nos encontramos con un autor que llega a la misma meta, pero por caminos contrarios, respondiendo a su apellido de Krebs (cangrejo) y nacido junto al río Mosel en Alemania. Nos referimos a Nicolás de Cusa (1401–1464), peregrino de la verdad y de la Iglesia entre Alemania e Italia donde percibe ya aires de renacimiento. Dentro de su obra y de su pensamiento muy extenso y complejo vamos a referirnos solo a su teoría sobre Dios y sobre el hombre, pero no como dos extremos alejados, sino como unidos en el espacio antropológico del conocimiento y de la conciencia. Como en el resto de autores y autoridades de su tiempo, la teoría del conocimiento es la puerta de entrada común al tema de Dios y al tema de hombre. Dos espacios, pero único acceso. Esto es lo positivo de la antropología negativa de Nicolás de Cusa. Al fin y al cabo, el método negativo de su antropología religiosa no es más que una rampa de lanzamiento de la inteligencia humana que da un paso atrás para tomar impulso. Este estilo de argumentación se encuentra implícito y muy arraigado en la filosofía griega desde Sócrates. Y estamos ante un socratismo cristiano, pues partimos de que de Dios no sabemos nada y para comenzar a saber algo sobre Él tenemos que reconocer nuestra ignorancia que sirve como ironía, aguijón y señuelo al entendimiento. ¿Que el entendimiento no conoce lo que tiene que conocer? Eso es imposible. Pero sí conoce los propios límites a los que está sometido. Nos centramos en su principal obra: *De docta ignorantia*, como el silencio más elocuente, o la negación más sabia o el des-conocimiento más fecundo, sugerente y enriquecedor.

12.1. Una antropología concentrada y limitada

La inteligencia humana no está parada y sus limitaciones para el conocimiento de Dios no anulan o paralizan sus deseos de la verdad, sino que lo estimulan. Porque el hombres es un puro deseo de conocer la verdad. El deseo de existir que hay en todas las cosas, en el hombre se convierte en un deseo de la verdad como estructura y exigencia innata. Esa necesidad de la verdad forma parte de la constitución del hombre. El hombre es una conciencia religiosamente activa. Las bases metafísicas del discurso sobre el hombre son, a la vez, ontológicas y antropológicas y se producen dentro de una presentación o despliegue del ser. Sin la verdad, el hombre no está completo, no está satisfecho. "Búsqueda innata abrazo amoroso": *De docta ignorantia, I:1*. El hombre es experto en la ignorancia, o sea, especialista en no conocer y necesitado de conocer. La mayor de las ciencias es la mínima ignorancia. Para Nicolás de Cusa, Dios es el ser absoluto y supremo mientras que el mundo y el hombre son el ser contraído y concentrado cuya imagen es Cristo. La construcción metafísica sirve de base para la construcción antropológica y todo está delimitado por la insuficiencia de la razón y del lenguaje. La "docta ignorancia" comienza cuando, siguiendo a San Anselmo, tenemos la idea de un Dios mayor sin el cual no existe nada, por tanto es un ser supremo, único e infinito o sin límites. Ahora bien, nuestra inteligencia es limitada y finita. Ahí está la dialéctica de la metafísica de Dios que genera la dialéctica del conocimiento del hombre y de la antropología. La realidad y la verdad infinita nunca pueden ser conocidas por la razón finita. Esta ignorancia de Dios que nace de los límites es, a la vez, un conocimiento y reconocimiento de las condiciones limitadas de la razón, porque busca la superación o la trascendencia de esos limites. Es un conocimiento de lo incognoscible, por lo que se enfrenta al misterio de lo desconocido. Cansada de su ignorancia e insuficiencia, el conocimiento de la razón termina en una intuición. Las luces largas del entendimiento no van más allá, no alcanzan más y, a partir de ahí, entramos en una zona de oscuridad e ignorancia que nos advierte de la existencia de Dios. La ignorancia no es falta de conocimiento, sino conocimiento de la falta de capacidades o existencia de límites, lo que empuja a trascender dichos límites. Más allá de los límites no hay conocimiento preciso, pero sí certeza. Incomprensible no equivale a duda o escepticismo sino a falta de claridad o evidencia. La trascendencia aludida y contenida en la sabia ignorancia de Cusa tiene sabor agustiniano. Hay que trascender la experiencia de las cosas, el radio de acción de ellas, el alcance de la experiencia y de los sentidos, para elevarse a otro modo de conocimiento. Ignorancia máxima del hombre frente a maximidad absoluta del ser de Dios. Los dos extremos del conocimiento de Nicolás de Cusa que convierten la antropología cristiana en la solución mediadora de la sabiduría limitada o la docta ignorancia. El hombre es un Dios contraído y el mundo un Dios en la sombra. La impotencia que se atribuye a la idea o a la razón para abarcar la infinita incomprensibilidad de Dios se aplica, igualmente, al lenguaje del hombre. El discurso sobre Dios es un discurso negativo, a saber, se puede pensar y decir lo que no es antes que expresar lo que es. Mejor aún, se afirma lo que es negando lo que es desde lo que nosotros no percibimos. Solo sabemos de Dios que es incomprensible y eso es bastante sabiduría. Cuanto más doctos seamos en la ignorancia, más nos acercamos a la verdad, dice nuestro autor en su obra aludida.

12.2. El universo complejo y la antropología reducida

En la naturaleza no buscamos lo que vemos, sino lo que somos. Si el hombre es un Dios contraído, el universo es un Dios desplegado y complejo. No hay oposición entre ambas direcciones, pues lo mismo sucede en la Trinidad. Dios está a la vez contraído en una sola naturaleza y desplegado en tres personas. Dios es Uno o unidad (contracción) y Trino (complejidad) o trinidad. El mundo participa de esta doble condición metafísica, pues todo el universo es uno en Dios y, a la vez, complejo, plural, desplegado por Él. La unidad divina se despliega en el universo que es variedad, diversidad, aumenta o disminuye. La unidad de Dios se contrae o concentra en el universo que es una explicación de Dios, pues antes el universo estaba contraído en Dios. La unidad de Dios se encuentra reducida en la pluralidad del mundo y la pluralidad o complejidad del mundo se halla concentrada en la unidad de Dios. Todo en uno ("omnia uniter"). En definitiva, Dios es el ser Absoluto o la Máxima unidad universal. El universo, fragmentado y plural, subsiste como uno en el máximo y absoluto Uno que es Dios. Uno es el nombre de Dios, dice Nicolás de Cusa indicando la influencia de las matemáticas y de Plotino. Por tanto, tenemos que descubrir tres procesos en su antropología religiosa: el conocimiento de Dios, el lenguaje divino y la nominación. Tenemos una idea de Dios, usamos un lenguaje para hablar de Él y necesitamos un nombre para nombrarle y referirnos a Él. Todo eso encierra la teología negativa de Nicolás de Cusa. Ninguno de los nombres procedentes del universo, de la cantidad y de la pluralidad, son adecuados para designar a Dios que es Uno y único y, por tanto, solo tiene un nombre único. Si el universo y el hombre son un Dios concentrado, con el nombre de Dios sucede lo mismo, pues al denominarlo lo convertimos en un "dios disminuido" o, si se prefiere, un dios menor. Y ese no es el Dios que queremos o que buscamos. Los nombres afirmativos de Dios son su negación, mientras que su negación es su afirmación teniendo en cuenta que, hablando de Dios, no se puede aplicar el principio de contradicción, sino de infinitud o maximidad y absolutez que suponen un salto trascendente. En relación a Dios siempre hay que apostillar lo mismo. Dios es uno, pero no como nosotros lo entendemos. Dios existe, pero no como nosotros existimos o lo entendemos. Y así sucesivamente. La teología negativa es una excepción, un paréntesis, una reserva en la idea y en el discurso sobre Dios. Ese es el diafragma de la antropología predicativa de nuestro autor. El conocimiento de Dios es un no entender a Dios, una afirmación teológica negativa, pero antropológicamente positiva. Yo existo, porque Dios me mira y me comprende, no porque nosotros lo comprendamos a Él.

Si el problema del conocimiento, del lenguaje y de la nominación de Dios en la teología negativa resultaba una gran dialéctica en nuestro autor, lo mismo sucede en la antropología reducida del lenguaje sobre el mundo. Es difícil comprender cómo Dios-Uno se puede concentrar y reflejar en el pluralismo del universo. Hay que echar mano de la antropología cuántica, o sea, acudiendo a las matemáticas como lo había hecho San Agustín. Las cantidades lo son, porque encierran y contienen al uno y este (unidad) está presente en la pluralidad. La línea lo es, porque contiene los puntos y el círculo lo es, porque contiene el centro. La pluralidad de las cosas tiene su origen en Dios que es Uno. Ponemos a descubierto otro juego de conceptos: la involución y el despliegue. Dios está en las cosas y lo llamamos in-volución. Las cosas están en Dios y es la de-volución. Al proceso de estar todas las cosas en Dios lo llama nuestro autor involución. Cuando decimos que Dios está en las cosas lo denominamos despliegue. Dios desenvolvió las cosas de la nada. Involución y devolución es el método dialéctico de la antropología concentrada de Nicolás de Cusa. Las cosas son algo en Él y por Él. Al mismo tiempo, todas las naturalezas se mueven por Él y para Él, caminan hacia Él y descansan cuando llegan a Él. Dios es la tensión dinámica y el descanso del universo y su perfección o plenitud. A esto hay que añadir otro dualismo dialéctico consistente en la necesidad y en la contingencia. Las cosas creadas son una síntesis de necesidad y de temporalidad. Proceden de la necesidad, y sin la caducidad, no pueden existir. Ambas forman parte de su diseño metafísico creado, pues las cosas son posteriores a Dios (el Ser) y anteriores a la nada (no ser). Así las cosas no-son, porque descienden del Ser, pero son porque no son la nada. Toda esta metafísica de lo creado desborda los límites de nuestro ensayo antropológico, pero ofrece un marco adecuado para entender al hombre cristiano en línea con la tradición anterior. Fiel a esa tradición, Nicolás de Cusa aborda el tema de legitimar el sentido religioso del universo por ser reflejo ascensional de Dios. El es necesidad absoluta y las cosas son contingencia pura. Un abismo de diferencias. Sin embargo, acepta nuestro autor que las cosas son imagen de Dios llegando a calificarlas de "Dios ocasional" (Deus accasionatus") o sea contingente. La función reductora y representativa del universo se amplía en la dimensión mediadora entre Dios y el hombre. "Dios está en todas las cosas por mediación del universo". *De docta ignorantia II, V*. Llama universo a esta unidad existencial y "primaria" que precede a todas las cosas en virtud de la cual todas están en todas y en cada una de ellas. El mundo es presencia absoluta del Absoluto presente que, como la última esfera, comprende y limita todas las demás esferas que están en ella. Como apuntamos más arriba, esta relación comprensora y reductora del mundo y Dios está planteando un problema al lenguaje religioso. Al ser Dios el Máximo absoluto y resumiendo en Él la totalidad de las cosas, ningún nombre le es propio y exclusivo, sino que todos los nombres del universo le corresponden por igual. Dios no tiene nombre propio y es un dios sin nombre. Su nombre sería uno en todo.

12.3. La teología negativa y la antropología positiva

Como dice Nicolás de Cusa, el hombre está buscando la máxima ignorancia. ¿pero con qué sabiduría la busca? ¿No es una ciencia buscar la verdad que no se tiene? ¿Es ignorancia buscar la ignorancia o es fingir el desconocimiento? Estamos en la ironía de Sócrates, o sea, no saber nada para saberlo todo. ¿Dónde comienza la curva o la remontada? ¿Dónde termina el no saber y comienza el saber? Esta argumentación la utilizó San Agustín para superar el escepticismo de los filósofos académicos de Roma. Nada hay verdadero y hay que dudar de todo, enseñaban ellos en sus escuelas o academias. Pero si dudo —añadía Agustín—, ya hay una verdad cierta: que dudo. La teología negativa no es ignorancia o ausencia de conocimiento, sino sabiduría e indicio de verdad. "Por todo esto, es manifiesto que en teología las negaciones son verdaderas y las afirmaciones insuficientes, y sin embargo, las negaciones que remueven del ser perfectísimo las cosas más imperfectas, son más verdaderas que las demás", *De docta ignorantia, I, 26*. "Conviene, pues —sigue diciendo más adelante—, que seamos doctos en una cierta ignorancia por encima de nuestro conocimiento para que —ya que no captemos la verdad exacta como es— seamos, al menos, llevados a ver que ella existe, esa verdad que al presente no somos capaces de comprender", *De docta ignorantia, II, pról*. Esta es la sagrada ignorancia que lleva al hombre a Dios. Con el principio de la ignorancia como sabiduría se desactiva el principio de contradicción que siempre ha dirigido los destinos de la metafísica y de la antropología. Las afirmaciones sobre Dios no están sometidas a él, pues Dios no es una cosa y su contraria a la vez, sino que una determinada cualidad en Él, comprende y absorbe o maximaliza y simplifica lo que aparentemente, desde nosotros, es su contraria. La contradicción se produce en la mente no en la realidad de Dios. Si decimos, Dios es uno, la pluralidad (lo contrario) está comprendida en su unidad y no es sustancialmente diferente o contraria. Esta es la antropología reduccionista y contraída de la que venimos hablando. El mundo es un Máximo reducido y el concentrado más desplegado, repite nuestro autor. Dios es el Máximo absoluto y el mundo el máximo reducido. Estamos en el corazón de la antropología reductora como visión global del universo en Nicolás de Cusa. Dios "reduce" a la unidad todos los extremos de la realidad.

La antropología de la mediación y de la imagen en Nicolás de Cusa está muy clara El mundo es imagen o figura de Dios y, para conocerle, hay que trascender la imagen, hay que trascender el lenguaje y los nombres. El original es la medida y la referencia de la imagen o de la figura. El mundo es la prolongación de Dios. Volvemos a preguntar ¿cómo es posible que la multiplicidad, la variedad, la pluralidad, el cambio, la temporalidad, la finitud del mundo sea imagen y ejemplo del Uno? Todo desemboca en la ignorancia significante o significativa, es decir, que Dios es incomprensible, que solo se le comprende no comprendiéndolo, no abarcándolo, no encerrándolo, que solo se toca no tocando. Todo ello en virtud de su máxima incomprensibilidad e infinitud. Hay dos elementos de la antropología religiosa de Nicolás de Cusa que hacen posible este acceso a Dios: primero, las huellas que Él ha dejado como rastro en el mundo; y segundo, la capacidad y el olfato o habilitación innata que el hombre tiene para descubrirlas o identificarlas, seguirlas y rastrearlas como si fuese un perro cazador de Dios. Sentidos e inteligencia. Dios está en todas partes, o sea, en ninguna en concreto. Dios está en todas las cosas, es decir, en ninguna en concreto. Esa es una negación notable y afirmadora de Dios. Es la ciencia suprema y divina que ignora a Dios, consistente en la trascendencia de la idea y del lenguaje humano. A pesar de todo, el mecanismo de la mediación y de la trascendencia del mundo sigue intacto. Viendo la belleza y el orden del universo nos elevamos a la belleza de su autor y Creador. Esta transfiguración de Dios en las cosas no las priva a ellas de su ser y esencialidad, como se ha interpretado muchas veces en la espiritualidad cristiana. El mundo tiene su ser, su "quididad", su verdad, su independencia, su razón, sus leyes y autonomía dadas por Dios. La formula de nuestro autor es muy sencilla: el hombre, la mente humana, es una "explicación" de la unidad de Dios y el mundo es una "complicación" de Dios, una síntesis religiosa. Por lo demás, en el Libro III de *La docta ignorantia* se desarrolla un impulso cristológico del humanismo en el cardenal Nicolás de Cusa.

12.4. Antropología de la provocación

La actualidad de la antropología de Nicolás de Cusa para nuestro tiempo parece fuera de toda duda. A él tiene que agradecerle el humanismo cristiano la precisión del concepto de espíritu, de sujeto y de individuo en un sentido histórico y sistemático. Sin embargo, aplicando la dialéctica de proximidad o distancia, inmanencia o trascendencia, se podría sospechar que nuestro autor defendía, en su explicación del hombre, la lejanía de Dios como el máximo y supremo absoluto, incognoscible, inabarcable, insondable, infinito, innombrable. Estaba influido por las escuelas místicas de su tiempo, en especial con el Maestro Eckhard. El río Mosel (Nicolás) desembocando en el Rin (Eskhard) como sucede en Koblenz, formando la escuela renana. No sabemos si los filósofos son místicos, pero parece que los místicos sí son filósofos y tienen una antropología a partir de la lectura y explicación de la creación del hombre. Eckhard introduce la idea de una "ebullición inicial", poniendo de relieve la relación entre creación del hombre y Trinidad. Es el punto de partida de la cultura occidental. Y, sin embargo, todo eso no hace sino contribuir a resaltar la imagen del hombre como sujeto de interioridad y el valor de la subjetividad humana y, por tanto, reforzar las bases del humanismo cristiano. Algunos han señalado este pensamiento como una antropología de la provocación. Provocación es buscar en la semejanza con Dios el sentido del hombre como persona, como sujeto y como dignidad. La mayor provocación es la creación seguida de una exaltación del hombre rayando en la soberbia (querer ser como dioses), si no fuese por la contraposición del pecado como advertencia y aguijón (San Pablo) para el cristiano. Nicolás de Cusa parece más preocupado por una antropología vertical que por una comunicación horizontal o igualdad social de la humanidad. Porque su antropología parece orientada a una teoría del poder y de la sumisión del universo al hombre como un segundo Dios o como un hombre divinizado frente al mundo convertido en jardín o microcosmos para la libertad humana. Esta familiaridad interna entre lo humano y lo divino no perjudica al mundo. Igualmente, otros acusan a nuestro autor de una ausencia de metafísica de la graduación y, por tanto, trata solo de los dos extremos Dios y el hombre. Descubren en él una fuerza asimilativa, una fuerza ontológica para querer deificarlo todo. Estamos a punto de emprender la transición de la Edad Media al Renacimiento, donde el hombre cobra un gran protagonismo en la ciencia y en el mundo. Nicolás de Cusa se ve como un predecesor de Copérnico o de Galileo en su concepción del universo. Sería el primer humanista, un espíritu universal y un autor inclasificable que pensaba por libre, sin una clara adscripción. Resulta ser un gran renovador de diferentes ámbitos del conocimiento. Su reafirmación de la condición espiritual y religiosa de la naturaleza del hombre, el deseo y el esfuerzo por llegar a Dios a través de Cristo, su Logos, es una de las características más importantes de este pensador al filo de la Edad Media camino del Renacimiento.

12.5. Antropología de la concordancia universal

Asentada la condición metafísica del hombre como ser creado, interiorizado, generado o relacionado a imagen y ejemplo de la Trinidad que desemboca en el proyecto de persona individual, ahora hay que proyectarlo, pero también defenderlo del poder, diferenciarlo de la multitud, afirmarlo frente del Estado articulando su existencia personal con su pertenencia social. En definitiva, se trata de completar el cuadro aristotélico y hacer compatibles el ser personal del cristianismo con el "zoon politikon" griego. En principio, la Iglesia era la defensora de la dignidad del hombre frente al poder arrollador y expoliador de los príncipes. Nicolás de Cusa, como otros tantos autores de ese tempo, no fueron hombres de celda, no escribieron para regocijo de sí mismos ni para oír su silencio, sino que fueron también figuras y dirigentes de la comunidad religiosa y expuestos a la crítica y a la confrontación políticosocial. Tanto sus ideas como su autoridad tenían una repercusión en la forma de entender y ejercer el poder en la Iglesia y fuera de ella. Su manera de gobernar fue demostrada en la dirección de su diócesis del Tirol. Poco a poco, los obispos deberían abandonar los símbolos del poder temporal y comportarse no como príncipes de este mundo, sino como servidores de su grey encomendada por el Señor. Del derecho natural al Estado, podíamos titular la teoría política de nuestro cardenal desarrollada en su obra *De concordantia catholica*.

Lo que podríamos llamar doctrina social de Nicolás de Cusa tiene una consistencia metafísica tan fuerte y sólida como su teoría del conocimiento, o su teología, su moral o su antropología. El orden social es parte del orden cósmico donde todo se mueve y transcurre, avanza y funciona con propiedad, con precisión y finalidad. La sociedad humana y terrenal está compuesta por la Iglesia y el Estado, cada uno con su estructura jerárquica en tres niveles. Ambas forman parte del orden natural. La "triada" de la Trinidad se repercute antropológicamente en el hombre (espíritu, alma y cuerpo) y en la Iglesia con pueblo, sacerdocio y sacramentos. Son unidades y "trinidades" que interaccionan y se mueven recíprocamente. Este planteamiento abre la puerta a la teoría del consenso que se extiende a todos los ámbitos de la vida. El consenso es también esencial en la constitución de la sociedad y del gobierno. Las comunidades políticas se constituyen por el mecanismo de las mayorías cuánticas, pero hay que atender también a la mayoría cualitativa que es la jerarquía y la autoridad como estructura orgánica. Lo mismo que pasa en el cuerpo biológico donde hay orden y función. No cabe duda que estas teorías están hechas con la mirada puesta en la situación histórica de las relaciones de la Iglesia con el Estado en aquel tiempo. Es llamativa la permanencia y actualidad de estas ideas del Cardenal Cusano en nuestra sociedad, hablando de democracia, consenso, mayorías, constitución, jerarquía, derecho natural. Aquí no se discute el origen, el fundamento, la vinculación o subordinación de las leyes escritas al derecho natural. El derecho era lo más natural, podríamos decir, y la positividad o convencionalismo de las leyes debería ser referenciado y homologado por él. No pensemos en un contexto de Iglesia ideal, abstracta, evangélica, pues también las diócesis eran "sociedad" formando grupos humanos. La Iglesia formada o encarnada por hombres y mujeres, necesitaba organización y estructuras civiles. También tenían conflictos de clase, étnicos, económicos o territoriales.

Hay autores que no dan más transcendencia a esta obra de Nicolás de Cusa que un valor de convenio entre partes litigantes sin alcance teórico o doctrinal. Había que terminar las disputas existentes y poner de acuerdo a las facciones en lucha y conseguir una unidad, una alianza, una concordancia o concordato. Sin embargo, lo importante de la obra y de las ideas de nuestro autor no es la circunstancia o los resultados concretos, sino las intenciones que debe albergar toda acción política, es decir, la aspiración de la humanidad y de todos los estados a vivir unidos, a formar grandes constelaciones o comunidades fundadas en la igualdad, en la colaboración y en la amistad. Estamos en el amanecer de la modernidad y, con ello, la formación de las naciones frente a los imperios de la Edad Media. Una política nueva para un mundo nuevo. Este es el pensamiento social de Nicolás de Cusa. Cierto que se habla de la paz y de la unidad de los católicos pero ello mismo se propone como símbolo y aspiración de la humanidad. Ojalá no solo la Iglesia fuese católica (del griego "katolikos" que significa universal), sino también la humanidad entera formase una familia "católica", unida, en paz y en armonía, donde reine la igualdad y la justicia, siendo todos hermanos además de ciudadanos y súbditos.

Esta es la orientación de nuestro autor. Pero esa visión "carismática" de la sociedad a impulsos de la fe hay que plasmarlo en una ciencia de la convivencia, de la concordancia. Hay que hacer "concordatos", pues toda ley es un acuerdo o concordato (concordado, acordado) entre ciudadanos y gobernantes previamente elegidos por el pueblo. Esa es la función de una "constitución" política. También en ese tiempo había corrupción, degradación, enfrentamientos y abusos en la vida pública que había que erradicar. "Toda constitución tiene sus raíces en el derecho natural y, si lo contradice, dicha constitución deja de ser válida. Y como el derecho natural tiene naturalmente sus raíces en la razón, se sigue que toda ley es, en su misma raíz, connatural a los hombres… Y como por naturaleza todos son libres, entonces todo principado, consista en la ley escrita o en la vida del mismo príncipe por el que los súbditos son frenados en el mal y se regula la liberad en orden al bien, por miedo a las penas, proviene tan solo de la concordancia o consentimiento subjetivo. Porque, si por naturaleza todos los hombres tienen el mismo poder y son igualmente libres, la potestad verdadera y ordenada de uno igual en poder a todos los demás, no puede ser establecida más que por elección y el consentimiento de los otros, de la misma manera que la ley se constituye por consenso" (*De concordantia católica o sobre la unión de los católicos*, Madrid, Centro de Estudios Constitucionales, 1987, 114-115).

ANTROPOLOGÍA CRISTIANA DEL RENACIMIENTO Y LA REFORMA

Contenido:

1. Introducción
2. Pico della Mirandola y la ontología mediadora
   2.1. Antropología de la razón instrumental
   2.2. La antropología posicional en el mundo
   2.3. Dignidad y moralidad en conflicto
   2.4. Paz social y antropología representativa
3. Restos de antropología en Pietro Pomponazzi
   3.1. El "topos" de la antropología
   3.2. La unidad del hombre en peligro
   3.3. Nueva ética, nueva sociedad
   3.4. La felicidad moral
4. Antropología y trascendencia en Giordano Bruno
   4.1. Pérdida de la centralidad antropológica
   4.2. Cosmología espiritual
   4.3. La espiral antropológica de la libertad
5. Naturaleza, sociedad y antropología en Tomás Campanella
   5.1. Hombre y naturaleza
   5.2. La animación social
   5.3. Ética del poder
6. La antropología política en Nicolás Maquiavelo
   6.1. La antropología educativa y el poder
   6.2. El humanismo inverso
7. La concepción negativa del hombre en Martín Lutero
   7.1. Antropología de lo renovable
   7.2. La muerte del hombre y el hombre nuevo
   7.3. Mundanidad y transcendencia
8. Antropología simultánea, paliativa y compensatoria
   8.1. Justificación y antropología del resto
   8.2. Ontología personalista
   8.3. Escatología y protología como tensión antropológica
   8.4. Sentido antropológico y cristológico del tiempo
   8.5. Antropología existencialista
9. Antropología política de Martín Lutero
   9.1. Política y religión
   9.2. Reforma y ética política

1

Introducción

Pasamos una página más del tiempo y avanzamos en el camino histórico de las ideas sobre el hombre. Europa mantiene su unidad liderada por el cristianismo, marcando el prototipo de civilización occidental que ha sabido realizar el doble movimiento de recibir y entregar, de interpretar y adaptar, de conservar y renovar dichas ideas. En este proceso de recepción e innovación, la pregunta fundamental es dónde inspirarse, a qué época dirigirse o referenciarse en la búsqueda de nuevas posiciones de la razón. Por un movimiento o simple flujo de pensadores de oriente hacia occidente, respondiendo a una invitación de mecenazgo, se produce una revolución cultural que hemos llamado RENACIMIENTO. El proceso circular de la historia se repite y dicho Renacimiento se entiende como una vuelta al pensamiento griego. Esto ha sido interpretado o utilizado por algunos autores como un intento de desprestigiar (o por lo menos enfrentar) a la cultura cristiana prescindiendo de ella, ignorando a la Edad Media y demostrando que el mundo se puede construir desde la razón y no desde la fe. La contraposición dialéctica de fe (Edad Media) frente a ateísmo (Modernidad) no se sostiene ni resiste los análisis más elementales. Aquí se buscan otros protagonismos. Tenemos que aludir, de nuevo, a la estructura de los procesos o de los cambios históricos del pensamiento que no se producen en vertical, en ruptura, sino en relevo suave y sucesivo de ideas y perspectivas. No es posible una interrupción brusca del caudal de ideas que recorren la historia. El Renacimiento es, en gran medida, continuación de la cultura medieval y, al mismo tiempo, un impulso nuevo. Ciertamente pasamos a una consideración del hombre más concreto, biohistórico y temporal, científico, social, político. Descendamos de las alturas intelectuales a la realidad científica, pero sin abandonar las raíces de la fórmula espíritu encarnado y señor del mundo. Por mucha inserción que tenga en la naturaleza, el hombre del renacimiento no pierde su condición de sujeto y señor, por tanto, de distancia y trascendencia. Esa va a ser la dialéctica antropológica de este tiempo. Ser-en-el mundo (Dassein) sin ser del mundo. Ser y preocupación (Sorge) del mundo. Sin embargo, la naturaleza no va a ser algo extraño al hombre.

Y luego está la segunda parte de nuestra intención y ensayo para este tramo de la cultura antropológica. ¿Es que no va a haber un pensamiento cristiano sobre el hombre en el Renacimiento? La razón no ha expulsado a la fe camino del exilio. Si algo caracteriza al pensamiento renacentista es su unidad. La doble titulación de un gran renacimiento pagano y otro insignificante renacimiento cristiano que desemboca en la Reforma o división protestante, tampoco se justifica ni se sostiene. Hay, en la época que historificamos, grandes pensadores y creyentes a los que una dimensión no les impide el desarrollo de la otra. El espíritu no se agota en la ciencia, en la astronomía, en la magia, en la física, en los descubrimientos, en la economía. Quizá por ello, se conoce a este periodo cultural como humanismo, es decir, primacía y superioridad de lo humano por encima de todo, legitimando un antropocentrismo cristiano frente a otras épocas. Esto podemos situarlo en un segundo tiempo de reacción ante los abusos de querer construir una Europa sin el sujeto hombre, cuando los pensadores se dieron cuenta de que el autor y protagonista de todo el panorama científico emergente era el hombre, otra vez sujeto y objeto de sí mismo. Se acusaba a la cultura medieval de ser elitista o clasista, olvidando al pueblo. El Renacimiento no es ninguna democratización del saber y de la ciencia, pues sigue siendo patrimonio de unos pocos elegidos. Príncipes, científicos y artistas, comerciantes y banqueros, eran la clase burguesa y dominante. El problema del hombre es el tema más abierto y participativo, convergente y conciliador, que no crea divisiones. En el fenómeno cultural conocido como Renacimiento, tenemos estos cuatro ámbitos de concentración y distribución de las ideas o autores: la filosofía o antropología, la ciencia o los descubrimientos, las artes o creatividad y la política o la ciencia de gobernar. Nosotros vamos a ceñirnos a la antropología emergente.

Como en otras épocas, la filosofía, (la antropología en este caso) y en general las ideas tienen su suelo, su recorrido y movilidad geográfica, expansiva o migratoria. Por acontecimientos confusos que tienen lugar en el oriente cristiano hay intelectuales que emigran a occidente, en concreto a Italia, donde encuentran apoyo suficiente para sus intuiciones y proyectos. Es el origen del Renacimiento clásico, pensamiento laico, abdicando de lo cristiano y renegando de la Edad Media. Pero también hay muchos pensadores y maestros pertenecientes a las Órdenes Religiosas. No todo es razón atea o cultura pagana, aunque se reconozca y se trabaje en base a su autonomía. En dos pinceladas, el humanismo renacentista se caracteriza por la exaltación y valoración del hombre y de lo humano, el amor y la vida en la tierra. El hombre va a ser el centro del universo y de la ciencia, siendo el protagonista de su propio destino desde la libertad y el espíritu crítico. Antropocentrismo (el hombre) se ha llamado a esta cultura frente al cosmocentrismo (el mundo) de Grecia o geocentrismo (Dios) de la Edad Media. Se ha insistido mucho en el orgullo de ser hombre que es consciente de su valor como creador, artista, investigador, admirador de las obras de la naturaleza y del arte, nuevos ideales de belleza, métodos de la producción, de la navegación, de la arquitectura. Púrpura y riquezas forman parte de ese ideal renacentista. La nueva imagen del hombre se traslada a todas sus obras y realizaciones. Sería muy fácil pero poco fructuoso, aplicar un método dialéctico de contraposición entre la Edad Media y el Renacimiento en cuestiones antropológicas; a saber, en la Edad Media, Dios, el centro del universo, el hombre individual como carente de valor, pues ha nacido en un estamento determinado, en un grupo o división de la sociedad, permaneciendo en ella toda la vida, pues no hay movilidad social ni posibilidades de cambio o ascenso en la escala social. La vida es una peregrinación, estamos de paso hacia la eternidad, El orden y la jerarquía social son legitimados por Dios, no por la naturaleza humana. Los derechos humanos son aquellos que el estamento o el grupo social reconocen y conceden por el trato, los usos y las leyes. Por el contrario, en el Renacimiento, el hombre es el centro del universo, consideración y respeto por el individuo, sentido antropológico del progreso y la técnica, valoración de la ciencia, el hombre creado a imagen y semejanza de Dios y orientado hacia el mundo, está llamado a la superación y al enriquecimiento legítimo.

2

Pico della Mirandola y la ontología mediadora

El desalojo y la mudanza de la escolástica o de la cultura medieval no fue tan rápida en el Renacimiento. Durante algunos años conviven la filosofía árabe, la enseñanza aristotélica, la metodología y hasta los temas cristianos en las universidades. Pero la reivindicación de un nuevo humanismo se extiende a todos los ámbitos de la razón y de la vida. Como contrapeso y reequilibrio de la imagen del hombre volcado en su grandeza y en sus éxitos, tenemos la filosofía de algunos pensadores que creen necesaria una reflexión de la razón pura o antropológica frente a la razón instrumental o productiva. En ese sentido nos detenemos en Pico della Mirandola (1463–1494) que desarrolla su función docente entre Italia y Francia. Los estudios y las observaciones se centran en su conocido Discurso sobre la dignidad del hombre. La dialéctica es la misma. Miramos y admiramos el mundo, ¿pero cuál es el mayor valor o milagro del mundo? El hombre. Es una antropología de manual. Inmediatamente aparece la posición intermedia del hombre o la antropología de la escala ontológica mediadora. El hombre es "familiar de las criaturas superiores y soberano de las inferiores". De la confrontación con el mundo, el hombre sale reforzado en su identidad, superioridad y diferencia con él. El camino del mundo no impide la llegada al "puesto del hombre en el cosmos", que diría M. Scheler en su obra sobre el tema. Como suele suceder, Pico construye su antropología mirando con un ojo a la Biblia, pero con el otro a los autores griegos.

2.1. Antropología de la razón instrumental

La vuelta a la antigüedad que caracteriza el Renacimiento está presente en esta antropología, que no puede prescindir de la "teoría de la escala" aplicada por todos los autores desde Platón, para salvar tanto la distancia del hombre con Dios como su relación o aproximación a Él. En nuestro autor es más fuerte justificar y desarrollar la presencia y actuación del hombre en el mundo, pero siempre en un sentido vicario y de representación que coloca a la religión en un supuesto más que en una demostración como ocurría en Santo Tomás, por ejemplo. No interesa tanto la estructura, la composición, sino la función del hombre, aunque ella está apoyada en la antropología descriptiva. La superioridad del hombre sobre el mundo se basa en la "agudeza de los sentidos, en el poder indagador de la razón y en la luz del intelecto", tres divisiones del hombre que arrastrábamos en la tradición filosófica. Por todo ello, el hombre es, para Pico, un ser admirable y maravilloso, o sea, un milagro (miraculum) enlazando con la tradición del hombre-problema (quaestio) de San Agustín y con el hombre-misterio del existencialismo filosófico y psicológico actual. Recordemos el concepto y la animación o muestra titulada "Der Mensch als Industrie Palast" (el hombre como palacio de la industria) del siglo XX. En ese momento la filosofía ya no es solo una contemplación del mundo (como se critica desde el ateísmo contemporáneo), sino un impulso de la acción y de la intervención en él. Es, podríamos decir, el comienzo de la razón instrumental que llega hasta nuestros días en la Escuela de Frankfurt, con los enormes deseos de investigación y producción que despliega la sociedad moderna. Se vuelve a la validez de la fórmula o metáfora de la arquitectura. Dios es el gran arquetipo y arquitecto del mundo, que parece no querer completar y dejar que sea el hombre quien lo termine. Para ello, le dota de inteligencia y capacidad para restaurar y reparar lo que esté ya envejecido y superado. En ese aspecto, el sentido de avance, progreso y mejora de la historia y de la naturaleza es algo inherente a la intervención o aplicación de la inteligencia humana mediante la ciencia y la investigación. Continuando la metáfora de la semana creadora, esa es la razón por la que Dios crea al hombre en último lugar para que pueda contemplar, admirar y alabar la belleza del mundo que tiene ante sus ojos. Todavía hay más, pues según nuestro autor el hombre no solo tiene la función de contemplar el mundo, sino también completarlo, terminarlo. Lo que podríamos llamar hoy formatearlo, determinarlo. El mundo es una materia indeterminada, inconcreta, con sus reglas y sus leyes. Es necesario, mediante la ciencia, descubrir dichas organizaciones ocultas y fijar funciones y finalidades individuales a las cosas. El mundo no tiene figura o forma, y el hombre es el centro del universo para poder realizar dicha modelación, dicha transfiguración hasta darle una estructura o caracterización definitiva, asumible y salvable escatológicamente. Esta tarea comprende, además de descubrir las leyes propias de la naturaleza "desatada", imponer el hombre sus propias leyes desde la razón, consistentes en los límites y condiciones de ellas. En esta misma línea de consideraciones, mientras que el mundo se mueve constreñido, obligado y condicionado por sus leyes, el hombre, por el contrario, goza de una amplia libertad de movimientos y decisiones.

2.2. La antropología posicional en el mundo

La exaltación del hombre, su grandeza y superioridad en la creación estaban muy bien acuñadas y estratégicamente situadas en ese siglo, después de una Edad Media de oscurantismo y complejo donde, como el invierno de la razón, aprovechó la antropología cristiana para echar raíces, o sea, crecer hacia dentro, aunque no se le viese. Pero ahora afloraba el concepto de hombre con toda la fuerza, favorecida por las circunstancias culturales. Ha comenzado la época moderna que no ha terminado. Sin embargo, tanto entusiasmo por el tema del hombre se puede llegar a un delirio si no se equilibra y armoniza con otras dimensiones. Esto es lo que hizo Pico della Mirandola con su antropología desnuda y desprovista de apellidos. Pasemos todo este tema a la libertad. La grandeza del hombre está en su libertad con la que se autoconstruye a sí mismo como si fuese un pintor que hace su propio retrato. Aquí comienza la escala de valores que se deriva de la escala ontológica El hombre puede elegir vivir como las bestias o asemejarse y aproximarse a los dioses en su actuación moral. La superioridad del hombre y su dignidad suprema residen en la libertad. El hombre es un pensamiento productivo y una libertad creadora, mientras que los animales tienen una estructura reproductiva. La referida libertad introduce en el hombre un factor de grandeza, pero también de lucha y de tragedia. Es la guerra civil antropológica que desarrollará el protestantismo más adelante poniendo un contrapunto a este delirio y optimismo cristiano. Hay más antecedentes contradictorios de Pico en relación con el protestantismo venidero. Desarrollando esta antropología de la aproximación Pico busca la vía de la filosofía como preparación para la teología. El conocimiento de diferentes escuelas filosóficas, llevaron a nuestro autor a recalar en la teología cristiana para comprender al hombre. Hablamos de la ascensión a Dios igual que en otras épocas, autores y escuelas se hablaba de la trascendencia del mundo. En este momento de la antropología, el hombre no necesita de la gracia para realizarse. Es un humanismo autónomo y autosuficiente. El hombre es libre para salvarse o condenarse a sí mismo, pues es el autor y artífice de su propio destino. Esta afirmación, en el contexto de una antropología mundana, creíamos que tenía un alcance solo temporal, terreno, social o político. Pero, al parecer, adquiere también dimensione de espiritualidad y se adentra en el terreno religioso. La libertad es algo más que un adorno que acompaña a la naturaleza del hombre. El hombre es su propia fuerza y está movido por ella. Es elección y suerte definitiva. Esto resalta más en un contexto cultural donde la magia, el azar, la suerte y la fortuna jugaban un papel muy importante en la interpretación de la vida humana. Lo veremos más adelante al tratar de desarrollar el pensamiento de otros autores como pueden ser Giordano Bruno o Galileo.

2.3. Dignidad y moralidad en conflicto

La dignidad del hombre no deriva de su naturaleza como una condición de su "status" metafísico intermedio, sino que se recibe de Dios como un programa, un compromiso, una fuerza o un proyecto a desarrollar a lo largo de toda la vida. La dignidad antropológica y posicional conduce a la dignidad moral de la libertad y de la acción que incluye la esfera política y social. Esto parece entrar en conflicto cuando se insiste en la "deslocalizacion" del hombre en la obra de Pico, de su existencia como posibilidad totalmente abierta frente a la determinación de los demás seres naturales. El hombre, mediante la libertad, puede diseñar su propio entorno, elegir sus circunstancias, designar y decidir sus situaciones. La conocida expresión antropológica de Ortega y Gasset "yo soy yo y mis circunstancias" tiene que alargarse y profundizarse entendiendo que tanto el "yo" como "las circunstancias" son "mías", es decir, las creo y produzco yo, pues son prolongación de mi yo. Esta antropología tan abierta, libre y decisiva, va a modificar la concepción del orden moral basado en el orden natural y rígido de la naturaleza defendido en épocas anteriores. Es una rebeldía cultural. El hombre va a ser creador de sí mismo y, como sucede en Nietzsche, dar vida al "superhombre" hasta tal punto que no es Dios quien crea al hombre a su imagen y semejanza, sino que el hombre crea a Dios a imagen de sí mismo. La religión es una creación del hombre invertida que necesita disimular sus incapacidades y proyectar sus deseos supliendo las carencias y sublimando necesidades (Ludwig .Feuerbach) en una alienación metafísica de sí mismo. La condición de la dignidad humana, para Pico, no va a estar limitada ni por lo mortal ni por lo inmortal, ni por el tiempo ni por la eternidad, ni por lo terrestre ni por lo celeste. Es el predicado absoluto y completo de su antropología. Por el contrario, la libertad se convierte en supuesto y condición de la acción moral de la dignidad. No es la ley natural, sino la libertad natural el fundamento de la moral también natural. El hombre como individuo está solo ante sus decisiones, pero para decidirse a sí mismo. El mismo es su propia decisión y su decisión se identifica con él. El hombre es sus propios pensamientos y acciones. Esta es la unión del orden antropológico con el orden moral.

Toda esta autodeterminación del hombre (homo plaster) que permanece en al ámbito de la libertad, de las costumbres, de la obediencia o de la moral, ¿podrá ser algún día entendido y aplicado a la construcción biológica del mismo hombre, siendo él el autor de sí mismo mediante la gen-tecnología? Entonces el Renacimiento antropológico no sería tanto una mirada al pasado clásico grecorromano, sino una visión anticipadora de las posibilidades del ser humano en el ámbito de la ciencia. La antropología de la intermediación del hombre, es muy importante y significativa aludiendo no solo al hombre como centro del universo, sino también a su función representativa de Dios en el mundo para "perfeccionarle". En el orden moral ello crea un conflicto, una lucha, pues el peso de la ontología humana crea dos polos de atracción en la libertad que, por una parte (dicho en términos espaciales) se puede dirigir hacia abajo, hacia las pasiones (semejante a las bestias) mientras que, por otra, se puede ascender a las proximidades de Dios. Todo ello sin salir de sí mismo, desde la individualidad. Otros autores habían recurrido a categorías universalistas (Ficino) para cubrir esta exigencia de representación de Dios en el mundo. Pico defiende la limitación y soledad del individuo y de la libertad en esta función. Cada hombre, cada persona singular lleva en sí el peso de la dignidad y de la superioridad moral de la libertad y de la vida humana como representación de Dios en el mundo. La concentración ontológica que es el hombre, reúne en sí mismo la unidad y la pluralidad existente en el universo.

2.4. Paz social y antropología representativa

Desde la interioridad mediadora y representativa del hombre en Pico della Mirandola se puede afrontar la concepción del orden social. La reconciliación y acuerdo del hombre consigo mismo se proyecta y se refleja en su intervención en el mundo. La "pax philosophiae" se entiende como la unidad que supone y realiza el hombre entre Dios, el hombre y las cosas. Dios, por medio del hombre, está en todo el mundo y en todas y cada una de las cosas. Esa es la unidad del mundo que transforma su pluralidad. Volvemos al tema de la libertad para entender a la sociedad. El hombre no es el objeto, sino el sujeto del conocimiento y de la reflexión. Esto le hace al hombre semejante a Dios y no solo en su esencia, sino también en su actuación. La libertad del hombre tiene que ser y aportar la paz del mundo y de la creación, pues ella es la propia creación realizada por el hombre desde la libertad que no tiene que ser un depredador, sino un pacificador de la naturaleza. La mediación, la moderación del hombre entre el mundo y su libertad creadora es extensiva a las libertades de los demás. Así se entiende que el hombre sea el centro (mesotes) del universo entendido como moderador y pacificador. El hombre es la medida, el ritmo, la intensidad y el espíritu de sí mismo del mundo desarrollando sus posibilidades. La condición del hombre como centro del mundo desde su posición de equilibrio permite estar igual de distante de ambos extremos sin estar presionado por ninguno de ambos y conservar así, plenamente, su libertad. Dios es el motivo y el origen de la libertad humana, pero no solo en su origen sin en su recorrido, pues el hombre en su "autogeneración" está siempre bajo el control representativo de Dios. El hombre será siempre un ser insatisfecho, pues aspira a más Los intérpretes de Pico della Mirandola dudan en atribuir a nuestro autor una idea absoluta de la libertad o una idea de la libertad absoluta o indefinida. Lo que parece cierto es el concepto positivo de libertad que es para hacer algo y no para librarse de algo (negativo). No es un vacío, sino una tarea en la colaboración de la construcción del orden del mundo. La misma libertad no es libre o indeterminada, pues es un mandato de armonizar la naturaleza y la sociedad. Ella misma es un "postulado" o imperativo de la razón que diría Kant. La libertad en Pico della Mirandola no es neutral o desasistida en orden a la elección jerárquica de los valores. La libertad verdadera es optar por lo mejor, lo superior, lo absoluto en la escala ontológica que es Dios, mientras que elegir el mundo es una "extraña libertad". Los atributos de Dios son Unidad, Bondad, Verdad y Entidad. Esos atributos tienen que pasar al hombre. Solo así se representa a Dios por parte del hombre como "imitatio Dei". Cuando el hombre quiere ser uno, ser feliz, encontrar la verdad y ser bueno, tiene que buscar a Dios desde la libertad. Cuando los tres predicados (unidad, verdad y bondad) permanecen unidos en un solo ser que es el hombre, entonces se hace inmortal e igual a Dios, pues Dios ha cristalizado en el hombre. "Imago Dei" equivale en nuestro autor a "imitatio Dei". Ya tenemos así reunidos los elementos necesarios para pasar del mundo físico al mundo moral en una cosmología de la conciencia donde la libertad crea su propio destino cuando escoge, en su comportamiento, el "submundo" de los instintos o se esfuerza por elevarse hacia Dios ser, verdad y bien.

3

Restos de antropología en Pietro Pomponazzi

Vueltos al esquema tradicional del dualismo cuerpo-alma para verificar su presencia en los autores renacentistas, podríamos esperar que predominase en ellos el culto y la atención al cuerpo en ese ambiente vitalista y amor a la belleza reflejada en el arte y en la naturaleza. Sin embargo, como la Edad Media no acaba de morir, nos encontramos con ideas supervivientes de años y métodos anteriores. Un ejemplo de esta tendencia conservadora en antropología parece ser Pietro Pomponazzi (1462–1525) que vivió en los escenarios del renacimiento primitivo. Pasando de la geografía al ambiente o meteorología intelectual (Bolonia, Padua) nuestro autor vive las tensiones propias de los movimientos universitarios que todavía se repartían la influencia de Platón, Aristóteles (Santo Tomás y los árabes) y una tercera vía llamada los alejandristas. Todo ello envuelto en la intención por construir un humanismo cristiano basado en la preocupación por el alma como reinicio de una nueva filosofía del sujeto y de la conciencia. Defender al alma y con ello el humanismo integral no fue un camino de rosas en aquella época. Ya conocemos las coordenadas dialécticas y argumentales: para los árabes existe un alma universal al que resulta fácil adjudicar la inmortalidad porque no aparece condicionada por ningún cuerpo corruptible. Por otra parte, irrumpe con fuerza la teoría platónica-cristiana de la existencia del alma individual e inmortal al mismo tiempo. En el otro extremo están los alejandristas defendiendo la mortalidad natural del alma, pero admitiendo que la inmortalidad es una posibilidad y una excepción que se da en la realidad cristiana. De acuerdo con eso, la inmortalidad del alma hay que admitirla por la fe y no por la razón. A este tema dedica Pomponazzi la más conocida de sus obras Sobre la inmortalidad del alma.

3.1. El "topos" de la antropología

¿Cómo puede la razón intentar el asalto al tema del alma y a su inmortalidad? Porque, apoyada en la fe, era muy fácil esta operación y, con frecuencia, asistíamos a un intercambio de competencias: la fe suministraba argumentos a la razón y esta convertía el dato de la fe en argumento propio. Al mismo tiempo, la fe homologaba en la razón sus exigencias. Algo de confusión que se convertía en colaboración. Pomponazzi se adhiere a la antropología posicional de la mediación de Pico El hombre ocupa una posición intermedia en la escala ontológica que va de Dios al mundo. Esto parece fácil enunciarlo y proclamarlo, pero no es fácil explicarlo, pues ello supone una tensión metafísica en el hombre que es, simultáneamente, mortal e inmortal, participando de ambos valores de la existencia creada. En vez de hablar de dos almas, se habla de doble naturaleza del hombre. Así hay que tejer muy finamente el argumento: de manera funcional: el entendimiento necesita del cuerpo para poder conocer a través de los sentidos y por ello el alma no es independiente. Esto se ha entendido como que el cuerpo es instrumento del alma en el conocer, lo cual no contaminaba estructuralmente al alma, sino solo coyunturalmente. Esto representaba un dualismo en el hombre, pero no iba más allá en términos cristianos. Sin embargo, Pomponazzi apura el argumento diciendo que el entendimiento es el acto o forma de los sentidos convirtiendo al cuerpo en objeto cuando en la antropología de la unidad, el cuerpo formaba parte del sujeto hombre. ¿Se puede seguir hablando de la inmortalidad del intelecto o del alma? La respuesta parece estar en la interioridad (el "topos" antropológico) o autorreflexión, es decir, cuando el alma se conoce a sí misma no necesita del cuerpo. De esa manera conoce el alma los conceptos universales e inmateriales y que, aún así, no es un conocimiento inmediato. La posición intermedia del hombre en la creación se traslada así de lo metafísico a lo epistemológico y de aquí a lo antropológico. El hombre puede conocer lo universal y lo particular al mismo tiempo y el conocimiento tiene ambas dimensiones de material e inmaterial. Esta bidimensionalidad del conocimiento afecta o caracteriza solo a la función, pero no a la condición de la existencia del hombre no llegando a separar sustancialmente al cuerpo del alma. Aquí se tuerce y se abandona el argumento tradicional. Mientras que en Platón o San Agustín, la inmortalidad o eternidad de la verdad conocida causaba la inmortalidad del entendimiento conocedor, en Pomponazzi no ocurre así. Es inmortal solo lo pensado, pero no el pensamiento que piensa. Sin embargo, en medio de estas discusiones, otros autores optan por distinguir entre sustancias y procesos reafirmando que los procesos intelectuales del conocer no se disuelven o identifican con procesos orgánicos y que sobreviven sustancialmente ellos por lo que la inmortalidad del alma se entiende más allá de la situación como forma en el cuerpo. La esencia del alma no está vinculada a la caducidad de los procedimientos biológicos o psicológicos del cuerpo que son solamente una manifestación empírica de ella. La inmortalidad del alma hay que colocarla en el nivel de dinamismo, entelequia o finalidad aristotélica. Si el entendimiento humano es inmortal, lo es también el hombre. No olvidemos el contexto de ciencias de la naturaleza que reina en la época y que obliga a hacer muchas distinciones. Después de muchas discusiones, los autores atribuyen a Pomponazzi la plena recepción de las tesis de Santo Tomás sobre la inmortalidad del alma lo que no significa que no tenga objeciones contra ella y las manifieste. Dichas objeciones, reconoce, se asemejan a la lucha de una pulga contra un elefante.

3.2. La unidad del hombre en peligro

Cuando creíamos que la unidad cuerpo y alma estaba asegurada y suficientemente aclarada, las discusiones de esta época ponen en peligro su permanencia como convicción en el cristianismo y se tambalearía el más sólido fundamento del humanismo cristiano. Todo ello derivado de la presión de la filosofía de los árabes y al hilo del tema de la inmortalidad del alma. El pluralismo y la diversificación del alma ya venía desde Aristóteles (vegetativa, afectiva, intelectiva, racional) y el esfuerzo del cristianismo consistió en la reducción a la unidad como base de la dignidad individual. La preocupación se centra ahora en averiguar dos cuestiones, a saber, si solo existe una única alma en todos los hombres o si la distinción e individualidad de cada hombre permite o exige que cada uno tenga su propia alma. Ello a su vez plantea el cruce de los conceptos de mortalidad e inmortalidad. Es la mortalidad una característica común y la inmortalidad es excepción y viceversa. Existen hasta ocho combinaciones. El problema, de la unidad del alma, como hemos apuntado antes, se deriva hacia el desarrollo del conocimiento. El alma no puede conocer sin el cuerpo, pues no conoce nada sin su representación o imágenes. El alma necesita al cuerpo para conocer, pero no como un instrumento subordinado, sino como un "objeto" a su misma altura y función. Esta equiparación es esencial para entender y construir la unidad del hombre. Pertenece a la definición de alma que ella tenga un cuerpo dotado de órganos necesarios para su actuación. La inseparabilidad del entendimiento y del correspondiente órgano del cuerpo para conocer salpica al alma de mortalidad y corrupción, pues dicha colaboración es esencial y necesaria. Parece cierto que, para nuestro autor, el cuerpo humano es más bien objeto que sujeto. Esta sería, para Pomponazzi, la posición de Aristóteles. Sin embargo, la suya propia es diferente, pues tiene en cuenta otras razones, tradiciones, autoridad. Tenemos que volver a la jerarquía en el hombre. El alma racional se acerca a los dioses por su dominio de los instintos mientras que el alma vegetativa nos acerca a los animales. Eso forma dos clases de hombres, dos clases de conductas donde unos son libres de las pasiones y otros son esclavos de ellas. Con esto queda inaugurada, según Kant, la psicología moderna. La unidad del cuerpo y el ama pasa a ser competencia de la psicología racional y no de la metafísica. El problema se convierte en la relación entre materialismo y espiritualismo como sistemas de acción de la razón práctica. Es cuestión de prioridades. El cuerpo no es la causa del conocimiento que tiene lugar solo en esta vida, patrimonio de los sentidos. Consecuentemente, el alma es independiente de los sentidos y su separación del cuerpo significa, sencillamente, que ha terminado se uso instrumental. Necesitamos renovar las relaciones entre filosofía y teología en Pomponazzi. Algunos estudiosos le señalan como el punto de ruptura de la unidad cuerpo-alma, pero dicha ruptura no pasaría de ser un fantasma, un peligro que no llegó a materializarse ni a completarse. El consideraba este problema de la unidad e inmortalidad del alma como un asunto "neutro", pero también admitía que, con la sola razón, no se podía solucionar o entender. Por ello, el problema del hombre es una de las cuestiones más importantes de la época. También podríamos acudir a ala distinción entre idea y realidad. La mortalidad del ama, pues ser una idea, pero nunca se da en la realidad. Hay una constelación de tratados sobre el alma en estos tiempos y autores renacentistas. No hace falta encender ninguna hoguera en Venecia para quemar la antropología de Pomponazzi. La antropología no terminó con la Edad Media y el tema seguía en las preocupaciones culturales de la época, incluidos los Concilios Ecuménicos. En definitiva Lutero es el que rompe la unidad antropológica del cristianismo en Europa.

3.3. Nueva ética, nueva sociedad

Un nuevo tiempo, nuevas referencias de la razón, nuevo hombre, nueva sociedad. El esfuerzo de renovación cultural llegaba a la concepción de la sociedad moderna. Más adelante nos ocuparemos de autores "sociales" en los que la autoridad, el gobierno, el poder, la educación de los príncipes son temas de sus preferencias. Sin embargo, la filosofía o la antropología de algunos suministran nuevas visiones de la comunidad política. Veamos lo que encontramos en Hugo Pomponazzi. Como en épocas anteriores, la ciencia, las artes y la investigación estaban protegidas por los poderosos, por los políticos. ¿Cómo se llevaban unos con otros? La razón liberal lo recorre todo. Ruptura entre fe y razón aunque se siguen necesitando y se llaman una a la otra corriendo en su auxilio o ayuda. Así llegamos al gran dilema de nuestro autor, como sucedía en Platón: o la razón manda o el que manda razona. O existe una razón con fuerza o una fuerza con razón. No es la hora de poner en duda la existencia de jerarquías o legitimidad de la autoridad, sino su ejercicio y aplicación que puede ser pacífica o por la fuerza. Existe una tercera vía que es la manipulación del pensamiento. La razón humana es "la hermana mayor" de la inteligencia divina. La misma función que ella ejerce en el conocimiento, tiene que ejercerlo en la ética. La razón práctica y moral es la misma que la razón teórica del conocer. Razón especulativa, razón factiva y operativa. El entendimiento dirigido a la acción tanto en asuntos privados o domésticos como públicos es el campo de la ética. La hermandad de la razón humana con la divina se ejerce en la moral. El orden social es parte del orden moral. El poder civil y la autoridad política no son un fin en si mismos, sino un medio para salvaguardar los valores y las virtudes de un pueblo, de una comunidad. Hay hombres que son virtuosos, pacíficos o sociables por naturaleza mientras que otros lo son por temor al castigo. La ética política consiste en elegir el método a utilizar para mantener dichos principios y valores en la sociedad. La legitimidad moral de los medios no está en función del fin, en su adecuación, proporción o eficacia para conseguirles, sino en relación con la razón y la educación intelectual y responsabilidad social que haga a los ciudadanos más capaces de participar en la empresa común, en la democracia. A menos formación intelectual y moral en la población más necesaria sería la utilización de la fuerza o el castigo para conseguir un orden en la conducta social. La fuerza bruta frente a la fuerza de la razón, del diálogo y de la persuasión. La educación no está en la clase social que se posea, sino en la finalidad y metas que uno se proponga en la vida personal y comunitaria. No se está refiriendo nuestro autor a las metas intelectuales o a la formación teórica o especulativa, sino también técnico profesionales. La "comunitas humana" (la comunidad humana) no podría vivir solo de conceptos, de ideas o de teorías, pues también hay que decir que todo saber, aún el más práctico, tiene que pasar y comunicarse por conceptos. Pomponazzi se refiere aquí al contexto socio-político de su tiempo. La inteligencia y su formación es siempre una referencia de la ciudadanía.

3.4. La felicidad moral

Estamos analizando la fuerza de las ideas y del pensamiento. Esta es la imagen ideal de la sociedad renacentista de Pomponazzi. Todas las ciencias no son más que usos, cambios, aplicaciones del único intelecto o pensamiento que tiene una vertiente teórica y otra práctica. La desembocadura más práctica y útil del pensar y del hacer humanos es la felicidad. Las categorías morales no van parejas con las económicas y sociales. Se advierte en nuestro autor una "desestructuración" moral de la sociedad de clases mediante la reflexión antropológica. Se puede ser feliz o desgraciado, bueno o malo siendo pobre o rico, teniendo cualquier profesión, en cualquier clase. El concepto de felicidad se alimenta de reminiscencias estoicas. Hay una satisfacción moral, interior, invisible, espiritual, antropológica, compatible con cualquier situación material, intelectual o social de las personas. Lo importante es sentirse satisfecho con el mínimo de felicidad y no aspirar siempre a más, espoleados por la "cupíditas" o ambición. Después de haber "desclasificado" la felicidad mediante el concepto de bienestar moral y haber roto la simetría de situaciones antropológicas con las económicas, Pomponazzi dirige sus reflexiones como dardos al corazón de la cultura occidental y renacentista tocando el nervio de la modernidad. El proceso intencional señalado es el siguiente: cuando aquella sociedad va adquiriendo altas cotas de libertad, prosperidad, desarrollo científico y artístico, creyendo que tiene la felicidad en forma de bienestar en la mano, entonces se descubre que dicha felicidad tiene otras fuentes, otros orígenes que hay que buscarlos en la conducta moral. El bien no está en la riqueza, en los honores, en la clase o en el poseer, pues no es más feliz el que más tiene, sino el que más se conforma con lo que tiene. Antes de que vengan los Maquiavelo (política) o Campanela (social) o Tomás Moro (jurídica) a hablarnos del poder, del gobierno o la sociedad en sentido técnico, la antropología renacentista presenta una visión ética de la misma heredada de la Edad Media cristiana. Comienza la cultura de la utopía, de la fantasía, de la representación romántica o de la ciudad del sol. Pero lo ideal y la fantasía no son suficientes para alimentar los deseos de justicia y de progreso de una sociedad. Tengamos en cuenta que la mitad de conceptos, de críticas y de reproches sociales de Pomponazzi llevan como destinatarios al clero y a la Iglesia que compartía mucho poder civil. Estamos en el Renacimiento, tiempo de mecenazgos o de intercambio entre dinero y cultura, tiempos de protección o compra de la inteligencia y de la intuición, de los Miguel Ángel de turno trabajando para los poderosos y para Iglesia. No es que exista una invitación a la rebelión o a la desobediencia del pueblo, pero el desprestigio de los legisladores y de los políticos es muy grande. Lutero encuentra el campo muy abonado. La financiación de las virtudes o de los vicios, de la ignorancia o de la ciencia es una inmoralidad de la época. El capitalismo de la época es un monstruo con muchas cabezas. Todo se mercantiliza, incluido el arte, la religión y las indulgencias. En este capitalismo salvaje habría que decir que la mejor recompensa de la virtud es la virtud misma. El noble y patricio Pomponazzi no estaba en condiciones de elaborar una ética democrática, pero sí una inspiración cristiana del gobierno y de la autoridad en la sociedad.

Su punto de partida es la diferencia y desigualdad de los hombres en el plano natural y social. Todavía no estamos en pleno desarrollo de las utopías, de las ilusiones, de la ficción, pero el mecanismo de la fantasía ya está presente. El no discute el concepto de clase o de sociedad de clases, sino que acepta la realidad. No demuestra ningún deseo de cambio, de igualdad, sino que acepta la jerarquía y la élite establecida como buena y contribuye con su esfuerzo racional a legitimar su continuidad. Pero más que en las diferencias y desigualdades naturales cree en las provenientes del poder del pensamiento o de la educación diríamos hoy, o sea en la manipulación social. Sin embargo cree en la verdad moral de la sociedad al mismo tiempo que predica y predice la muerte de la religión. Pomponazzi sería un buen portavoz anticipado y autorizado de Nietzsche cuando proclama la muerte de Dios.

4

Antropología y trascendencia en Giordano Bruno

Si la primera confrontación del cristianismo en sus primeros siglos fue con el Logos de la filosofía griega, ahora llega el conflicto con el Cosmos. Nuestros autores son físicos y, al mismo tiempo, creyentes y teólogos que miran al mundo con los ojos puestos en la inmanencia del mundo, pero también en la trascendencia de Dios. La colisión entre fe y ciencia explica muchos episodios de la razón en esta época. Una síntesis y ejemplo de ello puede ser la vida y la obra de Giordano Bruno (1548–1600). Al parecer, la importancia de nuestro autor ha sido minusvalorada durante algunos siglos, pero ahora aumenta su significación en nuestros días como puede suceder, por otras razones, con Copérnico o con Galileo. Como decimos, se sobrepasa su perfil de estudiosos e investigadores del "cosmos" para descubrir una verdadera metafísica y antropología religiosa en sus averiguaciones. La dialéctica razón y fe se traslada a la dialéctica inmanencia y trascendencia en la metodología de Giordano Bruno. La investigación del universo tiene un sentido que va más allá de sí mismo y que no es otro que Dios, autor y moderador de todo lo creado. No remontamos, sino que continuamos la sucesión de imágenes anteriores como son el mundo y el hombre en cuanto imagen de Dios, espejo y reflejo de su grandiosidad y belleza, traslado de su misterio y sabiduría, admiración de su complejidad y armonía, identificación y respeto de sus leyes y funcionamiento en correspondencia con la tradición. Todo ello, como decimos, cargado de una intencionalidad religiosa indiscutible y científica. Detrás de todo esto hay un concepto de Dios. Los principios filosóficos del neoplatonismo de Nicolás de Cusa, Marcilio Ficino, Pico della Mirandola, Paracelso, están presentes en él. Conceptos como el principio primero o inteligencia "universal", la jerarquía de los seres, la graduación y participación, el alma y la materia, el monismo o panteísmo, el orden y la concurrencia de la creación, la libertad en el mundo indican un escenario de filosofía neoplatónica y cristiana.

4.1. Pérdida de la centralidad antropológica

Podríamos hablar de una antropología de la infinitud del mundo. La infinita infinitud es Dios, pero la finitud infinita es el mundo. Distinción, pero igualdad. Hemos desarrollado más arriba la teoría de la posición del hombre en el mundo como una de las antropologías más cuidadas y acariciadas de esos autores. Ahora tenemos que mirar a ese mundo que acoge al hombre y que no puede permanecer ajeno o indiferente a él. La relación del hombre y del mundo es una de las grandes cuestiones de la antropología cristiana de todos los tiempos. No es igual un mundo sin el hombre que un mundo humano. Todo ello era fácilmente comprensible en un "cosmos" (mundo) quieto, estático, ajardinado, creativo y recreativo, pero es más difícil entender la función del hombre en un mundo en movimiento, que gira y corre con autonomía hasta alcanzar su perfección. El movimiento es su esencia. Entonces el hombre o queda atrapado y víctima de dicho movimiento o permanece fuera de él perdiendo su puesto central o dominio. Este cambio de posición y de roll era muy difícil de aceptar para la Iglesia e, incluso para los no creyentes como Nietzsche que veía en esta "revolución copernicana" el comienzo del otro nihilismo moderno o la muerte del hombre. Esta descentralización o descolocación del hombre supone el nacimiento de una nueva antropología. Había cambiado el orden medieval. Comenzamos a hablar de "mundos" en vez del único mundo creado por Dios. Paralelamente se habla de distintas formas de vida. Cada ser tiene sus leyes y lleva su perfección en si mismo. El catálogo cambiaba y el inventario era otro. El mundo escapaba de las manos del hombre que ya no le tenía a sus pies siendo su trono y él su cúpula. A su vez, la tierra tampoco es el centro del universo. Toda la representación de la antigüedad cristiana se venia, literalmente, científicamente abajo. ¿Qué hacer ante esta catástrofe y ruina del pensamiento o del orden antropológico? Negarlo, rebatirlo, silenciar a los responsables, pero no admitirlo. Aquí se produce el cambio, el giro antropológico. De un mundo estático y de diseño cuya base, autor y sentido es Dios (Edad Media) hay que pasar a un modelo donde todo es movimiento y cosmografía. Entonces hay que concluir que el movimiento esférico o circunferencia es Dios y todo se explica por Él y en Él. La nueva metafísica del ser en el mundo tiene que cristalizar en la conciencia de la humanidad. Introducir a Dios en esta nueva imagen científica del universo costó tiempo, persecuciones, incomprensiones, condenas. Un hito en la historia de la antropología cristiana. El mundo pasa de ser obra de Dios a ser obra del hombre, de su inteligencia y manos. Sin embargo no realiza la ruptura del cordón umbilical teológico. Dios "mueve" el mundo no por un influjo de gravedad, atracción o imantismo físico, sino por las leyes que conducen a su finalidad que está en Dios. Dios es el tiempo, el movimiento, el orden, las leyes, la finalidad del universo. Se produce la presencia de Dios y el mundo en una misma antropología formando una cosmología espiritual.

4.2. Cosmología espiritual

Apoyado en los descubrimientos de Copérnico (la tierra gira alrededor del sol) ¿dónde está ahora el centro del universo? Va a depender de dónde se coloque el hombre. Cambian las dimensione y las relaciones antropológicas. En este sistema en movimiento alrededor del sol ¿dónde está el antes y el después, dónde el arriba o el abajo, dónde el principio y el fin, el origen o el destino si todo está en movimiento, incluido el hombre? Todo es relativo, todo es perspectiva y todo forma un mundo de relaciones espirituales. El movimiento físico solo es visible y perceptible a los sentidos del hombre. Pero estos están muy limitados en su alcance físico. El nuevo sistema relacional tiene que tener otra naturaleza, otra característica. Tiene que existir otro modo de movimiento, otro espacio, otra fuerza invisible y espiritual como un todo interminable sin un cuerpo concreto que sea el centro con relación a los demás. Las "dimensiones" y los procesos del mundo se aproximan más y más a las dimensiones de Dios, según Giordano Bruno, de tal manera que ese nuevo orden se caracteriza porque todo el mundo está en todo y en cada una de sus partes. Aquí entra otra vez la relación entre infinito (Dios) y finito (el mundo). Dios no se relaciona con el mundo como lo infinito con lo finito, sino como lo ilimitado con lo ilimitado. Dios no tiene como función limitar al mundo, sino dar sentido y salida a su infinitud. Allí donde esté Dios o sea, el "espacio" (o el mundo) que acoja o contenga a Dios tiene que ser infinito en cuanto tal porque en ese mismo momento, automáticamente, se hace infinito. Esa función la cumplen las leyes del universo que contribuyen a su desarrollo interminable, a su perfección sin límite. Las categorías y designaciones cosmológicas o físicas en el pensamiento de nuestro autor, adquieren una reconversión pre-antropológica que Teilhard de Chardin va a utilizar y conducir a un evolucionismo espiritual. La materia no es algo muerto, sino que es energía viva que se acercan al espíritu o proceso creador. Este dinamismo creador es el espíritu inmanente de Dios en el mundo. Lo cual no convierte Dios en un mecánico del mundo, sino en una inteligencia formadora y un espíritu director y providente.

De esta autoría espiritual del mundo se deriva su estructura moral. El mundo está lleno de sentido, de valores, de signos, de cualidades, de metas, de perspectivas que afectan a su contenido material. Saltando unos siglos atrás en el cristianismo, vinculamos al mundo con el Espíritu dentro de la actividad trinitaria, pues es su vivificador. Pero igualmente, situándonos unos siglos más tarde nos encontramos con la teoría de la relatividad de Einstein donde la conversión física y moral no resulta difícil. La materia es el ser y la energía el deber-ser. El ser material de las cosas es distinto a su uso, finalidad y función moral. Pero las cosas tienen información significativa sobre su sentido y finalidad que el hombre debe leer e interpretar, pues contienen un mensaje moral. Esa es la soledad y la debilidad del hombre de las que habla Pascal. El mundo está compuesto de hechos y de significados. Estos autores renacentistas gustaban decir que el mundo es un libro escrito donde las letras son los números. Las matemáticas son los códigos morales de las leyes de la naturaleza que hay que saber leer y descifrar. Los procesos físicos se pueden transformar en procesos morales. La "natura naturata" (física) obedece a la "natura naturans (moral). No temamos caer en el panteísmo, pues Dios es la causa última y universal de todas las cosas, pero no la inmediata, pues Él actúa a través de los cuerpos celestes y sus leyes como órganos de la acción de Dios ¿Qué implica todo esto para la religión? Podemos hablar en plena modernidad de una religión de la naturaleza, una religión de la tierra como contrapuesta a la religión o esperanza del cielo que el marxismo designa como alienación. La cosmología de Giordano Bruno vincula el universo con la religión. El mundo es un todo por muchas esferas que existan y Dios es la última de todas las esferas que las comprende todas y por eso está en todas. Dios ha liberado a todo el mundo y Cristo ha salvado a todos los mundos que existan o puedan existir, o ser descubiertos. Nosotros no necesitamos buscar a Dios en la lejanía de los astros, sino en el astro interior, misterioso y profundo que es cada hombre. La pérdida de centralidad física por parte del hombre en relación con el universo se compensa con la centralidad espiritual que forma la presencia del espíritu de Dios en el hombre. El hombre encuentra el centro del mundo en sí mismo mediante el espíritu. El hombre, el alma es el centro de todos los centros del mundo. No hay ninguna disolución de la cosmología cristiana, sino su conversión en antropología.

4.3. La espiral antropológica de la libertad

Son muchos los ideales y valores de la modernidad y de la Ilustración que están presentes en Giordano Bruno y en otros autores del Renacimiento con lo que se demuestra la gran influencia del cristianismo en la formación de la cultura europea y occidental. Vamos a centrarnos en el tema de la libertad. Infunde un profundo respeto hablar de la libertad en la persona y en el pensamiento de Giordano Bruno, pues fue un mártir y un peregrino de ella. Huir de Italia, su patria, refugiarse en Ginebra (Suiza) marchar a Francia primero a Toulouse y luego a París, pasar por Inglaterra (Oxford), Alemania (Marbourg) y Praga indica una batalla por la libertad del espíritu, del pensamiento, de ideas, de teorías y convicciones que hacen de él un exiliado y perseguido por defender la libertad. Vivió como un deportado. Encarnaba así el prototipo de sabio y humanista en aquella Europa con demasiadas fronteras e imperios. A Erasmo le sucedió algo parecido atravesando el canal de la Mancha muchas veces para ir a ver a Londres a su amigo Tomás Moro. La noción, pues, de libertad en Giordano va unida a una profunda y amarga experiencia de la misma, persecución incluida. No vamos a buscarla en la estructura del mundo, en los astros, en sus órbitas o movimientos, sino en el alma humana. La libertad es una espiral antropológica que nunca termina, que nunca se completa, que nunca se acaba. La libertad aparece en él como la culminación del hombre perfecto y el punto donde coincide con Dios. Desde el punto de vista antropológico es una autoconciencia del hombre. La libertad es una meta que el hombre persigue siempre, pero que nunca llega a alcanzar. Es un sinfín, una labor interminable en su esencia, en su contemplación, en su realización y en su plenitud. Es un movimiento constante del espíritu del hombre que nunca reposa. El movimiento es el espacio que le queda al hombre para ejercer su libertad, pues no es un espíritu predeterminado. La necesidad y la invariabilidad de Dios tienen que hacerse compatibles con la libertad del hombre. La nueva imagen o explicación científica del mundo destronó al hombre de su centro, pero le ha dejado la libertad como posibilidad de elegir su posición central. Con la idea de un universo infinito compuesto de muchos mundos y la existencia de una ley universal se terminó el antropocentrismo filosófico anterior, pero surgió la posibilidad de muchas otras vidas, de muchas estrellas, de muchas virtudes brillando en el mundo. Como en el firmamento físico, las virtudes en el firmamento moral consisten en el equilibrio y la moderación para que no se caigan. Esa es la vida moral que siga el movimiento o el impulso de la libertad. La moral es una equilibrio entre dos tendencia extremas.

Para no desprendernos de la metafísica que sustenta la antropología en Giordano Bruno, la libertad en un mundo infinito no es una libertad infinita en un sentido inmanente. Para entender la espiral interminable e inagotable de la libertad humana como perfección debemos recurrir a la trascendencia de la misma libertad que no termina en sí misma, sino en Dios como las otras esferas del universo. En paralelismo con la naturaleza, con el mundo, existe una libertad originante o causal y una libertad originada o liberada. Esto no es magia, sino antropología cristiana. Entre la libertad de Dios y la libertad humana hay continuidad aunque no haya igualdad, pues el universo también es un "continuum". El universo lo llena todo y todo es uno y múltiple a la vez, centro y distancia al mismo tiempo porque todo es unidad. Todas las cosas están en el universo y el universo está en todas las cosas. Esta es la centralidad reinante y determinante del ser en el mundo. Dios infinito es solo autor de lo infinito en el ser, pues la nada no tiene ser. Esto fue considerado como provocación de Bruno a la Iglesia. Y sin embargo, estas teorías de Bruno estaban llenas de religiosidad, pues a Dios le tenemos dentro de nuestra esfera que es la libertad.

5

Naturaleza, sociedad y antropología en Tomás Campanella

La ciencia o la observación de la realidad no son contrarias a la reflexión subjetiva. En la conciliación de ambas cosas, es decir, subjetividad y objetividad, tenemos que buscar la antropología de Tomás Campanella (1568–1639). Es sorprendente que, desde la Ilustración, se siga calificando a la cultura renacentista como laica y anticristiana cuando ha sido pilotada por pensadores creyentes y pertenecientes a diversas órdenes religiosas. Desde su celda conventual observaban y estudiaban el universo celeste y desde su celda carcelaria defendían y proclamaban sus teorías o conclusiones científicas. Constante paradoja, pues estos hombres, apartados del mundo, eran los que mejor le conocían aplicando la experimentación y la reflexión. Lo mismo va a suceder, años más tarde, con eminentes cosmógrafos religiosos como el agustino Andrés de Urdaneta que acompaña a la expedición de Legazpi y, aportando sus hallazgos y conclusiones, dirige la expedición por mar del descubrimiento de las Islas Filipinas. Esta contradicción, que quiere enfrentar la manera de hacer ciencia en el renacimiento frente a la Edad Media, solo tiene una explicación en el orden de preferencia. En la Edad Media primero actuaba la fe para llegar a la razón. Ahora, en el siglo XIV, es la razón la que antecede a la fe, pero la conclusión es la misma, es decir, el encuentro de ambas. Estos hombres cumplen el sentido de la palabra "intelectual" (de intus-lectus) que significa "intus-legere", o inte-ligere, o sea, leer dentro, reflexionar y a veces intuir. Las humanidades no están ajenas a la cultura renacentista, pues nuestros autores son auténticos humanistas.

5.1. Hombre y naturaleza

El Renacimiento es la exaltación del hombre, pero también de la naturaleza y su mayor dignificación o "animación". Nadie mejor que Campanella se volcó en conceder una especie de espíritu, conciencia y subjetividad a las cosas. Su antropología es la aproximación a la racionalidad del universo, lejos de cualquier magia, fantasía o encantamiento. Al fin y al cabo es otro paso más en el reconocimiento de la existencia de vida que decía Aristóteles. La naturaleza es vida y como tal tiene que tener un alma. Otros científicos del tiempo insistieron en la categoría del movimiento como la esencia del mundo. La naturaleza se halla animada, sensibilizada, dotada de sentidos, tiene percepciones y emite sensaciones destinadas al hombre. Cada ser, además de materia, tiene su forma, diseño, vocación o proyecto de desarrollo, su función y finalidad por la que constituye un todo con un principio y un fin. Volvemos a reflexiones anteriores, los seres no son partes de un todo, sino un todo presente en las partes. De acuerdo con esta reflexión, los sentidos del hombre realizan su adaptación a los sentidos de las cosas de tal manera que están capacitados para conocerla, entenderla, traducirla, descodificarla. Ahora bien, si el hombre "entiende" a la naturaleza es debido a que ella le "habla". Emisor (el mundo) y receptor (el hombre) se unen en esta antropología de la comunicación en Campanella. El hombre y el mundo tienen que tener un lenguaje o vocabulario en común. Entonces la antropología se convierte en un diálogo entre el hombre y la naturaleza que es un "libro de Dios". La primera interacción es su estudio, conocimiento e investigación que no son procesos externos o cognitivos, sino interventivos u operativos. El dominio de la naturaleza comienza por conocerla y conociéndola se le investiga y dirige. Todo esto lleva consigo el conocimiento de las leyes de la naturaleza que son el "alma" o animación de ella. Conociéndolas, el hombre puede unificarlas, prevenirlas y corregirlas. Las cosas tienen su razón de ser, tienen una autoconciencia que no es solo una capacidad del alma, sino de todos lo seres vivos. Es un "sensu sui" innato. En *Theología I, 11*, a1, dice nuestro autor: "Hay una doble sabiduría en las cosas: una innata por la que saben que existen y por la cual les place el ser y les place el no ser y esta sabiduría es su esencia de tal manera que no se puede perder sin perder el ser. La otra sabiduría es adquirida (illata) por la cual sienten las cosas externas y son modificables por ellas y hechas semejantes a las mismas. Por tanto, cualquier cosa se siente a sí misma de por sí y, como suele decirse, esencialmente, mientras que siente a las otras accidentalmente, esto es, en cuanto se hace semejante a las cosas por las que es modificada tanto en el sentido de ser destruida como acontece cuando es alejada del propio ser y padece dolor, como en el sentido de ser perfeccionada, como cuando es conservada y restituida a su integridad por la sensación de cosas afines y favorables que es cuando experimenta placer". La narrativa unificadora del mundo sigue en la descripción de la sociedad en Campanella.

5.2. La animación social

Vuelven las alegorías antropológicas de la antigüedad. La visión animada de la naturaleza le costó a Campanella algunas persecuciones y condenas. Muchas de sus intuiciones, que en aquellos momentos parecían descabelladas, erróneas o contrarias a la fe religiosa, son recibidas y aceptadas hoy por muchos movimientos de respeto y defensa de la naturaleza o del medio ambiente. La antropología cosmológica actual se ve inspirada en ellas a la hora de proclamar los valores de la tierra. El mundo merece una consideración y su uso no tiene que suponer su destrucción, sino su mantenimiento, desarrollo y sostenibilidad ligada a su capacidad de recuperación. Esta visión unificadora del universo como un todo, del hombre como parte esencial del mismo, de su reciprocidad, dependencia y necesidad, se extiende también a la sociedad. Para Campanella, todos vivimos bajo un mismo sol. El sol es la fuente de vida y de animación en la naturaleza. Luce para todos los hombres por igual. Ese sol en el hombre está representado por la razón, las ideas, la verdad. La palabra "ciudad" nos recuerda otra metáfora agustiniana igual que la palabra sol o iluminación. El sol de la verdad tiene que iluminar la convivencia humana. Poco después de su proceso y condena escribió nuestro autor su obra más conocida titulada *La Ciudad del sol*. Si la naturaleza está viva y animada, mucho más lo está el conjunto de la sociedad o el mundo de lo humano. Esta concepción animista y vitalista de la sociedad como un todo, llega hasta nuestros días en la llamada "sociología fisiológica" donde la sociedad viene considerada como un cuerpo social, un organismo vivo (de ahí la palabra "organización" tan utilizada en estas ciencias) para indicar la estructura de la sociedad en un evolucionismo sociobiológico.

Estamos en las mismas coordenadas del resto de autores del renacimiento. La sociedad es, ante todo, una construcción natural y moral que tiene que ver mucho con la razón humana. El orden social es el orden moral de las relaciones interpersonales de unos ciudadanos con otros. Sin moralización de lo social no hay ninguna moral personal. Pero ello tiene que ver con la ética del poder, de la autoridad, de la libertad y de la ley. Tengamos en cuenta que las tres estructuras fundamentales o fuerzas esenciales (primacías o primalidades o prioridades) de una sociedad son –según Campanella- el poder, el saber y el querer a las que se subordinan el mandar, el conocer y el amar como fuerzas positivas (a ejemplo de la Trinidad) mientras que sus contrarias, la debilidad, la necedad y el odio constituyen las fuerzas negativas de la sociedad. Por otra parte, los principios fundantes de la sociedad son la causalidad o necesidad, la fatalidad y el orden o la armonía como elementos positivos mientras que en la dirección contraria o negativa actuarían, el azar o la contingencia, la casualidad y la fortuna. Una antropología dialéctica que se realiza en el cosmos u orden universal concebido por Campanella. Tanto el hombre individual como la comunidad humana son reflejo de la sociedad y mutualidad que existe en Dios. El Padre es el poder creador, el Hijo es la verdad o sabiduría revelada y el Espíritu es el amor que cohesiona todo. La sociedad cristiana es, así, el Reino de Dios en la tierra presidido por la justicia, la armonía, la salvación. La sociedad es como una mochila de Dios en el mundo.

5.3. Ética del poder

Campanella se enfrenta con el poder sin poder. Es la impotencia radical del pensador desnudo e indefenso de esa época. Ese mismo poder que le persigue, le encarcela y le condena. Los humanistas no tienen un problema con el poder, sino que es el poder político, los poderosos los que tienen un problema con ellos, con la inteligencia. Pero ellos tienen el poder de la idea y realizan la reflexión sobre el poder. La sociedad política está formada por muchas unidades de poder. Tanto en Campanella como en Maquiavelo, el poder de los Estados es entendido, además de la relación interna con los ciudadanos, como relación entre Estados, la política exterior, de alianzas estratégicas. La metafísica del poder en La Ciudad del sol sigue vinculada con el reflejo de Dios. Poder, verdad, amor. Pero en la ciudad existe también la norma, la ley, lo jurídico. Para que los poderosos, los que gobiernan no se conviertan en tiranos y ladrones tiene que haber unas leyes. Ellos son llamados metafísicos, sacerdotes y príncipes del sol representantes de Dios. Las tres cualidades de los gobernantes (poder, verdad, amor) se corresponden con distintas actividades o misiones en la comunidad: el poder se da para dirigir la guerra y la paz, siendo responsables de funcionarios y militares; la sabiduría y la verdad para favorecer la ciencia, la investigación técnica y el arte; finalmente, el amor para cuidar de la producción, de la alimentación y la salud de los ciudadanos. Estos son los ámbitos de la ética del poder en la sociedad. Esto no responde a la tan criticada teocracia, pues, aunque el poder tenga su fundamento en Dios, se ejerce por los hombres y ellos son responsables de los fallos en su ejercicio o realización. Lo que se debe resaltar en la visión teocrática no es tanto el origen del poder en Dios, sino su inspiración, reflejo e imitación de Él. Todo poder en la sociedad tiene esencia y transparencia moral derivada. Las señas de identidad de una sociedad moral consisten en estar determinada por la unidad de los tres elementos esenciales, poder, verdad y amor que dirigen el mundo que constituyen la unidad de toda la humanidad. El derecho y las leyes sirven para la administración de dicha unidad de esos tres componentes. Y sobre todo, para deshacer el antagonismo entre poder y libertad señalando los límites de la misma. En la ciudad del sol, la comunidad de sentimientos se acompaña de comunidad de libertad y comunidad de derecho, de autoridad y leyes, todo ello bajo la unidad moral como fuerza tractora que significa el sol. Los "príncipes" o "reinos" o principios de la sociedad (derecho y libertad) están sometidos al centro como planificación general, como armonía y coordinación. Por eso se puede hablar de organización y equilibrio en la sociedad evitando los extremos.

6

La antropología política en Nicolás Maquiavelo

El conjunto de pensadores renacentista han sido agrupados, según sus preocupaciones, en torno a los temas de hombre, ciencia y sociedad. No en un sentido excluyente, sino comprensivo. Pasamos ahora a la otra orilla, a los hombres que gobernaron sin pensar frente a los que pensaban sin gobernar. Nicolás Maquiavelo (1469–1527) fue un hombre de acción, un hombre de gobierno que experimentó, en la política exterior de su país, lo peor de la naturaleza social del hombre en el poder. El catálogo se haría interminable: conjuras, traiciones, corrupción, dinero, guerras, agresiones, confiscaciones, engaños, ambiciones, persecuciones. Todo eso, y mucho más, está ligado a los hombres del poder tanto en la sociedad o imperio como en la Iglesia de honores, dignidades, cardenales, prendas, beneficios, palacios y otras frivolidades. El hombre que ha sido considerado el primer teórico del llamado "realismo político" esconde una antropología detrás de su pragmatismo y utilitarismo. Lo más sorprendente no es el proyecto político de Maquiavelo, sino la exaltación de la política como nueva religión de la historia y de la humanidad. Esto es también un rasgo que inaugura la modernidad y marca el paso de una época a otra. La política sustituye a la religión como fuerza y cohesión de la vida pública. El poder es la nueva religión. Esta tesis no resulta del todo absurda ni despreciable, pues, visto que la religión no aportaba justicia, derechos, libertad, igualdad en aquello territorios, algunos intelectuales emprendieron la aventura de llegar o implantar las virtudes ciudadanas mediante el ejercicio del poder. De ahí a la subordinación de la religión a la política solo hay un paso y unos años. La política se convierte así en una crítica correctora o denuncia los abusos incluidos los de los príncipes religiosos. Por ello son perseguidos y condenados algunos autores incómodos que, además de sus ideas e ideales, daban ejemplo con su vida austera y de sencillez.

6.1. La antropología educativa y el poder

Como es sabido, las reflexiones de Maquiavelo sobre la sociedad, el poder, la responsabilidad, la eficacia, los fines, las estrategias de la acción de gobierno, adoptan la forma de enseñanzas o educación de un príncipe imaginario. De una narrativa pedagógica sobre el poder, uno espera la alusión o desarrollo de

La antropología política en Nicolás Maquiavelo

los grandes principios de la política en que se base dicha formación del futuro gobernante. Y sin embargo, es una tarea vana buscar esa estructura de la obra *El Príncipe*. Otros se resignan a señalarla como una sátira más cerca del desprestigio de la política que de su alabanza. Para otros, más que una ética es una máquina del poder y de la razón de Estado. La obra *El príncipe* no es ninguna descripción del poder intelectual, sino del poder como fuerza más cerca de la física que de la convicción y el diálogo. En una perspectiva histórica, el autor va analizando los imperios que ha habido a lo largo de los tiempos. A nosotros, más que los datos geopolíticos, nos interesa extraer unas ideas en torno al poder. Parece que todo se centra en "la ocupación". Gobernar significa mandar sobre un territorio, sobre unos súbditos. El príncipe siempre tendrá enemigos que aspiran a desalojarle y ocupar su poderío. Gobernar es cuidar o favorecer a los amigos, a los fieles, seguidores o adeptos, pero también defenderse de sus enemigos. Lo mismo sucede para mantenerse en el poder, hay que rodearse de amigos o colaboradores, pero también aplastar a los enemigos. Ninguna relación entre poder y moral. Absoluta prioridad de la política sobre la moral y con ello la primacía de la razón de Estado o del poder sobre la conciencia para desembocar en la autonomía de la política. Ante la fuerza, la unidad, la continuidad, la estabilidad, la grandeza del Estado todo lo demás parece inapreciable y diminuto o insignificante. La razón de ser del Estado es toda una teoría política recibida en occidente. Ante la razón de Estado todas las demás razones y otros intereses ceden su orden y exigencia. Es un totalitarismo racional, moral y político difícil de sostener de tal manera que se ha hablado de Estado totalitario frente al Estado liberal. Si no hay lugar para la moral frente a la política tampoco lo hay para el derecho, pues el Estado es el derecho. Todo ello tiene una consecuencia consistente en ensalzar al hombre de Estado valorando sus decisiones como tales. Estamos en las condiciones históricas en que escribe Maquiavelo, en un Estado monocentrista como era la Italia de aquel tiempo donde todo dependía del príncipe. Un príncipe un Estado y su identificación. Los valores del gobernante son los valores de la ciudadanía. A partir de la modernidad hay que pensar en un Estado más plural compuesto de muchos elementos religiosos sociales, económicos, fiscales, culturales donde se pasa de la persona a las instituciones.

Estamos tocando las razones de la legitimidad del Estado según Maquiavelo y su fuerza o poder para con los ciudadanos. Además, se cruzan muchas otras instancias para fijar y valorar dicha legitimidad como pueden ser el reconocimiento internacional, las alianzas, la sumisión al Papado mediante acuerdos. Por ello, las enseñanzas de Maquiavelo están dirigidas a detener la desintegración de aquellas minúsculas repúblicas de Italia. Debido a ello, algunos autores atribuyen los motivos de esta obra y de estas teorías de Maquiavelo no a la necesidad de presentar los ideales y las virtudes de un príncipe, como se hacía en la antigüedad griega y cristiana, sino a las necesidades inmediatas de salvar la unidad de Italia. El Príncipe no sería un escrito humanístico, sino un manual de operaciones políticas de las que forma parte la lucha contra la corrupción, las dictaduras externas en orden a una superación de conflictos y la consecución de una unidad de Europa para lo cual se apela al principio de la razón de Estado. Algunos valores y virtudes morales de la política existen en esta obra de Maquiavelo a la que los estudiosos atribuyen una actualidad y vigencia excesiva. Por mi parte, creo que la teoría de la razón de Estado o el poder como única legitimidad de moralidad y legalidad esta ya amortizada y las teorías políticas de la Ilustración de Rousseau, del jusnaturalismo o de la democracia cristiana actual nos sitúan en otra forma de entender el Estado distinta a Maquiavelo. La política no es solo la organización y mantenimiento del poder. En cambio, la cuestión tan debatida de la relación entre medios y fines sigue siendo muy recurrida. El maquiavelismo sin escrúpulos entendido como defensa de la eficacia del poder a cualquier precio sin otros condicionamientos morales está ya en franca decadencia. El Estado y su eficacia no lo justifican todo. La moral del poder no atañe solo a los fines, sino también a los medios utilizados que no deben ser solo proporcionados, sino también buenos en sí mismos, más allá de su adecuación a los fines.

6.2. El humanismo inverso

La idea de la política de Maquiavelo tiene un supuesto: que el hombre es malo. He ahí el fundamento antropológico de todo, o sea, la imagen del hombre. Lutero está ya cerca y el pecado y la maldad es el reino del hombre frente al Reino de Dios. Así pues, la obra de Maquiavelo tiene dos fundamentos, uno antropológico o la situación del hombre y otro político o la situación de Italia. La antropología de Maquiavelo no es totalmente negativa. Nada mejor que la acción política nos ayuda a entender al hombre. Por ello, la política es un desarrollo de la antropología. Tomemos por ejemplo el tema de la corrupción y de las tendencias. Hay corrupción en política yen los políticos porque hay una corrupción innata en el hombre. Ya sabemos que el mal no es esencial o natural al hombre, sino añadido, pero está en él por constitución. En ese sentido, Maquiavelo se desvincula del optimismo antropológico del Renacimiento. La posición de nuestro autor no es excluyente. Para él los hombres son, a la vez, buenos y malos. La política, el poder, la gobernanza debe sacar de cada uno lo mejor que tenga y no debe sucumbir a las pasiones. Los hombres son egoístas por ello hablamos de una democracia individualista e interesada. Machiavello no niega la existencia de una política ideal, pero cree que ella no se da en la práctica y, sobre todo, no es eficaz. El príncipe debe guiarse por las condiciones reales de las personas y de la sociedad que son la lucha, la guerra y la ambición. Más aún, las condiciones morales son contraproducentes para el gobierno eficaz y se debe abandonar el equilibrio y la moderación para actuar con actitudes extremas. Ni siquiera se recomienda una actitud de equilibrio, de consenso. El poder por el poder y su eficacia son innegociables e irrenunciables. El pesimismo antropológico afecta no solo al gobierno, sino a la persona del príncipe. No puede ser bueno ni humilde, ni blando ni comprensivo ni sencillo, sino fuerte y agresivo, distante, vengador y traidor. Por encima de toda moral, el Príncipe se verá obligado a reprimir todo sentimiento religioso o de compasión —dice Maquiavelo— para demostrar su autoridad y dominio. Por eso, tiene que encontrar gusto en dejarse llevar por el viento cuando le convenga y luchar contra corriente cuando sea necesario, es decir, permitir que sucedan las cosas o los acontecimientos cuando sean favorables y reprimirlas cuando sean contrarios a sus intereses. El bien y el mal de la política lo fijan los intereses del gobernante y no la moral de las acciones o el bien de la comunidad. No se puede categorizar moralmente los métodos o los fines la política que queda totalmente al margen de ella. Al lado de esta desestructuración moral de la política está, igualmente, la tesis de que el Estado es el origen y fuente de la legitimidad no solo del poder, sino también de la moral. El poder es la única moral existente, la única instancia religiosa en un Estado no religioso por naturaleza. El hombre, el gobernante no puede serlo, pues es un corrupto potencial. Como los ciudadanos pueden ser buenos o malos, el camino medio es el Estado para definir lo que se debe hacer. Por lo demás, el Estado tampoco está llamado a decidir los ciudadanos que son buenos o malos, desde el punto de vista moral. Para el príncipe son solo súbditos. La intervención o el maquiavelismo político son algo más que cuestión de medios, es también fijación de los fines. Más allá de su empleo, la fuerza y la coacción es lo único lícito en el Estado que justifica todo lo demás, sobre todo tratándose de la unidad del reino.

7

La concepción negativa del hombre en Martín Lutero

Con la reforma protestante iniciada por Martín Lutero (1483–1546) se produce la mayor ruptura de la antropología cristiana de todos los tiempos. No nos referimos solo a la quiebra de la unidad disciplinar en la Iglesia, sino a la revisión de los más profundos planteamientos del hombre que ya se venían produciendo, pero que no habían culminado en enfrentamiento y conflictos tanto del espíritu como del poder. La llamada reforma es también una reforma antropológica, pues se habla de dos dimensiones conjuntas del hombre "simul justus et pecador" (justo y pecador al mismo tiempo) bueno y malo, libre y esclavo, fuerte y débil. Toda la antropología dialéctica continúa a unos niveles insospechados de desarrollo. El exponente de esta actitud desafiante lo encontramos en la obra De servo arbitrio donde Lutero, con Pablo y Agustín, pero contra el optimismo humanista del

Renacimiento expresado por Erasmo de Rotterdam, pone la libertad del hombre en su centro de mira. Se enfrentan dos corrientes: la del hombre creado a imagen de Dios y el hombre caído en el pecado. Estas son las dos estimaciones y determinaciones del hombre en la historia que, si alguna vez parecían sucederse en el tiempo de la salvación (una después de la otra), ahora son vistas y analizadas como dimensiones reales, existenciales, simultaneas y superpuestas, actuando dialéctica y conjuntamente en el hombre aunque sea de manera contrapuesta, oponiéndose una a la otra en reciprocidad permanente. El ahora del hombre no ha enterrado ni desaparecido el entonces ni el antes. Por ello, más recientemente Kierkegaard y otros autores protestantes han aludidos a la tragedia histórica y a la angustia existencial que es el mismo hombre donde conviven en acto las condiciones del pasado y del presente que indican, a la vez, que van a ser las del futuro. Si no hay pasado del que liberarse tampoco hay futuro que esperar o alegrarse. No hay una programación del hombre en el tiempo, sino que todo está decidido al mismo tiempo sin tiempo. Esa es la tragedia humana. La temporalidad antropológica se convierte en un drama. El hombre no cuenta con el tiempo ni el tiempo cuenta para el hombre que ya está "hecho". Esto crea el conflicto aludido, primero de conciencia, de pensamiento humano, y luego de organización como grupo. Se puede decir que la crisis del cristianismo en ese siglo que analizamos es la crisis de la idea de hombre.

Nos encontramos ante una antropología dialéctica de interpretación, es decir, ambas formas de explicar al hombre (la protestante y la católica) salen de la misma lectura, de la misma narración bíblica. En otras épocas se producía una alternativa afirmadora frente a otra negadora (Grecia o razón y cristianismo o fe), pero en este caso de Lutero es una contrainterpretación de la misma realidad o de la misma fe. Todo esto obliga ahora a "hilar muy fino" a la hora de elaborar el discurso antropológico a partir de la Biblia. Según esto, el relato bíblico de la creación del Génesis expresado en la fórmula "el hombre creado a imagen y semejanza de Dios" no pretende explicar la esencia de Dios, ni la esencia del hombre, ni su diferencia de las otras especies, sino la presencia y función del hombre en relación con el mundo creado por Dios. A continuación en cada época cultural el cristianismo se preguntan en qué consiste la imagen de Dios en el hombre como lo seguiremos haciendo actualmente. Esa es la variante en la antropología cristiana de todos los tiempos. Una imagen es la representación de alguien que está ausente y que solo puede estar presente en imagen o figura sustitutiva como los reyes de la metrópoli en la lejana colonia.

7.1. Antropología de lo renovable

Habiéndonos propuesto, como método, asimilar la antropología cristiana a una antropología cultural neta y diferencial, no podemos prescindir de las circunstancias socio-culturales que rodean el nacimiento de la imagen del hombre en Lutero y en los demás autores de la reforma protestante. La opción por la alternativa (el hombre imagen frente al hombre pecado) que parecía convenir más a los proyectos cristológicos de salvación, se convierte ahora en una opción de la dualidad antropológica asumida por el cristianismo. Ni el hombre ha dejado de ser imagen creada, natural y bueno por el pecado ni el mal ha cesado de actuar e influir en el hombre después de Cristo y el hombre no ha sido renovado, sino compatibilizado y responsabilizado o comprometido en la libertad cristiana o redimida. Jesús es el hombre reconciliador donde conviven y subsisten las dos dimensiones acumuladas a lo largo de la historia. Esta antropología de la asociación hay que tenerla muy en cuenta a la hora de unir lo que aparece dividido en el hombre, histórica y existencialmente. Por ello se puede hablar de polarización o bidimensionalidad de pequeñez y grandeza, de debilidad y de fuerza, de humildad y exaltación, de vileza y superioridad, de desprecio y excelencia. El hombre no tiene toda esta dignidad por sí mismo, sino por la vinculación a Dios. Esto aparece más claro en la antropología del Nuevo Testamento siendo llamados y hechos Hijos de Dios. Veamos cuántas alternativas simultáneas se abren a la antropología cristiana a partir de la interpretación de la revelación.

Primero: el cuerpo y el alma. El cristianismo no acepta, sin más, el dualismo griego del neoplatonismo o rabínico del judaísmo tardío. Ya quedó dicho, cuando el cristianismo habla de cuerpo y alma no está dividiendo al hombre en dos partes esenciales opuestas o enfrentadas, sino aludiendo a la totalidad en cuento se encuentra en el cuerpo o a la totalidad del hombre en cuanto se encuentra en el alma. Tampoco es un dualismo netamente moral, siendo el cuerpo malo y el alma buena, al estilo maniqueo, sino que todo el hombre es malo y todo el hombre es bueno al mismo tiempo. La corrupción de una de las partes afecta al todo, a la unidad. Y la santidad de una de ellas afecta al todo por igual. ¿Dónde puede estar el rechazo del "simul justus et pecator" de la teoría luterana? El simultáneamente justo y malo se va a extender a todo el mapa filosófico y teológico del hombre. La antropología de Lutero no va a ser una ruptura, sino una lectura del hombre renovable. El hombre es una ecuación sin despejar.

Segundo: individualidad y comunidad. Desde el principio la Biblia reconoce en el hombre un ser en comunidad, en comunión y comunicación, nunca un ser aislado. No se habla de un hombre privado. Su primera tendencia a la unión como varón es la mujer. Le sigue la familia, la estirpe, el pueblo, la humanidad. El hombre tiene una responsabilidad comunitaria sobre todo ello, sobre la conservación del mundo, su crecimiento y sostenibilidad. Y se habla de una participación y culpabilidad generacional hasta la tercera sucesión. Todos participamos en la determinación y resultado de la libertad y decisión de los particulares. Esta dimensión conjunta de la conciencia individual no ha sido suficientemente valorada. En los hombres, en los creyentes y en los bautizados, todo se produce, a la vez, con efectos o repercusiones individuales y colectivas. Todo lo que el hombre individual haga contra Dios tiene sus consecuencias en el resto de la familia humana, pues no se pueden desligar ambas dimensiones. En uno estamos todos. El hombre necesita de los demás hombres par ser hombre. Otra doble dimensión de la persona y personalidad humana derivada de la creación del hombre que no genera ninguna contradicción a la hora de entenderle. El hombre luterano es un empate esencial o un equilibrio antropológico.

Tercero: igualdad y diversidad. Ante Dios todos los hombres son iguales, pero, a la vez, son diversos. Todos los hombres son simultáneamente, santos y pecadores. Las diferencias esenciales y sociales por razón de sexo, raza, riqueza, origen, género, clase, lengua no existen para Dios. A la vez, esta igualdad radical no impide ni suprime las diferencias reales entre los hombres. Igualdad no es nivelación, uniformidad, masa, anonimato, mezcla o indiferencia. Las diversidades se convierten en diferencia de capacidades y funciones, varón, mujer, padres, hijos, autoridad, servicio, obediencia, todas necesarias para el desarrollo del mundo. La diferencia de funciones entraña la diversidad de dones y la riqueza de dimensiones o capacidades. Por encima de todo, el amor es el único principio unificador e igualador entre los hombres que hace olvidar y superar las diferencias. En la Constitución del Reino de Dios no va a suceder como en la tierra. No van a ser los poderosos, los ricos, los cultos, los fuertes, los dotados los más importantes, sino los pobres y los humildes. Los hombres son iguales y diversos a la vez. Es la antropología de la disparidad.

Cuarto: libertad y compromiso. Los hombres disponen de una libertad que los otros seres no tienen. Dicha libertad no es una ruptura o autonomía total, sino que se constituye siempre en la vinculación con Dios. La libertad no es la indiferencia más absoluta frente a los valores de este mundo o el poder disponer y decidir sobre todo lo existente. La práctica de la justicia supone la disponibilidad para aceptar el orden y la subordinación de los seres y de las ideas, de las leyes y disposiciones. Nos encontramos otra vez con la cuestión decisiva de toda antropología, con la esencia de la libertad y de la determinación. ¿Es la libertad del hombre aparente y la determinación real o es la libertad real y la determinación aparente? Ambas cosas a la vez parecen contradictorias como lo era el "simul justus et pecator" anterior. ¿En qué nivel de crítica y sinceridad se plantea la antropología luterana frente a la cristiana? ¿Podemos hablar de una aceptación, de un rechazo, de una síntesis o fusión? La visión protestante del hombre ¿es una antropología formal, vacía o material y llena de contenido? En este ámbito de la libertad más que en otro, el hombre necesita de Dios, la libertad necesita ser liberada para que se realice el deseo agustiniano de que la libertad en tanto será libre en cuanto sea liberada por Dios. Somos libres y esclavos a la vez, estamos igualados en nuestra estructura antropológica. Gozamos de una libertad esclava y de una esclavitud liberada.

Quinto: palabra y obra. He ahí otra ecuación que adquiere una gran importancia en la antropología que analizamos. El cristianismo recoge el envite de la antropología filosófica y cultural que sitúa la palabra y el lenguaje como características esenciales y diferenciales del hombre frente a la materia, las plantas o los animales. Con la palabra, el hombre se comunica con los demás y se hace más hombre. Mediante la palabra, el hombre se puede dirigir a Dios y a los demás en el mismo plano. Es una categoría de igualdad donde el tú es una palabra que equipara a Dios y al hombre, pues es usada para designar al mismo interlocutor. Además, con la palabra el hombre sale de su aislamiento, organiza su vida comunitaria en forma dialógica incluida la vida religiosa o el trato con Dios. Hombre y lenguaje. La palabra es mediación, pues por ella expresa el hombre lo que piensa dentro y recibe lo que piensan los demás. Ella es señalización, información y comunicación. Al lado de la palabra, el hombre ha recibido la capacidad de intervenir y actuar en el mundo como lo hace Dios. Pero la palabra del hombre no tiene la fuerza y la capacidad que tiene la de Dios que es siempre creadora o reveladora. Necesita del aval y de la garantía de la significación sacramental y apoyo de la Iglesia. Existe, pues, un lenguaje religioso o sea una palabra con intencionalidad y significado común para Dios y para el hombre, pues de lo contrario, no sería posible la revelación

7.2. La muerte del hombre y el hombre nuevo

Según la interpretación cristiana del Nuevo Testamento, el hombre viejo ha muerto y ahora Cristo es el renovador de todas las cosas, incluyendo el hombre nuevo creado a imagen y semejanza de Cristo. Lo renovable de la antropología. ¿Es que ha muerto el hombre y ha renacido? Otra vez la dialéctica de la contradicción y disparidad, de la lógica del "simul" que marca el pensamiento de Lutero a todos los niveles. ¿No estaremos ante una falsificación, un engaño, un ensueño? ¿Qué significa para el protestantismo la muerte del hombre y el hombre nuevo que constituye el centro de la teología, de la cristología y de la soteriología? Si no hay una renovación de la humanidad, es inútil la obra de Jesús, su muerte, los sacramentos, la salvación. Toda la arquitectura de la mediación que es la Iglesia se vendría abajo, pues la palabra y los sacramentos tienen la función de ser garantía y validación ontológica. En el cristianismo, la palabra hace lo que dice, pues es una palabra causal. Es creadora y portadora de la realidad significativa. El hombre sigue siendo el mismo, o sea, viejo y nuevo a la vez. La persona de Jesús es decisiva para introducir a los hombres en una nueva relación con Dios. El inaugura una nueva humanidad. Pero todos estos pensamientos sobre el hombre tenemos que ponerlos a salvo del peligro de nominalismo y realidad. Toda la antropología protestante puede ser tildada de nominalista si no está respaldada por la renovación y la realidad. ¿Es real la muerte del hombre y es real el hombre nuevo o es un universal genérico al que nos tenía acostumbrado la filosofía vigente en la Edad Media? ¿Hay una incidencia metafísica de las categorías teológicas o las proposiciones de la fe caen en el vacío o son correspondidas por la nada y el sentido formal? ¿Qué hay de simulación o de realidad en la antropología teológica del protestantismo?

La respuesta nos viene del Nuevo Testamento donde la renovación del hombre no es solo una mejora moral añadida, sino una transformación radical de las bases de la existencia humana. El hombre nuevo no es una reedición del hombre viejo, sino una nueva creación, un cambio radical y total. El protestantismo insiste en el carácter "oculto" de la nueva realidad antropológica que permanecerá escondida en el tiempo y solo será revelada en su plenitud al final de la historia. Es una antropología de lo invisible. La función del tiempo y de la historia en la antropología protestante la veremos y estudiaremos más adelante. El hombre nuevo no ha aparecido, todavía no es visible en el tiempo, sino que está creciendo como un embrión hasta la vida eterna, escondidos con Cristo en Dios. Ese hombre universal es Cristo Jesús que lo encierra todo y es la llave de la historia. El hombre nuevo vive en una tensión escatológica entre tiempo y eternidad, entre un ser y todavía será, entre existencia y plenitud. Todavía no se sabe, no se ve lo que seremos. Por ello, la cristología es un proyecto esencial de esta antropología invisible en el tiempo que se extiende entre el Cristo ya venido y el que todavía tiene que venir. El hombre, el creyente, el cristiano es un paréntesis entre el tiempo y la escatología. La tensión entre el "ya" y el "todavía no" define a esta antropología.

7.3. Mundanidad y trascendencia

El hombre nuevo vive también la tensión entre su existencia que pertenece a la tierra, pues está ligado a ella, y la llamada o vocación a la permanencia y eternidad. El hombre pasará cuando pasen las figuraciones de este mundo donde todo es vacío e ilustración, reflejo, sombra y apariencia sin consistencia. Seguimos en la teoría de la polarización. No se trata de afirmar la pertenencia del hombre al mundo, a la tierra, sino su función de cumplir el deseo y el mandato de "venga tu reino" y "hágase tu voluntad en la tierra". Hay que tomar en cuenta los tres espacios o etapas de la historia de la salvación: el Reino de Dios, la predicación de Jesús y la Iglesia. ¿Es todo ello continuidad y homologación o tenemos la gran sorpresa cuando dice Lutero que Jesús predicó el Reino de Dios y, en cambio, los apóstoles, falseando el mensaje, fundaron la Iglesia? La mundanidad del hombre y del creyente en la tierra no equivale a esperar una salvación utópica, caída del cielo, sino en colaborar activamente para que ambos órdenes se asemejen uno al otro. Mediante su palabra y su acción, el hombre transforma el mundo y le orienta hacia Dios. Con la dualidad del mundo sucede lo mismo ¿qué es este mundo salvado, redimido, para el cristiano? ¿Se puede hacer algo por él o ya está todo hecho y solo hace falta "esperar" a que todo pase y llegue el final de la representación y se baje el telón? Existen algunos filósofos ateos que piensan que el pecado o la caída del hombre le hizo incapaz para acceder al lenguaje de Dios. Por tanto no existe una religiosidad natural, sino una incompetencia radical para el diálogo religioso y la salvación salida del hombre que se limita (como pobre y mendigo) a recibir la obra y la acción de Dios. Y añaden que, mientras el hombre haga lo que pueda, con eso basta para la salvación, pues el hombre se justifica por la fe y no por las obras según Pablo en Ro. 3:28. La gracia es, por definición, necesariamente inmerecida. La mundanidad se contrapone a la sacramentalidad defendida por la Iglesia. El creyente, el bautizado, el pobre, el enfermo, representan realmente a Cristo y su acción sobre ellos, lo que se haga a ellos, se lo hace Al mismo Cristo, pues son la "personificación" de Él. Mientras que en la antropología protestante no se supera el nivel de simbolismo sin ninguna fenomenología de la identidad sacramental. En esta antropología de la presencia sucede lo mismo con la eucaristía que no es presencia, sino símbolo de la presencia. Para la antropología teológica, el mundo ha sido transformado, renovado y recreado por Cristo, pero dicha "santificación" o redención debe ser continuada por los cristianos. En la antropología de la reforma, esta acción es inútil e infructuosa. El mal está ahí, el mal está "hecho", el hombre es malo por naturaleza, es un lobo para los demás (Hobbes) y la ética, la moral y la política es un pacto de no agresión.

8

Antropología simultánea, paliativa y compensatoria

Con Lutero y el cristianismo sucede lo mismo que con Velázquez y el arte. Antes de Velázquez, el artista, el pintor, aspiraba a copiar, representar, reflejar la belleza humana y su perfección como supremo ideal. Después de Velázquez se pinta la vida, lo real, lo bello y lo feo, lo alegre y lo dramático de la existencia. Es el arte de lo simultáneo o de lo compatible. La belleza ideal es la belleza real. La belleza convive con la fealdad, la sonrisa con las lágrimas, la felicidad con la tristeza y el dolor, la bondad con la maldad, la tenebrosidad con la luz. La existencia humana es ambigua y está compuesta de todos esos elementos alternativos. La antropología cristiana de Lutero no excluye nada de lo humano porque el hombre es esas cosas juntas aunque contradictorias. Lo natural está mezclado con lo sobrenatural, la antropología con la teología, la naturaleza con la fe, el pecado con la gracia, la fuerza con la debilidad y la vida con la muerte. Son inseparables en la realidad aunque lo sean en el concepto. Por ello, hablamos de una antropología de lo concreto, de lo simultáneo, aunque sea contradictorio. No en vano la antropología de Lutero se encuentra en dos obras de título provocador o conflictivo: *de Servo arbitrio* y en la obra *Disputatio* sobre el hombre, esta última de su etapa final cuando ya está afectado por algunas enfermedades. La densidad y la intensidad de la antropología cristiana de Lutero no tienen nada que envidiar a la antropología del resto de teorías cristianas. Otra cosa es la orientación. El hombre ante Dios, la posición del hombre en el mundo, el pecado y la salvación, la esperanza y la escatología, el valor del tiempo y de la historia, la acción o intervención socio-política. Todo ello indica una antropología transversal que es inseparable de las altas cuestiones teológicas. La antropología luterana de la simultaneidad e integralidad del hombre nos lleva a una antropología de la simulación. El estado del hombre, la salvación, la redención, la gracia, la conciencia, el perdón, la libertad, la acción de la Iglesia, la culpabilidad, los sacramentos, no tienen —según el protestantismo— una realidad que les respalde, no tienen una antropología metafísica cristiana histórica y dialéctica concreta, sino que todo el universo religioso es un simbolismo ineficaz e intranscendente porque el hombre no cambia nada, todo está decidido (el hombre y la historia) y construido desde fuera. Por eso, en Lutero no hay un hombre interior a pesar de que la religión sea un conjunto de sensaciones. También hay en el protestantismo una espiritualidad y meditación. Entraríamos así en una antropología virtual o formal sin contenidos materiales, históricos, dialécticos, creativos. Y sin embargo, la fe para Lutero es un elemento esencial de la constitución de la persona. La fe define todo el orden de la creación y de la salvación siendo la interioridad total del creyente. ¿Qué aporta la creación a la persona y qué aporta la redención a la misma? ¿Se puede ser persona sin ella? ¿Son dos sustratos diferentes e indiferentes? ¿Es más persona el que cree que el que no cree? ¿Es la fe una justificación del hombre o el hombre está justificado y legitimado antropológicamente más allá de la fe? O, por el contrario, el hombre solo se justifica desde la fe. Aparentemente intranscendentes y sencillas, estas cuestiones antropológicas tienen mucha influencia en la presentación y aceptación cultural del cristianismo, en su aspecto evangelizador o misionero y en su labor de confrontación con otras culturas allí donde no ha llegado. La evangelización es también humanización y desarrollo cultural y temporal del hombre.

"Simul justus et pecator". Antropología de la simultaneidad coexistencial de los dos órdenes en el hombre. Lo demás parece, en Lutero, una simulación. Nada hay que rompa o supere esa simultaneidad con la que tiene que aprender a vivir y actuar el creyente. Por ello, la religiosidad convencional, la piedad, la gracia, se presenta como una antropología paliativa capaz de aminorar que no de erradicar los efectos de la construcción simultánea y composición bilateral del hombre. La visión integradora del hombre es importante. En la dialéctica salvífica e histórica de Dios todo está unido y mezclado en el hombre y en la Iglesia como el trigo y la cizaña hasta el día final. Esperar a que termine el tiempo de juego para que la situación y la victoria sean elevadas a definitivas. Desarrollar al hombre sano y justificarlo. Sobre el tema del tiempo y la escatología volveremos más tarde en este desarrollo antropológico de la Reforma.

Ante esta situación inamovible, cabe pensar que la fe y la justificación son una antropología compensatoria en el hombre. Hay que luchar contra el pecado y sus derivaciones en el egoísmo, en el desamor, que está ahí antropológicamente vivo y manifestado, aceptando que el Nuevo Testamento hable de la muerte histórica del pecado en la muerte de Jesús. La fuerza y el triunfo de la fe y de la gracia en el bautizado es superior al pecado que está sometido, pero agazapado. La lucha y la victoria es diaria aunque su plenitud sea al final. Todo esto no priva de realismo, de sinceridad y de autenticidad a la fe, a las virtudes, a los sacramentos, pues no son ninguna farsa ineficaz en la representación aparente de la historia de la salvación. Se podría hablar de una verdadera antropología cristiana de la mediación en la que el protestantismo no cree. Toda la estructura mediadora de la Iglesia es inútil, pues la justificación o la salvación del hombre no viene por cauces o instrumentos objetivos, sino solo simbólicos y referenciales. El esfuerzo moral, la consecución del bien sería una religión o cristianismo inútil según un sistema convencional. Sin embargo, existe una ética protestante en pos de valores morales tanto individuales como colectivos o comunitarios.

8.1. Justificación y antropología del resto

El concepto y el tema de la justificación llevan consigo una gran carga antropológica, pues se trata de entender las relaciones entre el hombre y Dios. ¿Quién justifica al hombre? ¿Quién autentifica la esencia del hombre si no Dios? El pecado distorsionó dichas relaciones y fue una destrucción antropológica que hay que recomponer, reformar. El pecado es y será siempre lo que aleja al hombre de Dios. El pecado es visto como alejamiento y distancia de Dios. La justificación, por el contrario, restablece la unión entre el hombre y Dios, superando la separación. La antropología cristiana de Lutero va a consistir en explicar cómo el hombre encuentra, de nuevo, el reconocimiento de Dios. En definitiva, toda la teología de Lutero es una lectura antropológica de la Biblia, en especial de San Pablo. Dentro del concepto global de justificación protestante en su vertiente antropológica comprende también el concepto de Dios, del hombre y del mundo. Lutero admite una duplicidad en la aproximación al concepto de hombre según las fuentes, ya sean de la filosofía o de la teología, pero en jerarquía y complementariedad, pues la teología o la fe es la plenitud de la razón y de la verdad. Un solo hombre y dos métodos que tampoco tienen que estar separados como si la filosofía se ocupase del hombre terrenal y la teología del hombre celestial o sobrenatural. Volvemos a la metodología circular: la filosofía alimenta a la teología y esta reconoce las competencias de la filosofía para definir al hombre como sustancia racional. Mientras, tanto, la teología reconoce en el hombre una imagen de Dios, una relación especial con Dios. No se puede decir que Lutero vaya en contra de Santo Tomás o de Aristóteles como han insinuado algunos estudiosos, ni que no tenga una ontología de la persona de acuerdo con el contexto cristiano. Se hace receptor del concepto tradicional del hombre como esencia racional, pero también acusa las limitaciones de la definición de hombre desde la filosofía, reconociendo que, si no fuese por la teología, no sabríamos nada del hombre. El hombre es "algo divino" y esto es una diferencia esencial con el resto de las cosas que la filosofía o la razón nunca llegaría a descubrir dicha dimensión. Aplicando el esquema de la causalidad de Aristóteles, tenemos las cuatro causas referidas al hombre: la causa material estaría en el cuerpo, la causa eficiente sería Dios como Creador, la causa final consistiría en la paz como salida de esta vida y, finalmente, la causa formal se situaría en el alma como forma del cuerpo. Esta es la antropología filosófica que se limita a explicar la vida terrena del hombre. Si las cuatro causas (de Aristóteles) dividen al hombre en cuatro elementos, desde el punto de vista de las fuentes teológicas el hombre es una totalidad y unidad dando como resultado, que el hombre es creado por Dios, está formado por la unidad cuerpo y alma, que fue creado a su imagen y semejanza sin el pecado, lo que demuestra que la semejanza o igualdad con Dios no es a través de la razón, sino en aquella relación con Dios que no fue contaminada ni afectada por el pecado original. Aquí llega una de las afirmaciones más esenciales de la antropología de Lutero: a pesar de las capacidades y competencias recibidas de Dios y dañadas por el pecado, el hombre ya no puede levantarse ni justificarse por sí mismo necesitando siempre la ayuda de Dios. La fuerza del pecado y de la muerte no la puede superar el hombre por sí mismo. Solamente la fe en Cristo Jesús libera al hombre de dicha situación. Esta respuesta o planeamiento participa tanto de las ideas de la Edad Media como de las del humanismo renacentista. Después del pecado, el hombre no conserva restos o partes neutrales o capacidades intactas por lo que el hombre pudiera elegir libremente entre el bien y el mal. El pecado ha determinado al hombre y le domina completamente. El Espíritu Santo y el evangelio son una llamada, una iluminación para recuperar la relación de confianza y credibilidad entre Dios y el hombre. Dicho encuentro tiene lugar en Cristo Jesús. El no-poder del hombre se enfrenta con el poder, querer y actuar de Dios. Por el pecado, el hombre no ha perdido la "capacidad pasiva" y puede ser activada por el Espíritu Santo que le puede alcanzar, renovar y completar o perfeccionar. El hombre no está del todo perdido y conserva un resto, un anclaje, una raíz. Por otra parte, tampoco hay que situar el pecado o el mal como la esencia exclusiva del hombre.

El concepto de fe en Lutero no tiene un sentido objetivo, intelectual o racional, sino antropológico. La fe que justifica no se identifica con creer o aceptar una verdad que todavía no se comprende, sino que consiste en un encuentro personal con Dios que se presenta fiable y que despierta en nosotros esa credibilidad. Dios viene al encuentro de los pecadores en Jesucristo por medio del Espíritu Santo. Pero la cuestión principal sigue siendo cómo entró el pecado en una naturaleza salida de las manos de Dios en estado de bondad. Cómo pudo el pecado irrumpir en una situación o en un estado de bondad original del hombre. La respuesta de que fue el demonio quien tentó al hombre no soluciona el problema, sino que le aplaza, pues había que preguntare qué poder tiene el demonio frente a Dios.

La repuesta pasa necesariamente por la existencia y la definición de la libertad en esos primeros momentos de la humanidad. No hay otro origen del pecado que la libertad. Dios no es la causa del pecado, sino la voluntad del hombre. El pecado no pertenece a la naturaleza creada del hombre o de la libertad, sino a un mal uso de ella. Dios no impide este mal uso ni lo hace imposible. La libertad fue creada para hacer el bien, cumplir la voluntad de Dios y vivir en alianza con Él, pero Dios no hizo imposible separarse de Él y desobedecerle. La perfección del hombre incluía la libertad como posibilidad y riesgo. Esta falta de imposibilidad o la posibilidad de alejarse de Dios libremente, es el precio de la misma libertad. Se puede preguntar qué fue primero, si el pecado es consecuencia del alejamiento de Dios o si el alejamiento de Dios por parte del hombre fue consecuencia del pecado. La colocación de los términos no parece alterar el contenido y resultado de la fórmula de la relación entre el pecado y la libertad y su sentido teológico.

8.2. Ontología personalista

En medio de estas preocupaciones teológicas sobre la fe, sobre la gracia, la salvación y la justificación del hombre podemos preguntarnos si hay lugar para una antropología de consistencia metafísica previa a las proposiciones teológicas en Lutero. ¿Cómo se constituye el hombre? Y sin embargo, toda esta información sobre el origen del pecado, el comportamiento de la libertad primera tiene consecuencias antropológicas netas. Nos referimos a cómo puede contribuir la teología de Lutero a la formación del concepto de persona en el cristianismo de su tiempo. El alejamiento de la noción de fe como algo objetivo y exclusivo de la razón, se sustituye por un planteamiento más personal de relación con Dios. La palabra y los sacramentos (formando ambos la noción de evangelio) son la mediación o el instrumento con que el Espíritu Santo se comunica con el creyente. Ambos procesos (oír la palabra y entender el signo) son acciones interpersonales y de comunicación entre Dios y el hombre. La fe llega por la audición de la palabra de Dios lo que significa una "sintonía personal" del hombre con Dios que es capaz de entenderla. Nada se cree si no se entiende y nada se entiende si no se oye. Los dones del Espíritu (mediante la palabra y los sacramentos) son vistos como una comunicación interior. Para Lutero no son la entrega o el resultado de una autoridad, de un oficio, de una potestad, de un mandato o jerarquía mediadora, sino la relación de ambas interioridades, la de Dios y la del hombre. No son los poderes de la Iglesia como vicarios o representantes del Espíritu Santo, sino la fuerza o acción inmediata del mismo Espíritu que penetra y transforma la interioridad humana. Un poder del Espíritu que no está disponible para los hombres o, como diríamos hoy, es intransferible. La verdad del espíritu se hace una con la verdad del hombre interior formando parte de su autoconciencia y así se constituye la persona. Este Espíritu transforma nuestro conocer, nuestro querer y nuestro poder creando un hombre nuevo. La acción y la fuerza del Espíritu constituyen la justificación del hombre que no viene de sus obras, sino de su relación con Él. ¿Quiere esto decir que las obras del hombre, el esfuerzo moral, el compromiso y el bien, la libertad, la renuncia, van a ser ineficaces o indiferentes para la salvación? ¿La programación antropológica y personal no lleva consigo una programación moral del hombre frente a Dios? La acción directa del Espíritu en la justificación no niega todo esto, pero lo atribuye o lo denomina como frutos del Espíritu y no resultado de la pura estrategia humana, pues ya queda apuntada la incapacidad, la debilidad y la impotencia de la naturaleza del hombre después del pecado. Las proposiciones soteriológicas tienen consecuencias antropológicas y la justificación por la fe es una definición teológica del hombre y no solo una definición del cristiano.

Decir "creo en Dios" significa que me constituyo como hombre y como persona en la relación con El. De todo lo dicho hasta ahora, emerge el modelo estructural de la persona en la teología de Lutero, a saber, que el hombre se constituye como tal en su capacidad de relación con Dios. Esta estructura de la persona se determina, se realiza y se desarrolla solo en la relación con Dios y con los demás hombres. En este contexto se preguntan los autores dónde reside la identidad del hombre en su relación con Dos y dónde se decide el vivir según la carne o según el espíritu, ser carnal o espiritual. Ese lugar u horizonte se produce más allá de la razón y se puede denominar conciencia, corazón o voluntad que no indican una determinada potencia que emita actos aquí y allá, sino un movimiento y encuentro fundamental del hombre con Dios anterior a cualquier actuación y que condiciona cualquier decisión. Es, igualmente, una dependencia afectiva del hombre con relación a Dios que se puede llamar amor condicionado por el amor de Dios que indica, indudablemente, un conflicto o tensión entre el amor de Dios y el amor a sí mismo. Con todo ello queda esclarecido el centro de la persona como carácter relacional. La esencia del hombre es la tendencia y la aspiración a Dios, dependiendo de Él y condicionado por su amor. Esto nos lleva a entender la persona como una "pasión" y una "respuesta" ante Dios, pues el hombre se constituye como "oyente" de la palabra y receptor del amor de Dios. La esencia de la personalidad del hombre es su "reacción" ante Dios. Con ello se indica no solo el carácter de oyente, sino también el elemento "dinámico" de la fe y de la relación. Resumiendo, la persona para Lutero tiene un carácter relacional y un carácter de respuesta del hombre frente a Dios unido a la dinamicidad de la fe.

8.3. Escatología y protología como tensión antropológica

Escatología y temporalidad son otras dos dimensiones de la antropología de la Reforma. Queremos seguir siendo respetuosos con la síntesis teológica de Lutero sin entrar en controversias, sabiendo el cambio que ha tenido lugar en el juicio y la visión de la Reforma protestante desde las filas católicas. Dicho giro hay que situarlo a mediados del siglo XX a raíz de la obra del profesor alemán Joseph Lortz publicada en 1939. No vamos a pasarnos al otro extremo del "Lutero católico" aunque no resulta difícil entender el bien que el mismo Lutero hizo por la reforma (que era necesaria) de la Iglesia. El catolicismo que Lutero criticó y derrumbó no era auténtico catolicismo. La cizaña no era trigo y la Iglesia corrompida no era Iglesia. Por tanto, Lutero luchó contra la no-Iglesia. Su energía de carácter y convicciones, la forma en que fue tratado, la falta de sensibilidad pastoral en los superiores de entonces terminaron en una rebeldía y separación o ruptura. Se había llegado a unos extremos de relajación y abusos inadmisibles. Otros hicieron la renovación más discretamente, más calladamente. Lutero explotó de manera más llamativa, rebelde y revolucionaria, pero eso no impide aceptar la legitimidad de sus objetivos e intenciones. Todas las proposiciones teológicas de Lutero tienen una intencionalidad fenomenológica y terminal cuyo sentido y cumplimiento tendrá lugar en la escatología, al final de la historia. Pero hasta entonces existe el tiempo y la sucesión histórica. La salvación y la gracia tienen un entonces, un ahora y un todavía no... Esta dialéctica desencadena otro proceso revolucionario en la antropología luterana que merece ser estudiado. El tiempo y el final, lo provisional, lo intermedio y lo definitivo como condiciones de la teoría de la justificación. En realidad, tiempo y escatología son las dos dimensiones de todo mensaje cristiano de la gracia, de la salvación, de la liberación, de la esperanza que se convierte en espera temporal. Todo ello rodeado de una impostación cristológica, pues Cristo es la síntesis de lo temporal y de lo final en el mundo. En Jesucristo hay un proyecto de salvación ya realizado, sucedido y cumplido, pero también hay una programación o promesa de la salvación futura que se está realizando, complementando y, finalmente, nos espera su plenitud.

La teoría escatológica de Lutero depende de la Biblia como única fuente de denominación. Pero allí se habla de una "escatología inminente" mientras que ahora tenemos una "escatología inmanente" a la Iglesia que contempla ya la "escatología trascendente" o final. En definitiva, existe una escatología permanente o una tensión permanente entre lo temporal y definitivo. Todas estas diferencias en el tiempo no rompen la unidad del concepto de justificación en Lutero de tal modo que se puede hablar de una justificación presencial aunque oculta. En resumen, el hombre, la libertad, la salvación, son, a la vez, actuales o completas y futuras o sin terminar. Eso sucede en toda la creación y no solo al hombre. Por eso podemos hablar de antropología creadora. No sabemos si esto es trasladar a la teología una estructura dialéctica y existencial de la antropología o es transferir al hombre la estructura dialéctica de la salvación extendida entre escatología y actualidad. Es la gran coincidencia de los niveles antropológico y teológico en Lutero. El concepto de escatología es la mayor concentración de razones y argumentos para ambas partes de su pensamiento como son la dimensión actual del futuro y la dimensión futura de la actualidad del hombre sobre la tierra. El hombre cristiano es la realización presente de la escatología final, anticipación en el tiempo de la situación definitiva. Esta es la grandeza de este capítulo. Como imagen y semejanza de Dios, el hombre tiene, en medio de esta tensión, tres funciones principales: 1º en unión con sus semejantes, dirigir y dominar el mundo; 2º obedecer los mandamientos divinos y 3º recibir al final de los tiempos la plenitud de su ser. El primer aspecto y el segundo parecen contra-escatológicos, pues indican la preocupación por el mundo frente a la indiferencia demostrada por la escatología inminente de los primeros cristianos y representada hoy por el catolicismo con la escatología inmanente. La existencia humana es el encargo de continuar la creación que adquiere la categoría de "mandamiento" de Dios. La tercera fase parece la más escatológica, es decir, el hombre está destinado a recibir su plenitud al llegar el final de los tiempos porque es criatura e imagen de Dios. Nada de la salvación y de la justificación, pues, queda fuera de la antropología y, a la vez, el hombre incluye todo esa planificación de la historia. El hombre es esa línea de continuidad que va desde la protología hasta la escatología y que constituye el soporte del tiempo y de la temporalidad cristiana que llega hasta la inmortalidad con el grito de nunca moriremos. Hasta entonces, el hombre no estará totalmente concluido, ultimado y determinado o definido. El hombre está destinado a la inmortalidad, pero no como meta añadida, como premio, como prórroga a esta vida, sino como esencia original y determinante que llamamos protología. Lo último es lo primero.

La condición inmortal del hombre se apoya en su cualidad de interlocutor de Dios. Aquel con quien Dios habla tiene que ser inmortal, dice Lutero. Esta vocación del hombre a la inmortalidad se apoya en la dimensión del Dios que habla. La antropología escatológica encuentra en la esencia dialogante y comunicativa de Dios, que lo es de vivos y no de muertos, su mayor fuerza y argumento. La enseñanza de Lutero sobre Dios es el fundamento de la escatología cristiana. El hombre está preparado protológicamente (desde el principio) para el final trascendente y no es una consecuencia del tiempo que se alarga y avanza hasta la inmortalidad. La pertenencia a Dios (Gottzugehörigkeit) del hombre no termina nunca, no se interrumpe nunca. Si Dios, si la palabra de Dios, si la revelación de Dios es eterna, eterna será también la criatura que la oye, que la recibe, que la responde. Lo primero que dice Dios cuando habla es tu serás eterno. La inmortalidad del hombre está implícita en cada palabra de Dios. En definitiva, la escatología no es más que completar lo que arranca y existe desde el principio. Lo último ya está escrito en lo primero desde el comienzo de la creación. Pero la entrega, la apertura y la manifestación del regalo no se harán hasta el final de los tiempos lo que consiste en ese descubrimiento, en esa apertura o revelación última de la condición humana que el pecado ha velado y oscurecido. El tiempo de salvación se convierte en la eternidad oculta. Todo ello se comprende mediante el análisis de la "imagen de Dios" que se confunde con el análisis cristológico para formar la mayor síntesis antropológica del cristianismo de todos los tiempos. Cristo es el verdadero "eschaton" o estado final del mundo y del hombre donde estamos comprendidas todas las demás ultimidades. Cristo es el primero y el último, alfa y omega, principio y fin de todas las cosas. En Cristo Jesús el tiempo sucesivo se funde, se confunde, se construye y se destruye a la vez. En Él todo es presente, un instante, eterno.

Contrariamente a lo que se puede pensar, la escatología no relega ni aplaza ni suspende la actividad religiosa del hombre que se limitaría a esperar el final con los brazos cruzados. La salvación última y definitiva desencadena un dinamismo interno, religioso, moral y transformador del hombre y del mundo. La escatología, en su fase definitiva, es renovación del mundo. Como hemos dicho, salvación, historia, escatología no se entienden sin Cristo que es el camino que recorre dicha historia desde el comienzo al final. La persona y la obra de Cristo comprenden toda la renovación aludida. Hay que unir escatología con cristología. Creación, caída, encarnación y renovación final son las edades de dicha historia. Cristo es la mayor renovación antropológica, pues en Él se hacen uno el Creador y la criatura. Todo el futuro, todo el esplendor de la parusía se ha hecho presente en Cristo Jesús, en su cruz, en su muerte y resurrección. Esta antropología dialéctica por la cual Cristo representa un duelo entre poderes se concreta en que Jesús es la liberación total completa y El se convierte en pecado del pecado, muerte de la muerte, diablo de los diablos, esclavo de la esclavitud para vencerlos a todos. La escatología es la liberación final y el triunfo total de Jesús sobre la muerte y en cuya victoria nos ha asumido a todos los hombres. La fe es la participación de los hombres en dicho triunfo.

8.4. Sentido antropológico y cristológico del tiempo

Recordando la idea de San Agustín en *La Ciudad de Dios* "nosotros somos tiempo, lo que nosotros somos eso son los tiempo" Lutero retoma el tema de la temporalidad del hombre no como escenario de la redención, sino como constitución fundamental del hombre y por tanto de la salvación. El hombre no vive en el tiempo, sino que es tiempo vivo. Dentro de la antropología luterana cobra sentido y trascendencia el tema del tiempo y de la historicidad del hombre y de la salvación. Si la teoría escatológica es una teología, el tema del tiempo es una escatología filosófica que alcanza las mismas dimensiones de totalidad y globalidad. La creación, la encarnación, la salvación, la libertad, la recuperación y asunción final del mundo, todo es temporal, es decir, presente y sucesivo a la vez. Se da la gran dialéctica de que la salvación es temporal, pero a la vez es eterna. Es pasada porque se realizó, es presente porque se sigue realizando y es futura porque se plenificará y se completará. Es completa e incompleta a la vez. ¿Qué añade el tiempo a la esencia del hombre, de la gracia y de la salvación? ¿Frivolizamos, fingimos, engañamos o simulamos cuando hablamos de la historicidad del hombre y de su redención? Si todo está realizado y sucedido no podemos hablar de tiempo y salud venidera, del que vendrá al final de los tiempos, no podremos añadir nada y la intervención de la Iglesia no cambiará el curso de la historia y de los acontecimientos. Los hombres, los creyentes, la palabra y los sacramentos en la Liturgia se limitarán a "recordar" (memorial) lo sucedido, a aplicar lo conseguido por Cristo Jesús, pero no aportarán nada creativo, productivo o reproductivo. La historicidad del evangelio, del cristianismo ¿pertenece a la metafísica o esencia real de la gracia o es una representación vacía de contenido, una entrega en tres tiempos o una grabación sin valor ni tiempo real? Dependiendo del concepto de tiempo en el cristianismo, el hombre se convierte en testigo pasivo solamente o en actor, colaborador o partícipe de la historificación o distribución de la gracia. Si no queremos que la gracia y la libertad sean un sueño, tiene que intervenir el tiempo constructivo. No existen, por otra parte, dos procesos históricos paralelos, historia o tiempo pagano por una parte e historia cristiana de la salvación por otra. Este es el momento y el punto de encuentro y convergencia de "ambas" historicidades. La misma historia pagana es la historia cristiana porque Cristo también transforma y da sentido a la única historia, al único tiempo existente. No se trata de que la salvación se realice en la historia, sino que la historia misma es salvación. Lo religioso y lo histórico coinciden en el tiempo. La representación lineal de la historia tiene a Cristo como origen y destino de la misma.

Finalmente, la antropología protestante del tiempo encuentra su sentido y culminación en Cristo en cuya relación se han centrado los estudios de Oscar Cullmann, (1902–1999) principalmente en su obra titulada "Cristo y el tiempo" escrita en 1945 y publicado entre nosotros en el año 1968. Es la concepción cristiana del tiempo en la Iglesia primitiva. En la antropología cristiana del protestantismo, escatología, tiempo y cristología son inseparables. A la teoría de Cullmann se le ha llamado "cristología funcional" aludiendo a la posición central que ocupa Cristo en la comprensión del tiempo y de la historia de la salvación. Porque no hay un tiempo no-cristiano y otro cristiano. La creación y la salvación son únicas en el único tiempo existente que es Cristo. Es el tiempo "kairos" frente al tiempo "kronos". Podríamos preguntar lo que San Agustín preguntaba a sus adversarios ¿dónde estaba Cristo "antes" del tempo? Estaba en su tiempo, pues Él es el tiempo. En el Nuevo Testamento, entre los discípulos de Jesús, no se tiene esa preocupación por el futuro, pues no va a ser muy largo en sentido cronológico, sino que la duración se traslada al sentimiento de espera y de urgencia de que vuelva en la parusía. Ahí se confunden los dos tiempos. El tiempo "material" no les importa como base y soporte de la venida. La proximidad no se medía en términos de "cronos", sino en términos de "experiencia" de testimonio y de resonancia de las promesas. En ellas se asienta toda la noción de "futuro" que tienen los primeros cristianos.

8.5. Antropología existencialista

A partir de estos supuestos teológicos, que parecen lejanos al devenir diario de la realidad humana, podemos elaborar una verdadera conversión o interiorización

Antropología simultánea, paliativa y compensatoria

psicológica de la teoría de la salvación en el protestantismo. Antropología existencialista. Teología básica y espiritualidad aplicada. Si el hombre, su destino y su libertad están cerrados, decididos, fijados o inamovibles, si el futuro del hombre ya está determinado (salvado o condenado) ¿qué sentido tiene la teoría de la libertad cristiana, del esfuerzo, de la esperanza, de la redención y perfección, de la creatividad, innovación o manifestación moral, de la búsqueda y fijación de los valores, de la eticidad, de la honestidad? Por el contrario, si estamos condenados ya previamente, es igualmente inútil la acción salvadora y liberadora. En esta tormenta interior se debatía personalmente el mismo Lutero a lo largo de su vida tanto religiosa como ya exclaustrado. El miedo a la condenación. El sentido del mensaje antropológico cambia no solo en el plano individual de la conciencia moral, sino también en el orden social de la convivencia y de la acción comunitaria. La situación o la conciencia de los pobres será más desesperada en esta antropología de la incertidumbre. Diferentes autores (Paul Tillich por el lado protestante o Leonardo Boff por parte católica) han querido trasladar las consecuencias civilizadoras o misioneras de ambos planteamientos teológicos en el Tercer Mundo bajo la conocida fórmula de la teología de la liberación. Una determinada antropología cambia el sentido de la cultura y la jerarquía de valores en el mundo. Según las bases del pensamiento, que aquí analizamos, los hombres ya estamos divididos o separados en el orden de la salvación. La separación nominal entre justificación y salvación unida a la permanente experiencia de la concupiscencia y demás pasiones en el hombre (que Lutero considera plenamente pecados) hacen que la vida del creyente sea una auténtica tragedia sabiendo que su situación pende de la "sola fide", de la "sola gratia". En toda piedad y espiritualidad cristiana hay un poco de psicoanálisis sin querer convertir la religión en una alienación psicológica. Pero el "simul justus et pecador" pesa en el entorno psicológico de la conciencia individual. Por lo demás, la pertenencia a la Iglesia no es ninguna garantía y el aval de la salvación no se encuentra en las leyes o en los ritos externos, sino en la incertidumbre de la gracia invisible. La Iglesia se esfuerza por ofrecer signos visibles de salvación y tranquilidad en el ejercicio de los sacramentos. Por ello, la credibilidad y confianza en Dios es fundamental para definir la personalidad religiosa ofrecida por el protestantismo. El problema no consiste en la situación ya comprometida, sino en la duda y conocimiento de dicha condición cerrada. No sabemos, no conocemos de antemano la movilidad final, la adscripción definitiva, la antropología de la ultimidad. De ahí la filosofía de la angustia y de la preocupación que han desarrollado autores de la Ilustración y de la fenomenología como Heidegger, Jaspers, Nietzsche, Kierkegaard. Ser en el mundo es ser en la angustia. Existir es preocuparse. Podríamos hablar aquí de un conflicto entre determinismo cristiano y libertad. Si todo está ya predeterminado ¿para qué la libertad cristiana? Si el futuro del hombre está ya cerrado y decidido, no hay lugar para la lucha y la esperanza. Por ello, el tiempo y la historia se convierten en un problema de lectura e interpretación teológica porque la salvación es verdadera historia.

9

Antropología política de Martín Lutero

La reforma de Lutero es un conflicto religioso, pero también político dentro y fuera de la Iglesia. Se alude siempre a la ruptura, con él, de la unidad religiosa y política de toda Europa. Para algunos, así comienza la modernidad histórica y cultural. Otros ponen el acento en la escisión entre fe y política. La imagen del hombre, de la libertad, de la salvación, de la fe, decide una determinada forma de entender la sociedad. La religión crea una lógica en la política. A eso hay que añadir la forma de ejercer el poder dentro de la misma Iglesia. Jesús vino a servir y nos hemos encontrado con una Iglesia que manda. El comienzo de la reforma impulsada por Lutero está en la denuncia primero y la lucha después contra los abusos del papado y del poder en la Iglesia. La reformación iba dirigida a la religión, pero también a la política. Este paso cultural y teológico es muy difícil de justificar en esta y en muchas otras cuestiones, como hemos visto. En ello reside, podríamos decir, la diferencia entre el llamado protestantismo y catolicismo. Lutero no va contra la unidad de Europa, sino contra la suma territorial de reinos y naciones que formaban dicha unidad, abogando por una mayor unidad espiritual del continente. La preocupación por la unidad del Estado se convierte en potenciar los Estados de la unidad. Queremos dejar muy claro que Lutero no era un político ni intervenía en política aunque de sus posiciones religiosas se extrajesen conclusiones políticas y se haya politizado, ayer y hoy, el mensaje cristiano propiciado por él y nacido de su profunda condición de creyente en el evangelio. El mismo proceso contra él fue ya muy politizado interviniendo los parlamentos y los príncipes alemanes a solicitud del Papa. Los estudiosos de la doctrina política de Lutero se han centrado en su famosa teoría de "los dos reinos" que prolonga el dualismo del agustinismo político de *La Ciudad de Dios*, poder mundano y poder espiritual que se confundían en la Iglesia de entonces.

9.1. Política y religión

El corazón de la antropología política de Lutero es desentrañar la relación entre religión y política, entre evangelio y las leyes humanas o el poder civil, criticando la conversión o consideración del evangelio directamente como una ley sin la mediación de la libertad, de la gracia y de la conciencia del individuo.

En medio de ello está la presencia de la Iglesia como sociedad de creyentes, pero también como ciudadanos libres. Cuando la fuerza del Evangelio se une a la potestad temporal de la Iglesia se produce una confusión, un uso y abuso de la conciencia que lleva a la mezcla de intereses espirituales y temporales como sucedía en el tema de las Bulas y de las Indulgencias. No se puede capitalizar el poder espiritual. La Jerarquía Católica se parapeta en el evangelio para hacer valer su poder o autoridad y exigir sometimiento, obediencia, sumisión de la conciencia, o de las personas, convirtiendo la fuerza del evangelio o del Espíritu en mandato y poder temporal. La historia de la Iglesia es la historia de la confusión e interferencia de ambas fuentes de autoridad y se ordena "en nombre de Dios" o en nombre del evangelio aquello que no es más que intereses y, a veces, caprichos de las personas que encarnan o ejercen la autoridad en la Iglesia. Muchas veces, el compromiso (o el voto) de obediencia se utiliza como burladero y cobertura para dar rienda suelta a sentimientos de venganza, pasiones, celos o enemistades personales. No se diferencia lo que es la persona-pasión de lo que es el oficio (Amt) o encargo en la comunidad y se transfieren poderes de una a otra dimensión. El tema de la obediencia, tanto en la Iglesia como en la sociedad, le preocupó mucho a Lutero. En definitiva, Lutero observó mucha motivación política y muchos intereses temporales en los hombres de Iglesia. Algunos mandatarios en la Iglesia y en la sociedad no distinguen entre el poder como gusto y sentimiento del poder como responsabilidad, pues lo sitúan en la línea de la promoción del yo personal en vez de la propuesta de servicio a la comunidad y de renuncia. Este es el mayor error y equívoco en la Iglesia de Jesucristo, confundir poder espiritual con poder temporal diluyendo uno en el otro. Se utiliza y se instrumentaliza el poder espiritual para asuntos y fines materiales o institucionales. Si al menos se apelase al noble principio de defender el honor de Dios. En ese sentido, la reforma luterana y su explicación del poder es el comienzo de la modernidad cultural y europea. Goethe reconoce que por la Reforma se liberó el espíritu occidental. La contribución de la Reforma a la llegada de la modernidad es innegable y todavía no está reconocida. Supone la búsqueda de un nuevo modelo de cristianismo. Significa una emancipación de la cultura europea de patrones tradicionales. Sabemos que la mirada y el análisis de Lutero partían de la Biblia. Su interpretación podían coincidir o no con la tradición eclesiástica o con las diferentes manifestaciones históricas del cristianismo. A él eso no le preocupaba. Tenía una visión muy clara de los errores cometidos por el cristianismo, en este caso, el poder político del Papado que se había separado de las pautas de comportamiento vigentes en la primitiva comunidad cristiana. La Iglesia real no era la Iglesia ideal de Jesús (edificaré mi iglesia) en los evangelios. Si la religión ha instrumentalizado la política, también los políticos han utilizado a la religión para sus fines.

9.2. Reforma y ética política

Sin rebajar la primacía de la reforma teológica o eclesial de Lutero, hay que admitir que ella es también una reforma política, una nueva visión de la sociedad, de la interpretación del poder y de las relaciones entre fe y temporalidad en el creyente. Así se manifiesta claramente el vínculo cultural entre una antropología cristiana y la teología fundamental. Convengamos en que una reforma (la político-jurídica) es consecuencia de la otra (teológica-eclesial) y que no hay discontinuidad. Ambas forman parte del mismo proyecto aunque Lutero no se planteara elaborar o emprender una reforma política. A ello se llega mediante una reflexión teológica de los procesos sociales que tienen que ver con el Imperio, el Papado y los campesinos de entonces. Entendemos por antropología política de Lutero o una reforma política, la nueva visión de la sociedad nacida de esa reflexión teológica y doctrinal. Ella comprende una idea diferente de la libertad y de la democracia en la Iglesia y fuera de ella. Nuevo concepto de las relaciones institucionales entre la Iglesia y la sociedad civil. Reforzar la existencia y exigencia jurídica de los derechos fundamentales del hombre. Revisar los sistemas de producción, desarrollar y aplicar una nueva ética del capitalismo. Ajustar los sistemas de gestión y burocracia del Estado. Perfeccionar los sistemas de participación democrática para una mayor presencia del ciudadano en ellos. Con todos estos postulados se satisface las exigencias de una nueva clase social emergente. Ha comenzado la modernidad. Muchos autores alemanes actuales (M. Weber, por ejemplo) son seguidores de esa nueva cultura política inspirada en la Reforma luterana.

Como punto central de esta reforma política se fija Lutero en el problema de toda sociedad, es decir, las relaciones entre autoridad y obediencia que constituyen el orden social. También esto viene recogido por la modernidad posterior en autores como Locke, Hobbes, Rousseau, o Hegel que se preocupan por la convivencia entre legitimidad de la libertad y de la ley. Lutero es un reformador, pero no un revolucionario. Sin leyes no puede haber sociedad. ¿Cómo trata él este problema de la obediencia y de la resistencia civil? Porque una visión carismática o pentecostal de la Iglesia dirigida por el Espíritu no lleva consigo una ausencia de jerarquía y organización. ¿Cómo fundamenta y justifica Lutero ante sus seguidores la obediencia a la autoridad civil? ¿Cómo es cada ciudadano responsable de su libertad y de su obediencia? Es la teoría de los dos reinos, de los dos regímenes, de las dos potestades, de lo temporal y espiritual en alusión a 1 P. 213-17. No se puede negar una gran influencia de las ideas de Lutero en la política, pero como pensador y no como activista o agitador social. Su mensaje, aunque vaya dirigido a diferentes clases sociales (nobleza, clero o campesinos) tiene siempre un sentido moral. El pensamiento de Lutero se ha instrumentalizado en direcciones opuestas. Mientras que para unos es el antecesor del nacionalismo alemán para otros es el inspirador del espíritu revolucionario. Lo que sí supuso la obra de Lutero fue una escisión en la sociedad europea dominada hasta entonces por el catolicismo. Sin embargo, él opina que la Iglesia ha estado prisionera como lo estuvieron los israelitas en la cautividad de Babilonia y ahora se necesita una Iglesia libre que se ocupe de sus asuntos y se centre en su misión que no es dirigir la guerra contra los turcos de fuera, sino contra el turco que todos llevamos dentro. El tema de los dos reinos no va más allá de señalar la libertad y dedicación de la Iglesia y del Estado a sus competencias propias. El problema se plantea no allí donde los creyentes deban obedecer a la Iglesia y los no creyentes a las autoridades políticas o temporales, sino cuando los creyentes (los romanistas) quieren imponer sus exigencias morales, sus valores, sus convicciones a todos los ciudadanos convirtiendo los mandamientos en mandatos o leyes. A la vez, apoyados en la libertad de conciencia, los cristianos podrán desobedecer y oponerse a las leyes civiles por exigencias de esa libertad y de esa conciencia. Esto sucede cuando los gobernantes invaden competencias de la Iglesia y legislan en contra en asuntos como familia, propiedad, dignidad, economía. La legitimidad de una moral universal lleva a intercambiar obediencias y rebeldías de unos contra otros. La distinción de los dos reinos (Zweireichelehre) no parece plantear grandes dificultades. El problema reside en la subordinación de uno a otro en sus relaciones mutuas. Obediencia civil y ética social son los dos grandes temas de lo que hemos llamado reforma política de Lutero. Si este problema afecta a los súbditos mucho más afectará a los gobernantes que también deben atender al honor y al temor de Dios, obedecer a su conciencia y creencias. La gracia y el derecho, la moral y la política en la sociedad civil están ambos bajo la obediencia a Dios y no pueden confundirse, pero tampoco separarse. Ambas tienen que enconar el centro y el diálogo dando siempre la primacía a la gracia. Lo contrario conduce a la tiranía o al caos. El mundo, la sociedad, la riqueza, el orden, las leyes, todo está creada por Dios, pero tiene que "hacerlo" el hombre. La distinción entre lo santo y lo profano en la política no tiene mucho sentido para Lutero. Lo importante es que todo sea obra y gracia de Dios a la que tiene que servir la razón y la acción del hombre contando con la fragilidad y vulnerabilidad de todo lo creado, incluido el hombre. La figura del rey Salomón del Salmo 101 sirve de inspiración para Lutero.

HISTORIA DE LA ANTROPOLOGÍA CRISTIANA CONTEMPORÁNEA

Contenido:

1. Introducción
2. Antecedentes y precursores
    2.1. El cristianismo de la Ilustración
    2.2. Razón y religión en la Ilustración
3. Christian Wolff o la antropología perenne
4. Immanuel Kant y el impulso de la antropología contemporánea
    4.1. Cultura y moral en la antropología de Kant
    4.2. El trazado antropológico de Kant
5. La construcción del yo antropológico en Johan G. Fichte
    5.1. Antropología y religión en Fichte
    5.2. El proyecto moral y social en Fichte
6. Maurice Blondel y la antropología cultural cristiana
    6.1. La apologética inmanente como antropología
    6.2. La antropología cultural implícita en Blondel
    6.3. La antropología de la acción moral
    6.4. La opción alternativa y fundamental
7. La antropología como método en Max Weber
    7.1. Sociología antropológica
    7.2. Antropología religiosa y ética económica
8. El puesto del hombre y de la antropología en Max Scheler
    8.1. La antropología material de los valores
    8.2. Estructura moral del hombre
    8.3. Nivel absoluto de la antropología
    8.4. Del espíritu a la persona
    8.5. Metafísica y antropología de la libertad
    8.6. La fenomenología de la religión
9. Antropología cristiana en la cultura del siglo xx
10. La antropología personalista en Alemania
11. Martin Heidegger y la antropología
    11.1. El hombre arrojado en el mundo
    11.2. Esperar a Dios en Heidegger
12. Humanismo y cultura en Romano Guardini
    12.1. La persona según Guardini
    12.2. Libertad entre gracia y destino
    12.3. Antropología y democracia

13. Convergencia de la persona en Urs Von Balthasar
    13.1. El desplazamiento antropológico
    13.2. Persona y comunión
    13.3. La historia como "teodrama" y lógica cristiana (Cristo-lógica)
14. Antropología y teología dialéctica de Karl Barth
    14.1. Antropología de la crisis y de la soledad
15. Antropología y temporalidad cristiana en Oscar Cullmann
    15.1. Antropología del intermedio
    15.2. Enlaces antropológicos
16. La síntesis antropológica de Michael Schmaus
    16.1. Antropología de la proyección fenomenológica
    16.2. El acceso a la trascendencia
    16.3. El origen y el destino del hombre
    16.4. Nuevas posibilidades de la "imago Dei"
    16.5. El encaje cultural de la antropología cristiana
    16.6. Antropología multilateral y del diálogo
    16.7. Procesos de soberanía y liberación
    16.8. Recogida de elementos antropológicos y conclusiones
    16.9. Individualidad e inmortalidad
17. Antropología de la totalidad en Karl Rahner
    17.1. Antropología como economía de la salvación
    17.2. El punto de inflexión trascendental
    17.3. La libertad anticipada y categorial
    17.4. Hombre y naturaleza o el apetito cósmico
    17.5. Hominización y socialización
    17.6. La escatología presente y la antropología
18. La metafísica del personalismo cristiano
19. Emmanuel Mounier o el espíritu como persona
    19.1. Persona y comunidad como manifiesto antropológico
    19.2. La persona como vocación moral y política
20. Antropología integral de Jacques Maritain
    20.1. La persona como sobreexistencia
    20.2. Libertad de expansión
    20.3. Personalismo como propuesta social
21. Existencialismo y antropologiía en Gabriel Marcel
    21.1. El hombre como invocación
    21.2. Del hombre problema al hombre misterio
    21.3. El cuerpo como sede ontológica
    21.4. Muerte e inmortalidad en el amor
    21.5. Metafísica de la esperanza

22. Antropología hermenéutica de Paul Ricoeur
    22.1. La antropológica como confesión de identidad
    22.2. La libertad analógica y fenomenológica
    22.3. Ontología moral desproporcionada
    22.4. Hermenéutica del hecho religioso
    22.5. La política como experiencia histórica
    22.6. Constructivismo moral
23. La metafísica del personalismo en Maurice Nedoncelle
    23.1. La persona como intersubjetividad
    23.2. Génesis de la alteridad
    23.3. De la alteridad a la reciprocidad
    23.4. Del yo ideal al nosotros
    23.5. Del yo personal al yo Absoluto
    23.6. El amor como causalidad interpersonal
24. El retorno a la metafísica cristiana
    24.1. Antropología metafísica de Julián Marías
    24.2. El origen del hombre
    24.3. El hombre como persona
    24.4. La tensión dinámica
    24.5. Fenomenología de la vida
    24.6. La llegada del hombre
    24.7. Antropología analítica de estructura
    24.8. Las medidas del hombre
    24.9. Ser en el mundo: convergencia e interpretación
    24.10. Antropología del cuerpo
    24.11. Antropología disyuntiva y condición sexuada
    24.12. Racionalidad e interioridad
    24.13. Dios como futuro del hombre
    24.14. El amor como derivación antropológica
    24.15. Tiempo biográfico y temporalidad
    24.16. Muerte y mortalidad

1

Introducción

Como hemos podido ver a lo largo de nuestro ensayo histórico, la antropología cultural cristiana ha existido siempre, pues el diálogo razón y fe, religión y cultura, acompaña al hombre de todos los tiempos, y constituye la base donde se asienta su autocomprensión. Sin conciencia religiosa no hay idea del hombre en ningún ámbito cultural. Esta relación se ha hecho más intensa en la etapa conocida como modernidad que culmina en la Ilustración europea. A medida que avanzamos en el pensamiento contemporáneo se experimenta, por una parte, la extensión de la filosofía del sujeto y, por otra, la formalización de una ciencia llamada antropología centrada en el análisis multicultural del hombre. Estas dos dimensiones ayudan a la tarea de acercarse al problema del hombre hoy. Como decíamos al principio, el espíritu antropológico irrumpe y aflora con más fuerza en todo el pensamiento contemporáneo. Otros prefieren seguir referenciados a la modernidad pasada y hablan de una postmodernidad o pensadores hipermodernos. Para ellos, amortizadas las ideas de aquellos siglos, hay que continuar en la misma línea sin cambiar de registros en la razón. Y, sin embargo, aquí abogamos por una antropología cristiana diferencial que denominaremos personalismo cristiano contemporáneo, pues el personalismo como tal, como base metafísica de lo humano, ha existido siempre. Igualmente, el ateísmo moderno ha adoptado nuevas formas y ha reforzado su racionalidad siguiendo muchas veces una contraposición dialéctica al discurso sobre Dios, entrando en una vía negativa en vez de afirmativa. De ahí que se pueda hablar del drama del humanismo ateo. Las coordenadas culturales se van estrechando para la teología y el ángulo se va cerrando hasta la coincidencia en el tempo actual entre posición y relación, de tal manera que los mismo que estudian la teología hoy están inmersos, igualmente, en una cultura de hoy. Esta contemporaneidad se ha dado en todos los tiempos, aunque para nosotros resulten ya pasados. Se trata, simplemente, de repetir hoy la fórmula de antaño y de siempre.

2

Antecedentes y precursores

Ya hemos hecho alusión al paso de una ontología a una antropología como el suelo de la filosofía contemporánea. Del ser (metafísica) se pasa al ser del hombre (antropología). El personalismo cristiano contemporáneo va a unir ambas direcciones. Hablamos de antecedentes y precursores como de puentes para realizar el tránsito de una etapa cultural a otra. Esa modalidad cultural aludida con función mediadora entre razón y religión, creemos que la cumple la llamada Ilustración, principalmente, la que se produce en Alemania. El gran predecesor de la antropología actual es Emanuel Kant (1724–1804). Con su reduccionismo antropológico haciendo confluir en el hombre todo el diseño epistemólogico (¿qué puedo conocer?), toda la capacidad moral (¿qué debo hacer?), toda la proyección religiosa (¿qué me cabe esperar?), desembocando en la pregunta sobre el hombre (¿quién soy yo?) nos está indicando que al principio y al final de toda actividad filosófica de la razón está el hombre. El concibió la antropología como una nueva especialidad de la filosofía y así se lo hizo saber a los alumnos cuando comenzó el curso 1773 en su universidad. Conocimiento, religión y moral son las dimensiones del hombre contemporáneo. Su obra explícitamente dedicada al tema lleva consigo una aclaración muy pertinente, pues trata de esclarecer y ahondar en la antropología en su perspectiva dinámica. La antropología de Kant con la que consigue responder a la pregunta ¿quién soy yo? no pretende estudiar la esencia física o metafísica del hombre (eso corresponde a otras disciplinas), sino su actividad y compromiso moral como sujeto dotado de una libertad. La esencia del hombre es la libertad y lo que puede o debe hacer con ella. Esa sería la verdadera antropología kantiana dirigida, además, a una didáctica o educación (propedéutica) de la misma libertad. El hombre es una libertad en acción.

La cultura de la Ilustración está centrada en el hombre, en su razón o conocimiento y en su libertad o acción moral. Desde su metafísica aparentemente lejana y abstracta, Kant rescató al hombre como "cosa" que se rige solo por tendencias, instintos, sensaciones, apetencias, para situarlo en la razón como instrumento de la libertad. El impulso a la antropología es muy profundo y trascendente en la doble dimensión del conocimiento y de la moralidad. Es la razón la que señala a la libertad sus principios y sus fines o limitaciones, es decir, la libertad trabaja en el ámbito del imperativo categórico. Lo mismo sucede con el hombre social que tiene que compartir su libertad. En esto consiste la dignidad del hombre, en el derecho a la felicidad, llevar una vida autónoma, autorrealizarse, al tiempo que está dispuesto para ayudar a los demás en un altruismo amistoso, en lo que Kant llama el idilio de la pequeña burguesía. Con ello, no queda desmontada la religión ni la moral, ni demolida la fe cristiana del panorama ilustrado, sino fortalecida la esencia del hombre, el deísmo y la religión, la moral y el derecho natural. Todo esto es herencia cristiana.

2.1. El cristianismo de la Ilustración

La Modernidad y la Ilustración no son una anomalía antropológica. El periodo cultural conocido como la Ilustración no es una excepción o un paréntesis en la marcha y en el avance de la antropología cristiana en occidente. Como sucede en todo proceso de asimilación cultural, el fenómeno y el lenguaje religiosos tendrán que adaptarse a las nuevas circunstancias, pero no desaparecer. Es necesario el diálogo. No se puede hablar de una cultura atea en ella o unas ideas paganas. La razón ilustrada sigue siendo alimentada por el impulso histórico inicial. Es verdad que influyen muchos factores en su formación y desarrollo, pero el cristianismo está presente en los pensadores de la Ilustración o para reforzarlo o para debilitarlo, pero no puede suprimirlo. La antropología cristiana está en el subsuelo de la Ilustración y habrá que hacer una prospección subterránea para que aflore su fuerza y su energía. La misma posición de la razón como garantía de la religión y de la ética es un proceso plenamente cristiano. La exaltación de una dimensión natural del derecho, del orden moral y del sentimiento religioso no contradicen para nada los principios cristianos de todos los tiempos. Bien sea a través de la fe o de la razón, el deísmo está presente regando toda la actividad del pensamiento ilustrado. Podíamos verlo por partes. Unas son más capitales y ejercen de ideas tractoras mientras que otras son derivadas y seguidoras. La idea misma del progreso del hombre y de la humanidad es una continuación de la visión cristiana de la historia y su perfectibilidad. La preocupación por la igualdad social brota de las entrañas mismas del evangelio y de la tradición. Lo mismo podemos decir de los proyectos y programas de la Ilustración. El tema del conocimiento, su claridad, su seguridad tiene sus raíces en Descartes. El desafío de la modernidad no va contra el cristianismo, sino contra la humanidad. Es el sentido de la definición de la ilustración que Kant aportó: la salida del hombre de su minoría de edad y el acceso a la madurez. Todo lo que se pretende decir sobre la ruptura y emancipación de este periodo cultural no tiene cabida, pues el hombre sigue madurando, sigue creciendo. Con ello se puede uno referir a toda clase de tutelas ejercidas por la razón, por el Estado, por la religión, por la sociedad. Todas tienen relación con la libertad humana. La misma idea o preocupación de los representantes de la Ilustración sobre el significado o primacía y el destino del hombre indican esta importancia de la antropología en su seno. Sin embargo, a pesar de la relevancia que tienen el hombre y la libertad, se insiste en que el hombre tiene sus límites, no está del todo disponible y no puede fijar él sus metas y objetivos. La razón tiene que tener sus límites para sentirse segura.

Hay que repatriar o recuperar la imagen e interpretación de una Ilustración cristiana. Al margen de su método crítico, opositor y negación, las bases de ese periodo que llamamos Ilustración son plenamente cristianas. Ya hemos aludido al tema del hombre en su individualidad con todas sus connotaciones, pues su destino es buscar la verdad, amar y admirar la belleza, querer el bien y hacer lo mejor. Todo un programa asumible por la antropología cristiana de todos los tiempos. Ilustración y cristianismo. Los temas son comunes aunque las conclusiones no sean las mismas. Sucede igual con el tema de la racionalidad. Todos los hombres gozan de la misma razón. Ese es un gran fundamento de la igualdad, pero también de la libertad. La razón individual, solo está sometida a la razón o voluntad general. La razón individual no conoce otro juez y tribunal que no sea la razón común en la que todos participamos y en la que todos tenemos nuestra voz y voto. La teoría "racionalista" sobre la esencia de la libertad ha influido de manera decisiva en la concepción política del momento. Rousseau utilizó esta distinción para su teoría de la voluntad general como base de la democracia o de la soberanía popular. La razón común o el orden natural es el pre-derecho, el antecedente de toda ley, de toda norma escrita y elaborada. Esa razón general existente en cada uno de los individuos está muy condicionada por prejuicios, intereses particulares, privaciones en uno u otro grado de tal manera que nadie en particular posee la verdad total. De ahí la participación y el diálogo que implica un pluralismo social, una tolerancia y una libertad de opinión y de expresión. Con todo ello, se articula la imagen y el devenir de una sociedad ilustrada como seña de identidad.

2.2. Razón y religión en la Ilustración

La Ilustración es una circunstancia, una coyuntura del pensamiento europeo en el siglo XVIII. No es un estado absoluto o definitivo de la cultura occidental. Es una corriente de agua, no un océano. No es el nuevo orden del mundo. Hay que reconocer que se ha convertido en una cultura y en un fenómeno de masas, de mayorías que riega y determina muchas ideas actualmente. Esto se traduce en una supervivencia o permanencia de las ideas del siglo de las luces en nuestros días. Aun así, razón y religión siguen unidas en ella por mucha crítica que se haya ejercido contra el cristianismo, porque el fin y el objeto de toda crítica de la religión era el cristianismo. En esta refriega y confrontación quedó también muy claro que las verdades cristianas están "sobre" la razón y no "contra" la razón. Igualmente rige el principio de que la razón no agota todo el ámbito de la verdad, sino que queda un espacio para la fe en el conocimiento del hombre. La razón se puede equivocar y la revelación o la fe le ayudan a no equivocarse, pero no lo suprimen, sustituyen o suplantan como razón. El mismo Wolff, y más tarde Kant, eran unos fervientes luteranos y pietistas. Se reconoce, por otra parte, la racionalidad y conveniencia del cristianismo. Sucede que la elevación o descripción teórica de la Ilustración como fórmula cultural pasada, se idealiza y se separa de la realidad histórica. La Ilustración histórica no es atea ni rechaza el orden sobrenatural o la tradición. La Ilustración narrada y convencional puede presentarse de manera parcial e interesada. Hay mucha diferencia entre la realidad y la recepción descriptiva de dicha realidad. Hay una Ilustración radical que se presenta como la supresión de los antiguos valores y la reposición de valores contrarios. Por otra parte, tampoco el concepto y el análisis de la Ilustración es un bloque monográfico, pues se habla de "dos" Ilustraciones, sobre todo a partir de la segunda mitad del siglo XVIII en que se produce una evolución, quizá representada por nuestro autor, el wolfianismo. Algunos especialistas concluyen que Wolff es un autor moderado de la Ilustración y hasta un defensor del cristianismo en esa época tan marcada por la crítica racional y el rechazo de la tradición religiosa y cristiana.

3

Christian Wolff o la antropología perenne

Christian Wolff (1679–1754) representa el mayor intento de alianza entre la religión y la Ilustración del siglo XVIII. Es un autor comprensivo y generalista, cuya reflexión abarcó los diversos campos de la ciencia de aquel tiempo, la filosofía, la teología, las ciencias naturales, la matemática, el derecho, la psicología, la ética, la economía. Su línea antropológica está representada por la visión conjunta expresada en su obra "Vernünftige Gedanken von Gott, der Welt und der Seele des Menschen" (Pensamientos de la razón sobre Dios, el mundo y el alma del hombre). Dios, mundo y hombre, o la metafísica alemana. Dentro del ámbito de la filosofía alemana, los estudiosos hablan de una teología de la Ilustración capitaneada por C. Wolff, donde cristianismo y razón ilustrada van de la mano. Esta ingente labor investigadora hay que situarla en su larga estancia como profesor en la universidad luterana de Halle. Al fin y al cabo, la razón también es una revelación y, sin ella, de poco puede servir la revelación divina. La razón no es una falsificación de la fe o del mensaje cristiano, sino su introducción, acceso e interiorización. De la unión entre ambas surge lo que se ha dado en llamar psicoteología o, más sencillamente en nuestros días, psicología religiosa que bien puede dar paso a la idea de una antropología cultural cristiana. Se puede hablar de una nueva antropología nacida en el siglo XVIII donde la dignidad del hombre es sagrada e intocable, y se compone de igualdad e individualidad, libertad y limitaciones. En definitiva, toda la antropología cristiana no es más que una teología de la dignidad de la persona.

Ante tal avalancha de ideas y de aportaciones procedentes de las obras de Wolff, no es extraño que Kant se sintiese atraído por el proyecto de trasladar al estudio del hombre la claridad y rigor del método científico o matemático pasando de una antropología física o fisiológica a una antropología psicológica y rematando con una antropología religiosa y moral que es, propiamente, la antropología en sí misma. Todo comienza por la disciplina llamada por Wolff psicología empírica, donde hay que dejar muy clara la distinción entre cuerpo y alma. El seguimiento posterior de estas ideas desemboca en la distinción entre psicología empírica y psicología racional, dedicadas, respectivamente, al estudio de las dos partes del hombre (cuerpo y alma), pero la llamada antropología pura se ocuparía de "todo el hombre" o el hombre como un todo unitario, como mismidad. La antropología es la superación de la división del hombre entre cuerpo y alma. Este objeto de la antropología ha sido defendido siempre por el cristianismo antiguo y medieval cuando se hablaba de la persona como síntesis de la esencia del hombre. En Kant confluyen ambas corrientes de la psicología: la empírica y la racional, para formar el concepto de antropología como análisis y construcción del sujeto a la que llama antropología pragmática, poniendo los ojos en la razón práctica y en el quehacer o compromiso moral. La unificación de todas estas perspectivas (la física o empírica, la psicológica o racional, la antropológica y la moral) en el estudio del hombre, es posible gracias a la metafísica como estudio del sujeto. La antropología en Wolff y en Kant no se puede separar de la metafísica que también es metafísica de las costumbres.

4

Immanuel Kant y el impulso de la antropología contemporánea

¿Quién soy yo? es el grito profundo de un hombre y de un siglo que, cansado de tanta ciencia y seguridad exterior, busca el refugio del pensamiento en el deseo y en la necesidad de volver a sí mismo, a la intimidad constituyente del ser humano. El hombre que conoce todo lo desconoce todo de sí mismo. Para Kant, es necesario reprogramar la filosofía a partir del hombre que es el centro del conocimiento y de las cosas. Quiso hacer de la antropología una disciplina independiente. Quizá no tuvo tiempo pues se dedicó a ello muy tarde. Antropología en sentido pragmático, una visión del hombre muy cerca de la realidad y no de la esencia abstracta. La moral es la puerta de entrada al hombre. La Ilustración continúa el humanismo de todos los tiempos. Las relaciones entre el hombre y el mundo comienzan con la evolución que es, para él, no tanto un hecho científico, sino la historia natural del hombre, el devenir en el tiempo, la formación sucesiva de la constitución humana. En esto fija Kant la pluralidad y diversidad de las razas y de las culturas. En el hombre existe una gran capacidad de adaptación a las condiciones físicas del universo, del territorio, del habitat, del lenguaje, de usos, costumbres y convivencia. Ahí están las razas y los continentes. Lo que se llama hoy antropología cultural. El hombre tiene su lugar en el mundo. El hombre está inserto e implicado en el medio ambiente natural. Los cambios son esenciales al hombre que habrá que compatibilizar con la metafísica del espíritu. Con la historia de la naturaleza y la historia del hombre, Kant se aparta un poco de la visión estática, metafísica de Platón que era una de las objeciones al evolucionismo. Esto significa una apertura a la visión dinámica del mundo y del hombre que no es una idea abstracta, sino un organismo que está en intercambio constante con su entorno. El cuerpo y la conducta están variando constantemente y, sin embargo, los valores y la razón son universales y permanecen invariables.

Como todo testigo de la sociedad y de la cultura ilustrada, identificó el conflicto entre naturaleza y civilización llegando a decir que los hombres cuanto más civilizados o adoctrinados, más actúan como actores en la comedia de la vida y de la sociedad. Viven la moral del parecer y no la del ser, la del aparentar y no la de la sinceridad y el compromiso. Hay mucha teatralidad en la conducta humana. Ser y deber ser son la dialéctica de toda existencia moral. A eso hay que añadir que Kant, como buen luterano, considera a los hombres malos por naturaleza. Somos egoístas e interesados por naturaleza aunque también estamos dispuestos a la ayuda y solidaridad. Cuando practicamos la ética de la apariencia no estamos intentando engañar a nadie pues todos los hombres saben que hay una contradicción entre ser y aparecer y nadie deja entrever lo que es, sino que se oculta la verdadera personalidad. Es cierto que la convivencia social tiene unas reglas que respetar, pero ellas no nacen de la ética natural dictada por la razón, sino de la mecánica y del automatismo social. Nuestra conducta no brota de la conciencia y del convencimiento personal, sino de la conveniencia y del formalismo social. Existe un grado de "moral permitida" por la sociedad que es como una moratoria o un permiso para que cada uno separe el ser del deber, la realidad de la apariencia y sepamos convivir todos con el engaño y la mentira consistente en la disociación y separación entre conciencia individual y representación o papel social. La vida moral es convencional, los valores están pactados, todos estamos de acuerdo en que hay que fingir y aparentar el cumplimiento de las reglas, pero falta sinceridad y sentimiento profundo o convicción. Sin embargo, la naturaleza no se deja engañar por mucho que los hombres se engañen entre sí.

4.1. Cultura y moral en la antropología de Kant

Los hombres han desarrollado a lo largo de los años un sistema cultural de usos y costumbres que nada tiene que ver con los ideales de la moral natural. Con frecuencia, aquello que llamamos costumbres o espíritu cultivado (que no tiene nada que ver con lo natural) no es más que una máscara que sirve para esconder el mal y termina siendo una verdadera máscara de la personalidad. No es bueno todo lo que reluce. Una conversación amable y respetuosa, un gesto de saludo, unas palabras de agradecimiento no indican un sentimiento bueno, profundo y sincero, sino, a veces, solo una conducta formal, pero ayudan a estabilizar y mantener buenas maneras y a hacer agradable la convivencia humana. Para vivir en sociedad no se necesita mucha densidad o talla moral, sino adaptarse y cumplir las normas de urbanidad, podríamos decir. Hay más moralidad en las leyes de la naturaleza que en el las de los hombres pues la razón y la civilización pueden falsear y tergiversar los imperativos de la misma. Muchas veces, en sociedad todo es vanidad, apariencia, vacío y mentira. El bien, la moral no es moral sin alma, sin antropología. ¿Cómo se puede elaborar o construir, desde la razón, un orden moral más allá o por encima de lo natural? Esta es la verdadera cuestión de la ética kantiana. ¿Cómo puede la razón imprimir la fuerza de mandato a la acción del hombre? ¿De dónde procede esa obligatoriedad para la conciencia si no es en la referencia a la naturaleza? Y sin embargo, la razón no siempre debe obedecer o imitar lo natural pues también existe el mal en ella y, a veces, habrá que contradecir sus tendencias. Ese es el puesto y el momento de la razón moral para discernir el bien e imponerle a la voluntad, a la libertad. Por lo demás, hay que buscar una ley o moral universal y válida para todos pues, en el plano individual, todos somos primariamente egoístas e interesados. Por ello, la moral tiene que ser, algunas veces, antinatural y lo racional sustituir a lo natural. Esa era la moral cristiana a la que tanto se ha denostado desde algunos autores como F. Nietzsche por ejemplo. ¿Dónde está el avance de la razón en la búsqueda del bien? ¿O se puede producir también un retroceso? Al hilo de las teorías de la evolución darviniana, Kant cree que los instintos del hombre irán cediendo y perdiendo fuerza mientras que avanzará la tendencia a las virtudes. Ahora toca desplazar los instintos e incorporar las virtudes a la biología y al espíritu humano para crear en él una segunda naturaleza moral que sustituya a la natural. Esa es la verdadera metafísica de las costumbres. Se puede mejorar al hombre. Esta es la antropología en sentido dinámico dentro de la razón práctica que es moral. El hombre está dotado de razón, destinado a vivir como hombre entre los hombres. Mediante la ciencia y el arte, los hombres se cultivan, se civilizan y se moralizan. Es muy difícil neutralizar y superar los instintos naturales. La antropología no se puede entender sin la ética. Con ello se intenta crear un nuevo carácter del hombre. Kant no cree en el hombre como un ángel, pero reconoce que el hombre contiene semillas del bien. La ambivalencia antropológica tiene que ser superada por la acción racional y moral. Lejos de una esencia estática o metafísica del hombre, Kant cree en la verdadera evolución moral de la humanidad. A ello tiene que contribuir el Estado como garante de esa moral comunitaria. El Estado tiene que exigir que cada individuo salga o abandone su comodidad e intereses para promover la conciencia de sociedad. Nuestra procedencia y herencia animal tiene que ser sustituida por la condición racional que incluye la madurez social.

4.2. El trazado antropológico de Kant

Hemos aludido al impulso que recibe la antropología en la síntesis de Kant. Dicho proceso tiene sus hitos más importantes en los puntos siguientes. Consciente del dualismo que arrastra la idea del hombre, desde Grecia y desde el cristianismo antiguo, Kant reconoce que el hombre es un ser en línea con los demás seres de la naturaleza, es un contenido material más de ella y está afectado por todos los fenómenos de conocimiento y experiencia sensible. Le afectan las mismas leyes matemáticas, físicas y biológicas que a otros. Sin embargo, la definición del hombre no termina ahí y la estructura moral (conciencia, subjetividad, libertad, inmortalidad) complementan dicha esencia y realización. En ese sentido, el hombre cambia la dirección de los fenómenos del mundo produciéndose un giro ontológico y dialéctico fundamental pues el hombre pasa de ser medio a ser un fin en sí mismo dentro del sistema moral. El hombre constituye el reino de los fines. Esta concentración metafísica del hombre supera ya la dimensión científico- natural e inaugura un orden nuevo de percepciones y experiencias que llamamos disposiciones morales. Naturalidad o animalidad, humanidad o amor a sí mismo y personalidad o susceptibilidad moral son las tres concentraciones del hombre. A todo eso hay que añadir la in-sociabilidad que nos introduce en la dialéctica individuo y sociedad. Insociabilidad no es aquí negación, sino sociabilidad intrínseca del hombre por vocación y posición. La insociable sociabilidad o una sociable insociabilidad del hombre forman parte de su programación moral. Pero la constitución del hombre como fin, que representa su dignidad, no se consigue, sino a base de superar resistencias y contradicciones del hombre que tiene propensión al individualismo y, al mismo tiempo, al desarrollo de su capacidad natural de comunicación social. La antropología de Kant culmina con una referencia a la comunidad ética, jurídica y religiosa que forman los hombres. Comunidad de deberes, leyes comunes y, por tanto, un único legislador como un único Creador y unos mismos mandamientos. Esa es ya una comunidad religiosa que es toda la humanidad.

Este cuadro antropológico se culmina con una visión propia o idea de una historia universal. Como hombre de la Ilustración, Kant cree en el verdadero "progreso" de la historia y de la humanidad. Cada individuo en particular vive poco tiempo para poder hablar de un progreso que es lento y duradero en el tempo, mientas que la vida individual es breve. "Ars longa, vita brevis" (el arte exige mucho tiempo, la vida, por el contrario, es breve) decían los antiguos. Por ello, hay que remitirse y referirse a la totalidad de la especie humana, a un progreso universal de los pueblos al que los particulares aportan su contribución a través de la realización de los valores en el mundo, pues el verdadero progreso es el moral, el de las costumbres, formando parte de la cultura universal. Todo ello se entiende como un gran proyecto teleológico o de finalidad que existe dentro de la historia de la humanidad. La meta de este progreso es la sociedad perfecta que ha de regirse por el derecho justo, consiguiendo, así, la armonía de las libertades. La paz perpetua en la tierra, entre los Estados, es la culminación de esta sociedad.

Finalmente, hemos visto que la explicación del hombre, por parte de Kant, es una antropología multidimensional, una antropología de la inclusión, en el sentido de que todo parte del hombre. Lo físico, lo psicológico, lo religioso, lo moral, lo jurídico, lo político. Todo ello es una antropología derivada y extensa pues todo es prolongación del hombre. Son como esferas superpuestas a imagen de la explicación del universo en la ciencia renacentista teniendo como centro al hombre. Por otra parte, ya queda dicho que la antropología de Kant está diseminada por todas sus obras y sobre ella recae la fuerza y la validez del método del idealismo trascendental. Por ello podemos decir que se trata, también, de una antropología trascendental. El idealismo, el "a priori", la interioridad, la razón pura, la conciencia, la subjetividad, es aplicable a la antropología pues en el hombre encuentra la realidad su validez y verificación o su correlato objetivo y la existencia de las cosas y de las esencias queda garantizada a partir de los registros que hay en el hombre de ellas. Esto es más verdadero en los temas de religión y moral. Todas las "aprioridades" que el hombre descubre en él (por eso se llama conciencia trascendental y fenomenológica), son el principio de la fijación de la existencia de la realidad sensorial y espiritual de tal manera que el hombre es el resumen de todas las cosas.

5

La construcción del yo antropológico en Johan G. Fichte

Llegamos a uno de los autores más representativos de la nueva conciencia o espíritu antropológico de la época actual. Es lo que algunos llaman la irrupción de Fichte. La primacía del sujeto en la filosofía contemporánea. Así se puede calificar el pensamiento de Johan Gottlieb Fichte (1762–1814). Hay que estar muy atentos a la recepción de Kant que él realiza y que se compone de crítica y de seguimiento. No está Fichte de acuerdo en que algunos contenidos de la razón pura se originen en postulados de la razón práctica, sometiendo aquélla a esta. La existencia de Dios, la libertad y la inmortalidad del alma, subían a la conciencia, procedentes de la sensibilidad práctica o exigencia moral, según Kant. Entonces hay que dar una primacía a la razón teorética frente a la práctica. No se trata de dividir a la razón ni entrar en una competición entre sus partes. Es necesario buscar un principio de unidad en el hombre y ese puede ser el concepto de yo. La recogida de elementos procedentes de la filosofía antigua y el último impulso dado por Kant hacen que Fichte elabore la teoría del yo Absoluto. Estamos en Jena. Esta fenomenología del yo frente al no-yo tiene mucha influencia en el personalismo cristiano de Maurice Nedoncelle. El yo es el hombre, el no-yo es el mundo. El yo Absoluto lo es cuando la razón es consciente de sí misma y, por tanto, es autónoma. Esa conciencia se despierta y se activa cuando choca o se enfrenta con el mundo ante el que tiene que reaccionar. A partir de ahí se establece la esencia del yo en la relación, a saber, relación con el mundo, con Dios (religión), con los demás. De ahí se pasará a la estructura dialógica de la existencia humana en la que han basado su filosofía, por ejemplo, Martin Buber y Josef Pieper. Es decir, en la antropología contemporánea se siente la urgencia de establecer la metafísica de la persona en la relación cuyo antecedente lo encontramos en la filosofía del yo de Fichte. Ella hace viable el camino hacia la autoconciencia. El "yo pienso" de Descartes se hace responsable del "existir" no solo del yo que piensa, sino de lo pensado por el yo. Pensamiento y pensado deciden la existencia del yo, pues el yo es ambas cosas. Se piensa sin salir del yo de tal manera que no hay existencia alguna fuera de él, donde no esté él. El primer pensado es el yo que piensa y yo soy a la vez que pienso pues pensando me hago a mi mismo. Yo soy pensamiento. El yo no pertenece al orden del tener, sino al del ser. Yo no tengo un yo, sino que yo soy un yo. Esto posibilita que el yo y no-yo sean una unidad en la mayor dialéctica del concepto de yo. Esta transformación sirve de base al personalismo o humanismo cristiano para decir que el hombre no tiene un cuerpo, sino que es un cuerpo. La filosofía del yo de Fichte tiene mucho calado en la antropología contemporánea.

¿Qué hacemos con la libertad en la antropología del yo que Fichte desarrolla en su obra Die Bestimmung des Menschen (El destino del hombre) escrita durante su corta estancia en Berlín? Se trata de compatibilizar la moral con la libertad. De ambas cosas hay que construir la unidad. Fichte critica la división del hombre arrastrada por la tradición occidental entre libertad y determinación moral. La solución está en la auto-limitación del yo que tiene sus propias fronteras. Sin esa limitación propia, el yo caería en el egoísmo. Este egoísmo debe ser superado hasta llegar al reconocimiento de la existencia del otro, lo que él quiere y hace. Esta reducción del hombre a un yo en Fichte ha sido muy criticada incluso por Schelling y por Hegel en pleno siglo XIX que han rechazado el modelo teórico, abstracto, intelectual y especulativo del yo y han introducido en él otros muchos elementos procedentes de la antítesis y contradicción del mundo (estética) y de los demás (socialización). El yo es un proceso dinámico con una esencia social que el marxismo ha conducido hasta la dimensión productiva y laboral con la reducción materialista. La antropología moderna tiene que mediar entre las dos programaciones del hombre o del yo tanto la espiritualista como la materialista. Dos formas de antropología moderna se enfrentan. La dictadura del hombre abstracto, del hombre que "debe ser" se enfrenta con la realidad del hombre que es. Las dos guerras mundiales y otros acontecimientos nos han hecho despertar y decir esto es el hombre. Pero ya tenemos el yo como referencia que se distingue del no-yo, o sea, del mundo. El orden moral también se puede organizar desde el yo pues este nunca será un medio, sino un fin. A lo que los demás autores llaman mundo, Fichte lo califica referenciado al yo. Es el no-yo. Es un mundo rebelde que no se somete fácilmente al yo y que lucha contra él. El yo aspira a que desaparezca el no-yo. De ahí que se hable de un yo Absoluto. En ese sentido, el yo tiene que autodeterminarse. El yo es libre porque lo decide él, no porque se lo permita el mundo.

5.1. Antropología y religión en Fichte

Estamos en el escenario filosófico creado por Kant y el debate se desarrolla entre el yo, el idealismo trascendental, el absoluto, el realismo científico. En ese contexto hay que situar el tema de la apertura religiosa del yo en Fichte. Ya hemos visto la constelación antropológica que es el yo. Ahora es necesario encontrar la forma de incorporar la validez del método fenomenológico y trascendental para acceder a la realidad del Absoluto. El yo se enfrenta al no-yo (el mundo) y a Dios (absoluto). Es necesario encontrar la unidad de esos procesos. La filosofía de Fichte es una filosofía del yo y del absoluto que tienen que fundirse en una unidad no en sentido platónico ni cristiano, sino en el sentido de que el yo está incluido en el absoluto y el absoluto en el yo. Hay un conocimiento recíproco entre ambos. Así el absoluto deja de ser lo desconocido o lo inconcebible, el resto, lo que queda fuera del conocimiento del yo, lo inalcanzable o trascendente. En el yo asequible se alcanza el absoluto inasequible. En el yo se refleja la imagen o el concepto de todo lo que existe, incluidas las negaciones o el no-yo. Estamos en la misma línea que el cristianismo, pues el hombre es imagen y reflejo de Dios. El yo es la imagen o el reflejo de Dios y del mundo. El yo es el espejo que lo refleja todo incluido a sí mismo. Todo lo que está fuera del yo está dentro en forma de reflejo mediante la conciencia. El yo humano es la conciencia de Dios. Así se forma el Absoluto.

Algunos críticos creen que la construcción del sujeto o del yo en Fichte es demasiado abstracto e ideal y se pierde en un concepto vacío y lenguaje sublime que no todos son capaces de comprender. Lo mismo puede suceder con su idea sobre la religión. El ateísmo de la cultura ilustrada es un mito, nunca mejor dicho. Sus autores son creyentes y trasladan la experiencia religiosa a sus teorías sobre la religión. Existen críticas al cristianismo, pero eso no significa un rechazo o negación. Por el contrario, eso implica una defensa. La Ilustración no puede desentenderse del problema de Dios ni de la religión que plantea de forma antropológica anunciando ya la necesidad de Dios desarrollada por Feuerbach más adelante. La religión es la necesidad universal de Dios y la aspiración de todo el género humano. A decir verdad, Dios es el Dios del hombre y para el hombre, el Dios del deseo y del corazón. El lenguaje sobre Dios es sentimiento y las proposiciones sobre Él son afectivas. En una época tan racional tampoco se puede olvidar el Dios del entendimiento y de la razón, el Dios de los filósofos. La religión del entendimiento y la del corazón marcan dos caminos distintos y, a veces, contradictorios como apunta Pascal: el corazón tiene razones o sentimientos religiosos que la razón ignora. Dios entra en las necesidades del yo humano formando parte del Yo Absoluto iniciando un proceso de "tuificación" que será desarrollado por la antropología cristiana contemporánea. En la línea continuista del yo-tu habrá que salvar siempre el salto a la trascendencia.

5.2. El proyecto moral y social de Fichte

La filosofía del yo es un proyecto conjunto de antropología, de religión, de moral y de derecho en Fichte. Ya hemos aludido a la transformación inicial del yo en libertad. La libertad es el destino definitivo del hombre entendida como concordancia completa entre el yo y el absoluto. Esto lleva consigo la coincidencia entre subjetividad y objetividad en el yo. El yo se encuentra a sí mismo en la libertad y en la voluntad. Yo soy el que quiero y el querido por mí y la mismidad se extiende al conocimiento y a la conciencia. Yo me encuentro a mí mismo queriendo. No es un querer tranquilo pues existen dos voluntades, la del hombre y la del mundo. Se llama cultura a la habilidad que el hombre tiene para someter y dominar todas las cosas. Ese es el deber que no se trata de dominar o doblegar a nuestros intereses y caprichos las cosas, sino de racionalizar y ordenar la voluntad real. Por eso, la cultura, las costumbres, la historia, la sociedad puede estar corrompida y determinada por el poder y los intereses. La voluntad racional es la única instancia antropológica capaz de mantener al hombre independiente, libre y "moral" en el sentido de que cumple el deber nacido de la conciencia del bien visto por la razón. La ética es la concordancia total entre ser y deber ser. La libertad consiste en el dominio absoluto de la razón a lo que llamamos moralidad.

La misma racionalidad que domina el orden moral tiene que aplicarse al orden social de la convivencia. El destino del hombre es vivir en sociedad que es la relación de personas libres que persiguen el mismo fin. Para ello es necesaria la existencia del Estado como motor e instrumento para conseguir la perfección en la sociedad. Ahora bien, cada persona o ciudadano tiene sus intereses y hasta sus ideales o aspiraciones. Con ello entran en conflicto con los intereses de los otros individuos. El conflicto social está servido y solo se soluciona en la dialéctica de dar y recibir, de ofrecer y aceptar sacrificios por los demás. Las diferencias entre los individuos son por naturaleza y, por tanto, inevitables. La sociedad, el orden jurídico en ella tiene que luchar para que esas diferencias ocultas, originarias, no se manifiesten en forma de lucha, sino en forma de pluralidad y participación. Si la naturaleza nos hace distintos, la sociedad tiende a hacernos iguales. De esta manera, la cultura o la antropología cultural triunfan sobre la naturaleza en sí misma.

6

Maurice Blondel y la antropología cultural cristiana

En el seguimiento de las ideas o referencias cristianas de la antropología cultural en nuestros días, nos encontramos con la egregia figura de Maurice

Blondel (1861–1949). Conceptos como espíritu, sujeto, conciencia, yo, identidad, persona, muestran una línea de interpretación antropológica que se une primero al método trascendental (Kant) y después al fenomenológico (Husserl, Heidegger). Su obra y pensamiento ocupan una posición muy estratégica en nuestro método pues en él convergen la dimensión ontológica, religiosa y moral del hombre. Por ello, es considerado como el introductor de un ámbito del saber que ha sido considerado como el estudio fundamental de la religión en esa franja fronteriza entre fe y cultura, lo que se ha dado en llamar el atrio de los gentiles. Poco a poco se va completando el giro antropológico en filosofía del que hemos hablado en otras ocasiones y que culmina en M. Weber, M. Scheler, H. Plessner, E. Mounier, H. Bergson, G. Marcel, H.G. Gadamer, M. Nedoncelle, E. Guardini, U. von Balthasar, M. Schmaus, K. Rahner, J. Ratzinger, J. Moltmann, W. Pannenberg. Ello ha influido mucho a la hora de pensar en una teología fundamental dentro de las enseñanzas del cristianismo de la que él sería el fundador. Después de unos años de silencio y olvido de su obra, actualmente es una de las referencias más importantes del diálogo entre cristianismo y cultura. En su rehabilitación se le considera inspirador de la "nueva teología" sin renunciar a la teología trascendental, pero es un puntal importante en el diálogo con el modernismo. El ser y los seres, la acción. Para muchos el pensamiento antropológico de Blondel no remonta el nivel de la psicología. Y sin embargo, constituye una reflexión global sobre la vida activa del hombre, incluyendo la moral. El mismo conocimiento —según Blondel— no se entiende, sino es proyectado en la totalidad del ser del hombre, en la forma de la vida. Estamos ya de lleno dentro de la ontología y antropología trascendental impulsada desde Kant. La antropología cristiana es un viaje que comienza en el Antiguo Testamento y llega hasta nuestros días pasando por una serie de hitos o estaciones culturales como son la antigüedad griega, el pensamiento sistematizado de la Edad Media, la renovación del Renacimiento y toda la cultura moderna de la Ilustración. En ese recorrido, el pensamiento de Blondel constituye un nuevo comienzo o arranque como antesala de la teología fundamental. A la gran significación de la postura de Blondel en su tiempo hay que añadir su influencia en el nuestro. Su obra "*L'Action*" puede ser considerada como una fenomenología del espíritu (Hegel) religioso en el sentido de que el hombre no puede nada si no es con la apertura a Dios. El encuentro con Dios por parte del hombre tiene lugar en la acción como concurso y simultaneidad del hombre y Dios. Cristo es el paradigma de dicha acción. ¿Tiene la vida un sentido y el hombre un destino? Esa es la antropología de Blondel.

6.1. La apologética inmanente como antropología

El proyecto de Blondel sobre la relación entre cristianismo y cultura se denomina una apologética inmanente, es decir, la teología, la fe no debe ser defendida contra enemigos de fuera, no puede realizar un discurso apologético clásico. Más bien hay que profundizar en las relaciones internas entre fe y razón haciendo creíble lo razonado y racional lo creído. La credibilidad del cristianismo no se consigue desde fuera, por la autoridad de la tradición, sino que tiene que venir de dentro, de su convertibilidad en la razón. Dicha conversión cultural del cristianismo se realiza en la antropología. El hombre se define como un oyente de la palabra (K. Rahner 1941) lo que significa la plenitud del hombre sobre la tierra. La misma capacidad de escuchar y entender a Dios (si no se le entiende es inútil la revelación, la palabra) significa una sintonía, una habilidad o disposición natural, religiosa, filosófica y fundamental en el hombre. Conocer a Dios y ser conocido por Él es, desde San Agustín, el origen de la antropología cristiana. Ser y conocer en el hombre forman una unidad inseparable. Se es en tanto en que se conoce y se conoce en tanto que se es. Partiendo del ser se llega al conocer y viceversa. Se conoce en aquella medida que se es y se es en la medida que se conoce. Si el hombre no existiese, no preguntaría por el ser. El hombre es una pregunta y su existencia una interrogación religiosa permanente. La inmanencia trascendental de la que hemos hablado es la necesidad que el hombre tiene de Dios. Es, por tanto, una inmanencia religiosa. Se trata de rechazar el "monoforismo" del conocimiento objetivo como si se tratase de conocer cosas. La acción es el concurso del hombre y Dios. Es la vida que uno vive.

La antropología religiosa de Blondel gira toda en torno a la acción. La acción se entiende aquí no como un acto concreto y puntual, sino como la existencia global del hombre, la totalidad de su dinamismo. Es decir, para que haya acción tiene que haber unas necesidades y unas decisiones. Necesidad, decisión y acción forman la estructura antropológica completa. La necesidad crea un deber, una obligación que es la decisión. Toda decisión o acto libre es una elección, por tanto, una opción y una renuncia a la vez. Las decisiones no se pueden aplazar pues ello implicaría otra decisión (la de aplazarla) y tienen un tiempo o plazo limitado. Toda decisión tiene consecuencias y, una vez tomada por mí, ya no es mía, no me pertenece, sino que yo la entrego a los demás, a la comunidad que puede sancionarla, premiarla, castigarla. La decisión individual se justifica porque responde a un determinado deseo del hombre. Cada uno tiene que plantearse sus necesidades, sus deseos, su vida y su sentido que implica, como decíamos, muchos sacrificios, pero es una apuesta y un riesgo. La disyuntiva reside en que hay que elegir entre unas necesidades y sus contrarios. Hay que luchar contra ellas. Por eso, la felicidad consiste, para Blondel, en tomar el mínimo de decisiones. A la selección de necesidades, de decisiones y acciones mínimas se llama "crítica inmanente" pues el hombre debe elegir en el interior. Todo eso lo organiza la conciencia. La decisión comienza en la conciencia y ella misma es ambivalencia, decisión e indecisión a la vez, pues quiero querer y quiero no querer al mismo tiempo. Dialéctica de la voluntad. El elemento unificador que une ser y pensar, es la acción.

6.2. La antropología cultural implícita en Blondel

La estructura de la acción nos traslada a la estructura de la voluntad. Frente a ciertos intentos de banalizar y frivolizar el yo llamando distracciones a la práctica religiosa, Blondel asciende a una dignidad y tratamiento metafísico a la acción del mismo yo a través de la voluntad. Ciertamente el yo disfruta con la acción psicológica o religiosa, pero ello es debido a su coincidencia entre aspiraciones y consecuciones. Dos voluntades contrarias que se enfrentan como son la voluntad que quiere y la voluntad querida. Por ello, hay que buscar en la acción la coincidencia de la voluntad consigo misma siendo una sola voluntad la que quiere y lo querido pues la voluntad primitiva quiere lo elegido o elige lo querido. Analizando la estructura de la conciencia como soporte de la voluntad y de la libertad, hay que emprender el tema de las motivaciones. Esa función la cumple la libertad. La voluntad opta por algo frente a algo (que excluye). La razón o el motivo de esa diversificación es la libertad que elige. Los objetos de la voluntad son queridos libremente y no necesariamente. A lo primero que se enfrenta la libertad es a las exigencias físico-orgánicas a las que tiene que poner freno y orden en sus intenciones. A esto lo llama Blondel trabajo que consiste en pasión y ascesis, lo que Freud podría llamar pulsión y represión o sublimación según el proceso resultante. Sin embargo, la acción es co-acción en el sentido de que todos cooperan y hay muchos agentes copartícipes o intervinientes en la acción. Toda la filosofía de Blondel es una antropología de la acción. Pero la acción no lo es todo. Hay también revelación. ¿Puede el hombre hacer lo que no entiende? Esa actuación no puede nacer de la intimidad o del yo propio, sino que tiene que apoyarse en "el otro". La antropología de Blondel tampoco es una isla en el panorama de la cultura francesa y europea del siglo XIX pues se sitúa en la corriente de la inquietud religiosa y del problema de Dios que venia arrastrando la filosofía occidental desde tiempos de San Agustín, San Anselmo, San Buenaventura, Kant. La filosofía de Kant es como un vendaval (après Kant) que arrastra a todo lo que se acerca a él y camina a su rebufo. El criticismo de la Ilustración y el complejo religioso y anticristiano que afecta a algunos de sus autores, no tiene cabida en Blondel que es, como decimos, un defensor de la filosofía de la religión vista como teología fundamental. La franja más densa de pensamiento antropológico lo constituye la tercera parte de La Acción con el problema de las dos voluntades y su conflicto. Fraccionamiento interior entre voluntad que quiere y voluntad querida. Dentro de esta tercera parte (de La Acción) y sus cinco etapas, la "antropología descriptiva" de Blondel se concentra en la tercera etapa donde se aborda el carácter animal y racional del hombre situando la formación de la individualidad en una "sinergia" o asociación de actividad orgánica y psicológica.

6.3. La antropología de la acción moral

La Ilustración es una filosofía preocupada por la metafísica de la comunidad, la soberanía popular, la igualdad, el Estado, la organización social y los instrumentos para lograrla. Lejos de la idea de los imperios (que rebrotará más tarde) y superados los problemas planteados por la fijación de la noción de individualidad y de la persona, se intenta ahora conciliar una teoría de lo colectivo, de lo universal. Esta marea de igualdad llega a la antropología hablando de una voluntad colectiva, de una personalidad universal, de una libertad general. La obligatoriedad absoluta y total de la conciencia y de los principios morales, pertenecen a su esencia. Ya veíamos en Kant los intentos de hacer de la historia, de la humanidad una idea universal, como un sujeto universal que progresa y avanza, donde una generación trasmite, y otra hereda las responsabilidades anteriores. En ese tiempo, Rousseau habla de una voluntad general como preconcepto de la democracia moderna. Desde ahí se pasa a una referencia de la moral comunitaria. El imperativo moral es una exigencia de la razón ilustrada que se expresa en la filosofía kantiana. Los comportamientos humanos tienen una línea de continuidad, de generalidad, de comunidad y de expansión que no se puede uno hurtar a su vocación extensiva. En la acción de Blondel sucede lo mismo. Por ello, hay un quinto nivel de la acción donde se habla de las instituciones como voluntad colectiva, a saber, familia, raza, etnia, patria, nación, humanidad. La antropología de la acción moral universal o sectorial se basa en la unión de la razón, de los ideales, de los sentimientos y del amor que une a todos los hombres. La unidad de relaciones e intereses particulares ya forma parte de las instituciones intracomunitarias o sociales. La metafísica y la antropología moral se entienden como análisis y expresión de la razón absoluta. Nuestra acción moral no lo es porque sea nuestra, sino porque refleja y encarna una idea o deber absoluto e incondicional con fuerza normativa que se extiende a todos los hombres de todos los tiempos e ilumina su comportamiento. La radicalidad del individualismo de la conciencia moral viene completada por la exigencia de la humanidad y de la totalidad. Con ello no queda destruido o debilitado el carácter relativo cultural de la antropología en este momento. Evitando cualquier subjetivismo, el sistema moral no puede ser una exigencia parcial, provisional, temporal de los principios y mandatos que se imponen por sí mismo, objetivamente, a la conciencia particular.

La posición de nuestro autor es una mediación entre la crítica hacia la autonomía moral vigente en la cultura del tiempo, con un amplio respaldo en el pluralismo social y la verdad del hombre y de la razón. La autonomía es plausible, pero la verdad es más respetable. El pluralismo nos conduce al relativismo y este sigue siendo un ángulo muerto para la antropología cristiana que Blondel intenta recuperar. La acción como práctica no puede estar desprovista de teoría. Por ello, en la moral de Blondel se realiza la dialéctica entre idealidad y realidad. Todo lo real, lo práctico, tiene que ser ideal. Toda acción se apoya en unos principios y es en la trascendencia de lo racional por lo que decimos que todo lo racional es posible y todo lo factible es pensable. El "a priori" y el "a posteriori" de Kant no se eliminan mutuamente. Lo previo en la mente se confirma en la realidad y la realidad presente remite a la idealidad precedente. La nada no puede ser pensada a no ser como negación de algo. La acción deja atrás el pensamiento y a la idea le sigue la realidad. En el fondo es un ontologismo continuado (San Anselmo). Lo real supera a lo ideal y lo ideal supera a lo real. Tiene que haber algún principio dentro del hombre que unifique y trascienda ambas dimensiones que se llama conciencia. La conciencia es energía y poder para la acción. Aplicando la fenomenología en este punto, la conciencia está en nosotros, pero no es nuestra. Es el misterio del hombre. Ese misterio es Dios donde coinciden pensar y ser que es lo que forman la noción de sujeto. Se es algo, se piensa en algo y se quiere algo y se hace algo. Todo es experiencia trascendental. La religión solo es cambiar el término diletante o vacío o negativo por el término estético y poner la experiencia en Dios.

6.4. La opción alternativa y fundamental

Esta pretensión de la moral (cultural) de la norma no está en ella misma, sino en la voluntad. En el origen de la voluntad está su carácter universal como sucede con la razón humana. Parece que hemos generalizado más la razón que la voluntad dándole a esta un carácter más personal o individual. Sin embargo, las dimensiones de la voluntad son iguales que las de la libertad o la razón, o la verdad. Pertenecen a la especie humana, al género humano. En virtud de esa generalización, existe una idolatría natural en el hombre que satisface su necesidad del absoluto que se puede llamar una pretensión de lo infinito y que contiene una trascendencia de los fenómenos del mundo. En este nivel se coloca el suelo de la opción fundamental entre la nada y el absoluto. El nihilismo o la plenitud. La opción fundamental reside no en los objetos a elegir (uno entre dos), sino en la misma voluntad. Hay dos voluntades y el hombre tiene que optar por una de ellas. El hombre es pura alternativa. Porque la voluntad no realizable también es voluntad e indestructible aunque no se pueda realizar lo que se quiere. Con ello se entiende la teoría del conflicto que acompaña desde San Pablo a la antropología cristiana. El conflicto de las dos voluntades alberga la posibilidad de que Dios esté presente en ellas y que es más fuerte que yo y que totaliza y obnubila al hombre pues Dios es la esencia de lo necesario y es más necesario para mí que yo mismo para que sea posible la acción. En ese sentido las pruebas de (la existencia) Dios, tal como se realizan en San Anselmo, en Santo Tomás o en Descartes, no son argumentos aislados, contables o diferenciables, sino que son una sola prueba, un solo argumento concatenado y demuestra la variedad y pluralidad del sentimiento religioso en el hombre.

Con esta aproximación de la existencia de Dios a la conciencia como algo necesario, Dios se coloca como la única alternativa a la acción humana. Aquí puede ser considerada la teoría de Blondel como una filosofía de la religión. Al hombre solo le queda cerrarse a Dios y conservar su autonomía o abrirse a la trascendencia y perfección del mismo. Imitando el pensamiento agustiniano, el hombre puede ser libre hasta despreciar la dependencia de Dios o abrirse a Dios hasta despreciarse a sí mismo. Toda la filosofía de Blondel es una ética de la acción. Hay que trascender la "moralidad externa" o literal y llegar hasta la moral de principios que solo se encuentran en la conciencia.

7

La antropología como método en Max Weber

En adelante, en el pensamiento contemporáneo, nada se hace sin el sujeto, nada sin el hombre, pero tampoco nada sin la comunidad, sin la sociedad, sin la religión, sin la ética. Entramos así en una ampliación del horizonte de la antropología. Uno de esos autores que más contribuye a la presencia del hombre como categoría invasiva e interpretativa de las ciencias es Max Weber (1864–1920). En definitiva, si persistía y se ampliaba la visión "personal" del hombre ahora se incorpora la visión social del humanismo histórico dando como resultado un humanismo moderno. En nuestro autor, esta distribución se hace más visible en las llamadas ciencias sociales, el derecho, la economía y la sociología que pueden considerarse el marco de la racionalidad y de la eticidad del hombre. Nunca había existido tanta compenetración entre conciencia moral y actividad creadora y cultural del hombre en el mundo. Es también una etapa de la historia de la antropología cristiana que nos acerca a nuestras preocupaciones actuales. Nos encontramos en el ámbito de la sombra proyectada por la Ilustración donde las ciencias son la prolongación de la esencia humana. En definitiva, la antropología es una teoría de la personalidad y encierra todas las ciencias que, por eso motivo, se relacionan con el hombre pues todas implican una explicación de su estructura y función en el mundo, en la sociedad. Tanto la antropología como la sociología representan una "comprensión" de las ciencias. Si Blondel buscaba el sentido de la vida en el sujeto, Weber lo busca en la ciencia misma, o sea, en la unión entre el sentido subjetivo y el objetivo de la conducta humana. Toda acción de los individuos son actuaciones ante los demás. Por tanto, todo es antropología y sociología aunque Weber se vuelca más en esta última. Cuando en 1903 como consecuencia de su enfermedad Weber tuvo que abandonar la docencia que, pasados unos años, reanuda en Munich como sucesor de L. Brentano, entonces escribe su obra titulada Metodología de las ciencias sociales y de la cultura. Desde ahora hay que hacer el reajuste científico y lo que era antes predicado y objeto en el método ahora se convierte en sujeto. La antropología y la sociología de la ciencia se transforman en el centro de ella. El hombre como individuo y como sociedad se convierte en la interpretación de todo discurso científico. La historia, la cultura, el hombre, se presentan como el tipo ideal de la construcción científica. Todas las ciencias se producen en el marco de la cultura, del hombre y de la sociedad. La teología es antropología cristiana en forma de cultura y la antropología es teología en forma de cultura. La teología fundamental es la vanguardia de la antropología y esta, a su vez, es la retaguardia de la teología.

7.1. Sociología antropológica

La antropología es una de las ciencias sociales o ciencias del espíritu. El relieve epistemológico que tiene la sociología en M. Weber en relación con las demás ciencias, se concentra en su función "comprensiva" (die verstehende Soziologie) en el sentido de que todo conocimiento (y por tanto el conocimiento del hombre) tiene una condición o mediación sociológica. Algo así como decir que la sociología es la madre y el origen de todas las ciencias porque es la teoría de la acción del hombre. Se trata de dar sentido a la acción humana. Tiene, incluso, su decisión moral. La determinación del carácter moral de la acción individual viene causada no tanto por su sentido subjetivo, sino por su aceptación social. Con esto quiere decir Weber que la ciencia tiene que estar limpia y descontaminada de ideología, de religión, de politización, de la naturaleza, de escuelas o sistemas. Los antiguos dadores o concesionarios de sentido a la ciencia y a la antropología ya no vienen de esas fuentes habituales (ideología, naturaleza, Dios, religión) La sociología es el estudio de las ideas y de la cultura en la historia. En ese sentido, la antropología formaría parte de la sociología pues la conducta de los individuos depende de la conducta de los demás y se dirige y es dirigida por ella. La conciencia social es un componente del sentido de la acción individual. Solo lo colectivo es real sustituyendo el behaviorismo individual por el social. El grupo es el sentido y la explicación de la acción del hombre. El método es lo que diferencia a una ciencia de otra, a la antropología de la sociología. Para que la sociología antropológica y cultural tenga el rango de ciencia tipo bajo el signo de la racionalidad, la acción humana tiene que cumplir cuatro características todas en función de la racionalidad aludida. La antropología social de M. Weber debe tener, en primer lugar, una finalidad racional, es decir, tiene que prevalecer el fin sobre los medios (unos medios orientados a unos fines). En segundo lugar, toda acción tiene que estar presidida, impulsada y dirigida a unos valores. La jerarquía de valores define a una civilización. En tercer lugar, tiene que ser afectiva, asumida, querida y continuada como tradición, sintiendo el amor de pertenecer a ella. Sentirse comunidad, vivir la solidaridad en igualdad, compartir la pertenencia mediante la participación. Por último, la acción humana tiene que tener una orientación hacia la comunidad, hacia la sociedad. Con esto se comprende el apelativo de racionalismo para la cultura occidental. La razón ha conducido el proceso de la antropología cultural durante toda la historia. Racionalidad, axiología, solidaridad y cohesión social son las cuatro dimensiones del proyecto antropológico y cultural de Max Weber.

7.2. Antropología religiosa y ética económica

M. Weber es más conocido entre nosotros por su obra La ética protestante y el espíritu del capitalismo. Veamos su pensamiento acerca de la religión y de la moral en el marco de su comprensión de la sociedad. La filosofía de la religión sufre aquí un giro muy importante que se ha podido llamar ascética intramundana. En primer lugar, existe una relación entre el capitalismo y las tres religiones monoteístas como son el judaísmo, el catolicismo y el protestantismo. La religión deja de ser un sentimiento que se produce en la esfera de las representaciones individuales y se convierte en una dimensión esencial de la sociedad, una estructura colectiva. El trabajo y la profesión no son influidas o afectadas por la religión, sino que son la religión misma Se ama, se adora, se honra, se reza a Dios trabajando, invirtiendo, transformando, aumentando y creciendo las riquezas del mundo. La profesión y las tareas temporales de los creyentes constituyen otra forma de misión y de "practicar" la religión. Lejos de las teorías medievales donde el modelo de ascesis consistía en la paradoja de retirarse del mundo para salvarle, ahora es la implicación del creyente en el mundo para realizarse como tal trabajando y ejerciendo la profesión correspondiente como forma de religiosidad. Así se puede entender la moderna noción de secularización positiva. Hay que transformar el espíritu del capitalismo mediante la ética cristiana. Esto se hace con la actividad económica, pero también con la participación política en el ordenamiento de la sociedad en espíritu y en justicia. La política también tiene su "ethos" donde se realiza la misma transferencia antropológica. No es que la religión nos empuje a entrar en política, sino que la política es una forma de actitud religiosa cumpliendo las exigencias de racionalidad (ética de los medios y fines) y respeto a los valores de la sociedad. El poder, el dominio, la lucha, el mandar o la burocracia no es el núcleo de la acción política, sino la ordenación de los valores y de los fines en la acción incluyendo el valor de la nación y de la historia. La política consiste en que los gobernantes sean conscientes de los fines de una sociedad y persigan los valores y los ideales para ser llevados a la práctica de la convivencia por los ciudadanos. No consiste en ocuparse de los aparatos de los partidos y de la ingente burocracia. Este es el ethos racional de la política Compromiso y responsabilidad ética en política.

8

El puesto del hombre y de la antropología en Max Scheler

La incubación de la antropología moderna desde la filosofía y fenomenología del sujeto se manifiesta ya abiertamente en la obra de Max Scheler (1874–1928). Es un pensador del que se puede decir que el tema del hombre es un tema de salida y no tangencial, residual, derivación o resultante. Es un tema más explícito y sistemático que discurre a largo de sus conocidas obras tituladas El puesto del hombre en el cosmos (1927), El ocaso de los valores (1915) y De lo eterno en el hombre (1917). A pesar de su muerte prematura en Frankfurt am M. pudo dedicar lo mejor de su filosofía a organizarnos una nueva antropología cristiana que, por falta de tiempo, ha quedado incompleta. En palabras de Heidegger, Scheler fue el pensamiento más vigoroso de la filosofía alemana en ese siglo. Gracias a él, desde los años 90 del siglo xx hemos asistido a un renacimiento de la antropología filosófica como disciplina e interpretación. Se habla o se denomina antropología filosófica a una "subdisciplina" o saber acompañante y concurrente de la reflexión global o intercientífica sobre el hombre a lo largo de la historia que comprende la misma historia, como decíamos al principio de nuestro estudio. A la formación de este espacio de antropología dentro de la filosofía, colaboran la psicología, la biología, la etnología, las ciencias naturales, la sociología, la tecnología y las ciencias de la evolución y de la cultura. A todo ello, la filosofía aporta el método fenomenológico como análisis y conclusión, estableciendo una unidad indefectible entre fenómeno percibido y realidad ontológica o existente. A su vez, en esta antropología filosófica se cruzan muchas direcciones del pensamiento actual como son la filosofía del sentido de la vida, existencialismo, la fenomenología, la filosofía de la cultura, estructuralismo y materialismo histórico, teoría del los sistemas, filosofía del lenguaje. De este concierto antropológico no pueden quedar ausentes las ciencias de la religión que tienen que reconstruir las preguntas más definitivas e importantes sobre el hombre proporcionadas por la teología y la fe.

La moderna antropología religiosa se asienta, igualmente, en un modelo metafísico, es decir, en una ordenación y graduación de los seres, como hace el cristianismo interpretando la narración del Génesis. Así es como hay que entender la antropología de Scheler, situando al hombre en el lugar que le corresponde en el mundo. No tanto del mundo físico, sino del mundo de los seres. Es una antropología ontogenética que va desde lo más elemental y básico de las cosas hasta las cumbres del espíritu en el hombre donde se entronca toda la comprensión y la actividad religiosa. El espíritu va a ser la esencia del hombre y por él se constituye en una realidad abierta al mundo mediante el cuerpo y a Dios in-mediatamente por él mismo, o sea, sin mediación. La autocomprensión del hombre es un problema porque el mismo hombre es un problema para sí mismo y esta problematicidad intrínseca del hombre llega a su cenit en el pensamiento actual. El intento y la preocupación de hoy por definir al hombre recogen todos los intentos científicos, filosóficos y teológicos de la historia. Antropología metafísica o la pregunta por la esencia del hombre que, en Scheler se diversifica en tres apartados: una tipología histórico-espiritual del conocimiento del hombre, una ontología fenomenológica y esencial del hombre que nos conduzca a su identidad y diferencia irrenunciable y, en último lugar, una antropología comparada entre los niveles biológicos de la vida animal hasta la esencia del espíritu en el hombre que constituye su posición especial en el mundo.

a. En cuanto a lo primero, o sea, la tipología histórica y cultural del hombre, comprende el concepto que tienen de él las religiones, a saber, el judaísmo y el cristianismo. En la cultura judeocristiana, el hombre es la imagen de Dios caída, debilitada, distorsionada y confundida por el pecado. En el siguiente periodo cultural greco-romano el hombre es definido como un animal racional. Luego llega un periodo sobre la noción dinámica y activa del hombre como "homo faber" (la antropología tecnológica) autor, creador e inventor de instrumentos, impulsando una nueva configuración del mundo, de la ciencia. A continuación viene la antropología secular de la Ilustración con la autonomía moral de la razón y el ateísmo de la neutralidad del Estado democrático en el tema de los valores.

b. Según la explicación ontológica y esencial del hombre, este es para Scheler, ante todo, una persona en la línea de la tradición y del pensamiento agustiniano, cuyo centro es el espíritu y la mayor actividad, peso o movimiento es el amor de Dios y para Dios. En este sentido, Scheler alude al dualismo antropológico y radical del hombre enfrentado donde el cuerpo lucha contra el alma y el alma contra el cuerpo. Cuerpo y alma son, desde el punto de vista metafísico, dos dimensiones iguales (Wertneutralität y Wertfreiheit) con idéntica dignidad y necesidad ontológica, en un espacio dialéctico donde la carne presiona al espíritu y este es presentado como el más débil, el impotente que adopta formas de sublimación, de negación, de huida, de represión y de rechazo siendo un asceta o enemigo de la vida. Un filón de ideas que explotará Nietzsche para acusar al cristianismo de religión anti-natural o moral prohibitiva y represora.

c. En la antropología participativa de la vida que comparten plantas, animales y hombre. La vida es movimiento y tiene diferentes grados o niveles, de acuerdo con el pensamiento de Aristóteles a lo que se llama biología. La antropología biológica comprende la situación y trasmisión físico-orgánica del hombre. El problema de la antropología descriptiva se centraría en la conocida división de las funciones o prestaciones de la razón teórica y razón práctica. Kant le dio otro sentido como razón pura y razón práctica o moral. Inteligencia teórica o racional e inteligencia creativa o poética (la poiesis griega) o instrumental que diría la Escuela de Frankfurt. La tradición greco-latina de la razón como Logos, Nous, en Scheler se denomina Espíritu, pero considerado como algo nuevo en el proceso evolutivo de la vida. El hombre es un espíritu encarnado y constituiría la posición del hombre en el mundo, cerrando el paso a toda concepción materialista y natural del hombre. Esta sería la antropología metafísica basada en la categoría del espíritu como propio del hombre en la que se fundamenta su distancia del mundo aunque siga siendo un espíritu abierto al mundo que Heidegger transforma en la fórmula de ser-en-el mundo como algo esencial al hombre. El espíritu es lo más significativo del hombre y avala su posición original y especial en el mundo.

8.1. La antropología material de los valores

Con Scheler, el eje del humanismo o de la antropología cambia y toma su orientación de la moral, de los valores y de Dios. Esto no significa prescindir del fuerte racionalismo de la época. Tomando como inspiración el título de la conocida obra de Scheler "El formalismo en la ética y la ética material de los valores" podemos intentar un trasvase de dicho planteamiento a la antropología para distinguir en ella una antropología material y una antropología formal. Ahí comienza el personalismo moral. Evidentemente, estas ideas están en el ámbito de influencia de Kant para quien toda ética material es algo espurio, rechazable y debemos optar por la defensa de una ética formal, derivada de la conciencia como imperativo. Por otra parte, nos encontramos con la existencia material de los valores (que no es lo mismo que existencia de valores materiales) o sea, unos valores con contenido y trascendencia objetiva. Habrá que demostrar que el hombre, la persona, es el mayor bien o valor material de la vida. Pero la aproximación a la antropología cristiana de Scheler no hay que hacerla por vía metafísica, sino ética y sociológica. Ya hemos visto cómo la antropología era un subsistema de la sociología en Max Weber. Ahora la antropología de Scheler es una derivación de la ética. Todo gira en torno al tema de los valores. Mientras que en Nietzsche se desarrolla todo a partir de un resentimiento contra el cristianismo, en Scheler hay un impulso positivo de dicha visión cristiana del mundo. El hombre, la antropología, la moral, los valores, el cristianismo ya no son un experimento en Max Scheler. Mientras que en la genealogía de la moral en Nietzsche operaba el "sentimiento del resentimiento", la caída, la inversión o perversión a la hora de identificar los valores cristianos, en la construcción de la moral de Scheler actúa un impulso positivo que busca los modos y los grados de la variabilidad en la historia de los valores morales distinguiendo entre moral y ética. La moral es un sistema, la ética es el grado absoluto de los valores. La ética son valores objetivos y la moral son apreciaciones, orden y sistematizaciones de los valores (formas históricas de valores). De ahí la investigación sobre el formalismo en la ética y la ética material de los valores. Los valores, para Scheler, son objetivos, materiales (contenido real), pero hay que formalizarles través de la conciencia. Eso lo hace la ética absoluta. La antropología material de los valores se resume en el amor, tema al que llegaremos más adelante.

La definición del hombre que se realiza desde la ética formal de los valores y que comprende el puesto del hombre en el cosmos, su posición en el ser y su situación frente a Dios, parece ser el núcleo principal de la filosofía de Scheler, aunque parezca que el tema central sea la ética. Ya sabemos que, desde Kant, la moral tiene un "sentido práctico" (pragmatischer Hinsicht) y abarca a todo el hombre, a toda su conducta como conciencia y espíritu. Por tanto, en el fondo, la moral en Scheler es una antropología pues se centra en la vida interior y emocional a la que se aplica el método fenomenológico dotando de consistencia objetiva y trascendental la actividad humana a la que se llama "materialidad fenomenológica" de la existencia de la conciencia. Luchar contra el formalismo de la ética en Kant, no significa favorecer una ética material del hedonismo o de la felicidad. Es convertir al hombre en ese contenido de la felicidad, de los valores, de la conducta. Porque dentro de la formalización de los valores está también su jerarquización, su orden de preferencia en cuyo vértice está el hombre. Esta es la puerta de entrada de la ética en la antropología. Las sensaciones humanas son convertibles en valores mediante la fenomenología, por lo cual, todos ellos son de naturaleza antropológica. Esta labor fue continuada por Dietrich von Hildebrand.

8.2. Estructura moral del hombre

Fruto de esta visión o explicación del hombre es la graduación de los sentimientos que se establecen en la filosofía de M. Scheler. La vida es sentimiento y la ética sigue la estructura y el orden de los sentimientos que es el orden del ser. Así, pues, en el hombre nos encontramos con esta jerarquía de los sentimientos establecida en los seres. El hombre es una síntesis de dichos sentimientos (Gefühle) que responden y corresponden a la misma jerarquía de los seres. La referencia sigue siendo el pensamiento antropológico cristiano y la graduación da el siguiente resultado: primeen el tiempo y en el espacio. Son movimientos sensoriales de choque y encuentro con el mundo físico, las terminales del hombre en cuanto que se alarga y extiende fuera de sí mismo. Son energía psicosomática. A continuación vienen los sentimientos más biológicos y orgánicos, más vitales o de supervivencia. Estos adquieren ya un sentido de unidad re el hombre donde interviene todo el complejo humano y llevan una doble dimensión de finalidad e intencionalidad. Su ámbito de actuación es más amplio y social pues se pueden producir intercambios y comunicación entre individuos. Estos sentimientos vitales establecen ya una personalidad histórica y constituyen la subjetividad extensiva, estableciendo una matriz cultural pues son comunes a una gran parte de los hombres. En tercer lugar y, entrando ya en las profundidades del alma, superando el dualismo antropológico, nos encontramos con las afecciones o sentimientos reflejos del yo unificador. Estas percepciones del yo son las responsables de la intimidad o interioridad que siempre ha formado parte de la antropología cristiana. Finalmente, Scheler reserva el último grado de sentimientos, el más perfecto, a las actividades de la persona que denomina espirituales e, incluso, metafísicas o absolutas, donde hay que colocar la comunicación religiosa con Dios. Son los sentimientos más profundos y más superiores a la vez que rodean y delimitan por dentro al yo personal

A este esquema de sentimientos le corresponde un esquema de valores que, por tanto, son, igualmente, antropológicos. La correspondencia entre la escala de valores y la graduación antropológica que Scheler resucita tiene que tener consecuencias para entender al hombre. A la referencia constante de la esencia y de la estructura esencial (cuerpo y alma) hay que añadir ahora la relación del hombre con todos los estratos de la vida como parte fundamental de su definición en sentido evolutivo, biológico, físico, psíquico, histórico, espiritual, social, cultural. La necesidad de unir ética y antropología le parece a Scheler una urgencia imperiosa. La antropología de Scheler nace de esta línea histórico-cultural a la que hay que dar una respuesta y unir la antropología teológica con la griega, con el laborismo renacentista, con la Ilustración secular, con la modernidad. Ese es el grupo de ideas sobre el hombre que se ha extendido en Europa.

8.3. Nivel absoluto de la antropología

Habiendo transitado sobre los orígenes de la antropología en Scheler y asistido a su nacimiento e impostación en la ética material de los valores (objetivos) debemos recorrer ahora el siguiente tramo que llamamos metafísico, fenomenológico, trascendental o absoluto. Ahí se encuentra el nivel satisfactorio de la antropología que perseguimos. A estas alturas del siglo XX, espíritu es igual a persona. El espíritu es el puesto especial del hombre en el cosmos. Todos los niveles del ser, todos los signos de la vida son acumulables en el hombre, pero el nivel espiritual es propio y exclusivo del hombre. Es el único nivel del superhombre, concediendo algo al concepto de Nietzsche. De la mano del espíritu en el hombre llegamos a la conciencia religiosa y moral en la construcción de la antropología cristiana. Solo decimos que el espíritu es superior a la vida, pero no que sea independiente de ella pues existe una comunicación. La paradoja del espíritu está en que puede ser fuente de progreso, pero también de ruina y decadencia. Por ello, la antropología de Scheler no puede ser tachada de espiritualista al modo habitual, alejada y desinteresada de la realidad material. Muy al contrario, el espíritu es el responsable de todas las relaciones o afecciones consistentes del hombre. El espíritu es como un lazo o enlace del hombre con su entorno metafísico y espiritual. El hombre, es, en primer lugar, un espíritu abierto al mundo, lo que significa que el espíritu ejerce su naturaleza como ser libre no obedeciendo a la solicitud orgánica del mundo o del hombre. La conducta animal es diferente a la conducta espiritual. Aquella obedece a impulsos, Esta obedece a la conciencia. Esto exige una capacidad y condición diferente al mundo o a los demás seres vivos afectados por él. Así entramos en el orden de la determinación en la que el hombre no está determinado por objetos, sino por sí mismo lo que constituye su característica de sujeto. Esto conforma la autoposesión y disponibilidad en la responsabilidad. El espíritu coloca al hombre, igualmente, en un plano por encima del tiempo y del espacio. Es lo que conocemos como la abstracción espiritual. En la estructura piramidal de la antropología de Scheler, el espíritu pertenece a la cúpula del hombre que está constituida por la persona en su aspecto de sujeto libre y unitario. Dicho sentido de unificación que tiene la persona, se ejerce en el dominio y armonización de las múltiples tendencias que interactúan en el hombre.

8.4. Del espíritu a la persona

Del espíritu se pasa a la persona que es la existencia concreta del espíritu en el hombre individual. Todo espíritu en el hombre es persona y no hay espíritu impersonal. Lo contrario a él es la cosa. La dialéctica ahora comienza al comparar la función o la actividad del espíritu personal frente al cuerpo. Esta condición del espíritu como persona en el hombre se transfiere a todos sus actos y relaciones que son personales y que transcienden al tiempo y al espacio en el sentido de una mayor duración y continuidad. Lo más importante es hacer descansar en la persona toda la carga de intencionalidad de la conciencia fenomenológica de Husserl en cuanto externalización solvente del objeto de todas las percepciones. Este mecanismo fenomenológico de la conciencia se refiere, en primer lugar, a las operaciones psicosomáticas como son el amor, el pensamiento, las ideas, la voluntad y la libertad. La persona es posesión y pertenencia en el sentido de que los actos son "míos" y se responde de ellos. Más que titularidad hay que hablar de esencialidad. La persona es sus actos y viceversa. Por otra parte, la persona unifica la sucesión de dichos actos en el tiempo dándoles una unidad esencial más allá de su separación o producción en el tiempo. Tampoco se puede ceder a la tentación del empirismo diciendo que la persona es la suma de sus actos, pues ella es anterior en esencia y en realización a ellos. Sin embargo, no se puede pensar en una existencia de la persona como algo vacío y preparatorio, anterior a la realización de dichos actos pues se puede decir que la persona no existe "sin" los actos propios de ella. Para Scheler, la esencia de la persona es la tensión existente entre potencialidad (lo que puede hacer) actualidad (lo que hace) e intencionalidad (el fin con que se hace). La esencia de los actos están ya en la persona (potencia) y ésa apunta la existencia de dichos actos (intencionalidad) cuya existencia en correlación se garantiza en ella por la actualidad. La identidad entre persona y acto o la falta de distancia entre ser y hacer nos conduce a la comprensión de todo el personalismo y humanismo cristiano de nuestros días. Persona y espíritu son lo mismo en el hombre. La vida en su grado más alto se une al espíritu para crear los valores trascendentes. A eso lo llamamos persona moral, sujeto, conciencia, libertad y responsabilidad. Ello supone una conciencia recta, formada, limpia y madura que no se limita a reproducir conductas o ideales ajenos, sino que crea los valores propios por encima de toda lógica o legalidad psicofísica de la naturaleza o del cuerpo. El cuerpo nunca es la medida final para evaluar la categoría moral de los actos de la persona. La imputación o adscripción de responsabilidad se produce cuando existe correlación entre espíritu y valores. La antropología inconclusa que dejó M. Scheler debido a su muerte prematura, no pierde la fuerza del argumento fenomenológico que algunos colocan en su primera etapa de pensador moderno de l filosofía.

8.5. Metafísica y antropología de la libertad

Retomamos la perspectiva metafísica y personalista para encarar el tema de la libertad en Scheler. Libertad es capacidad, es poder. Pero la metafísica de la libertad (poder) va unida a la moral de la libertad (deber), es decir, la experiencia del poder tiene que compatibilizarse con la obligación del deber. No se pueden confundir ni reducir una a la otra. No es por la vía de la voluntad que también es fuerza y potencia como se va a entender el tema de la libertad. En ambos casos, la libertad tiene esas dos dimensiones a las que hemos hecho referencia: la dimensión metafísica o libertad de... y la dimensión moral o libertad para... Ambos aspectos son recíprocos: se es libre porque se persigue un valor, el fin engendra el poder pues ser libre es ajustarse a esa finalidad moral del uso del poder. El motivo determina la libertad y no viceversa. Los valores crean o determinan la decisión de la conciencia y no es la conciencia quien elige o determina los valores. La ética es anterior a la antropología. La libertad es generada por el espíritu en el sentido de liberación, entrando a formar parte de la dialéctica sujeto-objeto. El espíritu se afirma como algo libre cuando pone distancia entre él y las cosas ejerciendo su capacidad de "idear", abstraer, trascender y universalizar el mundo en sí mismo, en su esencia subjetiva. Ser sujeto es decir a las cosas tú eres objeto y no puedes determinar la conducta del espíritu lo cual implica una gran esencia de la libertad. Dicho brevemente, espíritu significa libertad. Estamos en el corazón de la antropología contemporánea pues el hombre es un espíritu que tiene subjetividad y personalidad. Como sujeto tiene conciencia de las cosas o conocimiento, conciencia de si mismo o reflexión y objetividad. Como persona, el hombre tiene previsión del futuro, fijación de finalidad o intencionalidad, determinación de valores y la libertad. Así transcurre la antropología del siglo XX entre neokantismo y fenomenología.

La libertad, como la persona, está abierta al mundo. Esto significa que el medio no determina a la libertad, sino que esta impone sus valores a las exigencias del mundo. El principal acto de libertad es el amor que actúa como descubridor y contenido de valores dando valor a todo lo que se hace por amor, volviendo a la idea agustiniana. Los valores son los que forman las diferentes culturas pues tienen una aparición sucesiva, histórica, a lo largo del tiempo, de los individuos y de los pueblos. Lo que cambia es la intensidad y la percepción de dichos valores por parte de la conciencia. El descubrimiento de nuevos valores constituye al líder, al héroe, al modelo como ejemplo a imitar por la sociedad. La autonomía moral de la que habla Kant se convierte en una "filonomía" pues el amor es la ley de leyes y el valor de valores. El amor en el mundo tiene una definición comunitaria pues se ama co-amando con los demás, unos a otros, en la reciprocidad que dice Nedoncelle y, sobre todo, en la reciprocidad de Dios. Todos somos amantes en Dios y somos co-amantes con él.

8.6. La fenomenología de la religión

Así podríamos denominar la filosofía de la religión desarrollada por nuestro autor en su obra De lo eterno en el hombre y que, junto a El puesto del hombre en el mundo y La caída de los valores, forman una trilogía antropológica como indicábamos al principio. El tema de la religión es tratado por Scheler en el último tramo de su vida. Quizá pudo influir el tema de la muerte de Dios tan obsesivo en Nietzsche. La antropología religiosa en Scheler no obedece a un espiritualismo clásico. La gran significación e influencia de nuestro autor en la construcción de la ética de los valores, en la filosofía y antropología de los sentimientos no puede ensombrecer su aportación a la experiencia religiosa del hombre, tan combatida en su tiempo, mediante su fenomenología de la religión. No existe disonancia entre su teoría ética y su pensamiento religioso. Su figura, su fuerza racional ha condicionado largamente la cultura de nuestro tiempo. Estamos en una antropología cultural cristiana y en una teología fundamental comprendidas en la doble dimensión del hombre como naturaleza vital y esencia espiritual. Dios une y resume en sí mismo al espíritu y a las cosas. A pesar de que el espíritu es débil (ohnmacht) sin embargo hay que esperar una progresiva "espiritualización" o reconversión del universo. Por ello, el hombre es un Dios en camino, en evolución (werdender Gott), el advenimiento o el nuevo nacimiento de Dios. El hombre es el lugar y la residencia de esta encarnación o transformación divina. No por ello alejamos la metafísica de la religión que tiene su asiento en la filosofía del Absoluto. La experiencia religiosa figura como el sentimiento más primitivo, original e independiente del hombre porque se vincula al espíritu absoluto y trascendente. Esto, desde el punto de vista de la psicología, se vincula más con el momento de la muerte. La religión no "salva" o libera de la tragedia del mundo ni al mundo de la tragedia. La filosofía y la religión se intercambian mutuamente en el sentido de que la religión es el fenómeno, el "factum" más universal de la experiencia humana. La religiosidad no es postmoderna y está muy cerca de la psicología y de la antropología contemporánea. La prosperidad económica, el bienestar material, la revolución intelectual o cultural no han enterrado el espíritu religioso de la época, sino que le han acentuado pues religiosidad no significa espiritualidad. Por el contrario, creer es dotar de sentido a la vida, orientar la ciencia y el conocimiento, fortalecer a la razón, aportar seguridad y confianza al hombre.

Como en el tema de los valores, también el Absoluto tiene un contenido "material" u objetivo. Esa materialización del Absoluto tiene que hacerse a través del hombre, en especial, del espíritu. El hombre sigue siendo la medida de Dios. Saltamos en la alegoría del Dios como Absoluto al Dios como ser Supremo. Dicho ser determina al hombre y le impulsa en sus aspiraciones, afecciones y decisiones. Dios es el espíritu que impulsa, aprieta o empuja (Geist-Drang) comenzando por la creación y por la finalización del mundo. Entre dichos impulsos están las ideas (la "deitas" o idealización de Dios) y los valores o sublimación de El. Esta presión ejercida por el Absoluto sobre el hombre es el componente de la inquietud religiosa donde situaba San Agustín el problema religioso del hombre. La religión es el encuentro de ese doble advenimiento: el de Dos al hombre y el del hombre hacia Dios.

9

Antropología cristiana en la cultura del siglo xx

Iniciamos el acceso y comprensión de la antropología cristiana desde el escenario cultural y de las ideas del siglo xx en Europa principalmente. Optamos por la denominación de esta cultura como humanismo cristiano o personalismo metafísico, superando el existencialismo narrativo o descriptivo del hombre realizado por otras escuelas. Tenemos que atender a varias fuentes de la filosofía personalista como forma cultural de la antropología cristiana. El recorrido histórico está delimitado por los encuentros y confluencia de las corrientes filosóficas siguientes. En primer lugar, todo el peso de la antropología antigua y cristiana con el concepto del hombre como sujeto personal. Retomada la filosofía del sujeto desde Descartes y pasando por la insistencia en la filosofía del yo de Fichte, llegamos a la dimensión trascendental de la razón y del pensamiento en Kant que inspira la fenomenología del espíritu utilizada y aplicada por Husserl con la vuelta al ser de las cosas. Por otra parte, se incorpora la filosofía de lo concreto en su vertiente existencial, a veces, trágica de la vida humana. Acudiendo de nuevo a la ontología aplicada al hombre nos encontramos con una extensa metafísica de la persona, ya bien entrado el siglo xx con lo que completamos el humanismo moderno. Ese el momento cronológico y metodológico en que emprendemos nuestro análisis de la antropología personalista que llega hasta nuestros días.

Llegados aquí podemos emprender un análisis diversificado del pensamiento antropológico más reciente distinguiendo dos áreas de máxima aplicación. En primer lugar la correspondiente a la desarrollada en el ámbito de la cultura alemana y, en segundo lugar, la protagonizada por autores de influencia francesa. No hay tantas diferencias entre ellas sobre todo teniendo en cuenta que ambas contemplan la misma situación de decadencia del pensamiento en la Europa de entreguerras. Por esa misma circunstancia, la preocupación es la misma, salvar al hombre y sus ideales de los que puede salir o una catástrofe destructiva alimentada por el odio y el enfrentamiento o una civilización basada en la paz, en la comunidad de valores, en la cooperación y en fraternidad universal. Ellos acompañaron con el pensamiento y la razón el sufrimiento de la sociedad europea dotándola de principios y convicciones humanistas. Si el hombre había arruinado al hombre, este mismo hombre tenía que redimirlo y recuperarlo.

10

La antropología personalista en Alemania

Nos situamos en el movimiento neokantiano del que bebe y vive la filosofía en Alemania durante estos últimos años. Nuestra referencia y punto de partida es Martin Heidegger que tiene una gran influencia en los pensadores y autores actuales, incluidos los existencialistas, pues algunos se sitúan al margen de los planteamientos más metafísicos, entregados a una filosofía literaria, adoptando en sus obras el género del teatro. Algunos teólogos católicos de la Alemania de la postguerra (Rahner, Ratzinger) han sido previamente discípulos de él y seguidores de su filosofía en una mezcla de existencialismo cristiano muy acorde con las pretensiones de la teología fundamental cristiana.

11

Martin Heidegger y la antropología

11.1. El hombre arrojado en el mundo

Generalmente asociamos el pensamiento y la filosofía de Heidegger (1889–1976) a su preocupación por el ser y las condiciones del mismo, como un nuevo Aristóteles, en especial la temporalidad. Sin embargo, no hay que esperar mucho para encontrar las alusiones a la antropología. Su posición hay que buscarla en la línea continuista de la fenomenología de Husserl y en la preocupación por la condición humana. El abordaje de su antropología tiene lugar desde la conocida obra Sein und Zeit (Ser y tiempo) perteneciente al primer Heidegger, antes de sus avatares por la simpatía y coqueteo no disimulado con el nacionalismo, a pesar de estar casado con una mujer judía, en su etapa de rector universitario. Depuesto primero y restituido después a la cátedra en Basilea se acentúa su preocupación por temas antropológicos, pero siempre desde la fuerte metafísica. La conocida dualidad entre ser y conocer parece haber terminado puesto que el hombre es y su mismo ser es conocerse a sí mismo. La existencia coincide con la conciencia del hombre. Ser es comprender. Todo lo demás, que rodea al hombre, permanece en la oscuridad excepto la determinación de la muerte. El hombre es un ser arrojado en el mundo y un ser para la muerte. La constitución fundamental del hombre es un ser-ahí pues se le ha dado el ser. La arrojabilidad del hombre forma parte de su esencia. La existencia humana consiste en su ubicación ontológica o posición del hombre (Befindlichkeit), como dis-posición y dis-ponibilidad para el encuentro. Esta localización existencial comprende y define la relación del hombre con el mundo, conmigo mismo y con los demás. En toda esta antropología metafísica no es necesario colocar la antropología religiosa en una parte de ella, separada o añadida, aunque al lado, sino que toda antropología existencial es, al mismo tempo, religiosa, una relación del hombre con Dios que pasa a ser una dimensión constitutiva del mismo, de tal manera que dicha relación forma la existencia fundamental. La relación con Dios es parte de la comprensión del hombre.

La existencia es el centro del ser del hombre y no solo una circunstancia. El hombre no es una cosa, sino una esencia donde se decide su ser como relación consigo mismo. En dichas relaciones se interioriza y se exterioriza o se manifiesta su existencia pues el hombre es el cuidador o el pastor del ser y el lugar del comprender. La esencia del ser humano es ser-en-el mundo y ser-con-los demás. Esta ontología fundamental conduce a la antropología fundamental pues el ser del hombre es una relación esencial consigo mismo que se manifiesta en el ser como horizonte del conocer. De la unión o coincidencia entre ser y conocer surge la existencia humana como posibilidad y angustia pues dicha existencia nos aboca a la muerte donde termina toda temporalidad y posibilidad del hombre constituyendo su finitud. La muerte determina al tiempo, entra en él, pues pertenece al futuro, pero está ya presente. A esta formulación de la existencia humana se le denomina cuidado (sorge) o preocupación por el ser. La preocupación como unión entre poder ser, arrojabilidad e individualidad es también parte de la esencia del hombre. A la preocupación como dimensión de la existencia humana hay que añadir el sentimiento de culpabilidad que anida en la conciencia. La individualidad corre pareja con la esencia pues cuanto más se es, más individual o propio o "mío" es el ser.

Igualmente, la temporalidad es una dimensión importante del hombre en Heidegger. El tiempo es la unidad entre el pasado, el ser actual y el futuro como horizonte y posibilidad del ser. La muerte, como decimos, entra en el tiempo para determinarlo condicionarlo pues en la esencia del tiempo entra la mirada del futuro al pasado y viceversa. El tiempo es disponibilidad del ser pues el ser es esencialmente caduco y finito. Tanto el mundo como el tiempo forman parte de la arrojabilidad o disponibilidad del ser humano. La angustia pertenece igualmente, a la esencia del hombre. Es una experiencia única en la que el hombre siente ya a la muerte antes de que llegue en el tiempo y convierte la existencia humana en un algo pasajero y provisional. La muerte es la posibilidad y el horizonte más personal e intransferible pues nadie puede morir vicariamente, suplantar o morir en representación de otros. La contemplación de la muerte propia es la llave de la temporalidad del ser-en- el mundo. La esencia interior del hombre, que unifica todas las estructuras del ser, es la temporalidad. Ella es el espacio y el horizonte donde se consigue la comprensión de sí mismo.

11.2. Esperar a Dios en Heidegger

Mi filosofía es un esperar a Dios, decía Heidegger a sus interlocutores refiriéndose a la distinción entre el Dios de los filósofos frente al Dios de los teólogos. Tampoco es bueno que la antropología "haga esperar" a Dios o sea que Dios espere entrar en ella. Sabemos, por la teología, de dónde viene la idea de Dios, pero la antropología nos tiene que despejar el futuro de ella. Nuestro autor realiza un análisis muy fino del pensamiento humano en relación a Dios y al ateísmo moderno. Está, en primer lugar, el pensamiento reflexivo, después el pensamiento calculado, a continuación, el pensamiento confiado y, finalmente, el pensamiento valiente para enfrentarse a la pregunta por Dios. Interioridad, cálculo, confianza y valentía son las actitudes antropológicas de cara al problema de la religión. La verdad de Dios o la fe son una provocación intelectual en medio de una cultura del progreso tecnológico y del neomarxismo. La religión no es ninguna receta, pero el ateísmo tampoco. No olvidemos, como hemos dicho más arriba, que Heidegger se inspira en el idealismo del Dios camino del ser (werdenden Gott) siempre dirigiéndose y llamando a la razón. Dios está entre "el ser y el tiempo" explicando y condicionando la temporalidad y la ontología humana. Dos es el advenimiento del ser en el tiempo. Las categorías de la antropología religiosa de Heidegger siguen siendo las mismas: el hombre como ser arrojado o ser en el mundo ante su finitud y decadencia, el ser para la muerte, la preocupación del ser y por el ser. Un paso más en esta antropología religiosa de Heidegger es su concepto de "cristianidad" (Christlichkeit) como ciencia positiva de la fe. Esta ciencia de la religión debe ser distinta a la filosofía. Más aún, dentro del contexto kantiano, él ve a la teología como una ciencia práctica que investiga la existencia cristiana para los que creen. Toda teología cristiana –opina Heidegger- es una cristianización de una cultura y filosofía anterior comenzando en Grecia.

A la vista de los acontecimientos que supuso la II Guerra Mundial, Heidegger acusa a la teología de una gran comodidad al ocuparse solo del Dios abstracto y de cuestiones académicas. El "Dios ha muerto" de Nietzsche no lo ve como un grito de ateísmo, sino como un esfuerzo por buscar a Dios criticando a los que le presentan como el único principio en el vértice del orden moral olvidando que existen otros valores intermedios que pueblan y embellecen el mundo y que merecen la pena ser buscados. Los pensadores ateos están lejos de Dios, pero no libres de Dios y están más cerca de Él que otros que se consideran creyentes. Algunos autores de la época pensaban haber encontrado una variante del cristianismo. Comenzaban por criticarle y terminaban proponiendo una alternativa. Creían conseguirlo mediante una nueva ontología religiosa. La fórmula cultural era muy sencilla y antigua: Dios ocuparía el lugar del ser Era otra duda metódica en relación con el problema de Dios. Se consideraban fundadores de una nueva religiosidad. Tampoco Heidegger confiaba en la guerra de las religiones. Desde una ateísmo que no lo es, Heidegger emigró a un teísmo ontológico que tampoco lo es. El hombre es un ser-en-el mundo y un ser-hacia Dios.

Resumiendo esta excursión sobre la actitud antropológica de Heidegger de cara a la religión, un discípulo suyo, Karl Löwith, en su escrito "Mi vida en Alemania antes y después de 1933" dice de Heidegger que fue católico de nacimiento, jesuita por educación, protestante por rebeldía, dogmático y escolástico por ejercicio del magisterio, un existencialista pragmático por experiencia, un teólogo por tradición y ateo por investigador. Nuestro autor tuvo una formación teológica y permaneció fiel a ella. Cuando designa al hombre como pastor del ser, a la verdad como iluminación y epifanía o como auto revelación a la luz de la existencia, lo que está haciendo Heidegger es una teología postdoctrinal y postsistemática. Los teólogos fueron los primeros que pusieron a Dios entre el ser y el tiempo. También se puede decir que Heidegger pasó de la teología a la ontología naciendo la onto-teología que resulta una aceptación del principio de la trascendencia. No se puede decir, pues, que el pensamiento de Heidegger tenga una abstinencia teológica. Dios es el dios desconocido de los griegos. El Dios de los cristianos es el ausente aunque sea el último presente.

12

Humanismo y cultura en Romano Guardini

Seguimos buscando pensadores y testigos del siglo xx que hayan realizado la transición cultural del cristianismo a la antropología. Permanecemos en el centro del asombro y la perplejidad pues no sabemos si son mentes que acercan la filosofía a la fe o creyentes que adaptan la teología a la cultura de su tiempo. En ambos casos se trata de una antropología cultural cristiana. El hombre no cambia, pero la autoconciencia y autopercepión varían según las categorías de la época, incluido el lenguaje y la expresión. Algunos elevan el cambio comparándolo a un giro copernicano en el tema del hombre. Es aquí donde se afianza la idea de una teología antropológica como perfil atractivo para la presentación de la fe y del dogma tradicional en la Iglesia. Autores como Romano Guardini (1885–1966) fueron conocedores e intermediarios de ambas dimensiones. Pensaban en filosofía, pensaban en teología y realizaron una síntesis de ambas disciplinas dando lugar al fenómeno de la interpretación cultural como una fundición del diálogo y de las categorías entre filosofía y teología. En definitiva, esta generación buscaba la fórmula de unir Dios, hombre y mundo, en una única visión. La antropología, en cuanto unidad científica, les servía como puente y estructura mediadora. Por ello, decimos que su esfuerzo iba dirigido a la búsqueda de la unidad y totalidad de la ciencia derivada de la unidad del espíritu. Sabían que la perspectiva puramente racional no era suficiente y había que incorporar la exigencia ética y los principios de acción y de los valores.

12.1. La persona según Guardini
Vamos a ir directamente al problema de nuestra antropología. Si hasta ahora hemos hecho memoria histórica del hombre, ahora tenemos la formulación contemporánea del mismo que gira en torno a la metafísica de la persona. Podemos hablar de un tiempo nuevo para la antropología. Se habla ya directamente de una antropología cristiana. En su obra "Welt und Person. Versuche zur christlichen Lehre zum Menschen" (Mundo y persona. Ensayo de una teoría cristiana sobre el hombre) Guardini no esconde el compromiso de hablar del hombre desde el cristianismo, desde la teología sin rehuir los planteamientos de Heidegger en torno al hombre como ser en el mundo. Desde el mundo (inmanencia) se puede realizar el salto a Dios, a la trascendencia pues el hombre es un ser en relación. Nacido en Verona, Italia, y ejerciendo su labor docente en Alemania (Bonn, Berlín, Tubingen y Munich) nuestro autor conocía bien el mundo de su tiempo y nada invitaba al optimismo. Las conferencias de Berlín tienen lugar entre 1933 a 1939, unos años decisivos en la configuración de la política con las nubes del nacionalismo radical y totalitario cubriendo el cielo de Europa. El hombre no es un ser cerrado o encerrado en sí mismo, no es un bloque de la realidad, satisfecho y autosuficiente. No es una figura que se desarrolle en sí y por sí misma, sino que debe abrirse y trascenderse más allá. Hablamos de síntesis. Tanto la ontología antropológica como la autonomía del sujeto en la Ilustración concurren en una visión cristiana del hombre La filosofía kantiana y el existencialismo, unida a la psicología de la nueva ciencia, tienen que ser confrontadas con la conciencia más original del hombre como es su "creacionabilidad" por parte de Dios. Este concepto lleva implícito la grandeza del hombre, su trascendencia, pero también su finitud y limitación. La existencia humana está cerca de Dios, a un paso de Dios, pero igualmente al borde de la nada, del no ser. Esta es la suerte o la tragedia del ser humano. La existencia humana es un ser para la muerte o para la vida.

Para entender el sentido del hombre hay que partir del espacio del mundo donde el hombre es un ser que está ahí. La posición del hombre en el mundo es una situación ontológica bipolar. Tiene dos direcciones: hacia dentro, interioridad o profundidad y hacia arriba o sus alturas. La dirección del espíritu es siempre los valores. La dirección interior del hombre es la autoconciencia de sí mismo, su personalidad y hacia arriba es Dios de tal manera que la mundanidad del hombre está limitada hacia dentro por la nada y hacia arriba por Dios. Pero la personalidad no está en la posesión del yo, sino en el encuentro con otras posesiones o pertenencias de sí mismos, con otros "tu". Solamente en el encuentro con el otro se realiza la defensa de lo propio y una actualización del yo. Existen dos formas de preservar al yo: la salvaguarda del orden en la justicia y la protección de los demás en el amor. Salirse o contravenir normas y prescindir del amor a los demás es poner en peligro a la persona. El amor es la superación y trascendencia de la libertad pues va más allá de ella y más allá de sí mismo. El amor es la otra apertura del yo, además de la apertura al mundo. Con ellos se inicia una dinámica personal consistente en una relación o comunicación entre el yo y el tú, donde ambas se complementan. Hay formas y grados de encuentro entre el yo y el tú que van desde el amor hasta el odio, el rechazo y la agresión. Al viejo humanismo había que darle un nuevo impulso y no podía ser identificado con el catolicismo. La teología corría el peligro de ser algo elitista y una ciencia para elegidos. La forma de convertir a la teología en una visión racional o de masas era la antropología filosófica que incluía el problema de Dios entre sus contenidos. Esto lo hizo Guardini y la generación de intelectuales alemanes que repensaron la situación intelectual y espiritual de Europa tras la devastación de la Guerra. La intencionalidad de la antropología cristiana de Guardini no es tanto la obsesión por la metafísica de la persona, sino la situación creada por la contradicción entre mensaje bíblico y situación cultural y existencialista del humanismo europeo. El ateísmo mendigo, exigente y postulatorio de la modernidad y sus autores no tiene lugar ni sentido en la razón humana. El problema del rechazo de Dios por parte del hombre consiste en la representación de su libertad que se hace él mismo como algo infinito, autónomo e ilimitado. Sin embargo, la apertura y la existencia del Otro, interrumpe la mirada y los sueños del hombre de tal manera que Dios es –según ellos- el límite del hombre. La esencia del hombre no se halla en Dios creador, sino en el mismo hombre frente a Dios. La heteronomía existencial que implica la existencia del Otro como creador del hombre no anula la pretendida autonomía de la libertad humana. Sin embargo, Dios no es un otro cualquiera por ser, precisamente, Dios. Si aplicamos la fenomenología a la existencia de la persona, podemos decir que el Otro divino viene exigido por el yo humano que se convierte en lanzamiento existencial y religioso teniendo en cuenta, además, la existencia de Cristo. En definitiva, la persona se define y se decide como un encuentro. La esencia cristiana de la misma no anula esa naturaleza metafísica, sino que la profundiza pues el encuentro con Dios es causa y origen de todo encuentro. Dios es persona en cuanto se abre y se revela al hombre que le constituye como tal persona. Ser cristiano significa participar en este ir y venir de las personas entre el hombre y Dios que se realiza en el circuito del amor. Al hombre de hoy, ateo apresurado, hay que decirle que Dios no es el problema. El problema está en la verdad o en la razón del hombre. Verdaderamente el hombre es un buscador de Dios como proceso olímpico. No debe resultar difícil pasar en la antropología cristiana del "logos" platónico al "dia-logos" cristiano. El hombre es un diálogo con Dios que pone el "logos" fundamental del mismo.

12.2. Libertad entre gracia y destino

El carácter fenomenológico, dinámico y existencial del concepto de persona en la antropología de Guardini se expresa y representa en las categorías de la libertad, de la gracia y del destino como configuradores del hombre. Todo ello unido al tema de la responsabilidad forma un cuadro muy completo de la antropología cristiana en la cultura europea del momento. Las tres dimensiones tienen un asiento y origen común en la naturaleza, incluida la naturaleza del espíritu. Lo más original en la antropología de Guardini es haber unido estas tres dimensiones del hombre. De los tres, el tema de la libertad parece el más de moda. Después esos conceptos tienen que ser comparados con la historia de la salvación o de la revelación en la Biblia, de la fe, con lo que dichos conceptos adquieren una nueva dimensión que podemos llamar "pneumática" o espíritu cristiano. El hombre es, al mismo tiempo, todo eso, es decir, libertad, gracia y destino. La libertad es decidirse por Dios, (creer a Dios) lo cual es una gracia y prepara el destino de la libertad y del destino eterno del hombre. Con ello se va a desembocar al tema de la libertad cristiana en sentido agustiniano. El hombre en tanto es libre en cuanto es liberado por Cristo. Los tres conceptos están unidos en la antropología cristiana. El tema del destino del hombre es muy actual y la experiencia histórica nos indica que va unido a la libertad. El hombre tiene en sus "manos" su propio destino decía el Renacimiento. La aproximación al concepto de libertad tiene una vertiente moral y psicológica. Evidentemente no todas las acciones del hombre nacen en la libertad, sino que también existen impulsos y tendencias. Muchas cosas suceden como consecuencia de la función de los órganos o la biología o de la psicología. Por otra parte, el hombre también puede planificar y decidir su futuro. Demasiadas veces el hombre renuncia a vivir libremente y sigue las determinaciones. Sin embargo, no podemos renunciar a la estructura moral de la conducta y todo acto del hombre es acto del Yo que es el punto de partida de todo acontecer. Esta derivación del hacer humano, al margen de tendencias o instintos, lo llamamos persona. El gran mérito o esfuerzo cultural de nuestro autor consiste en recibir la herencia del concepto de libertad y aproximarla a las preocupaciones de la sociedad actual uniendo la vertiente existencial, fenomenológica y trascendental. La libertad y la persona consisten en la autoposesión o pertenencia propia sin depender de nadie, sin ningún extrañamiento, alienación o desposesión, pero abierta al diálogo con Dios en la trascendencia o superación de sí mismo. En ello consiste la mayor dignidad del hombre como persona individual. A pesar de los actos aislados o sucesivos, la persona permanece una y única a través del tiempo. El problema de la libertad, la gracia y el destino del hombre tienen que ser entendido como una unidad de ontología personal coincidente. Son tres procesos en el interior de la persona. La libertad es gracia y es destino. El destino, por su parte, es libertad y no puede entenderse como algo a esperar o sobrevenido, sino que está ya inscrito o implicado en la misma libertad y gracia.

Sin embargo, la antropología de Guardini no se agota con la cuestión cultural de tarifa plana, sino que, como hemos defendido a lo largo de nuestro estudio, hay que encontrar el hecho diferencial cristiano del hombre a lo que nos obliga la historia y la herencia recibida. Este diferencial antropológico cristiano se aplica a la filosofía, a la teología, a la libertad y a la política en plena discusión sobre los intentos absorbentes y eliminatorios de los procesos de secularización o movimientos de liberación que se dan en la teología de nuestro tiempo.

12.3. Antropología y democracia

En busca de la integración cultural del cristianismo, la antropología, la filosofía, la libertad o la democracia cristiana no hay que entenderla, según Guardini, como un "añadido", no es un "plus" accidental o variable, sino como una derivación racional intrínseca. Ese es el carácter fenomenológico de este ensayo. Se comienza por abajo, por la biología y se termina (mejor no se termina) en el Absoluto que es Dios. Lo mismo sucede con el tema de la libertad que comienza en el individuo, pero que trasciende a la comunidad. En el escenario social y europeo en el que vive y enseña Guardini, la idea de libertad y democracia estaba muy deteriorada y distorsionada. Por eso, el esfuerzo de los intelectuales por dotarla de fundamentos y principios fue muy necesaria y bien recibida, apoyada en todo por la sociedad y por la comunidad educativa. El abanico de opciones y posibilidades no era demasiado amplio pues Europa se movía entre individualismo, liberalismo, capitalismo, totalitarismo. El potencial democrático del cristianismo estaba sin descubrir. La antropología cristiana no puede frivolizar el concepto de democracia que se ha tomado como algo banal o accidental para la fe. La democracia para los cristianos no puede ser ni un sentimiento subjetivo, ni una representación folclórica, sino una exigencia de la razón profundamente convencida de sus capacidades y muy acorde con la idea de libertad llegando a ser una convicción moral. La democracia es un bien, al margen del uso que se haga de ella. Dicha condición moral de la vida democrática en el cristianismo actual se entiende perfectamente por su vinculación al concepto de persona y de individuo que tiene lugar de la manera siguiente. Cada persona es única y existe una sola vez, irrepetible e intransferible y, como tal, le acompaña el derecho y el deber de participar con su originalidad exclusiva en la configuración de la sociedad. La personalidad individual tiene que configurarse a sí misma y trascenderse o volcarse en la comunidad de la que tiene que regresar otra vez a sí misma mediante la solidaridad. Por eso es capaz de asumir responsabilidades y delegarse en ellas. Todo esto conlleva un nuevo valor de la libertad consistente en la armonía entre el sentido individual y comunitario de la existencia personal.

Superada la cuestión de la compatibilidad teórica entre antropología cristiana y democracia, la generación de pensadores como Guardini ha hecho otra aportación cultural muy importante en nuestro tiempo. Los cristianos deben actuar en política y contemplar la lucha por la libertad y dignidad del hombre como una tarea y un compromiso desde la fe y por la fe. La legitimidad de este planteamiento justifica, igualmente, la presencia, la militancia y el apoyo de los creyentes en partidos y organizaciones sociales de inspiración cristiana aunque sea a título personal, pero representando y actuando de acuerdo con los valores evangélicos y la ética cristiana. Ese fue el planteamiento general de la cuestión a la altura de una determinada época en la historia de Europa. Con el paso del tiempo y a la vista de los partidos que configuraban la oferta de actividad política, se vio la conveniencia de unirse los cristianos en una sola formación para hacer frente a la progresiva descristianización de la vida política. Después se ha apuntado la idea y la posibilidad de que los creyentes puedan militar en otros partidos, pero sigue siendo difícil encontrar alguno entre ellos cuyo ideario y programas no contengan grandes dosis de ateísmo si no de persecución activa y directa de los principios cristianos, haciendo muy difícil la participación en ellos.

13

Convergencia de la persona en Urs Von Balthasar

La búsqueda e investigación sobre la noción de persona no está terminada y sigue siendo una tarea y una preocupación constante de la antropología cristiana contemporánea. Este esfuerzo y desafío lo vemos encarnado en la figura y en la obra del autor y teólogo suizo Urs von Balthasar (1905–1988). La dialéctica y el problema de una definición de la persona residen en su carácter de individualidad o singularidad, pero también en la multidimensionalidad o multilateralidad (Vielsichtichkeit) que convergen en ella. Es otra expresión de la estructura cultural de la antropología cristiana. Por una parte hay que recoger y continuar los elementos de la tradición occidental, pero por otra hay que aplicar una observación participante (como se dice actualmente) en las corrientes culturales de hoy. ¿Cómo podemos establecer una noción universal, étnica y cultural, de persona si decimos que es algo concreto e individual? La convergencia de estos dos planos va a exigir esfuerzos y distinciones. Pero dicha dialéctica ha sido una preocupación constante en la antropología cultural y cristiana de todos los tiempos. Ya quedó apuntado en su momento la aportación del cristianismo para defender el valor de la singularidad humana llamada persona y dignificar, así, la experiencia de la vida individual. A la vez, es necesario dar una validez y legitimidad universal a todas las cualidades y dimensiones singulares en busca de una igualdad conceptual de todos los hombres no solo como especie biológico-animal, sino también como unión metafísica y trascendental que llamamos espíritu. Con ello no queda dañada ni deslegitimada la condición irrepetible en la definición de persona. Todo esto puede resumirse en las dos corrientes señaladas: unos (los griegos) se han preocupado más por la "ontología" de la persona y otros más por la "relación". La primera corriente se pregunta por la esencia (qué soy yo) mientras que la segunda se interesa por la existencia (quién soy yo). La persona no estaría en el modo de ser, sino en el modo de existir. El estudio del hombre por parte de von Balthasar está diseminado en numerosos artículos recogidos e incluidos en sus Obras Completas publicadas por el Instituto Religioso laico fundado y presidido por el mismo von Balthasar. Tanto el tema del hombre como el tema de la historia revelan un conocimiento por su parte de las corrientes filosóficas actuales, principalmente existencialistas. Nuestro autor quiere desentenderse un poco del dualismo natural- sobrenatural (estudiado por H. de Lubac en la conocida obra "Surnaturel") y aprovechar la unidad de procesos de la fenomenología situando la filosofía de la religión o la antropología cristiana en esa continuidad que significa la inquietud o deseo de Dios por parte del hombre. Dios es la plenitud y realización del hombre dentro del hombre siendo la trascendencia culminación de la inmanencia. Esta es la nueva teología que da paso a una la nueva antropología.

13.1. El desplazamiento antropológico

Estamos asistiendo a un cierto movimiento contrario en nuestro ensayo. Si muchas veces hemos tomado el pensamiento filosófico o racional de un autor y le hemos analizado y conducido hasta las puertas del fundamento de la religión o del pensamiento sobre Dios, ahora parece que hacemos todo lo contrario, es decir, entrar en los teólogos profesionales (R. Guardini, Urs von Baltasar, K. Rahner, K. Barth, O. Cullmann, R. Bultmann, W. Panenberg, J. Ratzinger) y descender al lenguaje o contenido antropológico de sus ideas o discurso sobre Dios. Lo primero era o parecía una antropología ascendente y trascendental y lo segundo una teología descendente o encarnacional. Todo a ejemplo y semejanza de lo que sucede en Cristo, de lo que Urs von Baltasar se hace reflejo con su teoría de la "hipóstasis" y de la "kenosis". Los vasos comunicantes en la antropología teológica o la teoría de la puerta giratoria. No todo es continuidad y permanencia en la antropología cristiana de hoy que llamamos personalismo. También hay algunas variables culturales que merecen ser anotadas y desarrolladas. Al tránsito ya apuntado de la esencia hacia la existencia, o sea, de la naturaleza a la relación, hay que añadir ahora el qué soy yo desplazado por el quien soy yo. La persona pregunta sobre la persona pues quien pregunta es ya persona. La búsqueda no comienza de cero pues la pregunta supone la persona. Hay una preantropología implícita. Veamos esta conversión de la antropología en nuestro autor Urs von Balthasar. No parece que haya contradicción pues para que la persona sea un ser-en-relación antes tiene que ser. Lo hemos visto a lo largo de la historia, pues no hay un antes ni un después entre la aparición ontológica y la posición trinitaria de Dios ni del hombre. La única diferencia estaría en la centralidad de la persona que, tratándose de la relación, parece que sale fuera de sí y se coloca en el tú. Al remitir la existencia dinámica de la persona al centro de relación, nuestro autor reconoce que es el otro o el tú quien activa y excita todo el valor y cualidades de los procesos personales, en concreto, el amor. Como hemos indicado más arriba estudiando la antropología de Fichte, estamos dentro de la filosofía del yo que invade el siglo xx. El reconocimiento del yo conlleva una sensación de oscuridad y misterio. Al yo no se le puede conocer totalmente, pero se le concede una función de soporte metafísico como sujeto que une y unifica todas las acciones de la persona. Es la llamada teoría hipostática. Con ello se cumplen y convergen en von Balthasar dos funciones: la línea agustiniana-tomista-cartesiana del sujeto que piensa y al pensar se constituye en sujeto pensante y la línea más moderna del espíritu encarnado en un cuerpo. El yo que piensa no piensa solo pues hay muchos otros "yo" individuales y corporales que también piensan con él. Así se abre camino la intersubjetividad que será una de las características del personalismo moderno que han contribuido a hacer entre todos estos autores. En el plano fenomenológico el tú es un correlato o proyección del yo mismo o del mismo yo. Se desmitifica la antropología del yo solitario y se opta por el yo Absoluto, es decir, su relación con el ser y con los otros pues posee el mismo ser que ellos. Esto no se puede ver como una corrección, abandono o cambio, sino como una transformación o desplazamiento cultural.

Este desplazamiento de la antropología en U. von Balthasar roza el tema de la libertad. Vivir es vivir con… los demás, o sea, condicionado por ellos. La persona es una in-strucción que es una construcción hacia dentro, una construcción interior de la persona. La libertad no es infinita. La libertad creada (homo creatus) convierte al hombre en un interlocutor de Dios pues es la participación finita en la libertad infinita de Dios. Todo ello forma el juego dramático de la libertad entre el hombre y Dios. El hombre es el gran compañero de juego de Dios en el drama de la existencia de este mundo. En definitiva la existencia humana es un intercambio o encuentro de libertades pues la de Dios desciende en Cristo y la del hombre asciende en el mismo proceso de "kenosis". La noción de persona se convierte así en una doble línea de llamamiento y envío. Dios llama y envía al hombre. La voluntad y la obediencia a Dios se realizan en la experiencia de la libertad en el mundo. Esa libertad es compañera de juego de la libertad de Dios.

13.2. Persona y comunión

Así pues, no hay una interrupción del lenguaje ni de la visión antropológica del cristianismo en la cultural moderna. El paso del "logos" al "dia-logos" es un movimiento natural que ha ido madurando y ha fructificado en categorías antropológicas que impregnan toda la vida moderna como es la idea de libertad, de convivencia, de igualdad, de participación, de democracia, de comunión y solidaridad. Estos son los beneficios colaterales del personalismo cristiano. Teología y antropología están unidas por un lazo o nexo que es el ser. En la coexistencia de antropología y teología en la cultura actual nace una nueva visión sobre el hombre. En toda teología se ofrece una antropología. La irrenunciable inquietud y búsqueda de Dios por parte del hombre sigue siendo el punto de enlace entre ambas ciencias La metafísica de la dialogicidad y de la comunicación del Dios trinitario forman el núcleo esencial de esta antropología cristiana. Huyendo del atomismo ontológico, la persona es comunión y diálogo que tiene lugar en tres tiempos o niveles simbolizados en atrio, umbral y templo. Aquí hay que traspasar una pequeña frontera o distinción. Se ha hablado y se entiende perfectamente que la persona sea definida como apertura y comunión, pero lo que von Balthasar pretende es el reverso de la ecuación, que la comunidad sea entendida como persona. La Iglesia es una persona, la comunidad de creyentes forman un cuerpo, la humanidad entera forma una familia. En definitiva, existe un nosotros personal, social o colectivo. En esta demostración se esfuerza la metafísica de la persona en Maurice Nedoncelle como ha puesto de relieve la investigación del Prof. Jesús Fernández González en el estudio de la antropología personalista de ese autor. La noción de comunión no elimina, sino que transforma la idea de libertad propia de la antropología de todos los tiempos. Aquí se abre otra vía de investigación en el sentido de que históricamente se encaraba y explicaba el valor de la persona, su dignidad y consideración, profundizando en la línea de la individualidad o singularidad. Sin embargo, también la noción de comunión aporta una base para entender la necesidad de valoración de lo personal. La comunión personal o entre personas no es equiparable a la especie en el reino animal. No es la etnia, la clase o la raza. Existe una comunión metafísica e interactiva de las personas y de las conciencias individuales que va más allá de los rasgos comunes aparentes o definidores de identidad.

Desde el punto de vista de la cultura cristiana contemporánea, la noción de persona comunión o comunión como persona contribuye también a la igualdad y a la armonía y comunicación de la sociedad democrática y justa que no puede dividirse o romperse en partes. Es una de las bases del humanismo cristiano como inspirador de fórmulas políticas y sistemas de gobierno. También hay que reconocer que la relación entre persona y comunión supone la tensión dialéctica entre individuo y comunidad en toda organización política, jurídica, laboral o social. La noción de persona bascula entre sustancia y relación, pero sin exclusión. La secuencia de desarrollo y perfección del hombre sería ser, persona, comunión. Igual que la persona es el desarrollo del ser, la comunión perfecciona a la persona. La persona y la comunión no son dos formas de ser, sino la plena realización de la existencia. La persona es la perfección del ser en el mundo. La antropología de la comunión, tal como se desarrolla en nuestro autor, es una verdadera filosofía de la religión pues consigue la coexistencia del hombre, de la razón y del problema de Dios. Termina con toda dualidad y escisión en el ser y en el conocimiento. No existiría la conciencia pre cristiana por una parte y la cristiana por otra, sino que una misma y única razón antropológica percibe la revelación (la fe) y la reflexión (creación). La razón de lo creado ya es una razón o verdad revelada, un dato de fe, un misterio y, recíprocamente, la verdad revelada puede ser entendida e inducida teológicamente. Si Dios ha decidido revelarse al hombre ha sido porque previamente le ha dado una capacidad de entenderle. Nadie habla si no sabe que el otro puede responderle y, por ello, previamente, Dios ha dotado al hombre de una razón, de una capacidad y lenguaje religioso. La misma capacidad de preguntar por Dios indica en el hombre una capacidad de respuesta.

13.3. La historia como "teodrama" y lógica cristiana (Cristo-lógica)

Sin abandonar las competencias y el horizonte de la antropología cristiana de nuestro autor, tenemos que ampliar y conocer nuevas ramificaciones y aplicaciones. Nos fijamos en el tema de la teología de la historia que obedece a una lógica cristiana o Cristo-lógica. Con la incorporación de terminología musical y teatral a la teología, la historia es para él un "teodrama" o sea un escenario donde Dios actúa, representa y desarrolla la salvación. La historia es un gran compromiso y empeño de Dios con su mundo para salvarle, dotarle de sentido y de dignidad. Con la antropología de la historia pretende liberar a la teología de un corsé que le oprimía demasiado y limitaba sus movimientos y actuaciones. Liberación de la teología y derrumbe de muchas murallas y bastiones que la tenían prisionera. La historicidad o temporalidad como la ontologicidad afecta a toda la realidad y la ciencia del hombre y de la salvación. No se puede pensar en una no historicidad (Ungeschichlichkeit) de la teología o de la salvación, desprendidas de su temporalidad. Fiel conocedor de la tradición y del pensamiento de los Padres, para von Balthasar Cristo es la plenitud de los tiempos y de la historia. En El, el Logos se ha hecho historia. A partir de ese hecho, todo tiempo es tiempo de Cristo. La segunda etapa de esta teología de la historia consiste en la universalización de ese tiempo mediante la fe y la acción de los creyentes. A ellos les pertenece desarrollar la nueva creación como historicidad, temporalidad y universalidad siendo los formadores y continuadores de la medida cristológica del tiempo, de su sentido y finalidad salvífica. Existe una relación e influencia inmediata entre la temporalidad humana y la cristiana en el sentido de que todo tiempo humano es ya tiempo cristiano en virtud de lo cual, Cristo es contemporáneo, es decir, actual en todos los tiempos. Su tiempo es nuestro tiempo. Es verdad que Jesús, en cuanto sujeto histórico, vivió en un periodo de tiempo concreto y determinado de la historia, pero en cuanto que llenó y dio plenitud a la historia, trasciende esa misma limitación temporal y está presente, de forma personal, a toda la humanidad y a cada una de las personas que la forman pues es el punto concreto y el centro distribuidor de toda la historia. Cristo es la presencia, la continuidad y la universalidad del tiempo a través de un proceso de personalización o concentración en él, de la historia. Jesús es el concreto universal y personal de la historia. Los hombres de todas las épocas pueden acceder a esta trascendencia temporal o a esta temporalidad trascendente en Cristo mediante la salvación y la filiación de Dios siendo hijos en el Hijo resucitado, es decir, libre de la historia. Cuando hablamos de trascendencia de la historia realizada en Cristo Jesús no nos referimos solo a la historia en sentido abstracto y general, sino a la historicidad o temporalidad de cada uno de los hombres.

La antropología cristiana no es solo un discurso de presente, sino también de futuro. Dios y el hombre se encuentran al final de la historia por tanto la escatología forma parte de dicha antropología comprensiva. Lo exige el concepto y la extensión global de la salvación ofrecida por Cristo al mundo como sujeto trascendente del tiempo partido o dividido estructuralmente en pasado, presente y futuro. La antropología cristiana actúa como integradora de la visión lineal del tiempo de la salvación donde la sucesiva aparición de las unidades o "kairos" culmina en el último de ellos, el "eschaton" siendo la salvación final una reconexión entre promesa, anticipación y venida final y definitiva. También desde la escatología se llega a la antropología pues, además de una concepción unitaria de la historia, subyace una concepción unitaria del hombre como cuerpo y alma, o sea, persona. El ser humano está abocado a una consumación total en su ser como se proclama en la teología moderna del Concilio Vaticano II. A esta conclusión se llega por una nueva antropología filosófica y una nueva explicación de las relaciones del hombre con el mundo. Era difícil defender el valor y la esperanza en una escatología o salvación cristiana a la vista de un mundo y una Europa en decadencia y en ruina, que parecía anunciar ya la proximidad del fin debido a la catástrofe de las guerras.

14

Antropología y teología dialéctica de Karl Barth

Una profunda ruptura cultural en Europa después de la I Guerra Mundial empuja a los pensadores de la época a buscar una nueva formulación de la teología cristiana dirigiendo sus ojos a la antropología. Fruto de ese ambiente antropológico entre intelectuales alemanes del siglo xx deseosos de aproximar el mensaje bíblico y cristiano a la cultura moderna, conocemos también a un grupo de autores protestantes que realizaron un gran esfuerzo de interpretación de la fe y del lenguaje teológico en nuestro tiempo. Comenzamos por el profesor Karl Barth (1886–1968) cuya labor de investigación no está exenta de polémicas. Como sucede en otros autores y en otras épocas, el esquema o embrión inicial de la teología en K. Barth es muy sencillo. Dios es un ser abierto al mundo. El mundo es un ser abierto, creado y amado por Dios. En el camino y en el medio de este encuentro está la palabra encarnada en Cristo Jesús. El proyecto de una antropología cristiana consiste en restablecer y continuar este diálogo entre el mundo y Dios. Estos autores recogen la gran tradición que tiene en occidente la pregunta por el hombre en una época en la que su valor y dignidad estaba pisoteada constantemente por tiranías y totalitarismos. El punto de partida de la antropología cristiana es la creacionabilidad (Geschöplichkeit) y la asimilación divina o divinabilidad (Gottebenbildlichkeit) Todo comienza en la realidad de la creación que viene explicada como una deliberación de Dios consigo mismo que concluye en una decisión de crear al hombre a su imagen y semejanza, iniciando así un diálogo entre Dios y el hombre en igualdad y equivalencia. En la relacionabilidad del hombre con Dios se encuentra su esencia. Sin embargo, esta antropología lineal no puede prevalecer y el discurso sobre Dios conserva su planteamiento dialéctico en el sentido de que Dios está por encima de todo y mantiene la primacía en todo. La esencia relacional del hombre (analogía relationalis) como esencia verbal o dialogante y religiosa continúa en Cristo Jesús y en la Iglesia como comunidad de los relacionados con Cristo. La analogía o correlación ontológica entre Creador y criatura es la causa de la cognoscibilidad de Dios por parte del hombre. Y viceversa. Como dice la fenomenología religiosa, a Dios no le conoceríamos si no fuésemos semejantes a El y nuestra analogía con Dios se manifiesta en su re-conocimiento al estilo platónico. Aquí llega la antropoteología dialéctica, es decir entre Dios y el hombre no puede haber tanta semejanza como para que desaparezca la diferencia o distinción. Igualdad en la desigualdad, pero mayor esta que aquella. La cuadratura del círculo antropológico consiste en que la analogía del ser permite entender la infinitud limitada del hombre sin menoscabar la de ilimitada infinitud de Dios. Semejanza dentro de la desemejanza. Ambas dimensiones son un don o una concesión de Dios al hombre. Sin embargo, aunque las preocupaciones de Barth que reflejan sus obras, están en la línea de la teología dogmática a partir de la Biblia y de la tradición, no faltan escritos de orientación antropológica cuando escribe sobre el conocimiento y la existencia de Dios en San Anselmo o sobre la encarnación de Cristo como referencia antropológica.

La alternativa dialéctica en la antropología cristiana de Barth sigue adelante en el sentido de que la esencia, la analogía ontológica y la dignidad del hombre como "imago Dei" no son nada propio, sino concesión graciosa de Dios. Por tanto, la dignidad del hombre es una dignidad ajena, una enajenación del hombre en Dios. Esta dimensión paradójica se extiende a toda la antropología incluida la noción de libertad que no es, tampoco, propia del hombre, sino derivación y participación en la libertad de Dios. Esta es la experiencia dialéctica y de ruptura en que vive el hombre constantemente. Es el hombre luterano, desgarrado, dividido, roto y ambiguo entre el pecado y la gracia. "Simul justus et peccator" (el hombre justo y pecador al mismo tiempo) que decía Lutero. ¿Dónde está la independencia del hombre respecto a Dios? ¿Dónde la autosuficiencia? Nuestra creatividad, nuestras decisiones y determinaciones no son iniciativas nuestras, sino obra de Dios en nosotros. La imagen del hombre es la del hijo pródigo que, lejos de Dios, se encuentra pobre y perdido. La vuelta a Dios no puede ser obra de la naturaleza impotente, sino llamamiento y capacitación de Dios. La dignidad del hombre viene no solo confirmada y ratificada, sino también reforzada por Cristo Jesús. Total prioridad de la fe y de la revelación ante planteamientos más antropológicos y discursivos del hombre. Teología de la crisis, teología de la paradoja o de la palabra de Dios.

14.1. Antropología de la crisis y de la soledad

La separación radical y el extrañamiento absoluto entre Dios y el hombre en la teología protestante (E. Brunner, R. Bultmann, O. Cullmann, K. Barth, P. Tillich, W. Pannenberg) no impiden el intento serio de elaborar una antropología cristiana en ellos. No todo es brillo arrollador, religión implícita, en la antropología moderna. Para algunos, Kant es el principio del agnosticismo y neutralidad religiosa de la conciencia ilustrada. Los campos ontológicos y epistemológicos podían seguir estando delimitados y separados. Dios es Dios y el hombre es hombre. Dos mundos, dos órdenes distintos sin ninguna comunicación. Sin embargo, está la revelación, o sea, la palabra de Dios. Dios se ha abierto al hombre, luego hay comunicación y el hombre tiene que tener capacidades y estructuras de recepción y respuesta. Dicha apertura y palabra tuvo lugar primero en Cristo y podía haberse limitado a Él. Después continúa en la Iglesia. Esa es la labor de la antropología cristiana. Durante muchos siglos de la modernidad, Dios y la religión se situaban en una zona infranqueable para la razón humana. Dios era un paréntesis, una interrogación, una ecuación. Este abismo estaba salvado por la metafísica común a Dios y al hombre. El ser era el nexo, la analogía era el método y a ello se añadía la creación. Entonces el cuadro de la antropología quedaba completo. Tenemos que luchar para que el discurso antropológico cristiana del protestantismo no sea una antropología de la soledad: "Solus Deus, solus Christus, sola gratia, sola Scriptura, sola fides" (Dios solo, solo Cristo, la gracia sola, la Escritura sola, la fe solamente). Tampoco queremos una antropología negativa o del abismo religioso en Lutero que acentuaría la impotencia y soledad del hombre moderno. Para salvar esta crisis del entendimiento Barth aboga por una "analogía fidei" que ponga el acento en el valor antropológico de la palabra de Dios. Cómo hablar de Dios al hombre está solucionado en la Revelación y ahora nos corresponde afrontar el problema de cómo hablar el hombre de Dios mediante una antropología de la respuesta. Para nuestro autor, en la teología, Dios habla y el hombre responde. En cambio, en la antropología religiosa, el hombre es quien pregunta por Dios y Él responde.

Por otra parte, la antropología como preteologia no puede estar nunca sola. Si la antropología cristiana es solo antropología no es ni siquiera antropología, pues ella tiene que terminar en teología. El misterio o la pregunta por el hombre solo se responden en Cristo Jesús. Igualmente, la teología tiene que tener una finalidad antropológica pues el misterio de Dios, sin ser una razón instrumental, tiene que servir para explicar al misterio del hombre. Una cristología sin antropología estaría incomprendida y una antropología sin cristología estaría incompleta. Solo cuando la cristología contempla y explica a Jesús como ejemplo y paradigma del hombre, entonces tenemos una verdadera antropología. Dicho de otra manera, el centro de la antropología es el hombre Cristo Jesús. Entonces, la antropología cristiana viene entendida como la relación del hombre Jesús con los demás hombres y las relaciones de los hombres entre si a la luz del hombre Cristo Jesús. También aquí aparece la dialéctica tanto en teología como en antropología pues Cristo es, a la vez, el único Hijo de Dios, solo, distinto y , de otra parte, es primogénito, hermano, imagen y representante de todos los hombres. Jesús es el hombre de los hombres y para los hombres. Nosotros somos hombres, pero no verdaderos y totalmente hombres sin Cristo. Este es el sentido del evangelio, de su predicación, de su expansión misionera: hacer de todos los hombres auténticos y perfectos hombres en su plenitud. Esta dialéctica es intracristiana pues la naturaleza divina de Jesús y su naturaleza humana están en contradicción. Por eso es un misterio. La esencia fundamental de la humanidad es la co-humanidad o la coexistencia y multirelación de la existencia humana y cristiana. La esencia del hombre consiste en ser con los demás hombres. No hay antropología de la soledad individual. Humanidad sin hombres que decía Nietzsche

15

Antropología y temporalidad cristiana en Oscar Cullmann

Siguiendo la inquietud y la actividad antropológica en estos autores y representantes de la nueva teología en el escenario cultural del siglo xx, nos encontramos con la figura de Oscar Cullmann (1902–1999). Así como K. Barth dedicó su esfuerzo y reflexión a las cuestiones que entendemos forman la llamada teología dogmática, Cullmann, por exigencias de su actividad docente en distintas universidades (Estrasburgo, Basilea, París), se centra más en las cuestiones de exégesis e interpretación del Nuevo Testamento que conducen a la cristología, a la eclesiología y a la escatología. Cullmann afronta directamente la antropología con un estudio sobre "la visión moderna del hombre y el evangelio". Ya hemos aludido a la circunstancia histórica de la cultura. La conmoción y el espasmo que produjo la

I Guerra Mundial en Europa cortaron las esperanzas e ilusiones de muchos para conectar el cristianismo con la visión moderna del mundo, considerándolo como un fracaso o incapacidad de transformación. Algunos creían que los agoreros y los profetas anunciando la muerte de Dios y de los valores cristianos (Nietzsche) habían triunfado y la realidad les daba la razón. En la sospecha de que la aproximación a la lectura de la Biblia y su interpretación había sido, en la antigüedad, demasiado "ideológica" o liberal, autores como Culmann, abogaban por una interpretación más realista e histórica del contenido y de las formas en que se produce el texto sagrado y su transmisión oral. Durante siglos, el Nuevo Testamento era leído y entendido desde y para la espiritualidad, para el sentimiento psicológico. Había déficit histórico y exceso de doctrina o misticismo. Evangelio, cristología, salvación universal, futuro escatológico son todo lo mismo y forman parte del mismo y único tiempo de salvación. El evangelio es historia y es revelación, es tiempo y es escatología definitiva. Una tarea muy parecida realizó, en los mismos años, el también teólogo y profesor R. Bultmann con la teoría de la desmitologización, calificada por Cullmann como tendencia o tendenciosa.

15.1. Antropología del intermedio

Fijado el núcleo central del cristianismo en el tiempo (pasado, presente y futuro) determinado y condicionado por Cristo Jesús (historia de la salvación) se trata ahora de desarrollar la teoría teológica y antropológica que explica el tiempo intermedio, es decir, el nexo que une al tiempo pasado con el actual hasta que llegue el definitivo. Volvemos a la antropología de las épocas o de las edades del hombre. Estaríamos ante una antropología del proceso. El reflejo más inmediato de esta antropología procesal es la conocida distinción entre escatología individual y escatología universal. Para muchos, lo que nosotros llamamos aquí "entretiempo" se refiere al periodo que transcurre desde que muere el individuo hasta que llega la parusía o fin del mundo. Sería el concepto técnico del tiempo "después de la muerte". Ya es conocido el cambio de la conciencia en los primeros cristianos. Al principio, cuando la experiencia de Jesús estaba tan reciente, esperaban una escatología inmediata. De ahí las recomendaciones de una espiritualidad provisional y pasajera. Pasado el tiempo se alargaba la vuelta y se creó la conciencia de la venida o vuelta diferida en el tiempo Para esa espera se crea la estructura sacramental y litúrgica como promesa, anuncio y anticipación de lo venidero. Es la antropología cristiana del intermedio, del entretiempo que transcurre entre las dos venidas de Cristo, según nuestra forma de entender o medir el tiempo pues en Cristo no hay un pasado y un futuro, sino que todo es actualidad, momento decisivo y salvífico. En El no hay un antes y un después, sino que todo es ahora o tiempo de salvación (kairos) frente al tiempo físico (kronos). El concepto físico y lineal del tiempo alumbrado por los griegos no es el tiempo cristiano que son ciclos de salvación. La temporalidad griega no es la temporalidad cristiana que es salvación pues, para Cullmann, la salvación no se produce solo en la historia (civil, física, pagana), sino que la salvación es historia y viene de la historia y todo tiempo es tiempo de salvación.

¿Aplicaciones de esta infraestructura material (el tiempo transcurrido) a la antropología cristiana y a la vida de los cristianos? El tema de la salvación y el de la esperanza, a parte de la ya mencionada teoría escatológica. Todo tiempo es tiempo de Cristo, tiempo o momento de salvación. El cristiano se salva incorporándose a ese tiempo mediante la fe. La salvación es ya una realidad histórica decidida. ¿Qué sucede con el todavía no? ¿La espera en el último día tiene sentido, es una posibilidad de cambio real de situación o de rectificación o es solo un cruzarse de brazos inactivo "esperando" que pase la figura de este mundo, caiga el telón, se acabe la función o representación y aparezca el destino que ya estaba determinado, pero oculto a los ojos del creyente? Por lo demás, creer en la resurrección de la carne (como se confiesa en el Credo) no significa esperar la vuelta para recuperar la identidad material tenida antes de morir, al estilo griego. Para los cristianos la resurrección de los muertos significa que no solamente se nos devolverá el alma para siempre, sino que el hombre total despertará a una nueva vida distinta a la actual que podríamos calificar de espiritual. La resurrección no será algo parecido a un fenómeno para-normal, una aparición o iluminación, sino una realidad que afectará a todo nuestro ser. Seguimos en la estela de las palabras de Alfred Loisy (1857–1940) cuando dice sorprendido "Jesús anunció la venida del Reino de Dios y, en su lugar llegó la Iglesia". Ruptura o continuidad entre el Reino y la Iglesia en materia de salvación. Esto afecta a la percepción de nuestra esperanza en la salvación y a la naturaleza del tiempo de salvación

15.2. Enlaces antropológicos

En la teología protestante de Cullmann hay muchos más recursos o elementos antropológicos en torno al tema del mundo, de la historia, de la temporalidad, de la plenitud, de la inmortalidad, de la implicación o tarea de los cristianos en la configuración de este mundo. Como es sabido, la visión del mundo proporcionada por la escatología cristiana y la esperanza trascendental no dispensa a los creyentes de trabajar, ya en la tierra, por la perfección y plenitud de este orden temporal. Según ello, la esperanza cristiana no se dirige hacia procesos externos elevadores o sublimadores de la realidad temporal, sino que la esperanza de los creyentes tiene como objeto la realidad inmanente de este mundo, es decir, esperan y trabajan en la transformación y cambio de las estructuras injustas e imperfectas a la luz de la fe y del mensaje evangélico. Recordemos que T. de Chardin (1881–1955) había relacionado y unido la evolución como proceso científico con el mensaje cristiano de la perfección del mundo por el amor. El mismo K. Barth había dicho que el cristianismo actual no era fiel a Cristo y que toda la teología debería ser reestructurada y repensada escatológicamente. En la misma línea R.

Bultmann (1884–1976) abogaba por una desmitologízación de la lectura y de la exégesis del Nuevo Testamento y propiciaba una escatología presencial, una escatología actual, como clave de interpretación del mismo. Para él, la escatología no es un estadio o situación lejana o aplazada en el tiempo, de nivel apocalíptico, sino la cualidad y figura de este mundo presente y salvado por Cristo Jesús. El sentido de la historia está ya presente y actúa en ella. La fe y la escatología cristiana se integran en un mismo proceso fusionando creación, salvación, plenitud, reconciliación y esperanza cristiana. Por el contrario, la posición de O. Cullmann radica en que la salvación viene de la historia y la escatología está al final del tiempo de tal manera que ni todo es presente y ya está hecho, ni todo está por venir o por hacer. Lo más relevante para Cullmann es la tensión existente en el cristianismo entre el "ya" y el "todavía" comprendido en la fenomenología de la esperanza. La salvación hay que buscarla dentro del mundo, dentro de la historia aun sabiendo de su imperfección y de su necesidad de plenitud final y escatológica. La proyección de estas ideas, continúan entre los teólogos de la época como son P. Tillich (1886–1965) con su socialismo religioso, K. Rahner (1904–1984) con su teoría de la configuración interna del mundo por parte de los cristianos incluido el dialogo con los ateos en los que se puede descubrir un cristianismo implícito o anónimo. Lo mismo sucede con J. Moltmann defensor del optimismo cristiano con su "Teología de la esperanza" y J. B. Metz con el impulso político y misionero que desemboca en la teología de la liberación especialmente en América Latina.

16

La síntesis antropológica de Michael Schmaus

El diálogo entre fe y cultura sigue preocupando a los pensadores del siglo xx en el ámbito de la filosofía y teología alemana. Entramos en una época de gran esplendor de la enseñanza teológica en facultades, escuelas, academias, publicaciones, fruto del modelo nórdico de apoyar y subvencionar la presencia de departamentos, estudios y títulos de teología en las universidades públicas. La teología se integra en el conjunto de disciplinas universitarias. Sus autores y profesores poseen una visión del mundo, del hombre, de las ciencias naturales y del espíritu que les facilita la síntesis y la integración. Tienen delante de sí un mundo, una Europa, una civilización en ruinas a la que hay que reconstruir aportando la fuerza de la fe, la seguridad de las ideas, el impulso del espíritu. A esas alturas, la identidad de una antropología cristiana está ya fuera de dudas y es lo suficientemente fuerte como para relacionarse con otras disciplinas. Ha cesado el enfrentamiento entre fe y razón en el mundo moderno. Hablar de Dios es hablar del hombre y, a su vez, el discurso sobre el hombre lleva y termina en Dios. El pragmatismo activo del hombre es continuación de la creación de Dios. La unidad entre teología y filosofía parece más posible. Precisamente en esos años, la antropología filosófica en Alemania vive una época de auge y de esplendor con autores como Max Scheler, Helmuth Plessner, Arnold Gehlen. La antropología filosófica se abre camino como crítica y distanciamiento del idealismo alemán, del dualismo cartesiano, del materialismo dialéctico, refugiándose en la teoría tradicional de la unidad entre cuerpo y alma, lo físico y lo psíquico, lo biológico y lo espiritual añadiendo elementos nuevos, como pueden ser los juicios de valor, la ética, la religión, la relación con la tecnología y el medio ambiente. El pensamiento de M. Schmaus (1897–1993) se sitúa en el más firme conocimiento y dominio de las interioridades teológicas. Desde los estudios que hizo para la realización de la Tesis Doctoral sobre el tema de la Trinidad en San Agustín hasta la redacción de su imponente obra Dogmática siendo ya profesor en Munich, el pensamiento antropológico de Schmaus ha quedado prendado y condicionado por esa fenomenología de lo trinitario que, por otra parte, es una constante en la doctrina de los SS. Padres. Nuestro autor tuvo que hacer un movimiento de equilibrio frente al desafío de la historia o de la tradición y las oleadas de interpretaciones lanzadas por los teólogos protestantes muy críticos que hacían tambalear las torres de las verdades dogmáticas del catolicismo. La decadencia del método escolástico no acababa de ser sustituido por otro de idéntica seguridad y consistencia.

16.1. Antropología de la proyección fenomenológica

Por ello, podemos hablar de una antropología de la proyección y reflejo pues el concepto de hombre es o se construye a ejemplo e instancias del concepto de Dios. En el fondo, el objeto y destino de la teología coincide con el de la antropología, aunque partan de distintos presupuestos. El misterio del hombre arranca del misterio de Dios. El nivel ontológico que iguala a Dios y al hombre en torno al ser es la metafísica de la persona que es aplicable a ambos. En un vocabulario aristotélico tomista se hablaba de "analogía entis" mientras que aquí lo llamamos antropología de la participación personal. Para estos humanistas, toda la realidad existente se divide en naturaleza y persona. Esa es la topografía metafísica disponible en el mundo. Con ocasión de estudiar la esencia divina como persona, Schmaus realiza una fenomenología de dicha dimensión que se aplica proporcionalmente, analógicamente, al hombre en un personalismo cristiano derivado. Después de decir que todo lo existente se divide en seres naturales o seres personales, se atribuyen a la persona tres características que denominamos como que es inmanente, es libertad responsable y es capacidad de fijar fines o "auto-de-finirse". La inmanencia se explica como subsistencia propia, dependencia de sí misma, interioridad, pertenencia y posesión de sí misma. Conlleva también la independencia, la soledad ontológica. En cuanto a la mismidad personal, comprende la capacidad de impulsarse por sí misma sin necesidad de coacción exterior a lo que podemos llamar capacidad de "deci-dirse" o dirigirse a sí misma. Es la libertad. En cuanto al tercer nivel de esa ontología de la persona, decimos que la persona es un fin en sí mismo y sus acciones sirven de realimentación para ella pues buscan su perfeccionamiento. En la actuación del espíritu personal no existe transitividad o descarga de intenciones en un objeto externo a mi mismo, sino que yo soy sujeto y objeto a la vez de mis actos. En la noción de persona, lo transitivo es solamente lo trascendente como veremos más abajo.

Superando el nivel ontológico de la persona pasamos al nivel subjetivo existencial pues el hombre es un espíritu que se constituye como sujeto lo que supone una determinación y conocimiento sobre sí mismo. Entendido como un todo que forma el yo a base de entendimiento y voluntad, el hombre como sujeto personal, se posee y se autodefine a sí mismo constituyendo su identidad propia siendo él mismo la razón de su obrar personal. La continuación y permanencia de decisiones, actos y comportamientos sostenidos, forman lo que llamamos personalidad en sentido psicológico. La persona (ontología) genera la personalidad (psicología) o subjetividad existencial. La persona es la poseedora de sí misma y de sus actos. Esa realidad interior y permanente que unifica los actos sucesivos, parciales y espaciados en el tiempo, es el yo personal como único titular o propietario de la mismidad, interioridad e intimidad de la conciencia subjetiva. Todas estas características exclusivas y reservadas a la condición personal del hombre, constituyen la superioridad y dignidad de la persona que se sitúa por encima del nivel ontológico de los demás seres en cuanto a valor y poder que llamamos moral o del espíritu. En él reside el comienzo del orden moral o responsabilidad del espíritu en el hombre que no se entiende sin la trascendencia.

16.2. El acceso a la trascendencia

Indudablemente, en el proceso de inmanencia que continúa en la subjetividad, en el espíritu y en el yo ontológico o en la personalidad psicológica dando lugar a la intimidad o mismidad, esta constituye una dimensión esencial de la persona. Formando parte de la eterna dialéctica en que se instala la antropología cristiana de Schmaus, tenemos que hablar de la trascendencia como característica del concepto de persona. En el método fenomenológico que nos ocupa, la persona inmanente miraba a sí misma y se movía dentro de sí misma, es decir, del yo al yo formando la interioridad. Ahora, sin embargo, volvemos a la estructura metafísica de la "imago Dei" donde la trascendencia actúa como referencia. La persona es trascendencia en el sentido de que, mediante el amor, se supera, se eleva, se trasciende, se abre, se comunica o transfiere su núcleo esencial a otra realidad. En este sentido, tanto la antropología tradicional como el personalismo contemporáneo, hablan de tres direcciones en que se dispara la trascendencia desde su núcleo sustancial, a saber, Dios, los otros o comunidad y el mundo o la naturaleza. Son tres graduaciones esenciales del hombre que comienzan con el ser en el mundo (Heidegger) continúa en el ser con los demás para terminar en Dios. No son tres procesos parciales, troceables o separables, interrumpidos o continuos, sino un solo proceso de perfección progresiva pues lo que comienza siendo una apertura y comunicación con el mundo (mediante el cuerpo) termina en la relación con Dios en la intimidad de la conciencia pues El es más interior a mí mismo que yo mismo, en palabras de San Agustín. El personalismo moderno dirá, igualmente, que el tú forma parte del yo pues entre ellos no rige la ley del sujeto (el yo) frente a objeto (el tú), sino la relación de sujetos entre sí.

Está, en primer lugar, el hombre, la persona que trasciende a la naturaleza, al mundo. Dios ha creado todas las cosas y al final, como compendio y resumen, creó al hombre poniéndole al frente del mundo como morada, para presidirle, para dirigirle, para terminarle, para conocerle, para dominarle, para conducirle a su plenitud. Este es el sentido de la ciencia, de la tecnología, del desarrollo, de las riquezas, del uso de las cosas. Conduciendo esas categorías propias del cristianismo primitivo se llega actualmente a la teoría de la subjetivización y distanciamiento entre el hombre y el mundo. El hombre como persona representa la capacidad del espíritu para señalar lo que es sujeto o lo que es objeto diferencial frente a él.

El encuentro y distancia entre el mundo y el hombre (dialéctica trascendental) viene continuado por la trascendencia comunitaria que plantea la estructura de confrontación entre el yo individual y el nosotros comunitario. Esencia y existencia del hombre personal es co-existencia y comunicación con el grupo. Es necesario mantener el equilibrio racional e insistir, por igual, tanto en el valor y dignidad del individuo singular como la consistencia y fuerza de lo común. Lo primero puede llevar a un individualismo asfixiante y lo segundo a una masificación y colectivización despersonalizadora y mecánica. Esta es una trascendencia natural que se manifiesta en las instituciones de origen como son la familia, el parentesco, a las que siguen la raza, el pueblo, la nación y el Estado. Con ello, se cumple la presencia de la antropología como forma de todas las demás ciencias en un sentido significativo y referencial.

Llegamos así al tercer nivel de la trascendencia de la persona que situamos en Dios. La existencia humana como comunicación alcanza su máxima proyección y perfección en Dios. En esta trascendencia religiosa tenemos que aceptar más el valor de la fenomenología hablando no de entradas o salidas del yo, de dentro o de fuera, sino de interioridad y trascendencia a la vez de tal manera que podemos hablar de una autotrascendencia en Dios. Tengamos en cuenta que esta última dirección de la trascendencia en Dios es comprensiva en el sentido de que resume y comprende las dos anteriores, es decir, el mundo y la humanidad quedan transformadas y subsumidas en Dios. Significa que la presencia de Dios o la experiencia religiosa del hombre liberan y transforman el mundo al mismo tiempo que verifican o legitiman su valor indicativo y mediador. Lo mismo sucede con la comunidad a la que otrora San Agustín le daba un significado verdaderamente religioso al sugerir, en su Regla, que los monjes tenían "un solo corazón y una sola alma en Dios" ("cor unum et anima una in Deum") viendo en el acusativo "in Deum" una posible traducción no tanto "en Dios" (estático-contemplativa), sino "hacia Dios" para poner de relieve el sentido dinámico de la comunidad en la búsqueda conjunta de Dios por parte de aquellos que también viven juntos.

16.3. El origen y el destino del hombre

Nuestro autor conoce muy bien los términos de la antropología cristiana en la historia. En su voluminosa obra, ya citada, que comprende varios volúmenes con el título de Katholische Dogmatik (Múnich 1954) de la que hay traducción española de 1959, aborda el pensamiento neto y seguro sobre el hombre desde la teología. Evidentemente, el tema está vinculado al ámbito de la teoría de la creación (incluida su visión del evolucionismo como explicación científica), pasando por la cristología y vuelto a retomar en la escatología completando así la cadena de los elementos más esenciales de dicha antropología en el cristianismo. Tengamos en cuenta esta otra clase de dialéctica que hemos colocado en el título: no se trata de centrarse obsesivamente en el origen o el principio del hombre, sobre su pasado, en una especie de teología primitiva o arqueológica, sino de mirar también al futuro, al destino final, tanto individual como colectivo. Por las razones que ya hemos apuntado, la cultura, los valores y la vida en Europa estaban en peligro. Después de la experiencia vivida, no se vislumbraba futuro alguno. Si el presente era un problema, lo era igualmente el futuro del hombre puesto en peligro por el mismo hombre, o sea, su libertad. La antropología de Schmaus transita entre la fría esencia del hombre y la angustiosa existencia y es más una respuesta a esta última que a la primera. Pero no separamos tanto, hasta romper, la vinculación de los extremos, es decir, la esencia y la existencia del hombre dependen de su origen y de su destino que son componentes esenciales de su afirmación en el mundo de los seres. Dicho de forma breve, la esencia del hombre solo se comprende admitiendo su origen en Dios y su existencia solo se explica como tendencia hacia Dios con todo el significado que tiene, en la psicología moderna, la palabra "tendencia" que nos aproxima a la inquietud religiosa de otros tiempos más que a los instintos básicos de hoy. Por eso mismo, el origen determina el destino.

Esta antropología cristiana no tiene inconveniente en reflejar las ideas tradicionales sobre la lectura e interpretación del libro del Génesis en el cap. 2,7 cuando narra la creación del hombre resaltando su debilidad y vulnerabilidad que se pone de relieve en la caída del pecado original. Paralelamente se echa una mirada a los modelos evolucionistas distinguiendo dos formas: una más radical encarnada en el darwinismo y otra más moderada. El pensamiento católico de ese tiempo rechaza el evolucionismo radical por excederse en sus conclusiones llevadas más allá de la ciencia experimental e invadiendo competencias de la teología. Sin embargo, se abre camino, a partir de algunos teólogos protestantes, la posibilidad de diálogo y entendimiento con el evolucionismo moderado al que no ven incompatible con las afirmaciones bíblicas que no son científicas, sino descriptivas o narrativas en su estilo alegórico. La presencia e intervención de Dios en el origen o en la creación del hombre no queda suprimida o eliminada por el hecho de explicar científicamente la procedencia de la línea corporal o animal del hombre (antropología como etnografía) dejando a salvo la "animación" por parte de Dios que puede tener lugar de muchas maneras y en momentos o situaciones muy primitivas. Hasta el mismo hecho científico de la evolución puede ser efecto atribuible a Dios. Es lo que podríamos llamar una antropología embrionaria. Este nivel de interpretación ya aparecía en el horizonte de la teoría agustiniana de las raciones seminales o de la programación digital de la creación en la historia. Sin embargo, como veíamos al principio de nuestro ensayo, la doctrina de la Iglesia en este tema también ha variado algo sus posiciones De rechazar y recelar ha pasado a reconocer que el evolucionismo es más que una hipótesis, al mismo tiempo que la teología renunciaba a una interpretación literal del relato bíblico vigente durante mucho tiempo. En resumen, la doctrina católica admite el evolucionismo científico con tal de dejar a salvo las tesis siguientes derivadas de la narración bíblica, a saber, la intervención de Dios en la creación del primer hombre y de la primera mujer con lo que se demuestra la procedencia y la unidad del género humano. Igualmente, el origen o la procedencia del alma humana tienen que quedar a salvo de la evolución.

16.4. Nuevas posibilidades de la "imago Dei"

En esta antropología cristiana de la fidelidad y continuidad de la tradición, no podía faltar el tema central del hombre creado a imagen y semejanza de Dios según Gn. 1:26 y 9:6. Sin embargo, se pueden descubrir nuevas interpretaciones y posibilidades que enriquecen y aproximan el tema a la cultura actual. Veamos algunas de ellas.

a. Está, en primer lugar, la "imago Dei "como el fundamento de la dignidad e inviolabilidad del hombre como persona. Con ello, el hombre queda consagrado del valor, de la estima, del respeto y de la majestad propia de la derivada de Dios. Esta idea del cristianismo primitivo ha calado en la historia de las civilizaciones y ha impregnado todos los códigos y tratados legislativos referidos al lugar que el hombre ocupa en la escala de valores y derechos humanos como pueden ser la economía, el derecho, la política, la educación, el desarrollo, etc. Un Dios menor que dice el Salmo 8 y que se repite con frecuencia en la literatura cristiana de todos los tiempos. A la cuenta de esta condición hay que cargar la trascendencia, la superioridad, la sacralidad del hombre sobre la tierra. Dicha definición deberá ser compatible con la dialéctica de debilidad, polvo, ceniza y barro con que se presenta la existencia del hombre en el mundo desde el principio de la creación. Grandeza y límites al mismo tiempo, altura y bajeza, sublimidad y vulgaridad, fortaleza y fragilidad, muerte e inmortalidad. Este es el misterio inescrutable del hombre cristiano.

b. Dicha condición del hombre es algo inherente a su ser y corresponde a una cualidad metafísica que no es fruto de las circunstancia prósperas o adversas en que se desarrolle la vida humana. No va a depender del origen, de la raza, de las capacidades o dotaciones, de la riqueza, ni va a depender de los tiempos o lugares en que se encuentre el hombre. Tampoco va a depender de la condición o dependencia moral. Por muy malo, pecador o corrupto que sea una persona, es igualmente portador del valor y dignidad fundamental que acompaña a su ser creado. No obstante, la dignidad básica como ser se expresa y continúa en la cualidad moral de tal manera que la dignidad pasa a ser una tendencia, un proyecto, un ideal impulsado por la majestad inicial del hombre. Es una consecuencia de las tesis defendidas en otra parte de nuestro ensayo: el orden moral le sigue al orden natural formando la parte más trascendente del mismo.

c. Formando parte de esta dignidad inmanente del hombre está el elemento cristológico que afecta, desde dentro, a toda la historia y a la humanidad. En Cristo Jesús, la condición de dignidad de la naturaleza humana ha sido asumida y elevada a la condición de hijo de Dios. El Logos se ha ocultado, o sea, encarnado, adoptando una figura humana en la tierra para hacer más transparente, plena y asequible la dimensión antropológica de la creación y de la salvación. En Cristo se realiza el encuentro y fusión del yo humano con el yo divino. Jesús es el otro reflejo más intenso de la dignidad del hombre. En Cristo se actualiza constantemente la imagen de Dios que habita en el hombre. La semejanza del hombre con Dios por el hecho de la creación se hace más cerca, más nítida, más grande y más clara en Cristo Jesús que es el "zoom" de Dios en la historia. Esto es un proceso histórico y un discurso objetivo que no depende de la fe o sentimiento religioso de cada hombre. Es una oferta de salvación y dignificación ofrecida en abierto a todos los hombres que quieran acercarse libremente a ella. La segunda aparición de Dios en la tierra, después de la creación, tiene lugar en la muerte y resurrección de Jesús. Esto no debe ser visto o leído como algo del pasado, sino que toda la antropología cristológica representa una visión anticipada y anticipadora de la última situación del hombre. La promesa pasó a ser realidad en Cristo y ahora en Cristo resucitado pasa a ser comienzo de la realidad prometida hasta ser completada en el final de los tiempos que son los tiempos del final.

Como se ve, toda la historia de la antropología cristiana gira en torno a la valoración de la condición humana como imagen y semejanza de Dios. Durante los primeros años, la antropología de la imagen y semejanza permaneció oculta y escondida como puro dato bíblico. Fue San Ireneo quien lo aportó a la reflexión y confrontación con los gnósticos que ya ofrecían una explicación dualista.

Distinguían entre "imagen" por una parte y "semejanza" por otra. Según ellos, el hombre como imagen es o pertenece a su esencia natural, es común a todos los hombres por el solo hecho de serlo. La semejanza, a su vez, es una elaboración o perfección del hombre mediante la gracia representada en el bautismo. Apoyaban así la existencia y diferencia, a la vez, del orden natural y del orden sobrenatural. A San Agustín no le parecía mal esta dualidad y continuó desarrollándola, pero terminó unificando ambas categorías antropológicas en el concepto y en la fenomenología de la persona superadora de otros dualismos.

16.5. El encaje cultural de la antropología cristiana

También la cultura o el ambiente intelectual del siglo XX se encuentra ante el deber de explicar y encajar las pretensiones o el supuesto de la antropología cristiana basada en la condición sagrada del hombre que alimenta e inspira todos los humanismos modernos. Hay que revitalizar culturalmente la categoría del hombre como imagen de Dios. Lejos de espiritualismos angélicos, sublimadores, inhibidores de la responsabilidad del hombre en el mundo, pero también de materialismos groseros, históricos, económicos y productivos, hay que solucionar los problemas y las contradicciones de la civilización moderna. El yo humano es, desde el principio, un espíritu, pero el hombre es imagen de Dios no solo por en el espíritu, sino también en el cuerpo por formar y constituir con el espíritu el único yo humano que es la persona como realidad total y homogénea del hombre. El salto cualitativo de esta antropología cultural cristiana se produce cuando se afirma y defiende que el cuerpo del hombre refleja la imagen de Dios, despide el resplandor de su ser y figura o reverbera el valor y la dignidad de Dios en el mundo. Podemos seguir alargando la terminología. El cuerpo del hombre participa, ya aquí en la tierra, del honor y de la gloria de Dios por lo que merece ser respetado y venerado de acuerdo con dicha estimación. Hasta qué punto el cuerpo humano nos remite a la imagen o idea de Dios no se consigue a través de las formas o de la belleza en una especie de iconografía cristiana, sino a través de la razón y consideración. Frente a ello, todas las culturas y civilizaciones son testigos del sufrimiento y del desprecio que sufre la vida humana en las guerras, en las catástrofes, hambre, miserias, abandonos, en tantas circunstancias de indignidad, de atrocidades, de ofensas y atropellos que se cometen referidas al trato de las personas en situaciones infrahumanas de enfermedades, necesidades, trabajos, explotaciones, esclavitudes físicas y morales, violaciones, agresiones, torturas, humillaciones, deportaciones, persecuciones, genocidios, reclusiones. La humanidad tiene que tomar conciencia y en consideración estos principios que protegen la dimensión corporal de la persona y de la vida humana. Luchar contra todo esto también forma parte del humanismo cristiano alentado por esta antropología nada académica, sino moral, social y política. Existe mucho culto al cuerpo en nuestra época, pero también mucha violencia contra el mismo. Y todas estas ofensas al cuerpo no vienen de fenómenos inevitables de la naturaleza ante los que el hombre resulta impotente, sino que estas infracciones al valor del cuerpo vienen causadas por otros hombres. Ante los crímenes más horribles de la humanidad solo cabe una consideración antropológica y decir "esto lo han hecho hombres a otros hombres". Todos somos solo hombres, nadie es más que nadie y todos somos iguales.

Seguimos situando la antropología cristiana en el mapa de la antropología cultural moderna. Las pretensiones del desarrollo y de la técnica deberán ser compatibles y encajar en las exigencias de una ergonomía corporal y ambiental de respeto al cuerpo, a su totalidad e integridad física. Todo el peso y prestigio de la antropología cristiana se concentra en la defensa y exaltación del cuerpo humano al que se asigna dicha reflexión. Por mucho que cueste entenderlo hay un postmaterialismo en el mundo cristiano admitiendo que los rasgos divinos resplandecen en el cuerpo, dice la teoría de nuestro autor. Dichos rasgos o semejanzas consisten en el honor y la majestad, en la trascendencia y superioridad, en el poder y la voluntad soberana que forman parte del perfil ontológico y personal de Dios trasladado o participado por el hombre también en el cuerpo unido al espíritu formando la persona y personalidad del hombre. El desglose de esta integración entre teología y antropología tiene las dimensiones siguientes:

16.6. Antropología multilateral y del diálogo

La persona se distingue de la naturaleza en virtud de una superioridad, autoposesión, trascendencia, responsabilidad y capacidad de fijar fines propios al margen de las determinaciones de la materia, imprimiendo una nueva orientación al yo incluida la pugna y la contradicción con el mundo. Son distintas modalidades ontológicas que se reparten Dios, el hombre y el mundo, pero profundamente relacionados entre sí. La persona humana es capaz de subjetivizar y de objetivizar, llamando al mundo, al otro y a Dios de "tú". La fidelidad con el propio yo y la relación con otros, incluido Dios, forma el núcleo esencial de esta antropología multilateral. Porque la semejanza del hombre tiene lugar no solo con Dios, sino también con el mundo y con los demás. La fidelidad y la elección de la que hablamos tiene que ser común a los tres y la opción por uno no puede ser la negación de los otros. En la conjunción y confluencia de estas tres modalidades consiste la antropología cristiana actual que llamamos personalista o dialógica pues la existencia humana es esencialmente dialogal o dialogante. La persona crea un nuevo orden de parentesco y de familiaridad entre los seres.

Por este camino hay que llegar al concepto de individuo y preservar el valor de la singularidad personal tan importante en la tradición cristiana. La identidad, la individualidad, la particularidad, la singularidad y propiedad de cada hombre es tan grande y profunda, que no hay ninguna persona repetida, sino que todo en el espíritu es único. Uno de los errores o "déficit" del evolucionismo consistió en no tratar de distinguir entre el evolucionismo natural y el evolucionismo humano,

La síntesis antropológica de Michael Schmaus

sin haber trazado una raya esencial entre uno y otro. Se habla del evolucionismo de la especie. Pero la persona humana no es una especie, no es un ejemplar más, numéricamente hablando, una reproducción en serie, una clonación biopsíquica. El hombre, la persona no se multiplica ni se suma, añadiendo un ejemplar más a la especie reforzando el concepto de variabilidad y mutabilidad defendida por el evolucionismo moderno. Al concepto de creación hay que añadir el de creatividad y originalidad. En eso se diferencia el modelo creacionista del modelo evolucionista. El hombre creado como persona significa que cada persona es autónoma, autosuficiente, original, única e inédita. Si, como dice la ciencia, cada ser humano disponemos de un DNI biológico y diferencial en el que se asienta nuestra identidad personal e intransferible, irrepetible e irrenunciable, podremos pensar que lo mismo sucede en el campo de la personalidad donde las características individuales y exclusivas de cada uno hacen del hombre un universo propio. La ruptura del orden personal en relación al orden o evolución natural de las especies hacen que el hombre, el mundo, los demás hombres y Dios no admitan la denominación de "otro", sino de "tú". La persona es un nuevo orden de "tuidad" frente al de "otreidad" de las ciencias naturales. Esto, que se refiere a la estructura y ontología básica del hombre, se aplica también a los procesos de conducta. La característica de unicidad y originalidad del individuo descansa en la libertad creadora de actos y responsabilidades. Cada uno somos nuestra libertad. Es cierto que hay que admitir un coeficiente de universalidad o comunidad en la especie entre todos los individuos que la forman. Ello nos permite realizar estudios de base y de validez extensiva para todos como fundamento de las ciencias naturales y de la conducta. Igualmente es la razón de una moral natural, unos valores universales, unas aspiraciones generales. Pero permanece el principio de cada uno somos diferentes. La conciencia no es permeable o enajenable en muchos de sus aspectos.

La interlocución del hombre con Dios, efecto de su esencia o estructura dialógica, se realiza a través de la conciencia como ámbito y actividad del espíritu. Esta es la particularidad más exclusiva del hombre, su capacidad de poder dirigirse a Dios, poder tutearle, suplicarle, darle gracias, adorarle, escucharle y, al mismo tiempo, obedecerle, temerle. La conciencia es resonancia, sonido, silencio y palabra. Por ello mismo, es imperativo, norma, responsabilidad y mandato. Tiene su carácter dialéctico pues es, a la vez, inmanente y trascendente pues percibe y recibe algo más allá de sí misma. La infraestructura ontológica religiosa de la imagen de Dios se transforma en sentimiento religioso de responsabilidad y culpa, de inquietud y búsqueda, de hallazgo, reconciliación o depresión. Una manifestación que favorecen y cultivan las religiones positivas existentes. Todo esto demuestra que en nuestro espíritu y conciencia llevamos las huellas y el reflejo del Dios personal y trascendente. La conciencia religiosa deriva y se despliega en una gran psicología de Dios que transforma la idea de El en experiencia antropológica completa.

Esta antropología de la diferenciación individual que se refiere a la vida de las personas se puede aplicar a la muerte. Cuando uno muere no muere uno más. Ha desaparecido un proyecto de existencia personal que, como tal, no puede ser sustituido o reemplazado por otro con la misma identidad, el mismo alcance y perfil. Esa es la grandeza y la tragedia antropológica de la muerte. Cada ser vivo, cada hombre, cada proyecto personal tiene una significación única y una importancia exclusiva. En una mezcla de metafísica y psicología, a esto llama la ciencia moderna personalidad o rasgos. Esta antropología cristiana de Schmaus enlaza con la idea constante de los SS. Padres donde el hombre es imagen de Dios tanto en el cuerpo como en el alma, o sea, en la unidad del espíritu.

16.7. Procesos de soberanía y liberación

Al margen de otras significaciones de la teoría de la imagen y semejanza de Dios relativas a la configuración metafísica de la persona, esta antropología cristiana desarrollada por los autores alemanes del siglo xx, alude con frecuencia a la dimensión señorial y posición directora del hombre sobre el mundo. Dios ha creado el mundo, pero le ha dejado incompleto para que el hombre lo continúe siendo el apoderado de Dios sobre la tierra. Significa esto que el mundo no está acabado, definitivamente estructurado y que todo lo que haga el hombre, en relación con él, es para perfeccionarlo. Toda acción o intervención del hombre en el mundo lleva esta intencionalidad que es comunicar y transferir su propia imagen, esplendor y dignidad al mundo. Ese debe ser el sentido de la ciencia, de la técnica, de la investigación, de la economía, del derecho, de la producción. Esta antropología sirve también para la actividad política donde se cumple el mandato divino de ordenar el mundo, la sociedad, el poder y la riqueza en una constante obediencia a Dios. "Homo faber" y "homo orans" son las dos condiciones de esta soberanía de acuerdo con el texto del libro de la Sabiduría 9:1-12. En esta intervención y dominio, el hombre tiene que seguir siendo libre, soberano y no esclavo del mundo. El hombre trabajador (homo faber) sin el hombre orante, religioso e indigente (homo orans) convierte al hombre en siervo y esclavo de la tierra, del poder y del dinero. La libertad del hombre mantenida en su trato con el mundo, es la liberación del mundo que, comenzada en Cristo, quedará concluida cuando aparezca en todo su esplendor al final de los tiempos. El hombre tiene que poner el mundo a sus pies, pues El es el Kyrios, el Señor, triunfador y vencedor de la muerte a raíz de su resurrección, después de haber compartido el destino del hombre, pasando hambre y miserias hasta la muerte. Pero, puesto el mundo a los pies de Cristo, el hombre no se retirará, sino que participará a su lado en la gloria y esplendor, de tal manera que, sentado a la derecha del Padre con Cristo, el mundo estará también eternamente a los pies del hombre. Ese será el triunfo y el estado definitivo de la libertad y de la antropología cristiana. La soberanía no significa autonomía del hombre para configurar el mundo que tiene que ser acorde con la imagen y semejanza divinas. Si, al concluir el proceso de la creación resultó que el mundo era bueno, igual tiene que suceder cuando el hombre concluya su obra de intervención al final de los tiempos. En esta reestructuración del mundo que, hace el hombre, tiene una importancia decisiva el amor como motor y principio de perfección. Al evolucionismo de Darwin como proceso científico le falta este "plus" teleológico. Es decir, la marcha del mundo, el avance de la historia, la perfección de las especies, la selección natural no es un hecho exclusivamente animal o natural, sino también anímico, moral y de conciencia. La evolución está presidida por un fin y tiende hacia él. Dicha finalidad que fija tendencias y fuerzas reales, está puesta o señalada por Dios, por su inteligencia y planificación, primero en la creación y luego en la redención o recuperación. Se puede decir lo mismo del evolucionismo social o sociobiología en el sentido de que la sociedad es un organismo vivo que evoluciona y camina hacia la perfección de relaciones humanas y sociales que es la convivencia y la solidaridad en el amor en unos para otros.

Ya ha quedado apuntado que la imagen de Dios, que es el hombre, se manifiesta en la actividad humana en el mundo mediante lo que llamamos trabajo como participación en la creación del mundo. Las pocas palabras del Génesis I, 24-29 encierran todo un programa para el desarrollo cultural de la historia. Esto incluye el valor moral del trabajo. El trabajo es un mandato y una misión derivada de la participación en la obra de la creación. No es tanto una maldición o castigo resultado del pecado y de la desobediencia aunque él vaya asociado al esfuerzo, al dolor y al cansancio. El día del descanso, que tiene también sentido de obediencia e imitación de Dios, demuestra que el hombre no es esclavo del trabajo y que también merece una interrupción como signo de dominio y no de esclavitud.

16.8. Recogida de elementos antropológicos y conclusiones

La antropología cristiana de Schmaus, aunque suponga un enriquecimiento cultural de la misma a la altura del siglo XX, se mantiene en los parámetros de la tradición de occidente que continúa. Vamos a reparar solamente en los extremos siguientes. Está, en primer lugar, la defensa y reafirmación de la esencia del hombre como unidad de cuerpo y alma. Todo ello en un contexto dialogante. Solo el hombre como unidad puede ser interlocutor, oyente y receptor de la palabra de Dios. Por su estructura dual, el hombre también conecta con el mundo, del que es reflejo y síntesis, a través del cuerpo. La importancia e intervención recíproca de ambas dimensiones está en la línea del Génesis donde se señala que el hombre es un cuerpo al que Dios en la creación ha infundido un espíritu, un alma, de manera que el alma es el principio vital del cuerpo.

Unidos en la composición del hombre, cuerpo y alma no son iguales pues el alma es distinta a la materia y superior al cuerpo por lo que se denomina o se conoce como la espiritualidad del alma. Al ser totalmente distinta al cuerpo, hay que defender simultáneamente la diferencia y la comunicación, la distinción y la colaboración. La calidad ontológica del alma se mantiene con la palabra espíritu mientras que la naturaleza del cuerpo se llama materia. El espíritu es quien complica la vida del hombre en la tierra pues se trata de luchar contra la vida más simple e instintiva que supondría vivir solo de materia. Recogiendo, como hemos dicho más arriba, elementos de la tradición antropológica cristiana, nuestro autor asume que los movimientos del espíritu (conocimiento, amor, voluntad, libertad) son, por sí mismos, contrarios al cuerpo. Este conflicto se produce en el interior del hombre. El espíritu constituye la interioridad del hombre pues está en sí mismo y se posee a sí mismo.

En cuanto al contenido de la vida (movimiento) del espíritu de acuerdo con la estela trinitaria aludida en la antropología antigua, se cifra en las tres funciones de conocer, sentir y amar siempre en un sentido objetivo, es decir, dichas operaciones son activadas por un objeto exterior a sí mismo por el que se siente atraído el hombre y que tiene que resolver o solucionar de acuerdo con los principios o dimensiones de interioridad y trascendencia. La mayor manifestación del espíritu en el hombre es la libertad como una realidad transversal que afecta a toda la actividad humana. Ella es un componente esencial, consustancial al espíritu y no es algo concedido o añadido, histórico, prescindible, previsible o evitable. Pero nada hay absoluto en el hombre. La vida o decisiones humanas trascurren entre libertad y determinación, elección o necesidad, moral o conciencia e instinto predeterminado, principios o situación. Es la dialéctica o ambigüedad que lo invade todo en el hombre. Las limitaciones o determinaciones de la libertad humana están ampliamente reconocidas por las diferentes ciencias actuales como son la biología con el tema de la herencia, la psicología con el perfil de la personalidad, la sociología que fija las determinaciones e influencias del grupo en la conducta individual, la antropología cultural como previsiones históricas, el medio ambiente físico como atmósfera de la conducta. A esto hay que añadir la larga tradición que tiene en la antropología cristiana el hecho de incluir al pecado, al mal, como elemento de tendencia, de modificación, de contaminación, de desequilibrio y arrastre de las decisiones en el hombre. La libertad y la falta de la misma en el hombre está hoy proporcionalmente repartida en la humanidad, pero hay que seguir luchando para que exista más libertad (en cada uno) y más libertades en la sociedad. Más hombres libres y más libres los hombres. La libertad está demasiado sometida a las leyes naturales, pero también a las esclavitudes internas. Por lo demás, el hombre se encuentra siempre inmerso en un orden o, si se prefiere, ordenada a un fin. Hay que hablar de una libertad teleológica, orientada y proyectada.

Bastaría con decir que la libertad cristiana es una libertad motivada para acceder a su carácter trascendente. Por ello, toda libertad, toda elección y decisión en el hombre es racional o motivada. Los motivos de la libertad son recogidos por la antropología cristiana moderna de la manera siguiente. En primer lugar, está el deseo innato de felicidad que tienen todos los hombres. Analizando este deseo podríamos estar hablando de un "deber ser" de unas tendencias naturales que, de alguna manera, tienen que ser compatibles con la libertad. Como decían los griegos, la felicidad es el único momento esclavo de todos los hombres pues ella domina sobre todo lo demás o es un sentimiento a que todos estamos sometidos. El mecanismo de los motivos es conocido incuso a nivel psicológico. La razón presenta sus motivos a la voluntad, a la libertad que puede aceptarlos o rechazarlos de acuerdo con el deseo de felicidad y perfección. Así se comprende que no hay una transmisión automática entre motivo y elección, sino que puede haber alguna ingerencia o intervención extraña a dichos motivos racionales de tal manera que la voluntad se convierte en esclava. Puede existir una diferencia o desencuentro entre el mismo querer, pues se quiere querer o se quiere no querer. La voluntad es dueña absoluta de sus actos, pero esos actos son absolutamente voluntarios cuando son efecto de la libertad y motivados en unos valores superiores alejados de cualquier arbitrariedad y que llamamos deber.

De acuerdo con estas ideas y con la tradición constante en el cristianismo, la libertad humana se entiende como una disposición permanente en el hombre sometida a la educabilidad y desarrollo, a la fijación de hábitos, corrección de direcciones de la personalidad equivocadas y variación de actitudes. Lo que se conoce como conducta adquirida o aprendida frente a conducta fija o innata. No es una realidad estática, sino en constante ejecución y desarrollo integrándose en la existencia de la persona y dinamismo. La antropología de la libertad en construcción parece chocar con el discurso dogmático de la salvación y de la gracia o predestinación. La libertad por la libertad no es un proyecto legítimo ni atractivo en si mismo. La libertad de… tiene que ir seguida de la libertad para… Con ello se introduce la discusión sobre la libertad como perfección o la libertad imperfecta que necesita la ayuda de Dios para realizarse como tal libertad.

16.9. Individualidad e inmortalidad

La concepción dinámica del hombre como libertad no debe distraer a la antropología de los planteamientos más metafísicos que siguen siendo la base del humanismo moderno. El hombre como ser individual y ser inmortal. El valor del hombre reside en su condición de persona, pero unido a su singularidad, a su individuación. El alma individual no recibe su dignidad de la participación en la comunidad, sino de su particularidad que llamamos identidad y diferenciación al mismo tiempo. El lenguaje de la tradición va por la vía de posesión; mi alma, tu alma, mientras que el lenguaje existencialista habla del ser cuerpo o ser alma sin disminuir la vinculación o la dignidad. La antropología moderna se encuentra con la dialéctica de igualdad y diferencia. Todos los hombres son iguales, pero cada uno es él mismo y diferente. El principio de individuación tiene una larga discusión en la historia de la antropología. Para unos es el cuerpo el elemento individualizador pues parece más difícil explicar la diferencia de las almas, a raíz de esa antropología de la igualdad, semejanza y universalidad que parece favorecer los derechos humanos universales. Para otros, no resulta difícil de comprender que la identidad y diferencia de cada persona resida en el alma pues ella seria responsable de todo lo que hay de creatividad y originalidad en cada persona como realidad espiritual y moral. Huyendo de toda clonación o repetición humana, se pretende resaltar el carácter original, único e irrepetible de cada persona en su identidad y dignidad. El hombre no es un ser seriado, sino individualizado. Aquí se abre un gran problema tanto a la antropología cultural como a la antropología cristiana, a saber, en qué medida los hombres son, a la vez, iguales y distintos. La igualdad favorece la fraternidad, la comunicación y la solidaridad, mientras que la individualidad, la peculiaridad y la personalidad favorecen el respeto y la variedad, enriqueciendo a la comunidad. La diversidad de hombres, razas, y personas favorecen la riqueza de dotes, capacidades, habilidades. Todo ello entendido en el tiempo de la historia y en el espacio del universo. Tiempo y espacio son dimensiones esenciales de cada hombre que vive en un tiempo concreto y en un espacio propio y reservado no compartido con nadie. Cada persona comienza en sí misma. Antes de existir no existía y termina en sí misma pues nada existe de ella después de ella. Existencia única.

Lo misma sucede con el tema de la inmortalidad como modalidad antropológica del ser humano. Ya hemos apuntado la convicción histórica conseguida en la antropología cristiana cuando se defiende o atribuye la inmortalidad al cuerpo y al alma, o sea, a la unidad formada por ellos. Ciertamente, se ha cargado sobre el espíritu el principio de la inmortalidad del hombre, pero eso no invalida la sobrevivencia del hombre total. Ha sido necesario el impulso de la cultura actual del cuerpo para resaltar lo que ya se venía, por lo menos, insinuando en la tradición de los Padres. La resurrección de la carne. Es verdad que hay una transferencia e intercambio de términos donde el alma es el espíritu y el cuerpo es la carne. De tal manera que cuando hablamos de la inmortalidad del ama entendemos la inmoralidad del hombre entero. Igualmente parece cierto que la inmortalidad de la que se habla en el Antiguo Testamento está basada o servida en imágenes o metáforas y que, poco a poco, se hace más clara y diáfana en el Nuevo Testamento con el aval histórico y la garantía de la resurrección de Jesús. En la Iglesia, esta historicidad va dirigida a suscitar la esperanza y la confianza de los creyentes. Por tanto, el tema de la inmortalidad no obedece ya a una curiosidad teológica, sino a una fundamentación antropología de la fe y de la salvación en los cristianos y su futuro para mantener viva la esperanza hasta que vuelva. A la aceptación de la inmortalidad del alma por vía de fe se une la razón o argumento de la espiritualidad. El alma es inmortal porque es espiritual. La inmortalidad es una derivación de la naturaleza espiritual del alma humana.

Sin embargo, lo que interesa a la antropología cristiana es la experiencia y el sentimiento que se desarrolla en la conciencia del hombre a raíz de la inmortalidad.

El tema de la inmortalidad del alma no es solo un tema que pertenezca a la estructura metafísica del hombre cristiano, sino también a su responsabilidad o proyección moral que se manifiesta en forma de deseo, de deber, de responsabilidad. Desde Kant existe también en el mundo una "inmortalidad moral" en forma de imperativo de la conciencia que se guía por principios eternos. Es decir, la responsabilidad de los actos de la conciencia transciende los límites de la etapa o estancia temporal y saltan hasta la vida eterna, o sea, repercuten en la intemporalidad cristiana. De ahí nace el presentimiento moral que tiene su origen en la trascendencia de la ley moral o del deber. La inmortalidad, igual que la esperanza del alma, tiene su fundamento en la vida eterna. Para ello, no hace falta incorporar la visión jurídica de la conducta moral cristiana (el juicio final) como susceptible de recompensa, de recibir un premio o castigo. Esta antropología de la inmortalidad moral no da pie a desarrollar una moral basada en la anotación o contabilidad penal, de cielo o de infierno, de salvación o condena, de temor, de consuelo o de angustia. La vida cristiana no es una cuenta de resultados, el balance final en la relación entre el bien y el mal. No es una carrera de puntos entre pecados cometidos o vicios anotados y las obras de bien o de misericordia que se hayan hecho durante la vida, a pesar del texto de Mt. 15:35-45.

17

Antropología de la totalidad en Karl Rahner

Seguimos en el proceso de la producción antropológica cristiana dentro del contexto cultural del siglo XX en Europa, en un escenario de conceptos y de categorías o de lenguaje posterior a la Ilustración, en una fuerte secularización del pensamiento y de la razón frente a la fe y a la revelación en lo que ya conocemos como la nueva teología. Ese sería la aproximación y acceso al comportamiento del teólogo alemán Karl Rahner (1904–1984). Una nueva antropología en medio de una nueva síntesis teológica. Todo ello se puede entender como una filosofía de la religión indicando la apertura, la amplitud y la extensión de la oferta de la salvación por parte de Dios que habla, escucha, atiende y entiende a todos los hombres de tal manera que la antropología cristiana es la explicación del hombre como oyente y creyente que es la mejor forma de vivir la libertad. En definitiva, la razón dialogante como base de la religión. Su teología se convierte en una búsqueda de la evolución racional de la Iglesia como él mismo confesó. Lo que se ha llamado el diálogo de fronteras que no exige renunciar a la fe, sino aproximarla a la razón crítica de cada momento cultural o secular. Rahner, nacido en la misma ciudad de Friburgo donde nace y enseña Heidegger, es alumno de sus clases y receptor de su filosofía quedando impresionado e influido por su método existencialista y fenomenológico, o sea, por el ser-en-el mundo cuya metafísica sirve para entender la primera obra de nuestro autor titulada Espíritu en el mundo, y para explicar, igualmente, la relación entre tradición cristiana y actualidad y futuro de la razón y de la filosofía. En sus escritos sucesivos, parciales primero y en la gran recopilación enciclopédica posterior bajo el título de Escritos de Teología en 14 volúmenes, no hay tema de la teología clásica que no haya tocado nuestro autor. Desde ahora, podemos decir que la antropología no es solo una parte de la teología, sino que toda la teología está hecha en forma o interpretación antropológica, convirtiéndose no tanto en contenido, sino en método de la teología. Redescubrir el fondo antropológico del cristianismo, recuperar el sentido histórico de su lenguaje y aproximar el evangelio de siempre a la cultura moderna es la labor de cualquier estudio del cristianismo como estamos haciendo aquí. Los estudiosos de nuestro autor hablan también de un giro (Wende) antropológico de la teología en él que sigue al giro antropológico de la filosofía, especialmente, en suelo alemán. A este fenómeno aplicado al hombre como misterio contribuyen, como hemos sugerido, la influencia de la filosofía existencialista, de la fenomenología de Husserl o Heidegger, la dimensión trascendental de Scheler para alumbrar una zona o franja común entre filosofía y religión. Dos cursos permaneció Rahner como alumno de Heidegger cuyo método le cautivó y pasó a aplicar a la teología. Así se pasa de una metafísica clásica a un antropocentrismo cristiano en el estudio del misterio del hombre. Algunos lo califican de superación del tomismo por parte de nuestro autor. Llamar al hombre un misterio implica una dimensión teológica que le sitúa al nivel de otros misterios. Al misterio de Dios le sigue el misterio del hombre. Rahner está convencido de que la teología tiene que derivar en una antropología religiosa o cristiana en este caso. El tema del hombre no es un tema más de la filosofía o de la teología, sino que es el "gran" tema que revitaliza y reintencionaliza a todos los demás. Es la recentralización de la teología en el hombre como totalidad (das Ganze) estructural del hombre.

17.1. Antropología como economía de la salvación

El hombre en sí mismo, su creación, su conformación, su salvación, su capacidad de interlocución religiosa, ("Hörer des Wortes" el oyente de la palabra) es para Rahner una donación, una gracia, un don gratuito, o sea "económico". Toda la acción e historia de la salvación tienen este sentido de entrega no a cuenta de la reciprocidad o de la obediencia, sino a fondo, generosamente, sin garantía de devolución o retorno, para que el hombre construya su libertad. Todo el hombre es obra del amor de Dios que tan abundante y tan generosamente ha sido derramado en nuestros corazones por el Espíritu Santo que se nos ha dado. Volvemos así a los planteamientos originales de la antropología cristiana, o sea, la pregunta por el hombre. Dios como respuesta y la religión como experiencia en forma de esperanza y salvación. Todo esto reorganiza el proyecto del hombre dándole sentido y apoyo a la vida humana, a sus expectativas, insuficiencias, temores, inseguridades y angustias. ¿No es esto una revolución antropológica de la teología? No busquemos una confrontación entre teocentrismo y antropocentrismo. La centralidad antropológica es compatible con la teológica según quedó reflejada en el pensamiento de algunos autores renacentistas. El ser en-el-mundo de Heidegger que es el ser del hombre, para Rahner se realiza en forma de espíritu encarnado. El espíritu está-en-el mundo (in der Welt), pero por su misma naturaleza es una realidad trascendente al mundo (zu Gott) al que se dirige como una nueva centralidad. Dicha situación dialéctica del espíritu se realiza en la doble apertura al mundo y a Dios, pero en distinta dirección. El espíritu humano es la nueva "hipóstasis" o encarnación de Dios en el mundo que constituye una religiosidad fundamental y un cristianismo anónimo, implícito, de toda criatura en el mundo. El hombre como ser abierto a Dios y al mundo, o sea, el espíritu en cuanto que es apertura y diálogo. Esta disposición y trascendentalidad también es un don gratuito en el sentido economicista. Más aún, esta donación podría llegar a ser denominada como una autodonación que Dios hace de sí mismo en el hombre una autofinanciación de la salvación que redunda en beneficio del mismo hombre al ser introducido gratuitamente en el circuito de salvación.

Como ya intuía San Agustín, en la teología no puede haber interés o pregunta por Dios (el objeto) sin que se produzca, simultáneamente, la pregunta por el hombre, por el sujeto que pregunta, su capacidad, su orientación, su resonancia, su posición, su relación. En la antropología religiosa el hombre pregunta por Dios mientras que en la teología Dios responde al hombre. Más aún, el hombre no se interesaría por Dios si Dios no hubiese despertado previamente al hombre. El hombre que interroga se convierte en un interrogante mismo. Así se reafirma la radicalidad de la antropología cristiana en nuestros días. Este es el círculo religioso en el que ha girado toda la antropología cristiana. La antropología resulta ser la práctica psicológica y moral de la teoría teológica. Pero tampoco podemos admitir la linealidad epistemológica o el panantropologismo de la teología pues hay que escoger el punto de inflexión en que la antropología y la teología se distinguen, se diferencian y hasta se despiden pudiendo decir una a la otra, tú al hombre y yo a Dios. En la teología alemana está muy presente la brecha o escisión abierta por el protestantismo al hablar de Dios como el Otro, el Absoluto, inalcanzable, el inaccesible o inabarcable por parte del hombre. Ese distanciamiento debe ser salvado por la antropología. En definitiva es una teología de la sospecha que ha sido utilizada por pensadores como Kierkegaard, incluso para la filosofía del espíritu.

17.2. El punto de inflexión trascendental

Ese momento importante y diferencial está en el método trascendental aplicado a la antropología cultural cristiana. Toda la filosofía alemana está determinada por esta aportación de Kant reutilizada por Husserl en la fenomenología. Hay que salvar el distanciamiento entre teología y antropología haciendo lo que podríamos llamar el salto trascendental. La transposición cultural de la teología cristiana tendría hoy lugar mediante categorías antropológicas. A esta reflexión cristiana sobre el hombre de Rahner se le ha llamado antropología trascendental por el método aplicado, como decíamos más arriba. Dicho método está inspirado en el apriorismo kantiano como anticipación en el sujeto de la realidad existente objetivamente fuera de él por lo que supone una constitución metafísica de los contenidos del espíritu en el mundo. Aquí se nota la influencia del jesuita belga J. Marechal con su metafísica del conocimiento. El cristianismo histórico ha operado siempre con este supuesto: que el hombre es una realidad dinámica que pasa constantemente de naturaleza a persona abandonando el determinismo para acceder a la libertad, suprema perfección del hombre. El proyecto de antropología trascendental sirve también como base para una teología trascendental o sea, anticipadora y esperanzadora de lo que ha de venir en la permanente tensión dinámica en que se encuentra todo el cristianismo. El problema reside en la credibilidad. ¿Puede la consistencia de un método y la fuerza de una lógica trascendental sustituir a la credibilidad y a la convicción de la fe en el cristianismo? ¿Puede la teología como fe pura ser sustituida por la razón pura antropológica? Porque para el conocimiento del mundo se emplea la razón trascendental, pero para el conocimiento de Dios no basta y se necesita un suplemento. ¿Se puede esperar un "despliegue" de la realidad de Dios a partir del "repliegue" de la idealidad trascendental o a priori? Para la fenomenología la trascendencia significa las condiciones de la existencia de una realidad "más allá" del sujeto incluido el ámbito experimental. Dichas condiciones no hay que buscarlas solo en la modalidad del objeto, sino también en la estructura esencial o dotación del sujeto que, por eso, se llaman condiciones trascendentales residentes en él. Para la antropología cristiana lo más interesante es ahondar en la adecuación o adaptación religiosa del hombre para la apertura y el diálogo con Dios, a lo que nuestro teólogo llama estar el hombre referenciado a Dios. Esto tiene lugar en el ámbito de la palabra, pero también en el de la fe o la libertad. El hombre esta referenciado al misterio.

17.3. La libertad anticipada y categorial

Al situar la antropología cristiana en Rahner hemos aludido a su integración en la dinámica trascendental del conocimiento con su dialéctica de apriorismo, innatismo y anticipación, de repliegue y despliegue en el tema religioso. Esto sucede en el conocimiento, pero también en el resto de la personalidad cuya esencia es la libertad o la voluntad. La ontología de la anticipación trascendental afecta no solo al conocimiento, sino también a la libertad y la voluntad. En términos tomistas, la anticipación podría ser equivalente a la determinación y, por tanto, contraria a la libertad humana. La libertad en el hombre no puede entenderse como simple vacío, indiferencia o falta de competencia. No podemos olvidar que la libertad está asociada, ontológicamente, al espíritu y que, como tal, no es ni vacío, ni determinado, ni contradictorio. El espíritu es simplemente libre, o sea, abierto. Pero el espíritu tiene un límite que es la materia. Por ello, la libertad es autodeterminación y trascendencia. El espíritu se elige a si mismo y a lo que está más allá de sí mismo, lo que trasciende. Ambas dimensiones son compatibles en la libertad que ama lo que es y tiende a lo que ha de venir. En el espíritu, presente y devenir son una unidad y al elegir el presente se opta igualmente por el futuro. Por ello, la libertad es autodeterminación trascendente del espíritu. Estamos dentro de la antropología del misterio pues eso es el espíritu, el hombre, la voluntad, la libertad. Y, como dice Rahner, si hay que encontrar una palabra que defina al misterio que es el hombre esa es el amor. El amor y la liberad son tan amplias como es el espíritu. El conocer, el querer, el amar, el elegir son notas características trascendentales del espíritu. La libertad no es una posición o disposición del espíritu anterior al acto libre (potencia), sino que es el mismo acto libre que, para nuestro autor, se identifica con el amor, es decir, en toda elección o decisión libre hay un acto de amor trascendente pues se elige lo que se ama. En ese sentido, el amor como la libertad, es una estructura apriórica, universal, categorial e imperativa que no recae sobre objetos y cosas, sino sobre el sí mismo del espíritu siendo un acto interior.

También aquí la dimensión anticipada de la libertad tiene su identidad trascendental que Rahner llama libertad categorial siguiendo el sentido de Kant. Todo ello dentro del misterio que es la referencia del hombre a Dios, al Absoluto. El hombre como misterio tiene esa estructura que llamamos trascendental. Llamar al hombre misterio no significa señalar su aspecto oscurantista o desconocido, sino que indica su referencia o su relación con Dios en quien encuentra su plenitud y perfección. Al mismo tiempo, el misterio del hombre alude a la participación del hombre en el traspaso del misterio, de la absolutez e impenetrabilidad de Dios al hombre. Por ello, el misterio del hombre se reduce a la apertura a Dios. En dicha referencia consiste la posibilidad y la explicación de la existencia del hombre. Cuanto más cerca esté el hombre del irreconocible misterio de Dios más reconocible es el misterio del hombre. En ese sentido, el ateísmo es imposible pues lo trascendental y categorial del misterio del hombre es inevitable. El hombre tiende hacia él como la sed tiende al agua o el hambre al alimento en el sentido de que el agua y el alimento son la trascendencia categorial de dichas necesidades. Lo mismo sucede en el espíritu, en la liberad y en el amor. En su condición de misterio el hombre es absolutamente libre porque tiene al Absoluto como finalidad y misterio. El hombre tiende libremente a dicho Absoluto hasta que Dios decida revelarse libremente y formar así el misterio de la libertad recíproca. Esta libertad se denomina trascendente y categorial porque anticipa y reproduce la libertad absoluta en Dios. Dicha libertad del hombre es la realización histórica y concreta de la suprema libertad de Dios.

17.4. Hombre y naturaleza o el apetito cósmico

Otro de los desafíos dirigidos al cristianismo actual procedente de la cultura moderna reside en explicar su actitud frente a las ciencias, frente a la naturaleza. Distinto, superior, señor y dominador del mundo, el hombre se plantea las relaciones con él como una de las dimensiones más esenciales y decisivas en su posición ontológica. Dichas relaciones están llenas de conflictos y responsabilidades. En primer lugar, el hombre tiende a disponer y dominar de la naturaleza, pero esta se resiste a ello, se opone a ser esclava e instrumento de uso y disfrute por parte del hombre. Desde el Renacimiento y la Ilustración se ha reivindicado la dignidad, la autonomía, el valor independiente de las cosas, la existencia y consistencia de sus leyes y procesos a las que el hombre hará bien en obedecer y someterse pues su oposición y rebeldía tiene un coste. La desavenencia no es buena y hay que intentar el diálogo entre el hombre y el mundo en la nueva antropología.

Al mismo tiempo, existe también una tendencia en el hombre a dominar a esa naturaleza resistente pues en ello va su esencia y condición de soberanía ontológica. En la metodología dialéctica que estamos usando, la relación de dominio del hombre respecto al mundo no va a ser de esclavitud, sino de liberación. La libertad del hombre tiene que ser también libertad de las mismas cosas, la libertad activa consiste en librar al mundo de sus limitaciones y errores. La misma actitud adoptada por el espíritu y la libertad frente a la personalidad, la naturaleza, el cuerpo propio o las pasiones, se debe adoptar frente a las provocaciones del mundo pues también existe una "concupiscencia cósmica" o atracción de las cosas. La libertad personal se manifiesta en forma de dominio, templanza y sujeción de los instintos. Todo ello desemboca en la integridad de la que hablaba ya San Agustín. El hombre tiene una naturaleza individual, aislante e identitaria, pero también tiene una naturaleza en comunidad con ella que penetra en el yo psicológico mediante el cuerpo sirviendo de enlace. Un histórico de las relaciones entre hombre y naturaleza arroja el siguiente resultado: al principio la naturaleza y sus fuerzas dominaban al hombre. Poco a poco, a medida que avanza lo que llamamos civilización, evolución y hominización, el hombre se convierte en conocedor y dominador de la misma. Proceso de desmitologización, es decir, la naturaleza no es dios. A eso sirve la ciencia y la investigación como escrutinio de los secretos del universo. Investigar viene de invención o hallazgo de las claves de interpretación y leyes de actuación de los fenómenos. Por ello, al principio el hombre tiene un trato y noción del mundo más mitológica, sublime y sagrada que real. Con el tiempo, la ciencia sustituye a la creencia y los misterios de la naturaleza se convierten en fenómenos científicos. El escrutinio y el conocimiento del universo tienen lugar también en forma histórica, sucesiva y creciente, siendo toda la humanidad la que colabore y acumule los conocimientos adquiridos en el pasado para ser entregados, participados por las generaciones venideras. Así se explica el progreso como línea continua y ascendente de los conocimientos del hombre sobre el mundo. Abandono del sobrenaturalismo o magia y aumento de la secularización y autonomía del universo y del hombre. Las áreas de aplicación o líneas de investigación son muchas. Entre ellas se encuentran la biotecnología, la genética, la tecnología de la comunicación, la investigación espacial, la investigación nutricional, la producción agrícola y la tecnología energética o ambiental.

17.5. Hominización y socialización

Son dos procesos paralelos y antropológicos. La admiración de Rahner por la teoría de Teilhard de Chardin sobre la evolución humana, le lleva a incorporarla como elemento de su visión del hombre, del mundo y de la sociedad. Se parte de que la evolución natural (Darwing) no es un proceso exclusivamente cósmico, natural, biológico, sino que adquiere un rango y significación cultural y espiritual. El mundo consiste en un devenir constante hacia posiciones morales de desarrollo y madurez racional y espiritual. El amor es el estado o la fuerza motora de ese desarrollo y crecimiento moral del universo. A ese proceso se le llama, en la antropología cultural de Rahner, hominización indicando que el hombre se hace cada vez más dueño, señor y responsable de la marcha del universo, de sus relaciones y hallazgos científicos. Volvemos a la teoría del orden natural que no es inamovible, pero sí implícito, seminal y escondido para que la razón human vaya descubriendo sus posibilidades y aplicaciones. Ese es el verdadero evolucionismo integral del mundo al que el cristianismo moderno ha añadido este dimensión espiritual que llamamos hominización o humanización.

La reflexión o el juicio científico sobre el evolucionismo clásico no son suficientes. Con ellos, el hombre adquiere más dominio sobre sí mismo y sobre el mundo. Pero a ese hecho estrictamente científico hay que añadirle una finalidad antropológica. Es ahí donde interviene lo que llamamos evolución de la conciencia moral, pues el hombre puede usar el desarrollo y la tecnología para destruir o para mejorar el mundo y sus condiciones de habitabilidad y convivencia. Por ello, jugando con las palabras, la hominización necesita una humanización. Ambas dimensiones de la dialéctica hombre-cosmos no han terminado. El mundo tiende a ser más humano, más personal y asemejarse al hombre. El cosmos tiene sentido en relación con el hombre. La lucha continúa. El enfrentamiento se desarrolla a tres bandas: el hombre, el mundo y la sociedad. El hombre lucha contra la naturaleza y, a su vez, los hombres luchan entre sí. Por otra parte, existe el amor o apetito cósmico, el amor individual y el amor social. Tres amores hicieron tres modelos antropológicos, el amor mundano, el amor humano y el amor social, podríamos decir con San Agustín. El hombre lucha por dominar las fuerzas de la naturaleza y defenderse o protegerse de su virulencia, violencia o agresividad. Igualmente, el hombre lucha contra sus apetitos para defender su libertad. Finalmente, el hombre lucha por la paz social y el bienestar comunitario. La sociedad plural no es un remanso de paz ni se rige solo por la buena voluntad, por las buenas intenciones de las personas. Hay muchos intereses encontrados, muchos objetivos opuestos. A eso hay que añadir que los ciudadanos cambian de opinión, de partido, de alineación, de ideas, de pensamientos. Por ello, es necesario un sistema normativo, regulador, una autoridad y gobierno de las leyes.

Lo que llamamos pluralismo social no es más que el reflejo del pluralismo o de la diversidad individual. De la misma manera que el yo lucha contra sí mismo a pesar de sentir amor o apetito hacia sí mismo, de la misma manera que lucha contra el mundo a pesar de amar al mundo, también lucha contra los demás, a pesar de sentirse en comunión con ellos. Todo es proyección de sí mismo fuera de sí mismo. "Umwelt" es todo lo que rodea al hombre, el mundo o contexto formado por personas y cosas. A su vez, el medio físico y el medio social penetran en el interior del hombre para moldear su conducta y conciencia personales. Lo que se dice de la sociedad, del grupo, se entiende también de la cultura que tiene encomendada las dos dimensiones aludidas, tanto la hominización como la socialización. El mundo y la sociedad como elementos integrantes de la antropología cristiana de nuestro autor.

17.6. La escatología presente y la antropología

Una antropología cristiana moderna que mira al mundo en complicidad amorosa, mira también al más allá, a la trascendencia. No son dos miradas, sino una sola, que recorre el mundo de principio a fin. Lo que mejor define a una antropología teológica de todos los tiempos es su preocupación por la experiencia humana en todo su recorrido, incluida la muerte. Hacer del hombre el centro de interés de la reflexión y del discurso teológico significa no abandonar al hombre y acompañarle hasta el final. La muerte se convierte así no en el final, sino en el centro de la salvación universal gratuita ofrecida por Dios a lo largo de la historia. La muerte "cristiana" es un momento central en la vida del hombre de dicha salvación. Toda muerte es cristiana por dos motivos: porque tiene lugar en referencia teológico-temporal-intemporal (antes y después y siempre presente) a la muerte de Cristo y porque es reproducción, réplica y semejanza de la de Cristo. Todos los elementos de salvación que tienen lugar en la muerte de Jesús (redención, sacrificio, perdón, expiación, redención, liberación y salvación vicaria o de representación) tienen lugar en la muerte real de cada bautizado pues todos esos elementos han sido sacramentalmente anticipados en el bautismo. Según eso, la muerte no es un acto limitado en el tiempo, sino que es la plenitud interior de la vida humana al final del tiempo. Consumación en el lenguaje bíblico. Toda muerte es un signo de salvación, incluida la muerte anónima de los cristianos desconocidos o no reconocidos por no estar "registrados" en los anales del catálogo de los creyentes. El cristianismo anónimo defendido por Rahner y que no va a terminar con las misiones, concede al morir humano un valor sacramental absoluto pues ella es un signo de obediencia y de aceptación de la voluntad de Dios como condición de caducidad de la vida humana que tuvo lugar en Cristo Jesús. Con ella, el hombre entra plenamente en el misterio de Dios. La muerte como parte del existencial universal humano, explica la vida en su situación de temporalidad, o sea, de presente y futuro. En Cristo, el creyente sabe algo de su futuro, de lo que le espera, del provenir.

La muerte no es algo pasivo, sino un acto y una actividad de salvación. La muerte no se padece, sino que se hace y se celebra. La enfermedad, la decadencia, las limitaciones y debilidad, los sufrimientos, la angustia, la incertidumbre, la fragilidad o impotencia forman parte de esa estructura activa y reproductiva de la muerte del hombre. Tema muy representativo de la filosofía existencial, la muerte es incorporada a la antropología cristiana de nuestro siglo como una interpretación escatológica y forma de la vida humana. Esto significa que todas las proposiciones cristianas llevan siempre encerrada una referencia escatológica simultánea que se hace plena y explícita con la muerte que más que una salida es una entrada existencial del cristiano. El discurso antropológico cristiano, aunque sea del presente, lleva siempre una significación escatológica o futura pues el hombre es un ser esencialmente histórico. El futuro pertenece a la esencia del hombre presente. El carácter misterioso de Dios se convierte en una antropología de la posibilidad existencial para el hombre que genera la esperanza como única forma de conocimiento y certeza en la tierra. Es lo que Rahner denomina una "escatología presente" que adquiere su sentido trascendente e intemporal en Cristo.

En cuanto a la tradición antropológica sobre la unidad cuerpo-alma o la estructura psicosomática del hombre como naturaleza y persona y su incidencia en el tema de la muerte o de la inmortalidad, Rahner habla de dos aspectos de la muerte como son el corporal y el espiritual o personal. De ahí nace la pregunta si la muerte es natural o neutral sabiendo que nada de lo natural es neutral o indiferente, pues ha sido creado, inducido, formateado y reformado por Dios mediante la gracia. El aspecto natural de la muerte es la separación del cuerpo y el alma mientras que el aspecto teológico es la muerte y resurrección de Jesús anticipando la del cristiano que ha sido subsumida en ella.

18

La metafísica del personalismo cristiano

Así queremos llamar y situar a la antropología cristiana que se produce en el ámbito de la filosofía francesa, siguiendo la tradición iniciada por Blondel y Bergson y continuada por E. Mounier, J. Maritain, P. Ricoeur, J. Lacroix, L. Lavelle, R. Le Senne, G. Marcel, M. Nedoncelle, G. Madinier. Entremos en el personalismo cristiano como han entrado tantos pensadores de nuestro tiempo para elevar la antropología cultural del siglo XX a la categoría de filosofía de la religión igual que ha sucedido en otras épocas. Mientras que el llamado personalismo americano o anglosajón tiene más connotaciones psicológicas o de conducta social, el personalismo europeo, fiel a la tradición alemana, se apoya más en la metafísica del ser y del conocimiento para situar al hombre en su centro y en su altura suprema, como han puesto de relieve los estudios de Jesús Fernández González en su obra Antropología Dialéctica (1981) sobre el estatuto metafísico de la persona en M. Nedoncelle. Decía Heidegger en su Carta sobre el humanismo, que todo humanismo o se funda en una metafísica o se convierte él mismo en fundamento de una metafísica. De acuerdo con ello, todo el humanismo personalista de hoy es una metafísica. Este movimiento filosófico es el resultado de los principios y orientaciones del pensamiento señalados anteriormente como son, la filosofía del sujeto, la filosofía de lo concreto, la existencia y experiencia humana, la fenomenología como método, la trascendencia como conclusión. Todas estas presiones permiten elaborar una metafísica de la persona, sus actuaciones, aportaciones y prestaciones como son la libertad, el amor, la reciprocidad, la conciencia, la responsabilidad moral, el compromiso social y político, formando así el perfil de la antropología personalista que intentamos estudiar. La metafísica de la persona es como la fibra de la antropología cristiana de hoy. A través de ella podemos conectar y comunicar todos los puntos y terminales del tejido de la cultura occidental en sus diferentes ramificaciones o manifestaciones. Esto no significa que el personalismo sea un eclecticismo o mezcla de elementos externos a modo de un traje elaborado con retales.

Algunos autores retrotraen el nombre y la teoría personalista hasta las ideas de Kant. Hay que reconocer que, aunque el nombre sea nuevo, sus fundamentos y tendencias están presentes en toda la tradición antropológica de Occidente. Básicamente en el acervo y patrimonio cultural cristiano. La filosofía personalista encontró siempre una alianza y ayuda en el cristianismo y no se repitió, en este caso, la ruptura que tuvo lugar con la filosofía griega en otras épocas. Analizando los tiempos tan convulsos que vivía la Europa del siglo XX con un desprecio absoluto hacia la vida humana y la muerte de millones de hombres y mujeres como efecto de las guerras, esta antropología vio la necesidad de insistir en el valor sagrado, dignidad y respeto de cada individuo existente sobre la tierra. Después llega la elaboración de una teoría antropológica sobre el bienestar, el desarrollo, la libertad, el amor, la paz, los derechos humanos, la justicia, la igualdad, la solidaridad. Pero todo arranca de los sólidos fundamentos metafísicos de la persona. La alternativa del pensamiento era clara: el hombre, la persona es esencialmente libre, pero debe usar responsablemente su libertad pues decisiones equivocadas han conducido al desastre a la humanidad. Se trata del futuro del hombre y de salvar a la humanidad. Pero ello no tiene lugar como un proceso o decisión inmanente, sino en un ejercicio de trascendencia y de apertura del hombre y de la libertad hacia Dios. El personalismo no parte de una creencia como supuesto, sino que es una metafísica que conduce a una religiosidad fundamental en el hombre pues, sin la comunicación con Dios, estaría incompleto. La singularidad y la individualidad nunca son aislamiento, sino apertura y comunicación.

19

Emmanuel Mounier o el espíritu como persona

E. Mounier (1905-1950) se considera y estudia como el fundador de esta antropología personalista y uno de los que más contribuyó a su difusión mediante el movimiento llamado L'Esprit con la publicación de la revista del mismo nombre en el contexto de *L'Action Française*. Si algo hay que anotar en la cuenta de la filosofía de Mounier es el haber interpretado adecuadamente la crisis o el ocaso de la civilización europea a comienzos de siglo causada por la Ilustración, por el marxismo y por el ateísmo como nihilismo. Hablar del ateísmo. El problema o el drama del ateísmo moderno (H. de Lubac) no reside en que nadie quiera hablar de él, sino que nadie le quiere escuchar. El personalismo de Mounier es un movimiento multilateral con aspectos intelectuales, morales, sociales y políticos. Cada uno ordena o refleja las prioridades de tal manera que algunos lo juzgan como puro proyecto político, otros como una sociología, otros como auténtica antropología y moral pues también tiene consecuencias en el ordenamiento económico. Contribuyó mucho a la recepción y consolidación de la democracia en Europa cuando ésa más lo necesitaba. A pesar de los siglos transcurridos, tienen vigencia las palabras de M. Scheler cuando alude al desconocimiento que tiene la cultura moderna sobre el hombre y las dificultades para señalar o definir su situación. La sistematización del personalismo en Mounier no es amplia. No tuvo tiempo. Su corta vida, que se trunca a los 45 años, nos ha dejado solo una breve obra en el Manifiesto personalista y un bosquejo del Personalismo dedicados al tema.

El exceso de dominio de la ciencia experimental, el amplio desarrollo del capitalismo y su hegemonía en la configuración social, los brotes de totalitarismos y nacionalismos, la dictadura en el pensamiento y en la política por parte del marxismo más grosero e intolerante, la debilidad del pensamiento tradicional y cristiano unido a la decadencia de los valores, convencen a Mounier de la necesidad de crear un movimiento de la razón para desarrollar un desorden organizado consistente en el personalismo comunitario como dialéctica raciosocial. Con ello se pretende evitar dos escollos culturales muy enraizados en la Europa del momento: por una parte el individualismo que conduce al egoísmo y, más tarde, a la violencia, a la agresión o a la muerte. Y por otra, el colectivismo que masifica, despersonaliza, convierte al individuo en una realidad anónima e insignificante, sacrificándolo todo a la fuerza de la organización como maquinaria y a la razón de Estado. Totalitarismo viene de totalidad y en ellos el hombre singular viene ignorado y arrollado por las exigencias o la fuerza del todo irracional. Unido al espíritu revolucionario de la época, todo habla del gran desprecio que sufría el valor y la dignidad de la persona humana. Había que encontrar una clave racional de la civilización que reconciliase tantos extremismos y enfrentamientos. Podía ser el espíritu. Habría que huir tanto de la tiranía del dinero, de la economía, del materialismo, como de las ideologías y otras formas de espiritualidad sublimes, incluidos los fundamentalismos religiosos. La identidad del personalismo es una cuestión abierta.

19.1. Persona y comunidad como manifiesto antropológico

Nos adentramos en la definición de la persona como aparece en el *Manifiesto* y en *El Personalismo*, sus dos obras más explícitas sobre el tema. Mounier no es un autor dado a las definiciones puesto que definir es encerrar y acotar una realidad que, en este caso, tiene horizontes muy amplios, raíces muy profundas y un contenido inabarcable. Además la persona no está hecha, sino que se va haciendo existencialmente y creciendo psicológicamente. Sin embargo, es un receptor de la tradición antropológica occidental cuando dice "Una persona es un ser espiritual constituida como tal por una forma de subsistencia y de independencia en su ser, mantiene esa independencia y subsistencia mediante su adhesión a una jerarquía de valores libremente adoptados, asimilados y vividos en un compromiso responsable y en una constante conversión. Unifica así toda su actividad en la libertad y desarrolla, por añadidura, a impulsos de actos creadores, la singularidad de su vocación". El espíritu es la esencia de la persona. Esto nos hace sonreír pues hoy día parece una cuestión evidente. Sin embargo, hay que seguir afirmándolo en un tiempo de mucha presión y acoso del materialismo. Es decir, la naturaleza del hombre y de la persona es el espíritu, cualquiera que sea la relación del hombre con el mundo y del alma con el cuerpo. No se niega la inmersión del hombre en el conjunto de la naturaleza participando y actuando en ella. Ya sabemos cómo sobrevuela esta cuestión en la historia pasando de un dualismo material (cuerpo-alma) a una dialéctica formal de totalidad, unidad, convergencia y trascendencia mediante la aplicación de la categoría de la persona indicando que todo el hombre es totalmente cuerpo y totalmente espíritu. Esta metafísica de la neutralidad antropológica recurre a la noción de persona para indicar que el hombre está igualmente alejado del materialismo puro como del puro espiritualismo pues ambos quedan "neutralizados" o compensados en la filosofía personalista.

Sin embargo, esta convivencia metafísica del materialismo y del espiritualismo en el concepto trascendente de la persona, no anuncia ninguna existencia pacífica en el hombre. Inauguramos así el orden moral antropológico que nace por una parte de la estructura "personal" del hombre y, por otra parte, la existencia de unos valores trascendentes o unificadores del mismo. Ha comenzado la guerra dialéctica en el personalismo que no es individualismo, sino comunidad o comunicación. Porque la existencia personal va a transcurrir entre una interioridad derramada o comunicada y una exterioridad recogida e integrada. Todo ello constituye la relación entre persona y comunidad como parte de la construcción del hombre donde todo es individual y todo es comunitario como corresponde a la esencia del espíritu. La esencia de la persona es la comunicación, el amor la reciprocidad como dirá Nedoncelle. Cuanto más nos comuniquemos más nos enriquecemos. Cuanto más alteridad más mismidad. Esta tensión dinámica entre individualidad y comunicación constituye la naturaleza del personalismo analizado. Frente al existencialismo de la resignación, el personalismo propugna una activación de la conciencia y de la libertad la como sentido de la vida. El lanzamiento o el manifiesto del personalismo por parte de Mounier no tienen vocación dialéctica de enfrentamiento, sino de recoger o de reconciliar todos los movimientos existentes y contradictorios. Ello es debido a que el personalismo no es una ideología más de la época, sino un movimiento de la conciencia o del espíritu que no se agota a nivel racional, sino que implica y compromete a la voluntad, a la libertad y a la acción. En el tema de la defensa o de las adhesiones no defiende ni al capitalismo ni al socialismo porque tampoco es un sistema social convencional, sino una revolución de la conciencia individual y comunitaria. Lo mismo se puede decir de la repercusión política. El personalismo no se agota o inspira a un determinado partido político pues está por encima de ellos, siendo más rico que todo ellos, lo cual no impide que suministre a todos, fundamentos y elementos de comprensión, de formación y actuación. En este juego de alternativas en el abanico muy variado de la oferta política, algunos han querido presentarle como la solución o tercera vía entre marxismo comunismo y capitalismo. Otros le han atribuido el mérito y a fuerza para constituir la conocida como democracia cristiana en el panorama político de la Europa del siglo XX (Países Bajos, Italia y Alemania).

El individuo o la soledad no agotan el perfil metafísico de la persona que vive en comunidad, que está siempre acompañada. Ser solo ser no es ser solo. El estar ahí, el ser-en-el mundo de Heidegger es, al mismo tiempo, estar-con... de la universalidad, de la solidaridad cristiana. La existencia individual se comparte. El personalismo como proyecto metafísico activa la individualidad, la libertad, la responsabilidad, pero también la conciencia de pertenencia y de comunidad. La existencia individual se supera mediante la vida de compromiso en comunidad. En el orden moral sucede lo mismo. El imperativo comunitario genera tanta conciencia de responsabilidad y compromiso como el individual. De la moral individual se pasa a la ética comunitaria. La esencia individual del ser-con... culmina en el ser-para... El individuo sigue siendo considerado como la cumbre de la existencia, la culminación del universo, el animal racional, pero dicha superioridad no le desconecta del resto de la naturaleza hasta tal punto que está siendo configurada e influida constantemente por él. De la persona hay que distinguir la personalidad como construcción psicológica, temporal, evolutiva y social que desemboca en una función o rol dentro de la comunidad.

19.2. La persona como vocación moral y política

Tanto la persona como realidad metafísica y la persona como realidad antropológica generan una dimensión moral y política a través de la comunidad. Podemos transformar lo personal en conciencia. El nivel preconsciente o inconsciente de la persona está regido por instintos, pasiones, influencias, cambios, veleidades, debilidades, dudas e inseguridades. Por el contrario, el universo de la persona y de la conciencia está presidido por el orden interior, los principios, los valores trascendentes. Dentro de este esquema, hay que tratar el tema de la vocación que no es un proyecto añadido, elegido, sobrevenido y desarrollado por la persona, sino que la persona misma es vocación. No tiene una vocación, sino que es vocación. Cada persona es una vocación o respuesta a un llamamiento que configura y define el compromiso existencial. La categoría de la persona lo inspira y activa todo en la metafísica de la vida humana, según Mounier que lo denomina como el principio espiritual de la persona. Por lo demás, está presente la influencia de Kant cuando se reivindica la posición del hombre como fin y nunca como medio utilizable o comerciable. Esa es una característica fundamental y diferencial de la persona en el cristianismo. El hombre nunca es un medio ni para otro hombre ni para la comunidad. Fin de la esclavitud y de la explotación como sistemas sociales. Esto rige igualmente para la política y el gobierno de los hombres. En cualquier actividad se tiene que respetar el supremo valor y dignidad humana del espíritu y de la conciencia. Por ello, la persona es lo más moral que existe en el mundo, es el protovalor que da valor a todos los demás valores derivados tanto en el orden individual como comunitario. Frente al humanismo instrumental o funcionalista, se encuentra el humanismo imperativo o finalista. En esta línea de antropología política del siglo XX, Mounier forma parte de la resistencia intelectual que tenía lugar en el plano de las ideas frente a los totalitarismos de uno y otro signo. Es una revolución del pensamiento que no tiene tanto atractivo entre los jóvenes como otro tipo de revoluciones más sabrosas y gratificantes desde el punto de vista de la multitud o de la masa.

Con el personalismo cristiano de Mounier se produce una democratización de la participación política que da acceso, a su vez, a una conciencia más democrática de la misma, pues las ideas políticas salen de una élite de escogidos y, con el personalismo, se pretende la formación y participación de todos los ciudadanos en igualdad de condiciones. Igualmente se contribuye a la igualdad del hombre y de la mujer en un nuevo feminismo. La primavera en las letras de Francia no es monopolio de los autores de izquierda, aunque sean existencialistas. Aquí hay que valorar la idea de que Mounier no fue un sistematizador del pensamiento, sino un coordinador de la acción desde el pensar, pues toda la cultura de su tiempo estaba orientada a la acción política en forma de compromiso que necesitaba un orden desde el pensamiento. No todo vale en política donde tiene que reinar también la racionalidad. Esa orientación se ofrecía en el humanismo cristiano como nueva ordenación del mundo actual y de su futuro. Todo eso tenía lugar desde la Revista y el movimiento Esprit. En definitiva, la antropología personalista de Mounier es la confrontación entre cristianismo, ciudadanía y socialismo en un sentido de reconciliación y no de confrontación. Y sobre todo, reconciliar la idea con la acción, la razón con la realidad, la teoría con la práctica, la filosofía con la política. Esa es la antropología dialéctica de la que hemos hablado en otros estudios. Siempre que ha existido dicha relación ha terminado en confrontación y conflicto.

Esto no significa que la vocación política del creyente no tenga unas bases y unos principios muy sólidos. Así, por ejemplo, el concepto de soberanía popular, el de libertad individual y de conciencia, el de responsabilidad, la definición de derechos humanos, la noción de Estado, el concepto de democracia, de pluralismo y respeto a las minorías, la defensa de las instituciones, la antropología de la paz, del diálogo y de la concordia. Mientras el Evangelio fue solo un libro, un mensaje, una palabra, una teoría, era lo más hermoso del mundo, no creaba problemas ni perturbaba a nadie, no inquietaba ni a los de dentro ni a los de fuera. Pero transformar el evangelio en proyecto socio-político encargado y encarnado por los creyentes mediante el testimonio y la coherencia, ya era una tarea más difícil. Esto lo hizo el personalismo cristiano con su presencia en la política de la mano de un modelo liberal frente a tanto materialismo e intolerancia revolucionaria. El Evangelio es el documento constitucional de todo el orden político de occidente. La misma declaración de los derechos del hombre proclamada por la Revolución Francesa hunde sus raíces en la doctrina cristiana y su interpretación debe hacerse a la luz del Evangelio

20

Antropología integral de Jacques Maritain

La ubicación de J. Maritain (1882–1973) en la antropología cultural moderna no parece difícil. Se hace en el marco de un humanismo cristiano llamado integral, pues reúne la filosofía perenne de la tradición tomista con las nuevas exigencias de renovación en el lenguaje y en el contenido. Todos los estudiosos reconocen en Maritain una evolución intelectual que va desde la influencia escolástica o neotomista (al lado de su esposa judía Raissa) hasta la apertura y renovación cultural, abandonando posiciones de nostalgia en relación con la tradición católica y occidental. La primera posición de nuestro autor, anclada en la doctrina tomista, está representada por la obra muy expresiva en su título Antimoderna o por su estudio Tres reformadores, donde no se escatiman críticas a Descartes, Lutero y Rousseau. La tormenta interior en el pensamiento de nuestro autor era la de toda la cultura francesa en ese tiempo que, cristiana en sus raíces y procedencia, se encontraba con unos brotes revolucionarios difíciles de encajar en la corriente histórica de las ideas. Por eso hablamos de una antropología integradora para hacer más explícito el espíritu del llamado humanismo integral que es como se conoce la posición desarrollada por él en su obra del mismo titulo El humanismo integral, publicado en 1934. En este sentido, la filosofía de Maritain es una verdadera teoría de la civilización y de la cultura. Esta actitud reconciliadora de una y otra dimensión de la historia y del pensamiento occidental está representada en su obra El crepúsculo de la civilización. Toda cultura está arrastrada por dos fuerzas, por dos movimientos. Uno es vertical, fundamental, esencial y básico que ofrece la inserción y seguridad de las ideas en el suelo de la razón. El otro movimiento es horizontal, variable, progresivo, avance y conquista de nuevas posiciones o aportaciones. Sincrónico y diacrónico. Antiguo y moderno. Lo espiritual y lo temporal. Lo ideal y lo real. Filosofía especulativa y filosofía práctica. Esta es la dialéctica de toda antropología. Las referencias han cambiado. Antiguamente, la teología deseaba convertirse en antropología. Hoy día, los filósofos, los teóricos sobre el hombre, desean que sus proposiciones alcancen el tema de Dios. Puede tratarse de un resultado equivalente, partir de Dios para llegar al hombre o partir del hombre, de la razón para llegar a Dios. Esto es lo que podemos llamar cambio de método o de dirección, manteniendo el mismo recorrido. Si nos preguntamos por la identidad y originalidad del pensamiento antropológico de Maritain, la respuesta es material y no solo formal, es decir, el autor aporta nuevos temas además de nuevo enfoque a los temas ya existentes. El concepto de persona, su dimensión subjetiva y espiritual, existencialismo y subjetividad, el concepto complejo de libertad y responsabilidad, de creatividad y perfección, el llamamiento a la comunidad y a la comunión. ¿Qué aportan estas cuestiones al tema de Dios o de la religiosidad? La respuesta es muy sencilla, desde Kant. La existencia de Dios, la inmortalidad del alma o la religión y la moral son, para los personalistas, un imperativo "a priori", un supuesto previo para aplicar al hombre la categoría de persona. No se puede entender el concepto de persona si no existiese Dios como tal persona, inmortalidad o conciencia moral determinante.

20.1. La persona como sobreexistencia

Así pues, vamos a examinar esta antropología de la encrucijada que tiene lugar en nuestro autor. El tránsito de una posición a otra (del tomismo al personalismo) no se realizó en la ruptura por una parte y en el vacío por otra, sino que fue un proceso racional de lógica y de continuidad, más de dentro a fuera que de choque y de interrupción. En el pensamiento racional no hay etapas superpuestas o añadidas, sino que todo se produce "orgánicamente" pasando de embrión a criatura. La estructura básica de esta antropología es el concepto de persona. Algo le está rondando en la cabeza a Maritain la noción de estructura o superestructura procedente del marxismo cuando se dispone a definir a la persona como una dimensión o categoría superior de la existencia física del hombre. Aceptando plenamente la individualidad como característica del ser humano (igual que son individuos otros seres en el mundo) a ella hay que añadir la personalidad, o sea, la capacidad de operar a través de la inteligencia y de la voluntad. El hombre existe (naturaleza física) y sobre-existe (persona) constituyendo un nivel de existencia superior y trascendente a las cosas mediante el conocimiento y el amor. La causa y la raíz que hace posible todo esto es el espíritu. Maritain opta por la solución hipostática, esta carne y estos huesos albergan al espíritu, a la persona.

Fiel a la tradición neo-tomista, Maritain acepta la metafísica de la persona entendida como subsistencia o autonomía en el ser y en el existir. Los seres no necesitan solo de esencia y de existencia, sino que algunos añaden a su ser la subsistencia que afecta y modifica su individuación o diferenciación. Subsistencia es superexistencia o existencia superior. Llegados a este punto, se recalca, además de la superioridad de la persona a través del espíritu, la unicidad, la exclusividad, la irrepetibilidad de cada ser humano haciendo recaer en ello la suprema dignidad de la persona, base de todos los derechos que por eso se llaman fundamentales. Ya sabemos los problemas que esto crea a la universalización de la esencia humana, verdadero núcleo de la igualdad, comunión o solidaridad. Pero a la comunidad no se llega suprimiendo la individualidad, haciendo del ser humano una mezcla, una masa, una indeterminación ontológica, sino recalcando su definición, identidad y singularidad al mismo tiempo que su diferenciación. El problema filosófico de la antropología cristiana de este tiempo no es el enfrentamiento entre persona e individuo, sino la conciliación entre persona y comunidad, entre unidad y pluralidad en la vida humana. Lejos de las preocupaciones ascéticas de la antropología antigua en los Padres de la Iglesia sobre la lucha o revalidad entre cuerpo y alma, ahora la dialéctica personalista se manifiesta entre individualismo y comunión. En el fondo, un conflicto es continuación del otro si pensamos que el cuerpo es el origen de la individuación y el alma o el espíritu es principio de comunicación. Yo soy individuo —dirá Maritain— en razón de lo que me viene del cuerpo y yo soy persona en razón de lo que me viene del espíritu. La materia individualiza y el espíritu personifica.

A esta herencia del pensamiento o de la antropología histórica hay que añadir otro aspecto de la filosofía tomista a la que recurre nuestro autor para reforzar la noción de persona. Nos estamos refiriendo a la idea de analogía aplicada a la persona. La persona es una noción analógica con diferentes niveles de significación entre los que se encuentran la referencia esencial a Dios y la analógica al hombre. De ahí nace el carácter trascendental de la persona en su superexistencia. En el concepto de unidad que lleva la persona va comprendido el de integración y no el de exclusión. Dicha dimensión integradora de la persona encierra las nociones de instinto, tendencia, inteligencia, voluntad, amor, libertad, creencia, trascendencia. Todo eso junto es la persona. La fenomenología de la persona se completa con el desarrollo de la noción de sujeto que añade a la noción de subsistencia la de subjetividad como forma de autoposesión y decisión, aludiendo a la estructura inteligible que subyace en el individuo en virtud de la cual nunca va a ser objeto, superando y trascendiendo todos los contenidos de la naturaleza. Tampoco es bueno entregarse a la opinión de quienes piensan que el personalismo no tiene ideología o es una antiideología (J. Lacroix). Una filosofía a la intemperie y sin principios es algo imposible para la razón.

20.2. Libertad de expansión

La libertad como constitutivo de la persona en Maritain no es una libertad absoluta, ni siquiera ontológica, sino una libertad expansiva. Adherida a la categoría de persona, la libertad nace y crece con ella mediante la actividad y el ejercicio de la responsabilidad en la elección. La dialéctica de la persona se manifiesta en la dialéctica de la libertad donde existe una bipolarización, pues la libertad, por una parte, es ausencia de impulsos o instintos y, por otra, falta de necesidad y determinación en la acción. Pero este es solo el tramo negativo de la libertad que se completa con la dimensión perfectiva y trascendente como es la capacidad de dar sentido y finalidad a la vida y a las acciones humanas mediante la libertad positiva que llamamos moral. Se asienta en la voluntad y tiene como expresión el querer y el amor. La libertad –para los personalistas- no es la indiferencia o neutralidad de la voluntad, sino la apertura, recepción e identificación del bien moral como atractivo de la inteligencia. Esa es la única determinación y expansión que admite la facultad de la libertad en el hombre cuya expresión más trascendente es Dios como imperativo de la voluntad, pues los bienes creados son susceptibles de indiferencia o indecisión, mientras que el Bien supremo y trascendente ejerce una atracción normativa e irresistible sobre la libertad antropológica al mismo tiempo que causa la autonomía frente a los demás. Lo que la libertad exige es libertad pura, es decir, ser movida y llevada solo por el Bien supremo. Seguimos en la estrecha vinculación existente entre libertad y dignidad humana. La libertad de expansión no se llega a entender como un "noumeno", como una iluminación ontológica, sino como una tarea antropológica, una meta, un objetivo y un compromiso a lo largo de toda la vida de la persona. Por tanto, nuestra libertad es algo interior en el sentido de que procede de nosotros mismos. Pero, a la vez, es una libertad finalista y terminal que se compone de la estructuración de medios y fines de acuerdo con el orden y preferencias morales a partir de la dignidad de la persona. En toda la temporalidad y personalidad de la libertad que constituye su recorrido pueden existir obstáculos y frustraciones. No podemos ser absolutamente libres por arriba (la libertad absoluta es Dios) ni absolutamente sumisos y esclavizados por nuestras pasiones. La libertad no puede ser un puro tránsito de instintos ni puede ser un puro suspiro de deseos inalcanzables. Las dos enajenaciones de la libertad que componen su fracaso y frustración.

20.3. Personalismo como propuesta social

Existe mucho mensaje y proyecto social en el personalismo que nace con esa vocación de configurar la convivencia y la colaboración política y social en el mundo moderno. También aquí se producen abusos nominalistas. No todo lo que se llama personalismo lo es en la realidad, pues se navega entre los totalitarismos y los individualismos donde hay que evitar la caída en alguno de los dos. En el mensaje social y político del personalismo rigen las mismas condiciones. No hay política libre de moral. Sopesando la dimensión moral de la política a la luz de los principios del cristianismo, se opta por ofrecer o señalar a la democracia como la fórmula más adecuada a dichos principios. El apellido de "democracia cristiana" o popular, aportado por Don Luigi Sturzo (1871–1959) en Italia no tiene por qué reverdecer la polémica de la "civilización cristiana" o el concepto de cristiandad medieval o teocracia. El hecho de que la acción política pertenezca a los asuntos que llamamos temporales, no significa que sea libre, absoluta e independiente de la religión o de la moral. Ella está sometida a los mismos principios o exigencias de la trascendencia. Porque la libertad y la política así como la economía no son el "maximum" del hombre en la tierra. Tampoco es necesario desarrollar una confrontación entre el cristianismo y el mundo moderno. Esta nueva propuesta de relación política del personalismo, que situamos a nivel de una democracia inspirada en los principios cristianos, tiene lugar durante la estancia de Maritain en los EE. UU., donde se vio obligado a emigrar y enseñar en sus universidades. Esto le sirvió a nuestro autor para distinguir la democracia moderna de los EE. UU., inspirada en el cristianismo de aquella practicada en Europa más influida por la Ilustración del siglo XVIII.

En un método de continuidad racional, el tema de la política y de la democracia sigue al tema de la libertad. La política tiene que poner de acuerdo la libertad individual con el bien común, o sea, el bienestar individual y el provecho de la comunidad. Sus dos obras en este sentido son El hombre y el Estado y la titulada Sobre el régimen temporal y la libertad. Todo parece girar en torno al concepto de bien común que no es la suma matemática de los intereses particulares de los individuos. La sociedad y la política están ordenadas al bien común que está por encima de los bienes individuales o personales. Para entender esto, debemos recurrir a la distinción anterior: el individuo hace relación a las condiciones materiales de la existencia humana mientras que la persona hace referencia las condiciones formales, morales y trascendentales del hombre. Paradójicamente, la Ilustración ha inspirado tanto a los totalitarismos como a los liberalismos del siglo xx. De esa manera nos encontramos con las inevitables relaciones entre Estado y Sociedad. Sigue siendo difícil para los estudiosos distinguir entre ambos conceptos. Hegel pensaba que la sociedad desembocaba en el Estado y Marx que el Estado estaba comprendido en la sociedad. Para Maritain, el Estado seria la sociedad política. Pero la sociedad es algo más que su estructura política, pues está compuesta de personas con una dignidad propia, con sus aspiraciones, deseos, angustias, ideales, esperanzas, creencias individuales. Está también compuesta por personas que aspiran a vivir en común, en prosperidad, igualdad, y bienestar comunitario. De ahí surge lo que llamamos pluralismo de intereses, opiniones, perspectivas, tendencias y aspiraciones. El Estado debe ser neutral frente a dicho pluralismo y respetar la autonomía de la conciencia y la libertad de los ciudadanos que lo componen. Finalmente, la sociedad está compuesta por una visión teísta y cristiana de la vida y de la comunidad en el sentido de reconocer que Dios es el principio de la persona, el origen del orden y de la ley natural, de la autoridad en el mundo, de la comunidad política. Reconocer que en el Evangelio está el principio de la fraternidad, de la igualdad y de la amistad universal. Todo esto no significa que el personalismo cristiano propugne una sociedad clerical ni siquiera creyente, dirigida por los católicos, sino que los creyentes en Jesús colaborarán con los no creyentes en la construcción de una sociedad justa e igualitaria sin distinción de credos. Cuando los católicos trabajan en política, buscan el bien de todos, creyentes y no creyentes, y no solo el de ellos. La política no es confesional aunque haya partidos que se inspiren en su propia religión o confesión. En 1944 escribía Maritain a De Gasperi: "Solamente un espíritu fundado y alimentado en la fraternidad que nace del Evangelio puede librar a los pueblos de las catástrofes y evitar las hegemonías totalitarias" confiesa De Gasperi en su escrito Ideas sobre la democracia cristiana.

21

Existencialismo y antropología en Gabriel Marcel

Cuando la cultura europea creía que el existencialismo había arrancado del pesimismo religioso de Sören Kierkegaard (la fe como existencia) viéndose reforzado por la fenomenología de Husserl y de Merleau-Ponty. Cuando el sombrío panorama de las ideas estaba resignado a sufrir un existencialismo marxista incompatible con la fe cristiana dominado por J. P. Sartre o Albert Camus, he aquí que se abre paso un modelo de filosofía existencial que encaja perfectamente con los parámetros del cristianismo a través de sus categorías más representativas como son la esencia y la existencia misma, la temporalidad, la finitud, la esperanza, la angustia, la muerte, la libertad, la inmortalidad, el amor. En definitiva, categorías antropológicas. El hombre arrojado a la existencia y abandonado en ella. Del estar ahí al estar solo. Ya teníamos antecedentes en Heidegger y en Jaspers que, sin ningún prejuicio y adscripción, tocaron temas metafísicamente neutros. Todo esto se lo debemos a algunos pensadores conversos de la filosofía. Llevábamos unos cuantos años de la cultura del "no" en la valoración de la existencia humana. El nihilismo se ampliaba y se extendía a todo el pasado de la civilización. Sin embargo, el ateísmo ya no es un mundo sin Dios, sino un Dios sin mundo, un Dios inactivo, no operativo, inútil. La religión es una enajenación del pensamiento, una pérdida de tiempo, un fracaso de la razón, un absurdo. Ahora se pasa del "no" ontológico (el ser y la nada de Sartre) al humanismo. El mismo Sartre quiso fundar un humanismo existencialista sin Dios (cuando tiene la osadía de preguntarse ¿es el marxismo un humanismo?) robando al hombre su esencia y dejándole solo en la acción y en la experiencia empírica y materialista. La existencia es una ex sistencia o un éx tasis. Este complejo de la tradición se levanta con la filosofía de G. Marcel (1889–1973). Para unos Marcel cierra una época de desconfianza y desencuentro entre filosofía y religión. Para otros, inicia el dialogo entre filosofía y cristianismo. Rompe con Descartes, pero enlaza con la otra tradición francesa como es H. Bergson, M. Blondel, L. Brunschvicg, E. Mounier y J. Maritain. Razón y fe van en el mismo lote y plazo. Se sustituye la autoridad por la identidad. Muy significativo el título de su obra, del rechazo a la invocación. Esa es la fórmula de antropología cultural que constamos en nuestro autor

A todo este escenario teórico, en Marcel encontramos, igualmente, una filosofía de lo concreto que, abandonando el idealismo o lo que él llama "el drama de las ideas" desciende al terreno de la vida, o sea, al drama de la existencia con todas sus dudas, angustias y preocupaciones señaladas anteriormente. Por eso hemos enmarcado al personalismo cristiano de hoy dentro de las diferentes filosofías del sujeto. El depósito de la persona es el sujeto. La gran vecindad entre el existencialismo y el cristianismo en la historia con las ideas cristianas. Más aún, la filosofía no es una visión "desde fuera" de la fe, sino que para entender al hombre hay que partir desde dentro de la fe, puesto que el creer pertenece a la "prise" a la aprehensión, a coger y tocar el tema de Dios desde la razón humana. Cuando Descartes dice "yo pienso" también está diciendo "yo pienso en Dios" que no tiene por qué ser excluido del acto, del ámbito y de la cobertura del pensamiento humano. La filosofía no es más que el comienzo de toda reflexión sobre la religión. La historia del pensamiento racional nace de la pregunta y del sentimiento del mito, centrados en el hombre como un neo-socratismo cristiano. Ahí arranca la antropología cultural religiosa de todos los tiempos. La influencia de Jaspers le facilita a Marcel desembocar en un existencialismo cristiano.

21.1. El hombre como invocación

Ya se ha roto el vacío y la distancia que podía haber entre Dios y el hombre en el pensamiento contemporáneo. Con Marcel comienza la antropología del "tú" que continuarán y desarrollarán otros autores como J. Pieper, M. Buber, N. Berdiaeff o E. Levinas. La existencia humana es una invocación, una apelación no solo a Dios, sino también a los demás. Decir a uno te amo equivale a decirle tú no morirás, dirá nuestro autor para unir la inmortalidad y el amor en la antropología personal. Una antropología del diálogo y de la comunicación. La existencia del hombre fija, en primer lugar, la existencia de Dios volviendo al núcleo del cristianismo antiguo y echando mano de la fenomenología trascendental moderna. A Dios no se le invocaría si no existiese y el hombre no existiría si no hubiese sido previamente invocado o convocado por Dios en la existencia. Estos intercambios entre metafísica y religión van a constituir las preocupaciones fundamentales de este existencialismo renovado. En el horizonte del ser aparece Dios y no la nada, pues en la alternativa de Sartre (el ser y la nada), Marcel dirá que Dios pertenece al ser, cae de parte de la existencia. Del Dios de los otros, del Dios de los filósofos o de la teodicea se pasa al Dios mío, personal y, a veces, intransferible. El ateísmo abandona su racionalidad negativa (ohne Gott) y comienza a ser un pensamiento ante Dios (vor Gott) para terminar siendo un pensamiento o idea de Dios (von Gott) y sobre Dios.

Formando parte del tema de la personalización de la filosofía y de la existencia a través de la categoría de la invocación, nos encontramos también con la antropología de la identidad participada. El tú no es el otro, ni un objeto existente cualquiera, ni siquiera alguien o algo distinto a mí, pues compartimos la misma identidad y participamos de la misma existencia. La identidad radical entre personas que constituye el centro de la antropología dialéctica será tratada por autores como M. Nedoncelle con la teoría de la reciprocidad de conciencia. Invocación vertical, suplicante y trascendental o religiosa e invocación horizontal y socializadora que también lleva su dimensión de religiosidad en la fraternidad y en la comunidad. Así formamos y conformamos el nosotros integral. Los demás no son contemplados, señalados, "alterizados" ni observados desde fuera, sino participados. El existir del hombre no es una dimensión o condición abstracta, sino que es una situación, o sea, situarse delante del otro. Es una posición y composición de la única existencia como realidad personal y concreta. La invocación sigue a la situación existencial. Se produce así un descenso del plano de las ideas al de la existencia humana concreta. Este término tiene un sentido especial en nuestro autor. La antropología de Marcel es un ámbito dimensional donde se producen relaciones vivas, pasando de un idealismo a ser un realismo interpersonal y religioso. El Dios intelectual se convierte en el Dios personal. Es la antropología araña donde Dios es el centro. El hombre se hace peregrino (Homo viator) y realiza el itinerario (San Buenaventura) de la conciencia y de la conversión como conversación con

Dios que parte, como hemos dicho, de la invocación. Por eso, la antropología de Marcel es un Journal, un Diario, una anotación de los acontecimientos o de los encuentros con Dios a lo largo del tiempo. Es una crónica del espíritu y de la inquietud religiosa igual que Las Confesiones de San Agustín. Al final del encuentro se experimenta la fascinante presencia de Dios que trae la fuerza y la paz necesaria para seguir caminando. Porque el camino no tiene terminación y se está siempre caminando, siempre buscando. Por eso es un misterio siempre antiguo siempre nuevo, siempre comenzando y terminando, siempre retornando.

21.2. Del hombre problema al hombre misterio

A la filosofía de Marcel le podemos titular el misterio ontológico, pero también el misterio antropológico, ambos previos al misterio teológico. Una trinidad formada por el ser, el hombre y Dios en el único misterio existente. Es el encuentro con el Absoluto. La existencia del hombre tiene estructura de misterio en el sentido de que es una apertura comunicante y participante. No se refiere al aspecto de oscuridad, opacidad, incomprensión o secretismo de la persona humana, sino a su alineación con la ontología común entre el hombre y Dios. Fascinación de la presencia de Dios en el ser y en el ser del hombre. Continuamos la idea de San Agustín cuando reconoce que estoy hecho un problema, soy un interrogante, un enigma, un desconocido para mí mismo. Del problema antropológico pasamos al misterio, pero no en un sentido objetivo, sino en un ámbito epistemológico, es decir, como una nueva esfera o ámbito de conocimiento al lado de la experiencia, de la intuición o de la reflexión. Pero, al fin y al cabo, conocimiento, es decir, descubrimiento, encuentro, participación, comunicación y diálogo del hombre con las cosas, con Dios y con los demás. De ahí que algunos autores estudiosos de la obra de Marcel hablen de "metodología del misterio". La objetividad absoluta de la verdad y de la ciencia se convierte en la presencia absoluta de Dios que no es fuente de información, sino encuentro y comparecencia de personificación. Entender es comprender y comprender es identificar y encontrar a las personas desvelando su presencia. Todo comienza por la positividad misteriosa del ser, a lo que llama Marcel el misterio ontológico. La primera comunidad y la primera reciprocidad se producen en el ser.

El hombre como problema se mantiene todavía en el plano del racionalismo o idealismo científico mientras que el misterio apela a la metodología de la participación que supera el planteamiento de la relación lineal razón y cosa, sujeto y objeto, información y realidad. Vivimos en un mundo de personas. Existe un campo para la filosofía que va más allá de la pura noticia. Los procesos personales del misterio son el amor, la fidelidad, la muerte, la comunión, la justicia, la libertad, la esperanza, el cuerpo, la familia. El misterio del encuentro es el que da grandeza, radicalidad y trascendencia a la experiencia humana. El misterio ontológico no pertenece al mundo, sino que él forma un mundo aparte. La diferencia entre problema y misterio está literalmente tratada por Marcel cuando dice que un problema es algo con lo que me encuentro delante de mí, fuera de mí. Por el contrario, un misterio es un proceso que está en mí del que yo formo parte o que soy yo mismo, me siento involucrado en él y participo existencialmente en su génesis y desarrollo. Acudiendo a la diferencia entre "ser y tener" (*Être et avoir*, es el título de otra importante obra de nuestro autor) distinguimos entre tener problemas y ser un misterio. Algo equivalente a la diferencia entre enigma y misterio utilizada por M. Blondel. No es necesario decir que el término "misterio" usado aquí no tiene el sentido dado en la teología equivalente a sacramento, a dogma de fe, a verdad revelada. Misterio en la metafísica de Marcel significa el ámbito de encuentro "presencial" y experiencia que tiene lugar más allá de lo que entendemos por un problema del conocimiento.

No despreciemos o minimicemos la teoría de la problematicidad del hombre como sujeto y objeto del conocimiento, autoconocimiento o reconocimiento que es también un reencuentro y contiene, igualmente, un alto grado de misterio. El hombre como problema también tiene cabida en la obra y en el planteamiento de G. Marcel. Son dos formas de aproximación al hombre. Primero, como una realidad objetivable que está ante mí y que debe ser desentrañada como un nudo, que noto y anoto datos e información teórica sobre ella, que se le concede un plus de abstracción y universalidad ideal y, en segundo lugar, como una realidad implicable, comprometida y arrolladora de la existencia humana, formando parte el misterio del ser. Todas estas premisas relativas al conocimiento humano (problema y misterio) tienen su repercusión en la antropología religiosa que diseñamos. Al mismo tiempo, accedemos a la categoría de interioridad, pues el hombre, la persona como misterio, no puede salir fuera de sí mismo para conocerse a sí mismo. Es, por tanto, una presencia permanente e ininterrumpida de mí en mí. Y desde mí, o sea, desde el ser conozco y encuentro a Dios, ontología e interioridad común con el hombre.

21.3. El cuerpo como sede ontológica

A la pregunta sobre qué es el ser podemos responder, en la metodología del misterio, que el ser soy yo o yo soy mi ser, que no es una tautología repetitiva y sobrante. Esa dialéctica entre objeto y pre-esencia se aplica también al cuerpo. El hombre no tiene cuerpo, sino que es cuerpo o re-tiene cuerpo. El cuerpo es presencia visible de la presencia invisible o misterio del ser del hombre. Con ello, se rebaja el peso con que la tradición ha impulsado y señalado la unidad del hombre repitiendo "yo tengo un cuerpo" o su equivalente "mi cuerpo es mío" (convertido con frecuencia en un grito del feminismo y de la emancipación de la mujer) sustituyéndola por la convicción más fuerte de "yo soy mi cuerpo" o mi cuerpo soy yo, con todas las repercusiones que tiene en la bioética, en la dignificación y respeto al cuerpo, en la moral sexual, en la sanción penal o rechazo social de la violencia. Se saca al cuerpo del orden del tener (objeto-problema) y se "incorpora" al orden del ser (sujeto-misterio) en una transformación metafísica absoluta donde el cuerpo es una sede ontológica de la persona. La paridad moral o de valor entre cuerpo y alma ha sido una conquista del personalismo cristiano con efecto retardado en la historia de la cultura occidental cuyos efectos y frutos se están recogiendo actualmente y llevado a la práctica en los códigos civiles. Dos visiones del cuerpo, dos civilizaciones. El cuerpo que yo soy o el cuerpo que yo tengo. Merleau Ponty hablaba del cuerpo como el elemento inconsciente del hombre. La primera fórmula (yo soy cuerpo) es la explicación metafísica, puesto que la persona está vinculada ontológicamente al cuerpo mientras que tener un cuerpo es una definición más funcional, pues la persona depende de las capacidades del mismo para su actuación. Tener un cuerpo indica el cuerpo como objeto del mundo exterior mientras que ser cuerpo indica la unión y crecimiento simultáneo del cuerpo al lado del hombre.

De la obsesión histórica por encajar la realidad del cuerpo en la esencia y definición del hombre dualismo cuerpo y alma, materia y espíritu), accedemos, en el personalismo, al cuerpo como expresión y lenguaje. El cuerpo es el medio con el que el hombre se conoce y se relaciona consigo mismo y también con el mundo y con los demás. El cuerpo es signo y lenguaje, de entrada y de salida de mensajes, de recepción de exterioridad y emisión de interioridad, las dos dimensiones fundamentales de la persona que es necesario traducir. El cuerpo es, esencialmente, mediación, traducción y codificación de toda información aferente o deferente. El lenguaje es un signo, un símbolo como ha puesto de relieve otra parte de la filosofía actual haciendo necesaria la razón hermenéutica. El lenguaje es individual y el sentido o significado es universal, cultural o comunitario. Es reciprocidad e intersubjetividad como dirá Nedoncelle. Todo el ser-en-el mundo, el ser ahí, el ser arrojado (Dassein) de Heidegger sirve para entender el cuerpo en el personalismo. Como la persona, el lenguaje es misterioso. El hombre sorprende siempre al hombre, que diría Pascal. A estas alturas de la cultura personalista ya no preocupa el cuerpo como la "mitad" ontológica del hombre, sino como relación y comunicación. El hombre es una unidad que vive y actúa en cada uno de sus actos. Esto quiere decir que el cuerpo humano nunca puede ser tratado como objeto, sino como sujeto. Yo soy cuerpo. Algunos autores concretan más esta proposición y aluden a que no tengo un cuerpo cualquiera, sino "mi" cuerpo. Este cuerpo para esta alma. La identidad, la individualidad, la mismidad, la "esteidad" contribuyen a dicha demarcación subjetiva del cuerpo. Persona es más que individuo. La palabra significa indiviso, pero la persona significa "in-sumable", incuantificable, que no es medible ni se construye con cantidades objetivas, con sumas o restas, sino con procesos subjetivos de conciencia y madurez interior. La persona no es solo unidad, sino también totalidad. No es trasplantable o reproducible. El organismo es divisible, la persona no lo es. La persona es incomunicable, dotada de inmediatez, sin necesidad de intermediación. La única proximidad ontológica e instrumental es el cuerpo. Todo el concepto de persona, su dignidad, su libertad y responsabilidad recaen sobre el cuerpo humano. El no es solo fin o destino del mejor trato o consideración, sino que, como sujeto, se convierte en origen y fuente de dignidad y valor. Es a partir del cuerpo donde el hombre debe desarrollar su respeto y exaltación configurando lo que llamamos derechos humanos. En el extremo de antiguos modelos culturales cristianos, el cuerpo no es un enemigo al que combatir, sino un compañero al que hay que amar.

Para nuestro autor existencialista, el cuerpo es palabra, expresión, símbolo y lenguaje. La teoría personalista del cuerpo está muy influida por la fenomenología de Merleau-Ponty que, a su vez, toma el concepto de Husserl. Para Husserl el cuerpo es el sustrato sensible, biológico, de la conciencia trascendental en la constitución de la persona. Para Merleau-Ponty, el cuerpo, por el contrario, deriva o hace presente la trascendencia hacia la existencia y experiencia donde encuentra su sentido. Es la base de toda percepción a la que sirve de mediación. El cuerpo es el mediador en la experiencia y el conocimiento. Con su función mediadora, el cuerpo, como realidad psicosomática, contribuye a la estructuración y organización (Gestaltung) de la realidad exterior del mundo poniendo en relación ambas dimensiones de la conciencia, a saber, la interior y la exterior completando así el hecho fenomenológico. El cuerpo concede a la experiencia su dimensión de totalidad, su estructura de unidad y dinamismo, su objetividad como diferente a la subjetividad. El cuerpo es visto no como representación objetiva, sino como estructuración que hace posible la percepción en categorías de la realidad como totalidad objetiva. Pero, al mismo tiempo que ventana o apertura al exterior (comunicación y mediación) el cuerpo es, también, pantalla y muro para la transparencia, pues en la relación interpersonal hay que atravesar el cuerpo propio y el cuerpo del tú para llegar a la interioridad o identidad del otro. Son dos filtros, dos fronteras de la personalidad y de su conocimiento.

21.4. Muerte e inmortalidad en el amor

Toda filosofía y mucho más una antropología cristiana es dialéctica y oposición de los conceptos. En el terreno de esas mismas ideas, ningún conflicto tan grande como la idea de muerte e inmortalidad. Resignación o esperanza. Condena o salvación, depresión u optimismo. La antropología cristiana es pura dialéctica desde el principio del Evangelio y de los SS. Padres, como hemos visto, en unos niveles que rozan constantemente el tema mortalidad-inmortalidad del hombre en la tierra. Ahora, el tema de la inmortalidad se enmarca en el contexto de la antropología personalista del yo y del tu. No es la antropología de la imaginación espacial la encargada de llevar adelante el concepto de inmortalidad. Hay que rescatar el tema de la inmoralidad del ámbito de la imaginación y conducirle al de la fenomenología trascendental como sucede con otros conceptos antropológicos.

Igualmente hay que superar una dimensión temporal ante la idea de inmortalidad a la que Marcel denomina la "inquietud metafísica" para elevarla más allá de la curiosidad. El tema de la inmortalidad irrumpe con decisión y fuerza en el problema de la reciprocidad existencial en el personalismo de nuestro autor. Es una metafísica del amor. Si yo existo, existe el tú y si el tú muere, muere también el yo. Luego la inmortalidad personal es una exigencia de la reciprocidad metafísica de los seres. En la antropología cristiana de Marcel y en relación con el tema de la inmortalidad, no se renuncia a la vía argumental vigente en la filosofía platónica o agustiniana con el tema de las ideas eternas (Platón) o el de las Verdades (San Agustín). Se busca, sin embargo, otro planteamiento como puede ser el de los valores. Hay que reprogramar el argumento de la inmortalidad del hombre. Verdad o valor como aproximación a la inmortalidad. Más que de verdad, Marcel habla del espíritu de la verdad unido al espíritu fenomenológico. El valor consiste en asumir una función en el mantenimiento de la vida humana. A su vez, en la exaltación de un valor, el hombre recibe de él un beneficio ontológico, pues mientras exista el valor existe el hombre. Yo encarno los valores. La vida se entiende como algo esencialmente limitado por temperatura, por presión y resistencia física, por contingencia y fragilidad. Lo que llamamos mortalidad como límite y limitación. Hablamos de últimas realidades. Morir se muere siempre por algo más trascendente, generalmente por amor a la patria, el evangelio, al otro. Se muere por alguien que, a su vez, no muere mientras se le ame. Así nos encontramos con la muerte como un acto de participación en una necesidad de los otros. Por ello, toda muerte se convierte en un sacrificio, pues otros necesitan de mi muerte. A su vez, la fenomenología de la muerte nos lleva a la invocación de un Tu absoluto. El espíritu de la verdad implica una relación de fidelidad, un rechazo y una negación de la muerte. La muerte de la que hablamos no es la muerte en general (que es una ficción) ni mi muerte en cuanto mía, sino la muerte de aquellos que amamos. Como seres, rechazamos la muerte, pues la vida, como la luz o el aire, es para todos. No podemos capitular ante la muerte, no podemos traicionar a los amigos. Aquí es donde se produce la afirmación de la inmortalidad mediante el amor. Marcel hace decir a uno de sus personajes en el teatro "amar a un ser es decirle tú no morirás". La muerte no es la desaparición absoluta de la conciencia. Solo es su silencio. El engaño –dice Marcel– es identificar este silencio como una caída en el no ser.

Verdad, valor, fidelidad, sacrificio, solo se entienden referidos a la conciencia y a una conciencia inmortal. Otra cosa es la reflexión que desencadenen de acuerdo con una u otra cultura, pero ninguna puede aceptar la aniquilación. El amor se convierte así en una semilla de inmortalidad dentro de una comunidad universal necesaria para que exista el mismo amor. Toda obra está llamada o condenada a la corrupción, pero la verdad y el valor del amor es el triunfo sobre la muerte y es una supervivencia real. Marcel sospecha que el rechazo sistemático al interrogante sobre la inmortalidad está en el origen yen la base de los acontecimientos tan convulsos que ha vivido Europa o la humanidad en los últimos años. El hombre errante y peregrino (Homo viator) es todo un símbolo en esta antropología del presente, pero también del futuro en la afirmación de la inmortalidad frente a la exaltación del hombre absurdo que lleva consigo un rechazo de la salvación. El hombre no es un peatón de la fe que camine en las nubes de la glorificación de la existencia. Esta fenomenología de la muerte y de la inmortalidad encaja perfectamente en la visión cristiana de la historia, pues la muerte de Jesús se realiza como proyecto de sacrificio, sustitución y entrega por los demás, por todos los hombres, para que ellos tengan vida. Su muerte y resurrección es la de todos y así se ha comunicado a toda la humanidad. De ella nace el nosotros de la resurrección universal que representa la religión y la fe en el Evangelio. La esperanza cristiana se convierte en un esperar con todos los hombres que esperan, unidos en la misma esperanza. Los cristianos no son solo los que creen, el conjunto de creyentes, sino también los que esperan.

21.5. Metafísica de la esperanza

Seguimos la estela del diario de metafísica, crónica o discurso del ser, que es la antropología de Marcel. El misterio otológico continúa en el misterio antropológico con el tema de la esperanza humana y no solo cristiana. En toda esa trazabilidad metafísica de la esperanza late el anhelo de toda filosofía desde Fichte consistente en deducir el yo empírico del yo trascendental. Asistimos a una contra-fenomenología en el sentido de que lo real se deriva de lo ideal y no viceversa. La esperanza empírica, real o experimental, existe porque existe una esperanza trascendental que le da sostén, apoyo y vida por muy abstracta que sea. Quizá haya que cambiar el orden de los principios del conocimiento y en vez de decir que toda realidad inmanente apunta a una trascendencia como garantía, afirmar que toda trascendencia exige una presencia inmanente como demostración. Todo lo que existe como ideal, abstracto y universal, existe también como experimental. Yo existo empíricamente, luego pienso idealmente. A esto nos lleva la metafísica de la esperanza en Marcel. No podemos separar lo individual de lo trascendental haciendo el juego a un idealismo impersonal. Nuestro autor no parte de las definiciones para llegar a lo experimental, sino más bien hace alusión a una experiencia cierta para llegar a un definición. Es la metodología de los valores. ¿Qué quiero decir cuando digo "yo espero" igual que cuando digo "yo creo?" Busco ontología de la verdad y trascendencia y no psicología abstracta del sentimiento o de la sensación. Con frecuencia, la experiencia religiosa viene relegada al orden de lo abstracto y sublime (Feuerbach, Freud, Nietzsche) sin conexión ni implicación con la realidad psicosomática del hombre, con su estructura de sujeto personal. Sin embargo, para el personalismo, la religión es una revolución integral en el interior de la vida humana, en la raíz de la sensación. Esta es la metafísica de la esperanza que Marcel opone a la metafísica de la tierra que tanto se cultivaba (valga la alegoría) en los campos intelectuales y desiertos de la época.

La esperanza es una dimensión esencial de toda antropología y nunca ha estado olvidada o silenciada, pero el existencialismo personalista lo ha sacado a la superficie de su proyecto ontológico convirtiendo la esperanza no en lo último, sino en el principio (como ha hecho Ernst Bloch), por contradictorio que parezca, pues se piensa que la esperanza se encuentra al final de la metafísica. Mesianismo o Apocalipsis. Una filosofía de la esperanza es la mejor superación del nihilismo como indica el subtítulo de la obra de nuestro autor dedicada al tema. Es necesario distinguir entre espera y esperanza como se distingue entre esperar algo (acontecimientos) y esperar a alguien (personas). Esperar es, en ese sentido, aspirar. Las expectativas pueden defraudar. La esperanza está más ligada a los asuntos de la vida o de la existencia humana. Por el contrario, esperar es siempre una actitud interpersonal. Yo espero en ti, yo confío en ti. Aquí no nos fijamos tanto en el objeto de la esperanza (yo espero que...), sino en el mismo proceso de esperar (yo espero a...). Es el sujeto de la esperanza, no tanto su objeto el que pone de relieve la metafísica desarrollada. Sucedía lo mismo con el creer. Yo creo que... o yo creo en... Por esa vía se supera la duda y se abre el hombre a las certezas y seguridades. El tema de la esperanza supone otro punto de fusión entre filosofía, antropología y experiencia cristiana en nuestro autor. La esperanza hay que situarla en una respuesta del misterio del ser. Al examinarme o preguntarme quién soy yo, aparece la esperanza como una respuesta que salva o rescata al hombre de la oscuridad, del exilio, de la enfermedad, de la inseguridad, para convertirse en el fundamento de su antropología donde, junto a la fe, forman un fuerte pilar de la persona. La esperanza ontológica no expresa tanto el ser, sino el llegar a ser (werdende) y consiste en una esencia y existencia abiertas como proyecto o, si se quiere, aventura. Pero esperanza hay solo donde hay búsqueda, pues ella actúa como una fuerza motora en el hombre y un surtidor de vida. La esperanza como sensación se diferencia del fracaso en cuanto que este indica un ensayo, un camino cerrado ya en el tiempo. Sin ella, el hombre sería un prisionero de la historia y del destino. El error o la equivocación es la mayor presión ejercida por el tiempo en la conciencia, pues indica una pérdida del camino. Según Erich Fromm, el hombre padece un complejo de soledad desde que se separa del mundo y es elevado sobre las fieras. Solamente la esperanza libra a la conciencia de esa sensación y opresión de ruptura. Ello tiene lugar cuando mira y espera al futuro. La profunda necesidad que tiene el hombre de superar su aislamiento y la ruptura entre su ser y su será, viene a ser resuelta por la esperanza. Sé lo que soy, pero no sé lo que seré o será de mí mañana. De ahí, la ontología del misterio de la invocación como vocación de la antropología. Ser y tiempo (Heidegger) son las dos dimensiones de la existencia humana que contribuyen a la formación de la esperanza. Por eso, el tiempo es la mayor tentación para el ser de la esperanza. Sin esperanza no se puede vivir y los prisioneros viven solo de esperanza que constituye y totaliza sus aspiraciones. La esperanza es la única posesión absoluta del hombre.

Después de todo esto, ya podemos dar entrada en el hombre a una psicología o pedagogía de la esperanza a la que se ha entregado más la filosofía de E. Bloch, pero en la misma línea antropológica. La esperanza dialéctica existe cuando el tiempo se convierte en riesgo y peligro de equivocación en el recorrido de la libertad y de las decisiones. Por ello, más que nunca, necesitamos una educación en la esperanza. La esperanza absoluta, la esperanza pura es muy difícil de alcanzar, pues siempre coexistirán temores e inseguridades simultáneas en el hombre procedentes del tiempo como tentación. Es necesario distinguir la esperanza como estado afectivo y la esperanza ontológica resultado de la condición de la temporalidad del hombre.

22

Antropología hermenéutica de Paul Ricoeur

Nos encontramos de nuevo ante un autor de sistematicidad fragmentada y parcial con cuyos elementos dispersos hay que recomponer una visión del hombre a la altura de nuestra circunstancia cultural europea en el siglo xx. Dentro de esta adscripción libre, nuestro autor se decanta claramente por la voluntad en medio de un panorama filosófico enmarcado por la fenomenología de la percepción, dada la honda repercusión de la obra de Merleau-Ponty. Ahora se opta por la percepción de la voluntad como contrapartida a dicha obra. Dentro de la filosofía concreta, se trata de establecer un auto conocimiento del hombre, pero con valor universal. Comprensión de sí mismo y de la historia. Así se presentan las preferencias del filósofo francés Paul Ricoeur (1913–2005) cuando confiesa sus dos fidelidades contrapuestas. Por una parte, los temas existencialistas de Mounier y de Marcel asimilados durante su etapa de estudiante en La Sorbona, que son el hombre como espíritu encarnado, la invocación, el compromiso, el diálogo, el amor, el otro, la muerte. Y, por otra parte, los problemas de la reflexión fenomenológica, rigurosa, evidencia racional e intelectual, siguiendo el método de Husserl y las exigencias de Descartes y de Kant. Igualmente es deudor de la influencia de Jaspers a quien leyó en los años de prisionero en el campo de concentración tras la ocupación de Francia por los alemanes. Todas estas tendencias e influencias le llevan a Ricoeur a un "Conflicto de las interpretaciones" donde parece que su filosofía encuentra un asentamiento definitivo y que se conoce como corriente hermenéutica, desarrollando el importante factor del lenguaje y de los signos en ella. El pensamiento es interpretación y la filosofía es hermenéutica en cuya idea se reconoce su admiración por Freud con alguna concesión al estructuralismo reinante.

Dicha orientación de su filosofía afecta a la visión del hombre en Ricoeur. Seguimos dentro de la matriz ontológica de la antropología aunque un poco inclinada hacia la ética y la moral. Es decir, nuestro autor no se muestra tan preocupado por la composición, sino por el desarrollo y comportamiento del hombre. Todo ello está comprendido en una gran fenomenología de la religión y de la moral. Esta es la novedad más perceptible donde hay que realizar rigurosamente el salto del texto y su interpretación al sujeto. Al fin y al cabo, toda filosofía es una lectura e interpretación de la realidad, en este caso, del hombre, cuerpo y alma, lenguaje e intención, símbolo y significación. No abundan actualmente las filosofías del sujeto que parece un desierto despoblado y abandonado, asfixiado por los estructuralismos. Sin embargo, esto agudiza la necesidad de conocer al hombre que sigue a su ser. Yo soy y yo tengo que conocer mi esencia. ¿Me conozco? ¿Cómo me conozco? Ni verdad sin existencia del sujeto ni sujeto sin existencia de la verdad. Pero la relación entre sujeto y percepción (incluida la del sujeto) hay que realizarla a base de intermediaciones. Esa es la verdadera reflexión o vuelta de mí a mí mismo. Usando una analogía, la mirada de mí mismo tengo que hacerla con la luz que hay en mí que es la razón. Con ello no se está admitiendo el distanciamiento de mí frente a mí mismo convirtiéndome en el otro mío. Yo soy yo cuando me conozco y cuando me desconozco. Pero la verdad sobre mí no es la verdad objetiva, pues no tengo que rodear o salir fuera, como decía San Agustín, para encontrarla. Para conocerme a mí mismo tengo que conocer e interpretar el lenguaje, las imágenes, las ideas y las categorías sobre mí mismo, pues soy, a la vez, el emisor y receptor de las mismas. Este es el punto de encuentro más profundo de la antropología dialéctica a la que hemos apuntado siempre, allí donde el yo es sujeto y objeto de su propio conocimiento. Ricoeur sigue acusando a la fenomenología de ser demasiado idealista o racionalista y dar prioridad al "cogito" en la constitución del sujeto.

22.1. La antropológica como confesión de identidad

Por eso mismo, la antropología es una confesión o reconocimiento del hombre. Confesión no tiene aquí un sentido penitencial o de culpabilidad, sino de diálogo del hombre consigo mismo reconociéndose hombre (bekennen en alemán). Es la antropología del reflejo siendo el hombre locutor de sí mismo. Nos conocemos como en un espejo o una imagen de nosotros mismos que tenemos que interpretar. La bipolaridad antropológica cuerpo y alma se contrae en la unidad del proceso hermenéutico. La construcción dual deja paso a la globalidad metafísica. No estamos abogando por una antropología religiosa, sino por una antropología de la razón secular que poco a poco se acerca a sí misma para descubrir a Dios como razón y sentido de la transubjetividad convertido en el Tu necesario. Lo más visible de este proceso de la antropología moderna es el haber convertido el lenguaje o consideración del cuerpo como el "otro" elemento del hombre (en el Antiguo Testamento y en Platón) a integrarlo en una unidad espiritual que llamamos persona. Estamos realizando continuamente el tránsito del dualismo ontológico al monismo moral de la persona como sujeto titular del hombre global, pasando por el vitalismo y el funcionalismo unificador, habiendo sido eliminado el materialismo destructor y nihilista. Esta es una breve memoria antropológica hasta llegar a Ricoeur. Para él, la identidad personal es una de las tareas más importantes de la filosofía. Con el recurso al lenguaje y a la interpretación, supone una negación del proceso de inmediatez en que se desarrollaba la labor epistemológica del espíritu desde Descartes. Directamente del yo a mí, de mí mismo a mí mismo. Sin embargo, en Ricoeur es un viaje donde hay que bajar, pues el yo tiene un subsuelo, un sótano oscuro (el inconsciente, los instintos) que hay que discernir, interpretar e identificar atendiendo a las teorías de Freud.

Distancia interpretativa como acceso a la identidad personal, abandonando la intuición y el contacto transparente de la razón como método antropológico. El camino hacia el yo está lleno de obstáculos que hay que salvar y superar hasta llegar a la zona de la verdad. Al adentrarnos en la antropología de la interpretación de la identidad personal de Ricoeur nos encontramos con diferentes vías de penetración como son la vía epistemológica, la vía ontológica o metafísica que parecen tener menos recorrido que en otros autores de la época. Se acepta como válida la reflexión sobre el ser finito y limitado que nos conduciría a la necesidad de un ser Absoluto e infinito como principio y fundamento de toda realidad. Hay autores de nuestro entorno (M. Maceiras) que realizan el tránsito y la travesía desde la vehemencia o urgencia ontológica de Ricoeur a su personalismo pendiente de la interpretación. La filosofía de Ricoeur es una filosofía de la voluntad sin olvidar el principio de la identidad subjetiva y trascendental. Ricoeur tiene miedo que la adorada metafísica le lleve al peligroso estructuralismo y para evitarlo debe introducir elementos metodológicos nuevos que le despejen el camino hacia el yo personal. Pero, por otra parte y como queda apuntado mas arriba, no desea una entrada directa al yo. El recurso a la analogía tradicional tampoco le parece fiable prefiriendo la atestación, la confesión, la afirmación, el reconocimiento de la identidad en el laboratorio del lenguaje y de la hermenéutica. El yo "a priori" se transforma en el sí (mismo) después de haber analizado todas las manifestaciones, incluida la trascendencia. La identidad del yo como personal está al final de la interpretación como proceso de interioridad reflexiva. Entre el yo que percibe y el sí mismo que examina y aprueba, tiene lugar un gran proceso de identificación e identidad personal.

22.2. La libertad analógica y fenomenológica

Así pues, la antropología de Ricoeur es una extensión de la filosofía de la voluntad. Frente al "yo pienso" de Descartes o la fenomenología de la percepción de Merleau Ponty se encuentra el "yo quiero" continuado en la acción y la moral. El yo quiero es solo una condición previa del yo hago. Más aún, la voluntad es el origen de la percepción y del conocimiento. Al tema de la libertad llegamos mediante la confrontación entre voluntario- involuntario, libertad- naturaleza. Del mismo modo que en el yo identificábamos un dualismo posicional (consciente e inconsciente) ahora a la voluntad, o la libertad se le plantea también una alternancia, es decir, hay que elegir algo contra algo que llamamos posibilidad. Quiere decir nuestro autor que todo acto libre tiene un componente voluntario y otro involuntario. La antropología analiza la base común de ambas decisiones en una sola facultad o identidad personal. Parece sincero Ricoeur cuando, imitando la fenomenología en el orden del conocimiento, la aplica al orden de la voluntad. También en el acto del querer se realiza el reduccionismo, la "epoche" de Husserl, es decir, la relación trascendental entre realidad y conciencia. El sentimiento de responsabilidad y de culpa en el hombre está para demostrar que la conciencia o la voluntad se sienten interpeladas por la trascendencia de los valores. La estructura de la conciencia no es la indiferencia o neutralidad entre lo culpable y lo no culpable. Los valores nunca dejan indiferente a la voluntad por mucho que se insista en la neutralidad de los valores (Wertfreiheit), pues los valores son, como defendía M. Scheler, cualidades objetivas de las cosas, que están ahí (Gegebenheiten), anteriores a nosotros. Así trascurre la fenomenología de la culpabilidad en la conciencia para nuestro autor.

Ya hemos apuntado que la reflexión antropológica sobre la libertad y la voluntad en Ricoeur, está completamente inmersa en categorías morales, de tal manera que nos encontramos con una reproducción ética del hombre. Se comienza reconociendo la labilidad del hombre, su debilidad, fragilidad o vulnerabilidad. Herencia protestante de Ricoeur. Después viene el lenguaje moral de la culpabilidad que, cargado de simbolismo, merece ser interpretado. Porque el mal también tiene su simbolismo como titula nuestro autor una de sus obras. Los símbolos afectan igualmente a la voluntad y no solo al entendimiento. La fenomenología de la voluntad se remonta hasta los tiempos de Aristóteles. El problema de la voluntad es tan largo como la historia de la filosofía misma. Hablando Aristóteles de las virtudes, existe lo involuntario y lo voluntario ante lo que el sujeto tiene que tomar partido y elegir desde la propia responsabilidad. O sea, tiene que elegir entre libertad o naturaleza, lo cual no significa que la libertad sea lo contrario a lo natural. El acto libre tiene esas dos dimensiones. Por eso podemos hablar del conflicto de la libertad. La polaridad de la libertad está también presente en San Agustín con la teoría del libre albedrío. La dialéctica o el conflicto de la libertad residen en separar o enfrentar su contenido de su finalidad. Ambas dimensiones, que son elementos de la conciencia, nos hablan de limitaciones recíprocas, es decir, la voluntad encuentra su límite en lo natural y la naturaleza en la libertad. Los aspectos positivos de la libertad, que se generan en el sujeto, son la elección, la acción y la aceptación, mientras que los extremos negativos son los representados por instintos, pasiones y otras necesidades del cuerpo donde no llega la voluntad y, por eso, son involuntarios. Pero también para ellos hay que buscar una salida o solución trascendental, pues ellos pertenecen, igualmente, a la existencia y constitución del sujeto. Todo el sujeto está afectado por el método trascendental. Solo así se puede pasar de la existencia del sujeto a la constitución de la realidad. El yo y la conciencia no pueden permanecer encerrados en sí mismos, sino que su fase ontológica y constituyente implica su fase fenomenológica y trascendental, o sea, en la proyección de si mismo en la realidad.

La elección es la primera definición o ámbito de la voluntad que obedece al éxtasis antropológico de dos posibilidades, al cruce de dos alternativas contrarias, no sucesivas. La decisión es, a la vez, un rechazo, lo positivo o elección supone una negación, la opción una exclusión. Más aún, medida en términos de temporalidad personal, la decisión implica consecuencias, pues es un acto que cierra el futuro, estrecha las opciones y condiciona mucho el porvenir del sujeto y de la misma libertad. Dicha elecciones encuentra influenciada o motivada por la infraestructura involuntaria del sujeto. Después de la elección tenemos la libertad de la acción. En el proceso constitutivo de la conciencia se pasa del acto de elegir a elegir el acto mediante un mecanismo ideal y moral, de identidad y de moralidad. La acción arranca también del sujeto, de la conciencia, pero en forma de responsabilidad o titularidad de la acción y sus consecuencias. El elemento ideal que dirige la acción libre es la intencionalidad y la objetividad de dicha acción constituye la moralidad. La tercera dimensión o ejercicio de la liberad es el asentimiento, la acogida, recepción o afirmación de propuestas que llegan desde fuera del sujeto aunque sea a través del sujeto. Así definía Descartes las pasiones (y no había nacido Freud) como procesos en el sujeto, pero sin el sujeto, originadas fuera de él, aunque él sirva de plataforma de transmisión. Es un yo sin mí. Ahí también interviene la libertad.

22.3. Ontología moral desproporcionada

Como antesala de la construcción moral de la persona, veamos otra de las ideas más queridas por Ricoeur. Nos referimos al hombre como versatilidad, como peligrosidad o permeabilidad. El hombre en peligro, al borde de la caída o del tropiezo. Es la antropología de las tentaciones ontológicas, del hombre resbaladizo (Fehlbarkeit). El hombre-junco, la hierba o la caña pensante de la tradición francesa de Pascal. Al hablar de la libertad, hemos apuntado que la antropología de Ricoeur persigue fijar la base común en el sujeto de los actos tanto voluntarios como involuntarios que son antagónicos y opuestos. La vida moral transcurre en una constante tensión, lucha, desequilibrio o descompensación entre libertad y naturaleza. En ese preciso momento antropológico del sujeto hay que insertar la acción o la responsabilidad moral. Esa función es ejercida por lo que nuestro autor llama ideas-límites, pues fijan y señalan el camino y el horizonte por donde tiene que desarrollarse o discurrir el acto voluntario tanto de la elección como de la acción y de la aprobación. Vuelve la antropología del equilibrio o la ética de la moderación para defender que el acto libre y moral es el que está a medio camino entre libertad y necesidad, entre independencia y naturaleza. La tensión religiosa y moral del hombre para Ricoeur está determinada, igualmente, por las estructuras dialécticas de finitud e infinitud.

Otra de las estructuras morales que acechan la fragilidad o peligrosidad del hombre es la irrupción o invasión del mal. En la ontología desproporcionada entre libertad y naturaleza, entre voluntario e involuntario, entre finitud e infinitud del hombre paradoxal o la no coincidencia del hombre consigo mismo, se sitúa la acción moral como un esfuerzo por la recuperación del equilibrio, de la unidad y de la coincidencia. El hombre moral es posibilidad y realización, intento y consecución. Es una constante aproximación a las ideas límite que determinan la autenticidad antropológica de la acción. Conducida esta situación al plano ontológico, el hombre camina entre el ser y la nada, esa es su fragilidad mediática, sorteando el peligro de caer en el no ser, en el mal, en el pecado o en la nada. El hombre acróbata de la alambre haciendo esfuerzos y malabarismos para no caerse la vacío, al abismo. Es una viva mortalidad o una inmortalidad muerta. La "vita mortalis" o la mors vitalis" de San Agustín. De ahí que la moral sea entendida como una síntesis trascendental capaz de fijar la objetividad de los conceptos del bien y del mal. Igualmente hay que realizar la síntesis entre representación de la conciencia teórica y la realización práctica de dichos postulados eidéticos. Hay un concepto que totaliza por entero la vida y la acción moral del hombre que es la aspiración y tendencia a la felicidad. La felicidad representa también la característica antinómica del hombre y de la libertad, pues la felicidad, incluso como síntesis y objetividad trascendental, no es completa y está hecha de parte de libertad o placer y de parte de necesidad y sufrimiento. La desproporción ontológica que caracteriza la vida humana y moral afecta igualmente a la asimetría entre conocer y hacer, entre concepto y realidad, entre sujeto y objeto, entre buscar y encontrar. La síntesis trascendental se realiza en el plano afectivo en la experiencia que llamamos placer como alcance y reconciliación entre deseo y satisfacción, entre vacío y sentido de la existencia humana. No olvidemos la influencia de la psicología de Viktor Frankl sobre el sentido de la vida en la filosofía de Ricoeur.

22.4. Hermenéutica del hecho religioso

En esta filosofía o antropología hermenéutica de Ricoeur no puede faltar tampoco una preocupación especial por el lenguaje religioso en el hombre (antropología cultural) que necesita de una interpretación. No se rompe la línea transversal que une, desde Aristóteles, a la ontología con la teología. Su filosofía es una teología de la palabra, pues, como en la Biblia, ella necesita una traducción, una revelación. La palabra de Dios es también palabra humana y, como tal, forma parte de la ciencia o de la filosofía del lenguaje. Como buen protestante, Ricoeur hace descansar todo el cristianismo en el mensaje, en la lectura y en la interpretación de la Biblia. Ella es la palabra de Dios que se abre y se revela en forma de palabra. Aquí se aplica un principio de antropología cultural muy elemental y muy en consonancia con los teólogos, también protestantes, de la desmitologización, R. Bultmann y O. Cullmann, es decir, la Biblia está escrita en categorías culturales de la época y debe ser leída y entendida en ese mundo, en ese contexto. Por eso, el primer sentido de la Escritura es el histórico, el literal, entendido como referido a su tiempo, no al nuestro. La necesidad de una crítica textual sirve para fijar la materialidad del lenguaje, el texto, las palabras y su composición. Tras el sentido literal, viene el sentido lógico-cultural, pues son imágenes, expresiones, categorías tomadas o asumidas de la antropología cultural (signos, símbolos, usos, costumbres, tradiciones, metáforas) del momento. El cristianismo descansa en el oír y entender la palabra de Dios. Dios se revela en el anuncio de la palabra y la palabra misma es revelación de Dios, verdad divina. Ahora bien, esa palabra debe ser interpretada, trasmitida, actualizada y continuada en la tradición, en la comunidad de oyentes y creyentes. La labor de los teólogos y especialistas consiste en interpretar y explicar técnicamente dicha palabra y su significado. Debido a eso, la palabra y el discurso narrativo es el medio para transmitir la fe cristiana. Por ello, la hermenéutica religiosa y la hermenéutica teológica están unidas a la hermenéutica filosófica. Esto supone que la palabra de Dios debe leerse e interpretarse según las diferentes y sucesivas culturas, incluidas las de nuestro tiempo. El mantenimiento del texto supone también el mantenimiento de su sentido.

El filósofo del sujeto, del yo, del sí mismo y del otro se convierte también en el filósofo del Absoluto. Ricoeur es un filósofo del cristianismo. Hay que pensar la religión que no se escapa al lenguaje de los signos y es, por tanto, un simbolismo religioso y de lo sagrado. La triple fe o sea, la fe filosófica, la fe teológica y la fe antropológica como colaboración entre personalismo y religiosidad. La hermenéutica filosófica actúa como instrumento de la hermenéutica teológica, según Ricoeur. Con nuestro autor parece que se firma el armisticio entre ateísmo y filosofía. En adelante, no debería haber más reflexión sin Dios ni más Dios sin reflexión filosófica. Nadie mejor que la cultura francesa de la época ha conducido los planteamientos teóricos entre razón y religión, con consecuencias en las relaciones Iglesia Estado, hasta tal punto que ha podido hablarse irónicamente de una Francia laica o desleal con la religión. En esas ideas hay que buscar la verdadera posición del poder del Estado ante el hecho religioso que, por lo demás, es también un fenómeno sociológico. Al mismo tiempo esa cultura y defensa de lo religioso en el plano de la epistemología, se convierte en una legitimidad pública de la religión en la sociedad y en el Estado. Libertad religiosa de los ciudadanos tutelada por el Estado, no es libertad escondida ni religión oculta. Lo privado debe ser público y a su vez estatal, pero dejando claro que la religión no necesita de la politización o legitimación del Estado.

22.5. La política como experiencia histórica

La teoría política de Ricoeur va unida a una hermenéutica de la historia que él llama experiencia narrada que eso es la historia. Esto, en términos de antropología cultural, significa que los tiempos y los contextos históricos van cambiando. Es muy difícil encontrar la verdad en política donde solo se encuentra experiencia e historia. Dos temas relevantes descubrimos en el pensamiento político de Ricoeur, como son el poder del Estado y la presencia de los cristianos en política. El estudio, el análisis, la investigación sobre la historia se hace desde la misma historia. Lo mismo sucede con la reflexión sobre la política. Todo es muy relativo tanto en la historia como en la política. Por eso hablamos de experiencia y no de teorías. Como buen filósofo de la historia, distingue Ricoeur entre sucesión objetiva del tiempo y su percepción narrativa, descriptiva o subjetiva del mismo como experiencia antropológica. Parte nuestro autor de que el hombre no determina su propia experiencia, sino que ella se produce en un contexto dado o recibido. Estamos sumergidos en un mundo de situaciones. Una de esas experiencias dadas es la pertenencia. Estamos unidos a los demás. Pertenecemos o formamos parte de una sociedad en la que tenemos que orientarnos y posicionarnos. Un ejemplo, igual que la hermenéutica textual o del discurso no se puede hacer prescindiendo de todo el contexto, no se puede hacer con palabras individuales, tampoco la experiencia política como hermenéutica social se puede hacer sin la comunidad, sin la contemplación de la vinculación a los demás. La experimentación subjetiva del tiempo se hace unida a la experiencia de los demás en un pluralismo ontológico e histórico temporal. Todos participamos del tiempo, todos participamos de la sociedad. La política es esa hermenéutica combinada de individualismo y pluralismo o colaboración, pues en el texto de la política cada ciudadano es una letra, una opinión donde todos juntos forman una expresión o proposición llena de sentido que llamamos democracia. Igual que existe una concepción objetiva de la historia y una narración subjetiva de ella, lo mismo sucede con la política. Hay una ciencia, una realidad, una voluntad o un bien común objetivo y, al mismo tiempo, una aportación subjetiva de la conciencia de los ciudadanos. Existe la tentación de llamar bien común aquello que es un bien o interés para mí, identificando, igual que con la historia, el bien común con el bien personalizado y subjetivo.

La relación entre historia y política en Ricoeur es mucho más profunda. La decisión de la libertad humana, aludida más arriba, constituye el fondo real de la historia. La historia está hecha de decisiones libres y voluntarias de las personas. Por ello, la descripción de la historia es, igualmente, una decisión subjetiva. Cada historiador narra lo que más le ha afectado o impresionado de todo lo sucedido, de acuerdo con sus apreciaciones y percepciones subjetivas. La dimensión objetiva de lo sucedido no coincide con la dimensión subjetiva de lo narrado, pues ha habido una elección selectiva de lo ocurrido de acuerdo con preferencias personales y culturales. Es, en este enlace subjetivo o continuidad interna de la historia, donde hay que entender la unidad establecida entre causas y efectos que llamamos determinación de los acontecimientos o sucesión. Pero la unidad de la historia como la unidad de la política no elimina el concepto de distancia derivada del tiempo transcurrido o de la cultura lejana o diferenciada. Dicha lejanía temporal se supera mediante la unificación subjetiva de la conciencia a la hora de narrar lo acontecido. La diferencia temporal implica también la diferencia cultural en la historia. Finalmente, esa percepción subjetiva de la historia distante en el tiempo se hace en unión con otros ciudadanos y ciudadanas. Cada acontecimiento, cada decisión, cada filosofía, cada política es un "momento" de esa historia y de esa política. Sin embargo, en la política hay que distinguir la administración, la gestión o el gobierno de las personas y el gobierno de las cosas. No se puede ejercer una hegemonía, un dominio sobre las personas. Con el ejercicio del poder del Estado existe el peligro de exceso y de abuso.

22.6. Constructivismo moral

Para ello, se necesita la determinación de una ética del poder. No se puede evitar una tensión y contradicción entre poder del Estado y los intereses individuales principalmente en el orden económico. Los peligros residen, por una parte, en la concentración de excesivo poder en pocas manos y, por otra, en la nacionalización o monopolios del Estado. La necesidad de la participación democrática se explica por la necesidad de que en las grandes decisiones relativas a asuntos importantes y de amplia repercusión deben participar el mayor número de personas, en este caso, ciudadanos. Esa misma razón asiste para decir que el Estado no puede decidir sobre los grandes sectores de producción. En contra de las afirmaciones del Estado socialista, Ricoeur ve como más conveniente el llamado Estado liberal para salvaguardar las exigencias de la dignidad humana y la defensa contra los abusos del mismo poder estatal. Así pues, es necesario el mayor pluralismo de opiniones y la democratización de los controles del Estado. En paralelismo con la moral diremos que la democracia es el constructivismo político. Defender esta posición en aquellos tiempos era una actitud intelectual de valentía. No olvidemos que estas consideraciones políticas tienen lugar en plena actuación y represión estalinista.

Pero la política comprende no solo el poder del Estado, sino la impotencia y desarme del ciudadano (Ohnmacht). Los ciudadanos son lo contrario del poder y de la fuerza, son debilidad, estar desasistido y necesitado. Antropología política de la pobreza y de la debilidad humana puesta de relieve por San Agustín que exigía la gracia y el poder de Dios. No sabemos dónde se realiza más y mejor el hombre, desde el punto de vista antropológico, si desde el poder y la fuerza muscular o corporal que le acerca al mundo animal o desde la impotencia física y la fuerza del espíritu y de la inteligencia donde predominan las características de la persona. Amor, misericordia y compasión frente a odio y venganza. Moral del ser antropológico o moral del tener poderío. El Estado y todas sus instituciones son instrumentos de poder y fuerza, dominio y control, hegemonía y mandato. El predominio de la fuerza física en la política, a lo largo de la historia, se demuestra porque en los grandes tratados y convenciones, los cambios y los acuerdos se logran, se consiguen o se imponen a base de importantes gestos de amenazas, de agresión, de castigo y represalias, de violencia. En el dialogo de las naciones parece que interviene más la razón de la fuerza que la fuerza de la razón. La paradoja y la ironía llegan a su paroxismo cuando se dice que la política es continuación de la guerra, pero con otras formas. El uso de la violencia es una de las páginas más negras de la historia de la humanidad. El cristianismo opta por la antropología de la debilidad humana y de la teología de la cruz. La eficacia del pacifismo, la resistencia y de la no violencia está cada día más reconocida en la política actual. En esa dirección hay que transformar las relaciones entre los hombres y los pueblos.

La construcción de una ética en Ricoeur lleva consigo la comunicación que supone el sí mismo como un otro. El yo abierto frente al yo cerrado donde, según Sartre, los otros son el infierno. La ética como la dirección de mí mismo hacia los demás tiene lugar dentro de las instituciones que sirven para eso, para la vida, la colaboración, los sentimientos y las decisiones comunes. Las instituciones políticas son un diálogo transubjetivo que llamamos democracia. No estamos apuntando a un ética convencional, pactada, a posteriori, sino a un constructivismo moral donde la conciencia no obedece a imperativos categóricos, sino al propio desarrollo de su identidad realizando el tránsito del yo como mí mismo al yo como el otro en mí, situando la ética de la comunicación en la base más profunda de su existencia. La ética de Ricoeur es una ética de la corporalidad, de la sensibilidad, de la búsqueda de la felicidad, de las emociones. Pero también es una ética del oír y del escuchar. Esta ética constructiva aspira a ser universal y global de tal manera que pueda ser entendida y aplicada por todas las culturas del mundo. La acción moral comienza en la acción del yo sobre sí mismo que es el comienzo del otro o la acción sobre el otro. La moral de los demás comienza en mí, siguiendo los postulados de la razón práctica en Kant, pues lo que no es bueno para ti no es bueno para los demás. No es una moral positivista, sino radicalmente trascendental y una ética de la comunidad. Una pequeña ética para construir un gran hombre y una sociedad. Pensamos que los grandes monumentos, las grandes construcciones comienzan siempre en una única piedra que, unida a las demás, forman el todo, el conjunto admirable y admirado. A esa primera piedra Kant la llamó la regla de oro de la moral. Así es la conciencia subjetiva en este constructivismo moral que ponemos en el haber de Ricoeur.

23

La metafísica del personalismo en Maurice Nedoncelle

Avanza la cultura del siglo XX y avanza, igualmente, la preocupación por dotar de base metafísica al personalismo cristiano que tantos buenos frutos habían dado a lo largo de la historia y estaba siendo el factor principal de la convivencia en la civilización occidental y europea que se recuperaba de las cicatrices de ambas guerras. Seguimos en la tradición francesa de las tres B (Bergson, Blondel y Brunschvicg) continuada por los autores estudiados anteriormente. Algunos de ellos habían tenido más fortuna y resonancia social por adentrarse con sus temas en ámbitos y organizaciones sociales o políticas de la época. Sin embargo, hay un autor más humilde y silencioso, pero igual de eficaz que, desde su cátedra de la Universidad de Estrasburgo (embrión y corazón de la Unión Europea) elabora paso a paso la consistencia fenomenológica de la metafísica de la persona, de la conciencia, del sujeto, del yo y del tú, del amor, de la fidelidad, de la reciprocidad, de la comunión y comunidad. Nos referimos a Maurice Nedoncelle (1905–1976). Como decimos, su obra no ha sido estudiada entre nosotros con tanta avidez como la de otros autores más susceptibles de ser politizados, subidos a la ola de revoluciones juveniles olvidadas. Desde 1981 contamos con una amplia investigación sobre sus ideas personalistas realizada por Jesús Fernández González bajo el título *Antropología dialéctica*. Estatuto metafísico de la persona en M. Nedoncelle. Su figura se sitúa en la confluencia de otras varias corrientes filosóficas como pueden ser el platonismo, el agustinismo, el idealismo kantiano, el existencialismo y el personalismo cristiano, el espiritualismo inglés (Newman), la filosofía del sujeto, la fenomenología del espíritu. Este es el marco cultural que define la Europa del siglo XX en el que se desarrolla la filosofía de nuestro autor. Tampoco creemos que Nedoncelle haya profesado una antropología ruinosa, construyendo la suya a base de materiales de derribo ya utilizados.

A parte de otras diferencias, el compromiso filosófico de nuestro tiempo tiene que optar por la defensa de la individualidad consagrada en la persona o por seguir fortaleciendo los elementos estructurales, objetivos, científicos, materialistas, de la existencia humana. Nedoncelle, recogiendo la presión y la fuerza que ejerce la tradición cristiana sobre la cultura en el siglo XX, se entrega a la elaboración de una filosofía de la conciencia subjetiva e individual con todas sus ramificaciones en el orden metafísico, religioso, social y moral aportando un principio de regeneración no solo del pensamiento, sino también de la sociedad. Al final, todo desemboca en la gran preguntan que refleja una de sus obras ¿existe una filosofía cristiana? Dentro de las múltiples "quaestiones disputatae" en que se ha convertido la filosofía moderna, nuestro autor tiene una clara preferencia por el espíritu, por el yo individual, por su valor supremo y dignidad. Pero siempre un pensamiento cuidadoso y templando los extremos. La esencia del individuo no conduce al individualismo interesado, la fuerza y convicción del sujeto no lleva al relativismo o al voluntarismo, la defensa del yo no es el comienzo del egoísmo o aislamiento, la comunidad no es la colectividad amorfa y desestructurada de la masa convertida en la dictadura del Estado, el amor no es la justificación moral de una permisividad ilimitada, la libertad no es el liberalismo como horizonte final o autonomía absoluta de la acción humana. Todo ello indica una razón equilibrada precisamente por hundir sus raíces en la metafísica del ser, del hombre y de la persona evitando que el personalismo sea una ideología al uso. No olvidemos la situación dialéctica de toda filosofía del espíritu contenida en el personalismo. Si ahondamos y profundizamos en la metafísica de la individualidad para resaltar su superioridad nos podemos encontrar, traspasada la línea ontológica, cayendo en un psicologismo de la soledad, aislamiento e impotencia del hombre singular. Por otro lado, si recalcamos la comunidad, horizontalidad o universalidad de la esencia humana, llegaríamos a una sociología de lo común, sin raíces ni consistencia, diluyendo al yo y al sujeto en una solución colectiva, irrespetuosa y amorfa. Entre ambas peligrosidades se abre camino la filosofía de la intersubjetividad y de la reciprocidad de Nedoncelle. El núcleo esencial de su pensamiento es la persona. Lo demás es paisaje intelectual y decoración complementaria.

23.1. La persona como intersubjetividad

La metafísica de la persona en Nedoncelle va más allá de ella misma, pues se convierte en una transubjetividad. Si en épocas anteriores dicha metafísica se concentraba en la defensa y promoción de la dignidad del hombre, de la unidad como sujeto individual, ahora corresponde aplicar la fenomenología de la trascendencia para entender la intersubjetividad humana que no es colectividad, sino razón existencial de cohesión, comunión, reciprocidad y participación. Dejamos a un lado las reflexiones personalistas que Nedoncelle recibe y comparte con otros autores y nos centraremos en aquello que es específico de sus aportaciones "científicas" al personalismo que se basan en una ontología propia de la conciencia. Autonomía o suficiencia y sociabilidad o comunicación. Necesidad de ser y necesidad de darse, necesidad de recibir y de multiplicarse. La subjetividad no puede secar a la comunidad y esta no puede arrollar a la majestosa dignidad del individuo. De acuerdo con esto y con el método fenomenológico empleado y siguiendo la influencia de su maestro E. Levinas, Nedoncelle convierte su pensamiento en una fenomenología y antropología de la subjetividad interpersonal. El sujeto trascendental no es una mera posición del yo singular, uno tras otro, en línea, en fila y en cantidad sumativa o añadida, sino que es la integración de todos los sujetos en un único sujeto resultante. La intersubjetividad nace de las entrañas del yo que se proyecta como sí mismo sobre los demás en una reproducción comunicativa y absorbente de todas las dimensiones individuales e integradora de todas. No es un postindividuo, sino una transubjetividad dependiente o un desarrollo progresivo de la intencionalidad del otro. La intersubjetividad, que pertenece a la misma constitución del sujeto, debe ser activada mediante la voluntad de cada uno a la voluntad de todos formando esa alteridad fenomenológica de la que estamos hablando. Sin reconocerlo explícitamente, la moderna metafísica de la persona está reproduciendo y repitiendo la metodología aplicada por el cristianismo antiguo sobre la estructura trinitaria del hombre, del espíritu, del alma. En términos teológicos, el Padre engendra al Hijo y, en el amor recíproco de ambos, tiene lugar la generación de la tercera persona, es decir, el Espíritu Santo. Los tres son individualidades plenas como personas, pero tienen una dependencia común de las otras. En el orden humano sucede lo mismo. El poder del espíritu significa el descubrimiento de la alteridad personal. Todo ello se ha trasladado y revalidado, como decimos, al plano del espíritu y de la conciencia que tiene una estructura trinitaria, es decir, interpersonal, intersubjetiva donde unidad y pluralidad se alimentan recíproca y ontológicamente. Aquí se produce el reverso antropológico del misterio trinitario, es decir, como titula Nedoncelle una intervención suya en un Congreso Agustiniano de Paris en 1954, la intersubjetividad humana es una imagen de la trinidad. Es el mismo problema vista desde Dios o desde el hombre.

Más cerca de nosotros y recogiendo una metodología más civil o filosófica, todo el personalismo moderno tiene sus raíces en Heidegger cuando distingue entre el ser y los seres o diferencia la existencia de los existentes. Esta transformación tenemos que hacerla nosotros siguiendo el ejemplo de M. Scheler, el prior personalista moderno. Así pasamos de la subsistencia de la persona (el ser) a la individualidad de las personas (los seres). En el plano de la esencia, la persona es única, pero en el de la existencia encontramos la diversificación y alteridad. Pero no se puede admitir la evasión o la emigración del ser a los seres que le llevan consigo. El ser es impersonal y los seres son personales. En el momento que existen las personas o sujetos, existen igualmente, las relaciones interpersonales o proyecto intersubjetivo y el anonimato del ser o de la existencia llega a ser identidad nominal y personal. Esta relación dual está condicionando la elaboración del sistema filosófico en M. Nedoncelle en todo su ámbito y extensión tanto metafísica como ética, como social, como religiosa.

23.2. Génesis de la alteridad

El yo como ser genera la alteridad o la otreidad regresando a sí mismo en un recorrido de interioridad, pero sin salir ni dejar de ser sí mismo. En ningún momento la alteridad es exterioridad. Es cierto que Nedoncelle se cuida de distinguir entre el yo, el no-yo, el otro yo, el yo ideal o el nosotros. Esta anatomía de lo personal es ya muy normal en los autores personalistas. El yo es el sujeto con todas sus dimensiones y características. El no-yo es el mundo que no es la negación de la persona, sino la exterioridad o única limitación del yo, aunque tenga también sabor personal, pues una de las obsesiones de Nedoncelle es la metafísica personal y reduccionista aplicada a la naturaleza. El mundo se llama así porque es el no-yo, o sea, por su referencia a la persona, pues es su límite. No estamos admitiendo el racionalismo de Descartes donde el yo pienso produce no solo el yo pensante y el yo existente, sino que todo lo que existe en sí lo es a partir de mi pensamiento y existencia. El sujeto pensante pone el pensamiento y la existencia de aquello que piensa. Esto último lo dejó incompleto Descartes para que fuese la razón trascendental de Kant o el espíritu absoluto de Hegel o la fenomenología de Husserl quienes lo terminasen de decir. Las influencias del idealismo puro recibidas por Nedoncelle tienen lugar en este y otros puntos de su teoría sobre ontología y objetividad. Entre el yo y la alteridad del no-yo no hay solo una distancia o abismo metafísico, sino también espacial mientras que las categoría interpersonales no están afectadas por esas limitaciones. Dentro de las capacidades del sujeto están la de objetivar el mundo cuando es señalado por la persona, por el hombre, como tal. Yo soy persona y tú eres el mundo, podríamos decir. La persona tiene conciencia de "no ser" el mundo y revalidar la diferencia ontológica entre él y el espíritu. En ese sentido, el mundo es "personal", pues solo la persona puede señalarle (diferenciarle) como tal. El yo personal es un creador del mundo por esa capacidad de distanciar, diferenciar y objetivizar la naturaleza. Esta antropología de la diferencia y separación no desmerece en nada el valor y la estima del mundo por parte del cristianismo. Muy al contrario, toda la ética y la política como acción conservadora y transformadora sobre el mundo tiende a "personalizar" todas las relaciones e implantar una sostenibilidad racional y social mediante la continua adaptación de las condiciones de vida de la naturaleza a las condiciones del hombre en una especie de ergonomía o adaptabilidad evolutiva.

Pero vayamos en busca de otra emergencia de la alteridad personal en Nedoncelle. Con ello entramos en la filosofía dialógica de M. Buber o de J. Piper con quienes el personalismo comparte amistades y vecindades. Superamos de nuevo el concepto o la identificación de la persona con la soledad y el aislamiento antropológico. Por ello tenemos que hablar de comunión de las conciencias. La conciencia se percibe a sí misma en unión con otras conciencias. Dicha percepción es una percepción simultánea. Al percibirme a mí, percibo a los demás conjuntamente en una mismidad-alteridad simétrica y compartida que se aplica, también, a Dios, a pesar de ser el Otro absoluto e insalvable, base de lo Sagrado como abismo, que decía R. Otto (1869–1937) cuando aplicaba a Dios el concepto de numinoso o el noumeno kantiano, lo irreductible a la experiencia. Recordemos el "conózcame a mí y conózcate a ti" que decía el monólogo de San Agustín en la primera antropología fenomenológica de lo religioso en la historia. No solo hay con-secuencia, sino simultaneidad y presencia de ambas conciencias en una sola. Si hablamos de génesis de la alteridad, también tenemos que hablar de la alteridad como génesis de la conciencia. El yo se constituye como tal frente al tu que, a su vez, se convierte en un yo como emisor de ontología subjetiva. Esto hay que entenderlo en una metafísica de la posición y no solo de la relación. No hay relación sin previa constitución, pero tampoco hay constitución sin relación. Esa va a ser la función de la reciprocidad. No sería ninguna aberración llamar a la obra de Nedoncelle la nueva antropología del otro. El otro ha estado siempre presente en el pensamiento cristiano, pero no había tenido tanta centralidad como ahora en el personalismo. El otro no formaba parte del yo natural y subjetivo, sino que siempre se situaba en la altura de lo sobrenatural y así resultaba inaccesible aunque fuese un otro interior a mí, pues era a la vez, "interior intimo meo et superior superi meo" (más intimo que mi interior y más alto que mi superioridad). La antropología es siempre ciencia y discurso de dos.

23.3. De la alteridad a la reciprocidad

Con el mundo existe alteridad, pero no puede haber reciprocidad de la conciencia. Así pues, hay que buscar una alteridad como pareja del yo y su complementariedad, pues todo el trazado de dicha relación recíproca se realiza en el recorrido del amor. Hay algunos estudiosos que, desviando la atención sobre la metafísica de nuestro autor, le señalan como un investigador de las relaciones personales. Es decir, el pensamiento de Nedoncelle no sería una metafísica al estilo clásico, sino una fenomenología de las relaciones interpersonales que no terminan en una psicología (por ejemplo), sino en una verdadera ontología de lo personal. El paso siguiente de nuestro autor es considerar que la alteridad no agota las posibilidades de relación de la conciencia, sino que tiene que llegar hasta la reciprocidad. No es suficiente la apertura y la oferta del diálogo, sino que es necesaria una redimensión, una respuesta bidireccional. Sin retorno no hay llegada, no hay complementariedad ni finalización del proceso personal. El círculo de relaciones interpersonales solo se cierra con la reciprocidad que tiene lugar en el amor. Nuestro autor tiene una obra encabezada significativamente por este tema: la reciprocidad de las conciencias, un ensayo sobre la naturaleza de la persona. Estamos en el nudo central de la reciprocidad, pues dice Nedoncelle que la conexión que une a la percepción del otro, a la persona y al amor es lo mismo que la reciprocidad. La reciprocidad es para nuestro autor un proceso tan complejo que implica metafísica, epistemología, psicología, religiosidad, comunicación.

La reciprocidad básica comienza en la existencia misma de la persona. Se existe "recíprocamente", pues la existencia es una respuesta en este diálogo inicial entre los seres. Luego viene la percepción o el conocimiento donde es necesaria una presencia dual y simultánea, pero no como sujeto y objeto, sino como persona a persona, como yo y tu, como alteridad e intersubjetividad. Esto modifica sustancialmente el esquema de sujeto y objeto saltando de un idealismo clásico o racionalismo a un interpersonalismo. No se conocerá a la persona si no se abre o entrega libremente, a no ser que se disponga de un psicoanálisis particular. Más tarde se entenderá que el amor y la voluntad es la mejor fuente de conocimiento (que es un reconocimiento de identidad) entre las personas. En el conocimiento intersubjetivo no rigen las categorías lógicas de deducción, sino las de autopercepción o alteridad que algunos denominan "empatía" o sea, coincidencia de sentimientos. Al mismo tiempo que la percepción es comunicación básica o intercambio de esencias y existencias, deberá ser también un sistema de promoción o desarrollo de las personas. Por ello, podemos establecer una jerarquía en los procesos personales que van desde la subjetividad del yo a la alteridad del otro, a la reciprocidad de las conciencias para terminar en la comunión. Mientras que para otros existencialistas (Sartre) el culmen y la perfección de la persona es la libertad, para el personalismo es la comunión. Puede haber una comunión en la distancia a la que recurren muchos personalistas para explicar el tema del amor y de la inmortalidad. Mientras las personas permanezcan en el recuerdo y en el amor de otros, son inmortales. La conciencia es un ser cuya manera de ser fija la existencia, y viceversa, la conciencia es un ser cuya existencia lleva en sí misma la manera de ser o persistir. Todo esto lo realiza la comunión de las conciencias. La persona es el ser en constante actividad, en autocreación, en comunicación recíproca, en autoposesión y desarrollo, en un impulso o movilización de personalización y construcción constante.

23.4. Del yo ideal al nosotros

El otro no equivale al no-yo, pues ya hemos dicho que el no-yo, para Nedoncelle, es el mundo donde operan las leyes de la naturaleza, de la ciencia y de la objetividad. Ni siquiera las dimensiones duales de la antropología personalista de yo-tu, intersubjetividad, reciprocidad de la conciencia, agotan las posibilidades fenomenológicas de la filosofía personalista. Tenemos que aspirar a superar el enfrentamiento y conducir la antropología de la confrontación a la de la integración. Este proceso se contiene en el paso del yo-tu, al nosotros. El yo y el tú solo son anticipación del nosotros en el plano fenomenológico. Hay en Nedoncelle una convergencia del idealismo alemán puro con el personalismo existencialista francés que da lugar a la noción de "el yo ideal" para huir de los problemas que podría plantear la metafísica del yo individual como algo concreto o experimental. Estamos dentro de la línea de las variaciones sobre el tema de la persona ya desde Boecio. El yo ideal es la transparencia del espíritu y se refiere al yo como unidad y convergencia de todos los individuos concretos y experimentales y no experimentales o absolutos. El concepto del yo-ideal se opone al concepto del yo positivo. Ahora se entiende la primacía que concedemos al yo y su carácter ideal, en cuanto universalidad de la persona. El yo ideal equivale al yo Absoluto en el sentido comprensivo, es decir, abarca todas las existencias o yo personales. También tiene un carecer abstracto. Desde las teorías de Freud, la obsesión por el yo se ha extendido en muchas disciplinas y la psicología parece haber dominado sobre todas ellas. El yo psicológico y consciente (diferente al ello) no lo es todo en el hombre y hay que buscar un lugar, una sede para el yo ideal que es el nosotros personal. La fórmula el yo-ideal es la expresión más original, característica y diferenciada del personalismo en Nedoncelle. Partiendo de la conciencia como conciencia de sí y luego conciencia de los otros, dicha conciencia se va abriendo y ampliando ontológicamente de manera progresiva hasta alcanzar un componente colegial de la conciencia, una especie de mutualidad personal. El yo-ideal sería un centro personal en relación con el cual todos somos personas. El yo ideal es lo más concreto no desde el punto de vista existencial, sino persona, es decir, es el yo más comunicativo. En ese yo, todos somos un yo para nosotros mismos y para los demás. La trascendencia del yo experimental supone la fijación del yo-ideal que es quien hace posible la reconciliación o el encuentro entre la diversidad y la unidad personal. El único y el mismo Dios es el del ser y el de la persona. El problema de Dios en Nedoncelle responde a este planeamiento, es decir, las variaciones del yo incluyen el yo (ideal y positivo) el tú en la reciprocidad y el nosotros que comprende el Tú Absoluto o Dios. Este es el nosotros de la metafísica personalista. Dios forma parte de la denominación de la persona. La nada no es final de la persona, sino Dios.

23.5. Del yo personal al yo Absoluto

Dentro de la lógica personalista, no aparece claro que el origen del tú sea el yo. Ninguna persona puede "crear" a otra en el plano de la reciprocidad limitada. Solo la reciprocidad con el Tú Absoluto que es Dios, puede dar origen a la persona en su plenitud. Habrá que diferenciar lo que es la persona de su conciencia religiosa. Aquí llega la influencia del idealismo religioso ingles del que hemos hablado más arriba. La reciprocidad humana tiene que llegar a Dios mediante un proceso de transformación ontológica y fenomenológica para fundamentar la religión personal. La influencia de la filosofía personalista en la comprensión del fenómeno religioso se nota en la adopción, por parte de la teología, de categorías procedentes de la misma como puede ser encuentro, diálogo, comunión, apertura, etc. A su vez, el personalismo usa categorías teológicas. Por eso no parece difícil admitir al personalismo como un humanismo cristiano y no se puede decir que haya llegado el fin de la teología antropológica. La categoría cultural común a la filosofía y a la teología puede ser el encuentro de Dios y el hombre. Nunca ha existido una teología cristiana que no sea personalista desde el momento que el Evangelio y los SS. Padres se distancian de la filosofía griega o del politeísmo y admiten que el Dios de los cristianos habla y se manifiesta en la palabra y en la revelación. Cada época ha intentado encajar el lenguaje sobre Dios en el contexto cultural y lingüístico de su tiempo y de la cultura. No es extraño que el personalismo de Nedoncelle pretenda colocar el discurso sobre Dios dentro del sentido global de la persona. De todas formas, la filosofía actual y personalista no pretende crear a Dios, sino solo denominarlo. La teología, y mucho más la antropología religiosa, aspiran a ser solo un nominalismo cultural encajable o complementario. No hemos superado la fórmula simple y común de Dios en el hombre. La relevancia de Dios para el hombre de hoy pasa por su comprensión como personas dentro del misterio que rodea todas las relaciones entre Dios y la razón humana. La confluencia entre personalismo y religión es amplia.

Del yo ideal y personal hay que saltar al Tu divino. El problema reside en cómo está incluida la idea y la relación con Dios en el yo-ideal. El personalismo sintético y trascendental incluye el tema de Dios. No se puede pensar en la metamorfosis de una esclava como es la metafísica de la persona para acceder al tema de Dios como Absoluto. En la historia del cristianismo han existido siempre unas categorías auxiliares en la cultura o en el lenguaje que facilitaban la labor a la teología abriendo las puertas para que entrase la existencia de Dios en ella. Con la noción del yo-ideal es mucho más fácil acceder al yo Absoluto que con la descripción del yo positivo o del yo experimental. Es metafísicamente impracticable separar el yo-ideal del Tu divino. Dios es la posibilidad radical de toda conciencia personal, de todo yo con vocación al desarrollo pleno en la trascendencia, más allá de sí mismo, en la comunión con el Tu divino por quien y en quien se siente persona. El Dios de los filósofos como figura que emerge al final del camino de la razón teórica (las vías de Santo Tomás) o el imperativo de la razón práctica de Kant, se convierte en el Dios de la persona como final y plenitud de su noción de alteridad o "tuidad" absoluta. Si debemos preguntarnos ¿por qué existe el ser y no la nada, también podemos preguntar por qué existe lo otro y no el Otro? Dios no es la nada o negación de la persona, sino su reafirmación ideal y universal. Desde el descubrimiento del espíritu por Platón, San Agustín, Hegel, Heidegger y ahora desde la formulación de la persona como lugar del ser y del espíritu, toda pregunta por el ser es pregunta por la persona y por Dios. Dios es la persona final de este nosotros en torno al ser. Tampoco Dios es un concepto obligado en el personalismo, lo que se llama una necesidad epistemológica de la persona como no lo era de la razón. Pero la cadena de la persona no termina o se cierra hasta que no llegue a Dios. El concepto de Dios se había subjetivizado en la modernidad racional de hoy. Sin embargo, el proyecto de Nedoncelle lo desvía hacia la metafísica de la persona. La religión ya no es una huida o cobardía del hombre, sino su reafirmación como persona. En el personalismo, Dios no es ni una condición previa ni una razón en la reserva, sino el centro de una constelación de conceptos y procesos. A partir de las premisas del personalismo, el fundamento racional de la religión debe ser renovado y replanteado, pues ya no hay lugar para la increencia como expulsión de Dios que no solo forma parte de uno de los nuestros, sino del nosotros. El "logos" de la metafísica es el mismo que el de la persona y el de Dios.

23.6. El amor como causalidad interpersonal

Muere el personalismo como sistema y nace la persona —decía Ricoeur— como fundamento metafísico de la ética cristiana. La revolución personalista es también una revolución comunitaria. Con el tema del amor, con el tema de la comunidad y con el de la política, estamos en peligro de frivolizar con el personalismo y convertirle en un hecho relevante publicitario, como temía Nedoncelle. Igual que en el tema de la persona no se puede mezclar psicología con ontología, lo mismo sucede con la moral. Es lícito comparar al personalismo con la ética tradicional, pero el personalismo no es solo una buena moral aunque de él salgan fundadas proposiciones morales. Hay que distinguir la persona, de la conciencia que se tenga de la persona. El primero que intentó unir metafísica y moral fue Kant. El escenario para él fue la conciencia, para nosotros es la persona. A Nedoncelle se le ha llamado el metafísico de la reciprocidad amante alejando toda confusión entre psicología y fenomenología en el tema del amor. Lo mismo hay que decir del concepto de comunión o comunidad que no va a ser una sociología de los sentimientos. El tema del amor es la realidad más circulante, pues el amor causa a la persona y la persona causa el amor. A eso lo llamamos causalidad interpersonal. Todo ello se presenta envuelto en la categoría de comunión que, entendemos, es más que comunidad, que también lo es. El tema del amor en el personalismo de Nedoncelle no rompe con la rica tradición histórica sobre la primacía del amor en el proyecto de la creación del mundo, del hombre y su desarrollo. En dicho tema, convergen muchas perspectivas como son la teológica (la creación, Cristo, la Iglesia y el sacramento del amor) con la perspectiva antropológica (el amor como impacto afectivo y fidelización de la unidad cuerpo-alma) o sociológica como implicación y vínculo en la comunidad y comunión de todos los hombres. Pero el relieve especial que adquiere el amor ahora es su función como causa de la existencia y de la relación, o sea, como origen de la persona y de la reciprocidad de las conciencias intersubjetivas. Sin reflejo o sin retorno no hay amor personal. Pero no solo a nivel afectivo, sentimental, complejo, sino de constitución de la persona. Sin amar y ser amado por el mismo amor con que se ama no hay persona humana. San Agustín descubrió esa dimensión de reciprocidad antropológica en el amor cuando identificaba un sentimiento como aspiración en el hombre a amar y ser amado. No se ama a la persona porque existe, sino que existe porque se ama. Yo no amo porque existo, sino que existo porque amo y se me ama. Amo luego existo como persona. Amo el amar y en el amar me constituyo como ser al tiempo que creo a los demás.

24

El retorno a la metafísica cristiana

El diálogo y las transferencias entre cristianismo y metafísica han sido constantes en la formación de la cultural occidental ya desde los tiempos de la Revelación.

Desde "yo soy el que soy" del Éxodo cuando Yahvé responde a la pregunta de Moisés o "en el principio existía el Verbo" del evangelio de San Juan, pasando por "en Él nos movemos y existimos" de San Pablo la reflexión sobre el Dios Uno y Trino ha necesitado siempre de nociones y conceptos pertenecientes a una ontología circulante en los momentos de explicar los misterios. La teología protestante primero y la católica después admitieron la desmitologización y aceptaron la lectura histórico cultural en la interpretación de los textos sagrados. Fue la primera antropología cultural cristiana, pues la Revelación se nos entregaba en formato cultural. San Agustín, el primer existencialista cristiano, recurre a la metafísica de la presencia ontológica de Dios para expresar en Las Confesiones que "yo no estaría en Ti si Tú no estuvieses en mí". Los SS. Padres y los Concilios incorporaron su formación filosófica y lenguaje a la antropología cristiana a partir de la ontología de Platón y Aristóteles. Dios es el Ser y es la Verdad y como tal debe ser conocido. Solamente el periodo helenístico con las Escuelas Morales pareció ceder un poco a estas pretensiones. El tema de la libertad y de la acción, desplazaban otras preocupaciones antropológicas. La onto-teología sirvió a toda la Edad Media desde San Anselmo (el argumento ontológico), pasando por Santo Tomás (las cinco vías de acceso a la existencia de Dios), hasta San Alberto Magno para presentar el mensaje y la racionalidad cristiana en la Europa naciente. Siguieron unos años de oscuridad y sequía metafísica, pues se pensaba que la ciencia y el cosmos iban a tomar el relevo de la teología en la explicación de la relación del hombre con Dios. Pasados los tiempos de la cultura de la Ilustración, del romanticismo y del idealismo, suavizado con el método trascendental y, fracasado el nihilismo de Nietzsche, la nueva cultura fenomenológica del ser y de los valores retoma la necesidad de una ontología fundamental para entender el problema del mundo y de Dios que no son dos problemas, sino una unidad metafísica por derivación del ser según Heidegger. Hubo un tiempo, más bien reciente, en que se negaba esta vinculación de la metafísica con el cristianismo y a lo más que se estaba dispuesto era a admitir una coincidencia histórica (Geschichtlichkeit) un acompañamiento o paralelismo entre el cristianismo y la metafísica tradicional. Todo a raíz de la función de la metafísica en Heidegger con la publicación de su conocida obra Einführung in der Metaphysik (Introducción a la metafísica) en 1953. La metafísica encuentra en el cristianismo la mejor versión de sí misma.

24.1. Antropología metafísica de Julián Marías

En este ambiente de recuperación o de vuelta a la metafísica que se respira en toda la filosofía moderna (impulsada por el neotomismo y la fenomenológica de Husserl) se produce la figura y la obra del filósofo español Julián Marías (1914–2005). Hombre de enseñanza y de universidad (aunque le vetaron y cerraron las puertas de la misma) se entregó a una labor más investigadora y divulgativa de las humanidades y de la historia de la filosofía. Habiendo sido discípulo aventajado de Ortega y Gasset en la Universidad Central de Madrid, al principio de su itinerario filosófico recaló en las corrientes del racio-vitalismo de Ortega o del existencialismo de Unamuno, dentro de una preocupación por el tema del hombre y de la existencia humana que él denomina, en su estudio doctoral sobre el P. Gratry, como la restauración de la metafísica en el problema de Dios. Si existe una restauración metafísica del pensamiento moderno se aplica, igualmente, al tema del hombre, pues, como quedó explicado en San Agustín, Dios y el hombre no constituyen dos problemas distintos o separados, sino una única cuestión dialéctica de ser y de conocimiento.

Sin alejarnos del proyecto metafísico, la preocupación por el tema del hombre en J. Marías alcanza ciertos niveles psicológicos evolutivos que dan pie a la teoría actual de la educación permanente. Cuando habla de las edades humanas, troceando la totalidad de la existencia en varias etapas del desarrollo sirve las bases para una pedagogía con la teoría de la educación a lo largo de la vida. Poco a poco va remontando estos niveles hasta alcanzar las cimas de la antropología metafísica que ahora perseguimos. Dicha antropología no va a ser una visión abstracta o idealista del hombre, sino que se hará echando la vista a la experiencia en una fórmula reconciliadora entre metafísica y psicología. Este es el dualismo fundamental en el que se desarrolla toda la antropología de J. Marías, lo que él llama, los dos mundos, las dos dimensiones, la patente y la latente, la experimental y la invisible, la inmanente y la trascendente, el cuerpo y el alma de siempre, el dualismo antropológico que siempre incluye la dimensión metafísica que no abstracta, sino encarnada.

Cuando se habla de una antropología metafísica se está refiriendo nuestro autor a la unidad básica y fundamental de los seres en la que participa el hombre en cuanto ser que es. La antropología forma parte de esa estructura lineal ontológica que, según las épocas, llamamos "füsis" o naturaleza, creación, mundo. Aquí pesa mucho la teoría del maestro Ortega sobre el universo como multiverso, es decir, el mundo es el conjunto único y unido o reductor de lo diverso, de lo múltiple. La tendencia metafísica del conocimiento humano por descubrir lo oculto responde a la igualmente tendencia del ser a ocultarse o esconderse detrás de las apariencias de tal modo que tanto la estructura del ser como la del conocimiento es metafísica en el sentido de la trascendencia. Al estudiar la antropología metafísica de nuestro autor es imposible no aludir al reduccionismo antropológico que sufre toda la filosofía moderna en Kant al hacer coincidir o encerrar todas las cuestiones regionales (lógica, moral, religión) en una sola ¿quién soy yo? (antropología). La pregunta por el hombre es la totalidad de la filosofía.

24.2. El origen del hombre

En este recorrido por la antropología metafísica, nuestro autor se hace cargo de una de las cuestiones más persistentes o recurrentes de la misma. Nos referimos a la pregunta sobre el origen del hombre a lo que hemos llamado, desde el cristianismo, como el tema de la creación. Dice J. Marías que el concepto de creación tiene tres avances. Un primer sentido cultural que es el sentido simplemente religioso en el que se vincula la procedencia del mundo a Dios en todas las religiones. Luego pasa a ser un concepto teológico, o sea, revelado para terminar, finalmente, siendo un concepto filosófico, o sea, racionalizado. Este es, por lo demás, un proceso decisivo en toda antropología cristiana, es decir, el momento en que una categoría o un lenguaje religioso pasan a ser asumidos por la filosofía vigente y debe ser "traducido" o incorporado a la corriente hermenéutica correspondiente. ¿Con qué sentido nos quedamos, con el que traen los términos (gramática) o con el que encuentran (cultura)? Nuestro autor tiene una teoría más bien personal sobre la antropología de la creación tal como viene reflejada en el Génesis. Cree que es ese término el que mejor expresa lo que es la noción creación, o sea génesis, origen o nacimiento de algo. Aquí comienza lo peculiar de este pensamiento. Reconoce que el verbo crear es muy fuerte, muy atrevido, muy arriesgado para la filosofía y solo tiene una clave para su interpretación que es la narración del Génesis. Desde la razón (Grecia) nunca se hubiese alcanzado o conseguido esta designación del principio de las cosas como creación. La noción de creación tal como es entendida por el cristianismo, encierra un aspecto de irreversibilidad, pues implica el concepto de la nada. ¿Qué "es" la nada? Nada, lo no existente como "anterior" a lo existente, como el silencio "precede" a la palabra. ¿Por qué existe el ser -se pregunta Sartre- y no existe la nada? Dios creó el mundo de la nada, después de la nada. La palabra existe después del silencio. La nada existe de manera imaginaria y representativa. Esta concesión gratuita y superpuesta de existencia no real a la nada hace que aparezca situada al nivel de lo existente. Existen el ser y la nada. Dios podría haber creado el ser o la nada, pero optó por el ser. A pesar de ello, la creación es un acto de ruptura, origen y novedad radical de lo existente entre lo que se encuentra el hombre. Tampoco podemos convertir la creación en una "máquina" o un proceso tecnológico desligándola se su carácter intrapersonal y amoroso por parte de Dios y del hombre. Llamada y respuesta, intervención de Dios y existencia del hombre. En eso consiste el carácter personal y personalizador de la creación. Dios crea personas como continuación de su propia condición personal.

Para entender el origen del mundo creado han existido dos metodologías, teológica una y antropológica otra. O se parte del Dios creador, de sus atributos o capacidades y desde ahí se realiza una descripción de su obra programática o se parte de la obra creada y se proyectan en Dios todas las cualidades y contingencias de la misma por un salto a la trascendencia en cuanto reflejo o espejo retrovisor ontológico de las cosas como ha sido utilizado por Santo Tomás. O se parte de Dios creador o se parte del hombre creado. Está siempre por el medio la analogía del ser y de la razón. En ese sentido, el hombre, creado a imagen y semejanza de Dios, ofrece una buena plataforma de acceso al ser de Dios como creador, uno y trino. En esto se basa toda la antropología cristiana que, por eso mismo, es antropología metafísica.

24.3. El hombre como persona

En este seguimiento del tema de la creación como ruptura ontológica y novedad absoluta no podía faltar el tema del hombre como persona. No es suficiente acudir al origen del término persona que, como es sabido, nace en el ámbito de la escena o representación teatral aludiendo a la máscara o voz superpuesta en los "personajes". Inmediatamente es adoptada por la teología cristiana y aplicada a la noción de Dios, del Hijo, de la Trinidad, de la imagen y semejanza. El mérito de la antropología cultural cristiana, a impulsos de la teología, es haber encontrado en la categoría metafísica de la persona el concepto y el término para unir y reunir conjuntamente la reflexión sobre Dios, el hombre y el mundo. Persona en el cristianismo ya no designa un individuo, un elemento aislado o un lote concreto de la creación o de la vida, sino el concepto envolvente en torno al cual se explica la esencia y existencia de Dios en el mundo y del mundo en Dios. La metafísica de la persona aglutina en la antropología cultural cristiana a la teología y a la ontología. Aquí se registra el tránsito del "qué es el hombre" al "quién es el hombre", aludiendo a su carácter de sujeto y persona de tal manera que la antropología responde a la dimensión del hombre como misterio (Marcel) y no solo como problema (San Agustín). La filosofía y la religión se disputarían las competencias de explicación del ser humano. Recordemos la expresión de San Agustín llamando al hombre "intrinsecus oculatus" para referirse a la capacidad intrínseca de la razón humana para ver, o sea, conocer a Dios. Lo importante es la interconexión antropológica de la religión y de la metafísica en el cristianismo que tiene un trazado cultural.

Introducida la antropología metafísica en la pregunta por el hombre llegando a comprender su condición de persona, de yo, ahora se añade otra dimensión dialéctica de dicha antropología: el yo humano no es un ser o proyecto cerrado y completo, sino que está abierto e inconcluso, pues se está construyendo todos los días al ser algo histórico y cultural. El hombre es un ser menesteroso donde se juntan la miseria (antropología) con la misericordia de Dios (teología) siendo el cristianismo una teología descendente y la religión un humanismo ascendente. Aparece la noción de mismidad a partir de la categoría de posesión. Yo soy mío (mismidad), pero no totalmente mío, pues me estoy haciendo constantemente. Con ello, sufre igualmente la noción de identidad, pues yo nunca coincido conmigo mismo, pues estoy inacabado.

24.4. La tensión dinámica

La dialéctica de la persona no termina con su definición que es "interminable", inacabada. La persona, la liberad, la dignidad del hombre y todas las adscripciones metafísicas y personalistas no son un oasis. Están en tensión y extensión en el tiempo, en la formación y en la historia. Transida de temporalidad, lo que más resalta aquí es la futurabilidad de la persona. El hombre no es un ser, sino un siendo, no es un infinitivo, sino un gerundio; no está hecho, sino que se está haciendo permanentemente. El hombre es un proyecto, un programa. El estar ahí, el Dasein de Heidegger, indica la presencia y objetividad del hombre en el mundo, pero hay que añadir su extensividad en el tiempo que provoca el sentimiento de inestabilidad existencial o "Sorge" (preocupación) hasta la muerte, pues la contingencia siembra la inseguridad. Como hemos visto al estudiar la antropología de Nedoncelle la primera determinación de la existencia constatada por la persona es la existencia del no-Yo. Ese sería el momento del nacimiento de la conciencia objetiva, pero también refleja. Yo soy yo y no-soy el mundo. La persona humana está con el mundo y en el mundo, pero no es el mundo. Esta diferenciación sería una de los primeros principios de la metafísica personalista. La primera tensión ontológica del hombre que algunos quieren hacer remontar hasta el Génesis donde el primer hombre no se reconoció en la existencia de las demás criaturas que formaban la programación cósmica o creadora.

Sin embargo, la existencia de la persona en el mundo es una operación integradora que se desarrolla en el conocimiento como ex-periencia o salida a rodear, dar la vuelta (el método de Jericó) y ojear al mundo. Operación que continúa en la acción o transformación moral de las estructuras y en los comportamientos políticos para configurar o implantar el orden de la razón. Entrar y salir del mundo ¿no estamos dentro del mundo de la vida y de la vida del mundo? No puedes salir fuera, pues donde quiera que vayas le llevas contigo porque el mundo se conoce y se vive desde dentro ya que la persona es la síntesis del universo y el centro de lo creado. He ahí otra contradicción o tensión antropológica como es la interioridad y la exterioridad del hombre, cuerpo y alma, espíritu y materia. La misma dialéctica que comprende la llamada "razón vital", pues la vida, además de vivirla, hay que entenderla. Ella no se entiende sin el mundo, pero no en un sentido espacial, sino "vivencial" o experimental, es decir, el hombre no vive en el mundo (como espacio), sino con el mundo, en intercambio y reciprocidad, de tal manera que el mundo forma parte de la vida humana.

24.5. Fenomenología de la vida

La metafísica es el punto de partida para entender la antropología de J. Marías, pero a continuación viene la fenomenología, pues el hombre no es solo un ser, sino también un proceso evolutivo. El hombre es un ser vivo. Desde que Aristóteles introdujo el concepto de "bios" en su análisis del "cosmos", la metafísica de los seres no puede prescindir de una graduación de los mismos. La vida no es una idea, no es una teoría, por tanto, la antropología tiene que descender de las alturas de la abstracción al comportamiento concreto del hombre. Con ello rozamos ya la famosa cuestión histórica del cuerpo y el alma. En esta convicción de que tanto la filosofía como la teoría antropológica no pertenecen al idealismo, tan de moda en aquellos años, la filosofía alemana y francesa en general (existencialismo) y la de Ortega en particular (vitalismo) adoptan un compromiso ante la vida sin abandonar la razón, pues la vida también tiene su razón. De ahí el raciovitalismo como se denomina a la posición filosófica y antropológica de Ortega y de su discípulo J. Marías. El hombre es vida y eso le aleja de la cosificación y objetivación que es el mundo. El problema consiste, para nuestro autor, en insertar la subjetividad del espíritu en el torrente de la vida humana, pues nos encontramos con otra paradoja, como es, que el sujeto tiene que con-vivir, formar parte de la vida y, a la vez, distanciarse de ella. De ahí la diferencia entre biología y biografía que va más allá de la vida celular y se refiere a la intencionalidad del espíritu. Pero, por otra parte, tampoco hay que despreciar la biología y creer que la vida es solo intención o programación del espíritu. Todo ser viviente es un ser viniente y un superviviente que vive más allá de sí mismo.

Por otra parte, además de ser la vida una concreción de la existencia ontológica, afirmamos que la vida no existe en abstracto, impersonal, sino que existe como "mi" vida, por tanto, la vida entra a formar parte de la persona humana, pues es vida de alguien. La vida pasa a ser subjetivización y propiedad aunque mi vida sea igual que la vida de los demás. Es el principio de radicalidad, entendido como diferencial, proclamado en esta antropología metafísica para dejar muy claro la distinción entre la vida, el yo y las circunstancias. Toda la carga metafísica que en otras filosofías tiene la categoría del sujeto, la tiene aquí la categoría de la vida. Sin embargo, la antropología —dice Marías— es un estudio que va más allá de la vida. La vida no coincide con el hombre, con el sujeto, con la conciencia. Todo eso tiene lugar en la vida, pero no es la vida. A ella se llega más por intuición que por reflexión dada la proximidad ontológica que existe entre el yo y la vida. La vida es la realidad más radical que afecta al hombre. A ello se refiere nuestro autor cuando, intentando distinguir la vida como realidad radical de otras formas abstractas de la existencia, se refiere a ella como "teoría intrínseca" para dar a entender que el discurso sobre la vida es científico, pero que debe ser hecho desde la interioridad, pues es vida humana y no puede separarse de las connotaciones esenciales al hombre. A eso podemos llamar aprehensión como una variante del conocer. Repitiendo ideas anteriores, la vida humana no existe en abstracto, sino en posesión concreta como "mi vida" y lo que conozco de ella coincide con lo que conozco de mí mismo. Según eso, mi vida no está hecha o vivida, sino que tengo que vivirla, o realizarla siendo yo el que me realizo en ella y por ella. Pero, al mismo tiempo, no puedo vivirla solo, sino con las cosas y con los demás, pues soy un indigente de la vida. En ese proceso de acompañamiento en la vida antropológica está incluida la trascendencia y Dios. Por ello, la vida humana hay que previvirla, vivirla y sobrevivirla, es un "a priori", un acto y un "a posteriori" que forman parte también de la realidad radical aludida.

24.6. La llegada del hombre

En esta metafísica de la aproximación nos encontramos con el hombre o el hombre se encuentra con la metafísica. A la famosa cuestión sobre la aparición de la vida en el mundo le sigue ahora el nacimiento del hombre como realidad y como noción. Se reconoce la presencia constante y obsesiva del tema del hombre en la filosofía occidental. Ya hemos aludido a la contradicción que suponía que el hombre se ocupase de conocer las cosas y no se preocupase de sí mismo. Sujeto y objeto a la vez de la antropología implícita y reflexiva. Conocer es conocerme. Pero en la antropología formal o explícita el hombre pasa de ser supuesto omitido y silenciado a ser argumento, demostración y desarrollo. Hay dos discursos sobre el hombre que chocan: la filosofía griega parte de los estratos animales de la vida para definir al hombre como animal racional, elevando así su categoría, su posición superior y dignidad. En cambio, la tradición yahvista del Génesis coloca al hombre "un poco inferior a los ángeles" en la escala de los seres, mostrando así o demostrando igualmente la dignidad o supremacía del hombre. Esto inaugura la dialéctica en la historia de la antropología, pues el hombre es considerado, en parte, un dios menor y, en parte, un animal superior. Para ello, hay que seguir el rastro del término "anthropos". Como la superioridad o el señorío del hombre no se pueden defender por la vía biológica, animal o sensitiva, hay que acudir a otras referencias como son la razón, el "logos", la inteligencia y el lenguaje. Estamos todavía en una noción abstracta del hombre que poco a poco deberá ir concretándose, cuerpo, alma, espíritu, sentimientos, mente, conciencia, facultades, naturaleza, persona. Lo que el cristianismo afirma es la irreductibilidad animal del hombre que no se puede explicar por su simple naturaleza común con ellos. La frontera identitaria y diferencial del hombre es el "faciamus", es la decisión e intervención divina en el arranque de todo lo humano.

El recorrido o trazado de esta antropología esencial en la historia avanza con el tema de la imagen de Dios en San Agustín, pero también con el "cogito" de Descartes y Husserl o con el yo y el sujeto de Kant y de Fichte hasta llegar a la categorización de la persona. Porque ahora el hombre se define en base a un "yo" y a un "tu", abandonando el "él" anónimo e impersonal. Igualmente, toma cuerpo la antropología del nosotros, de la comunión y comunidad, de la reciprocidad y de la solidaridad o de la participación. Lo que la antropología metafísica debe alcanzar es comprender la proposición "yo soy hombre" a cuya tarea se ha dedicado toda la historia del pensamiento cristiano.

24.7. Antropología analítica de estructura

Ya hemos hecho la ronda alrededor del hombre, ya hemos cumplido con el método Jericó. Exploradas las murallas, procedemos al asalto del ser humano, al análisis de su sucesión ontológica sin enajenaciones. Comienza la antropología analítica o de estructura, no de periferia, de experiencia y no de teoría. Es una antropología fenomenológica y de proyección, pues la experiencia es el intercambio del yo con sus circunstancias que es donde se realiza la persona humana. Adversidades y contradicciones que el hombre encuentra en el mundo se pueden transformar en ocasión de desarrollo y crecimiento de la persona. Las decisiones hay que construirlas a base de razones y motivos voluntarios que doten a la vida de una razón y sentido. Por ello, el hombre rechaza todo lo que sea vacío o sin-sentido, incorporando siempre una intencionalidad fenomenológica en lo que hace de donde nace la actividad moral. El carácter experimental y concreto de la existencia o evita ser considerada en su universalidad, trascendencia y comunicabilidad de tal manera que, al conocer a uno, conocemos a todos y la experiencia de uno es transformable a la de todos los hombres. Ese es el sentido de la antropología analítica aunque haya que afrontar la explicación de las variaciones de la individualidad. Esa individualidad de la experiencia humana es designada por J. Marías como circunstancia. Ni siquiera el mundo se libra de esta individuación, pues la relación experimental se establece entre "este" hombre y "este" mundo concreto que en términos antropológicos, podemos llamar cultura. La primera circunstancia del hombre es el cuerpo a través del cual se "analizan" las demás experiencias.

La teoría del cuerpo sigue los mismos planteamientos de siempre, como veremos más adelante. Causante de la individualidad en el hombre, cada uno tenemos nuestro cuerpo, que, a la vez, es igual que el de todos los hombres. Al lado de la corporeidad se encuentra también la temporalidad como circunstancia de la experiencia humana. La vida humana, desde San Agustín, no solo es temporal, sino que es tiempo "Nos sumus tempora, quales sumus, talia sunt tempora" (nosotros somos tiempo, como seamos nosotros, así son los tiempos). El hombre es la medida del tiempo, diríamos imitando a Protágoras. Es el tiempo vital o vida mortal que llega hasta la muerte temporal, pero que ya ha actuado en la muerte vital. Aún así, el tiempo es el único interrogante en el problema de la muerte, o sea, el cuándo, pues lo demás es certeza pura. El tiempo no es una circunstancia en la vida del hombre, sino que es su estructura. El tiempo es mío, como lo es el cuerpo mismo. Es una de tantas determinaciones que tiene la vida como experiencia humana. No olvidemos que en la antropología de J. Marías se distingue muy bien entre instalación y circunstancia. El hombre está instalado en el ser y lo demás es una periferia ontológica o circunstancia, de "circumcidere" o sea, rodear.

24.8. Las medidas del hombre

Scheler escribió sobre "el puesto del hombre en el cosmos", en el mundo. J. Marías habla de la instalación del hombre en el ser y en la vida. A ello se alude como un eje o vector en torno al cual se mueve la vida humana que es un movimiento en reposo. Descubierta por los científicos la ley de la gravedad, se puede entender mejor la teoría agustiniana del movimiento del espíritu: "pondus meum, amor meus, eo feror quocumque feror" (mi peso es el amor, por él soy llevado donde quiera que voy" de *Confes. XIII, 9*). La vida del hombre gira en torno al amor de tal manera que el amor es la medida y el peso del hombre. La medida y el peso son dimensiones ontológicas (de todos los seres) y antropológicas, pues indican la posición y el avance del hombre en el conjunto de seres de la creación. Inquietud, pero también quietud y descanso de la existencia y del espíritu humano. De nuevo la dialéctica antropológica: el cuerpo actuaría como peso, inercia hacia abajo mientras que el espíritu actuaría como ascensión y elevación del hombre. La fuerza es el amor, distinguiendo la estructura, las piezas y el todo, de la energía. En eso consiste toda la lucha cristiana, la moral, la ascética y la espiritualidad en no dejarse llevar por las cosas, sino por el amor mismo como dimensión interior del hombre. Es lo que llamamos tendencias y voluntad o libertad como fuerzas que mueven o arrastran al hombre.

Instalación llama J. Marías a toda la estructura somática del hombre que entendemos por condición humana y que comprende la corporeidad, espaciosidad, opacidad, gravedad, sensibilidad, la voluptuosidad, el sufrimiento. La condición sexuada es otra de las instalaciones relevantes del hombre y de la mujer. La situación o instalación del ser humano como medio, tiene dimensiones físicas (el entorno geográfico), psicológicas, (la estructura psicosomática) sociales (el grupo humano), históricas, (procedencia y trayectoria) lingüísticas (el idioma), culturales (valores, usos y costumbres) que vienen a identificarse con la biografía de cada uno. Esa biografía es esencialmente bipolar y dialéctica, pues se proyecta hacia adelante y se vive, experimenta o enriquece hacia atrás. No somos ni presente solo ni pasado solamente, sino que hay que incorporar el proyecto y el futuro como integrantes de la vida humana. Esto es lo que se llama sentido vectorial o eje de la vida humana.

Otro de los componentes de este sentido giratorio o vectorial de la vida humana es, lo que se denomina en psicología, inclinaciones. El valor de estas antropologías preocupadas no solo por el hombre abstracto, sino por su inserción en el mundo (lo que aquí se denomina mundanidad) es la estructuración de ese mismo mundo que no existe como totalidad amorfa o monográfica, sino como sensibilidad estructurada, es decir, dirigida y adaptada a los sentidos receptores que aporta la corporeidad humana. El cuerpo está como enchufado al mundo capaz de captar, recoger y transmitir su energía en bloques diferenciados. Se habla de la estructura sensorial del hombre, pero ello corresponde a otra estructuración energética del mundo que llamaríamos excitación o atracción recíproca. El mundo es la objetividad de los sentidos que no son solo subjetivos, sino también dotados de contenido y dimensiones objetivas.

24.9. Ser en el mundo: convergencia e interpretación

La condición humana como ser en el mundo es una reflexión que nace en el seno del existencialismo, recibe un impulso en la metafísica de Heidegger y es asumida por el cristianismo en su afán de renovación y diálogo con la cultura moderna. La teología protestante contribuyó a dignificar y sacramentalizar la estancia, la presencia y la intervención del hombre y del creyente en la historia de la salvación que es el tiempo. De una cultura o teología alejada, desencarnada, despreocupada de los afanes de este mundo (que era uno de los tres enemigos del alma) se pasó a un cristianismo encarnado, de proximidad, y el mundo llega a ser el amigo del alma humana. A todo esto en la antropología se puede llamar mundanización que comienza con la corporeidad, pues el cuerpo es el medio de inserción o de instalación del hombre en el mundo aunque no haya que identificar a ambas. Corporeidad es un grado mayor que mundanidad. Pero vuelve la dialéctica en la antropología mundana, pues el hombre vive entre dos mundos, el de la inmanencia y el de la trascendencia. El es creador de los mundos. Donde él esté está el mundo porque es el centro del mismo. El mundo no es solo una circunstancia tempo-espacial del ser y de la vida del hombre, sino que es una perspectiva epistemológica. Todo se conoce a través de la sensibilidad y de la experiencia o contacto del mundo como objeto. Ninguna realidad del mundo es solamente física para el hombre, sino que todo es fenoménico e intencional, pues es una llamada al conocimiento y a la experiencia cognitiva.

Ya hicimos alusión a las "localizaciones" del hombre en el mundo que eran físicas, psicológicas, históricas, culturales, sociales, lingüísticas. Entre ellas están las localizaciones religiosas, moral y hasta políticas. La relación de comunicación entre el hombre y el mundo viene llamada por J. Marías como interpretación y convergencia del mundo exterior con el mundo interior teniendo en cuenta que todo lo aparente del mundo esconde una latencia, usando el conocido discurso kantiano entre *noumeno* y *fenoumeno* que se relacionan de manera trascendental, pues detrás de todo fenómeno o mundo aparente hay un misterio escondido que merece ser estudiado y conocido también desde el punto de vista antropológico y no solo científico. Es lo que la filosofía más clásica y perenne ha llamado inteligibilidad del mundo o de las cosas que le vienen de su condición de seres, pues todo lo que es, es susceptible de ser conocido por el hecho de ser.

A todo esto hay que añadir lo que entendemos por sensibilidad, en cuanto a capacidad del hombre para ser impresionado, afectado, excitado por las cosas. Es la plasticidad o permeabilidad del cuerpo humano al que nuestro autor llama transparencia. La sensibilidad es como un "fondo de luces" según Gratry, de deseos, de sentido y de instintos. Ella es la clave de bóveda o de inserción entre la estructura del mundo y la del cuerpo que confluyen en el hombre. Es la función de los sentidos en cuánto aplicación y diversificación de dicha sensibilidad o receptividad exploratoria y cognitiva. Existe, pues, una porosidad del mundo y del cuerpo mutuamente.

24.10. Antropología del cuerpo

Aunque el tema de la corporeidad aparece con frecuencia en la visión o descripción del hombre en el mundo (mundanidad), hagamos ahora el intento de sistematizar algo más, de manera unitaria, esta antropología corporal en J. Marías. Podemos preguntarnos si el cuerpo es ontología profunda o es circunstancia (Umwelt) que rodea al hombre. En definitiva, es la eterna dialéctica, ¿es el cuerpo parte del mundo o parte del hombre? ¿Es presencia del mundo en el hombre o presencia del hombre en el mundo? Circunstancia o condición, trozo u órgano. O, por el contrario, ¿existe como síntesis antropológica e independiente? La visión del cuerpo más extendida en estos momentos de la cultura cristiana a la altura del siglo XX es la vía ontológica de G. Marcel frente a la idea mercantil, es decir, yo soy cuerpo y yo no puedo existir sin el cuerpo que pasa a ser profundamente no tanto mío, sino yo. Así pues, el cuerpo más que biología es biografía, pues está escribiendo al hombre inédito e inesperado. El cuerpo no pertenece al orden del estar o de instalación, sino al del ser o de la estructuración del hombre.

En todo esto hay que ver un problema de conocimiento, es decir, ¿cómo conoce el hombre su propio cuerpo mediante el cuerpo? Puede haber alguna zona del mismo que no sea visible como sucede en el aspecto físico de la mirada. Aquí tenemos que abandonar las cimas de la metafísica hablando de un cuerpo abstracto y debemos aceptar la propia experiencia como vía de acceso inmediato y sin intermediación. Todo ello obliga a una transformación y lenguaje. El cuerpo está tan unido a la vida que necesita de dichas categorías para ser entendido o definido y no se puede hablar tanto de duración, sino de expectativa profunda y cualitativa. El tiempo (kronos) se convierte en vida (bios) para formar la experiencia. Sin embargo, la profunda identidad que establecemos entre ser y cuerpo (yo soy cuerpo) no puede trasladarse al mundo. Para el mundo reservamos siempre la categoría posesiva de "el mundo es mío", indicando distancia. La relación cuerpo-mundo no es solo física, sino también epistemológica sin olvidar que es un cuerpo vivo en un mundo también vivo. Por ello, la relación activa entre el cuerpo y el mundo es de orientación e intensidad. Ambos están orientados el uno hacia el otro y el grado de inserción se mide por la intensidad e implicación sin dejar de reivindicar, como hace el personalismo cristiano, que el hombre es el centro del universo. Por tanto, no es una relación simétrica, horizontal o tangencial cualquiera, sino una relación ordenada y centrada de tal manera que el hombre es el sentido del mundo y todo gira en torno a él.

24.11. Antropología disyuntiva y condición sexuada

En la antropología fenomenológica que estamos desarrollando se parte de la experiencia descriptiva de la vida humana para remontarnos a las fuentes de la metafísica de la persona. Este proceso es el que se sigue en la investigación sobre la condición sexual del ser humano. Lo importante es situar dicha condición en unos niveles más protegidos, más inscritos en la naturaleza humana que en las variantes culturales o educativas. Se da cabida, en primer lugar, al dualismo sexuado, es decir, el ser humano se realiza en dos formas o como varón o como mujer. La condición sexuada es una dimensión más profunda que la estricta actividad sexual sometida a ciclos biológicos. A medida que nos alejamos del hombre abstracto entramos en a consideración del hombre concreto que es el realmente existente. Otras condiciones o atributos podrán ser comunes y aplicables indistintamente al ser humano (mujer o varón) en consideración abstracta como son el color, la estatura, la mente, pero, referido a la condición sexuada, hay que admitir la diferencia en la llamada instalación corpórea. El hombre, piensa nuestro autor, está instalado en un sexo o en otro y no cabe el término medio. Todo lo que se habla de una zona anterior o neutra, indiferenciada, en el ser humano, en relación con el sexo, se sitúa en un nivel de abstracción teórica que no se corresponde con la realidad concreta y experimental. Se nace en una u otra determinación, orientación o instalación. Es un proceso disyuntivo. Todo ello en una visión personalizadora, pues se vive o como varón o como mujer, determinando las relaciones interpersonales o afectivas, la visión y posicionamiento en el mundo. El sexo es un modo de interpretación del mundo. Es un sistema de estar en el mundo.

A todo esto hay que añadir la cuestión cultural que afecta, principalmente, al lenguaje como refugio, denominación y, a veces de confusión. De todos es sabido que, en algunas lenguas y etimologías, el término "hombre" se refiere a la unidad y totalidad del ser humano en ambas dimensiones sexuadas, se refiere al varón y a la mujer en su conjunto, en una esencia común, aunque a continuación la misma palabra se utilice para designar al varón. De ahí la confusión. Se ha relegado la palabra varón en la designación del sexo masculino usando el término hombre. Con ello se admite una derrota de la acción cultural sobre la naturaleza. Más allá de los encajes lingüísticos, lo que parece abocado al fracaso es el intento de enfrentar a ambas modalidades del único ser humano. No se puede definir al varo como lo contrario a la mujer o viceversa. La teoría de la complementariedad entre los sexos tiene más posibilidades de éxito que la del enfrentamiento de la personalidad masculina y femenina. Sin embargo, hay que huir de la indefinición o de la ambigüedad entre ambos caracteres. La antropología racionalista o idealista de otros tiempos, se ha convertido actualmente en una antropología del rostro humano. Las dos formas radicales –dice Marías- en que transcurre la existencia humana son varón o mujer. Estamos en los albores de los movimientos feministas de hoy donde la literatura o filosofía de género es más abundante, pero nos beneficiamos también de las bases metafísicas de ese humanismo de género que subyace en todas estas cuestiones que han entrado en un círculo de mucha demagogia.

24.12. Racionalidad e interioridad

La función de la antropología en la cuestión de la sexualidad humana trasciende los límites biológicos para adentrarse en explicar la configuración interior de la personalidad humana tanto en el varón como en la mujer. Podemos adoptar dos métodos, o decir que la razón y la interioridad humanas forman parte de la condición sexuada o, inversamente, explicar dicha condición en sus aspectos psicológicos o racionales. No podemos quedarnos en una antropología de la diferencia (varón y mujer), sino que deberemos insistir en la identidad y coincidencia. La esencia racional y la profunda interioridad son cualidades comunes en su existencia y en su intensidad. El problema del feminismo moderno consiste en confundir atributos diferenciales con cualidades comunes a la mujer y al varón, decidiendo competencias e intereses. La determinación sexuada del ser humano afecta a toda la vida y a todo en la vida lo cual no significa reconocer el evolucionismo y la progresividad en su desarrollo y experiencia. La antropología metafísica en este tema debe insistir en las dotaciones naturales comunes aunque su aplicación y desarrollo sea asimétrico por razones culturales e históricas. Ese mismo condicionamiento cultural de la antropología es responsable de la diversidad de interpretación en cada uno de ellos. El feminismo moderno es un sistema interpretativo de lo humano como han sido otros sistemas antiguos ya superados. La metafísica habla del ser humano mientras que la biografía habla de mujer y varón.

En el interior de dicho sistema interpretativo (mujer o varón) es donde se producen los conflictos y las diferencias. Es decir, el varón tiene que comprender el sistema interpretativo y dialógico de la mujer y está el del varón. Ahí vienen las divergencias. Dicho sistema no tiene nada que ver con diferencias de razón, sino simplemente de perspectivas, de valoración, de estimación o resonancia del mundo y de las cosas. El esfuerzo de la antropología metafísica consiste en conducir la reflexión sobre el varón y la mujer hacia aquella zona donde ambos encuentran un terreno común, donde todavía no existe diferenciación ontológica y personal. Lo demás es psicología profunda, experimental y diferencial, evolutiva y cultural, si se quiere, pues la sedimentación histórica también hace su labor. A esto es a lo que P. Bourdieu ha llamado dominación masculina de la realidad humana. Sobre esto hay mucho discurso y literatura crítica en el feminismo moderno, pues culturalmente han predominado las categorías masculinas aplicadas a la mujer de donde se derivaba una igualdad o divergencia, pero siempre teniendo al varón como referencia del sistema antropológico. Si hablamos de diferencia entre mujer y varón tenemos que hablar de reciprocidad, pues todos los procesos van en ambas direcciones. De hecho, hablando más arriba de las dimensiones del hombre, el varón no puede ser como la gravedad de la mujer o el centro de la misma. No tiene que girar todo en torno a él, incluida la mujer, pues ella tiene vocación y trazado diferente al varón.

24.13. Dios como futuro del hombre

La existencia humana está tendida en la trascendencia y en el proyecto de futuro. En esa existencia como proyecto entra Dios como clave fundamental. Dios y el hombre no son dos existencias, sino una sola envolvente y convergente. Para hablar de Dios habrá que desterrar las categorías del otro, de la inmensidad, de la lejanía y encontrar la dialéctica precisa y necesaria para acercar a Dios e introducirle en la cadena personal del Tu. Sin embargo, el discurso escatológico (inmortalidad, salvación) en materia religiosa parece inevitable. Frente a la tentación de que existen otros trampolines en la razón humana para acceder al tema de Dios, hay que reconocer que tiene un origen estrictamente religioso aunque vaya acoplado al hombre. El Dios de los cristianos viene precedido o anunciado por otros dioses en la razón filosófica y cultural. Sin embargo, Dios no tiene números, si acaso tiene solo Uno. Los demás son mitos o imitaciones. Desde el Dios Uno (monoteísmo) hay que pasar al Dios personal o persona. Los dioses griegos terminan siendo personas, pero sin trascendencia ni distinción. La labor de la antropología metafísica hoy, dentro de una filosofía de la religión, consiste en separar la piedad de la impiedad y combatir la identificación entre lo divino y lo imperial en Roma mediante la elevación o sublimación de lo político en lo religioso. El cristianismo en el mundo antiguo es un pietismo al revés o un ateísmo incorrecto y heterodoxo. Personalizar y despersonalizar a Dios era el problema religioso fundamental en la cultura greco-romana con la que se encontró el cristianismo. El problema de la antropología religiosa del cristianismo es, en gran parte, antropología cultural, o sea revelación y lenguaje. Ser y denominación de Dios, pues los nombres de Dios también contribuyen al politeísmo pagano. El refugio más importante del tratamiento cristiano del tema de Dios en el mundo antiguo está en Platón y Aristóteles como se ha demostrado en la antropología de San Agustín y de Santo Tomás. En esta confluencia del pensamiento griego con el pensamiento cristiano es donde se produce la era dorada de la antropología cristiana sin olvidar que es necesario revisar todas las categorías religiosas del helenismo. Como buen filósofo, nuestro autor opta por la imagen del misterio y del respeto "yahvista" al tema de Dios, el innominado, el innombrable, que sigue siendo un "Deus absconditus", el Dios escondido al que San Pablo en el Areópago de Atenas indicó como el dios anónimo de los griegos. En esa misma línea se manifiesta el protestantismo con el tema de la lejanía insalvable de lo sagrado de Rudolf Otto en su conocida obra con ese mismo título de Lo Sagrado...

24.14. El amor como derivación antropológica

No podía faltar el tema del amor en esta antropología metafísica que descubrimos y que describimos. Siempre el amor ha sido compañero inseparable del ser del hombre y su historia. En este caso, el amor es la derivación plena de la definición del hombre en el cristianismo. Con ello, queremos decir que el amor no es circunstancia, sino estructura del hombre. No es atributo, sino condición. La emergencia metafísica del amor surge de la necesidad que tiene el hombre de complementarse y de comprometerse. Siguiendo y persiguiendo la vía ontológica señalada, no podemos decir que el hombre "tenga" necesidades, sino que el hombre, como persona, es una necesidad permanente en su ser y realización. El hombre, la persona, no necesita algo, sino que necesita a alguien. Ciertamente habrá que distinguir entre necesidades personales, naturales y necesidades sociales, creadas o convencionales. Se necesita a alguien para realizarse como persona y completar el proyecto existencial o biográfico como se suele decir. Toda necesidad está referida a la persona que es la gran necesidad básica cubierta solo por el amor que desemboca en la experiencia. Nadie puede construirse como persona si no recibe el amor incondicional de otra. La única condición del amor humano es que sea incondicional. Por eso colocamos el amor al nivel del sentimiento para indicar la profundidad personal del mismo. Dicha experiencia se extiende también al cuerpo, pues el varón y la mujer se aman corporalmente. El cuerpo en el amor no es algo añadido, sino esencial al mismo.

En este sentido del amor como necesidad incondicional hay que situar también la actividad sexuada que pertenece a esa reciprocidad aludida. La necesidad o el ser inacabado que es la persona y cuya plenitud se realiza mediante el amor, hay que aplicarle, igualmente, la estructura de la proyección que es el amor y no de la apropiación. Por ello, el amor nunca conoce de intereses, pues entre dos personas que se aman no tiene que interponerse nada ni nadie ya que el amor es la relación inmediata, de tú a tú entre dos personas. *Inter-esse*, o sea, estar entre, el amor es lo único que está entre dos personas. Los demás fines y objetivos son externos, exteriores y ajenos al verdadero amor. El amor personal, y mucho más el amor sexuado, no consiste en estar con…, sino en el estar en… El amor no es acompañamiento, coexistencia, sino, como dice nuestro autor, instalación o insistencia. Evidentemente, estamos en un nivel de análisis del amor más profundo que el puramente psicológico o experimental al que llamamos enamoramiento aunque no existiría uno sin el otro. Capacidad y desarrollo. El amor, antes de ser determinación, es terminación de la persona en su plenitud.

24.15. Tiempo biográfico y temporalidad

No podía faltar este tema en una antropología metafísica como la que estamos desarrollando. El tiempo es una categoría fundamental en la comprensión del hombre cristiano desde los ensayos de San Agustín hasta el existencialismo de Heidegger con su obra Sein und Zeit (Ser y tiempo) o la conocida diferencia entre tiempo físico y tiempo psicológico, pues es la vivencia del tiempo la que constituye la preocupación (Sorge) del hombre. El tiempo es lo que convierte la antropología abstracta en biografía. Desde la conocida definición de la eternidad en Boecio, como contraposición a ella, el tiempo y su extensión están ligados a la vida. Es lo que llamamos duración de la vida, o sea, permanencia, paso o presencia del tiempo sobre el hombre. De la unión entre tiempo y vida del hombre en forma de biografía tenemos el acontecer, el acontecimiento o hecho vital que no es ni tiempo solo ni biografía sola. La etimología de "acontecer" hay que buscarla en el término latino de "contingere" o circunstancia temporal como suceso en la vida humana que, por otra parte, se mueve entre azar, necesidad, libertad o providencia como modos de acontecer. Por ello, el tiempo siempre es tiempo humano. Como máxima característica del tiempo humano o biográfico es su limitación. Lo contrario de la eternidad que es presencia indefinida y permanente. El movimiento es, desde San Agustín, la esencia o la medida de tiempo, pues él no existe sin percepción o medida.

Otra de las características del tiempo humano es su estructuración o articulación cuyo primer efecto es la evolución. No nos referimos a la clásica estructura de pasado, presente y futuro, sino al tiempo biográfico y vital que tiene periodos, ciclos, divisiones y, sobre todo evolución que se reflejan en la propia articulación de la vida humana. Por ello, el tiempo no pasa, sino que "nos pasa", pues nosotros somos el tiempo nuestro. Es el carácter personal y biográfico del tiempo que se manifiesta en dichos ciclos vitales. Todo el equipamiento sensorial o sensible del hombre está en relación con el tiempo que mide la madurez o desarrollo del hombre. Por ello, el tiempo se convierte en edad que es el fundamento del desarrollo bio-psicológico y educativo que necesita del tiempo, pues toda la existencia humana es un gran aprendizaje y se aprende a lo largo de toda la vida. Sin embargo, esta visión creciente expansiva y desarrollista del hombre en el tiempo hay que conjugarla con otra dialéctica como es la decadencia o la pérdida de facultades en el hombre a medida que pasa el tiempo. Igualmente el tiempo es la base de toda intervención o la empresa humana en el mundo que es igual que en el tiempo. Emprender necesita tiempo. Dios crea y el hombre emprende, no inventa. Cuando Dios se dice a sí mismo en el momento de la creación el conocido "faciamus" (hagamos) está incluyendo también al hombre que hace con Dios lo que El hace o Dios hace con él lo que hace. Esa es otra tesis fundamental de la antropología agustiniana: el tiempo "comienza" en el mundo y el mundo es el comienzo del tiempo. Lo primero que crea Dios no es el mundo, sino el tiempo considerado así como parte del mundo, según San Agustín en los tres últimos libros de *Las Confesiones*.

24.16. Muerte y mortalidad

En la filosofía moderna, ocurre con frecuencia que el tema de la muerte es la puerta de entrada a la filosofía de la religión por muy ateo que se quiera ser y permanecer uno como pensador. Ocurrió en el existencialismo francés (Sartre) donde optaron por identificar la muerte con la nada. Menos mal que nos queda la corrección hecha por Gabriel Marcel, también existencialista, pero creyente como nuestro autor. No es que con Julián Marías la antropología se convierta o se apoye en la metafísica, sino que como ha escrito Ernst Tugenghat (2008), tenemos antropología en vez de metafísica en el pensamiento contemporáneo. El existencialismo europeo sirvió de mediador y, entre otros temas, fue elegido el tema de la muerte y de la inmortalidad que ahora contemplamos. Era la mejor superación de la dialéctica idealismo- realismo. En esta "filosofía de los injertos" que parece ser el estudio de J. Marías, otros han querido ver una mayor inclinación psicosocial en la filosofía de nuestro autor, incluida su antropología. Pero ese era un callejón sin salida. La mortalidad está tan profundamente vinculada al ser del hombre que decir mortal es decir hombre. Por tanto es la muerte la que tiene que unirse y seguir al hombre y no el hombre a la muerte. Ella forma parte de la vida humana y también se es hombre cuando se muere. La antropología cristiana supone una victoria cultural sobre la muerte en su tiempo y reinado.

Que la antropología cultural moderna sea una meditación sobre la muerte parece una expresión con rancio sabor antiguo y cristiano. Y no es así. Toda filosofía es meditación metafísica (Descartes) o sea reflexión sobre sí mismo. El tema de la muerte le viene a J. Marías por su roce con Unamuno y con el Ortega del racio-vitalismo. La muerte pertenece a la vida y el conocimiento de la muerte comienza por el conocimiento de la vida. La muerte es, en la antropología de J. Marías, una provocación conceptual y no hay filosofía que se resista a dicha provocación sin temer estar incompleta.

BIBLIOGRAFÍA

1. INTRODUCCIÓN
DOOYEWEERD, H. Las raíces de la cultura occidental, Ed. Clie, Viladecavalls.
GIDDENS, A. (1999) Sociología. Alianza, Madrid.
GIRTLER, R. (2006) Kulturanthropologie. Eine Einführung, Lit Verlag, Wien-Münster.
HARRIS, M. (1999) El desarrollo de la teoría antropológica, 9ª ed. Siglo XXI, Madrid.
KOTTAK, C. Ph. (1994) Antropología, 6ª ed. Mc Graw-Hill, Madrid.
MORRIS, B. (1995) Introducción al estudio antropológico de la religión, Paidós, Barcelona.
MOSTERIN, J. (2009) La cultura humana, Ed. Espasa Calpe, Madrid.

2. ANTROPOLOGÍA BÍBLICA
BARCLAY, W. (1997) Comentarios al N. Testamento, 7 vv. Ed. Clie, Viladecavalls.
BLICK, M. – ALZEGHY, S. (1970) Antropología teológica. Ed. Sígueme, Salamanca.
FERNÁNDEZ GONZÁLEZ, J. (1977) Antropología y Teología actual. Ed. Montecasino, Zamora.
FREVEL, Ch. (Hsgr)) (2010) Biblische Anthropologie. Neue Einsichten aus dem A.T. Herder, Friburgo.
PANNENBERG, W. (1983) Anthropologie in theologische perspektive, Göttingen.
——— (1995) Was ist der Mensch? 8ª ed. Göttingen.
PASTOR RAMOS, F. (1995) Antropología bíblica, Ed. Verbo Divino, Estella
PIKAZA, X. (1993) Antropología bíblica, Ed. Sígueme, Salamanca.
VARIOS. (1971) Dimensione antropologica della Teologia, Ed. Ancora, Milán.
VIDAL, S. Los tres proyectos de Jesús y el cristianismo naciente, Ed. Sígueme, Salamanca.

3. LA ANTROPOLOGÍA EN LOS ORÍGENES DEL CRISTIANISMO
ALTANER, B. (1962) Patrología, 5ª ed. Espasa-Calpe, Madrid.
BACKHOUSE, E. y TYLEA, C. (2004) Historia de la Iglesia primitiva, Ed. Clie, Viladecavalls.
BATIFFOL, P. (1912) La Iglesia primitiva y el catolicismo, Ed. Herder, Friburgo.
BERCIANO, M. (1976) Kairos. Tiempo humano e historia salvífica en Clemente de Alejandría, Ed. Aldecoa, Burgos.
BERGER, K. (2008) Die Urchristen, Pattloch, Munchen.
BIBLIOTEK DER KIRCHENVÄTER (2007). Eine Auswahl patristischer Werke in deutscher Übersetzung, Friburgo (Suiza)

CONZELMANN, H. (1989) Geschichte des Urchristentums, 6ª ed. Vandenhoeck & Ruprecht, Götingen.
FLETCHER, J. y ROPERO BERZOSA, A. (2008) Historia General del cristianismo, Ed. Clie, Viladecavalls.
GROSSI, V. (1983) Lineamenti di antropología patrística, Roma.
HAMMAN, A. (1987) L'homme, image de Dieu. Essai d'une anthropologie chrétienne dans l'Église des cinq premiers siècles, París.
INSTITUTO PATRÍSTICO AGUSTINIANO (1998) Diccionario patrístico y de la antigüedad cristiana, dos volúmenes, 2ª ed. Ed. Sígueme. Salamanca.
LEAL, J. (2001) La antropología de Tertuliano. Estudio de los tratados polémicos de los años 207–212, Roma.
MORESQUINI, C. y NORELLI, E. (2007) Historia de la literatura cristiana antigua griega y latina. I-II volúmenes BAC, Madrid.
ORBE, A. (1962) Antropología de San Ireneo. Biblioteca de Autores Cristianos, Madrid.
——— (1987) Introducción a la teología de los siglos II y III, Editrice Pontificia Universitá Gregoriana, Roma.
PADRES APOSTÓLICOS por D. Ruiz Bueno 2ª ed. BAC. Madrid.
PADRES APOLOGISTAS GRIEGOS, Ed. bilingüe por D. Ruiz Bueno, BAC, Madrid.
QUASTEN, J . (1962) Patrología: Vol. I: Hasta el Concilio de Nicea; Vol. II (1962) La edad de oro de la literatura patrística griega; Vol. III: (2007) La edad de oro de la literatura patrística latina, Biblioteca de Autores Cristianos, Madrid.
ROPERO BERZOSA, A. (2004) Lo mejor de los Padres Apostólicos, Ed. Clie, Viladecavalls.
SERTILANGES, A. D. (1966) El cristianismo y las filosofías, 2 volúmenes, Ed. Gredos Madrid.
TRESMONTANT, C. (1961) La metaphisique du christianisme et la naissance de la philosophie chrétienne, Ed. du Soleil, París.
VIELHAUER, Ph. (2003) Historia de la literatura cristiana primitiva, 2ª ed. Ed. Sígueme. Salamanca

4. DIMENSIONES DE LA ANTROPOLOGÍA AGUSTINIANA

AUGUSTINUS MAGISTER (1954) Congrès International Augustinien, 3 volúmenes, Études Augustiniennes, París.
BLÁZQUEZ FERNÁNDEZ, N. (2012) La filosofía de San Agustín, BAC, Madrid.
BROWN, P. (2001) Agustín de Hipona. Trad. de S. Tovar y M. R. Tovar. Acento, Madrid.
DINKLER, E. (1934) Die anthropologie Augustins. Stuttgart.
FERNÁNDEZ GONZÁLEZ, J. Reducción agustiniana de la antropología actual, en "La Ciudad de Dios" (1974) 29-69.
FLOREZ, R. (1958) Las dos dimensiones del hombre agustiniano, Ed. Religión y Cultura, Madrid.
GARCÍA GRIMALDOS, M. (2005) El nuevo impulso de San Agustín a la antropología cristiana, Roma/ Madrid.

JOLIVET, R. (1934) St. Augustin et le néoplatonisme chrétien, París.
OBRAS DE SAN AGUSTIN, Ed. bilingüe, dirigida por el P. Felix García, 41 volúmenes, Biblioteca de Autores Cristianos. Madrid.
PRZIWARA, E. (1984) San Agustín. Trad. de Lope Cilleruelo, Ed. Cristiandad, Madrid.
VARIOS (1981) Augustin, Gespräch zum Gegenwart, Wissenschaftliche Bücherei, Darmstadt.

5. HISTORIA DE LA ANTROPOLOGÍA CRISTIANA DE LA EDAD MEDIA

COPLESTON, F. C. (2007) El pensamiento de Santo Tomás, Fondo de Cultura Económica, México.
CHENU, M. D. (1954) Introduction a l'étude de Saint Thomas d'Aquin, Institut d'études médiévales, París.
FORSCHNER, M. (2006) Thomas von Aquin, C. H. Beck Verlag, Munich.
GRABMANN, M. (1962) Historia de la teología católica desde fines de la era patrística hasta nuestros días. Ed. Espasa-Calpe, Madrid.
GILSON, E. (1957) La filosofía de la Edad Media, Ed. Gredos, Madrid.
——— (1944) L'Esprit de la philosophie médiévale, 2 volúmenes, París
——— (1960) Filosofía de S. Buenaventura, Desclee, Bilbao.
SAN ANSELMO (1952) Obras completas, 2 volúmenes, BAC, Madrid.
SAN BUENAVENTURA. Obras Completas, 6 volúmenes, BAC, Madrid.
SCHEEBEN, H. Chr. (1980) Albertus Magnus, Rheinau Verlag, Colonia.
SCHICK, B. (2008) Willensfreiheit bei Anselm von Canterbury, Verlag Müller, Saarbrücken.
SUMA THEOLOGICA de Santo Tomás de Aquino, 16 volúmenes, BAC, Madrid.
VEUTHEY, L. (1971) La filosofía cristiana de S. Buenaventura, Roma.

6. HISTORIA DE LA ANTROPOLOGÍA DEL RENACIMIENTO Y LA REFORMA

BARTH, H. M. (2009) Die Theologie M. Luthers. Eine kritische Würdigung, Güterslohe Verlag, Gütersloh.
DI NAPOLI, G. (1963) L'Immortalitá dell' anima nel Rinascimento, S.E.I. Turín.
FLIEDNER, F. (1983) Martín Lutero: su vida y su obra, Ed. Clie, Viladecavalls.
GARIN, E. (1981) La revolución cultural del Renacimiento, Crítica, Barcelona.
GRANADA, M. A. (1988) Cosmología, religión y política en el Renacimiento: Ficino, Savonarola, Pomponazzi, Maquiavelo. Ed. Anthropos, Barcelona.
——— (2002) Universo infinito, unión con Dios y perfección del hombre, Herder, Barcelona.
HAGENGRUBER, R. (1994) Tommaso Campanella. Eine Philosophie der Ähnlichkeit, Academia Verlag, Sankt Augustin,
KRISTELLER, P. O. (1982) El pensamiento renacentista y sus fuentes, F.C.E. México.
MAQUIAVELO, N. (2011) Obra selecta. Edición por Juan Manuel Forte Monge, Biblioteca Grandes Pensadores, Ed. Gredos, Madrid.

MARTIN LUTERO, Obras, 4ª edición, 2001, Ed. Sígueme, Salamanca.
——— Escritos políticos (2008) Ed. Tecnos, Madrid.
OBERMAN, H. A. (1992) Lutero, un hombre entre Dios y el diablo, Alianza, Madrid.
PICCO DELLA MIRANDOLA: (2002) Discurso sobre la dignidad del hombre, Trad. de P. J. Quetglas, Ed. PPU, Barcelona.
VARIOS (1984) Martín Lutero (1483–1983). Jornadas Hispano-Alemanas. Universidad Pontificia de Salamanca, Salamanca.

7. HISTORIA DE LA ANTROPOLOGÍA CRISTIANA CONTEMPORÁNEA

BLONDEL, M. (1966) Exigencias filosóficas del cristianismo, Ed. Herder, Barcelona.
BOUILLARD, H. (1966) Blondel y el cristianismo, Madrid.
BRAEGER, L. (1942) Die Person im Personnalismus von E. Mounier, Friburgo.
EICHER, P. (1970) Die anthropologische Wende. Friburgo.
FERNÁNDEZ GONZÁLEZ, J. (1981) Antropología Dialéctica. Estatuto metafísico de la persona en M. Nedoncelle, 2 volúmenes. Ed. Universidad Complutense. Madrid.
GUARDINI, R. (1960) Verdad y Orden, 4 volúmenes, Guadarrama, Madrid.
——— (2000) Mundo y persona. Ensayos para una teoría cristiana del hombre, Ed. Encuentro, Madrid.
HEIDEGGER, M.: (2009) Ser y tiempo. Trad. de Jorge Eduardo Rivera, 2ª ed. Trotta, Madrid.
JOLIVET, R. (1948) Les doctrines existentialistes de Kierkegaard a J. P. Sartre, París
KANT, M. (2010) Obra selecta. 2 Volúmenes, por L. E. Borowsky. Biblioteca de Grandes Pensadores, Ed. Gredos. Madrid.
LEHMANN, K. (Hsrg.) (1984) Vor dem Géheimnis Gottes den Menschen verstehen. Karl Rahner zum 80 Geburtstag, Manchen-Zürich
MARCEL, G. (1944) Homo viator. Prolegomènes à une métaphysique de l'esperanze, Aubier, París.
——— (1969) Diario metafísico, Guadarrama, Madrid.
——— (1971) El misterio del ser, EDHASA, Madrid.
——— Obras selectas, Biblioteca de Autores Cristianos, Madrid.
MARIAS, J. (1970) Antropología metafísica. La estructura empírica de la vida. Revista de Occidente, Madrid.
MARITAIN, J. (1999) Humanismo integral, Palabra, Madrid.
——— (2001) Los derechos del hombre. Cristianismo y democracia, Ed. Palabra, Madrid.
MEYER, A. (2010) Die Epoche der Aufklärung, Akademie, Berlín.
MOUNIER, E. (1956) ¿Qué es el personalismo? Buenos Aires.
——— (1956) Manifiesto al servicio del personalismo, Buenos Aires.
NEDONCELLE, M. (1942) La réciprocité des consciences, Essai sur la nature de la personne, Aubier, París.
——— (1943) La personne humaine et la nature, P.U.F, París
——— (1957) Vers une philosophie de l' amour et de la personne, Aubier, París.

PINTOR RAMOS, A. (1978) El humanismo de M. Scheler. Estudio de su antropología filosófica. BAC, Madrid.
RAHNER, K. (2005) Escritos de Teología, vol., IV. Ed. Cristiandad, Madrid.
RICOEUR, P. (1982) Finitud y Culpabilidad. 2 vv. Ed. Taurus, Madrid.
——— (2005) Caminos del reconocimiento, Ed. Trotta, Madrid.
——— (1988) Lo voluntario y lo involuntario. 2 vv. E. Docencia, Buenos Aires.
SCHELER, M. El puesto del hombre en el cosmos. Trad. de J. Gaos (1968) 7ª ed. Buenos Aires.
——— Ética. El formalismo de la ética y la ética material de los valores. Trad. de H. Rodríguez Sanz, 2 volúmenes, Madrid 1940–41.
——— Metafísica de la libertad (1960) Buenos Aires.
SCHMAUS, M. (1963) Teología Dogmática, 8 volúmenes, Ed. Rialp, Madrid.
TROWITZSCH, M. (2007) Karl Barth heute, Vandenhoeck und Ruprecht, Göttingen.
VON BALTHASAR, H. U. Gloria, 7 volúmenes, Ed. Encuentro, Madrid.
——— Teológica, 2 volúmenes, Ed. Encuentro, Madrid.
——— Teodramática, 2 volúmenes, Ed. Encuentro, Madrid.
WEBER, M.: (2003) La ética protestante y el espíritu del capitalismo, F.C.E, México.
WERNER, K. (1963) Studien zur deutschen und französischen Aufklärung, Rütten und Loening, Berlín.

www.ingramcontent.com/pod-product-compliance
Lightning Source LLC
Chambersburg PA
CBHW051330230426
43668CB00010B/1215